Erklärungsstrategien, semantische Felder und Makrostrukturen

Alexandra Kratschmer

Erklärungsstrategien, semantische Felder und Makrostrukturen

Eine Fallstudie zur semantischen Architektur von explikativen Texten

Aarhus University Press

Erklärungsstrategien, semantische Felder und Makrostrukturen
Eine Fallstudie zur semantischen Architektur von explikativen Texten
© Alexandra Kratschmer und Aarhus University Press 2005
Umschlag: Jørgen Sparre
Satz und Layout der Verfasserin
Druck: Narayana Press, Gylling
Printed in Denmark 2005

ISBN 87 7934 212 4

Herausgegeben mit Unterstützung der Fonds
Landsdommer V. Gieses Legat
Forskningsrådet for Kultur og Kommunikation
Aarhus Universitets Forskningsfond

Aarhus University Press
Langelandsgade 177
DK-8200 Aarhus N
Denmark

Fax: +45 89 42 53 80
www.unipress.dk

Danksagung

Ich danke der Österreichischen Akademie der Wissenschaften für die Auszeichnung durch das dreijährige APART-Stipendium, welches mir die nötigen zeitlichen und finanziellen Ressourcen für die Durchführung dieser Arbeit zur Verfügung stellte und sie damit in der vorliegenden Form ermöglichte.

Ich danke der Stiftung *Landsdommer V. Gieses Legat* (Kopenhagen), dem dänischen *Statens Humanistiske Forskningsråd* sowie *Aarhus Universitets Forskningsfond* für die Zuteilung von Druckkostenzuschüssen zur Publikation der vorliegenden Arbeit.

Ich danke Rosita Schjerve-Rindler (Institut für Romanistik der Universität Wien) für Anregung und Förderung in den frühen Jahren und damit für Hilfe und Unterstützung bei der Wahl meiner Laufbahn.

Ich danke Michael Metzeltin (Institut für Romanistik der Universität Wien) für Ausbildung, Unterstützung, Anregung, Förderung und Forderung über viele Jahre hinweg.

Ich danke Wolfgang Ulrich Dressler (Institut für Allgemeine Sprachwissenschaft der Universität Wien) für stetige wohlwollende Unterstützung.

Ich danke Gunver Skytte, Lene Schøsler (Romansk Institut, Københavns Universitet), Svend Bach und Henning Nølke (Romansk Institut, Aarhus Universitet) für den warmen Empfang im dänischen Forschungsmilieu sowie die stetigen Anregungen und Hilfestellungen.

Darüber hinaus danke ich folgenden Wissenschaftler(inne)n für Diskussionen und Hinweise, welche die vorliegende Arbeit mitgeformt haben:

Sprachwissenschaft: Hanne Leth Andersen (Aarhus), Mauro Angeloni (Rom), Maria-Elisabeth Conte † (Pavia), Angela Ferrari (Genf), Ad Foolen (Nijmegen), Horst Geckeler † (Münster), Hanne Jansen (Kopenhagen), Jacques Jayez (Genf und EHESS), Ole Jorn (Kopenhagen), Ronald Landheer (Leiden), Jacques Moeschler (Genf), Jette Larsen Persiani (Aarhus), Michele Prandi (Bologna), Corinne Rossari (Genf), Eddy Roulet (Genf), Erling Strudsholm (Kopenhagen)

<u>Literaturwissenschaft</u>: Jean Starobinski (Genf)

<u>Philosophie</u>: Jonathan Barnes (Genf), Kevin Mulligan (Genf)

<u>Psychologie</u>: Jean-Paul Bronckard (Genf)

*

Ich danke meiner Mutter Regina Ibrahim und meiner Freundin Eva Mattes für ihr kritisches Korrekturlesen des Manuskriptes sowie Christine Favre (Romansk Institut, Københavns Universitet) für die Korrektur der französischen Passagen.

Ich danke meiner Mutter Regina Ibrahim, meinem Vater Alfred Kratschmer, meiner Schwester Claudia Killermann und meiner Freundin Andrea Buchar dafür, daß sie mein Leben mit so viel Anteilnahme begleiten.

Ich danke Keld Knudsen, dem Mann an meiner Seite und Vater meiner Kinder, für seinen unermüdlichen Einsatz, seine unerschöpfliche Geduld und seine unerschöpfliche Liebe.

Ich danke unseren Töchtern Adele, Anastasia und Aurelia dafür, daß wir ihre Eltern sein dürfen.

ad causalitatem (1):

Bösel besucht seinen krebskranken, todgeweihten Freund Fellner im Spital. Die beiden stehen auf dem Balkon, betrachten den Nachthimmel und philosophieren über die Glaubensvorstellungen der Inder zu Tod und Wiedergeburt.

Bösel:	Blöd is' halt, wenn's keine gibt ..
Fellner:	Keine was ?
Bösel:	Keine Wiedergeburt ..
	(besinnt sich und mit einem kurzen Seitenblick auf den Freund, hastig)
	... nein, Blödsinn, klar gibt's eine, das war jetzt so dahergeredet, klar gibt's eine, sicher ...
Fellner:	*(munter, optimistisch, im Tonfall, als rede er mit einem kleinen Kind)*
	Heinzi - woher soll denn das alles kommen ? - Woher kommt der Regen ?
Bösel:	Von den Wolken.
Fellner:	Woher kommen die Wolken ?
Bösel:	Die kommen meistens von Irland.
Fellner:	Und woher kommt Irland ?
Bösel:	*(zögert, hebt dann den Blick zum nächtlichen Himmel)*
	....nein, hast schon Recht - es gibt schon was ...

Dialog aus dem Film *Indien* (1993) von *Alfred Dorfer, Josef Hader* und *Paul Harather*

ad causalitatem (2):

*Selbst die simpelste Arithmetik
wird durch das römische Zahlensystem
unverhältnismäßig erschwert.
Das ist der wahre Grund
für den Untergang des römischen Reiches.*

Keld Knudsen, Informatiker, Mathematiker,
Mann mit Humor und Vater meiner Kinder

INHALT

Teil C: Angewandte Geschichtstheorie - Annäherung an Montesquieu als Historiker

Teil D: Ergebnisse der Textanalysen

D.1. Technik der semantischen Untersuchung der *Considéra-tions* bezüglich deren propositionalen Aufbaus mittels eines Ana-lyse- und Syntheseinstrumentariums, welches die Konzepte "Erklärung", "semantische Felder" sowie "semantische Makrostrukturen" vereint

Teil E: Konklusionen

Teil A

Präsentation, Abgrenzung der Arbeit und ihrer Ziele

A.1. Forschungsziele und Methode

A.1.1. Textsemantische Analyse eines längeren, ganzen, konkreten Textes

Ziel der vorliegenden Arbeit ist zunächst, einen konkreten, längeren und ganzen Text (Montesquieus *Considérations sur les causes de la grandeur des Romains et de leur décadence*, 1734; s. auch A.1.4.) in bezug auf dessen semantische Architektur zu untersuchen.

In bisherigen Beiträgen zur transphrastischen Analyse ist das zu untersuchende bzw. zu formalisierende Sprachmaterial zumeist auf wenige Sätze beschränkt und *ad hoc* von den Autoren selbst erfunden (z.B. Van Dijk 1977: 46ff.; De Beaugrande/Dressler 1981: 18; Kamp/Reyle 1993: 60ff.). Handelt es sich bei den Beispieltexten um authentische Texte, so sind diese entweder nur wenige Sätze lang (De Beaugrande/Dressler 1981: 1ff.; Lundquist [2]1994: 88f., 119f., 146f.), oder es werden nur kurze Ausschnitte analysiert (Van Dijk 1977: 132f.; De Beaugrande/Dressler 1981: 1ff.; Roßdeutscher 1994: 1f.).

Mit unserer Analyse eines konkreten, längeren und ganzen Textes wollen wir diese Lücke schließen.

Dabei sollen die semantischen Inhalte der verschiedensten Textebenen untersucht werden: jene der lexikalischen und innerlexikalischen Ebene und jene der Satzebene (Seme; Sememe; Prädikate und Subjekte; Propositionen), jene der Absätze ("Makropropositionen") und Kapitel ("Megapropositionen") sowie jene des Gesamttextes ("Gigaproposition(en)"). Es gilt dabei, bestimmte Strukturmuster zu untersuchen, zu welchen sich die genannten semantischen Inhalte konfigurieren: semantische Felder, Elaborationsmechanismen sowie Hierarchisierung von Informationseinheiten, wobei speziell auf die Elaborationsmechanismen vom Typ "Erklärung" ein Hauptaugenmerk gelegt werden soll (s.u. A.1.3.).

Die Analyse beschränkt sich im Prinzip auf die semantische Ebene des Textes und wird erst in einem abschließenden Kapitel in bezug auf pragmatische Aspekte perspektiviert (s.u. A.1.2.).

Ein Begriff, welcher üblicherweise im Mittelpunkt von Überlegungen zur Textsemantik steht, namentlich jener der "Kohärenz" ("inhaltlicher Zusammenhang"), wird von uns nicht zentral diskutiert. Wir betrachten Kohärenz als Produkt u.a. der soeben genannten semantischen Strukturen, wie wir dies zu Eingang von Kap. B.5. auch näher erläutern (s. dort). Mit der Beschreibung der Regularitäten der semantischen Strukturen werden daher auch gleichzeitig systematisch Entstehungsbedingungen für Kohärenz beschrieben.

Die Analyse klammert wie gesagt zunächst pragmatische Aspekte bewußt aus, wozu jedoch eine klare Abgrenzung der Untersuchungsebenen "Semantik" und "Pragmatik" vonnöten ist. Diese Abgrenzung wird ebenfalls durchgeführt (s.u. A.1.2.).

Die Analyse versteht sich als globale Analyse der Textarchitektur, das heißt als fertiges, komplettes Produkt und *nicht* als prozedurale Analyse der Schritt-für-Schritt stattfindenden Textproduktion oder -rezeption (Erweiterung des Text-universums o.ä.). Dies bedeutet etwa, daß kataphorische Ellipsen, welche im Text weiter unten vom Autor inhaltlich aufgefüllt werden, in der Formalisierung vorwegnehmend ergänzt werden. Diese methodologische Wahl ist speziell für einen sorgfältig geplanten und gestalteten Text wie die *Considérations* problemlos zu rechtfertigen.

A.1.2. Abgrenzung und Klärung des Untersuchungsniveaus

Die pragmatische Analyse eines Textes setzt eine vollständige Klarlegung der semantischen Substanz des Textes voraus - die Funktion eines Textes ist niemals vollständig erfaßbar, solange der Inhalt nicht komplett explizitiert ist. Eine seman-tisch-pragmatische Textanalyse ist daher ein Zwei-Stufen-Programm mit der se-mantischen Analyse als Basis und der pragmatischen Analyse als einem darauf auf-bauenden Verfahren.

Eine semantische Textanalyse kann daher unabhängig von einer pragmatischen Analyse vorgenommen werden, nicht jedoch umgekehrt.

Wir beschränken uns im Hauptteil der vorliegenden Arbeit auf eine solche se-mantische Analyse, vor allem auch, weil wir meinen, daß in diesem Bereich noch einiges an präzisen Analysemethoden aussteht, ohne deren Hilfe die angestrebten pragmatischen Untersuchungen nicht jene Genauigkeit erreichen können, die möglich und wünschenswert ist (wir illustrieren jedoch exemplarisch in Kap. D.5. des Ergebnisteils der Arbeit gleichsam als Ausblick, wie eine pragmatische Ana-lyse auf der vorangegangenen semantischen Analyse aufbauen kann).

Um uns jedoch auf die rein semantische Textanalyse zu beschränken, ist eine klare Abgrenzung des semantischen vom pragmatischen Bereich notwendig.

In der Literatur ist zuweilen eine diesbezügliche theoretische Haltung feststellbar, dergemäß eine derartige Abgrenzung kaum möglich, ja vielleicht nicht einmal erstrebenswert ist (vgl. LSW: s.v. *Pragmatik*: "[...] In der Sprachwiss. ist die Abgrenzung von P. gegenüber Semantik und Syntax auf der einen und ge-genüber soziolinguistischen Fragestellungen auf der anderen Seite nur theorieab-hängig zu bestimmen. Ein quasi autonomer Beschreibungsbereich [...] ist ihr kaum

zuzurechnen. [...] Besonders schwierig ist die Grenzziehung zwischen P. und →
Semantik, die beide Aspekte von → Bedeutung untersuchen [...]").

Was die Praxis der Textanalyse betrifft, so ist in der Literatur, welche sich vornehmlich mit pragmatischen und weniger mit rein semantischen Fragestellungen
beschäftigt, häufig eine Vermischung der beiden Untersuchungsebenen festzustellen, was insbesondere durch terminologische Unklarheiten gefördert wird
(vgl. Kap. B.2.). Als wichtigstes Beispiel sei hier der Terminus *Argumentation* genannt, welcher zwar relativ einhellig als "bewußt angestrebte Beeinflussung des
Gedankenuniversums des Gesprächspartners" definiert und dessen Untersuchung
daher auch zu Recht der pragmatischen Ebene zugeschrieben wird, der jedoch
(eventuell auch in der adjektivischen Form *argumentativ*) von denselben Autoren
zur Kategorisierung von semantischen Konfigurationen wie dem Syllogismus
herangezogen wird. Die Unterscheidung zwischen der semantischen Form und
der pragmatischen Funktion solcher Sprachstrukturen wird nicht vorgenommen.

Wir meinen jedoch, daß eine solche Unterscheidung möglich ist, wenn man
sich an die von uns vorgeschlagenen Kriterien hält: die semantische Analyse betrifft das kognitive und sprachliche Universum des Sprachproduzenten, die pragmatische Analyse das interaktionelle Universum zwischen Produzent und Rezipient. Wir schlagen zudem eine Beschreibung von Propositionalstrukturen vor, innerhalb derer diese Grenze eindeutig formalisiert werden kann. Gleichzeitig versuchen wir auch, die Terminologie zu desambiguisieren (vgl. Kap. B.3. und B.4.).

A.1.3. Entwicklung einer eigenen Analyse-Methode

Um jene semantischen Strukturmuster zu untersuchen, zu welchen sich semantische Inhalte in Texten konfigurieren können, ist eine Beschreibungsmethode
notwendig, welche auf alle Textebenen gleichermaßen anwendbar ist und welche
gleichzeitig fein genug ist, um alle Strukturen zu erfassen. Die zu untersuchenden
Strukturen sind:

- semantische Felder,
- Elaborationsmechanismen sowie
- die Hierarchisierung von Informationseinheiten.

Diese drei Strukturformen sind wichtige, wenn nicht gar die wichtigsten Pfeiler
der semantischen Architektur von Texten.

Die einzige Beschreibungsmethode, welche semantische Einheiten beliebiger
Größe erfassen kann, ist eine propositionale Darstellung. Mit ihrem Kern aus logischem Subjekt und Prädikat ist die Proposition die kleinste semantische Einheit

mit informativem Gehalt ("etwas wird über etwas ausgesagt"). Die Proposition ist jedoch gleichzeitig auch Baustein für Informationseinheiten höherer Ordnung, von sogenannten Makropropositionen. Es ist möglich, die hierarchische Konstruktion von höhergeordneten Propositionen aus Basispropositionen systematisch zu beschreiben (vgl. Kap. B.6. sowie speziell D.1.). Bevor aus Propositionen jedoch Makropropositionen konstruiert werden können, muß ein weiteres Strukturelement beachtet werden, welches jedoch wiederum propositional zu erfassen ist: die Elaboration. Unter "Elaboration" verstehen wir die Erweiterung einer Basisaussage durch den Sprachproduzenten, deren Motivation pragmatischer Art ist (z.B. der Aussage mehr "Gewicht" zu verleihen), deren mögliche Realisierungen jedoch rein semantisch beschrieben werden können. Zu diesen semantischen Mechanismen zählen wir die *Erklärung*, welche wir als eine Elaborationstechnik definieren, welche das Elaborandum als phänomenologisch oder logisch vom Elaborans abhängig präsentiert (vgl. Kap. D.1.2.). Daraus ergibt sich eine zweigeteilte Textstruktur, welche aus erzählenden und erklärenden Propositionen besteht und deren binäre Struktur sich auf den höheren Textebenen fortsetzt, bis schließlich eine zweiteilige Struktur isoliert werden kann, welche die Hauptaussage des Gesamttextes zusammenfaßt (in unserem Fall: "die Römer sind groß geworden, *weil* ...." bzw. "die Römer sind dekadent geworden, *weil* ...."). Die chronologische Abfolge der erzählenden Propositionen nennen wir *parcours narratif,* jene der erklärenden Propositionen *arrière-fond explicatif* (diese beiden können tabellarisch so formalisiert werden, daß eine linke Spalte den *parcours narratif* und eine rechte Spalte den *arrière-fond explicatif* bildet; vgl. Kap. B.6.1.1.). Erklärende Strukturen sind typisch für bestimmte Textsorten wie die Historiographie, der unser Corpustext angehört.

Das letzte Strukturelement, die semantischen Felder, ist in einer propositionalen Analyse ebenso zu erfassen, auch wenn dies auf den ersten Blick nicht so scheint. Semantische Felder wurden in der Literatur bisher v.a. auf der *langue*-Ebene untersucht. Wir wollen in der vorliegenden Arbeit u.a. auch deren Relevanz auf der *parole*-Ebene aufzeigen, sprich: ihren Beitrag zur semantischen Textarchitektur darlegen. Semantische Felder in Texten oder Isosemien werden am augenfälligsten in Form von Lexemen aktiviert. In dieser Form bilden sie sodann die Prädikate in den von uns untersuchten Propositionen. Da jedoch jede Analyse und damit jede auf dieser Analyse basierende Formalisierung einen willkürlichen (vom Forschungsdesiderat abhängigen) Grad der Genauigkeit/Detailhaftigkeit hat, sind sowohl Propositionen als auch Prädikate (bzw. Prädikate ausdrückende Lexeme) künstliche Grenzen, die in einer anderen Analyse jederzeit über- oder unterschritten werden können. "Der Kaiser X ist groß" kann weiter aufgelöst werden in "X ist Kaiser und X ist groß", "Kaiser" kann erneut in seine semantischen Bestandteile (Seme) aufgelöst werden. Ebenso kann ein Prädikat "groß", das nach unserer Analyse die Seme [+ viel] und [+ gut] enthält, aufgelöst, und "viel" und "gut" können als Prädikate noch tieferliegender Propositionen dargestellt werden. In diesem Sinne integriert sich die von uns vorgeschlagene Definition von "semantischem Feld" als "Menge aller sprachlichen Konstruktionen, welche ein bestimmtes Sem/eine bestimmte Semkonfiguration aktivieren", nahtlos in eine propositional orientierte Analyse. Die in unserem Corpustext untersuchten semantischen Felder sind jene der GRANDEUR und der DÉCADENCE, deren Relevanz bereits der Werktitel des Corpustextes hervorhebt (vgl. Kap. B.5.).

Wir entwickeln in der Folge ein Propositionsmodell sowie ein Modell zur Erfassung von erklärenden Strukturen (Kap. B.4.), ein Modell zur Erfassung von semantischen Feldern (Kap. B.5.) sowie ein Modell zur Erfassung von semantischen Makrostrukturen (Kap. D.1.). Folgende theoretische Beiträge sind dabei von nicht unbedeutender Inspiration:

- semantische Felder: Metzeltin/Jaksche 1983; Lakoff/Johnson 1980;
- Propositionsanalyse: Metzeltin/Jaksche 1983 sowie die Polyphonietheorie nach Ducrot 1984 und 1989;
- Elaborationsstrategien: Metzeltin/Jaksche 1983;
- Makrostrukturen: Van Dijk 1977; Metzeltin/Jaksche 1983.

A.1.4. Demonstration der Anwendbarkeit der Analyse-Methode auf andere Texte

Durch Parallelanalysen von vergleichbaren Texten anderer Autoren soll des weiteren gezeigt werden, daß unsere Analysemethode erfolgreich auch auf andere Texte angewendet werden kann: es handelt sich dabei um Ausschnitte aus Bossuets *Discours sur l'histoire universelle* (1681) sowie die beiden Kapitel zur römischen Geschichte (L und LI) aus Voltaires *Philosophie de l'histoire* (1765).

A.1.5. Demonstration der Brauchbarkeit der Analyse-Methode als Basis der Textinterpretation

Schließlich soll gezeigt werden, daß die Ergebnisse der vorgeschlagenen Analysen praktischen Wert im Rahmen einer Textinterpretation haben, und zwar sowohl in einer in sich abgeschlossenen Einzelinterpretation als auch in textvergleichenden Deutungen.

Es soll gezeigt werden, daß unterschiedliche ideologische Haltungen sich in unterschiedlichem Textaufbau widerspiegeln können, welcher mittels unserer Analysen isoliert werden kann.

Als Orientierungsrahmen stellen wir zunächst die Autoren Bossuet (C.1.), Voltaire (C.2.) und Montesquieu (C.3.) sowie ihre Werke zur römischen Geschichte vor, um sodann die konkret isolierten Textstrukturen zu vergleichen und interpretative Schlüsse daraus zu ziehen (Montesquieus Werk alleine: Kap. D.1. bis D.5; Montesquieu im Vergleich mit Voltaire bzw. Bossuet: Kap. D.6. bzw. D.7.).

A.2. Das Corpus

A.2.1. Wahl des Corpustextes

Als Corpustext für unsere Textanalysen haben wir Montesquieus *Considérations sur les causes de la grandeur des Romains et de leur décadence* (1734) gewählt. Wir haben dabei die Ausgabe der Pléiade von 1951 herangezogen, welche sich auf eine von Montesquieu korrigierte Ausgabe des Werkes aus dem Jahre 1748 stützt.

Der gesamte Text ist mittels Scanner in elektronische Form gebracht und dadurch direkt für die Analyse zugänglich gemacht worden.

Für eine Präsentation des Textes im Rahmen des Gesamtwerkes von Montesquieu s. Kap. C.3.1.2.

A.2.2. Begründung der Wahl des Corpustextes

Ausgehend von der unbefriedigenden Forschungslage in jenem Bereich der Textlinguistik, insbesondere Textsemantik, der sich mit "Kausalität", "Erklärung" und "Argumentation" auseinandersetzt, sollte ein konkreter, längerer und ganzer Text gefunden werden, welcher folgende Kriterien erfüllte:

-   der Text sollte programmatisch erklärend sein;
-   der Text sollte in eine Zeit eines großen philosophisch-wissenschaftlichen Paradigmenwechsels fallen, da zu solchen Zeiten Erklärungsmechanismen besonders elaboriert werden; der letzte große Paradigmenwechsel ist jedoch mit der Aufklärung anzusetzen, in der z.B. im Bereich der Historiographie (welche historische Ereignisse *erklärt*) nicht nur der Wechsel von einer teleologischen zu einer naturwissenschaftlich-kausalen Welt- und damit Geschichtssicht zu verzeichnen war [DHI I: 281], sondern - zumindest in der Auffassung der Lumières - auch der Wechsel vom Prinzip der *érudition* (unreflektiertes Sammeln von Wissensdaten) zum Prinzip der *philosophie* (Synthetisieren und konstruktives Verwerten von Wissensdaten; vgl. z.B. Grell 1993); obwohl im 20. Jahrhundert tendenzielle Neuorientierungen in bestimmten Disziplinen (etwa in den Naturwissenschaften; vgl. Kap. B.1.6.) oder auch globalerer Art (spirituelle Neuorientierung in der Alltagsphilosophie) zu verzeichnen sind, ist das unser Handeln und Denken dominierende Paradigma nach wie vor das mechanisch-kausale der klassischen Physik - es kann also kaum von einem durchgängigen und abgeschlossenen Paradigmenwechsel gespro-

chen werden; damit bleibt die Aufklärung jene Epoche, der der gesuchte
Text entstammen soll; die Wahl eines Textes aus einer solchen Periode
des Umbruchs hat auch den Vorteil, daß dieser mit Texten aus der
nächsten historischen Umgebung verglichen werden kann (deren übrige
Entstehungsbedingungen daher ähnlich sind), welche dennoch in starkem wissenschaftsparadigmatischen Kontrast zu ersterem stehen;

- wie aus dem vorangehenden Punkt ebenso hervorgeht, würde sich
  speziell ein historiographischer Text eignen;

- in Frage kommende historiographische Autoren der Aufklärungsperiode
  wären z.B. Voltaire oder Montesquieu;

- aus den historiographischen Werken dieser beiden Autoren erfüllen die
  Considérations sur les causes de la grandeur des Romains et de leur décadence aufs
  beste die oben gestellten Forderungen:

- der Text ist so lang, daß er ein relevantes Corpus ergibt, gleichzeitig aber
  noch so kurz, um überschaubar und im Rahmen einer ausführlichen
  Analyse handhabbar zu sein (ca. 140 Seiten in der Pléiade-Ausgabe);

- der Text ist programmatisch erklärend (vgl. den Titel [...] *sur les causes*
  ..[...]);

- eine intuitive Erstlektüre bestätigt seinen explikativen Charakter;

- die Tatsache, daß etwa Dedieu (1966: 193) die *Considérations* als das bestkomponierte Werk des Autors nennt, spricht zusätzlich für dessen Wahl,
  insbesondere im Hinblick auf die geplante Analyse zu den Makrostrukturen, welche ja eine sorgfältige Textplanung und -konstruktion zu
  zeigen imstande ist;

- schließlich legt der Titel ([...] *de la grandeur* [...] *et de leur décadence*) noch
  nahe, daß auch eine Untersuchung im Bereich der semantischen Felder
  (hier: GRANDEUR und DÉCADENCE) interessante Ergebnisse ab-
  werfen wird;

- der gewählte Text kann sodann mit Texten aus der näheren zeitlichen
  Umgebung verglichen werden, wozu sich für die Zeit vor dem Paradigmenwechsel z.B. Bossuets *Discours sur l'histoire universelle* (1681) und für
  einen Paralleltext der neuen Ausprägung Voltaires *Philosophie de l'histoire*
  (1765) anbieten.

A.2.3. Relevanz des Corpustextes für Aussagen zum heutigen Französisch

In bezug auf moderne französische Verhältnisse könnte die Relevanz von Aussagen zum französischen Sprachsystem bzw. Sprachgebrauch, welche auf der
Basis eines Corpustextes aus der Aufklärung gewonnen wurden, auf den ersten
Blick relativ erscheinen. Die bedeutendsten Unterschiede dürften jedoch im
lexikalisch-konzeptionellen Bereich liegen (vgl. z.B. das im 18. Jhdt. noch nicht in
der Lesart "sozialer Aufstieg" lexikalisierte *ascension*, DHLF, s.v. *ascendant, ante*),
denen durch eine eingehende lexikographische Absicherung auch Rechnung getragen wird (vgl. Kap. B.5.2.). Vergleicht man jedoch Form und Anwendung jener
sprachlichen Strukturen, welche als erklärende Strukturen analysiert werden
können, so sind diese deckungsgleich mit jenen der Strukturen, welche z.B. Torck
1996 oder andere Autoren (vgl. Kap. B.2.) für zeitgenössische, ja teilweise sogar
sprechsprachliche französische Texte isoliert haben. Auch die Analysen zu semantischen Makrostrukturen, welche Van Dijk (1977: 132ff.; allerdings an einem
englischsprachigen Text) durchführt, decken sich genau mit unseren Beobachtungen (Van Dijk demonstriert seine Analyse sogar an einem Text, welcher
Blüte und Niedergang zweier Industriestädte beschreibt, in welchen die beiden semantischen Felder PROSPERITY und DECLINE genau parallel zu unseren Feldern GRANDEUR und DÉCADENCE den Text strukturieren).

Wir meinen daher, daß unsere Ergebnisse durchaus auch relevant für die moderne französische Situation sind.

A.3. Aufbau der Arbeit

Die vorliegende Arbeit liefert zunächst einen Forschungsbericht zu den relevanten Fragen, entwickelt sodann eigene Beschreibungsapparate, nimmt eine Annäherung an den Autor des Corpustextes, Montesquieu, in seiner Funktion als Schriftsteller, Historiker und Philosoph vor - eine Annäherung, die auch durch den Vergleich zu anderen Gelehrten (Bossuet, Voltaire) geschieht, - und bringt schließlich die Auswertung der Textanalyseergebnisse. Konklusionen und Bibliographie bilden den Abschluß.

Wir erläutern nun in der Folge Inhalt und Aufbau der Arbeit näher.

A.3.1. Die vorliegende Arbeit

Die Arbeit teilt sich in einen Teil A. (die vorliegende Einleitung), einen Teil B. ("Forschungsbericht und eigener theoretischer Ansatz"), einen Teil C. ("Angewandte Geschichtstheorie - Annäherung an Montesquieu als Historiker"), einen Teil D. ("Ergebnisse der Textanalysen"), einen Teil E. ("Konklusionen") sowie F. ("Bibliographie").

Der Teil B. ("Forschungsbericht und eigener theoretischer Ansatz") beginnt mit einer Übersicht der Diskussion des Kausalitätsbegriffes in verschiedenen wissenschaftlichen Disziplinen, wobei auch die Begriffe "Erklärung" sowie die begrifflichen Dichotomien "Ursache - Wirkung" vs. "Grund - Folge" erläutert werden (Kap. B.1.). Dieses Kapitel bietet einen Einstieg in das Thema "Erklärungen" und ist v.a. als Wörterbuchstudie konzipiert.

Sodann folgt ein Forschungsbericht zum Thema "Kausalität und Erklärungen in der Linguistik" (Kap. B.2.), in welchem Beiträge zu diesem Thema aus der linguistischen Literatur untersucht und v.a. auf ihre Brauchbarkeit bezüglich einer textsemantischen Analyse evaluiert werden.

In der Literatur ist speziell eine oftmalige Vermischung der Begriffe "Erklärung" und "Argumentation" festzustellen, daher versucht das folgende Kapitel (B.3.), weiter begriffsklärend zu wirken, indem für die Begriffe "Rhetorik", "Dialektik", "Logik" und "Argumentation" verschiedene Definitionen verglichen, ein geschichtlicher Abriß der dahinterstehenden Disziplinen geliefert, deren Grundbegriffe diskutiert und speziell die Relevanz dieser Grundbegriffe für die vorliegende Arbeit festgemacht werden. An dieser Stelle wird "Argumentation" als pragmatischer Begriff endgültig aus unseren Überlegungen ausgeschieden.

Wir bringen sodann unseren eigenen Beschreibungsansatz für das linguistische Phänomen der Erklärung (Kap. B.4.), welcher sich einerseits dadurch auszeichnet, daß er propositional ist, und andererseits, daß er zwischen kausalen und logischen Erklärungen unterscheidet. Erstere stellen Phänomene als voneinander abhängig dar und sind formal gesehen sehr explizit (ausgedrückt über kausative Konstruktionen wie *agrandir, faire grandir* etc.). Logische Erklärungen stellen Sätze (Aussagen) als voneinander abhängig dar, arbeiten also logisch schließend (syllogistisch); formal gesehen beinhalten sie oft ein implizites Moment (ausgedrückt in enthymemischen Schlüssen); sie basieren auf angenommenen gesetzmäßigen Zusammenhängen, während kausale Erklärungen sich rein auf einen Einzelfall beziehen.

Das nächste Kapitel (B.5.) bringt unseren eigenen Beschreibungsansatz zum Thema "semantische Felder", indem wir zuerst die Begriffe "grandeur" und "décadence" in der französischen Aufklärung (anhand der *Encyclopédie* von Diderot und D'Alembert) sowie die Wortgeschichte der Lexeme *grandeur* und *décadence* (anhand von etymologischen Wörterbüchern) lexikographisch absichern, einen kurzen Forschungsbericht zum Thema "semantische Felder u.ä." folgen lassen, um sodann Hypothesen zu Entstehung und Aufbau von semantischen Feldern sowie einen Versuch einer systematischen Definition von semantischen Gegensätzen zu bringen (wir betrachten semantische Gegensätze als wichtige Strukturgeber innerhalb von semantischen Feldern). Schließlich werden alle der als möglich erachteten Subfelder der Felder GRANDEUR und DÉCADENCE konstruiert, das Verhältnis von GRANDEUR und DÉCADENCE zueinander festgemacht und schließlich exemplarisch tatsächlich im Text aufgefundene Sprachstrukturen aufgelistet, welche die als potentiell im Text vorkommend vorausgesagten semantischen Felder aktivieren.

Das letzte Kapitel von Teil B. beschäftigt sich mit semantischen Makrostrukturen (B.6.). Es beginnt mit generellen Überlegungen zu Elaborationsstrategien, zu deren Status im Rahmen von Makrostrukturen und schließlich zu Texttypologien, die auf makrostrukturellen Konfigurationen basieren. Darauf folgt ein Forschungsbericht zum Thema "Makrostrukturen". (Eine Demonstration unserer eigenen Technik der Synthese von untergeordneten zu übergeordneten propositionalen Einheiten bringen wir sodann in Kap. D.1. des Ergebnisteils, da in diese Darstellung bereits einige Ergebnisse einfließen.)

Der Teil C. ("Angewandte Geschichtstheorie - Annäherung an Montesquieu als Historiker") beginnt mit einer Vorstellung von Bossuets *Discours sur l'histoire universelle* und dessen Geschichtssicht (speziell seiner Sicht der römischen Geschichte) anhand dem Werk entnommener Aussagen des Autors (C.1.).

Das nächste Kapitel stellt Voltaires *Philosophie de l'histoire* und die Geschichtssicht des Autors (dabei erneut speziell die der römischen Geschichte) anhand von
verschiedenen Werken entnommenen Aussagen Voltaires vor (C.2).

Das letzte Kapitel von Teil C. ist Montesquieu gewidmet und bringt zunächst
eine Übersicht über Stellungnahmen zum Autor in der Sekundärliteratur (Biographie; Werke; Forscherpersönlichkeit, Zugang und Methode; Montesquieus
Theorien; Montesquieus Idiosynkrasien: Originalität und Kontinuität, Stärken und
Schwächen; Montesquieus Werk: Reaktionen und Wirkung) sowie in der Folge
eine genauere Präsentation zu Aufbau und Inhalt der *Considérations* (C.3.).

Teil D. ("Ergebnisse der Textanalysen") beginnt mit einer Präsentation unseres
Analyse- und Syntheseinstrumentariums, welches die Konzepte "Erklärungen",
"semantische Felder" und "semantische Makrostrukturen" vereint (D.1.). Darauf
folgt eine Darstellung der Ergebnisse der Textanalysen der *Considérations* im
Bereich der erklärenden Strukturen (D.2.), der Makrostrukturen (D.3.) und der
semantischen Felder (D.4.) sowie ein Kapitel zur schriftstellerischen und historiographischen Berufung von Montesquieu, wie sie aus den Textdaten ablesbar ist
(D.5.).

Sodann folgen die Kapitel D.6. sowie D.7., welche die Ergebnisse der Textanalysen der *Considérations* mit jenen von Voltaires bzw. Bossuets Paralleltext vergleichen.

Die Kapitel E. ("Konklusionen") sowie F. ("Bibliographie") bilden den Abschluß.

A.3.2. Der Materialteil

Der Materialteil umfaßt sämtliche Textanalysen zu Montesquieu, Voltaire und
Bossuet in formalisierter, teilweise tabellarischer Form. Er ist nicht Teil des
vorliegenden Buches, sondern wurde zur Dokumentation unseres Arbeits-
vorganges anläßlich unseres Habilitationsverfahrens an der Universität Wien ein-
gereicht, das heißt ist an der Bibliothek der Universität Wien zugänglich. Da es
sich dabei lediglich um ein Arbeitsinstrumentarium handelt, hatten wir aus Zeit-
und Relevanzgründen (es handelt sich um ca. 1000 Seiten Text in Punktgröße 10,
abgefaßt in einzeiligem Abstand) von einer genauen Überarbeitung und Korrektur
abgesehen und bitten unsere Leser, über die unvermeidlichen Tippfehler, Nume-
rierungsfehler und andere Unaufmerksamkeiten großzügig hinwegzusehen.

Der Materialteil ist in drei Teile geteilt, wovon Teil A. den Analysen der *Considérations* von Montesquieu gewidmet ist, Teil B. jenen der *Philosophie de l'histoire* von Voltaire und Teil C. jenen des *Discours sur l'histoire universelle* von Bossuet.

Teil A. besteht zunächst aus einer kapitelweisen Analyse und propositionalen Formalisierung der Mikroebene, ausgehend vom Originaltext der *Considérations*, der Konstruktion des jeweiligen *parcours narratif* und *arrière-fond explicatif* in tabellarischer Form (wobei in diese Tabelle auch sogleich die aus den Mikrostrukturen konstruierten Makrostrukturen - Absatzpropositionen - eingetragen werden und deren Bildungsprinzip kommentiert wird) sowie einer tabellarischen Aufstellung der im Kapitel aktivierten semantischen Felder unter Hinweis auf den explikativen Verknüpfungsmodus zwischen diesen Feldern ("verursacht durch", "bedingt durch", "motiviert durch"). Letztgenannte Tabelle wird aus der Tabelle des jeweiligen *parcours narratif* und *arrière-fond explicatif* gewonnen, der u.a. auch diese Informationen zu den aktivierten semantischen Feldern enthält; es wird dabei allerdings die textchronologische Ordnung durch eine semantische Ordnung ersetzt. Neben den genannten Angaben enthält die Tabelle des jeweiligen *parcours narratif* und *arrière-fond explicatif* i.ü. auch Angaben zum semantisch-logischen Status der aus dem Text isolierten Propositionen (z.B. "Minor", "Konklusion", etc.) sowie zu den Oberflächenstrukturen (*anéantir, parce que, car*, Nominalapposition, Juxtaposition von Sätzen etc.), durch welche der erklärende Zusammenhang realisiert wird. Für eine ausführliche Darstellung unserer Vorgehensweise einschließlich Beispiele s. Kap. D.1. des vorliegenden Buches.

Es folgt eine kapitelweise Analyse der Megaebene in tabellarischer Form. Den Abschluß bilden die Analysen zur Giga-Ebene, zur Giga-Plus-Ebene sowie zur Meta-Giga-Ebene, alle jeweils in tabellarischer Form.

Teil B. besteht zunächst aus einer kapitelweisen Analyse und propositionalen Formalisierung der Mikroebene, ausgehend vom Originaltext der *Philosophie de l'histoire*, der Konstruktion des jeweiligen *parcours narratif* und *arrière-fond explicatif* in tabellarischer Form einschließlich der Makrostrukturen sowie einer tabellarischen Aufstellung der im Kapitel aktivierten semantischen Felder. Es folgt eine kapitelweise Analyse der Megaebene in tabellarischer Form. Den Abschluß bilden die Analysen zur Mega-Plus-Ebene und zur Mega-Plus-Plus-Ebene, beide jeweils in tabellarischer Form. Die unterschiedliche Einteilung im Vergleich zu den *Considérations* ergibt sich daraus, daß ja nur zwei Kapitel aus einem Gesamtwerk analysiert werden und die Gesamtaussage der beiden Kapitel daher nicht der Giga-Struktur (= Gesamttextaussage) entspricht.

Teil C. besteht zunächst aus einer auszugsweisen Analyse und propositionalen Formalisierung der Mikroebene, ausgehend vom Originaltext des *Discours sur l'histoire universelle*, der Konstruktion des jeweiligen *parcours narratif* und *arrière-fond explicatif* in tabellarischer Form einschließlich der Makrostrukturen sowie einer tabellarischen Aufstellung der im Kapitel aktivierten semantischen Felder. Es folgen Analysen von höheren Textebenen, jeweils in tabellarischer Form.

A.4. Entstehungsbedingungen

Wir möchten an dieser Stelle noch einen Hinweis in bezug auf die Entstehungsbedingungen der vorliegenden Arbeit geben, da deren Beitrag dazu nicht unwesentlich war.

Ohne das von der Österreichischen Akademie der Wissenschaften verliehene dreijährige APART-Stipendium ("Austrian Programme for Advanced Research and Technology") sowie die dadurch ermöglichten Forschungsaufenthalte in Kopenhagen und Genf wäre die Realisierung dieser Arbeit nicht in der vorliegenden Form möglich gewesen.

A.5. Referenzangaben

Wir schließen unsere Einleitung mit einem Hinweis auf das von uns verwendete System in bezug auf Referenzangaben. Referenzangaben vor Satzzeichen (Punkt, Beistrich, Strichpunkt, Doppelpunkt) beziehen sich nur auf den davorliegenden Satz(teil). Angaben hinter einem Punkt beziehen sich dagegen auf alle vorangehenden Sätze ab der letzten Referenzangabe.

Teil B

Forschungsbericht und eigener theoretischer Ansatz

B.1. Der Begriff der Kausalität in den verschiedenen wissenschaftlichen Disziplinen

Wir beleuchten in unserem ersten Kapitel zunächst den Kausalitätsbegriff aus wissenschaftstheoretischer Sicht, wobei wir die historische Entwicklung der Kausalitätsdiskussion in einzelnen für unsere Arbeit relevanten wissenschaftlichen Disziplinen nachzeichnen, was uns später bei der Findung unserer eigenen Kausalitätskonzeption hilfreich sein wird. Den historischen Abrissen schicken wir einige Unterkapitel voraus, in denen Begriffsklärungen von Konzepten vorgenommen werden, welche mit dem Kausalitätsbegriff eng verwoben sind. Es handelt sich dabei speziell um den Begriff der "Erklärung" sowie die begrifflichen Dichotomien "Ursache - Wirkung" vs. "Grund - Folge".

B.1.1. Das wissenschaftstheoretisch-philosophische Konzept "Erklärung" und das Konzept der Kausalität in dessen Rahmen

Im umgangssprachlichen Gebrauch bedeutet "Erklärung" "etwa (1) (zumeist mit besonderen Geltungsansprüchen versehene oder mit bestimmten sozial geregelten Folgen oder Bedingungen verbundene) Mitteilung über das Bestehen eines (besonders bedeutsamen) Sachverhaltes, (2) Erläuterung des Gebrauchs eines Ausdrucks oder des Sinns eines Textes, (3) Deutung der Absichten eines Handelnden, (4) Rückführung des Eintretens eines Ereignisses auf seine Gründe oder Ursachen, (5) Einordnung eines (individuell dargestellten) besonderen Sachverhaltes in allgemeine (z.B. durch Gesetze dargestellte) Zusammenhänge" [EPW 1: 579]. Hierbei ist anzumerken, daß die Gemeinsamkeit dieser Arten von Erklärungen weniger in deren syntaktischer oder logisch-semantischer Form, sondern vielmehr in deren Pragmatik zu finden ist: ihre pragmatische Funktion liegt in der Darstellung von Sachverhalten, welche "eine als erforderlich angesehene (und daher zumeist auch eingeforderte) Orientierungsgrundlage bzw. -hilfe für das Handeln angeben, und zwar nicht nur für das Handeln in jener konkreten Situation, sondern für das Handeln in Situationen eines bestimmten Typs, für bestimmte Handlungs- *weisen.*" [EPW 1: 579]. Mitteilungen und Wort- oder Texterklärungen gelten i.a. nicht als wissenschaftliche Erklärungen. Als wissenschaftliche Erklärungen sind in der philosophischen Tradition folgende Konzepte anzutreffen: "(1) E. ist eine Rückführung aufs Eigene, d.h. auf das eigene Wahrnehmen oder Denken. (2) E. ist die Unterordnung unter oder die Einordnung in das Allgemeine. (3) E. ist die Darstellung der Entwicklung aus Begriffen. (4) E. ist die Darstellung der Ent-

stehungsweise oder der Erzeugungsmöglichkeiten aus wirklichen Zuständen."
[EPW 1: 579]

Im Bereich der wissenschaftlichen Erklärungen kann man folgende Arten unterscheiden:

1. die *deduktiv-nomologische* Erklärung, welche ein Ereignis erklärt, indem jenes (im einfachsten Fall) als Konsequens eines allgemeinen Gesetzes und einer Anfangsbedingung dargestellt werden kann:

A (N)
$\forall x\ (A(x) \rightarrow B(x))$

B(N)

(Lies: Es gilt, daß A über N ausgesagt werden kann, und es gilt das Gesetz, daß immer wenn A über ein x ausgesagt werden kann, B über x ausgesagt werden kann; daher kann hier B über N ausgesagt werden).

Im allgemeinen bedarf es jedoch mehrerer solcher Gesetze und mehrerer Anfangsbedingungen, woraus sich auch jene Notation ergibt, welche auf Hempel und Oppenheim zurückgeht:

$A_1, A_2, \ldots\ldots, A_k$	Anfangsbedingungen	} Explanans
$G_1, G_2, \ldots\ldots, G_n$	Gesetze	
---	logische Ableitung	
E	Explanandum	

Im Hinblick auf die Gültigkeit dieser Erklärungsform forderten Hempel und Oppenheim - neben der formalen Korrektheit der Deduktion -, daß das Explanans mindestens ein universelles Gesetz umfassen soll, daß die Gesetze des Explanans empirischen Gehalt besitzen und daß alle Aussagen des Explanans wahr (später: *hochbestätigt*) zu sein haben. Daraus ergeben sich jedoch Probleme wie etwa die Unterscheidung von universellen Gesetzesaussagen und anderen Allaussagen sowie
die Definition der Qualität "empirischer Gehalt". Umstritten ist weiters die von Hempel und Oppenheim behauptete strukturelle Identität von Erklärung und Prognose, welche sich pragmatisch dadurch unterscheiden, daß einmal das Konsequens ein stattgefundenes Ereignis (Erklärung), einmal ein zukünftiges (Prognose) ist. Die in der deduktiv-nomologischen Erklärung angewendeten Gesetze

können ihrerseits wiederum von noch allgemeineren Gesetzen abgeleitet werden. [EPW 1: 581f.]

Die deduktiv-nomologische Erklärung wird auch *Hempel-Oppenheim-* (oder verkürzt *HO-*)Erklärung genannt, in der englischsprachigen Literatur meist *covering-law-model* (weil darin ein Gesetz "abgedeckt" wird) [EPW 1: 581f.; PFL: 132f.].

Die deduktiv-nomologische Erklärung entspricht insofern syllogistischem Schließen, als die *præmissa maior* ("alle Menschen sind sterblich") in eine Implikation mit der Form der obengenannten universellen Gesetze umgeformt werden kann ("$\forall x(\text{Mensch}(x) \rightarrow \text{sterblich}(x))$"), die *præmissa minor* ("Sokrates ist ein Mensch") ist nichts anderes als die Anfangsbedingung ("Mensch(Sokrates)"), die Konklusion ("Sokrates ist sterblich") ist das Explanandum ("sterblich(Sokrates)").

2. die *induktiv-statistische* Erklärung arbeitet mit Wahrscheinlichkeitsverhältnissen nach dem Schema "r = p(B/A)" (lies: "die statistische Wahrscheinlichkeit dafür, daß einem Objekt mit der Eigenschaft A auch die Eigenschaft B zugeschrieben werden kann, beträgt r"):

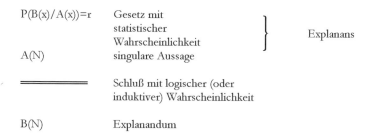

Die Schwierigkeiten bei dieser Form von Erklärung bestehen in der Interpretation der statistischen und der logischen Wahrscheinlichkeit und in der Tatsache, daß diese Wahrscheinlichkeitsangaben wissensrelativ sind. Versuche, das letzte Problem zu umgehen, sind zu verzeichnen durch Carnap ("requirement of total evidence" - Einbeziehen des gesamten verfügbaren Wissens einer Zeit) und Hempel ("requirement of maximal specivity" - Einbeziehung des gesamten, potentiell relevanten Wissens). Da die induktiv-statistische Erklärung dennoch nicht zu eindeutigen Schlüssen führen kann, wird diese häufig als bloße *Begründung* oder *Argument*, nicht aber als Erklärung für das Eintreten des Explanandum-Ereignisses betrachtet [EPW 1: 582f.]: unter "Begründung" (oder auch "schlüssige Argumentation") für eine theoretische Behauptung (Aussage) oder eine praktische (normative) Orientierung versteht man jenen Vorgang, im Rahmen dessen die *Zustimmung* aller *vernünftig* denkenden *Gesprächspartner/Zuhörer* insofern erreicht wird, als man von *Aussagen* ausgeht, über welche bereits ein *allgemeiner Konsens* besteht, und auf dieser Basis *schrittweise* über *logische Operationen* die Zustimmung zu *weiteren Aussagen* erreicht, bis die Gesprächspartner die *Zustimmung* zur *in Frage stehenden Aussage* nicht weiter verweigern können, ohne einer bereits akzeptierten Aussage zu widersprechen; die *einzelnen Schritte* ("Zwischenaussagen") auf diesem Weg bezeichnet man als "Argumente" [EPW 1: 161; 272; 582f.].[1]

3. *Ursachen*erklärung: Ein Ereignis x kann erklärt werden, indem es als *Wirkung* betrachtet wird, das von einer Reihe *Ursachen a, b, ..., n* hervorgerufen wird. Seit Hume war es unter Empiristen und Positivisten üblich, Ursachenerklärungen mit den deduktiv-nomologischen Erklärungen zu identifizieren. In der modernen Wissenschaftstheorie werden diese beiden Erklärungstypen teilweise mit dem Hinweis darauf auseinandergehalten, daß das Verweisen auf regel- und gesetzmäßige Zusammenhänge zwar als Kriterium kausaler Zusammenhänge betrachtet werden kann, nicht jedoch das nähere Wesen eines derartigen Zusammenhanges darzulegen imstande ist [PFL: 133] (s. zum letzten Punkt die Diskussion v.a. in Kap. B.1.5). Hempel nimmt dazu folgendermaßen Stellung: "causal explanation is deductive-nomological in character. [...] The converse does not hold: there are deductive nomological explanations which would not normally be counted as causal." (Hier verweist der Autor beispielsweise auf Fälle von simultaner Abhängigkeit, wie etwa Temperatur und Ausdehnung von Gasen.) [Hempel 1966: 99]

Unseres Erachtens ergibt sich aus der Identifizierung, wie Hempel sie hier vornimmt, zwischen deduktiv-nomologischer Erklärung und Ursachen-Erklärung ein weiteres - nicht unbedeutendes epistemologisches Problem: namentlich die irreführende Verschmelzung von Phänomenologie und Logik. Die Ursachenerklärung stellt die Abhängigkeit von Phänomenen fest, die deduktiv-nomologische Erklärung bewegt sich rein - wie der Name "deduktiv" klar festlegt - auf der Ebene des logischen Schließens. (Diese Ebenen sind seit Kant als zu differenzieren erkannt, jedoch erst seit Schopenhauer klar differenziert worden [THR VIII: 83].) Zwar kann man auf dieselben Zusammenhänge sowohl als Zusammenhänge zwischen Phänomenen als auch als Zusammenhänge zwischen Sätzen, die diese Phänomene ausdrücken, referieren, es sollte jedoch klar sein, auf welcher

---

1   Für unsere Definition von "Argument"/"Argumentation" als sprachwissenschaftliche Termini s. Kap. B.3.

Ebene man sich dabei bewegt. Hempel sagt an anderer Stelle [1966: 106] bezüglich eines Fallbeispiels aus: "[an explanation where] the explanans does not imply, and thus fully explain that particular slip [...] might be called a *partial explanation* [...] by contrast, a deductive-nomological explanation of the form (D) [lies: die Standardform] might then be called *complete* since the explanans here does imply the explanandum." Wiederum an einer anderen Stelle des oben erwähnten Artikels [1966: 101f.] verweist Hempel allerdings in bezug auf die statistisch-induktive Erklärung ausdrücklich auf den Unterschied zwischen logischer und statistischer (phänomenaler) Probabilität: "The double line separating explanandum from explanans [s. oben im Schema unter 2.; Anm.d.Verf.] is to indicate that, in contrast to the case of the deductive-nomological explanation, the explanans does not logically imply the explanandum, but only confers a high likelihood upon it. The concept of likelihood here referred to must be clearly distinguished from that of statistical probability, symbolized by "p" in our schema [s. oben im Schema unter 2.; Anm.d.Verf.]. A statistical probability is, roughly speaking, the long-run relative frequency with which an occurrence of a given kind (say, F) is accompanied by an "outcome" of a specified kind (say, O) [= zwischen Phänomenen; Anm.d.Verf.]. Our likelihood, on the other hand, is a relation (capable of gradations) not between kinds of occurrences, but between statements." Unbeantwortet bleibt bei Hempel hier, ob und warum der entsprechende Unterschied nicht auch im Rahmen der deduktiv-nomologischen Erklärung festzumachen ist, wo er dem Unterschied zwischen der Implikation innerhalb der Gesetze und dem Schluß vom Explanans auf das Explanandum entspräche. Geht man jedoch auf parallele Weise vor und legt fest, daß das Explanandum eine logische Folge des Explanans ist, während die im Explanans herangezogenen Gesetze, welche die Zusammenhänge zwischen Phänomenen beschreiben, als eine Ursachenerklärung spezieller Art betrachtet werden können, ergibt sich ein weiteres Problem: die Gesetze geben keine Referenz auf konkrete Einzelfälle, wie dies bei der statistischen Wahrscheinlichkeit der Fall war.

Eine Interpretation der Kausalerklärung als Deduktion ist zudem nur in jenen Fällen haltbar, wo ein eingetretenes Ereignis plausibel gesetzhaft mit einem vorangehenden zu verbinden ist. Einzelereignisse komplexer Art, wie etwa historische Ereignisse und jene, welche auf freien menschlichen Willensentscheidungen (erkennt man solche an) beruhen, sind auf diese Weise nicht erfaßbar.

Ein Beitrag des Wissenschaftstheoretikers Stegmüller greift einige der hier gestellten Fragen auf, wobei allerdings für nicht alle eine befriedigende Lösung gefunden wird und neue Fragen aufgeworfen werden. Stegmüller versucht, eine Definition für die "kausale Erklärung" zu finden, indem er von der deduktiv-nomologischen Erklärung ausgeht, deren Gesetz(e) im Explanans "kausale Gesetze" sind. Letztere definiert der Autor in einer engen Form als "quantitative, deterministische, mittels stetiger mathematischer Funktionen darstellbare Mikro-Sukzessions-Nahwirkungsgesetze, die sich auf ein homogenes und isotropes, von bestimmten Erhaltungsprinzipien beherrschtes Raum-Zeit-Kontinuum beziehen" (Stegmüller 1970: 166); in einer weiten Form als "quantitative deterministische Nahwirkungsgesetze" (Stegmüller 1970: 167), sprich: als mathematisch beschreibbare physische Zusammenhänge (die genauen Erläuterungen des Autors zu den angeführten Eigenschaften sind für uns hier weniger relevant). Für uns interessant sind vielmehr die direkten oder indirekten Hinweise des Autors in bezug auf die Natur von Erklärungen. In einer Fußnote erwähnt Stegmüller (1970: 172; n.2), daß seine in den Erklärungen herangezogenen Symbole "gewöhnlich" Sätze ("sprachliche Gebilde") und nicht Phänomene bezeichnen - der Autor möchte damit unnötige Kompliziertheit in den Formulierungen vermeiden. Dies trägt jedoch nicht geradezu zur Aufklärung unserer Fragestellung bei, zumal ja nicht klar wird, wann nun der "gewöhnliche" Fall anzusetzen ist und wann nicht. Stegmüller (1970: 162) ist jedoch explizit, was den Zusammenhang zwischen Explanans und Explanandum betrifft: letzteres wird aus ersterem "logisch deduziert". Stegmüller (1970: 160) verwirft ferner den Ursachenbegriff als zu unpräzisen Alltagsbegriff. Folgende Probleme gibt der Autor jedoch zu bedenken: die nach wie vor ausstehende befriedigende (und oben schon angesprochene; Anm.d.Verf.) Formulierung der Adäquatheitsbedingungen (wie etwa des empirischen Gehalts) des Explanans *aller* Arten von deduktiv-nomologischen Erklärungen (1970: 162); die Tatsache, daß alle angenommenen Gesetze immer hypothetisch sind, da keine Gesetzesaussage definitiv verifizierbar ist - ist eine Erklärung adäquat, ist sie daher nicht minder hypothetisch; schließlich die Tatsache, daß der Gesetzesbegriff (und wenn man den Ereignisbegriff als "alles nicht-Gesetzliche" definieren möchte, damit auch der Ereignisbegriff) noch nicht befriedigend definiert werden konnte (1970: 171f.). Alle diese Probleme müssen noch gelöst werden, damit wissenschaftliche (u.a. kausale) Erklärungen "einen präzisen Sinn erhalten" (1970: 172).

Faßt man diese Hinweise zusammen, so kann man sagen, daß wissenschaftliche Erklärungen Arbeitshypothesen mit heuristischer Funktion sind, welche die Grundlage empirischer Untersuchungen bilden können, die durch empirische Ergebnisse falsifiziert, niemals jedoch verifiziert werden können. Sie sind daher nicht als Aussagen über Phänomene zu verstehen, und ihr Status ist daher eindeutig und unproblematisch als dem logischen Universum angehörig zu interpretieren, auch wenn dies in der Diskussion nicht immer deutlich wird.

Eine "Ursachen-Erklärung" im Sinne einer Darlegung des näheren Wesens eines gesetzmäßigen Zusammenhanges (nicht im Sinne der "kausalen Erklärung"

Stegmüllers) ist nach bisher Gesagtem von der deduktiv-nomologischen Erklärung zu trennen und wohl bis auf weiteres nicht zu leisten.

Auch die induktiv-statistische Erklärung wird gelegentlich zur Ursachenerklärung herangezogen (etwa in den psychologischen Lernmodellen von Suppes oder im Rahmen der analytischen Philosophie - hier neben den deduktiv-nomologischen Erklärungen) [EPW 2: 374]. Hier gelten u.E. dieselben Überlegungen bezüglich des Status der Erklärung wie bei der deduktiv-nomologischen Erklärung.

4. *Dispositions*erklärung: Ein Ereignis wird dadurch erklärt, daß irgendetwas eine Tendenz dazu aufweist, daß ein Ereignis der in Frage kommenden Art eintreten kann (etwa wenn ausgesagt wird: "Das Glas zerbrach, weil es spröde war") [PFL: 133].

5. *Motiv*erklärung: erklärt werden die Handlungen einer Person (evt. eines Tieres) ausgehend von deren (dessen) Motiven oder Zielen. Dabei ist umstritten, ob Motiverklärungen als Ursache-, aber auch Dispositionserklärungen aufgefaßt werden können. Argumente dagegen sind etwa Hinweise auf den freien menschlichen Willlen, welcher eine Erklärung für Handlungen durch Ursachen oder Disposition ausschließt [PFL: 133].

Die Motiverklärung kann gedacht werden als Teil des allgemeineren Konzepts der *Handlungs*erklärung (E. des menschlichen Handelns, aber auch von historischen Entwicklungen). Will man in diesem Bereich mittels deduktiv-nomologischer Erklärungen vorgehen, so stellen sich verschiedene Probleme: zum ersten sind kaum alle Gesetze und Anfangsbedingungen, welche zur Deduktion des zu erklärenden Phänomens notwendig sind, zur Hand, und zum zweiten impliziert der Rückgriff auf eine derartige Erklärung die universelle Gesetzmäßigkeit von menschlichem Handeln. Zwar ist dieses in weiten Bereichen durch institutionelle Sanktionierung und (im persönlichen Bereich) durch Gewohnheiten regularisiert, welche selbst allerdings veränderbare Größen sind. Daher wäre hier wiederum die Forderung der maximalen Spezifität in bezug auf den institutionellen Rahmen und auf die individuellen Handlungsgewohnheiten zu stellen. Ein weiterer Problemfaktor ergibt sich auch dadurch, daß menschliches Handeln oftmals intentional (wirkungs- oder zweckgebunden) oder aber eine reine Befolgung einer Regel ist (insbesondere einer Interaktionsregel). Für die Feststellung der beiden letztgenannten Faktoren gibt es jedoch keine methodisch geregelten Verfahren. Auch die Selbstdarstellung des Handelnden (welche ihrerseits keine unbedingt feste Größe ist) würde ein ausschlaggebendes Kriterium im Rahmen der Erklärung abgeben. Würde man angesichts der genannten Unsicherheiten nur induktiv-statistische Erklärungen für menschliches Handeln zulassen, dann fehlen Methoden, mittels derer die Wahrscheinlichkeit *r* festzulegen ist. Gelegentlich wird daher die Aufgabenstellung für Handlungserklärungen insofern umdefiniert, als nicht mehr nach solchen Prämissen, von denen man auf die Ausführung einer Handlung schließen kann, gefahndet wird, sondern nach solchen, welche die Ausführung der Handlung als begründet erscheinen lassen würden, mit anderen Worten: gesucht werden nicht die *Ursachen*, sondern die *Gründe* für menschliches Handeln (s. auch die Diskussion "Grund vs. Ursache" im folgenden Kapitel der vorliegenden Arbeit). Solche Erklärungen sind sodann als *rationale* oder *intentionale* Erklärungen bezeichnet worden. Diese methodische Umdefinierung wird durch das Postulat ermöglicht, daß "Vernunftgründe" (Gründe, die für die Ausführung einer Handlung sprechen) insofern "Realgründe" (Beweggründe) werden können, als handelnde Subjekte durch erstere überzeugt werden können. Dieses Postulat ist Voraussetzung, will man die Sinnhaftigkeit praktischen Argumentierens aufrechterhalten. Damit wird nicht die Form der Erklärungen, sondern der logische Inhalt dieser verändert: rationale Folgerungsbeziehungen (Begründungsbeziehungen) zwischen Deutungen (von Zwecken oder Situationsinterpretationen) und Handlungen ersetzen formale Folgerungsbeziehungen zwischen Gesetzes- und Ereignisaussagen [EPW 1: 583f.].

6. *Erklärung von Sinnzusammenhängen*: die Sinnhaftigkeit von etwas wird mit dem Hinweis auf den Kontext erklärt. Diese Erklärungsform findet sich häufig in der Literatur-, aber auch Geschichtswissenschaft, wo Textstellen bzw. historische Ereignisse auf diese Art erklärt werden. Auch hier ist umstritten, ob diese Erklärungsform entweder ersetzt durch oder vereinbart mit Ursache- oder Dispositionserklärungen werden kann [PFL: 133].

7. *Modellerklärung*: Von dieser Art von Erklärung spricht man, wenn etwas dadurch als erklärt angesehen werden kann, als daß es in ein im vorhinein angenommenes Modell zu einem bestimmten Teil der Wirklichkeit paßt (etwa ein Atom-Modell oder ein Gesellschaftsmodell für eine bestimmte Periode). Insofern bestimmt das Modell, welches vorausgesetzt wird, welche Erklärung als akzeptabel gelten kann [PFL: 133].

Eine begriffliche Unterscheidung zwischen *Erklärung* und *Verstehen* wird von Dilthey (2. H. 19./Anf. 20. Jh.) eingeführt: ihm gemäß benützen die Naturwissenschaften Erklärungen, indem sie vor dem Hintergrund einer Reihe von Beobachtungen eine Theorie um einen allumfassenden, ursächlich bestimmten Naturzusammenhang *konstruieren*. Die Geisteswissenschaften brauchen diesen Umweg

nicht zu gehen, da sie aufgrund der Tatsache, daß wir unsere eigenen Be-
wußtseinsvorgänge und unsere eigenen kulturellen Leistungen "von innen"
verstehen, einen direkten Zugang zu den bewußtseinsmäßigen und kulturellen Zusammenhängen haben [PFL: 133].

Einen ähnlichen Hintergrund hat auch das Begriffspaar "Objektivierung vs. Idea-
lisierung" von Erklärungen, welches im Rahmen von Wissenschaftstheorie und
Philosophie eine wichtige theoretisch-methodologische Rolle spielt. Man unterscheidet zwischen *subjektiven* (und zumeist *idealistischen*) und *objektiven* Erklärungs-
konzepten. Subjektive Konzepte, welche Bezug nehmen auf das wahrnehmende,
denkende und erklärende Subjekt, werden speziell zur Erklärung des menschlichen Handelns, Meinens, Wollens und Empfindens herangezogen (s. die obige
Diskussion in Punkt 5. bezüglich *Handlungs*erklärungen). Dabei sekundieren idealistische (d.h. über Begriffe konstruierte) Erklärungen insofern, als das beschreibende Subjekt die Vorgänge im zu beschreibenden Subjekt aufgrund der
eigenen Wahrnehmung und des eigenen Denkens begrifflich rekonstruiert und
damit erklärt ("versteht" im Sinne Diltheys; Anm.d.Verf.). Dagegen werden für
"äußere" (durch intersubjektive Beobachtung zugängliche) Ereignisse objektive
Erklärungen gesucht; d.h. Erklärungen, welche subjekt-invariante, allgemeine Gesetze oder Regeln zur Grundlage haben. Diese Erklärungen dienen der Darstellung der Wirklichkeit und nicht der begrifflichen Konstruktion derselben.
Was die *Wissenschaftsgeschichte* betrifft, ist durch deren gesamten Verlauf eine ständige Objektivierung der Erklärungen zu verzeichnen. Dies betrifft sowohl die

- *Orientierung* (im Sinne der wissenschaftlichen Zielsetzung: Gegenstände
  sollen *subjektunabhängig* beschrieben werden; dokumentiert wird diese
  Tendenz durch die Schaffung des Wissenschaftszweiges des Dynamik,
  der technikorientierten Darstellung von Bewegung) als auch die
- *Kategorien* (es werden nur noch *intentionsunabhängige* (= objektive) Grundbegriffe in den Erklärungen zugelassen; dokumentiert wird diese Tendenz durch die Entwicklung *innerhalb* der Dynamik: hin zur klassischen
  Mechanik) als auch die
- *Modelle*, welche zunehmend *situationsunabhängiger* werden - z.B. die Entwicklung innerhalb der neuzeitlichen und modernen Mechanik: das
  aristotelische Modell (Bewegung gegen einen Widerstand bzw. in einem
  zähen Medium) war ganz an eine (alltägliche) Situation gebunden; das
  Newtonsche Modell (gleichförmig geradlinige Bewegung ohne Widerstand) ist situationsunabhängig, gestattet jedoch die Interpretation von
  herstellbaren Situationen; das Einsteinsche Modell (der Bewegung, wel-

che an die Lichtgeschwindigkeit angenähert wird und deren Beschleunigung ohne Widerstand einen Grenzwert hat) ist aus gebrauchstechnischer Sicht unnötig und davon unabhängig.

Aus *geistesgeschichtlicher und philosophiehistorischer* Sicht wechseln einander idealisierende und entidealisierende (objektivierende) Tendenzen in bezug auf die Findung von Erklärungen ab. So sind die *rationalistischen* Konzeptionen insofern *idealisierend*, als sie Ereignisse als Ergebnisse einer begrifflichen Entwicklung betrachten, indem die Erfahrbar*keit* der Wirklichkeit als Voraussetzung für die Erfahr*ung* von Ereignissen auf der Existenz der Begriffe beruht, mit denen das Subjekt die Wirklichkeit erfährt und beschreibt.

Dagegen sind die *empiristischen* Konzeptionen *ent-idealisierend*, indem einerseits die Einsichtigkeit in die Ereignisse geleugnet und andererseits als Erklärung für das Eintreten eines Ereignisses rein eine Kraft oder Wirkursache (welche nur durch äußere Regelmäßigkeiten feststellbar ist) angesehen wird. Diese ent-idealisierende Konzeption hat letztendlich auch zur Aufgabe der klassischen Kausalrelation geführt: so forderte etwa *Kirchhof*, in der Mechanik Erklärungen von Bewegungen als reine *Beschreibungen* anzusehen, während die Suche nach Ursachen aufzugeben sei.

Beide Tendenzen werden vereinbar, sobald man (auf der idealisierenden Ebene) die Bildung von Grundbegriffen annimmt, welche sodann (auf der ent-idealisierenden Ebene) empirischer Prüfung unterzogen werden. In diese Richtung ging etwa die Konzeption Kants, dessen *a priori*-Begriffe (Idealisierungen) als Bedingungen der möglichen Erfahrung erst durch die empirische Arbeit mit diesen und durch diese (Ent-Idealisierung) Sinn geben: durch sie können die Bedingungen formuliert werden, welche für Naturgesetze zu gelten haben.

In der modernen Wissenschaftstheorie wurde vor allem versucht, die Sinnhaftigkeit von Erklärungen durch die Präzisierung von Naturgesetzen zu bestimmen [EPW 1: 579ff.].

Die Diskussion um die Dichotomie "Ontologie vs. Logik", welche in diesem Kapitel problematisiert worden ist, wird im nächsten Kapitel auf der terminologischen Ebene weitergeführt, wenn wir uns mit den Begriffspaaren "Ursache - Wirkung" und "Grund - Folge" sowie mit Verwendungsmustern der diesbezüglichen Ausdrücke im Sprachgebrauch auseinandersetzen.

B.1.2. Die Begriffspaare "Ursache - Wirkung" und "Grund - Folge"

Gelegentlich wird im - speziell alltäglichen - Sprachgebrauch statt auf den Terminus "Ursache" auf den Terminus "Grund" zurückgegriffen.

Die EPW [1: 654] führt unter dem Stichwort "Folge (logische)" an: "Der häufig synonyme Gebrauch von "F." [Folge] und "Wirkung" (engl. effect) ist irreführend. Während die Grund-F.-Relation im allgemeinen Verhältnisse zwischen Sätzen bezeichnet, wird die ↑Ursache-Wirkungs-Relation[2] zur Bezeichnung entsprechender Relationen zwischen Ereignissen verwendet." Dies ist die präziseste (und konziseste) und einleuchtendste Unterscheidung, die in der konsultierten Lexikographie zu finden war und die wir daher in der Folge in der vorliegenden Arbeit übernehmen wollen. Auch ist diese Unterscheidung hilfreich, wenn sie für die folgenden Auszüge aus Nachschlagewerken im Auge behalten wird, welche ohne diesen Hinweis stellenweise wenig aufschlußreich sind.

Obwohl sowohl einschlägige (etwa philosophische) als auch allgemeinsprachliche Nachschlagewerke fast immer auf den Bedeutungsunterschied zwischen "Ursache" und "Grund" (und deren assoziierter Ausdrücke "Wirkung" bzw. "Folge") hinweisen, erscheinen sodann die Definitionen, die die begrifflichen Unterschiede innerhalb eines Nachschlagewerkes klarlegen sollen, oft nicht klar einsichtig, im Vergleich zwischen den einzelnen Nachschlagewerken sogar teilweise widersprüchlich. Dies gilt etwa ebenso für deutschsprachige (mit *Meyers Enzyklopädisches Lexikon* = MEL als Stichprobe), als auch für etwa französisch- (*Grand Larousse encyclopédique* = GLE), spanisch- (*Enciclopedia Universal Ilustrada Europeo-Americana* = EUI), englisch- (*Webster's Third New International Dictionary of the English Language Unabridged* = WID; in der *Encyclopedia Britannica* fehlen die fraglichen Stichwörter "cause" und "conclusion") und dänischsprachige Enzyklopädien (*Gyldendals Leksikon* = GL); lediglich im italienischsprachigen *Grande Dizionario Enciclopedico UTET* (= UTET) scheinen keine definitorischen Verwirrungen auf.

Überprüft wurden in den romanischen Sprachen (und im Englischen, welches im bildungswörtlichen Bereich ja meist auf romanisches Wortgut zurückgreift) die bildungswörtlichen Weiterentwicklungen von *causa* ("Ursache"), *effectum* ("Wirkung"), *ratio* ("Grund") und *conclusio* ("Folge"); im Dänischen die germanischen Äquivalente ("årsag - virkning" bzw. "grund - følge").

---

2   Der Band der EPW, auf den hier verwiesen wird, ist zum gegenwärtigen Zeitpunkt noch nicht erschienen; auf eventuelle aufschlußreiche Hinweise muß daher bedauerlicherweise verzichtet werden.

MEL verweist unter "Grund" auf die Verwechslungsgefahr mit "Ursache" und definiert das Stichwort als "Aussage zur Begründung und Rechtfertigung anderer Aussagen". Damit wird zwar ein Hinweis auf den aussagenlogischen Charakter von "Grund" gegeben, die Charakteristik "zur Begründung" ist jedoch eine Kreisdefinition. "Folge" wird deutlich rein auf die logische "Folgerung" eingeschränkt, eine "Ursache" "bringt ein Ereignis hervor" (ein erwünschter Hinweis auf die Referenz auf die außersprachliche Wirklichkeit), "Wirkung" wird jedoch äußerst unbefriedigend definiert: zwar zunächst als "[...] Ereignis [...], das [...] in einem [...] kausalen Zusammenhang mit einem anderen [...] Ereignis [...] steht [...]", dann jedoch "in der Physik: 1. jede im Sinne einer Ein*wirkung* (Aktion) bzw. Rück*wirkung* (Reaktion) verwendete physikalische Größe [...]; auch Bezeichnung für die *kausale Folge*erscheinung (Aus*wirkung*) bei Ein*wirken* einer Kraft, allgemein einer beliebigen physikalischen Größe (als *Ursache*) [...]" (unsere Hervorh.; Anm. d. Verf.) - hier wird "Wirkung" definiert über "Ein-, Rück-, Aus- und wieder Einwirkung", woraufhin die Ursache-Wirkung-Relation über den Ausdruck "kausale *Folge*erscheinung" terminologisch mit der (Grund-)Folge-Relation durcheinandergebracht wird.

GLE hält "conclusion" ("conséquence déduite d'un raisonnement d'une démonstration [...] Log. Proposition qui se déduit d'autres propositions, appelées *prémisses*") und "effet" ("résultat d'une cause, acte d'un agent") deutlich auseinander, "raison" und "cause" laufen nach den ersten Definitionen jedoch durcheinander: "raison" ist "explication d'un fait; *cause, motif* [...] argument tendant à prouver ou à justifier une chose" (unsere Hervorh.; Anm.d.Verf.), "cause" ist "Ce par quoi une chose est, arrive; ce qui produit [...] Par extens. Ce qui détermine à faire quelque chose; *motif, raison*" (unsere Hervorh.; Anm.d.Verf.) - immerhin jedoch mit der Anmerkung "par extension".

EUI definiert "conclusión" zufriedenstellend ("En lógica, proposición que se pretende probar y que se deduce de las premisas. Deducción ó consecuencia de lo dicho ó establecido anteriormente [...] Filos. En un raciocinio, sea entimema, silogismo, etc., la última proposición que se sigue de la precedente ó precedentes se llama conclusión. No debe confundirse la conclusión con la consecuencia. La consecuencia es el nexo que hay entre el antecedente y el consecuente ó conclusión, y en castellano se expresa con la partícula *luego* [...]" - N.B. den letzten Hinweis, welcher sich in den anderen konsultierten Werken zu Sprachen (frz., it., engl.), welche die (etymologisch und funktional) entsprechenden Bildungswörter aufweisen, nicht findet. Dagegen wird "efecto" definiert als "Lo que se sigue naturalmente de una causa. RESULTADO. IMPRESIÓN. EJECUCIÓN. *Fin* para que se hace una cosa [...]" (unsere Kursivierung; Anm.d.Verf.) - zu beachten ist hier speziell das finale Element, welches gewöhnlich in der Grund-Folge-Beziehung angesiedelt wird und dort im *ersten* Teil ("Grund"). Gleich wie in der französischen Enzyklopädie laufen auch hier die Bedeutungen von "razón" und "causa" nach den ersten Definitionen durcheinander: "razón" wird definiert als "Argumento ó demonstración inferida que se aduce en apoyo de alguna cosa. *Motivo ó causa* [...]", "causa" ist "Lo que se considera como fundamento ú origen de algo. *Motivo ó razón* para obrar [...]" (unsere Kursivierung; Anm.d.Verf.).

WID definiert "cause" als "a person, thing, fact or condition that brings about an effect [= Kreisdefinition - s.u., Anm.d. Verf.] or that produces or calls forth a resultant action or state [...] a *reason* or *motive* for an action or condition [...]" (unsere Kursivierung; Anm.d.Verf.), wobei die letzte Lesart allerdings näher diskutiert wird: "REASON is often interchangeable with CAUSE, but it may add to CAUSE notions of that which explains, clarifies, or justifies or that which suggests a conditioning by human action, consideration, or thought [...]". Nicht mehr überraschend ist daher, wenn "reason" - neben der Definition "an expression or statement offered as an explanation of a belief or assertion or as a justification of an act or procedure [...] a rational ground or motive" - auch mit "the thing that makes some fact intelligible: *cause*" (unsere Kursivierung; Anm.d.Verf.) gleichgesetzt wird. Unter "conclusion" findet man "a reasoned judgement or an expression of one: inference [...] logic: the necessary consequence of two or more related propositions taken as premises; esp: the inferred proposition of a syllogism or other form of argument [...] obs: PURPOSE, AIM [...] RESULT, OUTCOME [...]" - zu beachten ist hier speziell die mögliche finale Bedeutung (ebenso wie die Lesart "to effect", welche für das Verb "to conclude" angeführt wird). Noch komplizierter wird es unter dem Stichwort "effect": "something that is produced by an agent or cause [= Kreisdefinition - s.o., Anm.d. Verf.] [...] RESULT, OUTCOME [s.o.: sind auch als Synonyme zu "conclusion" angeführt; Anm.d. Verf.] [...] PURPOSE, INTENTION, END [finale Lesart vergleichbar mit jener des spanischen "efecto"; Anm.d. Verf.] [...] power to bring about a result: operative force: INFLUENCE [entspricht einer Definition von "Ursache"; Anm. d. Verf.] [...]". Folgender Hinweis scheint zunächst hilfreich, wird jedoch sodann durch definitorische Unsauberkeit (Verwendung von "reason") abgewertet: "EFFECT is the correlative of the word CAUSE and in general use implies something necessarily and directly following upon or occurring by *reason* of the cause [...]" (unsere Kursivierung; Anm.d.Verf.).

GL [10: 368] führt unter "Ursache" ("årsag") an (unsere Übersetzung): "das, was eine bestimmte Wirkung hervorruft; Glied in einer Ursachenkette, betrachtet in Beziehung zum nachfolgenden Glied; Quelle für Veränderung oder Ausbleiben einer erwarteten Veränderung. Im philosophischen Sprachgebrauch wird unterschieden zwischen Grund und Ursache, indem ersterer den Zweck ("hensigt") bezeichnet, welcher z.B. eine Handlung rechtfertigt, während letztere auf das Phänomen oder Geschehen verweist, welches die Handlung hervorruft; Beisp.: die Ursache für die Flucht des Feindes war seine Furcht, der Grund dafür war jedoch sein Wunsch, in Sicherheit zu kommen. [...]". Hier fällt der Grund-Begriff einerseits in etwa mit dem Motiv-Begriff zusammen, ist also final (teleologisch), andererseits wird der Begriff der "Rechtfertigung der Handlung" eingeführt, also ein handlungstheoretischer. Nicht auszuschließen ist auch ein moralisch-ethisches Bewertungsmoment. Nicht genannt wird die aussagenlogische Bedeutung des Paares "Grund - Folge".

UTET bringt, wie erwähnt, als einzige Ausnahme im Rahmen der hier konsultierten Nachschlagewerke keine durcheinanderlaufenden Definitionen, letztere sind jedoch dennoch nicht immer zufriedenstellend gestaltet. Während "conclusione" nicht mehr und nicht weniger sein soll als "la proposizione finale di un sillogismo (v.), consecutiva alle due premesse", wird "ragione" definiert als "argomento atto a dimostrare la verità o a provare un determinato fatto"; "causa" und "effetto" definieren einander in einer Kreisbewegung: "causa" impliziert "l'idea di produzione da parte di ciò che diciamo C. di ciò che diciamo effetto; di necessità del rapporto di C. a effetto; e di successione temporale dell'effetto alla causa. [...]", während "effetto" reduziert wird auf "nella più semplice definizione [...] il risultato necessario della realizzazione della causa [...]" (gleichwohl im Anschluß daran eingeräumt wird, daß "esso però può essere concepito in maniera assai differente, secondo la concezione particolare dell'idea di causalità").

Zusammenfassend ist zu beobachten, daß die romanischen Ausdrücke für *conclusio* eine starke Verknüpfung mit dem satzlogischen Bereich im Sinne der deutschen "Folge/Folgerung" aufweisen, während dies für die Ausdrücke für *ratio* als Übersetzungsmöglichkeit von "Grund" nicht gilt, wo vielmehr eine stärkere Assoziation mit justifikativen ("Rechtfertigung") oder finalen Momenten ("Zweck, Ziel, Motiv") oder der (nachvollziehbaren Handlungs-)Erklärung gegeben ist.

Auch nicht alle philosophischen Fachnachschlagewerke sind imstande, eine schlüssige Definition oder Erklärung der fraglichen Begriffspaare (und deren Unterscheidung) zu liefern. So verweist PWB [336] unter dem Stichwort "Kausalität" auf das Stichwort "Grund". Dieser [239] wird dort folgendermaßen definiert: "ein Urteil oder Gedanke, dessen Gültigkeit die eines anderen (die Folgerung) notwendig macht: logischer oder Erkenntnisgrund. Von diesem wird der Realgrund unterschieden, der den Gedanken vom Erfahrungsinhalt bzw. von einer metaphysischen Wirklichkeit abhängig macht. Der psychologische Grund (→ Motiv) ist die seelische Voraussetzung jeder Handlung bzw. Tat. Der "Satz vom (zureichenden) Grunde" oder der "Satz des G.es" (*principium rationis sufficien-*

tis) stellt für alles Bestehende einen G. fest, aus dem es rechtmäßigerweise abgeleitet bzw. gefolgert werden kann." "Ursache" wird dagegen definiert [679] als "etwas im Verhältnis zu einem anderen (der Wirkung), das ohne jenes nicht wäre (→ Kausalität). Die U. wird urspr. als der Gegenstand aufgefaßt, der etwas tut oder hervorbringt, und zwar in Analogie mit dem Ich, das die bewußte "U." seiner Handlung ist. [...] ist allmählich ein funktioneller Begriff der U. entstanden: U. ist eine Veränderung, die eine andere Veränderung bewirkt. [...]". Ein weiterer Hinweis wird gegeben unter "Bedingung" [57], welche definiert wird als "dasjenige, wovon ein anderes (das Bedingte) abhängt, was ein Ding, ein Zustand, ein Geschehen m ö g l i c h macht, im Gegensatz zur → Ursache, die etwas (die W i r k u n g , das Bewirkte) notwendig, unabänderlich hervorbringt, und zum → Grund, der die logische B. der Folge ist. → auch Abhängigkeit." Die letzte Definition läßt sehr zu wünschen übrig: zum ersten wird hier für "Bedingung" rein die Definition einer hinreichenden Bedingung gegeben, zum zweiten fällt die Definition von "Ursache" mit jener der notwendigen Bedingung zusammen und zum dritten wird "Grund" über "Folge" definiert (und gleichzeitig auch als - logische - "Bedingung" bezeichnet), welche wiederum so definiert wird [181]: "was logisch notwendig aus etwas anderem (als dessen → Grund) hervorgeht", was einer Kreisdefinition entspricht ("Grund ist logische Bedingung dessen, was logisch notwendig aus diesem hervorgeht"). Das Gewicht liegt hier auf dem (aussagen)logischen Charakter der fraglichen Begriffe, auch wenn nicht ganz klar ist, wie dies zu verstehen ist.

PFL [159] definiert Grund als Sammelbezeichnung für verschiedene Prinzipien, welche in einer Erklärung (s. vorangehendes Kap. B.1.1.; Anm.d.Verf.) verwendet werden können, wobei die moderne Logik den *logischen Grund* als einen oder mehrere Sätze (Urteile) bezeichnet, dessen/deren Wahrheit die Wahrheit anderer Sätze mit sich führt (hier verweist PFL auf "Argument" und "Folge"). Ein *Erkenntnisgrund* liegt dagegen vor, wenn ein Satz nicht unter Verweis auf einen anderen Satz, sondern auf bestimmte Erfahrungen (z.B. Experimente) oder Evidenzen begründet wird. Bis ins 16. Jhdt. wurde unterschieden zwischen diesen beiden Arten von Gründen auf der einen und dem *Realgrund* ("Ursache", *causa (efficiens)*; etc.) auf der anderen Seite. Leibniz unterscheidet bereits zwischen *raison* ("Grund") und *cause* ("Ursache"), betrachtet diese Phänomene jedoch weitgehend parallel. Mit Hume und Kant wird die moderne Trennung durchgeführt. Umstritten ist, ob *Dispositionen, Zwecke* und *Motive* spezielle Arten von Gründen oder aber von Ursachen sind. *Wesensgründe* sind dagegen solche, welche etwas unter Hinweis auf dessen Wesen erklären (im Sinne von *causa formalis* bzw. *finalis*; vgl. dazu Kap. B.1.5.; Anm.d.Verf.). Ein *transzendentaler Grund* erklärt die Existenz eines Gegenstandes nicht über andere Gegenstände, sondern indem die Bedingungen für dessen Erfahrung angegeben werden. In der Einteilung des PFL kann der *logische Grund* als "Grund schlechthin" interpretiert werden (der Realgrund wird *expressis verbis* als "Ursache" bezeichnet) - in einer solchen Lesart verweist "Grund" auf den logischen Zusammenhang zwischen Sätzen. PFL unterscheidet somit "Grund" und "Ursache" und bringt sie zudem noch in Zusammenhang mit weiteren verwandten Begriffen.

Eine Antwort auf die soeben aufgeworfene Frage, ob Motive als Ursachen oder Gründe zu betrachten sind, gibt die TEP [7: 85-88], welche unter "reasons and causes" einen "reason"-Begriff diskutiert, welcher rein auf die handlungstheoretische Lesart "Beweggrund" (wobei Motive, Wünsche und Überzeugungen Unterkategorien dazu darstellen) reduziert ist, was den Angaben von WID gemäß (s.o.) dem englischen Sprachgebrauch entspricht. EPW weist darauf hin, daß in der rezenten Philosophie häufig zugunsten einer phänomenalen und begrifflichen Trennung von "reasons" und "causes" mit dem Hinweis argumentiert wird, daß Beweggründe menschliches Handeln nicht nach kausalem Muster verursachen. Zwar legen einerseits kausale Konnektoren wie "because", welche Sätze mit Motivangaben einleiten, andererseits Motive, welche in Erklärungen herangezogen werden, und nicht zuletzt beobachtbare Regularitäten zwischen Motiven und Handlungsweisen eine Interpretation von Beweggründen als Ursachen nahe. Gegen eine solche Deutung sprechen jedoch mehrere Argumente: während zwischen "genuinen" Ursachen und deren Wirkungen keine *logische* Verbindung besteht, ist eine solche zwischen Motiven und Handlungen zu verzeichnen; wenn Motive, Wünsche und Überzeugungen Menschen Beweggründe zu Handlungen liefern, so verursachen sie letztere nicht notwendigerweise (der Handelnde kann die Handlung - etwa trotz Wunsch - unterlassen) - man spricht daher auch davon, daß Beweggründe maximal eine *Tendenz* zu Handlungen schaffen (welche durch weitere in die Erklärung einzuordnende Faktoren relativiert wird); nicht zuletzt unterscheiden sich Beweggründe und Ursachen dadurch, daß zum einen der Handelnde in bezug auf seine Beweggründe (in privilegierter Weise) direkte Einsicht hat und nicht auf Beweise und empirische Untersuchungen angewiesen ist, wie dies für Verursachungszusammenhänge charakteristisch ist, sowie zum anderen dadurch, daß Beweggründe - im Gegensatz zu Ursachen - als Erklärungen akzeptiert werden, auch wenn sie unter kein allgemeineres Gesetz eingeordnet werden können.

HWP [2: 960] führt nur den Terminus "Folgerung", nicht "Folge" an, was sodann keinen Zweifel über dessen Zugehörigkeit zum Bereich der logischen Schlüsse läßt. Als Lesarten des Folgerungsbegriffes werden im übrigen angeführt: "Aussage, die aus anderen Aussagen gefolgert ist" (= "Konklusion"), "Beziehung zwischen Prämissen und Konklusion" (= "Implikation"), "Schlußregel" (die den Übergang von Prämissen zu Konklusion erlaubt) sowie der "Schluß(vorgang)" selbst. Unter "Grund" [3: 902-10] findet man die wortgeschichtliche Entwicklung des Terminus vom gemeingermanischen Wort mit der Bedeutung "Tiefe"/"Ende" über den "fachsprachlichen" Gebrauch in der deutschen Mystik des 14. und 15. Jahrhunderts mit den Bedeutungen "Geist"/"Seele"/"Wesen" (= "das tiefste Innerste") sowie "Gott" (dessen unergründliches Wesen) und "höchstes Seelenvermögen" bis hin zu "causa". Der letzte Schritt ergab sich durch eine Assoziation von "Gott" als Ursprung alles Seienden, so auch der Beschaffenheit der menschlichen Seele, welche wiederum "Beweggrund" für das sittliche Verhalten und damit "causa" wird. Diese Lesart der Mystik ist noch bei Leibniz zu finden, dessen "Satz vom zureichenden Grund" (s. Kap. B.1.5.) von einem Willen als Beweggrund ausgeht, welcher auf Gott als letzten Grund ("raison") zurückzuführen ist. Bei Kant wird "Kausalität" zu einer der *a priori* vorhandenen Erkenntniskategorien "Grund möglicher Erfahrung", wodurch eine begriffliche Trennung von "Ursache" und "Grund" durchgeführt wird, im Rahmen derer jedoch der "Grund"-Begriff keine logische, sondern erkenntnistheoretische Bedeutung hat. Während das HWP diese Bedeutung ausführlich durch die anschließende Philosophiegeschichte verfolgt, wird an keiner Stelle auf die aussagenlogische Bedeutung von "Grund" eingegangen.

Trotz der nicht immer befriedigenden Definitionslage in den Fachnachschlagewerken und der alltagssprachlichen Verwirrung, welche auch die Enzyklopädien für die verschiedenen Sprachen dokumentieren, empfiehlt sich im wissenschaftstheoretischen Bereich eine deutliche, da mögliche Unterscheidung des "Ursache"- (und "Wirkungs-") und des "Grund"- (und "Folge-")Begriffes. Ursache und Wirkung liegen im phänomenalen Bereich (verbinden also Phänomene der außersprachlichen Wirklichkeit), während Grund und Folge im rationalen Bereich liegen (und eine logische Verbindung zwischen Aussagen/Sätzen/Urteilen sind).

Da die Anwendungsgeschichte eines Terminus auch zur Begriffsklärung des vom Terminus Bezeichneten beitragen kann, bringen wir nun einen kurzen Abschnitt zur Wortgeschichte von "causalitas"/"Kausalität".

B.1.3. Zur Verwendungsgeschichte des Terminus "causalitas"/"Kausalität"

Im Mittelalter bezeichnet der Terminus "causalitas" a) das Ursache-Sein, b) die Tätigkeit der Ursache, c) das Abstraktum von "Ursache", d) die Beschaffenheit, die ein Phänomen zur Ursache macht, e) die Ursache-Wirkung-Relation, wobei alle Fälle mit dtsch. "Ursächlichkeit" wiederzugeben sind. Die ersten Belege tauchen in lateinischen Übersetzungen aus dem Arabischen auf, etwa bei Averroës (12. Jhdt.). Noch eher unsystematisch sind die Verwendungen des Terminus bei Thomas von Aquin oder Wilhelm von Ockham. Im 16. Jahrhundert werden die ersten näheren Definitionen unternommen: Pedro Fonseca ("die Gründe des Ver-ursachens [sind] die Dinge selbst, die man Ursachen benennt, jedoch nicht schlechthin, sondern sofern sie aktuell bei ihren Mitwirkungen mitwirken") oder F. Suárez (*causalitas* als Mittelding zwischen Entität und Relation der Ursache). Bei Chr. Wolf (1. Hälfte 18. Jhdt.) wird aus *causalitas* "jener in der Ursache enthaltene Grund, dessentwegen das Verursachte entweder schlechthin existiert oder als ein solches existiert". Von hier übernimmt auch Kant die Verwendung des Begriffes (im Gegensatz zur "causation" der Empiristen) [HWP 4: 798f.].

Im 19. und zu Anfang des 20. Jahrhunderts taucht der Begriff der Kausalität vorwiegend in der Logik auf, wobei das Aufscheinen der Kausalität in der induk-tiven Logik auf Hume und dessen Beschäftigung mit dem Induktionsproblem zu-rückzuführen ist, so wie auf Kant und dessen Urteilstafel, in welcher Kausalität mit dem hypothetischen Urteil verbunden wird, eine weitere Verbindung des Begriffes mit dem Bereich der Logik. Mit Frege und Russel wird die Logik in der Folge zu einer reinen Formalwissenschaft, was das Verschwinden des Kausalitäts-begriffes aus diesem Bereich mit sich führt. Weiterhin ein Thema ist die Kausali-tät jedoch in der allgemeinen Wissenschaftstheorie. Während in jüngster Zeit die Bedeutung des Terminus Kausalität erneut unscharf geworden ist, lassen sich drei Bedeutungsfelder näher einkreisen:

- (empiristische) "Kausalität" als "Gesetzesartigkeit", eventuell einge-schränkt auf dynamische Gesetze der klassischen Physik, wobei Deter-minismus und Vorhersagbarkeit weiterhin Teil der Definition sind;
- (rationalistische) "Kausalität" (welche auf Hegel zurückgeht und vom Idealismus tradiert wird) als ein entweder logischer Zusammenhang zwischen Ursache und Wirkung "oder ein Zusammenhang, der *verstehen* läßt, wie die Wirkung aus der Ursache erfolgt", wobei unterstützende Ar-gumente v.a. aus dem Bereich des psychischen Erlebens, aber auch der Sprachanalyse herangezogen werden;

- (handlungstheoretische) "Kausalität" als Element des Willens oder zumindest als Element der Mittel, derer sich der Wille zu gewissen Zwecken bedient (diese Mittel enthalten Ursächlichkeit, indem sie dazu dienen, Ereignisse herbeizuführen oder zu verhindern); Kausalität kann hier zwischen Personen, zwischen Personen und Sachen, niemals aber nur zwischen Sachen auftreten. [HWP 4: 799f.]

Um für die nachfolgenden Kapitel zur Geschichte der Kausalitätsdiskussion in einzelnen wissenschaftlichen Disziplinen eine gewisse Gesamtschau zu gewährleisten, schicken wir hier an dieser Stelle einen kurzen Überblick über das Phänomen der Kausalität aus gesamtgeistesgeschichtlicher Perspektive voraus.

B.1.4. Kurzer Überblick über das Phänomen der Kausalität aus gesamtgeistesgeschichtlicher Perspektive

In der antiken und mittelalterlichen Philosophie beschäftigt man sich mit dem Verursachungsverhältnis als Antwort auf die Warum-Frage von Erscheinungen, wobei unterschiedliche Ursachentypen festgemacht werden [EPW 2: 373]. Aristoteles etwa unterscheidet vier Arten von Ursachen (αἰτία, αἴτιον): so wird beispielsweise eine Statue hergestellt durch einen Bildhauer (Prinzip/Anfang - ἀρχή, MA: lat. *causa efficiens*), der an einem Stück Marmor (Stoff - ὕλη - und Substrat - ὑποκείμενον, MA: lat. *causa materialis*) arbeitet, um einen schönen Gegenstand (Ziel - τέλος, MA: lat. *causa finalis*) zu besitzen, während der Marmor dadurch die Form oder die distinktiven Merkmale einer Statue ("was es ist, dies zu sein" - τὸ τί ἦν εἶναι, MA: lat. *causa formalis*) annimmt [TEP 2: 56; Aristoteles, Metaphysik I/3].

In der neuzeitlichen Philosophie und Wissenschaft wird der Kausalitätsbegriff auf die aristotelische *causa efficiens* reduziert, was allerdings nicht bedeutet, daß das Phänomen und damit der Begriff eine endgültige und zufriedenstellende Definition erfahren hätte: das Phänomen stellt vielmehr ein zentrales ungelöstes Problem dar. In der neuzeitlichen Behandlung ist es eng verknüpft mit Vorstellungen von experimenteller und anwendungsorientierter Naturbeherrschung. Zwei Begriffe bestimmen die Diskussion des Kausalitätsphänomens quer durch die menschliche Geistesgeschichte: die Frage nach dem *Kausalprinzip* und die Frage nach dem *Kausalgesetz*. Das Kausalprinzip (*nihil fit sine causa*) sagt aus, daß nichts ohne Ursache geschieht, wobei die Zulässigkeit finaler Ursachen besonders in den Naturwissenschaften (im Gegensatz etwa zu theologischen, aber auch psychologischen Erklärungsansätzen) umstritten ist. Dazu kommt die Frage, ob die Annahme des Kausalprinzips ontologische oder bloß methodologische Berechtigung hat, sprich: ob man von tatsächlichen (kausalen) Zusammenhängen zwischen den

Dingen ausgehen kann oder ob es sich hier um eine reine Beschreibungs-
möglichkeit handelt. Das Kausalgesetz ("gleiche Ursachen haben gleiche Wirkungen") sagt generell regelmäßige Zusammenhänge zwischen Ereignissen voraus,
welche sodann in den *Naturgesetzen* konkretisiert werden [EPW 2: 373ff.].

Im 18. und 19. Jahrhundert bringen einerseits der Einfluß von Hume und Kant
in der Philosophie, andererseits die naturwissenschaftliche Revolution eine Wende
in der Betrachtung der Kausalität, sowohl in bezug auf das Kausalprinzip als auch
auf das Kausalgesetz. Der Empirist Hume und der Erkenntniskritiker Kant ver-
lagern die Diskussion in der Philosophie auf eine rein erkenntnistheoretische Ebene (die Möglichkeit eines tatsächlichen Erkennens von kausalen Zusammenhängen wird geleugnet), die oben angesprochene ontologische Bedeutung kausaler
Zusammenhänge wird in den Naturwissenschaften auf jene Erfahrungen reduziert, welche durch Beobachtung oder physikalische Experimente abgesichert
werden können [HWP 4: 791]. Im Laufe des 19. Jahrhunderts wird diese Sicht
zusätzlich gefestigt durch die Überlegungen des Kantianers Schopenhauer und
des Empiristen Mill [HWP 4: 792]. In den Naturwissenschaften, welche mit
Galilei und Newton von der aristotelisch-mittelalterlichen Ursachenforschung
abgekommen waren, wird der Begriff der Ursache von Erscheinungen gebraucht
im Sinne von mathematisch formulierten und durch die Erfahrung bewährten
Naturgesetzen. Hierbei ist vor allem das Prinzip der Reduktion schon bekannter
Gesetze auf (möglichst wenige) noch unbekannte Gesetze von zentraler
Bedeutung, die "Ursache" wird dabei zur *Erklärung*, die wiederum Gesetzes-
charakter haben soll [HWP 4: 793]. Gegen Ende des 19. Jahrhunderts wird der
Kausalitätsbegriff jedoch auch in den Naturwissenschaften mehr und mehr in
Frage gestellt, etwa bei Mach und Russel (die analytische Philosophie schließt sich
dieser Tendenz an). Die Mechanik bleibt der einzige Bereich, wo kausale Gesetze
weiterhin anerkannt und mit Erfolg (etwa bei Berechnungen von Planetenbe-
wegungen) eingesetzt werden. Gleichzeitig erhalten kausale Gesetze mit Beginn
des 20. Jahrhunderts einen deterministischen Charakter: Verursachung wird mit
Voraussagbarkeit oder Determination gleichgesetzt. Gegen eine solche Gleich-
setzung und Vereinnahmung des Kausalitätsbegriffes als (Natur-)Gesetz richten
sich Hinweise auf Einzelereignisse und deren eventuelle Ursächlichkeit (historische Ereignisse, menschliches Handeln mit dem Ziel, Ereignisse herbeizuführen
oder zu verhindern), da in solchen Fällen eben die Abwiechung von der Regel zu
erklären ist [HWP 4: 795].

Die modernsten Entwicklungen in den Naturwissenschaften wie die *Quanten-
theorie* (die mit ihren probabilistischen Aussagen keine streng deterministische
Theorie sein kann), die *spezielle Relativitätstheorie* (die kausale Zusammenhänge auf
einen vier-dimensionalen Raum-Zeit-Bereich ausweitet) und die *Thermodynamik*

(die mit der Annahme irreversibler Prozesse den chrono-logischen Charakter von Ursache-Wirkung-Abfolgen besser beschreibt, als es die zeitumkehrinvarianten Grundgesetze der Physik können) geben erneut Anstoß zur Diskussion des Wesens der Kausalität [HWP 4: 796f.].

Es folgen nun im Anschluß die historischen Abhandlungen über die Kausalitäts-diskussion in einzelnen für unsere Arbeit relevanten wissenschaftlichen Diszipli-nen, wobei wir mit der Philosophie und Logik als der Mutter aller anderen Diszip-linen beginnen. Wir gehen dann weiter, indem wir zuerst die exakten Naturwis-senschaften quasi kontrapunktuell Theologie und Religion gegenüberstellen. Es folgen sodann die eng miteinander verwobenen Disziplinen der Psychologie, der Rechtswissenschaften und der Soziologie. Danach wird im Hinblick auf unseren Forschungsgegenstand (die Untersuchung eines historiographischen Textes) spe-ziell ausführlich die Geschichtstheorie behandelt. Den Abschluß bildet aus unmittelbar einleuchtenden Gründen eine Übersicht über die fragliche Diskussion in der Sprachwissenschaft, wie sie sich in linguistischen Fachwörterbüchern prä-sentiert (eine extensive Abhandlung über die Thematik "Kausalität und Erklä-rungen in der Linguistik" auf der Basis von linguistischer Primärliteratur folgt so-dann in Kap. B.2.).

B.1.5. Kausalität in Philosophie und Logik

Antike. Aristoteles baut seine schon erwähnte Lehre von den vier Ursachenarten auf jener seiner Vorgänger auf, welche er jedoch kritisiert, manche Ursachenarten entweder vernachlässigt oder überbetont zu haben. So wirft er den frühen ioni-schen Naturphilosophen (Thales, Anaximander, u.a.) vor, im Streben nach dem Auffinden des Urstoffes, aus dem alle Dinge bestehen, zu viel Gewicht auf die materiellen Ursachen gelegt zu haben. Der erste, der die effiziente Ursache auf-brachte, war Empedokles gewesen: er bezeichnete Haß und Liebe (bzw. Absto-ßung und Anziehung) als weltbildende Kräfte. Plato wiederum hatte vertreten, daß die Erklärung aller Geschehnisse (so auch der Schöpfung) in der formalen Ursache (= den *Ideen*) lag, was nach Aristoteles eine zu einseitige Auffassung war [TEP 2: 56; PWB: 22f., 652, 733; THR XVIII: 81]. In bezug auf das ebenfalls bereits erwähnte Kausalprinzip ("nichts geschieht ohne Ursache") ist festzuhalten, daß erste Aussagen in diesem Sinne zu finden sind bei Heraklit ("alles [geschieht] nach vernünftiger Notwendigkeit") und Leukipp bzw. dessen Nachfolger Demo-krit ("nichts entsteht zufällig, sondern alles aus einem Grund und mit Notwen-digkeit"), sodann bei Plato (*Phileb.* 26e.: "alles Gewordene ist notwendigerweise durch eine Ursache entstanden") und später bei Augustinus (*De ord.* I, 11), auf den die Wendung *nihil fieri sine causa* zurückgeht [HWP 4: 803; THR XVIII: 81].

Mittelalter. Obwohl nun der lateinische Terminus "causalitas" zur Bezeichnung der Ursächlichkeit eingeführt wird [HWP 4: 798], ruht die Frage nach der exakten Kausalität im Sinne der Naturwissenschaften beinahe gänzlich [PWB : 336]. Die aristotelisch-scholastische Tradition, welche aristotelisches Gedankengut u.a. so eng mit der christlichen Theologie verknüpft, daß dieses bei späteren naturwissen-schaftlich orientierten Denkern ebenfalls in Mißkredit gerät [TEP 2: 57], spricht dagegen von Kausalität als einer verborgenen spezifischen Qualität, welche den Dingen innewohnt und durch welche sie wirkt und erkennbare Effekte hervor-ruft. Diese Auffassung wird später explizit von Newton und dessen Nachfolgern kritisiert [HWP 4: 793, 804]. Die Scholastik unterscheidet - neben den vier aristotelischen Arten von Ursachen - weiters zwischen *causa cognoscendi* (Grund/Be-gründung einer Wahrheit) und *causa fiendi* (Ursache der Existenz von etwas) [EPW 1: 383; TEP 2: 57]. Des weiteren greift die Scholastik - mit Thomas v. Aquin - die platonische *causa exemplaris* auf, welche das Muster darstellt, nach welchem etwas durch eine rationelle *causa efficiens* hergestellt wird. Letztere teilt Thomas des wieteren in Hauptursache (*causa principalis*) und Werkzeug (*causa instrumentalis*). Der neuplatonische Terminus *causa sui* ("Ursache seiner selbst") mit der Lesart "etwas, das aufgrund seines Wesens notwendigerweise existieren muß", welche etwa bei Plotin zu finden ist, ist in der scholastischen Tradition nicht zugelassen. Dahinge-gen gebraucht Thomas den Terminus mit der Bedeutung "etwas, das sich selbst verursacht". Einer der zahlreichen von Thomas vorgeführten *Gottesbeweise* beruht namentlich darauf, daß - soll sich die angenommene Ursachenkette nicht in Unendlichkeit fortsetzen - es eine erste Ursache für alle Ursachen geben muß, nämlich die *causa sui* Gott [PFL: 69, 162; LTK 6: 96].

17. und 18. Jahrhundert. Im 17. Jahrhundert kann sich trotz des Aufschwungs in den Naturwissenschaften dennoch teilweise eine stark theologisch gefärbte Kausalitätsauffassung halten, welche erst in der zweiten Hälfte des 18. Jahr-hunderts deutlicher von einer naturwissenschaftlich orientierten Kausalitätsdiskus-sion abgelöst wird [HWP 4: 790]. Ein starker Anstoß aus der Richtung der natur-wissenschaftlich orientierten Sichtweisen ist jedoch bei Hobbes zu finden: er be-schäftigt sich allein mit den in der Welt zu beobachtenden Zusammenhängen, ohne die metaphysischen Hintergründe zu hinterfragen. Hobbes führt alle Ver-änderungen in der Welt (auch qualitative, geistige und seelische) auf räumliche Bewegungen von Körpern zurück. Körper haben eine Ausdehnung, zwei Körper können nicht gleichzeitig einen Raum einnehmen, die einzige Art von Ursachen ist jene des unmittelbaren Anstoßens anderer Körper, namentlich jene, welche einen ruhenden Körper zur Bewegung oder einen sich bewegenden Körper zur

Ruhe zwingt. Hobbes leugnet demzufolge etwa auch die menschliche Willensfreiheit [THR XVIII: 82]. Der Rationalismus des 17. und 18. Jahrhunderts beschäftigt sich vor allem mit dem Kausalprinzip, wobei der Begriff des "zureichenden Grundes" eingeführt wird. Nach Leibniz etwa haben alle Dinge eine Ursache oder zumindest einen zureichenden, d.h. aprioristischen Grund (*raison déterminante*): "Rien n'arrive sans qu'il y ait une cause ou du moins une raison déterminante, c'est-à-dire quelque chose qui puisse servir à rendre raison a priori, pourquoy celà est existant plustost que non existant et pourquoy celà est ainsi plustost que de toute autre façon" (*Essais de Théodicée* I, § 44; zit. nach HWP 4: 804). Der zureichende Grund einer Wirkung ist ihre Ursache, da letztere das einzige ist, das die Wirkung erklärt. Daher kennt man, wenn man die Ursache kennt, die Wirkung *a priori* (d.h., bevor diese eintritt) [EUI XIX: 140]. Gleichzeitig ist jener Satz, welcher die Wirkung ausdrückt, eine *logische Folge* des Satzes, der die Ursache ausdrückt [MEL 11: 89]. Leibniz sieht dieses Prinzip jedoch als ein erkenntnistheoretisches an, während etwa Spinoza zuvor auf dessen ontologischen Charakter beharrt hatte [HWP 4: 803]: Spinoza, vor diesem auch Descartes und Bacon, betrachteten Wirkungen namentlich als etwas, das in der Ursache enthalten war - "aliquid efficitur ab aliqua re" bedeutet "aliquid sequitur ex eius definitione", wodurch *causa* mit *ratio* identifiziert wird [ERE III: 263; 264]. Spinoza unterschied weiters zwischen *immanenter* (etwas, das eine Veränderung in sich selbst bewirkt: z.B. der Mensch, der seine willkürlichen Bewegungen und Gedanken produziert) und *transeunter* Ursache (etwas, das eine Veränderung in etwas anderem bewirkt) [TEP 2: 57]. Bei Leibniz und Chr. Wolf taucht der Begriff Kausal*nexus* auf, welcher die Verbindung zwischen einer Ursache und einer Wirkung bezeichnet (Wolf versucht jedoch im Gegensatz zu Leibniz, den Satz vom Grund auf einer ontologischen Basis zu beweisen [MEL 11: 89]). Die apriorische Erkennbarkeit dieser Kausalverknüpfung im Sinne der Möglichkeit einer logischen Ableitung von Kausalgesetzen aus den Dingen ist Teil der rationalistischen Auffassung, wird aber bereits in der deutschen Schulphilosophie des 18. Jahrhunderts teilweise bezweifelt und bei Hume und (mit Einschränkungen) Kant in der Folge abgelehnt [HWP 4: 804]. Mit Hume kommt es erstmalig zu einer klaren Abgrenzung zwischen Kausalprinzip und Kausalgesetz, indem er nicht nur - wie schon vor ihm die Okkasionalisten (Geulincx, Malbranche/1. bzw. 2. H. 17. Jhdt.: zwischen materiellen Dingen bestehen nur "anläßliche" Ursachen - *causae occasionales* -, die einzige wirkliche Ursache ist Gott [PFL: 322f.]) - die Möglichkeit des Erkennens einer notwendigen Kausalverbindung in bezug auf Einzelfälle (K.gesetz) leugnet, sondern ebenso die Beweisbarkeit des K.prinzips (*nihil fieri sine causa*). Bei Kant wird der Unterschied zwischen K.prinzip und K.gesetz genauer diskutiert: für ihn ist das K.prinzip ein apriorischer Grundsatz des Verstandes ("Grundsatz von dem durchgängigen Zusammenhange aller Begebenheiten der Sinnenwelt nach unwandelbaren Naturgesetzen": *Kritik der reinen Vernunft* AA3), ohne welchen die Erfahrung unmöglich wäre; das K.gesetz ist jedoch (im jeweiligen Einzelfall) Teil der Erfahrung [HWP 4: 790]. Sowohl für Hume als auch für Kant gilt, daß die Kausalitätsdiskussion nunmehr rein auf der erkenntnistheoretischen Ebene stattfindet und die naturwissenschaftlichen Realitäten weniger in Betracht gezogen werden. Die Terminologie ist jedoch weiterhin jene von "Ursache" (inhaltlich auf die *causa efficiens* beschränkt) und "Wirkung". Der diskutierte kausale Zusammenhang besteht zwischen zwei Entitäten *A* und *B*, welche als in Raum und Zeit situierte Ereignisse gedacht sind. Die Wirkung folgt chronologisch auf die Ursache, Hume läßt auf der räumlichen Seite nur Nahewirkung zu, während Kant auch Fernwirkung (etwa Schwerkraft) anerkennt [HWP 4: 791]. Der Unterschied zwischen den Auffassungen Humes und Kants besteht darin, daß Hume die *notwendige* Verknüpfung zwischen Ursache und Wirkung leugnet. Diese Verknüpfung ist vielmehr eine rein subjektive, welche auf der Erfahrung bzw. Gewohnheit beruht, daß gewisse Ereignisse *A* und *B* häufiger hintereinander auftreten ("constant conjunction"), als etwa *A* und *C*. Daraus schließt der menschliche Verstand auf einen kausalen Zusammenhang. Dennoch ist es unmöglich, in den Dingen selbst Ursächlichkeit bzw. eine kausale Verknüpfung zwischen den Dingen zu erkennen. Für Kant hingegen ergibt sich aus der *a priori* gegebenen Möglichkeit der Erfahrung von Kausalzusammenhängen und der Existenz des Begriffes der Ursache die *Notwendigkeit* und Gesetzmäßigkeit des K.prinzips, wenn diese Notwendigkeit uns objektiv auch verborgen bleibt. Die einzelnen Kausalgesetze (für die konkreten Fälle) sind jedoch nur im Rahmen der Erfahrung erkennbar [HWP 4: 792]. Ein weiteres Kriterium in Humes Diskussion der "constant conjunction" (zwischen "Ursache" *A* und "Wirkung" *B*) war der Ähnlichkeitsbegriff ("similarity"). Kausale Relationen werden definiert, indem nicht nur auf *A* immer unmittelbar *B* folgt, sondern auch auf *A* ähnliche Dinge immer unmittelbar *B* ähnliche Dinge folgen [TEP 2: 60] ("cause" als: "an object, followed by another, and where all objects similar to the first are followed by objects similar to the second"). Letzter Definition fügt er jedoch augenblicklich hinzu: "in other words where, if the first object had not been, the second had never existed." Hierbei führt Hume jedoch eine Inferenz von der "constancy of conjunction" zu einer viel stärkeren Verbindung durch, ein Vorgang, dessen heuristische Gültigkeit er ja leugnet [TEP 2: 62, 63].

Der *common sense*-Philosoph Reid hingegen weist darauf hin, daß die Idee einer aktiven Kraft in der Beschreibung von jeglichem willkürlichen und freiwilligen menschlichen Verhalten überall präsupponiert wird, ja daß die Verursachung willentlicher Handlungen durch einen Agens den prototypischen Fall von Verursachung darstellt. Ihm gemäß sind vielmehr die Relationen zwischen den Zuständen und die Veränderungen von nicht-animierten Dingen nur in einem sehr weiten und metaphorischen Sinn als "kausal" zu bezeichnen (eine Auffassung, welche speziell in der zeitgenössischen philosophischen - im Gegensatz jedoch zur experimentellen - Psychologie verstärkt vertreten wird). [TEP 2: 58] Auf Reid geht auch das Beispiel von Tag und Nacht zurück, welche "constantly conjoined" sind und dennoch in keinem kausalen Zusammenhang stehen [TEP 2: 61].

Voltaire wendet sich mit seinem ridikülisierenden Etikett "cause-finalier" gegen Anhänger einer Auffassung, derzufolge in der Welt für alle Dinge eine finale Ursache ("cause finale") zu finden ist [GLE 2: s.v. *cause-finalier*] (Näheres zu Voltaires Philosophie s. Kap. C.2.).

19. Jahrhundert. Durch u.a. Humes und Kants Beschränkung der Kausalitätsdiskussion auf die Raum-Zeit-situierte Wirklichkeit sowie beider Nachdruck auf die Zulässigkeit von Schlüssen auf nicht-gegenwärtige Ereignisse über kausale Beziehungen kommt es im 19. Jahrhundert mehr und mehr zu einer begrifflichen Annäherung zwischen Kausalität und Naturgesetzlichkeit. Diese Annäherung wird zusätzlich gefördert durch die Beiträge von etwa Schopenhauer und Mill, welche auf dem phänomenalen (= in der Beobachtung wurzelnden) Wesen der Ursachen beharren [HWP 4: 792]. Mill unterscheidet im Anschluß an Reid *effiziente* Ursachen von *physischen* Ursachen, wobei erstere auf den willentlichen Akt eines Agens zu beziehen sind, Mill dabei allerdings den Begriff der effizienten Ursache als esoterisches (= nur von einem selbst bestätigbares) Konzept betrachtet [TEP 2: 57]. Für Mill als Empirist ist das Kausalprinzip "coextensive with human experience" (etwa "deckungsgleich"; Anm.d.Verf.), eine Aussage, welche mit dem Hinweis auf Fälle, wo die Effekte der menschlichen Einsicht zugänglich, die Ursachen dies jedoch nicht sind (etwa ungelöste Mordfälle), entkräftet werden kann [TEP 2: 58]. Mill erweitert Humes Definition von der "constant conjunction" um die Qualifizierung "unconditionally conjoined", womit er meint, daß sie "unter allen denkbaren als auch tatsächlichen Umständen" zusammen auftreten [TEP 2: 60]. Damit bringt Mill die Diskussion zum ersten weg von ihrer rein empirischen Basis und hebt zudem das Konzept vom kausalen Zusammenhang praktisch auf, da man sich jederzeit Szenarien vorstellen kann, die andere Zusammenhänge als die real beobachteten darstellen [TEP 2: 62]. Mill gehört auch zu jenen Denkern (wie später Russel oder McTaggart), die Naturgesetze in dem Sinne umdefinieren, daß jene keine notwendigen und unumstößlichen Prinzipien sind, sondern vielmehr reine Aussagen über tatsächliche Regelmäßigkeiten, und die sodann Kausalität als Naturgesetz in diesem neuen Sinn sehen können. (Kritisiert wird diese Auffassung u.a. von Blanshard/20. Jhdt., welcher darauf verweist, daß man immer Dinge finden wird, welche zwar im Rahmen eines so definierten Naturgesetzes - jedoch nicht genuin kausal - verbunden sind; vgl. das oben zitierte Beispiel von Tag und Nacht von Reid) [TEP 2: 61]. Weiters taucht in Mills Diskussion der Begriff der Ursache als eine Menge von Bedingungen ("the sum-total of conditions") auf [TEP 2: 63; ERE III: 263], eine Konzeption, welche schon bei Hobbes angedeutet wurde ("the aggregate of all the accidents" [ERE III: 263]) und welche im Anschluß auch der Positivismus (Comte - s.u.; Avenarius, Mach) vertritt: der Kausalitätsbegriff wird durch jenen der funktionellen Abhängigkeit ersetzt (Ursache als Bedingung) [PWB: 336] (auch im 20. Jahrhundert (s.u.) wird diese Konzeption intensiv diskutiert werden, wobei notwendige und hinreichende Bedingungen unterschieden werden). Mill weist schließlich darauf hin, daß viele Ereignisse auf mehrere Arten hervorgerufen werden können, genauso wie ein und dasselbe Ereignis unterschiedliche Wirkungen haben kann. Dies bedeutet aber sodann, daß man Ursachen und Wirkungen kaum noch unter Zuhilfenahme von notwendigen und hinreichenden Bedingungen beschreiben kann. (Eine Beschreibung, welche nur tatsächlich stattfindende Ereignisse in Betracht zieht und alle anderen ausschließt, könnte die Vielzahl von Ursachen und Wirkungen erneut auf einzelne beschränken: eine Ursache A für einen Effekt B wäre dann die Menge an tatsächlich realisierten Bedingungen, welche einzeln notwendig und gemeinsam hinreichend für B waren.) [TEP 2: 63]

Schopenhauer klassifiziert Ursächlichkeit nach Stufen biologisch-physischer Organisation und unterscheidet zwischen der Ursache im eigentlichen Sinn (zu finden im Anorganischen), dem Reiz (vorhanden im organisch-vegetativen Bereich) und dem Motiv (welches in den Handlungen aller bewußten Wesen zu finden ist) [PWB: 336]. "Kausalität" ist für ihn des weiteren ein Leitfaden, mittels dessen die Wissenschaft die durch Raum und Zeit bestimmten Dinge (Vorstellungen) betrachtet [PWB: 584]. Kausalität (als Verstandesform), Raum und Zeit (als Formen der Anschauung) sind die drei Kategorien, auf welche er die 14 Kategorien Kants reduziert [PFL: 391]. Die phylo- sowie ontogenetische Entstehung des Kausalitätsbegriffs ist gemäß Schopenhauer auf das Phänomen des menschlichen Willens zurückzuführen, welcher im Inneren als ein Streben erfahren wird, welches im Widerstand zum Begehrten steht. Von dieser direkten Körper-Erfahrung, welche eine Assoziation zwischen dem Körper als Ausdruck eines Willens (Subjekt) sowie als Glied innerhalb von Ursachenketten (Objekt) umfaßt, schließt der Mensch letztendlich auf die anderen Zusammenhänge in der Welt. Des weiteren war es auch Schopenhauer, der die begriffliche Trennung von Realgrund und Erkenntnisgrund (welche auf Kant zurückgeht) in ein breiteres Bewußtsein gerückt hat [THR XVIII: 83; PFL: 392].

Im Rahmen des französischen Positivismus ist Comte von der Sinnlosigkeit der Suche nach Ursache (im Sinne von *causes premières* und *causes finales*) und Wirkung überzeugt, da diese dem menschlichen Geiste unzugänglich sind [GLE 2: s.v. *cause*]. Zu erforschen sind vielmehr die Gesetze, welche die Phänomene verbinden [GLE 4: s.v. *effet*]. Taine sieht die Ursache - ganz konform mit den positivistischen Auffassungen in anderen Ländern - als eine hinreichende Bedingung der Wirkung an [EUI XII: 652].

In größerem geistesgeschichtlichen Zusammenhang gesehen bewirkt gegen Ende des 19. Jahrhunderts die Vollendung der klassischen Physik schließlich die begriffliche Identifizierung des Kausalitätsphänomens mit den exakt beobacht- und beschreibbaren Naturphänomenen [HWP 4: 792].

20. Jahrhundert. Zu Beginn des 20. Jahrhunderts wird in der Folge "Kausalität" gleichgesetzt mit "Voraussagbarkeit" oder "Determination". Die Beschreibung mechanischer, aber auch elektrodynamischer Phänomene in zeitunabhängigen (mathematischen) Gleichungen, in denen sich die Determination sowohl auf Zukunft als auch auf Vergangenheit bezieht, führt jedoch bald weg von dem von Hume und Kant vertretenen Prinzip der chronologischen Abfolge "Ursache-Wirkung" [HWP 4: 795]. Die neuesten Erkenntnisse in den Naturwissenschaften (u.a. Elektrodynamik) selbst führen im Anschluß zu einer Infragestellung der Berechtigung einer Annahme von kausalen Zusammenhängen überhaupt: die analytische Philosophie, welche sich gänzlich auf physikalische Erkenntnisse stützt, weist darauf hin, daß die physikalischen Gesetze nicht einmal die formale Struktur der traditionell beschriebenen Kausalrelation aufweisen. In der Folge lehnen etwa Mach und Russel bereits die Verwendung des alleinigen Kausalitätsbegriffes ab [HWP 4: 794]. Russel greift auch die Humesche Diskussion um die Ähnlichkeit ("similarity") von Ereignissen auf, indem er diesen Begriff problematisiert: ein Ereignis, welches "exactly similar" zu einem anderen ist, ist nur dieses Ereignis selbst, es muß daher graduelle Unterschiede von "mehr oder weniger ähnlich" geben. Eine Möglichkeit besteht in der Angabe von "relevanten" Ähnlichkeiten, was jedoch erneut zu Definitionsproblemen führt, diesmal in bezug auf "relevant": eine Formulierung nach dem Muster "Ähnlichkeit in allen kausal relevanten Beziehungen" wäre eine Kreisdefinition [TEP 2: 60f.]. Russel (aber auch McTaggart) leugnet auch den theoretischen Unterschied zwischen Ursache und Wirkung. Besonders eine Definition von "Ursache" als "(logische) notwendige und hinreichende Bedingung der Wirkung" zieht (nach den Gesetzen der Logik) nach sich, daß letztere ebenso notwendig und hinreichend für erstere ist, was den begrifflichen Unterschied zunichte macht. [TEP 2: 64] (Dieser Konzeption widerspricht jedoch deutlich der alltägliche *common sense*, der diese Begriffe problemlos unterscheidet; s.o. auch die entgegengesetzte Position der Scholastik; Anm.d.Verf.)

Dennoch sieht Russel - von einer pragmatisch-heuristischen Warte aus - das Kausalprinzip insofern als Voraussetzung für wissenschaftliche Tätigkeit, als alle Wissenschaftler von diesem ausgehen und dementsprechend handeln. Krasser ist dagegen die Haltung Wittgensteins (*Tractatus* 5. 1361), der das Kausalprinzip als "Aberglaube" abtut [HWP 4: 805].

Eine dem Positivismus widersprechende Neuwertung des Kausalitätsbegriffes möchte Heyde durchführen, dessen Modelle jene der Tradition sind, mit einer geringfügigen Variation: in einem Billiardkugelmodell ("Kugel *A* stößt an Kugel *B*, diese setzt sich in Bewegung") besteht die Ursache der Bewegung von *B* nicht nur in der Bewegung von *A*, sondern auch in der vorherigen Ruhe von *B*. König sieht in der Definition seines Kausalitätsbegriffes gänzlich von der Tradition ab: entgegen einer Hume'schen Auffassung bemerkt er, daß man die Warum-Frage (deren hinreichende Beantwortung durch die Angabe der *praktischen Ursache* geschieht) immer dann stellt, wenn etwas Unerwartetes eintritt, und nicht etwa bei regelmäßig eintretenden Ereignissen. Des weiteren möchte er insofern die Trennung zwischen Real- und Erkenntnisgrund rückgängig machen, als ihm gemäß die ganze Erklärung (= die Antwort auf die Warum-Frage plus das allgemeingültige Gesetz, das dahintersteht) als "Ursache" zu betrachten ist [THR XVIII: 84].

Im Bereich jener Überlegungen, welche Ursachen als Bedingungen definieren, fallen die Stellungnahmen von Hart/Honoré, Ayer und Collingwood. Hart/Honoré wollen im Hinblick auf den alltäglichen Sprachgebrauch die Bezeichnung "die Ursache" für jene Bedingung reserviert wissen, welche neu hinzukommt oder besonders augenfällig ist oder in jemandes Kontrollbereich liegt (Collingwood möchte überhaupt die Bezeichnung "Ursache" nur für Dinge gelten lassen, welche von einem Agens kontrolliert werden). Von einem logischen Gesichtspunkt aus gesehen macht es jedoch keinen Unterschied, ob nun nur die letzthinzugekommene Bedingung allein oder aber diese gemeinsam mit allen anderen Bedingungen (als Menge) als "die Ursache" für etwas bezeichnet wird. Ayer definiert wiederum "Ursache" als etwas, das entweder eine notwendige Bedingung oder eine hinreichende Bedingung oder beides ist. [TEP 2: 63] Collingwood, welcher als u.a. Historiker speziell menschlichem Handeln Aufmerksamkeit schenkt, unterscheidet drei Bedeutungen von "Ursache": zum ersten das Setzen einer willentlichen Handlung durch einen Agens, zum zweiten etwas, das von einem Menschen verwendet werden kann, um in der Natur etwas zu bewirken oder zu verhindern und zum dritten eine Menge von Bedingungen in der Natur, welche regelmäßig von einer Veränderung begleitet sind (diese Bedingungen können, müssen aber nicht im menschlichen Kontrollbereich liegen). Collingwood betrachtet die zweite Lesart als die primäre und faßt daher Ursachen als "Hebel" ("levers") - Mittel zum Zweck - auf [TEP 2: 57]. Collingwood (aber auch etwa Russel oder Taylor) vertritt des wieteren die Ansicht, daß alle Ursachen als *gleichzeitig* mit ihren Wirkungen anzusehen sind. Dies widerspricht einerseits der Hume/Kantschen (und vieler anderer - auch zeitgenössischer - Denker, wie etwa Ducassés) Kausalitätsauffassung, auf der anderen Seite fällt damit ein weiteres Kriterium ("die Ursache geht der Wirkung chronologisch voran") der Unterscheidung der beiden Begriffe weg [TEP 2: 65]. Collingwood, Hart/Honoré und Ayer haben gemeinsam, daß sie besagte "notwendige Bedingungen" nicht als "logisch notwendig" betrachten, da etwa die Behauptung, ein Ereignis hätte stattgefunden und ein anderes nicht, niemals zu einer logischen Kontradiktion führen würde. Dem widersprechen allerdings Ewing und Blanshard, welche die Ansicht vertreten, daß Ursachen ihre Wirkungen sehr wohl *logisch implizieren* [TEP 2: 62]. Mackie möchte den Ursachenbegriff in vielen Fällen als eine sogenannte INUS-Bedingung (Abk. für: "an *insufficient* but *necessary* part of a condition which is itself *unnecessary* but *sufficient* for the result") verstehen, welche er folgendermaßen definiert: A (z.B.: Mord in Sarajevo) ist eine INUS-Bedingung für das Resultat P (1. Weltkrieg), genau dann, wenn für einige X (Balkansituation 1914) und einige Y (andere mögliche Kriegsauslöser) es eine notwendige und hinreichende Bedingung für P (Krieg) ist, daß entweder eine Kombination von A (Mord) und X (tatsächl. Situation) zutrifft oder daß Y (anderer Auslöser) zutrifft, während weder A (Mord) noch X (tatsächl. Sit.) alleine hinreichende Bedingungen für P (Krieg) ausmachen [PFL: 219; 469].

Der sprachphilosophische Ansatz von Kripke (weitergeführt von Putnam) setzt ein Akzeptieren des Kausalprinzips insofern voraus, als gemäß Kripkes "kausaler Referenztheorie" der referierende Gebrauch eines Namens die Existenz einer bestimmten Art von Kausalkette miteinbezieht, welche den Verwender des Namens (in einer konkreten Situation) mit dem Träger des Namens verbindet (die Glieder dieser Kausalkette sind die einzelnen Anwendungen, und über diese Kette wird bei der aktuellen Verwendung des Namens zu jener ersten Situation zurückverwiesen, wo der Name dem Referenten gegeben und damit auf diesen Referenten verwiesen wurde) [PFL: 250; 358].

Sehr rezent (70er Jahre) sind Versuche (etwa von D. Lewis), das Verhältnis zwischen Ursache und Wirkung mit Hilfe von *kontrafaktischen Konditionalen* (Sätze der Form "wenn p zugetroffen hätte, hätte q zugetroffen") und *möglichen Welten* zu interpretieren: diese Sätze werden als zusammengesetzt aus p und q sowie einem intensionellen Operator gedacht. Ein kontrafaktischer Konditional ist wahr in der aktuellen Welt, genau dann, wenn dessen Konsequens (q) in der nähesten möglichen Welt, wo das Antezedens p wahr ist, wahr ist. Die näheste mögliche Welt ist jene, welche - alles in Betracht genommen - der aktuellen Welt am ähnlichsten ist. Der Konditionaloperator ist demzufolge eine Art modallogischer Operator (er führt die *Art u. Weise* der Gültigkeit von Wahrheitswerten von Sätzen an: z.B.: *möglicherweise wahr, notwendigerweise falsch*). Auch hier stellt sich jedoch die schon von Russel in bezug auf Humes Äußerungen aufgeworfene Frage nach einer präzisen Definition von "Ähnlichkeit" [PFL: 246; 262; 469; EPW 2: 374f.].

Als weitere Themen innerhalb der (klassischen und modernen) Kausalitätsdiskussion können angeführt werden:

-   während Dinge oder Substanzen gelegentlich als Ursachen angeführt werden, sind es jedoch zumeist *Veränderungen von Zuständen* (von Dingen oder Substanzen), welche als Ursachen und Wirkungen betrachtet werden [TEP 2: 57];
-   quer durch die gesamte Geistesgeschichte taucht in bezug auf Kausalität regelmäßig die Frage nach der *Kraft* auf, welche von der Ursache ausgeht und die Wirkung hervorbringt. Die Existenz einer verursachenden Kraft wurde abwechselnd vorausgesetzt und geleugnet, und war - neben der Philosophie - naturgemäß ein spezielles Anliegen der Physik (Näheres s. daher im folgenden Kapitel). In der Philosophie taucht der Begriff bereits bei Aristoteles auf, welcher etwa Tiere als "durch sich selbst bewegt" beschreibt: bis John Locke ging man von Aristoteles' Konzept der Menschen und Tiere aus, welche sich aufgrund einer Kraft bewegen, die sie auf ihren Körper ausüben. Locke und andere Empiristen versuchen, den Kraftbegriff in ein empiristisches Modell einzubauen, indem etwa auf das Gefühl des Subjekts bei der Kraftanstrengung verwiesen wird. Seit Hume, welcher ja das Kausalprinzip als reines auf wiederholte Beobachtungen aufbauendes Gedankenkonstrukt ansieht und daher auch die Idee einer verursachenden Kraft ablehnt, scheint der Kraftbegriff nur noch selten in philosophischen Betrachtungen auf [TEP 2: 58];
-   die Frage der *Zeitordnung* von kausalen Zusammenhängen wird oft in Verbindung mit *sprachphilosophischen* Überlegungen gestellt: gelegentlich wird die Ansicht vertreten, daß nur die *Wortbedeutung* von "Ursache" bzw. "Wirkung" ein semantisches Element "Vorzeitigkeit" bzw. "Nachzeitigkeit" enthält, es für die Annahme einer derartigen Zeitordnung aber keine metaphysische Grundlage gibt [TEP 2: 59]; der alltägliche Sprachgebrauch läßt Ursachen, welche auf ihre Wirkungen folgen, absurd erscheinen - selbst wenn man dies nun rein auf die Wortsemantik dieser

Ausdrücke zurückführen möchte, stellt sich jedoch die Frage, wieso diese Wortsemantik so ist, wie sie ist [TEP 2: 65];

- aus dem Gebiet der Nanophysik kommen Stellungnahmen, denen gemäß es als möglich erachtet wird, daß es im Nanobereich der Materie *Veränderungen ohne* jegliche *Ursachen* gibt, was das Kausalprinzip widerlegen würde [TEP 2: 57], auch die Quantenmechanik, das Phänomen des radioaktiven Zerfalls oder die Chaosforschung untergraben die traditionellen Kausalvorstellungen, während speziell die Relativitätstheorie und die Thermodynamik das klassische Bild von Kausalität erneut zu rehabilitieren scheinen [HWP 4: 795f.; THR XVIII: 83, 85] (dahingegen ist die Mechanik bis heute eine Bastion kausalen Denkens und Rechnens verblieben [HWP 4: 794]);

- dennoch ist festzuhalten, daß es weder eine *philosophische* Möglichkeit gibt, das Kausalprinzip (bzw. -gesetz) zu *beweisen* (durch logisches *ad absurdum*-Führen der Gegenthese), noch eine *experimentelle* Möglichkeit (da - zumindest scheinbare - Ausnahmen durchaus vorkommen; diese Ausnahmen jedoch als scheinbar zu bezeichnen, würde die zu beweisende These bereits zum Postulat erheben) [TEP 2: 60].

Aus all diesen Stellungnahmen kann kaum ein gemeinsamer Nenner herausgearbeitet werden: "Die gegenwärtige, noch unabgeschlossene Diskussion schwankt zwischen den Extremen einer Wertung des Kausalitätsprinzips als empirischer Hypothese von hohem Allgemeinheitsgrad und der pragmatischen Auffassung des Kausalitätsprinzips als unabdingbarer Maxime der Ausrichtung wissenschaftlicher Forschung, der kein kognitiver Wert für die Beschreibung der Welt beizumessen sei." [HWP 4: 805].

B.1.6. Kausalität in den exakten (Natur-)Wissenschaften

Gemäß *McGraw-Hill Encyclopedia of Science and Technology* scheinen heute in den exakten Naturwissenschaften klare Definitionen des Begriffes "Kausalität" zu existieren:

In der *klassischen Mechanik* bezeichnet man damit die Tatsache, daß alle dynamischen Variablen in einem System exakt gemessen werden können und deren Entwicklung entlang der Zeitachse ausschließlich von den involvierten Kräften bestimmt ist. Dies bedeutet, daß im Rahmen von wiederholbaren Versuchen ein und derselbe Ausgangszustand eines geschaffenen Systems nach einer gegebenen Zeitspanne immer zu ein und demselben Endzustand führt.

In der *Quantenmechanik* gibt es ebenfalls ein strenges Kausalitätsgesetz, jedoch mit folgenden Unterschieden zu jenem in der klassischen Mechanik: es können hier nicht alle Variablen vollständig spezifiziert werden (genauer: in bezug auf ein Elementarteilchen ist entweder dessen Impuls oder dessen Ort meßbar, nie jedoch beides gleichzeitig [THR XVIII: 83]), was auch mit dem Begriff "Heisenberg'sche Unschärferelation" bezeichnet wird. Das führt im Versuchsrahmen zu Verhältnissen, denen gemäß der Ausgangszustand in einem geschaffenen System mittels einer Wahrscheinlichkeitsverteilung angegeben wird. Das Kausalitätsgesetz besagt nun, daß auch hier der Ausgangszustand eines abgeschlossenen Systems vollständig einen zukünftigen Zustand bestimmt, der allerdings erneut als Wahrscheinlichkeitsverteilung anzusehen ist. Dazu kommt jedoch auch, daß durch die Messungen während des Versuches selbst das System gestört und das genaue Verhältnis zwischen Anfangs- und Endzustand zerstört wird.

Ferner wird der Kausalitätsbegriff in der klassischen und Quanten-Physik in bezug auf das Prinzip, daß ein Ereignis nicht seiner Ursache vorangehen kann, verwendet. Dieses Prinzip wird etwa im Rahmen von Berechnungen bezüglich der Brechung/Reflexion von Wellen angewendet (gebrochene Wellen sind erst *nach* einer bestimmten Zeitspanne an bestimmten Orten zu beobachten). [McGH 2: 594f.]

Die Geschichte der exakten Wissenschaften zeigt jedoch, daß das Phänomen der Kausalität dort auf eine mindestens so lebhafte Diskussion wie in der Geistesgeschichte zurückblickt. Zum anderen geben gerade die modernen und modernsten Entwicklungen und Erkenntnisse in den Naturwissenschaften (sobald man sich aus dem engeren Bereich der oben besprochenen Mechanik hinausbegibt) Anlaß zu einer Neudefinierung des Phänomens und damit des Begriffes "Kausalität".

Im *Mittelalter* pflegte man noch einen aristotelisch orientierten Ursachenbegriff, welcher von einer in allen Dingen verborgenen Qualität ausgeht, die durch die Dinge wirkt und damit Effekte hervorbringt. Im *17. Jahrhundert* bereiten Galilei und im Anschluß daran Newton den Weg zu einer neuen Physik, im Rahmen derer das mathematisch formulierte und durch Erfahrung überprüfbare *Naturgesetz*, welches Einzelerscheinungen zu einer Einheit zusammenfassen kann, die zentrale Rolle spielt (diese neue - die "klassische" - Physik wird dann mehr und mehr auch die anderen Wissenschaften, v.a. die Philosophie beeinflussen). Die mittelalterliche naturwissenschaftliche Tradition wird ausdrücklich abgelehnt zugunsten des sogenannten Reduktionsprinzipes, demgemäß bekannte Naturgesetze auf noch zu entdeckende - allgemeinere - Naturgesetze zurückzuführen

sind. Der Ursachenbegriff wird damit gleichbedeutend mit dem Erklärungs-
begriff. Diese Erklärungen arbeiten jedoch nicht - wie bisher - mit dem Verweis
auf das Wesen der Dinge, sondern sind selbst wieder Gesetze, die für die Dinge
gelten: die Ursache für ein Gesetz ist ein (allgemeineres) Gesetz. Durch Newtons
zweites Grundgesetz ("die Kraft, welche auf einen Körper wirkt, ist gleich dem
Produkt der Masse des Körpers mit dessen Beschleunigung" [GL 7: 113]) kommt
der Begriff der *Kraft* in das fixe Repertoire der Mechanik, und man betrachtet
Kräfte nunmehr als Ursachen für Beschleunigung. Eine - ebenfalls von Newton in
Gesetzesform gebrachte und bald als solche fest etablierte - Kraft, namentlich die
Gravitationskraft, stellt die Naturwissenschaft vor theoretische Probleme, welche
noch im 19. Jahrhundert diskutiert wurden: als *Fern*kraft definiert widerspricht die
Gravitation den Denkmodellen des 17. Jahrhunderts, innerhalb derer materielle
*Nahe*wirkung (Druck, Stoß) allein in Erklärungen figuriert. Die Vereinbarung der
Gravitation mit Gesetzen über Nahewirkungen (= Reduktion auf letztere) wird
damit zu einem zentralen Problem in der Kausalitätsdiskussion. Als mögliche
Auswege bieten sich in der Folge zum ersten die Akzeptanz auch von Fernkräften
(was insbesondere durch die an Humes Analysen anschließenden Auffassungen
gefördert wird, daß Nahkräfte letztendlich nicht verständlicher sind als
Fernkräfte), zum zweiten der radikale Vorschlag der Verbannung des Kraftbegriff-
fes überhaupt aus der Physik und zum dritten die auf Faraday und Maxwell
zurückgehende *Feld*theorie der Elektrodynamik an [HWP 4: 793]. Dieser Theorie
gemäß kann u.a. auch die Schwerkraft, welche über ein im Raum ausgebreitetes
Kraftfeld wirkt, mit der Idee der Nahewirkung erneut in Einklang gebracht werden. Die Elektrodynamik stellt die Kausalitätsforschung jedoch insofern erneut
vor Probleme, als etwa die Wechselwirkungen zwischen geladenen Teilchen und
dem Kraftfeld eine eindeutige Zuordnung von Ursache und Wirkung innerhalb
des Systems nicht zulassen. Gegen *Ende des 19. Jahrhunderts* möchte daher Mach
die Abhängigkeit der Elemente nicht mehr durch die Begriffe "Ursache" und
"Wirkung", sondern vielmehr durch den *Funktions*begriff darstellen ("funktionelle
Relationen"; s. dazu weiter unten). Russel weist bald darauf auf die Unklarheit und
die irreführenden Assoziationen bezüglich des Ursachebegriffes sowie auf die naturwissenschaftlichen Realitäten hin (etwa im Bereich der Gravitationsforschung),
welche kein Phänomen "Ursache" erkennen lassen, und lehnt diesen Begriff daher
ebenfalls ab. Allein die Mechanik arbeitet noch mit diesem Begriff: Euler hatte
das zweite Newtonsche Gesetz (s.o.) zur alleinigen Grundlage der Mechanik
gemacht, wodurch dieses erfolgreich zur Beschreibung des Planetensystems
angewendet werden konnte [HWP 4: 794]. Diese Bewegungsgleichungen bekommen nun ein *deterministisches* Moment, indem mit ihrer Hilfe alle enthaltenen
Größen für einen zukünftigen Zeitpunkt t vorausberechnet werden können.

Laplace hatte an dieser Stelle eine Verbindung zum Kausalitätsprinzip hergestellt, indem er darauf verwies, daß nichts ohne Ursache geschieht und ein intelligenter Geist ("Laplace'scher Dämon" [RGG 3: 1231]) theoretisch (alle vorhandenen Daten als einsichtig vorausgesetzt) mittels einer einzigen Differentialgleichung alle vergangenen und zukünftigen Bewegungen des Universums rück- oder vorausberechnen könnte. Im Anschluß verschmelzen zu *Beginn des 20. Jahrhunderts* die Begriffe "Verursachen" und "Voraussagbarkeit". Die Identifikation von kausalen Zusammenhängen mit (zeitunabhängigen) Gleichungen, welche u.a. auf Kirchhofs Arbeiten zurückgeht [ERE III: 264], führt jedoch dazu, daß die (etwa bei Hume und Kant kausale Zusammenhänge charakterisierende) Zeitordnung aufgelöst wird, d.h. daß die Determination in beide Richtungen der Zeitachse wirkt [HWP 4: 795]: die Gleichung "$s = g/2t^2$" etwa, welche das Gesetz über den freien Fall formuliert, ist nicht zu lesen als eine Aussage, daß die Zeit t und die Gravitationskonstante g die Ursachen für die Länge s der Fallstrecke sind. Die Gleichung beschreibt vielmehr die sogenannte *funktionelle Relation* (welche Mach, wie oben erwähnt, auch als die adäquatere Darstellung betrachtet) der genannten Größen im freien Fall [THR XVIII: 84]. Einige der modernsten Subdisziplinen der Physik stellen den ontologischen Wert des klassischen Kausalitätskonzeptes in Frage; dazu gehören die

- *Quantenmechanik* (diese ist durch ihre probabilistischen Methoden nicht mehr deterministisch im *strengen* Sinne; in der sog. "Kopenhagener Deutung" der Quantenmechanik verstehen Bohr und Heisenberg diesen epistemologischen Verzicht auf den absoluten Determinismus i.ü. nicht als Folge subjektiven menschlichen Nichtwissens, sondern als eine Absage an die vollständige Objektivierbarkeit von Naturzusammenhängen [RGG 3: 1230]), aber auch die Entdeckung des
- *radioaktiven Zerfalls* (welcher allein mittels der sogenannten *Halbwertszeit* berechnet werden kann: diese sagt bloß aus, daß nach einer bestimmten Zeit die Hälfte des radioaktiven Stoffes zerfallen ist, genauere Angaben oder Voraussagen - etwa welche Atome betroffen sein werden - sind nicht möglich [THR XVIII: 83]),

weiters andere Ergebnisse aus dem Bereich der

- *Nanophysik* (in diesem Forschungsgebiet werden Hypothesen hervorgebracht, welche besagen, daß es im Nanobereich der Materie möglicherweise *Veränderungen ohne* jegliche *Ursachen* gibt, was das Kausalprinzip widerlegen würde [TEP 2: 57]) und schließlich die

- *Chaosforschung* (deren Ergebnisse bisher darauf hinauslaufen, daß Prozesse, welche ganz dem Kausalprinzip gemäß verlaufen, zu einem nicht vorhersehbaren Chaos führen, sobald nur einzelne Teilchen betroffen sind (etwa Planeten in einen Sonnensystem); ein Vielteilchen-Chaos (Moleküle in einer Gasmenge) kann dahingegen - allerdings immer erst bloß mit *statistischen* Mitteln - vorausberechnet werden; diese Unmöglichkeit der Vorausberechnung ergibt sich daraus, daß die (unendlich verschiedenen und nie wiederkehrenden) Anfangsbedingungen der kausalen Abläufe im anderen Fall mit unendlicher, d.h. unrealisierbarer Genauigkeit ermittelt werden müßten [THR XVIII: 85]).

Andere der jüngsten Errungenschaften der Physik scheinen dem Kausalitätskonzept wiederum erneut eine gewisse Berechtigung einzuräumen. Dazu gehören die *spezielle Relativitätstheorie* (welche durch die Ausweitung der physikalischen Beschreibung auf einen vier-dimensionalen Zeit-Raum das zeitumkehrinvariante Moment der Gleichungen wieder aufhebt und sich dadurch einem klassischen Kausalverständnis erneut annähert) sowie die *Thermodynamik* (welche mit ihrer Annahme von irreversiblen Prozessen ebenfalls die Zeitordnung wieder einführt) [HWP 4: 796f.].

Es ist jedoch weiterhin festzuhalten, daß es im empirischen Bereich keine Möglichkeit (Experimente) gibt, die Gültigkeit des Kausalprinzips zu beweisen - genausowenig wie es möglich ist, dessen Ungültigkeit zu beweisen [TEP 2: 58; 60].

Im Bereich der *angewandten* Naturwissenschaften ist es die *Kybernetik*, die sich speziell das Effekt-Phänomen zunutze macht. Unter der Voraussetzung des in der Mechanik herrschenden Verständnisses von Kausalität als Determination im Sinne von etwas, das notwendig geschieht, sobald die Ursache "zur Verfügung" gestellt wird, steht der Effekt als angestrebtes Phänomen im Zentrum. Die dazugehörige wissenschaftstheoretische Disziplin, welche sich nun nicht mehr mit den Phänomenen selbst, sondern ausschließlich mit Effekten befaßt, heißt *Intellektik*. Diese versucht, Effekte zu klassifizieren, indem sie von den einzelnen physikalischen Wirkungsbereichen (Mechanik, Elektrizität, Akustik) absieht und vielmehr allgemeine, übergeordnete Wirkungs-Gesetze aufstellt [GLE 4: s.v. *effet*].

B.1.7. Kausalität und Theologie/Religion

An dieser Stelle soll vorwiegend die Entwicklung des Kausalitätsbegriffes in der abendländischen Religionsgeschichte verfolgt werden, das Bild soll jedoch durch eine kurze Gegenüberstellung mit nah- und fernöstlichen Auffassungen (Islam, Judentum, Buddhismus, Brahmaismus) und jenen der u.a. davon und von europäischen/kleinasiatischen Geheimlehren (Esoterik) inspirierten religiösen Lehren, aber auch mit Vorstellungen aus Naturreligionen ergänzt werden.

Abendland. Antike. Während der antike Atomismus eines Leukipp und seines Nachfolgers Demokrit zwar das Kausalprinzip in die Welt setzte, jedoch die Existenz von unendlich vielen verschiedenen Dingen (den Atomen) postulierte und damit die mögliche Gleichheit von Ursachen (= Kausalgesetz) leugnete, findet sich in Platons Ideenlehre die Ursächlichkeit aller Dinge in den Vorstellungen/Vorbildern, nach welchen die Dinge geschaffen werden. Auch der Demiurg, der Schöpfergott, greift auf die Idee des schönsten Kosmos zurück, um das Urchaos zu einem geordneten Kosmos zu formen. Als Ursache für diese Ursachen ist das Gute anzusehen, welches schafft, daß die Ideen u.a. richtig, schön und wahr sind. Aristoteles begründet die Einteilung der Ursächlichkeit in die vier Ursachen *causæ materialis, formalis, efficiens* und *finalis*, welche die Basis des Kausalitätsverständnisses in der mittelalterlichen Scholastik wird. [THR XVIII: 81]

Mittelalter. Die Scholastik arbeitet nun einerseits mit den eben genannten vier aristotelischen Ursachebegriffen, erweitert den Begriffsbereich jedoch um die ebenfalls auf Aristoteles zurückgehenden drei Bedeutungen von Ursprung (ἀρχή) mit *causa essendi, causa fiendi* sowie *causa cognoscendi*. Obwohl der letzte Begriff ("Erkenntnisgrund") auch Prinzipien, Argumente und Prämissen von Schlüssen abdeckt, so ist darunter jedoch primär ein Gott zu verstehen, der die menschliche Erkenntnis erst ermöglicht. Auch die ersten beiden Begriffe werden mit diesem Gott identifiziert: die *causa fiendi* (der "Werdensgrund") ist der Schöpfergott, wobei es nach dem von den antiken Vorstellungen übernommenen Kausalprinzip *nihil de nihilo* keine *creatio ex nihilo* gibt: der Kosmos wird aus schon Existierendem geformt; die *causa essendi* (der "Seinsgrund") ist jene Ursache, welche erschaffene Dinge existent erhält, diese kann wiederum nur Gott als *causa prima* sein. Alle realweltlichen Ursachen sind lediglich *causæ secundæ*, welche nur dann wirken, wenn die *causa prima* ebenfalls wirkt, wie bei Thomas von Aquin zu finden ist (Sent. II, dist. 1, qu. 1. a. 4): *causalitas causæ secundæ firmatur per causalitatem causæ primæ.* [THR XVIII: 81f.] In der deutschen Mystik des 14. und 15. Jahrhunderts (z.B. bei Tauler) vollzieht sich ein konzeptueller und damit auch terminologischer Wandel im fraglichen Begriffsbereich: mit "Grund" wurde zunächst sowohl das tiefste Innerste - der göttliche Funken in der menschlichen Seele - als auch Gott selbst bezeichnet. Über eine Assoziation von Gott als dem Schöpfer/Ursprung aller Dinge, so auch des Wesens der menschlichen Seele mit der Seele selbst, welche gleichzeitig zum Beweggrund für das sittliche Verhalten wird, ergibt sich eine begriffliche sowie terminologische Verschmelzung von "Grund" und "causa" [HWP 3: 904ff.], welche in der Philosophie bis Leibniz [HWP 2: 960] im Alltagsgebrauch bis zu diesem Tage zu verfolgen sein wird (vgl. Kap. B.1.2.; Anm.d.Verf.).

Neuzeit. 17. Jahrhundert. Durch die Wiederentdeckung des antiken atomistischen Gedankengutes (welches im Mittelalter aufgrund einer Assoziation mit epikureischen und atheistischen Auffassungen verurteilt worden war) in der Frühen Neuzeit wird das philosophische Interesse von der *causa finalis*, welche die mittelalterliche Gedankenwelt bestimmt hatte, zur *causa efficiens* verlagert. So kann dann etwa Hobbes die *causa prima* aus der Diskussion entfernen und alle Veränderungen (auch jene qualitativer, geistiger oder seelischer Art) rein auf die räumlichen Bewegungen von Körpern zurückführen, welche andere Körper anstoßen. Dadurch gibt es nach Hobbes auch keinen freien Willen: das Kausalprinzip wird mechanisiert und generalisiert, womit ein neues, diesmal jedoch rein in der materiellen Welt begründetes Argument gegen die menschliche Willensfreiheit in die jahrtausendealte Diskussion eingeführt wird (diese Freiheit war bereits in der Antike mit dem Hinweis auf die göttliche Vorsehung und im Mittelalter mit dem Verweis auf die Allmacht Gottes in Zweifel gezogen worden). [THR XVIII: 82] Dahingegen verbleibt das göttliche Element im okkasionalistischen Erklärungsansatz von etwa Geulincx oder Malebranche erhalten: die wahre Ursache von zu beobachtenden Wirkungen ist Gott, die scheinbaren Ursachen sind reine "Gelegenheiten", bei denen Gott seine Wirkungen auf wunderbare Weise erzeugt (so können etwa Leib und Seele nicht aufeinander einwirken) [ERE III: 262; PWB: 475].

18. Jahrhundert. Dem von den Okkasionalisten vorgebrachten Prinzip der konstanten Intervention Gottes in die weltlichen Abläufe kann Leibniz sein Prinzip der prästabilisierten Harmonie entgegensetzen, demgemäß am Anfang der Schöpfung ein einmaliges Wunder stand, welches ein für alle Mal eine bestimmte Harmonie zwischen den einzelnen Teilen der Schöpfung (= den "Monaden" in Leibniz' Terminologie) hergestellt hat. Die in der Welt zu beobachtenden Veränderungen sind den Monaden inhärenten und für diese festgelegten Kräften zuzuschreiben; die Regelmäßigkeit, mit welcher die Phänomene aufeinanderfolgen, ist wiederum der prästabilisierten Harmonie zu verdanken. [ERE III: 262] Im Laufe des 18. Jahrhunderts ist - im Zuge der Aufklärung - eine langsame Entflechtung von theologischen Erklärungen und Erklärungen aus anderen Disziplinen zu beobachten. Dies gilt teilweise in der Philosophie, wo die Forschungserfolge der exakten Naturwissenschaften mehr und mehr inspirierend wirken (vgl. Kap. B.5), aber etwa auch in der Historiographie, welche im 17. Jahrhundert noch von christlichen Ideen um göttliche Vorsehung beherrscht ist (etwa bei Bossuet), um dann im 18. Jahrhundert die Rolle der Vorsehung in der Geschichte zumindest weniger apodiktisch zu formulieren (Voltaire) bzw. zur rhetorischen Floskel zu reduzieren (wie z.B. bei Montesquieu) (s. Kap. C. sowie E.; Anm.d.Verf).

19. Jahrhundert. Neben den positivistischen philosophischen Strömungen, welche im 19. Jahrhundert an Einfluß gewinnen, sind jedoch weiterhin Ansätze theologischer Inspiration zu verzeichnen. In der Lehre von Lotze ist es ein *allumfassender* Gott, *innerhalb dessen* sich die Übergänge von Ursachen zu Wirkungen abwickeln, eine Sichtweise, welche etwa auch gestattet, den problematischen Begriff der Wirkübertragung aufzugeben, der all jenen Ansätzen innewohnt, welche von unabhängigen Einheiten ausgehen [ERE III: 262; 263].

20. Jahrhundert. Die *neueren* Erkenntnisse in den Naturwissenschaften geben erneut Anstoß zur Diskussion um den freien Willen: insofern als es etwa im mikrophysikalischen Bereich unmöglich erscheint, Ursachen zu ermitteln (was jedoch nicht damit gleichgesetzt wird, daß es keine solchen gäbe) und damit das Kausalprinzip zu verifizieren, scheint ein freier Wille von dieser Seite daher nicht antastbar [THR XVIII: 83]. Es ist hier jedoch festzuhalten, daß gerade die *allerneuesten* Erkenntnisse aus dem Bereich der Physik (vgl. etwa Kap. B.1.6.) dem Kausalprinzip - mit allen denkbaren Implikationen auf die Diskussion um den freien Willen - wiederum mehr Fundament geben (Anm.d.Verf.).

In bezug auf Überlegungen zur Vereinbarkeit von theologischen und naturwissenschaftlichen Denk- und Erklärungsansätzen verweist etwa Taylor auf die Notwendigkeit der unendlichen Regression in einer kausalen Erklärung und meint, daß dies möglicherweise impliziert, daß Kausalität nicht als ein letztes Erklärungsprinzip zu betrachten ist. Die wissenschaftlichen Erklärungen, im Rahmen derer ein Ereignis zu einem vorangehenden Ereignis als seiner Ursache zurückverfolgt wird, ist immer nur relativ. Will man nun eine *causa sui* oder einen Gott als Brücke zwischen Ereignissen bzw. zur Einleitung einer Kausalkette einführen, so wird eine solche relative Erklärung zunichte gemacht. Obgleich nun wissenschaftliche und theologische Erklärungen einander nicht ausschließen, so sind sie dennoch nicht imstande, ihre gegenseitigen Unzulänglichkeiten zu kompensieren. Eine *causa sui* kann nicht mit dem Kausalprinzip erklärt werden, da dafür auf eine noch weiter zurückliegende Ursache zurückgegriffen werden müßte. [ERE III: 266] Dahingegen meint etwa Coreth, daß allein in der Anwendung des Kausalprinzips auf das Verhältnis zwischen Gott und der Welt dieses Prinzip seinen vollständigen und ursprünglichen Sinn erreicht: "Daher wird im Gottesbeweis nicht eigentl. ein allg. K. [Kausalprinzip] "auch" auf diesen Sonderfall angewendet; vielmehr ist die Einsicht in den Vollsinn des K. selbst schon Vollzug des Gottesbeweises. Alle anderen Formen der Kausalität, näml. im endlichen Bereich, sind nur defiziente u. analoge Modi der Kausalität." [LTK 6: 99]

Islam. Die mittelalterlichen muslimischen Philosophen waren stark von aristotelischen und neuplatonischen Kausalitätsvorstellungen beeinflußt. So waren etwa Al-Kindi, Al-Farabi, Ibn-Sina (Avicenna) und Ibn-Tofail von der Notwendigkeit einer Ursache für das Entstehen von Dingen überzeugt. Avicennas Lehren aus dem 10. Jahrhundert sollten im 13. Jahrhundert speziell auch christliches Gedankengut beeinflussen: Avicenna geht von der Notwendigkeit eines ersten Wesens (*ens necessarium*) aus, welches das Universum erschaffen hat. Im Anschluß an neuplatonische Ideen vertritt Al-Kindi die Auffassung, daß alles auf alles kausal einwirkt, sodaß die Kenntnis eines einzelnen Dinges die Natur des gesamten Universums enthüllen würde (dies nimmt die Idee des Laplace'schen Dämonen vorweg; vgl. Kap. B.1.6.; Anm.d.Verf.). [DHI I: 273]

Im 11. Jhdt. werden diese Kausalauffassungen jedoch von orthodoxen Theologen wie Al-Ashari und speziell Al-Ghazali kritisiert und zugunsten eines Okkasionalismus aufgegeben, der stark an die späteren Lehren von Malebranche, aber auch an die Kausalitätskritik von Hume erinnert. Gott wird hier als die einzige Ursache betrachtet, alle anderen Vorkommnisse in der Welt sind reine Ergebnisse der Handlungen Gottes. Al-Ghazalis Lehren und vor allem auch seine Kritik an anderen Kausalitätsauffassungen unterbinden auf lange Zeit innovative Überlegungen auf diesem Gebiet im muslimischen Nahen Osten. Erst Ibn-Ruschd (Averroës) kritisiert Al-Ghazalis Lehren, indem er v.a. darauf hinweist, daß diese jeglichen Gottesbeweis unmöglich machen, da ohne die empirische Evidenz von kausalen Verbindungen zwischen endlichen Dingen keine Möglichkeit besteht, die Existenz des Unbeobachteten ausgehend von jener des Beobachteten zu inferieren. [DHI I: 274] Trotz Ibn-Ruschds Eintreten für eine aristotelisch inspirierte Kausalitätsauffassung bleibt diese in der islamischen Philosophie in der Defensive [DHI I: 289].

Den Islam zeichnet des weiteren seine teleologisch-providentielle Sichtweise aus, deren Schlüsselbegriffe *kismet* ("Schicksal") und *maktub* ("es steht geschrieben") sind (Anm.d.Verf.).

Judentum. Der einzige eigenständige Beitrag zum Thema Kausalität aus den Reihen mittelalterlicher jüdischer Philosophen ist nach DHI [I: 274] jener von Ibn-Gabirol (Avicebron). Ihm gemäß ist die einzige bewirkende Kraft im Universum Gottes Wille, welche Materie und Form im gesamten Universum zusammenhält. Verfolgt man die Hierarchie der Dinge von Gott abwärts, so wird diese Kraft schwächer, sodaß es ganz unten physische Dinge gibt, welche nicht die geringste bewirkende Kraft ausüben können. Die übrigen jüdischen Philosophen vertreten die gängigen mittelalterlichen Kausalitätsauffassungen.

Fernöstliche Religionen. Im Theravada-Buddhismus ist das Prinzip der Verkettung der Schmerzbedingungen die Basis der Lehre selbst. Diese umfaßt Relationen zwischen Anlässen und Produkten sowie zwischen Ursachen bzw. Ursprüngen bzw. Motiven bzw. unbestimmten Ursachen und Wirkungen. So resultieren etwa Alter und Tod aus der Geburt, die Geburt aus der Existenz, die Existenz aus dem Sich-Aneignen, das Sich-Aneignen aus dem Durst (Hunger), der Durst aus dem Gefühl, das Gefühl aus der Berührung und die Berührung wiederum aus der Persönlichkeit. Die Verkettung läuft dabei in beide Richtungen: von der Folge zum Motiv und umgekehrt. Ein Individuum, welches in seiner Unwissenheit in diesem *circulus vitiosus* gefangen ist, kann diesen nur mit Hilfe der buddhistischen Weisheit und der von ihr vorgeschriebenen Technik durchbrechen. [GLE 2: s.v. *causalité*] Im Rahmen des Buddhismus, Brahmaismus (aus welchem der heutige Hinduismus hervorging) und Jainismus ist zudem der *Karma*-Begriff von zentraler Bedeutung: dieser bezeichnet die Summe der (guten und schlechten) Taten eines Lebens, welche im Rahmen einer Vergeltungskausalität das persönliche Schicksal in einem/in den nachfolgenden Leben formt [PWB: 76; 313; 332].

Esoterik und *davon inspirierte religiöse Lehren.* Sowohl in der zum Christentum parallellaufenden religiös-philosophischen Geheimlehre europäischer und klein-asiatischer Herkunft der *Esoterik,* welche bis in die Antike (auf die dem Gott Hermes Trismegistos zugeschriebenen *hermetischen* Schriften aus dem 2. u. 3. Jhdt. n. Chr. [GL 4: 326]) zurückzuverfolgen ist, als auch in den verschiedensten religiösen Lehren der Gegenwart, welche u.a. auf esoterischem und östlichem Gedankengut (Karmalehre) aufbauen, wird das kausal-lineare Weltbild der exakten Wissenschaften durch ein "senkrechtes" Weltbild ersetzt. Dieses baut auf Paradigmen oder senkrechten Reihen von Elementen (Planeten, Mineralen, Pflanzen, Tieren, etc.) auf, welche alle jeweils einem bestimmten Urprinzip (wie Geburt, Tod, etc.) zugeordnet sind. Innerhalb eines Paradigmas sind die einzelnen Elemente nun nicht kausal, sondern durch das Prinzip der *Analogie* oder auch (mit einem Terminus von C.G. Jung) *Synchronizität* (vgl. Jung 1964: 211) miteinander verbunden. Dieses Weltbild entzieht sich der positivistisch-wissenschaftlichen Überprüfung gerade deswegen, weil die Wissenschaft sich selbst über ihre kausal-linearen Erkenntnismethoden definiert, letztere jedoch *per naturam* nicht imstande sind, diese senkrechten Paradigmen zu erfassen. (Dahlke/Klein [6]1994: 12)

Naturreligionen. In den religiösen Vorstellungen von Naturvölkern sind - neben *analogen* Ansätzen - deutlich *kausale* Denkmuster anzutreffen, so etwa die Konzeption einer Gottheit als Urheber der Welt. *Finale* Konzepte finden sich etwa im Bereich der Magieausübung, wo rituelle Techniken zum Erreichen konkreter Ziele eingesetzt werden [LTK 7: 836f.], aber auch in Opferbräuchen, durch welche die Gunst bestimmter Gottheiten erlangt oder erhalten werden soll [LTK 7: 838f.].

B.1.8. Kausalität und Psychologie

Im Bereich der Psychologie kann man zwei verschiedene große Bereiche unterscheiden, in denen das Kausalitätskonzept eine wichtige Rolle spielt, wenn auch die Untersuchungsebenen deutlich verschieden sind. Dies ist zum ersten der Bereich der *kognitiv* orientierten Psychologie, welche sich mit der *Wahrnehmung*, der Erfahrung von Kausalität durch das zu beschreibende psychische Subjekt beschäftigt. Hierbei sind *erkenntnistheoretische* Momente wichtige Teile der Überlegungen. Dem gegenüber stehen die *verhaltens*orientierten psychologischen Strömungen, welche - auf der Beschreibungsebene - menschliches Verhalten in einen Ursache-Wirkungszusammenhang zu setzen versuchen, wobei der Akzent deutlich auf *biologisch-mechanistischen Gesetz*lichkeiten liegt. Die kognitiv-erkenntnistheoretischen Überlegungen zum Kausalitätsphänomen findet man eingeleitet durch Hume, weiterverfolgt von Kant und Mill, wonach erst wieder die wissenschaftliche Psychologie des 20. Jahrhunderts mit den Arbeiten von etwa Michotte und Piaget die Frage nach der menschlichen Wahrnehmung von Kausalität aufgreift. Auf der anderen Seite kann die Beschäftigung mit den verursachenden Faktoren menschlichen Verhaltens bis zu den Anfängen der wissenschaftlichen Psychologie im 19. Jahrhundert zurückverfolgt werden.

Hume leugnet die Existenz (und Beweisbarkeit) einer phänomenalen (= als reales Phänomen vorhandenen und als solches direkt erfahrbaren) Kausalität [HWP 4: 802]. Ihm gemäß ist die Zuschreibung zu bestimmten Phänomenen von Attributen wie "Ursache" und "Wirkung" nichts anderes als eine reine Inferenz, die der menschliche Beobachter aufgrund von wiederkehrenden Erfahrungen macht: etwa, daß erstens bestimmte Phänomene einander örtlich und zeitlich nahe stehen, daß zweitens eine zeitliche Ordnung im Sinne von Präzedenz der vermuteten Ursache und dem anschließenden Eintreten der vermuteten Wirkung besteht und schließlich daß drittens eine Kovariation zwischen vermuteter Ursache und vermutetem Effekt besteht (d.h. immer, wenn sich erstere ändert, ändert sich letzterer mit). Zu den drei Hume'schen Kriterien, welche Phänomenen durch den Beobachter kausalen Charakter zuschreiben lassen, ist des weiteren zu nennen die Eliminierung von plausiblen alternativen Erklärungen, was speziell dann von Wichtigkeit wird, sobald die Kausalzuschreibung vom Subjekt mit wissenschaftlicher Intention durchgeführt wird. [EPS 1: 199]

Kant schließt aus der Tatsache, daß der Mensch Phänomene als kausal verknüpft *erfährt*, auf ein zugrundeliegendes Erfahrungsvermögen (eine *a priori*-Kate-
gorie) "Kausalität", was der modernen Auffassung entspricht [HWP 4: 802] (s.u.
zu Piaget; Anm.d.Verf.).

Damit haben Hume, Kant, aber auch Mill, welcher in Humes Tradition steht,
wesentlich die gegenwärtigen Betrachtungen auf diesem Gebiet beeinflußt [EPS 1:
199; HWP 4: 802]. Diese Betrachtungen drehen sich weiterhin um die Frage nach
den Mechanismen, nach denen der Mensch kausale Zusammenhänge *erlebt*.
Neben der Hume'schen *Assoziation* werden etwa *Mittel-Zweck-Abfolge* oder *Aufgabe-
Erfüllungs-Zusammenhang* als mögliche menschliche Erlebnisformen von Kausalität
betrachtet. Aus dem Bereich der Gestaltpsychologie kommen Erkenntnisse, denen
zufolge "mechanische Kausalhandlungen" in gleicher Weise wahrgenommen werden wie etwa Formen und Bewegungen. [DPW: 376] So zeigt etwa Michotte mit
seinen Experimenten, daß gewisse Zusammenhänge als kausal perzipiert werden
(wie etwa zwei Lichtpunkte, von denen der eine sich auf den anderen zubewegt
und neben diesem zum Stillstand kommt, während der andere sich nun weiterbe-
wegt, was Michotte mit "lancement" bezeichnet; Michotte [2]1964: 18). Mit Hilfe
von Variationen des *lancement*-Versuchsverlaufes (wie etwa "entraînement": von
zwei sich in die gleiche Richtung bewegenden Lichtpunkten holt der schnellere
den langsameren ein, und beide bewegen sich zusammen mit der Geschwindigkeit
des schnelleren weiter; Michotte [2]1964: 147) überprüfte Michotte, wann eine und
wann keine kausale Interpretation der Versuchskonstellation durch Versuchsper-
sonen durchgeführt wird. Die Versuche scheinen zu zeigen, daß der Mensch "direkt", d.h. unbewußt auf dem neurologischen Niveau der Perzeption die kausale
Interpretation einer Gesamtreizkonfiguration (= als "Gestalt": Michotte [2]1964: 83;
= Ganzheit; Anm.d.Verf.) vornimmt und nicht, daß es sich um einen bewußten
Inferenz- oder Induktionsakt handelt, welcher auf einer Serie von Ereignissen
aufbaut, welche als unabhängig perzipiert werden [IES 1: 354; DPW: 376; HWP
4: 802]. Sobald die Gestalt (die Reizkonfiguration) auf bestimmte Weise verändert
wird (wenn etwa beim *entraînement*-Versuch die Geschwindigkeit nach dem Kon-
taktmoment der beiden Lichtpunkte jene des langsameren ist; Michotte [2]1964:
147), verschwindet der perzipierte kausale Zusammenhang (Michotte [2]1964: 83).

Eine Testmethode, welche die aktive Reflexion des Subjektes in bezug auf kausale Zusammenhänge beleuchtet, besteht darin, die Versuchsperson vor die Aufgabe zu stellen, aus einer Reihe von Wahlmöglichkeiten die Ursache einer bestimmten Wirkung bzw. die Wirkung einer bestimmten Ursache zu wählen [DBS:
373].

Der Entwicklungspsychologe Piaget analysierte zum einen die einzelnen Stufen
des mentalen Entwicklungsprozesses, welche schließlich zu jenem operativ-logi-

schen Niveau führen, welches die Erfassung von Kausalität erlaubt. Diesen Untersuchungen gemäß besteht zwischen dem sog. *perzeptiven* (ontogenetisch primären) und dem sog. *logischen* (ontogenetisch sekundären) Erkennen insofern ein qualitativer Unterschied, als letzteres etwa die gedankliche Umkehr der Vorgänge ermöglicht. [UTET IV: 304] Piaget untersuchte in diesem Zusammenhang auch die Bedeutungen, welche "cause", "pourquoi", "parce que" und andere erklärende Ausdrücke für Kinder in verschiedenem Alter haben [IES 1: 351]. Dabei ergab sich etwa, daß sich die frühesten Gebräuche von "pourquoi" auf Handlungsmotive und Rechtfertigungen von Regeln beziehen, während "natürliche" kausale Erklärungen erst später eingefordert werden. Schließlich untersucht Piaget auch die Entwicklung des Konzepts der Wahrscheinlichkeit im Rahmen der Voraussage von Ereignissen, ein Konzept, welches in manchen wissenschaftlichen Ansätzen mit kausalen Erklärungen in Zusammenhang gebracht wird [UTET IV: 304]. Sachsse verbindet die Erkenntnisse Piagets mit den Auffassungen von u.a. Schopenhauer bezüglich des Ursprungs des Kausalbegriffs: bereits der Säugling erlebt den Widerstand des Gegenübers als ein zentrales Gefühl in bezug auf die eigene Aktivität, wobei der Zusammenhang von Willensimpuls und Körperbewegung zur Entdeckung, Erprobung und Erlernung des Ursache-Wirkungs-Zusammenhanges führt (der Verhaltensforscher Lorenz kommt diesbezüglich i.ü. zu einer entsprechenden Deutung) [THR XVIII: 84f.]. James, aber auch Hodgson hatten eine solche Theorie bereits im 19. Jhdt. vorgeführt [ERE III: 261].

Gewisse Phänomene im menschlichen Verhalten, welche gekoppelt erscheinen (wie etwa "Anmutungsweise und Zumutesein", "Verlockung und Antrieb", "Suchen und Finden im Gedächtnis", "Frage und Antwort", "Auftrag und Erledigung") geben Anlaß zu einer Psychologie, welche diese Phänomene mit Hilfe von Ursache-Wirkung-Erklärungen erfassen möchte. Hier stellt sich jedoch sofort die Frage, inwiefern psychische Vorgänge gesetzmäßig (im Sinne von Naturgesetzen) sind. In bezug auf diese Frage sind die Lehrmeinungen geteilt. Gegen eine Möglichkeit des gesetzmäßigen Erfassens menschlichen Verhaltens spricht sich u.a. Dilthey aus, welcher auf die Einheitlichkeit und Wechselwirkung zwischen den Teilen der *Psyche als Ganzes* hinweist. Driesch macht wiederum auf die Möglichkeit aufmerksam, seelische Vorgänge zu *regulieren*, während McDougal und Adler die *Telizität*, Petermann wiederum die *Spontaneität* von psychischen Vorgängen hervorheben. [HWP 4: 802f.] Auch W.Wundt leugnet die Möglichkeit, naturgesetzliche Kausalzusammenhänge in der Psychologie anzunehmen: vielmehr bestimmt das *Gesetz des Wachstums der Energie* (ein Wachstum, welches mit der Entwicklung des Geistes einhergeht) die psychischen Vorgänge. Die Fähigkeit zur schöpferischen Synthese (der Vereinigung von Teilen zu einem Ganzen, das mehr ist, als die

Summe der Teile) läßt sich nicht mit kausal-mechanischen Zusammenhängen erklären. [UTET IV: 304; PWB: 644, 721]

Dahingegen ist es vor allem die Psychoanalyse, welche einen Determinismus nach naturgesetzlichem Vorbild annimmt [UTET IV: 304]. Freud etwa vertritt die Ansicht, daß es keine Ursachen ohne Wirkungen und keine Wirkungen ohne Ursachen gibt. Derselben Ansicht ist auch Jung, welcher allerdings sein wissenschaftliches Weltbild um Adlers oben erwähnten Finalismus erweitert, wobei er aber mit Kant diese Zusammenhänge als erkenntnistheoretisch, nicht als ontologisch, betrachtet. [HWP 4: 802] Jung erkennt allerdings auch noch ein weiteres Prinzip an, nämlich jenes, das er selbst in die wissenschaftliche Diskussion seines Faches einführt und als *Synchronizität* bezeichnet: dieses besagt, daß bestimmte Phänomene, welche gleichzeitig (*synchron*) auftreten, zwar miteinander verbunden sind, allerdings nicht kausal, sondern "sinnhaft" bzw. *symbolisch* (etwa somatische Symptome oder aber Ereignisse in der äußeren Welt, welche gleichzeitig mit einer bestimmten psychischen Verfassung - manifest etwa in Träumen - eintreten, wobei der symbolische Gehalt beider Phänomene der gleiche ist: z.B. Tod, Erneuerung, etc.; vgl. z.B. Jung 1964: 211). Ein deterministisches Grundverständnis findet sich bei Fechner (vgl. den Titel seines Werkes von 1860: "Elemente der Psycho*physik*"; unsere Hervorh.; Anm.d.Verf.), in den psychologischen Betrachtungen Machs und in der Gestalttheorie Köhlers [HWP 4: 802]. Die EPS [199] räumt die Unmöglichkeit einer vollständigen Erfassung von menschlichem Verhalten in naturgesetzmäßiger Form aufgrund der Komplexität der zu untersuchenden Strukturen ein, meint aber dennoch, ein bedeutendes erkenntnistheoretisches Werkzeug in einer derartigen Beschreibung zu finden.

Interessant ist speziell auch die Theorie Thorndikes vom "Gesetz der Wirkung" (= "law of effect"), welches in bezug auf die *Versuch-und-Irrtum*-Lernmodelle (*trial-and-error*-learning) davon ausgeht, daß Erfolg bzw. Mißerfolg eines bestimmten Vorgehens *rückwirkend* einen positiven bzw. negativen Einfluß auf das Memorieren der Vorgangsweise ausübt [DPW: 855].

In anderen psychologischen Disziplinen kann man ein Umgehen des Kausalitätsbegriffes feststellen, wie etwa im *Behaviorismus*:

-    Guthrie schafft den Kausalitätsbegriff in seinen Darstellungen ab, indem er etwa Lernen in eine *post quod*-Kontinuität anstatt eine *propter quod*-Kontinuität einordnet [DBS: 55]. Auch Skinner versteht seine Arbeit mehr beschreibend als erklärend. In seinem Sinne wird "Ursache" zu einer "Veränderung in einer unabhängigen Variablen" und "Wirkung" zu einer "Veränderung in einer abhängigen Variablen". [DBS: 55]

-    Im Rahmen der von ihm entwickelten *Feldpsychologie* betrachtete K. Lewin
     Verhalten und Umwelt (= das psychische Kraft-"Feld", in welchem sich
     das Subjekt befindet) als gleichzeitige Phänomene - die Vergangenheit
     beeinflußt gegenwärtiges Verhalten nur, insoweit diese in der Gegenwart
     verbleibt [DBS: 55; GL 3: 245, 6: 122].

Sobald "Ursachen" als solche anerkannt worden sind, können unterschieden werden: *historische* Ursachen (Ursachen für gegenwärtiges Verhalten, welche in der
Vergangenheit liegen), *multiple* Ursachen (mehrere Ursachen interagieren und
ziehen eine singuläre Wirkung nach sich), *systematische* oder *gegenwärtige* Ursachen
(= gegenwärtige Ursachen für gegenwärtiges Verhalten) [DBS: 55; DPS: 80]. In
der behavioristisch inspirierten Beschreibung von Tolman/Brunswick findet man
den Begriff der *kausalen Textur*, verstanden als eine Sequenz von Ereignissen, welche sich in gegenseitiger Abhängigkeit befinden, wobei der Grad dieser Abhängigkeiten in *Wahrscheinlichkeitsangaben* und nicht als kausale Gewißheit ausgedrückt
wird [DPS: 80; DBS: 55]. Tolman erweitert zudem den behavioristischen Zugang,
indem er die *stimulus-response*-Theorie um ein *finales* Element anreichert, wo der
psychische Organismus aktiv in der als Gesamtheit perzipierten Situation nach einem geeigneten Stimulus sucht [DBS: 388].

Für die wissenschaftliche Psychologie ist das Heranziehen *probabilistischer Analy-
semodelle* gängig. Als "Kausalanalyse" wird jenes Analyseverfahren bezeichnet, welches die Beziehung zwischen statistischen Variablen untersucht: hier werden "Ursachen" zu Variablen für andere Variable ("Wirkungen"). [EPW 2: 371] So wendet
etwa Suppes eine derartige Analyse in seinen Lernmodellen an: Belobigungen
("Verstärkungen") erhöhen etwa die Wahrscheinlichkeit in bezug auf mögliches
Verhalten von Testpersonen [EPW 2: 374]. Solche wie die hier eben angesprochenen Versuche mit Testpersonen, welche zur Stützung kausalanalytischer
Verfahren herangezogen werden, werden als "Kausal"- (oder auch "Verlaufs"-)
Versuche bezeichnet und dienen der Feststellung der Abhängigkeit von
Phänomenen von einzelnen Bedingungen [DPW: 224].

In den interdisziplinären Bereichen der Handlungs-, aber auch der Spieltheorie,
an welchen die Psychologie Teil hat, ist speziell das zweckorientierte, teleologische Moment wichtig: Handlung wird verstanden als "zweckorientierte Situations-
veränderung durch den Menschen" [EPW 2: 375f.; HWP 4: 800] (vgl. dazu auch
die Diskussion in bezug auf "Beweggründe", "Motive" in Kapitel B.1.2.).

B.1.9. Kausalität und Rechtswissenschaften

Kausalität und Fragen von Gesetz und Recht sind in der Menschheitsgeschichte von Anfang an eng verbunden gewesen, auch wenn sich die Betrachtungsperspektive gewandelt hat. Wurde etwa zunächst die Natur mit ihren Gesetzen anthropomorphisiert, so sind es später die Naturgesetze, welche die Grundlage für juristische Gesetze im Bereich der Frage um Verschuldung und Haftung darstellen. Die philosophische Beschäftigung mit der Kausalitätsfrage floß zumeist in die rechtsphilosophischen Betrachtungen ein, war jedoch mit der Rechtspraxis zu verschiedenen Zeiten in jeweils unterschiedlichen Graden verbunden. [DHI: 270f.]

Generell gilt, daß die Vorstellung von Kausalität in den Rechtswissenschaften einerseits höchst theoretisch ist: die Naturgesetze werden als Ausgangsbasis herangezogen, um überhaupt Fragen der Verantwortlichkeit stellen zu können. Andererseits hat Kausalität auch eine sehr praktische Bedeutung, als daß erneut Naturgesetze als Ausgangsbasis dienen, um im Einzelfall die juristische Sachlage abzuklären. Ebenfalls praktisch orientiert ist die Verbindung der Kausalität mit juristischen Gesetzen, welche analog im Einzelfall Fragen der Verantwortlichkeit zu behandeln haben. [DHI: 289f.]

Untrennbar verbunden ist Kausalität im Rahmen von Rechtsfragen mit religiösen Vorstellungen. Oft sind die allerersten nachweisbaren Gesetze in einer Kultur religiöser Art. Zumeist werden auch Richtlinien festgelegt, welche menschliche Verpflichtungen und Verantwortung betreffen. Auch nach einer Trennung von Religion und Jurisprudenz wirken religiöse Vorstellungen im Rahmen der Fragen moralischer Verantwortung weiter. Der Befreiung von der Verantwortung für Taten, welche im "göttlichen Wahnsinn" (griech. *atè*) begangen werden, entspricht die moderne "Unzurechnungsfähigkeit im Augenblick der Tat". [DHI: 290]

Der juristische Ausdruck *causa* ist weit in die Geschichte zurückzuverfolgen. Der Terminus bedeutete und bedeutet noch (etwa das engl. *cause*) das Recht, welches die geschädigte Partei vorbringt, oder die Form der gesetzlichen Entschädigung oder die Rechtfertigung beider Parteien für ihr Verhalten: die Anklage des Klägers bzw. die Abweisung der Klage durch den Beklagten. Während dies die ursprünglichen Lesarten von *causa* sind, beinhalten modernere rechtstheoretische Systeme drei Lesarten von Kausalität. Dies ist zum ersten die physische Verursachung, zum zweiten der subjektive Geisteszustand des Agenten bei der Verfolgung seiner Zwecke oder Ziele und schließlich die gesetzlich verankerte Vorgehensweise für konkrete Fälle. Diese drei Elemente können von der klagenden Partei im Rahmen der Klage vorgebracht werden: es ist zu zeigen, daß der Beklagte der physische Verursacher des Schadens war, daß jener eventuell absichtlich oder fahrlässig gehandelt hat und daß die Gesetze eine derartige Konstellation als "causa" für eine Entschädigung betrachten. Die rechtliche und die philosophische Kausalität können sehr unterschiedliche Konzepte sein. Im Rechtsbereich kann man für das Verursachen eines Schadens verantwortlich gemacht werden, der Schluß kann jedoch auch umgekehrt werden: wer als der Verantwortliche für einen Schaden erklärt wird, kann sodann auch zum Verursacher erklärt werden. In diesem Bereich der Rechtswissenschaft ist allerdings große Uneinigkeit zu verzeichnen: die Extreme gehen von der Annahme eines kausalen Zusammenhanges als Basis aller rechtlichen Phänomene bis zur Ablehnung des Kausalitätskonzeptes für den Bereich der Bestimmung von gesetzlicher Verantwortung. [DHI: 291]

Frühgeschichte. Die frühgeschichtlichen, nicht-schriftkundigen Kulturen lassen eine universelle Tendenz erkennen, welche bis in die Zeit der frühen Schriftkulturen der Antike nachweisbar ist, namentlich Naturphänomene im Rahmen von gesellschaftlichen Modellen zu beschreiben oder zumindest auf Handlungen intelligenter Agenten zurückzuführen[3]. Diese "mytho-poetische" oder "sozio-morphe" Sichtweise ist auch in Hochkulturen wie der mesopotamischen und der ägyptischen nachzuweisen. Erklärt werden einerseits die Erschaffung der Welt in ihrem aktuellen Zustand, andererseits die regelmäßigen Vorgänge in der Natur. Die diesbezüglichen göttlichen Einrichtungen werden in enger Analogie zu gesellschaftlichen Einrichtungen oder eben Edikten eines Gesetzgebers gesehen. Es wird nicht zwischen Persönlichem und Unpersönlichem, zwischen Natur und Gesellschaft unterschieden. Speziell werden strafrechtliche Systeme herangezogen, um Naturphänomene zu erklären. [DHI: 270]

Antike. In der frühen griechischen Philosophie sind mytho-poetische Sichtweisen etwa bei Anaximander, Parmenides und Heraklit immer noch nachweisbar, werden aber durch das Aufkommen von formaleren Denkrichtungen, welche die Vorstellung einer göttlichen handelnden Kraft mehr und mehr entpersonalisieren und schließlich zugunsten mechanischer Erklärungsansätze aufgeben, abgelöst (etwa bei Anaximedes) [DHI: 271]. Die bereits sehr komplexen aristotelischen und stoischen Vorstellungen zur Kausalität (vgl. Kap. B.1.5.) und zur daraus resul-

---

3   Diese Strategie ist im übrigen auch in einem bestimmten Stadium der Ontogenese zu verzeichnen. Die ersten Erklärungen kleiner Kinder von Naturphänomenen sind deutlich anthropomorph: Wolkenbewegungen werden auf an den Wolken ziehende Hände zurückgeführt etc. (Jean-Paul Bronckard/Genf; persönliche Mitteilung).

tierenden moralischen Verpflichtung bleiben, obwohl sie später Einfluß auf die römische Gesellschaft und damit auf das römische Recht haben sollten, ohne große Nachwirkungen in der griechischen Rechtspraxis, welche niemals eine systematische Grundlage entwickelt [DHI: 290]. Diese Rechtspraxis baut vor allem auf der Redekunst auf, wobei Fragen der Kausalität im Zusammenhang mit gesetzlicher Verantwortlichkeit wenig Aufmerksamkeit geschenkt werden. Die römische Rechtstheorie basiert sodann hauptsächlich auf praktischen Erfahrungen, die Rechtspraxis ist stark abhängig von den jeweiligen konkreten Gegebenheiten. Es gibt jedoch die Vorstellung von der direkten Verursachung, welche Voraussetzung ist, daß ein Fall im Rahmen der *Lex Aquilia*[4] verhandelt wird. Für die übrigen Fälle werden die informelleren Prozeduren des Magistratsrechts herangezogen. [DHI: 291]

Mittelalter. Im Mittelalter gehen aristotelische Vorstellungen zur Kausalität in das christliche und jüdische religiöse System und damit in das klerikale und weltliche Kirchenrecht ein (Kanonisches Recht bzw. rabbinische Praxis) [DHI: 290]. In frühen Rechtssystemen gilt der Grundsatz der strikten Verantwortlichkeit: die physische Verursachung ist alleine ausschlaggebend, die Intention des Handelnden ist irrelevant. Umgekehrt gilt die Nicht-Nachweisbarkeit physischer Verursachung als Beweis für die Unschuld des Handelnden. [DHI: 291] In etwas reiferen westlichen Rechtssystemen bezieht sich die gesetzliche Verantwortlichkeit auf Schadens- und Kriminalfälle, welche kaum unterschieden werden. Dabei liegt die Verantwortlichkeit und Rechtsfähigkeit und damit die Frage der Verursachung ausschließlich bei der Sippe, welche für ihre Mitglieder haftet. Auch als die Rechtsperson der erwachsene männliche Bürger oder Freie wird, bleibt das Prinzip der "kollektiven" Verursachung bestehen: das Oberhaupt der patriarchalen Familie ist verantwortlich für die Handlungen von Familienmitgliedern, welche nur sehr eingeschränkte Rechtsfähigkeit besitzen. Damit werden oftmals Personen zur Verantwortung gezogen, welche in keinster Weise einen Schaden verursacht haben. [DHI: 292]

Neuzeit. Die Erkenntnisse der modernen Philosophie haben zwar großen, zumeist jedoch nur indirekten Einfluß auf die Rechtssprechung, was speziell für Kontinentaleuropa für die Zeit nach der Trennung von Recht und Theologie gilt und für England für die Lehren zur physischen und psychischen Kausalität von Hobbes, Bacon, Locke und Hume. Die rationalen Erkenntnistheoretiker (Des-

---

4   Im 2.-3. Jhdt. v. Chr. eingeführte Grundlage für das Schadenersatzrecht (Harris 1999: 12).

cartes, Spinoza, Leibniz) tendieren zu einem ethischen Determinismus (Spinoza) oder behalten die Idee des freien Willens nur in geringem Ausmaß in ihren Lehren bei (Descartes). Leibniz beschäftigt sich als geübter Anwalt und Diplomat mit dem Problem der rechtlichen "Bedingungen". Die sehr komplexen Theorien zum ethischen Determinismus der Rationalisten finden ein ganz anderes Echo in den frühen Theorien zur rechtlichen Verantwortlichkeit: der Mensch handelt dort auf eigene Gefahr und wird ohne Nachsicht behandelt: "*Qui inscienter peccat, scienter emendet* ("Who unknowingly sins, knowingly makes amends")." [DHI: 290f.] Während Humes Sicht von Kausalität, welche auf Gewohnheit aufbaut, den englischen Juristen entgegenkommt, bleibt Kants Kausalitätstheorie dort ohne großen Einfluß in der Rechtsphilosophie [DHI: 291]. In der neuzeitlichen Rechtspraxis werden beinahe alle erwachsenen männlichen Bürger zur Rechtsperson, die Verantwortlichkeit wird jedoch im Vergleich zu älteren Rechtssystemen eingeschränkt. Auf Thomas von Aquin geht das Proximitätsprinzip zurück, welches etwa in England durch Francis Bacon eingeführt wurde und bis heute gilt: *In jure non remota causa, sed proxima spectatur.* Aus allen möglichen Ursachen für einen Schaden können manche als nahe, andere als fern klassifiziert werden. Ein Handelnder kann sodann nur als verantwortlich gelten, wenn seine Handlung physisch den Schaden verursacht hat und diese Verursachung vor dem Gesetz als nahe gilt. [DHI: 292]

19. Jahrhundert. Im 19. Jhdt. erreichen die wissenschaftlich ausgerichteten Theorien eines Bentham, Comte, Mill oder Spencer kaum die tägliche Rechtspraxis, wenn nicht über die Vermittlerin der Rechtsphilosophie. Das notwendige Wissen über Kausalität wird vielmehr aus der täglichen Rechtspraxis gewonnen, zu einem theoretischen Gebäude synthetisiert, dessen Erkenntnisse schließlich in die tägliche Rechtspraxis zurückfließen. [DHI: 291] Im Rahmen der Industrialisierung, welche eine erhöhte Unfallrate sowie vermehrte Eigentumsbeschädigung nach sich zieht, wird in England und den Vereinigten Staaten das Prinzip der Verursachung differenziert, Begriffe wie "unvorhersehbare Ursache", "Mitverschulden" und "freiwilliges Eingehen von Risiko" werden in die rechtliche Doktrin aufgenommen, um jene Personen von ihrer Haftung zu entlasten, welche in einer einfachen Agrargesellschaft für den Verlust von Leben oder für Eigentumsbeschädigung zur Verantwortung gezogen würden. Die "nahe Verursachung" bleibt weiterhin ein wichtiges Kriterium, und zusammen mit den "unvorhersehbaren Ursachen" bildet sie die Basis für die fürderhin wichtige Unterscheidung zwischen *physischer* und *juristischer* Verursachung, welche ein charakteristisches Merkmal der industrialisierten Gesellschaften wird. [DHI: 292]

20. Jahrhundert. Im 20. Jhdt. werden in der Rechtspraxis die bereits im 18. Jhdt. in der Philosophie gemachten Überlegungen zur Wahrscheinlichkeit wiederaufgenommen: speziell im Hinblick auf Beweisführungen setzt sich die Auffassung durch, daß die Verursachung einer Wirkung niemals eindeutig einem Agenten zugeschrieben werden kann und daß bestenfalls Wahrscheinlichkeitsschätzungen vorgenommen werden können. Physische Verursachung wird nunmehr höchstens als *conditio sine qua non* für Haftung betrachtet. Kann der Kläger keine physische Verursachung des Schadens durch den Beklagten nachweisen, so liegt kein Fall vor. Kann der Kläger eine solche nachweisen, so muß er sodann beweisen, daß das Schaden verursachende Verhalten des Beklagten die "nahe" oder "juristische" Ursache dieses Schadens war. Damit wird das Prinzip der Verursachung in der Rechtssprechung zu einer juristischen Fragestellung, das heißt zu einer Richtschnur, um aus allen möglichen Ursachen jene zu selegieren, auf welche das Haftungsprinzip zutrifft. In der Folge können parallele Fälle anders in bezug auf die Zusprechung von Verantwortlichkeit ausfallen, je nachdem, ob dem Beklagten Absicht, Fahrlässigkeit oder guter Glaube nachgewiesen wird. Die Gesinnung des Beklagten scheint somit wichtiger zu werden, als die tatsächliche physische Ereigniskette. Allerdings gilt das Verursacherprinzip immer noch in Fällen von risikoreichem Verhalten oder der Herstellung von fehlerhaften Produkten. [DHI: 292] Ein weiterer Faktor in der Beurteilung von Schadensfragen ist auch das Ausmaß des Schadens. Da die meisten modernen Rechtssysteme auf dem Prinzip der Fahrlässigkeit aufbauen, wird stets die Frage gestellt, inwieweit der Beklagte die Folgen seines riskanten Verhaltens vorhersehen konnte. Dabei wird das abstrakte Konstrukt des "vernünftigen Menschen" angesetzt, welcher mit einer Reihe physischer, psychischer und moralischer Fähigkeiten ausgestattet ist, welche dem durchschnittlich erwartbaren verantwortungsbewußten Verhalten entsprechen sollen, tatsächlich jedoch oft zwischen einzigartiger Dummheit und übermenschlicher Voraussicht pendeln. Die moderne Lehre versucht, die Last der Haftung für Schaden vom Individuum auf zahlungskräftigere Einrichtungen wie Versicherungen und damit letztlich auf das Kollektiv der Verbraucher zu übertragen. Zusammenfassend kann daher gesagt werden, daß, obwohl physische Verursachung immer noch als grundlegend gedacht wird, moderne Rechtspraktiker bei Fragen der Verursachung eher einerseits in Kategorien der absichtlichen Verursachung, andererseits der gesetzlichen Haftung denken. [DHI: 293]

Ein wichtiges theoretisches Werk zum Thema Kausalität und Rechtswissenschaften ist *Causation in the Law* von Hart/Honoré (1959). Die Autoren weisen darin darauf hin, daß Fragen der Verursachung in der Rechtstheorie weitgehend unabhängig von philosophischen Überlegungen und praxisorientiert behandelt werden, wobei das *common-sense-* und Alltagsverständnis von Kausalität eine große Rolle spielt [DHI: 293]. Das Werk hat im Jahre 1985 eine zweite, überarbeitete Auflage erfahren, in welcher die Autoren einerseits die in den Jahren zwischen den beiden Auflagen eingetretenen Entwicklungen in Rechtstheorie und Rechtspraxis kritisch aufnehmen, andererseits auch Kritiken an ihrem eigenen Werk berücksichtigen (Hart/Honoré 1959/1985: xxxiv; xxxvii). Die Autoren meinen jedoch, daß ihre dort vertretenen Grundthesen ihre Gültigkeit bewahrt haben (Hart/Honoré 1959/1985: xxxiv). Es geht den Autoren einerseits darum aufzuzeigen, wie sehr alltagssprachliche kausale Denkschemata speziell die Rechtspraxis bestimmen, wobei die Versprachlichungen von Anwälten und Richtern oft verdunkelnde Metaphern beinhalten, welche die Autoren mit einer soliden, entmystifizierenden kausaltheoretischen Basis ersetzen wollen (Hart/Honoré 1959/1985: xxxiii f.). Andererseits diskutieren die Autoren den sogenannten Ansatz des "kausalen Minimalismus", welcher tatsächlichen kausalen Zusammenhängen wenig Bedeutung für die Entscheidung von Fragen gesetzlicher Haftung zuspricht, wobei sich die Autoren für einen zwischen den Extremen eines "kausalen Minimalismus" und eines "kausalen Maximalismus" (welcher nur physische Verursachung als Basis für rechtliche Verantwortlichkeit ansieht) gelagerten Zugang aussprechen (Hart/Honoré 1959/1985: xxxiv f.). Als Kriterien, welche neben der rein kausalen Verursachung von Schaden für Haftungsfragen noch ausschlaggebend sind, nennen die Autoren *Wahrscheinlichkeit*, die *Reichweite von Gesetzen* sowie *Äquität* (d.h. Fairness; Hart/Honoré 1959/1985: xlviii). Von den alltagssprachlichen kausalitätsorientierten Konzepten, welche der juristischen Sprache zugrunde liegen, führen die Autoren zunächst den physischen Eingriff in die Welt an, sodann das (mit Worten oder Taten) Zurverfügungstellen von Handlungsgründen ("Anstiftung") sowie schließlich das Zurverfügungstellen von Gelegenheiten oder Anlässen ("Beihilfe"), wobei alle drei Kategorien auch noch eine Unterlassungsvariante aufweisen (Hart/Honoré 1959/1985: 2). Bei näherer Analyse von konkreten Fällen ist jedoch feststellbar, daß derlei Versprachlichungen oft verschleiern, daß es dennoch die reine Gesetzeslage ist, dergemäß entschieden wird, und weniger die kausalen Fakten, das heißt daß der "kausale Minimalismus" in der Praxis weiter verbreitet ist, als es auf den ersten Blick scheint (Hart/Honoré 1959/1985: 5).

Andere rechtstheoretische Ansätze sind gegenüber jenem von Hart/Honoré stark philosophisch und wissenschaftstheoretisch orientiert, wie etwa jener von F. Cohen, welcher in seinem Aufsatz *Field Theory and Judicial Logic* (1950) eine Integration von Feldtheorie und Kulturrelativität vornimmt [DHI: 293].

B.1.10. Kausalität und Soziologie

Auch im Rahmen der Soziologie ist der epistemologische Wert des Kausalitätskonzeptes nicht unumstritten. In diesem Bereich wird ebenfalls auf die schon bekannten Schwierigkeiten in bezug auf die Definition von "Kausalität" verwiesen:
während "Ursache" als etwas der Wirkung Vorangehendes aufgefaßt wird, sind
diese beiden so bezeichneten Phänomene oft gleichzeitig beobachtbar; eine Definition des Kausalitätsbegriffes über die logische Implikation (Ursachen als notwendige und/oder hinreichende Bedingungen) deckt die intendierte Bedeutung
nicht vollständig - wenn etwa die Erhöhung der Geburtenrate in einem bestimmten Land zu einer bestimmten Zeit *Ursache* für den Bevölkerungszuwachs ist, so
kann diese erhöhte Geburtenrate *weder* als *notwendige* Bedingung (eine fallende
Sterberate hätte denselben Effekt) *noch* als eine *hinreichende* Bedingung (sie könnte
durch eine erhöhte Sterberate ausgeglichen werden) angesehen werden [DCS
52f.]. Wenn Soziologen trotz der epistemologischen Zweifel an der Brauchbarkeit
des Kausalitätskonzeptes dennoch an diesem festhalten wollen, so liegt dies daran,
daß es sich dazu eignet, Situationen zu beschreiben, in welchen menschliche
Agenten den Wunsch haben, aktiv auf etwas einzuwirken, um Ereignisse zu bewirken (z.B. politische Reformen) bzw. zu verhindern (z.B. Kriege) [IES 11: 410].
Die kausalen Modelle, mit denen die Soziologie dann oft arbeitet, werden
folgendermaßen   definiert: für   eine   Ereigniskette   *e1*   (z.B.   "ausgiebiger
Niederschlag") - *e2* ("reichliche Ernte") - *e3* ("Preisverfall"), in der *e1* Ursache für
e2 sein soll und *e2* Ursache für *e3* sein soll, ist zu zeigen, daß - *in der betreffenden
Situation* - eine Veränderung von *e1* eine Veränderung von *e2* bedeutet hätte (und
letztere wiederum eine Veränderung von *e3* nach sich gezogen hätte) und daß die
reziproken Relationen *e2* → *e1* bzw. *e3* → *e2* logisch unmöglich sind (weil sie
keine empirische Basis haben: eine gute Ernte verursacht keinen vermehrten
Niederschlag; Preisverfall verursacht keine gute Ernte; bzw. weil sie chronologisch unlogisch sind). Diese Relation ist auch ausdrückbar mit einem negierten
Konditional der Vergangenheit ("wenn nicht *e1* gewesen wäre, dann wäre nicht *e2*
gewesen, und somit nicht *e3*"). [DCS 52f.]

    Die Soziologie bedient sich häufig statistisch-probabilistischer Methoden,
indem eine kausale Relation dadurch etabliert wird, daß möglichst viele Einzelfälle
unter vergleichbaren Bedingungen beobachtet werden und gezeigt wird, daß das
Auftreten von *e1* das Auftreten von *e2* begünstigt, d.h. häufiger macht. Gearbeitet
wird dabei mit unabhängigen (den "Ursachen") und abhängigen Variablen (den
"Wirkungen") und untersucht wird der Grad der Abhängigkeit der abhängigen
(z.B. "schulische Leistungen") von den unabhängigen Variablen (z.B. "soziale
Stellung der Eltern"). Solche Modelle können nun mehr oder weniger komplex

sein, je nachdem wie viele Variablen in die Berechnungen miteinbezogen werden (z.B. zusätzlich: "Interesse der Eltern am Schulerfolg") und welcher *Art* diese sind (etwa *dichotomisch*: z.B. "sozial bessergestellt" vs. "sozial benachteiligt" oder aber mit *reicherer Abstufung*). Die Ergebnisse solcher Statistiken können nun graphisch, aber auch algebraisch dargestellt werden. *Graphische* Darstellungen wie Pfeildiagramme veranschaulichen die Vernetzungen von Faktoren. Z.B. kann ein Zusammenhang, in welchem die positiven schulischen Leistungen (y) ungeachtet des sozialen Hintergrundes der Eltern (mit "beliebiger sozialer Hintergrund" als $x1$) rein vom hohen Interesse der Eltern an den schulischen Leistungen ($x2$) abhängen, dargestellt werden mit:

$$x1 \rightarrow x2 \rightarrow y$$

Ein Zusammenhang, wo ein besserer sozialer Hintergrund ($x1$) das Interesse am schulischen Erfolg des Kindes ($x2$) erhöht und ein solches erhöhtes Interesse wiederum die schulischen Leistungen (y) fördert, kann folgendermaßen wiedergegeben werden:

$$\begin{array}{c} x2 \\ \nearrow \quad \searrow \\ x1 \rightarrow y \end{array}$$

Eine *algebraische* Darstellung zeigt den Grad der Abhängigkeit: eine Abhängigkeit, wo die Ursache gleichzeitig notwendige und hinreichende Bedingung für die Wirkung ist, ist mit 100% anzusetzen bzw. mit einer Wahrscheinlichkeit von *1* (0% bedeutet eine Wahrscheinlichkeit von *0*, während z.B. 50% mit einer Wahrscheinlichkeit von *0,5* angegeben wird etc.). Berechnet wird eine derartige Abhängigkeit vorzugsweise über den sogenannten *Regressionskoeffizienten*, wobei die Wahrscheinlichkeit unter Annahme der Bedingung *A* (z.B. *0,2*) von der Wahrscheinlichkeit unter der Bedingung *B* (z.B. *0,8*) subtrahiert wird, hier etwa als Ergebnis *0,6* mit der Bedeutung, daß die Bedingung *B* die fragliche Wirkung begünstigt, jedoch nicht determiniert (was bei einem Ergebnis *1* der Fall wäre). [DCS 53ff.] Eine andere Möglichkeit der algebraischen Berechnung von kausalen Zusammenhängen besteht in der Aufstellung eines auf "Gesetzen" (z.B. "$x = 4y$") aufgebauten Gleichungssystems mit einer gleichen Anzahl von Gleichungen und Unbekannten (= Variablen), wobei jedoch mehr die kausale Ordnung der *Variablen untereinander* (und weniger jene *zwischen* bestimmten *Werten von Variablen*) wiedergegeben wird. Die Bestimmung von abhängigen vs. unabhängigen Variablen kann dann vorgenommen werden, wenn bestimmte Gleichungen unabhängig von den übrigen gelöst werden können (die dort enthaltenen Variablen sind somit unabhängig). Findet man nun eine solche unabhängige Variable mit einem Koeffizienten ungleich *0* in einer anderen Gleichung, so hat die unabhängige Variable eine direkte kausale Verbindung zu den Variablen der fraglichen Gleichung. [IES 1: 352f.] Die Nützlichkeit solcher Rechenprozeduren für den Soziologen ist jedoch nur insofern gegeben, als die Zusammenhänge für diesen überschaubar, verstehbar und logisch nachvollziehbar bleiben, d.h. daß er präzise Hypothesen über diese Zusammenhänge zu formulieren imstande ist [DCS: 58f.].

Die genauen statistischen Methoden sind jedoch nicht imstande, alle epistemologischen Probleme auszuräumen. Dies gilt speziell für die Deutung der Ergebnisse. Zuweilen sind z.B. Zusammenhänge feststellbar, die Art der Zusammenhänge ist jedoch nicht eindeutig: so muß der Zusammenhang zwischen leichten Strafen und einer hohen Tatrate im Bereich von bestimmten kriminellen Handlungen nicht - wie manche Soziologen meinen - ein direkt kausaler sein (Dissuasion), sondern kann etwa damit zusammenhängen, daß die große Häufigkeit bestimmter krimineller Handlungen das Strafsystem überlastet und dieses sich daher mit kürzeren Strafen zu entlasten sucht. Ist ein kausaler Zusammenhang nicht eindeutig feststellbar, ist es auch müßig, dessen Grad mit den oben genannten Methoden festzustellen. [DCS: 59] Ein kausaler Zusammenhang, welcher sich bei genauerer Untersuchung als kein solcher erweist, heißt "scheinbare Kausalität" (engl. "spurious causality"); zumeist spielt ein bis dahin unbeachteter Faktor die eigentliche Rolle der Ursache (so ist etwa der zu beobachtende Zusammenhang zwischen "niedrigem Bonbonkonsum" und "Ehe" auf den Faktor "(Erwachsenen-)Alter" zurückzuführen, welcher die Wahrscheinlichkeit für beide erhöht, ohne daß diese direkt miteinander verbunden wären) [IES 1: 354]. Eine Möglichkeit, eventuelle Ambiguitäten zu beseitigen, besteht in einem "Panel"-Verfahren, welches in über einen größeren Zeitraum verteilten wiederholten Beobachtungen besteht [DCS: 59]. Komplikationen in der Analyse ergeben sich auch durch das Phänomen der sogenannten zirkulären Kausalität, welches in einer abwechselnden Beeinflussung von Ursache und Wirkung besteht (darstellbar als "$x \Leftrightarrow y$"): etwa wenn Bevölkerungswachstum ein Engegefühl und in der Folge einen Bevölkerungsrückgang (niedrigere Geburtenrate) hervorruft. Mit Hilfe von Beobachtungen über längere Zeit kann jedoch eine derartige Zirkularität durch eine lineare Analyse ersetzt werden (z.B. $x_t \to y_{t+1} \to x_{t+2} \to y_{t+3}$). In manchen Fällen scheint jedoch die Verwendung des Kausalitätskonzeptes unbrauchbar zur Erklärung von soziologischen Zusammenhängen. Gewisse Bedingungen innerhalb der zu analysierenden Gesellschaftsstruktur können potentielle Ursachen (ganz oder teilweise) außer Kraft setzen: wenn etwa eine beschränkte Anzahl prestigereicher Arbeitsplätze am Arbeitsmarkt einigen gut Ausgebildeten keinen Zugang zu derartigen Stellungen und damit zu hohem sozialen Status erlaubt, obwohl i.a. eine gute Ausbildung (über den Zugang zu prestigeträchtigen Arbeitsplätzen) einen hohen sozialen Status nach sich zieht. In diesem Fall ist die abhängige Variable (der soziale Status) eine komplexe Funktion einer Variablen (Ausbildungsniveau) sowie zweier Verteilungen (Verteilung des Ausbildungsniveaus, Verteilung des sozialen Status). In die Analysen miteinzubeziehen ist jedoch stets die Überlegung, daß dort, wo menschliches Handeln involviert ist, keine absolute Voraussagbarkeit gegeben sein kann. Eine kausale Erklärung findet ihre volle Gültigkeit nur, wenn sie auf den Einzelfall bezogen bleibt, wodurch sie dann aber zu einem brauchbaren erkenntnistheoretischen Instrument wird: "La notion de cause apparaît ainsi, si on cherche à tirer la leçon épistémologique qui se dégage de la pratique des sciences sociales, comme moins contestable dans son principe que le prétendent parfois les philosophes des sciences, et comme d'applicabilité moins universelle que le supposent parfois les sociologues ou les historiens." [DCS: 60f.]

Als exemplarisches Thema, welches im Rahmen der Soziologie im Zusammenhang mit Überlegungen in bezug auf Kausalität steht, ist zu nennen einerseits der Problemkreis um menschliche *Beweggründe* und *Motive* für (zielgerichtetes) Handeln, wobei speziell der Begriff der "sozialen Funktion" eine Rolle spielt: so kann etwa die Aussage "die Familie hat die Funktion, die Kinder zu ernähren" interpretiert werden als a) daß die Familie *kausal effektiv* in bezug auf dieses Ziel ist, b) daß sie in *zielgerichteter* Weise darauf *hinarbeitet* sowie eventuell c) daß sie *kausal* zum Überleben der Gesellschaft *beiträgt* [IES 1: 354f.]. Ein anderes zentrales Thema, welches mit Kausalität in Zusammenhang gebracht wird, ist jenes der *Macht* [IES 1: 355]. Macht wird in der modernen Soziologie definiert als "[referring] to *subsets of relations among social units such that the behaviors of one or more units* (the responsive units, R) *depend in some circumstances on the behavior of other units* (the controlling units, C)" [IES 11: 407] und kann insofern als ein Spezialfall von Kausalität betrachtet werden [IES 11: 406], als eine Beschreibung derartiger Zusammenhänge unter Rückgriff auf die bereits eingeführten Begriffe der *abhängigen* (bestimmte Eigenschaften eines politischen Systems) vs. *unabhängigen Variablen* (Ursachen für diese Eigenschaften) möglich ist [IES 11: 407] bzw. mittels Aussagen vom Typ "C's Verhalten verursacht R's Verhalten" für "C hat Macht über R" [IES 11: 410]. Die epistemologischen Beschreibungskriterien wie *Kovariation*, *zeitliche Abfolge* und *Asymmetrie*, welche in bezug auf das Kausalitätskonzept existieren, werden somit auch in die "Macht"-Diskussion übernommen [IES 11: 410]. Einen weiteren Kontaktpunkt zwischen dem Macht- und dem Kausalitätskonzept stellt die Theorie der "*power-transition*" (= "Macht-Wechsel") dar. Gemäß dieser Theorie spielt das Ausmaß der Industrialisierung innerhalb einzelner Nationen zu verschiedenen Zeiten eine zentrale Rolle für das Verständnis der Grund-

muster moderner internationaler Relationen. Je weiter die Industrialisierung einer
Nation fortgeschritten ist, umso mehr Macht hat diese. Bestimmte Machtvertei-
lungen können als *Ursachen* für zwischennationale Konflikte angesehen werden
(Konflikte sind meist dann zu beobachten, wenn eine Nation rasch ihre Macht
ausweiten kann und dann in Konkurrenz zu den bisher mächtigen Nationen tritt.
[IES 11: 415ff.]

Eine Schnittstelle zwischen *Soziologie* und den im nächsten Kapitel zu be-
handelnden *Geschichtswissenschaften* stellt die *Sozialgeschichte* dar, der wir daher an dieser Stelle kurz Aufmerksamkeit widmen möchten.

Während die historische Wissenschaft (zum Problem der "Wissenschaftlichkeit"
historischer Fragestellungen s. im folgenden Kapitel; Anm.d.Verf.) Fragen zur
Verursachung lange vor der Entstehung der sozialhistorischen Disziplin behandelt
hat, kann letztere nun gewisse diesbezügliche Punkte besser ausleuchten und hat
auch ein vermehrtes Interesse an präziseren kausalen Fragestellungen in die historischen Wissenschaften eingebracht, ohne allerdings einen neuen genuinen Zugang zur Problematik zu schaffen. Die Frage der Veränderung von sozialen Mustern und deren Ursachen führt Geschichte und Sozialgeschichte zusammen, was
wiederum neue Synthesen in bezug auf z.B. Periodisierungen bringen kann: so
schlägt etwa die analytische Geschichte eine Definition von historischen Perioden
über den Bruch von bisherigen Mustern vor, dessen Ursachen sodann untersucht
werden. Typisch für den sozialgeschichtlichen Zugang ist etwa, daß Einzelpersön-
lichkeiten, Einzelleistungen (etwa von Diplomaten oder Staatsoberhäuptern) und
zumeist auch (staats-)politischen Konstellationen geringes Gewicht als Verursacher von umwälzenden Veränderungen zugebilligt wird, während z.B. die Rolle
einzelner sozialer Gruppen bzw. Gruppenkonstellationen ("interactive causation",
"multigroup causation"), ökonomischer Strukturen, neuerdings auch kultureller
Faktoren (wie Alphabetisierung) als zentral bewertet wird. Skepsis herrscht bei
den meisten Soziohistorikern etwa auch bezüglich der Annahme von
"humanitären Bewegungen" (und deren Fürsprechern) als einzige Auslöser von
bestimmten Umwälzungen (wie der Abschaffung der Sklaverei in den Vereinigten
Staaten). Dagegen wird auf tieferliegende ökonomische (mangelnde Rentabilität)
und politische Interessen (Vorwegnahme von geänderten kulturellen Vorstellungen von seiten der Wähler) verwiesen. [ESH: 98f.] Die Sozialgeschichte macht es
sich jedoch nicht zur Aufgabe, eine komplexe Theorie zur Kausalitätsfrage
aufzubauen, sondern überläßt dies der Soziologie und Philosophie [ESH: 100]. Sie
beschreibt vielmehr bestimmte Einzelfälle und dies daher auch mit jener Unge-

nauigkeit, die allen Disziplinen inhärent ist, welche sich nicht auf wiederholbare Experimente stützen können [ESH: 98].

B.1.11. Kausalität und Geschichtswissenschaften

Da sich unser wissenschaftsgeschichtlicher Teil unter anderem auch als Fachwörterbuchstudie versteht, sei hier kurz etwas zur Lage der geschichtstheoretischen Wörterbücher gesagt. Zum ersten dürfte das insgesamte Angebot in diesem Bereich nicht so groß sein, wie etwa in den übrigen bisher abgehandelten Disziplinen. Zum zweiten meinen einige der Herausgeber der existierenden Wörterbücher offensichtlich, ohne eine Eintragung zu dem in der Geschichtsbetrachtung so zentralen Konzept der Kausalität ("the great central pillar": Tapp 1952: 67; zit. nach DCH: 31) auskommen zu können. Dazu gehören etwa die Nachschlagewerke *Historisches Lexikon zur politisch-soziologischen Sprache in Deutschland* (1972), welches weder eine Eintragung zu "Kausalität" noch zu "Ursache" aufweist; *Dictionnaire Encyclopédique d'Histoire* (1978) sowie *Les mots de l'histoire* (1990), welche weder "cause" noch "causalité" als Stichwörter beinhalten.

Die Wichtigkeit des Kausalitätskonzeptes in der Geschichtsbetrachtung kann anhand folgender Zitate illustriert werden: E. H. Carr (1961/1964: 87) definiert Geschichte als "a study of causes", Marc Bloch (1928/1953: 504) als "exhilarating, never-ending search of causes", Maurice Mandelbaum (1938/1967: 271-272) betrachtet die Aufdeckung kausaler Zusammenhänge als "the goal of technical historical investigation", Benedetto Croce (1919/1960: 80) nennt das Kausalitätskonzept den "Zement", womit Historiker ihre Berichte zusammenbinden. Kausalität gilt oft als jener Faktor, welcher "Geschichte" von rudimentäreren Formen der historischen Aufzeichnung wie Annalen oder Chroniken unterscheidet (vgl. Mandelbaum 1942: 40 sowie Beard/Hook 1946: 112; alle zitiert nach DCH: 31). Auch wenn in der Folge zu sehen sein wird, daß die Anwendbarkeit des Kausalitätskonzeptes in der Geschichte nicht selten geleugnet wird, so ist jedenfalls genau dieser Streitpunkt ein zentraler in der theoretischen Beschäftigung mit Geschichte.

Betrachtet man die Geschichte der Auseinandersetzung mit Kausalität in der Geschichtstheorie, lassen sich zwei Hauptansatzpunkte feststellen: zum ersten die Theorien, welche sich mit den tatsächlichen oder angenommenen Ursachen befassen (also mit ontologischen bis metaphysischen Fragen), und zum zweiten jene Theorien, welche sich mit dem Beschreibungsinventarium von kausalen Zusammenhängen befassen (also mit Fragen der Wissenschaftstheorie): während erstere durch die gesamte Geschichte der Geschichtstheorie anzutreffen sind, handelt es sich bei letzteren, wie im Anschluß zu sehen sein wird, um ein rezentes Phänomen (19. und 20. Jahrhundert) [DHI I: 279].

Antike. In der klassischen Philosophie und Rechtslehre spiegelt der Ursachenbegriff ein geordnetes, von Gesetzen gesteuertes Universum wider [Cohen 1942: 13; zit. nach DCH: 31]: so ist etwa für *Aristoteles* jedes Erforschen letztendlich eine Suche nach den Ursachen [Nash 1969: 228-29; zit. nach DCH: 31]. *Herodot* leitet jene Tradition ein, dergemäß Historiker die von ihnen beschriebenen Ereignisse erklären sollen, was sodann gleichbedeutend mit der Suche nach den sozialen Ursachen speziell von Kriegen und Unruhen wird [Momigliano 1978: 116; zit. nach DCH: 31-32]. *Thukydides* unterscheidet zwischen unmittelbaren und entfernten Ursachen sowie zwischen echten Ursachen und bloßen Vorwänden [Momigliano 1978: 4; zit. nach DCH: 32]. *Polybius* hält das Anführen von Ursachen in der Geschichte für fruchtbar [Oakeshott 1933/1966: 193; zit. nach DCH: 32] und unterscheidet bereits zwischen der motivierenden Kraft, dem Vorwand oder Grund sowie dem Anfang oder Ursprung [Cohen 1942: 13; zit. nach DCH: 32]. Generell wird der Ursachenbegriff von antiken Historikern oft im engeren Sinne in bezug auf willentliche menschliche Handlungen angewendet, obwohl Konzepte wie "Schicksal/Glück", "göttlicher Wille" oder der Verweis auf geographische Einflüsse auch von Wichtigkeit sind [Walsh 1962/1969: 245-246; Momigliano 1978: 4; beide zit. nach DCH: 32]. In der *frühchristlichen* Geschichtsbetrachtung wird das zyklische Weltbild der Griechen und Römer durch ein lineares Weltbild ersetzt, wobei der göttlichen Vorsehung eine zentrale Rolle im Geschichtsverlauf eingeräumt wird. *Augustinus* nimmt jedoch etwa deutlich von der Idee Abstand, daß dem Menschen Einsicht in diese Zusammenhänge gegeben sei, und spricht sich daher gegen Interpretationsversuche aus [DHI I: 279].

Mittelalter. In der mittelalterlichen Historiographie tritt die Ursachenfrage - mit Ausnahme bezüglich des göttlichen Willens - in den Hintergrund [Burke 1969: 13; zit. nach DCH: 32].

Frühmoderne. Die Frage nach den Ursachen rückt in der frühmodernen Historiographie erneut ins Zentrum und nimmt im Anschluß einen bisher ungekannten Stellenwert ein [Walsh 1962/1969: 48; zit. nach DCH: 32]. Im 16. Jahrhundert wird der Kausalitätsbegriff eng mit Wissenschaft assoziiert, welche als das Aufdecken von Ursache-Wirkung-Zusammenhängen gilt. Diese Sichtweise überträgt sich in der Folge auf die Geschichtsbetrachtung [Cohen 1942: 12; zit. nach DCH: 32].

17. Jahrhundert. Die philosophische Diskussion des 17. Jahrhunderts ist geprägt von der Kontroverse um die *finalen Ursachen*, was sich sodann auch in den jeweils vorgeschlagenen Weltbildern und Geschichtsauffassungen widerspiegelt. Als mehr oder weniger ausgeprägte Gegner teleologischer (das heißt vor allem providentieller) Weltordnungen treten u.a. *Hume, Hobbes, Bacon, Malbranche, Descartes* und *Spinoza* auf den Plan [DHI I: 294ff.; DHI I: 300ff.], wobei ihre Argumente verschieden sein können: während etwa *Descartes* zu dem Schluß kommt, daß es hoffärtig ist, wenn der Mensch es wagt, die göttlichen Pläne deuten zu wollen, deren eigentliche Existenz er jedoch nicht bestreitet [DHI I: 302], so spricht sich *Spinoza* überhaupt gegen die Existenz eines göttlichen Planes aus. Als Argument dafür führt er an, daß eine solche Existenz impliziert, daß Gott etwas anstrebt, an dem es ihm noch mangelt; ein derartiger Mangel ist jedoch unvereinbar mit der Perfektion Gottes selbst. [DHI I: 298] Befürworter eines providentiellen Weltbildes sind etwa *Leibniz, Gassendi* und *Boyle* [DHI I: 303ff.]. Leibniz möchte sogar die Physik teleologischen Gesetzen unterworfen wissen und argumentiert dafür mit Hilfe jenes optischen Gesetzes, daß Strahlen dem Weg des geringsten Widerstandes folgen. Für *Gassendi* ist die Vorsehung notwendig und beweist die Existenz Gottes sowie dessen Präsenz in der Schöpfung. [DHI I: 303] Die eigentliche Historiographie des 17. Jahrhunderts bringt einen der berühmtesten Vertreter providentieller Ausprägung hervor: obwohl sich *Augustinus* gegen Interpretationen der Geschichte in bezug auf die göttliche Vorsehung ausgesprochen hatte, scheut *Bossuet*, welcher sich explizit an Augustinus orientiert, nicht vor einer bis in die kleinsten Details reichenden Deutung des Einflusses des göttlichen Planes auf die Weltgeschichte zurück [DHI I: 279] (zu Bossuets Geschichtstheorie s. Kap. C.1. sowie D.7.).

18. Jahrhundert. Obwohl man im 18. Jahrhundert bereits Abstand von einer Geschichtsdeutung in bezug auf die göttliche Vorsehung nimmt (nicht-teleologisch orientierte praktische Geschichtsschreibung finden wir bei *Montesquieu* und mit kleinen Vorbehalten bei *Voltaire* (zu Montesquieus Geschichtstheorie s. Kap. C.3. sowie D.5; zu Voltaires Geschichtstheorie s. Kap. C.2. sowie D.6.), so lassen sich dennoch teleologische Denkansätze feststellen. Diese verstehen die Teleologie der Geschichte jedoch nicht mehr als von einer transzendenten Entität bestimmt, sondern als dem geschichtlichen Prozeß selbst inhärent: *Vico* und *Kant* (später auch *Hegel*) versuchen Geschichte als etwas, das sich in eine bestimmte und sinnvolle Richtung bewegt, darzustellen. Geschichte besitzt eine innere Logik, wobei sich die Akteure dieser nicht bewußt sind, diese Logik kann erst retrospektiv gedeutet werden. [DHI I: 280] *Vico* sieht den Menschen (und *expressis verbis* keine göttliche Einheit) als denjenigen, der die Geschichte macht. Nichtsdestoweniger sind alle

Handlungen Teil einer schrittweisen, sinnvollen Entwicklung. [DHI I: 280] *Kant*
sieht die Konflikte und Schicksalsschläge, welchen der Mensch durch sein
Handeln ausgesetzt ist, als Mittel der Erkenntnis, um seine naturgegebenen Fähigkeiten zu entwickeln und damit seine Bestimmung zu erfüllen [DHI I: 280]. Im
Anschluß an die Entdeckungen Keplers, Galileis und Newtons tauchen die ersten
Überlegungen auf, menschliche Angelegenheiten mittels kausaler Regularitäten
erklären zu wollen. Hier sind etwa das *Système de la Nature* von *Holbach*, der *Homme
machine* von *La Mettrie* sowie die assoziationistischen psychologischen Doktrinen
der englischen *Empiristen* bis hinein ins 19. Jahrhundert und nicht zuletzt die zu
jener Zeit gerade entstandenen Sozialtheorien zu nennen. [DHI I: 281]

19. Jahrhundert. Hegel spricht von einem "Weltgeist", welcher sich direkt in den
Aktivitäten historischer Individuen ausdrückt und darüber hinaus keine eigene
Existenz hat. Die finale Ursache der Welt als Ganzes ist ein sozialer Zustand,
welcher die Freiheit verkörpert und auf den die Geschichte in dialektischer
Progression unabdingbar zusteuert. [DHI I: 280] Unter dem Einfluß von Sozial-
theoretikern wie *Comte* und *J.S. Mill* spricht *Buckle* von der "unabweichlichen Re-
gularität", mit welcher menschliche Handlungen auf bestimmte Bedingungen
folgen, wobei er die drei Faktoren *Klima*, *Ernährung* und *Bodenbeschaffenheit* als
grundlegend für die Entwicklung von menschlichen Kulturen ansieht, gleichzeitig
aber *Regierungsformen* und *Religion* dieses Potential abspricht. *Karl Marx* vertritt dahingegen die Ansicht, daß historische Entwicklungen nicht von menschlichen
Ideen, sondern rein von den herrschenden *Produktionsmethoden* abhängen: die *Basis*
(die wirtschaftlichen Faktoren) bestimmt den *Überbau* (Religion, Ethik, politische
Institutionen, Gesetzgebung). [DHI I: 281] Der *historische Positivismus* des 19.
Jahrhunderts möchte, daß Geschichte gleich den Naturwissenschaften kausale
Zusammenhänge in menschlichen Angelegenheiten aufdeckt. So versuchte etwa
der Positivist *Buckle* "the reign of iron laws of causality" in der Geschichte mittels
Statistiken zu beweisen. [Cohen 1942: 12; zit. nach DCH: 32] Die Historiographen
des 19. Jahrhunderts betrachten die Frage der Kausalität als eine Selbstverständ-
lichkeit, auch wenn dies eher implizit und der dramatischen Narrativik (als
intuitive künstlerische Darstellung [WZG: 265]) untergeordnet geschieht, wie etwa
in der deutschen Schule rund um *Ranke* [Wiener 1941: 321; Cohen 1942: 12; zit.
nach DCH: 32]. Ab den 70er Jahren setzt, eingeleitet von den deutschen Idealis-
ten *Droysen, Dilthey, Windelband* und *Rickert*, aber auch von *Benedetto Croce*, eine
Trendwende ein: Geschichte soll sich nicht an wissenschaftliche Modelle an-
lehnen, da Wissenschaft allgemeine Gesetze von Ursache und Wirkung formuliert, während Geschichte einmalige, nicht wiederkehrende Ereignisse untersucht;
daher ist auch ein allgemeines Kausalitätskonzept eher weniger für geschichtliche

Betrachtungen geeignet [Mandelbaum 1942: 30-31; Cohen 1942: 12; zit. nach DCH: 32]. Zudem ist das zentrale Konzept in der Geschichte die menschliche Agentivität, weswegen Erklärungskonzepte, welche den Naturwissenschaften völlig fremd sind, anzuwenden sind: das Wesen der Agentivität, das Verfolgen von Zielen oder der Umgang mit praktischen Prinzipien und Überzeugungen [DHI I: 284]. Gleichzeitig ist in der englischen Geschichtstheorie eine neue Skepsis in bezug auf die Möglichkeit, historische Ursachen zu isolieren, zu verzeichnen, welche auf einer Sichtweise basiert, dergemäß Geschichte eine kontinuierliche Einheit darstellt, welche nicht willkürlich auseinandergerissen werden kann [Pollack/Maitland 1898/ 1968: 1; Cohen 1942: 12; zit. nach DCH: 32].

20. Jahrhundert. Croces Einfluß macht sich speziell in England und den USA bemerkbar [Hughes 1960: 24; zit. nach DCH: 32]. Der idealistische Philosoph *Oakeshott* will gleich Croce die Begriffe "Ursache" und "Gesetz" aus dem geschichtlichen Diskurs verbannt wissen, da sie "a monstrous incursion of science into the world of history" darstellen [Oakeshott 1933/1966: 196-99; zit. nach DCH: 32-33]. Auch *Collingwood* unterstreicht die zentrale Rolle menschlichen Denkens in der Geschichte: "all history is the history of thoughts". Ihm gemäß hat auch der Begriff "Ursache" in der Geschichte eine andere Bedeutung, namentlich "the thought in the mind of the person by whose agency the event came about". Der Historiker muß daher den Gedankenprozeß des Agenten rekonstruieren, was in scharfem Kontrast zu den Methoden naturwissenschaftlicher Erklärungen steht. [DHI I: 284] Eine gegenüber dem Kausalitätsdenken in der Geschichte weniger mißtrauisch eingestellte Sichtweise vertritt *Meinecke*, welcher drei Arten von Kausalität im historischen Bereich differenziert - die *mechanische*, die *biologische* und die *geistlich-sittliche* - allerdings vor einer Einseitigkeit in bezug auf die Gewichtung einer dieser Unterarten in der historischen Analyse warnt, was je nach Fall sonst zu einem mechanischen Weltbild, zur morphologischen Überspitzung bzw. zu Pragmatismus führen muß [WZG: 265f.].

In den Vereinigten Staaten wird die Nützlichkeit des Kausalitätsbegriffs auch im Rahmen des *historischen Relativismus* in Frage gestellt, welchem gemäß Historiographie stets den subjektiven Stempel ihres Verfassers trägt: als Argument dient den Relativisten speziell die Uneinigkeit der Historiker bezüglich der Ursachen von so zentralen Ereignissen wie dem Amerikanischen Bürgerkrieg oder dem Ersten Weltkrieg [Beale 1946; Walsh 1962/1969: 235; Potter 1963: 179; zit. nach DCH: 33]. In den 30er und 40er Jahren verbinden die meisten Historiker Kausalität mit strengen Gesetzen und stehen diesem Konzept daher ablehnend gegenüber [Mandelbaum 1942: 30; zit. nach DCH: 33], was sich u.a. auch darin äußert, daß in den historischen Abhandlungen der Begriff "Faktor" zunehmend jenen der "Ursache" verdrängt [DCH: 35].

In der Folge lassen sich zweierlei Reaktionen von Seiten der Verteidiger des Kausalitätskonzeptes feststellen: die neo-positivistische Antwort von u.a. *C. G. Hempel* sowie eine etwas weniger wissenschaftliche Strömung, getragen von etwa *Mandelbaum, Cohen* und *Hook* [DCH 33].

Hempel [1942/1959], *Popper* [1950: 445-49], aber auch *White* [1943] starten eine heftige und lang anhaltende Kontroverse mit ihrer Theorie um die *historische Erklärung* [alle zit. nach DCH: 75]. Die Autoren möchten namentlich das *deduktiv-nomologische* Erklärungsmodell der Naturwissenschaften ("covering law model"; vgl. Kap. B.1.1.) auch auf die Geschichtsbetrachtung angewendet wissen. Die Gesetze, welche Historiker anwenden (sollten), sind nach *Hempel* jedoch weniger spezifisch historische Gesetze, sondern stammen aus der Physik, aus der Psychologie oder der Soziologie [Hempel 1942: 355; zit. nach DCH: 76]. Es geht *Hempel* und *Popper* weniger um die eigentliche geschichtliche Praxis, sondern mehr um die Entwicklung einer strengen geschichtlichen Beschreibungsmethode [Hempel 1942/1959: 351; zit. nach DCH: 76] (dies ist i.ü. ein weiteres Beispiel für den mangelnden Kontakt zwischen den Fachleuten für Geschichtstheorie - signifikanterweise zumeist Philosophen und nicht Historiker - und der historiographischen Praxis; vgl. diesbezüglich Dray 1966: 3f.; Anm.d.Verf.). Gemäß Hempel produzieren viele Historiker in der Tat proto-wissenschaftliche Annäherungen an Erklärungen ("explanatory sketches"), welche ergänzt werden müssen, um echte Erklärungen zu sein [Hempel 1942/1959: 351; zit. nach DCH: 76-77]. Opponenten des deduktiv-nomologischen Modells für die Geschichte verweisen in der Folge darauf, daß die existierende Form der historischen Praxis eine autonome und legitime heuristische Methode ist [Dray (1957: 122f.): Geschichte ist die Rekonstruktion des Kalküls von Agenten, wobei dieser Kalkül nicht notwendigerweise in bewußten, propositionalen Deduktionen besteht; Mink 1965/1966, Goldstein 1976, beide zit. nach DCH: 77; aber auch Berlin (1966: 46): Geschichte als Verstehen und Deuten von menschlichem Handeln; Donagan (1966: 157): Geschichte ist Soziologie, nicht Naturwissenschaft; Mink (1966: 191): synoptische Methode - Verstehen von Verkettungen; Passmore (1966: 93): Geschichte ist Wissenschaft, was ihre Wahrheit betrifft, nicht jedoch insofern sie nach allgemeinen Theorien suchen würde; Walsh (1966: 68): Geschichte ist Wissenschaft, aber "[not] through and through scientific"] und daß die genuine historische Erklärung nicht von einem Verweis auf allgemeine Gesetze Gebrauch macht [Scriven (1966: 245): illegitimer Schluß von einmaliger Verursachung auf Gesetz; Hart/Honoré (1966: 214): Einzelfälle], sondern durch *Kolligation* erreicht wird, dem Verankern des Explanandums in seinen einmaligen zeitlichen und örtlichen Kontext [Walsh

1951/1960: 59-64; zit. nach DCH: 77]. Andere Gegner wiederum verweisen auf den narrativen Charakter von Geschichtsschreibung [Porter 1975: 299-301, zit. nach DCH: 77; Oakeshott (1966: 210): historische Kontinuität statt mechanischer Sichtweise der Wissenschaft] oder meinen, daß die angeblichen Gesetze, welche von den Befürwortern in ihren Beispielen angeführt werden, reine *ad hoc*-Generalisierungen der speziellen konkreten historischen Situation sind [Goldstein 1976: 96; zit. nach. DCH: 77]. Nicht zuletzt wird auf den Agentivitätskomplex rund um die menschlichen Handlungen (Motive, Ziele, Überzeugungen) aufmerksam gemacht und unterstrichen, daß dieser nicht mit dem engen *covering-law-model* zu erfassen ist. Besonders *Dray* versucht hier, die anti-positivistische Haltung zu entmystifizieren [DHI I: 285].

Hempel reagiert auf diese Kritiken, indem er die meisten historischen Erklärungen nun dem *induktiv-probabilistischen* Erklärungsmodell (vgl. Kap. B.1.1.) zuordnen möchte [Donagan 1964-65: 6; zit. nach DCH: 77], was seine Kritiker jedoch kaum zufriedenstellt [z.B. Fischer 1970: 128-29; zit. nach DCH: 77]. Auch in späteren Publikationen beharrt Hempel weiterhin auf einem naturwissenschaftlichen Geschichtsmodell (Hempel 1966), ähnliche Stellungnahmen findet man zu diesem späten Zeitpunkt bei Brodbeck (1966) oder Nagel (1966), welche v.a. darauf verweisen, daß Determinismus nicht mit Prädiktabilität gleichzusetzen ist.

Mandelbaum [1942; zit. nach DCH: 33-34], *Cohen* [1942: 14-16; zit. nach DCH: 33-34] und *Hook* [Beard/Hook 1946; zit. nach DCH: 33-35] halten ebenfalls an notwendigen Ursache-Wirkung-Relationen in der Geschichte fest, unterstreichen jedoch einerseits die Komplexität der Fragestellung, andererseits die wichtige Rolle ursächlichen Denkens im Alltagsleben:

Cohen weist die Haltung von *Teggart* [1942: zit. nach DCH: 33], dergemäß historische Ursachen als statistische Zusammenhänge gesehen werden können, mit dem Argument zurück, daß derartige Korrelationen auf Zufall basiert sein können und Ursachen notwendige Zusammenhänge implizieren. Obwohl menschliche Angelegenheiten komplexer als mechanische Zusammenhänge sind und der Historiker primär zu erzählen und weniger zu analysieren hat, so bleibt es dennoch ein notwendiges, wenn auch schwierig erreichbares Ideal, die notwendigen und hinreichenden Bedingungen zu identifizieren, welche die strengen Ursache-Wirkung-Relationen von historischen Ereignissen bestimmen.

Mandelbaum plädiert für einen weniger strengen oder prädiktiven Ursachenbegriff in der Geschichtsbetrachtung, während er meint, daß Historiker nicht ohne ein solches Konzept ihr Auskommen finden können: menschliche Angelegenheiten ähneln einander trotz allem und sind daher vergleichbar. Mandelbaum unterstreicht insbesondere die Parallelen zwischen dem historischen und dem Alltagsdenken, demgemäß "Ursache" definiert wird als "an event, action or omission but for which the whole subsequent course of events would have been significantly different"; andere Fachleute wie *Walsh* oder *Scriven* schließen sich in der Folge dieser Haltung an, *Hart und Honoré* greifen Mandelbaums Parallele zwischen ursächlichem Denken in Geschichte und Jurisprudenz auf [DCH: 34] (s. dazu auch Kapitel B.1.9.; Anm.d. Verf.).

Hook bemerkt, daß Historiker den Begriff "Ursache" nicht als "einzige Ursache", sondern mit der Bedeutung "die wichtigste Ursache unter vielen kausalen Bedingungen" o.ä. verwenden. Hook beschreibt des weiteren das Herausarbeiten von Ursachen durch Historiker als eine zweifache Technik: *Vergleich* und *hypothetische Konstruktion*. Während der Vergleich das Ausscheiden alternativer Hypothesen zum Ziel hat, besteht die hypothetische Konstruktion (auch *kontrafaktuelle Analyse* genannt) aus dem Versuch, sich die historischen Konsequenzen vorzustellen, welche aus dem Ausbleiben eines gegebenen Antezedensfaktors erwachsen würden, um sodann eine probabilistische Schätzung bezüglich solcher Regularitäten bei ähnlichen Fällen abzugeben, welche von extremer Spekulation bis zur wohlfundierten Wahrscheinlichkeit führen kann. Der Vergleich, welcher dem ursächlichen Denken in der historischen Betrachtung implizit ist, wird durch den Gebrauch von Adjektiven wie "entscheidend" oder "grundlegend" widergespiegelt: ein Faktor ist "entscheidender" als ein anderer, wenn er uns ermöglicht, die Entwicklung der Situation verläßlicher vorherzusagen bzw. im Fall der Geschichte "retrospektiv vorherzusagen" oder zu "postdizieren". Hook sieht in der Uneinigkeit von Historikern bezüglich bestimmter Ursachen wenig Grund zur Beunruhigung, da dieselbe Uneinigkeit zuweilen auch in den Naturwissenschaften zu beobachten ist. [DCH: 34]

Die Kausalitätsdiskussion ebbt erst im Laufe der 60er Jahre ganz aus: nur wenige Anhänger der positivistischen Sichtweise bleiben über, die meisten Historiker sind heute der Ansicht, daß menschliche Angelegenheiten zu komplex sind, um mit den Methoden der Naturwissenschaften erfaßt zu werden [DCH: 35]. Dagegen sind Begriffe wie "Überdeterminierung" oder "kausaler Pluralismus" gängig, womit eine mehrfache Verursachung gemeint ist, bei der die einzelnen Ursachen einander nicht ausschließen [Walsh 1962/1969: 246-47; Gay 1976: 7; MacIntyre 1976; zit. nach DCH: 36; aber auch Scriven 1966: 260].

Weitere, immer wiederkehrende Diskussionspunkte in bezug auf Kausalität und Geschichte sind "Verständlichkeit/Interpretierbarkeit vs. Notwendigkeit", "Determinismus vs. freier Wille/Verantwortung" bzw. "Determinismus vs. Zufall". Manche Geschichtstheoretiker (etwa *Toynbee*/20. Jhdt.) sind der Meinung, daß ein Verzicht auf jegliches Erklärungsprinzip in der Geschichte diese zu einem "chaotic, fortuitous disorderly flux" macht. Dagegen meint *Gardiner*[5], daß eine pluralistische Geschichtsauffassung keineswegs unvereinbar mit unserem Verstehen von Geschichte ist. Die zweite große Streitfrage betrifft den oftmals gegen deterministische Theorien vorgebrachten Einwand, derlei Theorien würden den freien Willen und damit die menschliche Verantwortung in Frage stellen. *Gardiner* meint dagegen, daß man diesen scheinbaren Gegensatz überwinden kann, wenn man "Determinismuspostulat" als "die Möglichkeit, das Eintreffen eines historischen Ereignisses im Prinzip mittels kausal hinreichender Bedingungen zu erklären" deutet. In bezug auf die Zufallsdiskussion merkt *Bury* (20. Jhdt.) an, daß der Appell an den Zufall nicht bedeutet, ein "gesetzloses Element" in die Geschichte einzuführen, sondern lediglich, daß die fraglichen Gesetze außerhalb des historischen Relevanzbereiches liegen. Bury nennt den Zufall in der Folge eine "valuable collision of two or more independent chains of causes". [DHI I: 283]

B.1.12. Kausalität und Sprachwissenschaft (Fachwörterbuchstudie)

Das vorliegende Unterkapitel soll zeigen, welche Rolle der Kausalitätsbegriff in sprachwissenschaftlichen Fachenzyklopädien spielt, während das anschließende Kapitel B.2. dieselbe Fragestellung auf dem Hintergrund von linguistischen Monographien und Artikeln zu beantworten sucht. Um es gleich vorwegzunehmen, die Behandlung des gesuchten Konzeptes ist in den meisten der untersuchten Werke keinesfalls als zufriedenstellend zu bezeichnen. Oftmals wird nur ein einzelner mit Kausalität in Zusammenhang stehender Aspekt behandelt und dies in äußerst knapp gefaßter Form.

Im Rahmen der Fragestellungen, mit welchen sich die Sprachwissenschaft bezüglich des Kausalitätsbegriffs auseinandersetzen kann, ist namentlich zu unterscheiden zwischen "Verursachen von sprachlichen Erscheinungen" und "Versprachlichung von kausalen Zusammenhängen" (Metaebene), eine Unterscheidung, welche bereits im Kapitel zur Psychologie eingeführt wurde (und im übrigen über das kognitive Element eng mit diesen Aspekten der menschlichen Psychologie in Zusammenhang steht). Keines der Nachschlagewerke bringt jedoch einen Hinweis auf diesen wichtigen epistemologischen Unterschied. Die meisten der überprüften Fachnachschlagewerke beschränken sich auf den Aspekt "Versprachlichung von kausalen Zusammenhängen". Dieser ist sodann unter dem Stichwort "kausativ" bzw. "kausal" zu finden, welches jene sprachlichen Elemente

---

5   In seiner Funktion als Verfasser des zitierten DHI-Artikels "Causation in History" (S. 283).

bezeichnet, mit Hilfe derer bestimmte Zusammenhänge als kausal dargestellt werden:

- *Terminologien zur neueren Linguistik.* 1974. (Hrsg. Abraham, Werner et al.). Tübingen: Niemeyer. - Stichworte a) *Kausalbestimmung*, b) *Kausativ(um)/ causative*: ad a) "Die Kausalbestimmung (kausale Ergänzung und kausale Angabe) im engeren Sinn bezeichnet den realen Grund, die tatsächliche Ursache. Sie antwortet auf die Fragen *warum?, weshalb?, weswegen?*" (mit einem Verweis "→ Adverbial"); ad b) "Designating a two place predicate which asserts that the state of affairs described in one of its arguments is brought about by the agent named in the other: *Y dies - X kills Y* where X is the Agent" (mit den Verweisen "→ Aktionsart → Fakultativ");

- *Lexique de la Terminologie Linguistique.* 1933. (éd. Marouzeau, J.). Paris: Librairie Orientaliste Paul Geuthner. - a) *causal*, b) *causatif*: ad a) "Qui convient à l'énoncé de la cause; se dit d'une conjonction (*puisque*), d'une proposition[6] (fr. *puisqu'il veut*) ... Plus rarement, synonyme de causatif*."; ad b) "Forme verbale susceptible d'exprimer que le sujet fait faire l'action au lieu de la faire lui-même. La valeur causative s'exprime en français par l'emploi de l'auxiliaire "faire", ainsi dans: *faire rire*, dans certaines langues, elle comporte l'emploi d'un élément de formation particulier: lat. *si-sto* = je fais tenir debout, en regard de *sto* = je me tiens debout.";

- *dictionnaire de linguistique.* 1974. (éds. Dubois, Jean et al.). Paris: Larousse. - a) *causal*, b) *causatif*: auch hier werden unter a) "kausale" Konjunktionen und "Propositionen" behandelt, mit dem Hinweis, daß die Konj. *parce que* einen Nebensatz, die Konj. *car* jedoch einen Hauptsatz einleitet; unter b) werden die Möglichkeiten angeführt, die das Französische bietet, um auszudrücken "que le sujet fait en sorte que l'action ait lieu, au lieu de la faire directement lui-même": mit *faire faire* (mit oder ohne durch Präpositionalphrase eingeleitetem Agens) bzw. mit dem transitiven Verb selbst (*Pierre construit une maison* mit der Bedeutung "läßt ein Haus bauen"); des weiteren wird auf den Gebrauch des Terminus *factitif* (mit der Bedeutung "Handlung, zu der man jemanden veranlaßt") im Gegensatz zu *causatif* ("qui exprime l'état résultant de l'action que l'on a faite: *Pierre a caramélisé du sucre* signifie que *Pierre a fait* (en chauffant) *que le sucre est devenu caramel*") hingewiesen; der Terminus *causatif existentiel* bezeichnet dahingegen tran-

---

6   Zu lesen selbstverständlich mit der Lesart der französischen Tradition "≈ Satz" (Anm.d.Verf.).

sitive Verben, deren Objekt das Resultat einer Handlung ist (*Pierre écrit un livre* im Gegensatz zu *Pierre lit un livre*);

-   *Dictionnaire de la Linguistique*. 1974. (éd. Mounin, Georges). Paris: PUF. - führt ausschließlich den Terminus *causatif* an, wo den französischen Möglichkeiten des Ausdrucks "que le sujet fait faire l'action exprimée par le verbe" (*faire faire*, aber auch die Suffixe *-iser, -ifier* etwa in *moraliser, diversifier*) jene in anderen Sprachen gegenübergestellt werden (z.B. durch Affix im Gotischen oder Gemination im Arabischen) - hier (wie auch im oben genannten *Lexique de la Terminologie Linguistique*) ist die inhaltliche Definition des Ausdrucks über die verwendete Form selbst ("le sujet fait faire l'action") weniger geglückt als etwa im *dictionnaire de linguistique*, wo auf eine Paraphrase zurückgegriffen wird ("le sujet fait en sorte que l'action ait lieu");

-   *A Dictionary of Linguistics and Phonetics*. 1985. (ed. Crystal, David). s.l.: Basil Blackwell/André Deutsch. - der Ausdruck *causative* wird mit "a term used in GRAMMATICAL description to refer to the causal relationship between alternative versions of a SENTENCE" äußerst unklar, wenn nicht sogar irreleitend definiert; auch wenn die weiteren Erklärungen die Bedeutung dieser Definition erhellen, so bleibt die Definition selbst jedoch eine inadäquate Versprachlichung dieser intendierten Bedeutung: "For exampel, the pair of sentences *The cat killed the mouse* and *The mouse died* are related, in that the transitive *kill* can be seen as a 'causative' version of the intransitive *die*, viz. 'cause to die' (*The cat caused the mouse to die*)" - wie der Autor richtig bemerkt, ist *kill* als eine kausative Version des transitiven *die* analysierbar, "causal relationship" ist daher nicht zwischen den jeweiligen Sätzen, die auf diesen Verben aufbauen (die Maus starb nicht, *weil* die Katze sie getötet hat, sondern z.B. weil die Katze ihr das Genick gebrochen hat - das Verhältnis zwischen den beiden fraglichen Sätzen ist ein tautologisches), sondern zwischen der Handlung der Katze und dem Tod der Maus festzustellen (welche beide in dem semantisch komplexen Verb *kill* enthalten sind); des weiteren wird auf morphologische Möglichkeiten (Affixe) zum Ausdruck derselben Vorstellung in anderen Sprachen (Japanisch, Türkisch) verwiesen, sowie auf Versuche, eine systematische Analyse des englischen Verballexikons vorzunehmen, indem eine tiefenstrukturelle semantische Kategorie "kausativ" angenommen wird, welche Oberflächenpaarungen wie *kill/die* generiert.

Den vielleicht zufriedenstellendsten Überblick über kausale Konzepte in der Sprachwissenschaft bietet *The Encyclopedia of Language and Linguistics*. 1994. (ed.

Asher, R. E.). Oxford/New York/Seoul/Tokyo: Pergamon Press, mit der einzigen Lakune, daß der metasprachliche Bereich obigen Musters fehlt. Allerdings wird ein wichtiger Bereich mit dem Thema "reasons as causes" angesprochen, welcher letztendlich, wie im Anschluß gezeigt werden soll, dem Bereich "Versprachlichung von Kausalität" nahesteht. In dieser Enzyklopädie wird Kausalität zunächst definiert als Relation zwischen Ereignissen in Zeit und Raum, welche auf der Vorstellung basiert, Dinge zu veranlassen und zu verhindern: "A is the cause of B (and B is the effect of A) if the presence of A brings about the presence of B, or if the absence of A brings about the absence of B." Im Anschluß wird auf verschiedene Arten von Ursachen eingegangen: *dynamische* vs. *statische*, *externe* vs. *interne* mit den Kombinationen "extern dynamisch" (z.B. Veränderung in der Umgebung von A), "extern statisch" (gleichbleibende - aber relevante - Umgebung von A), "intern dynamisch" (Kettenreaktion im Inneren von A), "intern statisch" (die innere Struktur von A). Des weiteren wird unterschieden zwischen *effizienter* und *teleologischer* Verursachung (letztere mit der Definition "that an event in the present has been caused by some temporally anterior internal representation or prefiguration of the goal-state"). Sodann wird die Frage aufgeworfen, ob intelligentes menschliches Verhalten (Handlungen) als verursacht betrachtet werden kann (d.h., ob Gründe Ursachen sein können; vgl. die diesbezüglichen Diskussionen in Kap. B.1.2; Anm.d. Verf.). Gründe werden hier definiert als "goal entertained by the agent combined with his belief that a given action, which he can perform, will contribute to achieving the goal." Es wird vermerkt, daß unter Annahme des (ideengeschichtlich) ursprünglichen Kausalbegriffes eine Interpretation von so definierten Gründen als Ursachen möglich ist. Sobald man jedoch von Kausalität als gesetzmäßigen Zusammenhängen spricht, muß auf die mangelnde Gesetzmäßigkeit menschlichen Handelns hingewiesen werden (je größer jedoch der Anteil ist, den man Instinkten an der Handlung zubilligt, je eher kann von Gesetzmäßigkeit gesprochen werden). Bevor auf die linguistischen Implikationen dieser Überlegungen eingegangen wird, wird noch auf die Definitionsmöglichkeit von Ursachen als hinreichende ('if p then q') und notwendige ('only if r then q') Bedingungen, aber auch auf die Unterschiede (im Rahmen der logischen Implikation ist q eine notwendige Bedingung für p, obwohl hier q als Wirkung von p angesehen wird) hingewiesen.

Wie schon erwähnt, wird hier vor allem auf den Bereich "Verursachung von sprachlichen Phänomenen (wie etwa Sprechen, Verstehen, Sprachwandel und Spracherwerb) eingegangen. Als statische interne Ursachen werden in der Forschung genannt: Internalisierungen sprachlicher Normen (welche die "mentale Grammatik" konstituieren), allgemeine Annahmen über die Welt und spezielle Annahmen über die Redesituation; als dynamische interne Ursachen werden

Redeintentionen betrachtet, als dynamische externe Ursachen hingegen perzipierte Äusserungen. Da Sprachverhalten typisch zielgerichtet ist und Sprache ein adäquates Mittel zur Erreichung eines Zieles sein kann, kann die Erklärung von Sprachverhalten als rationale Erklärung betrachtet werden. Was nun die Modelle betrifft, mit welchen Sprachverhalten beschrieben werden kann, ist zunächst anzumerken, daß jene Modelle, welche aus den Naturwissenschaften kommen und in die Wissenschaften vom Menschen übernommen worden sind, von beobachteten Wirkungen ausgehen und darauf ausgerichtet sind, hypothetisch-induktiv zu den unbeobachtbaren Ursachen vorzudringen. Diese - analytischen - Modelle sind durchaus anwendbar auf jene Fälle, wo menschliches Verhalten von unbewußten Vorgängen verursacht wird. In den Fällen von rationaler Aktivität jedoch, d.h. wenn die Ursachen bewußter Inspektion zugänglich sind, so wird der Ausgangspunkt der Erklärung eine Menge "Vernunftsnormen" ("norms of rationality") sein (wie etwa die Grice'schen Konversationsmaximen), von denen aus eine Menge hypothetischer Handlungen generiert wird, welche sodann mehr oder weniger mit tatsächlichen Handlungen zu identifizieren sind. Hier bewegt man sich synthetisch von bekannten Ursachen zu weniger bekannten Wirkungen. Als kausale Modelle können diese Modelle dann betrachtet werden, wenn man die besagten rationalen Normen als vom Handelnden internalisiert annimmt.

An dieser Stelle scheint es uns wichtig festzuhalten, daß dieser Bereich der rationalen Vorgänge voraussetzt, daß das denkende Individuum sich auf eine Metaebene begibt, von welcher aus die beschriebenen Zusammenhänge logisch verarbeitet werden. Von der logischen Verarbeitung zur Versprachlichung dieser Zusammenhänge ist es dann nur noch ein kleiner Schritt. Hier im Bereich der rationalen Überlegungen liegt somit der Schnittpunkt zwischen den Ebenen "*Verursachen von* sprachlichen Erscheinungen" und "*Versprachlichung von* kausalen Zusammenhängen". Unbewußte (d.h. internalisierte) rationale Normen (etwa die genannten Konversationsmaximen) können eventuell als ein bestimmtes sprachliches (aber auch andersgeartetes) Verhalten verursachend gedeutet werden; bewußte rationale Überlegungen können versprachlicht werden, etwa in Form eines Syllogismus.

The Encyclopedia of Language and Linguistics macht schließlich noch aufmerksam darauf, daß nicht nur Sprach*verhalten*, sondern auch Sprach*strukturen* kausal erklärt werden können. In diesem Fall werden etwa in den Disziplinen, welche nach Universalien forschen, als Ursachen die Struktur der außersprachlichen Wirklichkeit, die menschliche (nicht-linguistische) Kognition und der menschliche Körper betrachtet. Damit vergleichbar ist etwa die Haltung der mittelalterlichen Modisten, welche ferne Ursachen (*modi intelligendi* = die menschliche Kognition sowie *modi essendi* = die außersprachliche Wirklichkeit) sowie nahe Ursachen (*modi significandi*

= innersprachliche Zusammenhänge) als verantwortlich für die Produktion korrekter Sätze betrachteten (wohingegen die nahen Ursachen gemäß der modernen Auffassung nicht als genuine Ursachen zu betrachten sind).

Schließlich deckt *International Encyclopedia of Linguistics* [1992. (ed. Bright, William). New York/Oxford: Oxford University Press] mit den Eintragungen *Causation in Language Change* sowie *Causative* sowohl den Bereich "*Verursachen von* sprachlichen Erscheinungen" als auch den Bereich "*Versprachlichung von* kausalen Zusammenhängen" ab. Der Artikel zu den Ursachen von Sprachwandel ist zwar als ausführlich und informativ zu bezeichnen, ist in sich selbst jedoch nur ein kleiner Ausschnitt zum sehr umfangreichen Thema "*Verursachen von* sprachlichen Erscheinungen" (vgl. die Hinweise, welche dem vorangehend besprochenen Nachschlagewerk entstammen), Verweise zu anderen Themenbereichen fehlen (da Sprachwandel und seine Gründe nicht das Thema dieser Arbeit sind, soll hier auch nicht weiter auf Details aus dem Artikel eingegangen werden; Anm.d.Verf.). Der Artikel *Causative* ist ausführlicher als die bisher untersuchten zu diesem Stichwort, behandelt jedoch nichts grundlegend Neues. Besprochen werden "grammatical devices" "that encode causation", darunter Morpheme (wie im Türkischen), Lexikalisierungen (wie teilweise im Japanischen) sowie Mischvarianten wie das französische *faire faire*, welches zwar eine analytische Konstruktion darstellt, aber an ein morphologisches Kausativum erinnert, wenn man etwa die Tatsache betrachtet, daß in einem Satz *Paul a fait venir les enfants* die Nominalphrase *les enfants* der Gesamtkonstruktion in Objektposition folgt (anstatt etwa zwischen *faire* und *venir* steht: entweder als Objekt von *faire* oder als Subjekt von *venir*). Außerdem wird auf häufige interlinguistische Parallelen in der syntaktischen und semantischen Behandlung von kausativen Konstruktionen verwiesen (etwa das Auftreten des "causee" (= jener Person, die veranlaßt wird, die Handlung auszuführen) in der hierarchisch höchsten verfügbaren syntaktischen Position oder die grammatikalisch unterschiedliche Kodierung des *causee*, wenn dieser mehr oder weniger Einfluß auf das Geschehen hat, wie dies z.B. im Kannada oder Japanischen der Fall ist). Hinweise auf andere Formen des kausalen Ausdrucks wie Konjunktionen oder Adverbialphrasen fehlen.

Insgesamt ist festzuhalten, daß sich die Angaben zum Thema "*Versprachlichung von* kausalen Zusammenhängen" auf morphologische und syntaktische Hinweise beschränken, die französischen Nachschlagewerke gehen bei der Behandlung von Konjunktionen teilweise auf den kausalen Zusammenhang zwischen Sätzen ein (dies jedoch vor allem unter einem syntaktischen Blickwinkel: "Hauptsatz vs. Nebensatz"). Eine semantische Analyse (ganz zu schweigen von einem diesbezüglichen Analyse-Modell) fehlt jedoch durchgehend. Ebenso durchgehend fehlen Überlegungen bezüglich der Rolle der Darstellung kausaler Zusammenhänge in größeren sprachlichen Einheiten wie "Satzgruppen" und schließlich in ganzen Texten.

B.2. Kausalität und Erklärungen in der Linguistik

Ausgehend von a) unserem Forschungsziel einer semantischen Beschreibung von u.a. Kausalität sowie von b) der wichtigsten Erkenntnis unserer wissenschaftstheoretischen Betrachtungen aus Kapitel B.1., namentlich dem zu machenden Unterschied zwischen Ursachen (phänomenologischer Bezug) und Gründen (logischer Bezug), wollen wir nun die vorhandene linguistische Literatur mit dem Ziel untersuchen, nützliche Vorschläge für ein Beschreibungssystem zu finden, mit Hilfe dessen Ursachen und Gründe, welche wir unter dem wissenschaftstheoretisch orientierten Oberbegriff *Erklärungen* zusammenfassen wollen, auf der Ebene von *ganzen Texten* formalisierbar und damit systematisierbar werden könnten.

Dabei können wir von zwei Seiten kommend vorgehen. Wir betrachten zunächst Literatur, welche sich mit u.a. Kausalität beschäftigt, und untersuchen diese auf geeignete Vorschläge in bezug auf die Beschreibung der Textebene. Hier beleuchten wir die auf Fillmore zurückgehende Tradition der Kasusgrammatik sowie die kognitive Linguistik um Talmy und Langacker (Kap. B.2.1.). Im Anschluß daran betrachten wir die Text- oder "Diskurs"-orientierte Literatur, um zu sehen, ob diese Beschreibungsvorschläge auf dem Gebiet der Erklärungen macht. Zu dieser Gruppe gehören die Vorschläge einerseits der *discourse representation theory* nach Kamp, sodann die Diskursanalyse bzw. Argumentationstheorie (die Literatur ist hier so umfangreich, daß es unmöglich scheint, ein oder zwei Vertreter herauszugreifen, ohne den übrigen Autoren Unrecht zu tun; wir verweisen daher auf weiter unten) und schließlich die Textlinguistik nach De Beaugrande/Dressler bzw. die Textsemantik nach Metzeltin/Jaksche (Kap. B.2.2.). Wir werden jeden diskutierten Beitrag sogleich auch abschließend in bezug auf dessen Eignung im Hinblick auf unsere Anforderungen evaluieren.

Hier sei auch noch ein Wort bezüglich des Verdienstes um den folgenden Forschungsbericht vorausgeschickt. Im Jahre 1996 erschien mit Danièle Torcks *Aspects de la causalité discursive en français oral contemporain* eine Arbeit, welche es sich, gleich der vorliegenden, zum Ziel gesetzt hatte, erklärende Strukturen in konkreten französischen Texten zu untersuchen. Im Gegensatz zur vorliegenden Arbeit war die Autorin jedoch primär an mündlichen Texten interessiert, während wir ja auf einem schriftlichen Corpus aufbauen. Daraus ergeben sich Unterschiede im Erkenntnisinteresse (Torck untersuchte v.a. Dialoge und dort etwa die interaktionellen Aspekte von Erklärungen), aber auch bezüglich der methodologischen Basis.

Dennoch liefert Torck mit ihrem ausgezeichneten Überblick über das Thema "Kausalität in der linguistischen Betrachtung" einen Forschungsbericht, auf wel-

chen wir uns hier v.a. in bezug auf die diskursorientierten Ansätze stützen können. Neben dem Bericht über die letztgenannten Ansätze (Kap. B.2.2.2.) gehen
auch die Übersichten über traditionelle Quellen (Kap. B.2.1.1. bzw. B.2.1.2.) und
Sprachphilosophie (Kap. B.2.1.5.) auf Torcks Syntheseleistung zurück. Wir werden in den jeweiligen Kapiteln darauf hinweisen.

B.2.1. Von der Kausalität zur Textualität

Kausalität ist ein Begriff, welcher auch in der modernen theoretisch und praktisch
orientierten Sprachbetrachtung zeitlos aktuell ist: neben den gebrauchsbezogenen
traditionellen Grammatiken und traditionellen Studien bis in die 60er Jahre etwa
auch in der in den 60er Jahren begründeten, nunmehr bereits etwas aus der Mode
gekommenen Kasusgrammatik, in der aktuellen Modeströmung der "kognitiven"
Linguistik oder in der "Sprachphilosophie". Wir wollen in der Folge einige Beiträge aus diesen Bereichen betrachten.

B.2.1.1. Die traditionellen Grammatiken (nach Torck 1996)

In diesem Kapitel stützen wir uns auf Torcks Forschungsbericht von 1996. Torck
(1996: 15-19) nahm Stichproben zum Thema Kausalität in der *Grammaire Larousse
du français contemporain* von Chevalier (1964), im *Code du français courant* von Bonnard (1982) sowie im *Bon Usage* von Grevisse (1969 und 1981). Alle Grammatiken
unterscheiden zwischen koordinierten und subordinierten kausalen Zusammenhängen, welche durch spezielle Konjunktionen ausgedrückt werden. Des weiteren
wird die Möglichkeit angeführt, kausale Zusammenhänge anders auszudrücken
(Infinitive, Adverbien, Präpositionen, Appositionen oder Absenz von Oberflächenmarkierung). Es wird daher darauf hingewiesen, daß es zu diesem Zwecke
lexikalisch-syntaktische sowie kontextuell-semantische (im letztgenannten Falle
der Absenz von Oberflächenmarkierung) sprachliche Mittel gibt. Im großen und
ganzen stehen jedoch die *marqueurs* im Vordergrund. Grevisse reiht die kausalen
Zusammenhänge unter die "circonstances logiques" (§ 1079) - im Gegensatz zu
den temporalen und lokalen Angaben, welche er dem "monde des phénomènes"
(§ 301) zurechnet. Bonnard verweist auf kausale Varianten: "explication logique"
(S. 168), "justification logique censée connue" (S. 310) u.ä. Torck faßt zusammen,
daß die Grammatiken den Kausalbegriff nicht definieren, sondern sich auf eine
Beschreibung der Alltagssprache beschränken (mit Hinweis auf den *bon sens* des
Sprechers) sowie auf eine vage Beschreibung der Konjunktionen und ihrer Anwendungen.

Es ist deutlich, daß die wissenschaftstheoretische Trennung zwischen Phänomenologie und Logik, welche wir in Kap. B.1.2. eingeführt haben, in den Grammatiken auf eine diffuse Art und Weise präsent ist, jedoch jeweils sehr *ad hoc* scheint
und ein klares methodologisches Gerüst vermissen läßt. Zudem werden weder
formalsemantische Beschreibungsinstrumentarien zur Verfügung gestellt, noch
wird auf textuelle Fragen eingegangen, was von einer Grammatik zu erwarten
allerdings auch unlauter wäre. (Anm.d.Verf.)

B.2.1.2. Eine traditionelle Studie (nach Torck 1996)

Torck (1996: 19-20) stellt auch eine Studie zur Kausalität vor, welche sie als
"étude classique" (Torck 1996: 14) bzw. "recherches [...] dans un cadre qui reste
traditionnel" (Torck 1996: 19) bezeichnet. Es geht dabei um Lorians *L'ordre des
propositions dans la phrase française contemporaine. La cause* (1966). Zwar bringt Lorian
neue Kategorien ins Spiel, wie etwa "Inferenz", "logische Konsequenz", "Ausgangspunkt des Raisonnements", "cause à effet", "als natürlich angeführtes Motiv", "Rechtfertigung", "Raisonnement" oder "Argumentation" etc. Diese Begriffe
werden alle unter dem allgemeinen Begriff Kausalität zusammengefaßt, ohne daß
dieser jedoch genau definiert wird.

Auch diese Studie scheint unseren Anforderungen nicht zu genügen (Anm. d.
Verf.).

B.2.1.3. Kasusgrammatik

Im Jahre 1966 initiiert Fillmore (*A proposal Concerning English Prepositions*) die Diskussion um die sogenannten semantischen Tiefenkasus (deep cases), was 1968 zu
Fillmores diesbezüglichem Hauptwerk *The Case for Case* führt. Fillmore geht davon
aus, daß jeder Satz in jeder beliebigen Sprache in ein Prädikat (ausgedrückt im
Verb) auf der einen Seite sowie speziell zu diesem Prädikat passende Kasus (welche das semantische Verhältnis zwischen Prädikat und den Einheiten im Satz,
welche durch die Nominalphrasen ausgedrückt werden, angeben) auf der anderen
Seite zerlegt werden kann. Diese nach semantischen Kriterien klassifizierten
"Tiefenkasus" stellen nach Fillmore eine universelle sprachliche Basis dar, welche
über Transformationen zu den unterschiedlichsten Oberflächenrealisierungen in
den Einzelsprachen führen. In *The Case for Case* (Fillmore 1968: 25) hält Fillmore

folgendes Inventar fest: *Agent, Dative* (später: *Experiencer*), *Instrument, Objective* und *Locative* (später[1] geteilt in: *Source und Goal*). (vgl. Nilsen 1972: 1)

Aufgrund der Tatsache jedoch, daß natürliche Sprache selten eine *ein-eindeutige* Entsprechung zwischen diesen beiden Ebenen vorweist (d.h. daß ein bestimmtes Oberflächenphänomen genau eine bestimmte Bedeutung hat bzw. daß diese eine Bedeutung immer nur auf diese Art und Weise ausgedrückt werden kann), kommt es zu Fehlschlüssen: sehr bald muß man etwa einsehen (u.a. auch Fillmore selbst: Fillmore 1977), daß in Kontexten wie *Hans ging mit Peter ins Kino* der anfängliche simplizistische Schluß von Oberflächenstrukturen auf Tiefenkasus nicht hält: *mit*-Phrasen waren zunächst automatisch als "Instrumental"-Kasus analysiert worden, der "Instrumental" ist jedoch *per definitionem* unbelebten Einheiten vorenthalten. In der Folge entwickelt sich eine "kritische Kasusgrammatik" (unsere Bezeichnung), welche ihre Aufgabe darin sieht, rein semantische Kriterien zur Bestimmung der Tiefenkasus herauszuarbeiten (Nilsen 1972). Nilsen unterteilt semantische Merkmale (*features*) von (nominalen) Einheiten in unter anderem lexikalische (± animiert, ± konkret etc.) und relationale *features*. Die relationalen Merkmale geben an, in welchem (semantisch-logischen) Verhältnis besagte Einheiten untereinander (und nicht nur zum Verb) stehen, und diese relationalen Merkmale sollen allein ausschlaggebend zur Bestimmung der Tiefenkasus sein (Nilsen 1972: 25ff.). Nilsens System ist aber in sich selbst inkohärent und widersprüchlich, wenn er etwa für den Kasus "Agens" anführt, daß dieser der bewußte und intentionelle "controller" der Handlung sein muß, und "must necessarily have the feature [+ Animate]" (Nilsen 1972: 45), eine Eigenschaft, welche er zuvor - da eine lexikalische Eigenschaft - als ungeeignet zur Kasusbestimmung ausgeklammert hat. Zudem bleibt Nilsen auch sonst konzise Bestimmungskriterien schuldig: das Kasus-Paar "Source-Goal" etwa wird mit Beispielen nähergebracht, anstatt definiert, die Beispiele lassen jedoch kein gemeinsames schlüssiges übergeordnetes semantisches Muster erkennen (Nilsen 1972: 41-43). Erkannt und dargelegt werden diese Mängel u.a. auch von Pleines (1976), welcher eine Klassifikation auf rein semantisch-kognitiver Basis jener Konzepte vorschlägt, welche von Verben ausgedrückt werden. Ausgehend von einem prototypischen Handlungsverlauf schlägt er vor, den aus obigen Modellen bekannten "Agens" durch eine primäre kausale Instanz C1, den "Instrumental" durch eine terminale kausale Instanz Cn zu ersetzen und zudem vom Kriterium der Intentionalität abzusehen. Während der Autor nun aber einerseits einen *Prozeß* als "als Einheit erkannten, innerhalb eines bestimmten Zeitabschnittes ablaufenden Übergang von einem Zustand in einen anderen Zu-

---

1   "Später" steht hier für Fillmores Seminar in "Case Grammar" anläßlich des "1970 Linguistic Society of America Summer Institute" (Nilsen 1972: 4).

stand" und *Handlungen* als "alle Arten von Prozessen, die als kausal verursacht dargestellt werden" definiert (Pleines 1976: 56f.), wobei oben genannte Instanzen C1/Cn in einer kausalen Relation zu dieser Handlung stehen (Pleines 1976: 63), sind viele der vom Autor im Anschluß angeführten Beispielsätze dazu eindeutig nicht in diesem Schema zu erfassen. So drückt etwa Satz (77) *Der Wagen hat die Garagenwand mit dem linken Kotflügel berührt* (Pleines 1976: 86) keine Zustandsveränderung aus - auch Pleines macht hier offensichtlich den Fehler, vor dem er selbst warnt, namentlich von Oberflächenstrukturen (der durch *mit* eingeleiteten Präpositionalphrase) auszugehen.

In W. Kochs 1978 erschienener Dissertation *Kasus - Kognition - Kausalität. Zur semantischen Analyse der instrumentalen "mit"-Phrase* wird auf alle oben besprochenen Mängel in den Arbeiten von Fillmore, Nilsen und Pleines eingegangen, wobei der Autor auch noch den - berechtigten - Vorwurf erhebt, seine Vorgänger würden sich auf erfundene Beispiele stützen, wobei sie ihre Theorie sodann auf teilweise zweifelhafte Akzeptabilitätsurteile aufbauen (z.B. Koch 1978: 108; Koch selbst stützt sich auf ein, v.a. journalistisches, authentisches Corpus). Was Kochs Arbeit in diesem Bereich jedoch revolutionär macht und die Kasusgrammatik gleichzeitig im Bereich der Kausalitätsforschung des Platzes verweist, ist seine Erkenntnis (welche wir unterstützen), daß Kausalität keine semantische Kasusrelation (= Relation zwischen einem Verb und seinen Aktanten), sondern eine Relation zwischen Propositionen[2] ist (Koch 1978: 105).

B.2.1.4. Kognitive Linguistik

Der relativ rezente Ansatz (er entsteht Ende der 70er, Anfang der 80er Jahre[3]) der Kognitiven Linguistik versteht sich als Forschungsrichtung, die dort beginnt, wo herkömmliche Beschreibungsmethoden haltmachen. So versucht beispielsweise die Generative Grammatik Chomskys noch, ihren Untersuchungsgegenstand auf (N.B. "wohlgeformte", "regelgerechte", d.h. "grammatische") *syntaktische* Strukturen zu beschränken und *semantische* (und *pragmatische*) Zusammenhänge auszuklammern, wobei ihre Anhänger schließlich dennoch gezwungen bleiben, etwa *Thematische Rollen* für Nominalphrasen in Argumentposition anzunehmen oder die Beschreibungsebene der *Logical Form* (LF) einzuführen, um gewisse semantisch-logisch bedingte Agrammatikalitäten zu systematisieren. Ähnliche Beschränkungen auferlegen sich diejenigen, welche - ausgehend von der formalen/mathematischen Logik - eine stark wahrheitswert-orientierte *Formale Semantik* betreiben (wie

---

2   Zu einer Präzisierung dieser Aussage vgl. unser Kapitel B.4.3.2.

3   Vgl. die Bibliographien der Publikationen zum Thema.

etwa Montague), welche den Unregelmäßigkeiten der natürlichen Sprache nur schwer standhält. Innerhalb dieser Ansätze wird zwar das Faktum, daß die Logik natürlicher Sprache nicht vollständig parallel zu jener der Mathematik funktioniert, erkannt und thematisiert, die Sprache bleibt aber im Rahmen dieser Beschreibungen weiterhin auf die Logik reduziert. Den beiden genannten Extremen ist allerdings etwas gemeinsam: sie bleiben (die Generativistik vollständig, die Formale Semantik tendenziell[4]) auf der Satzebene.[5] Nun gibt es mittlerweile zahlreiche Ansätze, die sich mit dem Phänomen der Textualität beschäftigen und Hinweise darüber liefern, was einen Text von einer willkürlichen Anreihung von Sätzen unterscheidet; so zollt z.B. Halliday's *Functional Grammar* diesem Phänomen Rechenschaft, indem der Autor - neben einer ideationellen und einer interpersonellen Sprachfunktion - auch eine textuelle Funktion in seine Sprachbeschreibung aufnimmt. (L. Lundquist[6])

Jeder Sprachforscher allerdings, der sich mit Texten beschäftigt, kommt - meint z.B. Lundquist[7] - automatisch mit dem kognitiven Bereich in Berührung, wofür Lundquist mehrere Gründe anführt:

-   Einerseits birgt die traditionelle Einteilung der textstiftenden Phänomene in *Kohärenz* vs. *Kohäsion* einen Konflikt in sich: während man unter *Kohäsion* die entsprechenden Erscheinungen auf der formalen Ebene versteht, soll *Kohärenz* auf einer "interpretativen" Ebene stattfinden, wobei zumeist recht unklar bleibt, was und wie dies zu verstehen ist. Eine Lösung dieses Konflikts besteht im Heranziehen kognitiver Kategorien als Basis für den Kohärenzbegriff.
-   Andererseits stößt man auf einem Forschungsweg, der von der Theorie/ Modell-Bildung über die Textanalyse zu psycholinguistischen Experimenten führt, spätestens bei der letzten Etappe auf kognitive Fragestellungen.

---

4   Ein Steckenpferd der Formalen Semantik ist die Untersuchung von Anaphern, welche neben satzintern zwar auch satzübergreifend durchgeführt wird, allerdings zumeist auf aufeinanderfolgende Satzpaare beschränkt, welche zu Demonstrationszwecken vom Autor *ad hoc* ersonnen werden (Anm. d. Verf.).

5   Eine Ausnahme stellen Modelle der *Discourse Representation Theory* (DRT) wie jenes von Kamp/ Reyle (1993) dar, welche wir in Kap. B.2.2.1. besprechen werden.

6   *Kognitiv Lingvistik med speciel henblik på tekstbeskrivelse.* Forscherseminar, abgehalten von Lita Lundquist, 20./21.4.1995, Copenhagen Business School (CBS).

7   Referenz s. vorangehende Fußnote.

Aufgrund a) der Notwendigkeit, kognitive Kategorien in die Textbeschreibung miteinzubeziehen, optiert Lundquist für Beschreibungsansätze aus dem Bereich der KL, welche ihrer Meinung nach zudem b) die Vorteile besitzen, weit zahlreichere Satzstrukturen (namentlich alle, welche als "ungrammatisch" in generativen Beschreibungen ausgesondert werden) miteinzubeziehen, und letztendlich c) das Potential haben, über Satzgrenzen hinauszugehen, wie etwa Fauconnier's *Espaces Mentaux* (1984. Paris: Minuit), mit Hilfe derer etwa Anaphern beschrieben werden können.

Eine Eigendefinition der Kognitiven Linguistik finden wir etwa bei Langacker (1991. *Foundations of Cognitive Grammar.* vol 2: *descriptive applications*, Stanford University Press. 1):

Though agnostic on the question of innateness, and the extent to which linguistic structure reflects special evolutionary adaptations, cognitive grammar considers language to be indissociable from other facets of human cognition. Only arbitrarily can language be sharply delimited and distinguished from other kinds of knowledge and ability. Rather, it emerges organically from the interaction of varied inherent and experiential factors - physical, biological, behavioral, psychological, social, cultural, and communicative - each the source of constraints and formative pressures. Because many of these factors are the same or very similar for all speakers, language structure evinces considerable universality and is quite amenable to prototypic characterization. At the same time, every language represents a unique and creative adaptation to common constraints and pressures as well as to the peculiarities of its own circumstances. It requires a full, explicit description that is nonetheless sensitive and individually tailored.

Der Modecharakter der kognitiven Strömung bleibt jedoch nicht immer ohne Kritik. So meint etwa Taylor (1993; zitiert nach Blank 2001: 918*)*:

[...] the overwhelming majority of linguists probably would like to think that their work passes the test of 'cognitive realism', i.e., that their grammars do describe [...] some aspects of what it is that a speaker/hearer actually knows, or do make a contribution to modelling what a person producing or comprehending an utterance actually does. This is true of mainstream generative linguists, no less than of adherents to, say, Lexical Function Grammar, Word Grammar, or Relevance Theory, not to mention the self styled 'cognitive linguists' of various persuasions, such as Bierwisch or Jackendoff, Lakoff or Langacker.

Wir wollen in der Folge sehen, ob dieser Forschungsbereich brauchbare Vorschläge für ein Instrumentarium liefert, das unsere Ansprüche erfüllt.

B.2.1.4.1. *Talmys* force dynamics semantics

Talmy (1988: 49-100) versucht, eine lange Reihe sprachlicher Ausdrücke, welche oberflächlich betrachtet nicht zusammenhängen, auf ein Grundschema und dessen Variationen zurückzuführen, wobei er in der physischen Welt beginnt und das Schema sodann metaphorisch etwa auf den psychischen, den psychosozialen und den argumentativen/diskursiven Bereich überträgt.

"Force dynamics" bezieht sich auf eine, wie der Autor meint, bis dahin vernachlässigte semantische Kategorie, namentlich die Kraftinteraktion zwischen verschiedenen Einheiten. Diese Kategorie enthält Begriffe wie das Ausüben von Kraft, Widerstand gegen eine solche Kraft und das Überwinden eines solchen Widerstandes, das Blockieren einer Kraft und das Entfernen einer solchen Blockade. *Force dynamics* versteht sich als eine Verallgemeinerung des traditionellen linguistischen Begriffs "kausativ": "verursachen" wird in kleinere Grundeinheiten aufgespaltet und in einen Rahmen gestellt, welcher auch "lassen", "behindern", "unterstützen" und andere Begriffe enthält. Zudem sieht Talmy *Force dynamics* als eine semantische Kategorie, welche allein die grammatikalische Kategorie der Modalverben charakterisiert, und zwar sowohl in deren Grund- als auch in deren epistemischen Bedeutungen. Weiters meint der Autor, daß zahlreiche lexikalische Einheiten auf der Basis von *Force dynamics*-Parametern in systematische semantische Muster fallen, wo sie sodann parallele physische und psychosoziale Referenz aufweisen. *Force dynamics* präsentiert sich als Beschreibung eines grundlegenden Begriffssystems, welches nach Meinung des Autors Begriffsmaterial aus dem Bereich der Kraftinteraktion in einheitlicher Weise über eine Reihe sprachlicher Bereiche strukturiert: den physikalischen, psychologischen, sozialen, inferentiellen, den Diskursbereich und schließlich die Bereiche von Referenz und Konzeption in mentalen Modellen. (Talmy 1988: 49)

Ausgangspunkt in Talmys Beschreibungen sind statische Konstellationen (*Steady-State FD-Patterns*):

Angenommen werden zwei einander entgegengesetzte Kräfte, welche von zwei physischen Einheiten ausgehen, von denen die eine, der sogenannte *Agonist* (Ago), Fokus besitzt (d.h. unsere Aufmerksamkeit ist darauf gerichtet, ob der Agonist im Kräftewettstreit seine Krafttendenz manifestieren kann oder aber unterliegt), während der *Antagonist* (Ant) als Gegenspieler dahingehend betrachtet wird, ob sein

Kräfteeinfluß überlegen ist oder nicht.[8] Graphisch dargestellt werden Ago und Ant durch einen Kreis bzw. eine konkave Figur (vgl. (1) a.) und ihre inhärenten Krafttendenzen (welche für sowohl Ago als auch Ant sowohl in Richtung Aktion als auch in Richtung Ruhe vorkommen können) durch Pfeil bzw. Punkt (vgl. (1) b.). Weiters enthalten die schematischen graphischen Darstellungen Symbole für die stärkere bzw. die schwächere Einheit, dargestellt durch ein Plus- bzw. Minuszeichen in der jeweiligen Figur (wobei meist eine einfache Kennzeichnung der stärkeren Einheit durch Plus genügt; vgl. (1) c.), und schließlich Symbole für das Endresultat des Kräftewettstreits, welche in einer Linie bestehen, die entweder mit einem Pfeil (Resultat ist Bewegung des Ago) oder einem Punkt (Ago in Ruhe) versehen sind (vgl. (1) d.) (Talmy 1988: 53-4):

(1)

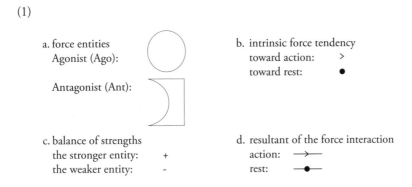

a. force entities
   Agonist (Ago):

   Antagonist (Ant):

b. intrinsic force tendency
   toward action: >
   toward rest: ●

c. balance of strengths
   the stronger entity: +
   the weaker entity: -

d. resultant of the force interaction
   action: →
   rest: —●—

Dies ergibt sodann bei Kombination aller vorhandenen Möglichkeiten vier statische FD-Grundmuster, welche in einer Matrix (vgl. (2)) angelegt sind, deren Reihen, Kolonnen und Diagonalen jeweils Konfigurationen mit gemeinsamen Eigenschaften enthalten und welche wie unten folgt versprachlicht werden können (Talmy 1988: 55).

Talmy (1988: 76ff.) überträgt dieses System, welches er noch weiter ausbaut, sodann auf psychologische und soziale Wechselwirkungen (*sich zwingen, jemanden zwingen*). Schließlich zieht der Autor dasselbe Kräftesystem zur Beschreibung von Argumentationsvorgängen heran: Argumente werden als einander entgegengesetzte Kräfte gesehen, welche in Richtung der einen oder anderen Konklusion arbeiten, das bessere Argument ist die stärkere, sich durchsetzende Kraft (Talmy 1988: 88f.).

---

8   Der Ago würde in Langackers Terminologie dem Begriff *figure*, der Ant dem Begriff *ground* entsprechen (Anm.d. Verf.).

(2)

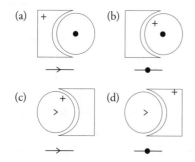

Ago's tendency   (a,b): toward rest
                 (c,d): toward action

Ago's resultant   (a,c): action
                  (b,d): rest

Ago's force relative to Ant's

                  (a,d): lesser
                  (b,c): greater

(a) The ball kept rolling
   because of the wind blowing on it.
(c) The ball kept rolling
   despite the stiff grass.

(b) The shed kept standing
   despite the gale wind blowing against it.
(d) The log kept lying on the incline
   because of the ridge there.

Mit der Übertragung des FD-Modells auf Argumentationen, welche auf eine bestimmte Konklusion hinzielen, schafft Talmy zwar den Sprung auf die Textebene,
wechselt jedoch dabei auch gleichzeitig von der semantischen Ebene auf die pragmatische Ebene. Talmy (1988: 88) setzt "Argumentation" gleich mit "Rhetorik der
Überzeugung" ("rhetoric of persuasion"), welche ihm gemäß Bestrebungen ein-
schließt, die auffordernd, überzeugend oder aber logisch-beweisführend wirken
sollen. Ein solcher Prozeß umfaßt das Vorbringen von Argumenten für und wider
in Konflikt stehende Standpunkte. Wir können uns dieser Definition von "Argumentation" teilweise[9] anschließen. Allerdings halten wir die Übertragung des FD-
Modells von der semantischen auf die pragmatische Ebene ohne Hinweis auf dieses Faktum für kontraproduktiv, da hier eine neue Möglichkeit geschaffen wird,
Kausalität (Semantik) und Argumentation (Pragmatik) durcheinanderzubringen,
wie dies in der Literatur nur allzuoft beobachtbar ist (vgl. Kap. B.2.2.2., Kap. B.4.
bzw. Kap. B.6.2. bis B.6.4.).

Zudem muß zum FD-Modell angeführt werden, daß dieses nicht imstande ist,
die semantische Substanz von Propositionen, geschweige denn Texten zu formalisieren: das Modell ist eine hypothetische Schematisierung von kognitiven *Bildern*,
welche bestenfalls Skelette von kausalen Vorstellungen sind. Diese Skelette sind
jedoch semantisch leer. Das Modell kann demnach nicht die Struktur der Informationsvergabe bzw. die semantische Architektur eines Textes wiedergeben und
ist daher für unsere Zwecke unbrauchbar.

---

9   S. unsere Definition in Kap. B.3.4.

B.2.1.4.2. Langackers billiard-ball model *und* action chain

Die Ausgangsbasis für Langackers Sprachbeschreibung ist die Überzeugung des Autors, daß die Grammatik eines Sprachsystems auf drei Gruppen von Strukturen vereinfacht werden kann: phonologische (Ausdrucksebene), semantische (Inhalts-ebene) und symbolische, welche in der Verbindung von einer phonologischen mit einer semantischen Struktur besteht. Es existieren keine "autonomen" Ebenen, wie dies etwa in der Generativistik speziell für die Syntax in Anspruch genommen wird, sondern Lexikon, Morphologie und Syntax formen ein Kontinuum von be-deutungstragenden Strukturen, deren Aufgliederung in Einzelkomponenten künstlich ist. Jedes grammatikalische Konstrukt besitzt daher eine phonologische und eine konzeptuelle Seite und erwächst aus der symbolischen Verbindung die-ser beiden Seiten. Die symbolischen Einheiten einer Sprache sind heterogen und unterscheiden sich auch qualitativ nach verschiedenen Parametern, speziell etwa Spezifizität und symbolische Komplexität (Analysierbarkeit in kleinere symboli-sche Einheiten), wobei die Zuordnung zu den einzelnen Parametern nicht polar, sondern kontinuierlich ist (Langacker 1990: 2-3).

Was nun die Versprachlichung von z.B. kausalen Zusammenhängen betrifft, geht Langacker (1990: 209) davon aus, daß wir die Welt so erfassen, daß diese von unterschiedlichen Objekten eingenommen ist, wobei sich jedes dieser (zu einem bestimmten Zeitpunkt) an unterschiedlichen Örtlichkeiten befindet. Manche die-ser Objekte sind fähig, sich fortzubewegen und mit anderen Objekten zu inter-agieren, speziell durch direkten physischen Kontakt. Bewegung wird durch Ener-gie ausgelöst, welche manche Objekte selbst zu liefern imstande sind, andere von äußeren Quellen zugeführt bekommen müssen. Wird nun ein physischer Kontakt gleich welcher Stärke initiiert, wird Energie von jenem Objekt, das sich in Be-wegung befindet, auf das andere beteiligte Objekt übertragen; das kann dazu füh-ren, daß letzteres ebenfalls bewegt wird und möglicherweise mit wieder anderen Objekten interagiert. Dies ist für Langacker ein archetypisches Handlungskonzept, das er unter dem Namen "billiard-ball model" weiterführt, wobei er meint, daß dieses Konzept trotz seiner Starrheit grundlegenden Einfluß auf unseren Denk-prozeß hat und einen wichtigen Stellenwert in philosophischen und wissenschaft-lichen Untersuchungen einnimmt.

Langacker bringt auch ein Modell des prototypischen Handlungsverlaufs, das er *action chain* ("Handlungskette") nennt und das auf dem natürlichen Verlauf des Energieflusses bei konkreten (physischen) Handlungen aufbaut: am Beginn der Kette steht eine agierende Person (Energiequelle), die ihre Energie z.B. auf ein

Instrument überträgt, von wo die Energie schließlich zu einer Einheit (Person/
Objekt) gelangt, wo diese Energie eine Veränderung bewirkt (und nicht mehr
weiter nach außen geleitet wird)[10] (Langacker 1990: 215).

Doch wie jene von Talmy basieren Langackers Formalisierungen auf schemati-
sierten Bildern, wodurch Langackers Modelle ebenfalls für uns unbrauchbar sind:
sie geben keine semantischen Inhalte wieder. Zusätzlich finden wir im Bereich des
billiard-ball model und der *action chain* keinerlei Hinweise auf Textualität.

B.2.1.5. Sprachphilosophie (nach Torck 1996)

Auch hier berufen wir uns wieder auf den Forschungsbericht von Torck (1996).
Davidson 1967, welcher sich auf Hume und Mill stützt, beschäftigt sich mit kausalen Urteilen, kausalen Ausdrücken und kausalen Erklärungen. Während ihm gemäß kausale Gesetze universelle Bedingungen der Form "wenn ... dann" sind,
können einzeln stehende kausale Urteile nicht als Beispiele dieser Gesetze betrachtet werden, denn ein solches Urteil impliziert nicht die Kenntnis des zugrunde liegenden kausalen Gesetzes.[11] Ferner ist zwischen den eigentlichen Ursachen und deren sprachlicher Beschreibung zu unterscheiden: letztere ist zumeist
nur eine partielle Angabe der beteiligten Faktoren. Eine Erklärung ist nicht zu
verwechseln mit dem Ausdrücken einer Ursache: eine Erklärung verbindet Urteile
(Sätze) und keine Ereignisse.[12] Auf der anderen Seite kann eine Erklärung kein
Ausdruck von Kausalität sein, da sie eine Selektion der Faktoren vornimmt und
zudem ein subjektives Element enthält (Auswahl der genannten Faktoren nach
Relevanzkriterien). Während ein kausales Urteil eine Erklärung darstellen kann, ist
eine Erklärung nicht notwendigerweise ein kausales Urteil (zit. nach Torck 1996:
38-40).
    Vendler (1967), der sich rein auf linguistische Daten stützt, stellt die
Behauptung auf, daß Ursachen Sachverhalte, Wirkungen jedoch Ereignisse seien.
Er "zeigt" dies anhand von linguistischen Kompatibilitätstests, aufgrund derer er
ontologische Schlußfolgerungen zieht (zit. nach Torck 1996: 40-42), wofür er

---

10   S. dagegen für eine philosophische Kritik am *action chain*- und *billiard ball*-Modell bereits bei Hanson
      1955.

11   Vgl. unsere auf unseren Corpusdaten aufbauende Schlußfolgerung, daß Behauptungen über kausale
      Zusammenhänge ohne Referenz auf Gesetze auskommen (Kap. B.4.4.).

12   Hier dürfte Davidson die gleiche Unterscheidung wie wir vornehmen, nur daß die Terminologie
      anders ist: unsere kausale Erklärung entspricht seinem Ausdruck, während unsere logische Erklä-
      rung seiner Erklärung entspricht (vgl. Kap. B.4.4.).

auch kritisiert wird (vgl. etwa Bennet 1988: 26ff.; Anm.d.Verf). Wir verweisen an dieser Stelle auch auf unsere Diskussion "Sachverhalte vs. Ereignisse" (Kap. B.4.1.2. der vorliegenden Arbeit).

Dakin 1970 (zit. nach Torck 1996: 42-44) stellt sich die Frage, welche formalen Eigenschaften eine Erklärung besitzen muß. Abgesehen von der Tatsache, daß diese zwei verschiedene Ereignisse miteinander verbinden muß, müssen diese Ereignisse auch in einem kausalen Zusammenhang stehen, was sich in der Versprachlichung durch mehr oder weniger explizite Signale widerspiegelt. Im Anschluß spricht Dakin davon, daß die in die Erklärungen eingehenden Eventualitäten Ereignisse oder "states of affairs" sind.[13] Torck (1996: 43) verweist hier jedoch auf Davidson zurück, demgemäß nicht jede Erklärung kausal sein muß. Dakin unterscheidet weiters zwischen Ursachen und (sozialen) Zwängen, wobei letztere ignoriert, erstere jedoch nur umgangen werden können. Letztere beruhen auf einer Verbindung zwischen einer sozialen Regel und einem Verhalten, während erstere kausal mit ihrer Wirkung verbunden sind. Die linguistischen Mittel, um diese beiden Zusammenhänge auszudrücken bzw. zu erklären, sind jedoch die gleichen. Dakin behandelt ebenfalls den Begriff des Grundes, wie dies auch andere Autoren tun: *Lowe* (1987) unterscheidet zwischen einerseits Ursachen, welche in der Relation zwischen zwei Ereignissen enthalten sind, sowie andererseits Gründen, welche die Rechtfertigung eines Sprechers für ein(e) Handlung/Tatsache/Ereignis darstellen, als Überzeugungen oder Bewertungen präsentiert werden und einen Überlegungs- und Entscheidungsprozeß implizieren. Im Bereich der Ursachen unterscheidet Lowe zwischen starken und schwachen kausalen Gesetzen sowie zwischen notwendigen und hinreichenden Bedingungen. Hinreichende Bedingungen können im sprachlichen Ausdruck auch indirekt in dem Sinne sein, daß nicht alle Glieder, welche innerhalb der Kausalkette zwischen der genannten Bedingung und der genannten Wirkung liegen, explizitert werden. Der hinreichende Charakter einer Bedingung ist oft jedoch Bewertungssache des Sprechers (Torck 1996: 45 weist dazu darauf hin, daß hier das Entscheidungsmoment offensichtlich auch vom kausalen Bereich nicht ganz getrennt wird). Im Bereich der Gründe unterscheidet Lowe zwischen Gründen für Sprachhandlungen/

---

13 Hier ist nicht ganz klar, ob Dakin, wie dies häufig zu verzeichnen ist (Kevin Mulligan/Genf, persönliche Mitteilung), "state of affair" ("Sachverhalt") mit "state" ("Zustand") verwechselt. Im positiven Fall würde seine Aussage hier mehr Sinn ergeben, als im negativen Fall. Denn "state" ("Zustand") liegt auf derselben ontologischen Ebene wie "Ereignis", während "state of affair" eine höhere Einheit ist, welche sich aus einer Eventualität (Ereignis oder Zustand) und der darin verwickelten Entität ("Subjekt") zusammensetzt (Definitionen nach Kevin Mulligan/Genf, persönliche Mitteilung; vgl. auch Kap. B.4.1.2.).

Behauptungen und Gründen für Handlungen. Erstere sind Inferenzen, welche auf Evidenzmaterial basieren, welches auf dem Hintergrund eines bekannten Musters geprüft wird. Das Evidenzmaterial ist die Rechtfertigung des Sprechers für seine Behauptung. Im Falle der Gründe für Handlungen liegt der angesprochene Überlegungs- und Entscheidungsprozeß vor. Zwischen Gründen für Behauptungen und Gründen für Handlungen gibt es Zwischenstadien. Lowe stellt sich hier die Frage, ob alle Gründe für Handlungen über solche Zwischenstadien von Gründen für Behauptungen abgeleitet werden können, wobei der Autor tatsächlich dieser Meinung ist, daß alle Gründe implizieren, daß etwas überdacht wurde und damit eine geistige Stellungnahme involviert ist.

Aus den hier genannten Stellungnahmen geht ein deutliches Bewußtsein um die Unterscheidung zwischen phänomenologischen und logischen Zusammenhängen hervor. Die hier gemachten Aussagen können als wissenschaftstheoretische Basis für ein semantisches Beschreibungsmodell dienen (s. dazu auch unser Kap. B.4.1.), stellen jedoch selbst kein solches Modell dar.

B.2.2. Von der Textualität zur Kausalität

Nachdem sich die in Kap. B.2.1. vorgestellten Ansätze als nicht ausreichend im Hinblick auf unsere Ziele erwiesen haben, wollen wir nun sehen, ob jene Linguistik, welche Sprache als Textphänomen betrachtet, geeignetere Vorschläge zur Formalisierung von Erklärungen machen kann.

B.2.2.1. Kamps discourse representation theory *(DRT)*

Die *discourse representation theory* (DRT), welche u.a. von Hans Kamp entwickelt wurde, versteht sich als Versuch, Phänomene der Textualität mit einem formalsemantischen Instrumentarium zu beschreiben. Die Basis der Beschreibung stellen Entitäten dar, welche Individuen oder Ereignisse sein können, welche an einer bestimmten Stelle im Text eingeführt werden und auf welche sodann anaphorisch verwiesen wird. Von besonderem Interesse sind dabei für Kamp vor allem Aspekte der Tempusverteilung des Französischen in Texten, temporale Anaphern oder Zeitperspektive (Martin/Nef 2001: 471). Eine umfassende Publikation zur DRT von Kamp ist das 1993 erschienene, zusammen mit Uwe Reyle verfaßte Werk *From Discourse to Logic.* Der Anspruch der Autoren in diesem Werk geht jedoch noch weiter: ihr Zugang ist zugleich auch ein Versuch, ein Modell der Textinterpretation zur Verfügung zu stellen (Kamp/Reyle 1993: 23). Von seiner Konzeption her ist *From Discourse to Logic* ein didaktisches Werk: Thesen bzw. Formalisierungsregeln werden laufend aufgestellt, adaptiert, umformuliert, ersetzt. Das Werk ist tatsächlich ein Produkt aus dem praktischen Unterricht und ist als eine chrono-logische Wiedergabe von Unterrichts- oder Forschungsetappen konstruiert. Daraus erklärt sich auch dessen Volumen (713 Seiten). Für den Forscher, welcher nach einer konzisen Synthese sucht, erweist sich das Werk jedoch als eher unbefriedigend.

Das Buch umfaßt (nach zwei Einführungskapiteln 0 und 1) zwei große Kapitel zu Plural bzw. zu Tempus/Aspekt (Kap. 4 bzw. 5); ein Kapitel 3 "Loose ends" mit kürzeren Diskussionen von "Kleinstphänomenen" (unsere Bezeichnung; gemeint ist "in bezug auf einen Ganztext"), wie etwa Reflexiva, Possessiva oder definite Beschreibungen; Kapitel 2 "Quantification and connectives" befaßt sich (teilweise) mit propositionalen Verknüpfungen. Es ist auch dieses Kapitel, in welchem das Werk zum einzigen Mal in die Nähe unserer Fragestellungen kommt, indem versucht wird, konditionale (= hypothetische) Kontexte (der Gegenwart) zu formalisieren[14]. Die Textinterpretation wird dabei verstanden als Konstruktionsregel, welche beim relevanten *input* (im vorliegenden Fall die Oberflächenstruktur *if S_1 then S_2*) eine *Discourse Representation Structure* (DRS; abstrakte, der Satz- und Textinterpretation zugrunde liegende Struktur) der Form $S_1 \Rightarrow S_2$ auslöst (Kamp/Reyle 1993: 23f; 156). Die Beschreibung bleibt jedoch bei dieser "Umwandlung" sowie einer Diskussion der Wahrheitsbedingungen; die semantisch-konzeptuelle Substanz der konditionalen Struktur wird nicht angesprochen (s. dagegen unsere Analyse in B.4.6.2.2.4.). Ein weiteres Charakteristikum dieser deskriptiven Technik ist die Behandlung von Prädikaten als atomare Einheiten, deren Bedeutungskomponenten nicht weiter analysiert werden. Obwohl die "Texte" oder "Diskurse", die im Buch repräsentiert werden, selten über 2 bis 3 Sätze hinausgehen, schwillt der deskriptive Apparat rasch an, während er gleichzeitig sehr unübersichtlich, da weit entfernt von der natürlichen Sprache, wird, wie das folgende Beispiel zeigen soll (Kamp/Reyle 1993: 144). Als "input" dient die Satzfolge *Jones teaches linguistics. Suppose he owns a book on semantics. Then he uses it.* Zu beachten ist die anaphorische Identifizierung von bereits eingeführten Diskursentitäten (u, v, w, x, y, z):

---

14 Wir betrachten hypothetische Kontexte (speziell jedoch jene der Vergangenheit) als erklärende Kontexte (s. Kap. B.4.6.2.2.4.).

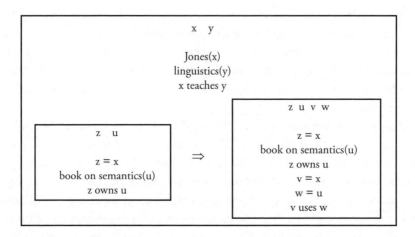

Diese Eigenschaft scheint diesen Beschreibungsansatz relativ ungeeignet für die Formalisierung echter, längerer Texte zu machen. Mit Antje Roßdeutschers Artikel *Fat child meets DRT. A semantic representation for the opening lines of Kaschnitz' "Das dicke Kind"* (1994), in welchem die Autorin den Text *Das dicke Kind* von Marie Luise Kaschnitz mit Hilfe der DRT analysiert, liegt ein Versuch vor, einerseits einen "echten" Text zu formalisieren, andererseits die interne semantische Struktur von Prädikaten mitzuerfassen. Allerdings umfaßt der Text(ausschnitt) auch nur 93 Worte (4 Sätze), der auf der folgende Seite wiedergegebene Beschreibungsapparat umfaßt sogar nur das Deverbal "Umtausch" (Roßdeutscher 1994: 88).

Zusammenfassend kann zur DRT gesagt werden, daß dieses Formalisierungssystem in der Lage ist, textsemantisch-logische Feinheiten herauszuarbeiten, für die Rekonstruktion der semantischen Architektur eines 140 Seiten langen Textes wie die *Considérations* von Montesquieu jedoch denkbar unökonomisch wäre. Dieser Nachteil würde auch weiterhin gelten, wenn neuere Entwicklungen in diesem Bereich zu Beschreibungsapparaten fänden, die die übrigen, oben angesprochenen Forderungen (die Formalisierung von erklärenden Strukturen) zu erfüllen imstande wären.

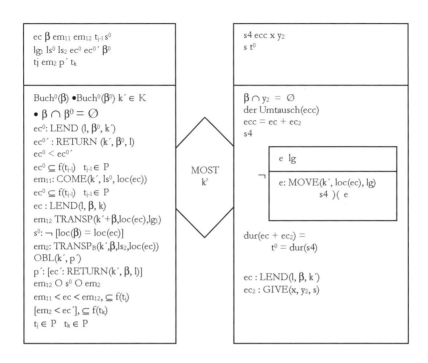

B.2.2.2. Diskursanalyse und Argumentationstheorie (nach Torck 1996)

Wir stellen nun im Anschluß den Hauptteil von Torcks (1996) Forschungsbericht vor. Da die Autorin das Thema Kausalität/Erklärungen aus pragmatischer Sicht behandelt, ist ihr Interesse naturgemäß auf diesen Bereich konzentriert. Wir übernehmen auch ungefähr Torcks Kapiteleinteilung und deren Überschriften. Wir schließen das Kapitel mit unserer eigenen Synthese von Torcks Studie (Kap. B.2.2.2.7.).

B.2.2.2.1. Die grammatikalische Genese der Umstandsbestimmungen ("circonstantiels")

Im Bereich der Theorien zur Entstehung von Versprachlichungen von Umstandsbestimmungen verweist Torck (1996: 21-23) u.a. auf Plantin (1990), welcher zwischen logischer und argumentativer Kausalität unterscheidet: logische Kausalität baut auf Naturgesetzen auf (*Le clou est rouillé parce que le climat est humide*), während argumentative Kausalität auf sozial-argumentativen Konventionen aufbaut (*Le climat est humide parce que le clou est rouillé*. Torck (1996: 23) meint jedoch, daß diese strenge Unterscheidung der linguistischen Datenlage nicht standhält.

Die hier vorliegende Stellungnahme Plantins ist ein Klassifikationsversuch, jedoch kein semantisches Beschreibungsmodell (Anm.d.Verf.). Unserer Meinung nach werden hier einerseits die Grenzen zwischen Phänomenologie (Kausalität) und Logik (Deduktionen; vgl. seinen Terminus "logische Kausalität"), andererseits die Grenzen zwischen Semantik und Pragmatik (vgl. seinen Terminus "argumentative Kausalität") verwischt. Der Klassifikationsversuch stützt sich zudem auf außersprachliche Kriterien ("± Naturgesetze"; für unsere Gründe gegen ein derartiges Vorgehen sowie für unsere innersprachlichen Klassifikationskriterien s. Kap. B. 4.3.).

B.2.2.2.2. Anscombre 1984

Anscombres Artikel *La représentation de la notion de cause dans la langue* von 1984 ist nach Torck (1996: 23) eine der wenigen Studien, welche den Kausalitätsbegriff zum Thema haben. Anscombre untersucht die Konnektoren *parce que, puisque, car* sowie *décidément*, um jene Begriffe zu erfassen, welche der Kausalität zugeordnet werden können. Anscombre geht davon aus, daß die Veränderungen, die eine Ursache auslösen kann, auch Meinungen, Gedanken, Gefühle etc. betreffen können. Anscombre stellt vor allem die Frage, ob das Kausalitätskonzept in der Sprache, im Gegensatz zu jenem der Wissenschaft, nicht eher dem Bereich der Handlungstheorie zuzuordnen und daher über Mittel, Ziele und Agenten zu definieren wäre und ob, jedesmal, wenn die Sprache eine kausale Relation vorweist, eine mehr oder weniger implizite Referenz auf einen Agenten vorhanden sei. Ein zweiter Problembereich bei Anscombre ist das Verhältnis zwischen Ursache und Argument: hier stellt der Autor die These auf, daß vermutete Ursachen oft als Argumente eingesetzt werden, wobei sich daraus die Frage ergibt, inwieweit kausale Zusammenhänge jeweils "textexterne" Zusammenhänge sind, auf welche sich der Text bezieht, oder aber erst durch den Text geschaffen werden[15]. Anscombre meint jedoch, daß die wissenschaftliche und die argumentative Ursache einander nahe stehen, ja, daß die erste *delokutiv* von der zweiten abgeleitet ist. Damit ist gemeint, daß eine bestimmte Formulierung von einer anderen abgeleitet ist. Im vorliegenden Fall postuliert ein Sprecher, nach Anscombre, zwei zusammenfallende Fakten; in gewissen Kontexten wird einem der beiden Faktoren nun ein höheres Gewicht eingeräumt, was eine explikative Deutung nach sich ziehen kann; in einem letzten Schritt kann aus dieser subjektiven Erklärung die objektive Ursache

---

15   Wir meinen, daß diese Frage nicht dem Linguisten, sondern dem Philosophen zu stellen ist. Vom
       innertextlichen Standpunkt aus betrachtet, ist diese Frage irrelevant: wir untersuchen, was wie gesagt wird, ob sich dies nun auf ein irreales oder "reales" Universum bezieht.

eines Faktums herausgelesen werden. Dieser Prozeß ist dem Autor gemäß an einen Konnektor geknüpft, was durch die Etymologie vieler Konnektoren belegt wird, welche ein räumliches oder zeitliches Zusammenfallen evoziert.

Auch Anscombres Überlegungen sind sprachphilosophischer Art und liefern noch kein semantisches Beschreibungsmodell. Auch Anscombre vermischt ontologische (vgl. "textexterne") und innersprachliche Zusammenhänge sowie Semantik und Pragmatik (vgl. "argumentative Ursache") (Anm.d.Verf.).

Torck (1996: 46-47) bringt auch eine Synthese zu van Dijks Stellungnahme von 1977 zu Kausalität. Da wir jedoch auf dieses Werk sehr ausführlich an anderen Stellen unserer Arbeit eingehen (zu Kausalität u.a. s. Kap. B.4.; zu semantischen Makrostrukturen s. Kap. B.6.2.), verzichten wir hier auf diese Zusammenfassung.

B.2.2.2.3. Argumentation und Raisonnement

Torck (1996: 50-62) gibt uns weiters einen, wie sie selbst sagt, kurzen Überblick über einige Stellungnahmen zur neuen Rhetorik/Argumentationstheorie, namentlich über Perelman, Toulmin sowie Anscombre/Ducrot. Dabei stützt sie sich v.a. auf die Synthese Plantins (1990). Wir wollen an dieser Stelle von ihrem Forschungsbericht bezüglich Toulmin, Anscombre/Ducrot sowie Plantin profitieren. Bezüglich Perelman verweisen wir auf Kap. B.3.2, wo wir es aufgrund unseres Forschungsinteresses für wichtig erachtet haben, Perelman eine etwas ausführlichere Behandlung zuteil werden zu lassen. Wir schicken weiters voraus, daß wir - auf der Suche nach einem semantischen, nicht einem argumentativen Beschreibungsmodell - diese Stellungnahmen hauptsächlich deswegen anführen, um Semantik und Pragmatik, welche in diesen Modellen teilweise unscharf getrennt werden, weiter zu entflechten.

Toulmin (1958) vertritt ein rechtfertigendes Argumentationsmodell: es gilt zu untersuchen, welche Techniken ein Sprecher verwendet, um eine Behauptung zu rechtfertigen, welche der Gesprächspartner in Zweifel stellt. Das Schema besteht dabei in einem gegebenen Faktum, welches mit einer Konklusion in Verbindung gebracht wird (die Konklusion kann durch eine Gewichtungs- und eine Restriktionsangabe erweitert werden, s.u.); um diese Verbindung jedoch machen zu dürfen, muß man sich auf eine "loi de passage" (ein Übergangsgesetz) stützen, welche zusätzlich noch untermauert werden kann. Plantin illustriert Toulmins Schema mit folgendem Beispiel: "Harry est né aux Malouines *donc probablement* [Gewichtungsangabe] Harry est sujet britannique *à moins que* ses parents ne soient pas étrangers

[Restriktionsangabe], *puisqu'*un individu né aux Malouines est généralement sujet britannique [(Übergangs-)Gesetz], *étant donné* les dispositions légales suivantes ... [Untermauerung des Gesetzes]". Das Übergangsgesetz entspricht den Gemeinplätzen oder Topoi anderer rhetorischer Ansätze (vgl. Ducrot im Anschluß). Die Untermauerung des Gesetzes kann eine sekundäre Argumentation darstellen. Toulmins Modell ist verikonditionell, wobei jedoch die "Wahrheit" eine kontextbedingte ist. Darüber hinaus umfaßt dieses Modell drei Ebenen: jene der Rechtfertigung, jene der Rhetorik[16] (indem es im Hinblick auf einen Gesprächspartner konstruiert ist) und schließlich jene der Dialektik[17] (indem der Gesprächspartner eine Gegenthese formuliert, wobei diese vom Sprecher fingiert bzw. dieser vorausgegriffen wird, um sodann entkräftet werden zu können).

Wir halten das Modell von Toulmin für prinzipiell adäquat zur Beschreibung von Argumentationen. Es besitzt sogar ein ausgezeichnetes Potential zur Parallelisierung von semantischen Strukturen (Syllogismen) und deren argumentativen Funktionen (vgl. unseren Vorschlag für eine ähnliche Parallelisierung in Kap. B.3.4.).[18] Allerdings ist die Terminologie so gewählt, daß erneut die Gefahr besteht, daß Semantik und Pragmatik vermengt werden. Folgende Terminologie ist unserer Meinung nach deutlich semantisch und sollte in einer Argumentationsbeschreibung vermieden werden: *Gesetz* (adäquater: *Konsens*) und *Konklusion* (adäquater: *Meinung,* vgl. dazu auch Kap. B.3.).

Es darf jedoch nicht der Fehler gemacht werden, dieses Argumentationsmodell als Modell für (kausale oder logische) Erklärungen zu sehen. Es ist ein Interaktionsmodell, kein Modell zur Erfassung von semantischen Textarchitekturen.

Anscombre/Ducrot (1983) beschäftigen sich mit jener Argumentation (*force argumentative*), welche gemäß den Autoren in jeder sprachlichen Äußerung enthalten ist. Der Sinn (*sens*) einer Äußerung (*énoncé*) wird definiert als die Menge der möglichen darauffolgenden Äußerungen. Sagt man z.B., daß etwas teuer ist, so evoziert man einen Anschluß wie "kauf das nicht", wobei man einem Topos "je teurer etwas ist,

---

16   Vgl. dazu unsere definitorischen Überlegungen in Kap. B.3.

17   Vgl. dazu unsere definitorischen Überlegungen in Kap. B.3.

18   Man beachte die sprachlichen Mittel, welche in diesem Schema eingesetzt werden: das Adverb *donc*, die Konjunktion *puisque* sowie die Partizipialkonstruktion *étant donné* (welche eine adverbielle Bestimmung ausdrückt). Alle diese sprachlichen Mittel zählen gemäß unserem Modell zu den Oberflächenstrukturen, welche *logische* (im Gegensatz zu *kausalen*) Erklärungen signalisieren. Die logischen Erklärungen gründen unserer Analyse gemäß genau auf dem klassischen Modell des Syllogismus (Näheres zu unserem Beschreibungsschema in Kap. B.4.3.).

umso weniger ist man angeregt, es zu kaufen" folgt (in einem anderen sozialen
Kontext kann ein hoher Preis für hohe Qualität stehen und umso mehr zum Kauf
anregen). Zwei zentrale Begriffe im Modell von Anscombre/Ducrot sind jener
des "pragmatischen Konnektors" sowie jener der "Polyphonie". Pragmatische
Konnektoren sind verbindende und (in eine bestimmte argumentative Richtung;
Anm. d. Verf.) orientierende Ausdrücke, welche Informationen und Argumentationen in einem Text artikulieren. Die polyphone Dimension betrifft die Verantwortlichkeit für die geäußerten Argumente: Ducrot (1984) unterscheidet zwischen
den beiden innertextlichen Kategorien *locuteur* (jener, der berichtet) und *énonciateur*
(jener, der (be-)urteilt, meint)[19], wobei letzterer für das Gesagte verantwortlich ist.
Locuteur und *énonciateur* können in einer Äußerung koreferent sein (dann berichtet
der *locuteur* über seine eigene Meinung), der *locuteur* kann jedoch auch über die
Meinung eines anderen *énonciateur* berichten (und so die Verantwortung für das
Gesagte abgeben).

Ducrots Formalisierungen sind in der Regel (Sprach-)Handlungsbeschreibungen,
keine semantischen Architekturen (Anm.d.Verf.). Ducrot definiert einige sprachliche Phänomene als "argumentativ", welche für uns rein semantisch sind (Näheres zu unserer Kritik an Teilaspekten von Ducrots Modell s. Kap. B.4.3.1.).

Plantin (1990; zit. nach Torck 1996: 54ff.) definiert Argumentation als Versuch des
Sprechers, das gedankliche Universum des Gesprächspartners mittels Sprache zu
verändern, indem ersterer versucht, letzteren zu einer bestimmten Konklusion zu
bringen, wozu ersterer letzterem gute Gründe liefert (wir schließen uns dieser Definition an; Anm.d.Verf). Die Fakten, auf welche sich die Argumentation stützt,
können wahr, angenommen oder einfach erdacht sein. Eine Bedingung für einen
argumentativen Diskurs ist nach Plantin das gegenseitige Erkennen einer argumentativen Intention, das Anerkennen einer Negotiation (mit der Möglichkeit,
diese zurückzuweisen). Die argumentative Relation verbindet Prämissen (Argumente) mit einer Konklusion. Die Prämissen der natürlichen Sprache müssen
"gute Gründe" für die Konklusion sein. Die Sequenz Prämissen-Konklusion muß
Kriterien der semantischen Kohärenz Genüge leisten, und ihre Bestandteile müssen durch ein Relevanzprinzip verbunden sein. Die Legitimation einer Argumentation beruht auf dem Inferenzprinzip oder Übergangsgesetz. Übergangsgesetze
können auf den Topoi der klassischen Rhetorik basieren. Die aristotelische Topoi-

---

19   Diese beiden Kategorien sind nicht zu verwechseln mit Ducrots *sujet parlant*, einer außersprach-
      lichen Entität: der physische Sprecher/Schreiber (Anm.d.Verf.).

Theorie[20] beschäftigt sich mit dem "Denkbaren", mit der allgemeinen Form von Urteilen, das heißt mit jenen Äußerungen, welche zu einer bestimmten Gelegenheit formulierbar sind. In diesem Rahmen werden Argumente als Antworten auf Fragen betrachtet, welche man sich in bezug auf eine Handlung oder ein Ereignis stellt. Das topische Feld ist als eine Liste an Themen, allgemeinen Argumenten und Topoi gedacht. Ein Topos ist ein Thema, ein Motiv, eine Formulierung, ein guter Grund. Diese Einheiten setzen anthropologische und historische Kenntnisse voraus. Auch in bezug auf die *inventio* der Argumente meint Plantin, daß diese mehr auf Erinnerung als auf Kreativität beruht: man stützt sich auf Kontext und Tradition und erfindet nicht neu. Was nun den Zusammenhang zwischen Argumentation und Kausalität betrifft, so hält Plantin fest, daß viele alltägliche Raisonnements kausaler Natur sind. Der Autor präsentiert in der Folge zwei Grundpfeiler der Reflexion über Kausalität, wie sie in rhetorischen Handbüchern zu verzeichnen sind. Es ist dies zum ersten die Tendenz, Argumente als Mittel dafür zu betrachten, auf die Existenz eines kausalen Zusammenhanges zwischen zwei Ereignissen zu schließen. Dieser kausale Zusammenhang hat damit den Status einer zu be- oder entkräftenden These. An dieser Stelle spricht Plantin auch von der Erklärung: das Anführen einer Ursache wird häufig zu Erklärungszwecken eingesetzt. Auf der anderen Seite analysieren die Rhetoriken die Funktion von kausalen Behauptungen im Rahmen von Argumentationen. Die kausale Relation hat hier nicht mehr den Status der Konklusion, sondern jenen des Argumentes: man argumentiert mittels der Ursache. Die Argumentation beruht auf dem kausalen Schema, aber stellt es nicht her.

Hiezu ist anzufügen, daß Plantin die argumentative Funktion erkennt und beschreibt, welche das semantische Phänomen "Erklärung" auf der pragmatischen Ebene haben kann (Anm.d.Verf.). Methodisch kontraproduktiv ist hier jedoch erneut die semantisch-logische Terminologie *Prämisse* (adäquater: *Argument*, Plantin verwendet es selbst) und *Konklusion* (adäquater: *Meinung*). Wir verweisen zudem auf Plantins unserer Meinung nach problematische Klassifikation von Formen von Kausalität, welche wir in Kap. B.2.2.2.1. vorgestellt haben.

Torck (1996: 58-60) faßt im Anschluß einige Publikationen[21] aus den Jahren 1980-84 des *Centre de recherche sémiologique de Neuchâtel* bezüglich des Begriffes Raisonnement zusammen:

---

20   Näheres zur aristotelischen Rhethorik s. Kap. B.3.

21   Sie zitiert Apothéloz 1984, Kohler-Chesny 1982 sowie Borel 1984.

Im Gegensatz zum logischen Raisonnement basiert das nicht-formelle Raisonnement (der Geisteswissenschaften) auf Inferenz und nicht auf Deduktion. Während die Deduktion keine neue Information bringt, verleiht die Inferenz dem
nicht-formellen Raisonnement einen dynamischen und kreativen Charakter. Letzteres ist auch immer sprecherbezogen und subjektiv. Wie alle sprachlichen Elemente kann das Raisonnement sich auf drei Ebenen beziehen: die rhetorische
Ebene (Bezug auf die Kommunikation), die argumentative Ebene (Bezug auf die
Diskursobjekte: Konklusion, Evaluation, Fragen etc.) sowie die kognitive Ebene
(Bezug auf die inferenziellen Beziehungen zwischen den Objekten des Wissens,
welche wiederum in Ähnlichkeits-, Ursächlichkeits- und Näherelationen zueinander stehen). Die ersten beiden Ebenen sind Modus-Ebenen, die letzte bezieht sich
auf das Dictum.[22] Die Ebenen greifen allerdings im konkreten Sprachgebrauch ineinander über. Ein Raisonnement kann sich progressiv (die Konklusion folgt den
Prämissen) oder regressiv (die Konklusion wird im Nachhinein durch Prämissen
gestützt) präsentieren, diese Ordnung hat rhetorische Funktion. Inferenz, die
Basis eines jeden Raisonnements, kann als *raisonnement local* bezeichnet werden,
welches sich auf die verbale, aber auch extra-linguistische Umgebung stützt und in
der Folge zu einer verbalen Produktion führt. Die Inferenz entfaltet sich schrittweise gemeinsam mit der sprachlichen Produktion und ist mit dieser simultan.

Das hier beschriebene Alltagsraisonnement entspricht ungefähr dem Modell des
Schließens der nicht-monotonen Logik, welches wir in Kap. B.4.1.3. vorstellen
werden (Anm.d.Verf.). Wir sind hier im kognitiven Bereich, das heißt in jenem
Bereich, der von einer semantischen Beschreibung erfaßt werden kann (der Bereich ist nicht-interaktionell oder vor-interaktionell). Hier wird jedoch auch die argumentative Funktion der Form der Präsentation eines Raisonnements besprochen. Wir unterscheiden im Gegensatz zu den Autoren anders zwischen "rhetorisch" und "argumentativ": "Argumentation" ist für uns ein Teilbereich der Rhetorik, welche – definiert als "Sprechhandlungstheorie" - wiederum ein Teilbereich
der Pragmatik ist (vgl. Kap. B.3.1.).

---

22   Diese Zweiteilung geht auf Bally [4]1965 zurück: der Autor bezeichnet jenen Teil von sprachlichen
     Äußerungen, welcher sich auf die Welt bezieht, als "Dictum" und jenen Teil von sprachlichen
     Äußerungen, welcher sich auf Sprecher oder Äußerungsakt bezieht, als "Modus"; vgl. auch Kap.
     B.4.3.1. (Anm. d. Verf.).

B.2.2.2.4. Erklärung und Argumentation

Torck (1996: 62-80) gibt auch einen Abriß zum Thema Erklärung, wobei sie sich auf Arbeiten von Grize, Borel, Ebel, De Gaulmyn und Gülich stützt.

Grize (1980) definiert den erklärenden Diskurs als bestehend aus einem Schema (eines Phänomens, Ereignisses, einer Tatsache), zerlegbar in einen erklärenden und einen erklärten Teil sowie einen "warum"-Operator (diese Definition stellt auch die Arbeitsbasis des *Centre de recherche sémiologique de Neuchâtel* dar). Der Operator kann auch implizit sein und muß dann aus dem Kontext inferiert werden.

Es ist nicht ganz klar, ob diese Beschreibung eine semantische oder pragmatische ist (Anm.d.Verf.). Während für uns "Erklärung" ein semantisches Phänomen ist, rechnen manche Linguisten "Erklärung" als ein pragmatisches Phänomen parallel zur Argumentation (s. Borel im Anschluß; für ein derartiges pragmatisches Phänomen reservieren wir die Bezeichnung "Informieren"; vgl. Kap. B.3.).

Borel (1980) klassifiziert das Verb *erklären* als Diskursverb (gleich dem Verb *sagen*), mit der Begründung, daß Erklären untrennbar mit jeder sprachlichen Aktivität verbunden ist: Sprache ist gleichzeitig Formulierung und Raisonnement. Das Verb *erklären* beinhaltet nach Borel zwei semantische Dimensionen: die interaktionelle (mit einer Lesart *kommunizieren, unterweisen*, aber auch *rechtfertigen*) sowie die kognitive oder ideationelle (mit einer Lesart *explizitieren* oder *erläutern*). Diese beiden Lesarten sind meist gleichzeitig aktuell, wobei oft nur der Kontext entscheidet, welche der beiden als dominierend betrachtet werden muß. Die Erklärung unterscheidet sich nach Borel (aber auch nach Ebel 1980) von der Argumentation und der Rechtfertigung durch ihren neutralen und objektiven Charakter: es handelt sich um einen Diskurs in der dritten Person, innerhalb dessen die erste Person des Erklärers Distanz zum Gesagten einnimmt. Während die Erklärung einen Sprecher in Zeugen-Funktion hat, ist der Sprecher der Argumentation oder Rechtfertigung ein Agens, welcher eine bestimmte These akzeptabel machen will. Im konkreten Diskurs überschneiden sich diese Kategorien jedoch. Teilweise ist die Zugehörigkeit eines Diskurses zur einen oder anderen Kategorie linguistisch markiert (*puisque* ist nach Borel z.B. ein rechtfertigender Konnektor), teilweise aus dem Kotext und Kontext zu rekonstruieren.

Die zwei "semantischen" Dimensionen von *erklären* nach Borel sind unserer Meinung nach zu trennen: ein auf der semantischen Ebene zu beschreibendes "Erklären" (= phänomenologisch oder logisch Abhängigmachen eines Inhalts von einem anderen) und ein auf der pragmatischen Ebene zu beschreibendes "Informieren" (= Versorgen des Gesprächspartners mit Information; vgl. Kap. B.3.).

Im Rahmen der Konversationsanalyse werden Erklärungen als kooperative Operationen betrachtet, welche die beteiligten Gesprächspartner im Hinblick auf die Produktion des Konversationstextes ausführen. De Gaulmyn (1991) und Gülich (1991) unterscheiden beide drei Phasen der Erklärung: die Konstituierung des zu erklärenden Objektes, den Erklärungskern und schließlich die Ratifizierung der Erklärung, welche deren Abschluß erlaubt. Alle diese Phasen werden von metasprachlichen Indizien, von Fokusmarkern (bezüglich des zu erklärenden Objektes: Fragen), Konnektoren sowie Bewertungen signalisiert. Alle Phasen unterliegen der ständigen Negotiation seitens der Beteiligten. Die Bitten um eine Erklärung weisen im wesentlichen die beiden Grundformen "Wie X machen" (Beschreibung) und "Warum X" (Gründe und/oder Rechtfertigungen) auf.

Auch hier geht es um die pragmatische Funktion des semantisch zu beschreibenden Phänomens "Erklärung" (Anm.d.Verf.).

B.2.2.2.5. Die soziale Verankerung

Torck (1996: 72-80) gibt im Anschluß einen Überblick über einige Studien aus dem Bereich der Interaktionsforschung und Sozialpsychologie zum Thema Erklärungen und Argumentation.

Apothéloz/Miéville (1989a) unterscheiden in ihrer Untersuchung der argumentativen Struktur von Arbeiterinterviews nicht zwischen Argumentation und Raisonnement. Die Autoren begründen diese Wahl damit, daß es speziell in bezug auf orale Sprachprodukte schwierig oder unmöglich ist, die Standardfiguren der Deduktion oder Inferenz (die Raisonnements) von den weniger "korrekten", unschärferen Verbindungen (den Argumentationen) zu unterscheiden, da die strukturelle Dimension (Raisonnements) mit der interaktionellen Dimension (Argumentation) untrennbar verwoben ist. Die Autoren schlagen daher den übergeordneten Begriff *étayage* ("Untermauerung"; Anm.d.Verf.[23]) vor. Die Autoren untersuchen im übrigen nur die "makroskopischen" Strukturen, das heißt jene, welche zwischen Äusserungen oder Äußerungsgruppen bestehen und nicht etwa tieferliegende Strukturen, wie etwa lexikalische Wahl oder konnektorbedingte

---

23   Wir selbst verwenden den Begriff der Untermauerung in der Lesart "zur-Verfügung-Stellen von
      Indizien, welche Thesen stützen".

argumentative Orientierung: Untermauerungen sind nicht immer durch Konnektoren signalisiert und ein bestimmter Konnektor hat nicht immer seinen kanonischen Wert. Eine Untermauerung kann gemäß zweier (oft verwobener) Komponenten klassifiziert werden: der Glaubhaftigkeit (welche sich auf die *raisons de dire*
bezieht) sowie der Erklärung (welche sich auf die *raisons d'être* bezieht). Der Begriff des *étayage* umfaßt so verschiedene Kategorien wie Gründe, Kausalitäten,
Finalitäten, Beobachtungen (*témoignages*), Vergleiche und Reformulierungen.[24]
Finalitäten implizieren gemäß Apothéloz/Miéville immer ein kausales Urteil: zu
sagen, "X hat Y mit dem Ziel Z gemacht" bedeutet, X die Vorwegnahme eines
Kausalurteils zwischen Y und Z zuzuschreiben.[25] Die Beobachtungen und Vergleiche werden von den Autoren den Glaubhaftigkeitsuntermauerungen zugerechnet und enthalten kein erklärendes Element. [26] Im oralen Bereich gilt gemäß den
Autoren: "Il n'est pas possible de séparer l'analyse des relations d'étayage et celle
des multiples opérations qui contribuent à l'élaboration et à la transformation des
objets des discours et des prédicats".

Die Autoren vereinen hier Erklärungen und Argumentationen, sind sich dessen
jedoch zumindest bewußt (Anm.d.Verf.). Wir meinen jedoch, daß eine praktische
Schwierigkeit in der Unterscheidung konkreter Fälle nicht einen theoretischen
Verzicht auf die Unterscheidung rechtfertigt. Die Schwierigkeit der Unterscheidung, welche die Autoren vorfinden, liegt jedoch u.E. darin begründet, daß sie
Argumentation und Raisonnement über das Kriterium der "logischen" Korrektheit der Schlüsse unterscheiden (ungefähr wie die aristotelische Unterscheidung
von Syllogismus und Enthymem; vgl. Kap. B.3.) anstatt, wie wir vorschlagen, über
den rein kognitiven vs. interaktionellen Bezug.

---

24   Damit nähert sich dieser *étayage*-Begriff unserem Elaborationsbegriff (vgl. Kap. B.6.1.1.), wobei
     allerdings festzuhalten ist, daß wir Elaboration als einen semantischen Mechanismus verstehen, der
     étayage-Begriff der Autoren jedoch ein pragmatischer ist. Im Anschluß wird ein Zitat der Autoren
     zeigen, daß ihnen gemäß Elaboration und *étayage* in der Praxis schwer zu trennen sind, wobei sie
     jedoch eine theoretische Unterscheidung beibehalten dürften.

25   Wir sind im Laufe unserer Untersuchungen zu einer ähnlichen Analyse des Finalitätsbegriffs ge-
     kommen, indem wir dem (im Anschluß) handelnden Subjekt durch den Produzenten der Finalaus-
     sage einen vorausgedachten Zusammenhang zwischen Y und Z zuschreiben lassen. Unsere Ana-
     lyse beinhaltet jedoch ein ausführlicheres Raisonnement seitens des handelnden Subjekts und hat
     nichts mit Kausalität zu tun; vgl. Kap. B.4.6.2.2.5.

26   Diese Kategorisierung entspricht unserer Zuordnung dieser Strategien zu den Basiselaborationen;
     vgl. Kap. B.6.1.1.

Apothéloz/Brandt/Quiroz (1989) beschäftigen sich mit dem "Untermauerungs-zwang" (*contrainte d'étayage*) nicht nur in bezug auf Argumente für und gegen konkrete Streitobjekte, sondern auch bezüglich des Diskursrahmens (sprachliche und kulturelle Voraussetzungen) sowie des Kommunikationsrahmens (Interaktions-regeln; soziale Plazierung).

Wir befinden uns hier im rein pragmatischen Bereich (Anm.d.Verf.).

Die Sozialpsychologie (hier stützt sich Torck speziell auf *Antaki* 1981) untersucht alltägliche (im Gegensatz zu wissenschaftlichen) Erklärungen und dies ebensosehr in bezug auf die konkreten Inhalte als auch auf die psycho-soziale Struktur des Erklärenden. Die traditionellen Untersuchungen aus diesem Bereich beschäftigen sich mit den notwendigen und hinreichenden Bedingungen dafür, daß eine Äußerung ein bestimmtes Ereignis oder einen bestimmten Zustand erklären kann. Innerhalb der Sozialpsychologie kann man zwei Hauptströmungen der Erklärungsforschung unterscheiden. Die erste Strömung legt mehr Gewicht auf die mentalen Repräsentationen, wobei vorzugsweise die kausalen Erklärungen untersucht werden. Die andere Strömung beleuchtet die Erklärung in ihrer kommunikativen Funktion. Dabei spielen Gesprächspartner, geteiltes Wissen, soziale Regeln etc. eine zentrale Rolle. Theoretisch und methodologisch gesehen unterscheiden sich die beiden Traditionen dadurch, daß erstere sich auf kognitive Theorien sowie Laborrecherchen stützt, während letztere interdisziplinär arbeitet (mit Anleihen aus der Pragmatik, Ethnomethodologie, Konversationsanalyse; Diskursanalyse, Rhetorik etc.) und sich auf konkrete Diskursdaten stützt. In der kognitiv ausgerichteten Forschung wird die Erklärung im Grunde als kausales In-Zusammenhang-Bringen definiert, wobei das vorherrschende Modell das "Kovarianzmodell" (nach *Kelley*) ist. Diesem Modell gemäß überprüft der Erklärende seine gespeicherten Assoziationen zwischen der zu erklärenden Wirkung und verschiedenen Ursachenkandidaten. Jener Kandidat, welcher die verläßlichste Assoziation mit der Wirkung aufweist, wird als Ursache angenommen. Ein weiterer Teil des theoretischen Apparates dieser Richtung ist die Attributionsmethode: im Rahmen von Laboruntersuchungen wird dem Informanten ein Ereignis präsentiert, für welches er eine Ursache vorschlagen soll. Antaki kritisiert diese Methode als zu restriktiv, indem er darauf verweist, daß alltagssprachliche Erklärungen etwa Definitionen und Präzisionen enthalten, welche keinen Platz in einer Laborsituation haben. Erklärungen sind nicht nur kausale Erklärungen. Zudem geben die Laborergebnisse keine Auskunft über die kognitiven Ingredienzen und Vorgänge, welche zu den Kausalurteilen führen (Beweise, Rechtfertigungen, etc.). Und schließlich können Erklärungen nicht rein auf den kognitiven Prozeß reduziert werden, sondern müssen den Kontext miteinbeziehen, im Rahmen dessen diese als soziale, zielgerichtete Prozesse zu analysieren sind. Die kommunikationsorientierte Strömung in der Sozialpsychologie betrachtet die Erklärungen dagegen als gemeinsames Produkt der Kommunikationspartner: ein Sprecher erarbeitet sich ein Menge an Annahmen über das Vorwissen seines Gesprächspartners, auf dessen Hintergrund die Interaktion sodann aufbaut. Jede Interaktion beinhaltet eine kontinuierliche Negotiation zwischen den Gesprächspartnern. Zudem werden viele Erklärungen implizit vermittelt. Nicht zuletzt wird jede abgegebene Erklärung im Hinblick auf eine vom Sprecher angenommene Erwartungshaltung beim Gesprächspartner konstruiert. *Draper* (1988) verweist darauf, daß Erklärungen nicht notwendigerweise Ursachen, Gründe oder Rechtfertigungen sein müssen, sondern daß im Grunde alle Äußerungen in einem bestimmten Kontext als Erklärung fungieren können. Sowohl die Bitten um Erklärung als auch die Erklärungen selbst können ambig bezüglich Thema oder Relevanz sein (wobei sodann der Kontext disambiguierende Funktion hat). Der Gebrauch von bestimmten Konnektoren läßt keine Schlüsse in bezug auf die Art der Erklärung zu: erklärt werden können Kausalitäten, Annahmen oder Äußerungsakte. Speziell schwierig im konkreten Diskurs ist die Unterscheidung der Kategorien "Ursache" und "Übergangsgesetz", aber auch von "Rechtfertigung einer Äußerung" (nach Toulmin; s. Kap. B.2.2.2.3. oben), wobei eine Kategorisierung oft vom Hintergrundwissen abhängig sein wird[27]. Für das Gelingen der Kommunikation ist es jedoch nach Draper nicht notwendig, daß eine eindeutige diesbezügliche Interpretation durchgeführt wird: die gegenseitige Akzeptanz einer Formulierung ist weitaus bedeutender. Draper unterscheidet weiter zwischen einfacher Kausalität, "Übergangsgesetzen" (welche auf Kausalität aufbauen), persönlichem Wissen oder persönlicher Erfahrung, dem Sich-Stützen auf Autoritäten u.a. Alle diese Unterarten gründen auf unterschiedlichen kausalen Gesetzen.

Die theoretische Dichotomie in der Sozialpsychologie spiegelt tendenziell den Unterschied zwischen Torcks und unserem Forschungsinteresse in bezug auf die Erklärungen wider: Torck behandelt die interaktionelle Dimension, während wir die kognitive Ebene beleuchten (zu Torcks Arbeit selbst s. Kap. B.2.2.2.7.).

---

27 Die Stellungnahme Drapers erscheint als Gegenstück unserer Konklusion, daß ein Sprecher denselben Kontext wahlweise mittels kausaler oder logischer Erklärung elaborieren kann (vgl. Kap. B.4.4.): in Drapers Fall handelt es sich gleichsam um die Entscheidung des Rezipienten, die Erklärung so oder so zu deuten.

Im einem ethnomethodologisch inspirierten Rahmen untersucht *Heritage* (1988) die alltägliche Erklärung in bezug auf ihre Rolle in der Konversationsorganisation sowie bezüglich des Konzeptes der sozialen Solidarität. Heritage untersucht soge- nannte "dispreferred acts" ("unbeliebte Akte"), namentlich Ablehnungen von Einladungen oder Bitten. Aus seinen Untersuchungen geht hervor, daß Erklä- rungen oder Rechtfertigungen dann produziert oder erwartet werden, wenn ein erwartetes oder verlangtes Verhalten nicht geliefert wird. Bleibt eine derartige Er- klärung in einem solchen Kontext aus, provoziert dies eine Frage von seiten des Gesprächspartners. Die Erklärung kann gemäß dieser Ergebnisse nicht nur als empirisches, sondern als normatives Charakteristikum von Konversation klassifi- ziert werden. Auf der interpersonellen Ebene ist die Erklärung speziell mit dem "face"-Problem in Verbindung zu bringen: Erklärungen dienen der Verhinderung des Gesichtsverlustes der Gesprächspartner. Inhaltlich gesehen fokussieren derar- tige Erklärungen die Unmöglichkeit oder die eigene Unfähigkeit, das Geforderte zu erfüllen, mit dem Ziel, eine Konfrontation mit dem Fragenden zu vermeiden. Dies wird gepaart mit anderen Höflichkeitsstrategien, was sich auf der organisato- rischen Ebene etwa über einen der Ablehnung vorangehenden Ausdruck der Wertschätzung der Forderung widerspiegelt. Auf der zeitlichen Ebene ist eine längere Pause vor der Ablehnung zu verzeichnen, welche dem Gegenüber die Möglichkeit gibt, seine Intervention zurückzunehmen. Nicht zuletzt beugen derar- tige Erklärungen einer eventuellen sozialen Degradierung vor, welche auf soziale Regelverletzungen folgen kann.

Auch hier wird eine mögliche pragmatische Funktion von Erklärungen beleuchtet (Anm.d.Verf.). Zu einem möglichen semantisch-kognitiven Ursprung des Phäno- mens von Erklärungen, welche "dispreferred acts" folgen, sei auf Kap. B.4.6.4. verwiesen.

B.2.2.2.6. Kausale Konnektoren aus konversationsanalytischer Sicht

Torck untersucht abschließend (1996: 83-114) eine Reihe von Studien konversa- tionsanalytischer Ausrichtung in bezug auf die Funktion bestimmter, als kausal klassifizierter Konnektoren. Es sind dies die Betrachtungen von *Groupe Lambda-1* (1975) zu *car, parce que* und *puisque*, Ducrot (1983) und Adam (1986) zu *puisque*, Danlos (1988), Moeschler (1986, 1987, 1989, 1993), Fornel (1989) zu *parce que* sowie Forget (1985) zu *c'est pourquoi*.[28]

---

28   Wir schicken voraus, daß uns unsere theoretische und praktische Arbeit dazu veranlaßt hat, eine
     bestimmte theoretische Wahl zu treffen. Wir rechnen alle Erklärungen, welche durch andere

Wir verweisen bezüglich der Ergebnisse dieser Studien sowie zu Torcks Kommentar dazu auf Torck 1996 selbst, weil wir meinen, daß diese Untersuchungen für unsere Zwecke weniger relevant sind, da unser Forschungsinteresse eben auf der kognitiv-strukturellen und weniger auf der interaktionellen Ebene liegt.

B.2.2.2.7. Torck 1996

Torck findet im Anschluß an den in den vorangegangenen Kapiteln präsentierten Forschungsbericht zum Begriff *causalité discursive*, unter welchem sie sowohl *kausale* als auch *motivationelle* als auch *logische* Erklärungen zusammenfaßt (*causes, raisons, finalités*, 1996: 80), über deren unterschiedlichen Status sie sich jedoch im klaren ist, wie aus ihrem Forschungsbericht deutlich hervorgeht (vgl. speziell Kap. 2 in Torck 1996: 37-82). Da Torck v.a. die interaktionelle Rolle von Erklärungen im oralen Diskurs untersucht, kann sie dieses Vorgehen mit dem Hinweis auf die parallele interaktionelle Funktion der einzelnen Erklärungskategorien rechtfertigen (Torck 1996: 61). Die Autorin meint diesbezüglich: "Je renoncerai à une description détaillée du constituant C2 [der "Erklärung"; Anm.d. Verf.], pour des raisons d'espace et de compétence. La distinction entre une cause et une raison, un motif et un mobile, etc. doit recevoir une lecture sémantique philosophique, psychologique et sociologique. Il est clair que je ne peux prétendre à une telle lecture [...]" (Torck 1996: 11).

Wir möchten diesen vereinheitlichenden Schritt aufgrund unseres unterschiedlichen Erkenntnisinteresses jedoch nicht mitmachen, da uns weniger die Ebene des Diskurses ("Text als Sprach-Handlung"), als jene der kognitiven Basis ("Text als Darstellung eines Ideen-Konstruktes") interessiert. Gleichzeitig möchten wir festhalten, daß unsere Klassifikation auf linguistischen Daten der Oberflächenstruktur beruht, wodurch schließlich die Kompetenz eines Linguisten ausreicht, um Zuordnungen vornehmen zu können (s. Kap. B.4.4.).

Aus den im vorliegenden Kapitel zu Diskursanalyse und Argumentationstheorie vorgestellten Klassifikationen und Betrachtungen erklärender Strukturen ist Fol-

---

Oberflächensignale als kausale (kausale: *cause, effet, causer, produire*, etc.) und kausative Ausdrücke (kausative: *augmenter, anéantir, augmentation*, etc.) gekennzeichnet sind, zu den logischen Erklärungen (und damit auch jene, die durch die im obigen Text genannten "kausalen" Konnektoren markiert sind), weil sie eine inferenzielle Arbeit seitens des Rezipienten voraussetzen (Näheres s. Kap. B.4.4.).

gendes ersichtlich: die textorientierte Linguistik vermengt in diesem Bereich gerne Phänomenologie (Ursachen) und Logik (Gründe) bzw. Ontologie und Sprache (in der Definition von Ursachen und Gründen) sowie Semantik (phänomenologisch oder logisch Abhängigmachen eines Inhalts von einem anderen) und Pragmatik (Beeinflussen(wollen) des Gesprächspartners oder Versorgen(wollen) des Gesprächspartners mit Information).

Wir konnten bis zu diesem Punkt kein Beschreibungsmodell finden, das alle diese Unterscheidungen klar vornimmt.

Zum anderen gab es unter den hier besprochenen Ansätzen auch kein echtes Beschreibungsmodell, das die semantische Architektur eines Textes formalisieren könnte.

Wir gehen nun weiter zu Ansätzen, welche Texte eher ganzheitlich in bezug auf unterschiedlichste Phänomene hin untersuchen.

B.2.2.3. De Beaugrande/Dresslers Textlinguistik

In Ihrem Werk *Einführung in die Textlinguistik* (1981) stellen die Autoren De Beaugrande/Dressler sieben semantische und pragmatische Kriterien für Textualität auf. Es sind dies Kohäsion (grammatische Abhängigkeiten an der Oberfläche; De Beaugrande/Dressler 1981: 4), Kohärenz (konzeptuelle Relationen; De Beaugrande/Dressler 1981: 5), Intentionalität, Akzeptabilität, Informativität, Situationalität und Intertextualität.

Kausalität stellt für die Autoren eine "Gruppe von Relationen dar", welche besonders gut das Kohärenzprinzip beleuchten (De Beaugrande/Dressler 1981: 5). Diese Relationen betreffen gemäß den Autoren die "Art und Weise, wie eine Situation oder ein Ereignis die Bedingungen anderer Situationen oder Ereignisse beeinflußt." (De Beaugrande/Dressler 1981: 6). Damit definieren die Autoren diese Gruppe von Relationen ontologisch oder extralinguistisch.

Die Autoren unterscheiden in der Folge mehrere Unterkategorien von "Kausalität", welche sie folgendermaßen definieren (De Beaugrande/Dressler 1981: 6):

- Ursache ("notwendige Bedingung für ein Ereignis")
- Ermöglichung ("hinreichende Bedingung für ein Ereignis")
- Grund ("Relation [...], bei der eine menschliche Handlung als sinnvolle Reaktion auf ein vorhergegangenes Ereignis folgt")
- Zweck ("der Terminus [...] kann für ein Ereignis oder eine Situation verwendet werden, welches so geplant ist, daß dieses Ereignis bzw. diese Si-

tuation durch ein früheres Ereignis oder eine frühere Situation möglich
wird"; De Beaugrande/Dressler 1981: 7)

Aus diesen Definitionen geht hervor, daß auch die Unterkategorien der "Kausalität" ontologisch klassifiziert werden. Die den sprachlichen Strukturen zugrunde
liegenden semantisch-kognitiven Strukturen werden weder analysiert, noch wird
ein Beschreibungsmodell dafür zur Verfügung gestellt (s. auch noch einmal in unserem Überblick über Klassifikationsvorschläge im Bereich Kausalität/Erklä-
rungen/Argumentation aus der Literatur in Kap. B.4.2.).

B.2.2.4. Metzeltin/Jaksches Textsemantik

In der *Textsemantik* von Metzeltin/Jaksche aus dem Jahr 1983 wird erstmals ein
Modell angeboten, Texte inhaltlich zu formalisieren und gleichzeitig zu explizitieren.

Das propositionell orientierte System (vgl. Metzeltin/Jaksche 1983: 26ff.)
bindet sich nicht an oberflächliche Grenzen wie Wort und Satz, sondern macht
vielmehr deutlich, wie unterschiedlich einfache oder auch komplexe Inhalte je
nach Kontext/Kommunikationsziel mittels unterschiedlicher Oberflächenstrukturen zum Ausdruck kommen: von der Kondensation in einem komplexen Prädikat
(Verb, abstraktes Nomen etc.) über einen Satz bis zum Text. Im Rahmen dieser
Analyse werden daher einerseits viele Angaben, welche im Text aufgrund von u.a.
Redundanzvermeidung (aber auch etwa aus taktischen Gründen) implizit sind,
explizitiert (etwa Orts- und Zeitangaben, welche für ganze Reihen von Propositionen gelten, im Oberflächentext jedoch nur einmal versprachlicht sind). Andererseits werden "komplexe" Lexeme systematisch in Einzelpropositionen aufgelöst:
z.B. Abstrakta - "der Sieg A's über B" wird aufgelöst in "A besiegen B".

Die Propositionen, welche als die Grundeinheiten von Information betrachtet
werden, beinhalten zunächst als Kern einen Referenten sowie eine Prädikation
über diesen Referenten:

1.   Propositionskern (das "Gesagte", das "Dictum" in der Terminologie von
     Bally: 1965): z.B. *Hans liebt Grete.*
     a)   logisches Subjekt/Referent, über den etwas ausgesagt wird
          ("Hans") = S
     b)   Prädikat: das, was über den Referenten ausgesagt wird ("lieben")
          = Q(ualität)
     c)   der "Patiens" des Prädikates: das/der vom Prädikat auch betrof-
          fen wird ("Grete") = D(estinataire)

d)   Ort = L

e)   Zeit = T

f)   Wahrscheinlichkeit: hier 100 % (für Behauptung/Feststellung; dagegen: 0 % = Verneinung - *liebt nicht*, 50% = *vielleicht*) = %

Die Information f) gibt an, welche Wahrscheinlichkeit der Sender dem Propositionskern als Ganzes zuschreibt, nicht etwa, welchen "objektiv-absoluten" Wahrheitswert die Proposition hat.

Weiters gehört zu jeder Proposition nach Metzeltin/Jaksche auch ein sogenannter Senderkomplex, der aus der Angabe des Senders, aber auch der Art der Sendung (bestehend aus drei Teilen: a) einem Bewußtwerden des Senders bezüglich des Inhalts der Sendung, b) einer Intention in bezug auf die Sendung und c) einem Ausdrucksakt) besteht, weiters aus einer Angabe zum intendierten Empfänger:

2.   Sender-Komplex ("Modus" in der Terminologie von Bally: [4]1965; macht Angaben, welche die Sendung der Proposition betreffen)

g)   Sprecher/Sender = E(missor)

h)   Art der Sendung (Informieren, Warnen, Fragen etc.) = e(mittere)

i)   Empfänger (Leser, Hörer etc.) = R(ezeptor)

Schließlich können sowohl Propositionskern als auch Sender-Komplex folgende weiterführende Angaben enthalten:

j)   Anzahl/Quantität/Intensität (von z.B. Referent, Sender, etc.: Einzahl, Mehrzahl, *fünfundzwanzig, viel, sehr,* etc.) = m(ensura)

k)   Bestimmtheit (von z.B. Referent, Sender, etc. (bekannt/unbekannt: bestimmter/unbestimmter/fehlender Artikel, *einige, manche, diese* etc.) = i(dentifizierbarkeit)

In der generischen Form sieht das Modell sodann folgendermaßen aus:

$$P = (((((((S_{m,i})\ Q_{m,i})\ D_{m,i})L_{m,i})\ T_{m,i})\ \%)\ E_{m,i})\ e_{m,i})\ R_{m,i}$$

Wir haben dieses Modell in der Folge zur Basis der inhaltlichen Formalisierung unseres Corpustextes gewählt, nicht jedoch ohne einige Adaptionen vorzunehmen, welche uns aufgrund unserer bisherigen theoretischen Überlegungen sowie unserer Voranalysen notwendig erschienen. Abgesehen von der Notation, welche bei uns teilweise näher der natürlichen Sprache, teilweise näher der formalen

Logik ist (vgl. Kap. B.4.3.1.), sind für uns die Angaben zur Art der Sendung als illokutorische Akte sowie zum Empfänger nicht mehr Teil der semantischen Beschreibung, sondern als Angaben zur Interaktion bereits Teil einer pragmatischen Beschreibung (s. Kap. B.4.3.1. sowie B.6.3.). Tatsächlich Teil der semantischen Beschreibung sind für uns Angaben zur Bewußtwerdung/zum Bewußtsein des Senders bezüglich des Inhalts der Sendung ("propositionale Attitüde" oder "enunziatorischer Akt") bzw. des Versprachlichungsaktes (Näheres dazu, auch unter der Perspektive von Ducrots Polyphoniemodell, s. Kap. B.4.3.1.).

Indem Metzeltin/Jaksche (1983: 30) Kausalität als eine zwischenpropositionale Relation betrachten und formalisieren, kann eine propositionale Analyse zugleich auch zum Beschreibungsmodell für kausale Strukturen werden (s. Kap. B.4.6.1.).

Die Autoren (Metzeltin/Jaksche 1983: 57) behandeln auch Syllogismen, welche wir zu den logischen Erklärungen zählen werden (vgl. Kap. B.4.3.2.), allerdings unter dem Namen "argumentative Textoide" (Textoide = semantische Makrostrukturen). Wir werden diese für uns problematische terminologische Wahl sowie den textsemantischen Status von Syllogismen ausführlich in Kap. B.6.3. diskutieren.

Nachdem wir nun die Wissenschaftstheorie und die linguistische Literatur in bezug auf das Thema Kausalität/Erklärungen im Hinblick auf Anregungen zu einem möglichen textsemantischen Beschreibungsmodell untersucht und eine Reihe brauchbarer Hinweise gefunden haben, erachten wir es vor der Konstituierung unseres eigenen Modells in Kapitel B.4. jedoch noch für notwendig, jene Begriffe weiter zu klären, welche im vorliegenden Kapitel speziell Anlaß zu terminologischer und theoretischer Verwirrung gaben. Es geht dabei um die Begriffe "Rhetorik", "Dialektik", "Logik" und "Argumentation". Wir wollen diese Begriffe durch definitorische und historische Betrachtungen im folgenden Kapitel B.3. weiter beleuchten, um zu einer klaren, für uns operationalen Abgrenzung zu kommen, um sodann die positive oder negative Relevanz dieser Begriffe für unsere Arbeit festzustellen.

B.3. Rhetorik, Dialektik, Logik und Argumentation: Definitionen, Geschichte, Grundbegriffe und Bedeutung für unsere Arbeit

B.3.1. Definitionen

Die Begriffe *Rhetorik, Dialektik, Logik* und *Argumentation* im Hinblick auf einen gesamtwissenschaftlichen Konsens zu definieren, ist wahrscheinlich insofern schwierig, als daß sich ihre Lesart im Laufe der Geschichte immer wieder verschoben hat, ja teilweise nicht nur von Epoche zu Epoche variiert, sondern von Gelehrtem zu Gelehrtem (s. Kap. B.3.2. *Historischer Abriß*). Es ist daher notwendig, daß wir hier eigene, klare und gangbare Definitionen zur Verfügung stellen, auf denen unsere weiteren Überlegungen aufbauen können. Zum Zwecke dieser Begriffseingrenzung gehen wir folgendermaßen vor: wir bringen exemplarisch jeweils einige Definitionen aus Wörterbüchern oder Enzyklopädien und wollen im Anschluß versuchen, eine gemeinsame Essenz daraus zu extrahieren, um sodann unsere eigenen Definitionen anzuführen.

Beginnen wir mit dem Begriff "Rhetorik":

"Seit der Antike entwickelte Lehre von der Kunst der Rede, die für die Entwicklung der Prosa eine ähnliche Funktion ausgeübt hat wie die 'Poetik' für die Poesie. R. bezeichnet sowohl die Kunst der Beredsamkeit als auch die Theorie und praktische Anleitung zu ihrer Beherrschung und gilt daher als Teilbereich der Stilistik. Die antike R. bezieht sich vor allem auf effektvolles (parteiliches) Reden zum Zweck des Beeinflussens und Überzeugens; [...]" (LSW: 438)

"Redekunst, im Altertum durch ihren Einfluß auf die Jugendbildung, das öffentliche Leben und die Literatur jeder Art als Vorläuferin der Pädagogik und Rivalin der Philosophie wirkend, die oft in Form von R. auftrat. [...] Aristoteles betrieb die R. unter logischen sowie unter politischen Gesichtspunkten [...]" (PWB: 557)

"Redekunst, die Kunst, schön zu reden, spezifischer: die Lehre über das schöne Reden. R. spielt - in einem ständigen Spannungsverhältnis zur Phil. - eine zentrale Rolle in der Antike und in der Renaissance [...] Für die rhetorische Tradition betrifft R. als die Kunst der Vermittlung nicht bloß die äußere Form oder Formulierung einer Erkenntnis, sondern beinhaltet eine Erkenntnistheorie. Zum ersten ist das Ausdrücken einer Einsicht nichts Externes in bezug auf diese Einsicht. Eine Erfahrung wird erst zur Erfahrung, wenn man über sie sprechen kann. Zum zweiten wird jedes Verständnis mit dem Menschen in Verbindung gebracht. Dieses soll vermittelt werden und daher an jemanden gerichtet sein. Genauer betrachtet soll dieses vermittelt werden, um Handlungen zu ermöglichen. Die rhetorische Tradition zielt auf die Vereinigung von Verständnis und Handlung, Erkenntnis und Gefühl." (PFL: 370; unsere Übersetzung)

"Durch die Rede will der Sprecher bei den Hörern ein bestimmtes Ziel erreichen; dies gelingt mit manchen Formen der Rede besser als mit anderen; Beobachtung und Erfahrung (ἐμπειρία) führen zur Bevorzugung der wirkungsvolleren Ausdrucksmöglichkeiten, also zur Redekunst [R.]; [...]" (HWP 8: 1014)

Wir können folgende wiederkehrende Ideen in den obengenannten Definitionen erkennen:

- Theorie und Praxis der "Redekunst"[1]
- "Redekunst" als "schöne Rede" (ästhetisches Moment)
- "Redekunst" als "Überredungs-/Überzeugungskunst" (illokutives Moment)
- "Redekunst" als "Mittel der Erkenntnis" (heuristisches Moment)

Betrachten wir nun exemplarische Definitionen für die übrigen Begriffe, so können wir erkennen, daß wir diese relativ präzise den drei genannten Momenten der Rhetorik zuordnen können. Beginnen wir mit der "Argumentation":

"Komplexe sprachliche Handlung mit dem Ziel, durch begründende Beweisführung Erkenntnisse zu gewinnen und Einstellungsänderungen zu bewirken. Während die antike Rhetorik bei der Beschreibung und Analyse von A. (speziell im Rahmen von Gerichtsrede) vor allem auf die wirkungsvolle inhaltliche Ausgestaltung im Sinne der Kunstfertigkeit des überzeugenden Redens abzielt, [beschäftigt sich die Logik ...] Weniger auf logische Schlüssigkeit als vielmehr auf nachträgliche Rechtfertigungen gewonnener Schlußfolgerungen stützt sich das von S. Toulmin [1958] - in Analogie zu Rechtfertigungsverfahren in der Jurisprudenz entwickelte - Argumentationsschema [...]" (LSW 42)

"Beweisführung mit dem Ziel, die Zustimmung oder den Widerspruch wirkl. oder fiktiver Gesprächspartner zu einer Aussage oder Norm durch den schrittweisen und lückenlosen Rückgang auf bereits gemeinsam anerkannte Aussagen oder Normen zu erreichen." (BHE 2: 103)

---

1   Das Englische unterscheidet diese beiden Aspekte i.ü. terminologisch: "rhetorics" bezeichnet die theoretische Lehre, "rhetoric" die praktische Kunst (Mortara Garavelli [10]1997: 318).

"Dans son sens ordinaire, l'argumentation désigne un ensemble de dispositifs et de stratégies de discours utilisés par un locuteur dans le but de convaincre son auditoire." (Moeschler/Reboul 1994: 88)

Bei all diesen Definitionen steht die das Publikum beeinflussende Wirkung der Redetätigkeit im Zentrum. "Argumentation" deckt demnach das illokutive Element der Rhetorik ab.

Als nächstes wollen wir den Begriff "Dialektik" betrachten:

"[...] die Kunst der Beweisführung, die Wissenschaft der Logik. Für Sokrates ist die Dialektik die Kunst der Unterredung zur Klärung der Begriffe, für Platon die oberste Wissenschaft: das Verfahren zur Erkenntnis der Ideen; bei den Sophisten wurde die Dialektik zum intellektuellen Werkzeug im Existenzkampf [...] Vom MA bis zum 18. Jhdt. war D. die Bez. für die übliche (Schul-)Logik." (PWB: 119)

"Logik des Widerspruchs, oder Methode kritischen, Gegensätze bedenkenden Philosophierens, die im Laufe der Philosophiegeschichte unterschiedliche Bestimmungen erfuhr. [...] Bei ARISTOTELES bezeichnet der Terminus D. die Methode über die Wahrheit oder die Falschheit der »éndoxa«, d.i. der von den meisten oder jedenfalls von den Sachkundigen für wahr gehaltenen Meinungen, zu entscheiden, und zwar aufgrund ihrer (sprachlog.) Charakterisierung nach allg. Gesichtspunkten, den »tópoi« [...] Nach Bekanntwerden der Texte des ARISTOTELES verbreitete sich im 12. Jh. die Auffassung von der D. als einer Lehre vom Schließen aus dem »Wahrscheinlichen« (lat. »probabilia«, Übersetzung für griech. »éndoxa«). Teilweise wurde D. auch mit der ganzen Topik gleichgesetzt. [...] Von der Stoa bis ins 16. Jh. bezeichnete D. vorwiegend den Bereich der Logik. Seit dem 16. Jhdt. wurde die Logik dann unterteilt in Analytik (Lehre vom logisch notwendigen Schließen) und D. (Lehre von den bloß wahrscheinlichen Schlüssen). [...]" (BHE 5: 446)

"D. ist eines der am schwierigsten zu handhabenden und gleichzeitig meist gebrauchten phil. Wörter. Es war im Laufe der Zeit markanten Bedeutungsveränderungen ausgesetzt: bei Platon wird D. als systematischer Begriff geprägt. Platon betont dessen Bindung an das Gespräch (den Dialog). D. bezeichnet die Kunst, ein Gespräch zu führen, aber - unterstreicht Platon gegen die Sophisten - im Dienste der Sache. [...] Bei Aristoteles hat die D. jene Meinungen zum Ausgangspunkt, welche wahrscheinlich sind. Sie hat mit Fragen zu tun, über welche man entgegengesetzte Auffassungen haben kann und welche man nur entscheiden kann, indem man dafür oder dagegen argumentiert. D. bedeutet bei Aristoteles eine Methode, derartige Fragestellungen zu entscheiden, indem man allgemeine Ansichten (*topoi*) miteinbezieht. D. kann damit als ein spezieller Teil der Logik betrachtet werden, nämlich die *Topik*, indem man sie der sogenannten *Analytik* (= der formalen, klassischen Logik) gegenüberstellt. Nach Aristoteles' Wirkungsperiode stellt sich die Frage, in welchem Verhältnis D. und Logik zueinander stehen. In der scholastischen Phil. des Mittelalters herrscht die Tendenz vor, D. mit formaler Logik zu identifizieren. [...]" (PFL 88; unsere Übersetzung)

Aufgrund der aus obigen Zitaten hervorgehenden großen Nähe, welche bis zur Identifikation geht, von "Dialektik" und "Logik", führen wir gleich im Anschluß einige Definitionen von "Logik" an:

"[... Während die antike Rhetorik bei der Beschreibung und Analyse von A. [sc. Argumentation] (speziell im Rahmen von Gerichtsrede) vor allem auf die wirkungsvolle inhaltliche Ausgestaltung im Sinne der Kunstfertigkeit des überzeugenden Redens abzielt], beschäftigt sich die Logik mit dem formalen Mechanismus, der – unabhängig von der Qualität der inhaltlichen Aspekte - gewährleistet, daß die Wahrheit eines Satzes aus der Wahrheit der ihm zugrundeliegenden Prämissen ableitbar ist [...]" (LSW: 42)

"1. die Fähigkeit, richtig, d.h. eben logisch zu denken, 2. die Lehre von der → Identität und ihrer Verneinung (G. Jacoby), die Lehre von der Folgerichtigkeit und von den Methoden des Erkennens (Logikwissenschaft). Als "elementare formale L." befaßt sie sich mit den allen (vorhandenen) Begriffen eigenen allgemeinsten Eigenschaften. [...]" (PWB: 391)

"im weitesten Sinne die Lehre vom schlüssigen und folgerichtigen Denken und Argumentieren, insbesondere vom richtigen Schließen ("Lehre vom Schluß"), das dadurch gekennzeichnet ist, daß es zu wahren Prämissen immer wahre Konklusionen liefert. [...]" (BHE 13: 486)

"Als Lehre des richtigen und vernünftigen Denkens ist die Logik Grundlagendisziplin aller theoretischen und empirischen Wissenschaften, indem sie Verfahren zur Gewinnung gültiger Schlüsse und notwendig wahrer Sätze bereitstellt, die zur Aufstellung und Überprüfung von wissenschaftlichen Theorien notwendig sind." (LSW: 145)

Aus obigen Definitionen geht hervor, daß Logik und Dialektik für das heuristische Element der Rhetorik zuständig sind, gleich ob man diese beiden Begriffe nun noch einmal unterscheiden möchte (etwa in "notwendig vs. Wahrscheinlich") oder nicht: beide liefern das (formal-)sprachliche Instrumentarium, dessen sich die menschliche Erkenntnis bedient.

Zum Schluß können wir noch den Teilbereich der Stilistik, auf welchen wir aus Relevanzgründen in diesem Rahmen nicht näher eingehen, dem ästhetischen Moment der Rhetorik zuweisen.

Für uns ergibt sich daraus, daß der Rhetorikbegriff als Überbegriff "Theorie und Praxis des zielgerichteten Umgangs mit Sprache" bezeichnet, dessen einzelne angestrebte Ziele *Ästhetik, Illokution* und *Erkenntnis* von den Teildisziplinen (mit Unterbegriffstatus) *Stilistik, Argumentation* und *Dialektik/Logik* abgedeckt werden, deren Mechanismen in der praktischen Anwendung ineinander übergreifen. Die Rhetorik ist in dieser Definition ein traditioneller Ausdruck für die moderne, "Sprachhandlungstheorie" genannte Disziplin, eine Teildisziplin der "Pragmatik" (Näheres dazu s. Kap. B.3.4.).

B.3.2. Historischer Abriß

Antike. Die Anfänge der abendländischen Rhetorik als theoretische und praktische Lehre sind in der Magna Graecia des fünften vorchristlichen Jahrhunderts zu suchen, wo die Entwicklung der *pólis* und der Demokratie die Redefreiheit und den Redebedarf schafft. Als Gründer der Rhetorik werden entweder *Korax* und *Tisias*, welche für den forensischen Bereich das "wahr Scheinen" vor das "wahr Sein" reihten und die dazu notwendigen Techniken studierten, oder *Empedokles von Agrigent*, welcher im Rahmen der pytagoräisch inspirierten *Psychagogie* dem emotiven Mitreißen des Publikums durch auf dieses abgestimmte Redeformen (*Polytropie*) den Vorzug gab. Schon ab *Protagoras* und *Gorgias* war die Rhetorikdiskussion eng mit sprachtheoretischen Fragen verknüpft, wie der Diskussion um die Natürlichkeit oder die Arbitrarietät der sprachlichen Zeichen. (Mortara Garavelli [10]1997: 17-19)

In der zweiten Hälfte des fünften vorchristlichen Jahrhunderts bewegen sich die Sophisten um etwa *Protagoras von Abdera* und *Gorgias von Lentini* weg von moralistischen und hin zu rein technischen Fragestellungen. Letzterem verdanken wir die ersten expliziten Abhandlungen rhetorischer Themen, eng verknüpft mit Aspekten der Poetik. Er unterscheidet Redegenera und beschreibt Figuren, die wichtigste davon die *Antithese*, welche die Basis der sophistischen Rhetorik darstellt und die relativ wertfreie (und damit amoralische) Beleuchtung eines Themas von zwei Seiten erlaubt. (Mortara Garavelli [10]1997: 19f.)

Platon kritisiert die sophistische Rhetorik heftig, welche er als formale Übung bar jeglicher philosophischer Verantwortung der Disziplin der *Dialektik* gegenüberstellt, welche für ihn im Dienste der Philosophie und Wahrheitsfindung steht. Dialektik bzw. Rhetorik stehen für ihn für *epistéme* (Wissenschaft, Wahrheit) bzw. für *dóxa* (manipulierbare Meinung). Später unterscheidet er zwischen wahrer und falscher Rhetorik, wobei erstere sich der präzisen Methode der Dialektik bedient, welche in der Analyse und Synthese der behandelten Ideen besteht. (Mortara Garavelli [10]1997: 21f.)

Im vierten vorchristlichen Jahrhundert verhelfen die politischen Redner *Isokrates, Demosthenes* und *Eskines* der Kunstprosa zu einer Blüte. *Isokrates* bemüht sich um eine Vereinigung der Technik der Eloquenz (deren Instrumentarium er erweitert) mit philosophischer Verantwortung. Plato und Aristoteles kritisieren ihn dennoch als Produzent hohler Formen. (Mortara Garavelli [10]1997: 23)

Die dreiteilige *Rhetorik* des *Aristoteles* besteht aus einer Theorie des Ausdrucks (*elocutio*), einer Theorie zum Redeaufbau sowie einer Argumentationstheorie, welche die Rhetorik mit der Beweislogik und der Philosophie verbindet. Für Aristoteles besteht die Aufgabe der Rhetorik nicht im Überzeugen, sondern im Erkennen der Überzeugungsmittel, welche jedes Argument umgeben. (Mortara Garavelli [10]1997: 23f.) Auch für die Rhetorik soll nach Aristoteles die höchste Wissenschaft richtungsgebend sein, nämlich die Dialektik, deren beide Aufgaben das Aufstellen von Definitionen und Einteilungen der Gegenstände einer Wissenschaft oder Kunst sowie das Beweisen sind (Gohlke 1847/1959, Einleitung zur *Rhetorik*, 5). Im ersten Teil (Buch I und II: Beweismittel) präsentiert Aristoteles die Rhetorik sodann auch als parallel zur Dialektik: beide beschäftigen sich mit Themen, welche alle Menschen und nicht nur Spezialisten wissen; beide arbeiten mit Beweisführungen (*písteis*): der *Induktion* der Dialektik entspricht das *Beispiel* in der Rhetorik, dem *Syllogismus* der Dialektik entspricht wiederum das *Enthymem* der Rhetorik. Der Syllogismus unterscheidet sich dadurch vom Enthymem, daß er zu unumstößlichen Wahrheiten führt, das Enthymem jedoch nur zu wahrscheinlichen und widerlegbaren Konklusionen. Die *Beispiele* der Rhetorik können die Form von Parabeln oder von Fabeln annehmen; es soll jedoch nur auf diese zurückgegriffen werden, wenn es an Enthymemen mangelt. Enthymeme werden stilistisch als konzis und synthetisch bezeichnet, formal zeichnen sie sich durch implizite Prämissen aus. Diese Eigenschaft führt dazu, daß besonders leicht scheinbare Enthymeme konstruiert werden können, die jedoch keine sind. Die Prämissen der dialektischen und rhetorischen Syllogismen bezieht der Redner aus den *topoi*, von welchen es (*all*)*gemeine* und *eigene* (allgemein verbreitete oder einer bestimmten Disziplin entstammende) gibt. Bevor sich der Redner auf die Suche nach seinen Enthymemen macht, muß er beachten, welchem Redegenus seine Rede angehört. Dies wird bestimmt von der Zugehörigkeit des Publikums zu folgenden Gruppen: Mitglieder einer politischen Versammlung (*deliberatives Genus*), Richter (*judiziales Genus*) oder die "Zuschauer" (*epidiktisches Genus*). Das deliberative Genus zeichnet sich dadurch aus, daß der Redner Personen, welche über zukünftige Angelegenheiten entscheiden sollen, zu als nützlich dargestellten Dingen rät und von als schädlich präsentierten Dingen abrät. Das judiziale Genus ist dadurch charakterisiert, daß der Redner Personen, welche über vergangene Angelegenheiten entscheiden sollen, diese Angelegenheiten als gerecht oder ungerecht präsentiert. Das epidiktische Genus definiert sich dadurch, daß der Redner Personen, welche keine Entscheidungen zu treffen haben, Dinge als ethisch gut und dadurch schön oder ethisch schlecht präsentiert. In der weiteren Geschichte hat die Übertragung des Schönheitsbegriffs des epidiktischen Genus vom Redethema zum selben Redegenus zu einer Assimilation dieses Genus mit der Literatur, zur Literarisierung der Rhetorik geführt, welche durch den Anschluß des deliberativen Genus an die philosophische Reflexion sowie die Aufnahme des judizialen Genus in die Dialektik bereits gespalten war. Der zweite Teil der aristotelischen *Rhetorik* systematisiert praktische Aspekte der Redekunst. Zentral sind dabei einerseits der *éthos* des Redners, seine moralische Güte, welche ihn erst überzeugend macht, andererseits das *páthos*, die Gefühle, welche er in seinem Publikum weckt, der psychagogische Effekt. Im dritten Teil der *Rhetorik* werden die sprachlichen Formen, der Redeschmuck (*léxis*) behandelt, welche gemeinsam mit den anderen Phasen der Redeelaboration - Disposition (*oikonomía*), Suche nach den Argumenten (*héuresis*), Vortrag (*hypokritiké*) - präsentiert werden. Im Redeschmuck wird unterschieden zwischen einem poetischen und einem diskursiv-oratorischen Genus. Zu den Tugenden einer Rede gehören die Klarheit, die Angemessenheit, die Natürlichkeit und die Korrektheit. Eine ausgezeichnete Stellung im Rahmen des *ornatus* erhält die Metapher, welche der Rede Klarheit, Anmut und Eleganz verleiht und als Instrument der *argutia* den Zuhörer fesseln soll. (Mortara Garavelli [10]1997: 24-30) Doch Syllogismen, Enthymeme und *topoi* werden bei Aristoteles nicht nur im Rahmen der Rhetorikschriften abgehandelt. Diese Begriffe nehmen vielmehr eine zentrale Stellung in Aristoteles' Logikbetrachtungen ein. Aristoteles selbst nennt i.ü. das, was wir heute als "formale Logik" bezeichnen, "Analytik", der Terminus "Logik" in der heutigen Bedeutung wird wahrscheinlich von den Stoikern eingeführt (TEP 1: 155). Die logischen Schriften, welche seine Nachfolger unter dem Titel *órganon* zusammenfassen, da die Tradition die Logik als notwendiges Werkzeug aller wissenschaftlichen Disziplinen ansieht (TEP 4: 514), widmen drei Abschnitte dem syllogistischen Schließen: die beiden *Analytiken*, welche jene Schlüsse behandeln, die ihrer Natur gemäß notwendig sind, die *Topik*, welche die nur wahrscheinlichen Schlüsse diskutiert, sowie die *sophistischen Widerlegungen* (περὶ σοφιστικῶν ἐλέγχων[2]), welche die falschen oder "sophistischen" Schlüsse analysiert (TEP 1: 152; Rolfes 1918: Einleitung zu *SophElenc*, III). Aristoteles unterscheidet dreizehn sophistische Schlüsse (= "Sophismen"; EUI LVI: 1423ff.), davon sechs, welche auf der Diktion (*fallacia dictionis*; *SophElenc 4*) beruhen, und sieben, welche außerhalb der Diktion (*fallacia extra dictionem*, *SophElenc 4*) liegen (Rolfes 1918: Einleitung zu *SophElenc*, IV). Zur ersten Gruppe gehören etwa jene, welche auf Ho-

---

2   Die EUI (LVI: 1424), welche den griechischen Titel anführt, beinhaltet an dieser Stelle zwei Druckfehler: περὶ σοφιστικῶν ἐλέλχων (unsere Hervorhebung).

monymie basieren: "Auf Homonymie, d. h. Namensgleichheit (fallacia aequivoca-
tionis), beruhen Begründungen wie diese: die Wissenden lernen; denn die Lehrer
der Grammatik lernen, was sie auswendig vortragen. Das eine Wort lernen kann
nämlich (im Griechischen) zweierlei bedeuten: einmal (wenn auch selten), in der
Art verstehen, daß man von seiner Wissenschaft Gebrauch macht, und dann, Wissen erwerben." (*SophElenc* 4). Zu den Sophismen, welche außerhalb der Diktion
liegen, gehören etwa jene, welche auf der Umkehr von Folgebeziehung beruhen:
"Der Fehlschluß hinwieder, der sich auf die Folge oder das Konsequenz [sic]
stützt (fallacia consequentis), entspringt daraus, daß man die Aufeinanderfolge
umkehren zu dürfen glaubt. Weil nämlich, wenn das eine ist, notwendig das andere ist, glaubt man, daß auch wenn letzteres ist, notwendig ersteres ist. [...] So hält
man oft die Galle für den Honig, weil wo Honig ist, gelbe Farbe ist." (*SophElenc*
5). Die in der ersten *Analytik* erwähnten Schlüsse haben die Form von "wenn ...
dann"-Propositionen, also von Implikationen. Darunter befinden sich etwa jene
Syllogismen, welche in der folgenden Tradition mit den Merkwörtern "Barbara"
oder "Darii" bezeichnet werden: "Wenn A über alle B prädiziert wird und B über
alle C prädiziert wird, dann wird A über alle C prädiziert" bzw. "Wenn A zu allen
B gehört und B zu manchen C gehört, dann gehört A zu manchen C". (TEP 4:
516; Näheres zu den wahrscheinlichen Schlüssen s. Kap. B.3.3.1.; Anm. d. Verf.)

Direkter Nachfolger von Aristoteles war *Theophrastos*, welcher im Hinblick auf
die situationelle Angemessenheit die Trennung in die drei Stilniveaus *sublime*,
medium und *humile* einführte. In der *Neuen Akademie* verschiebt sich sodann der
Schwerpunkt vom Wahren hin zum Überzeugen, das heißt erneut in Richtung
dóxa. Ein Gedankengang ist umso überzeugender, je mehr Widersprüche er überwinden kann. (Mortara Garavelli [10]1997: 30)

Ende des vierten Jahrhunderts werden mit den Stoikern um *Zenon* zwar weiterhin Rhetorik (als "diffus" und "weitausschweifend" definiert) und Dialektik (als
"knapp" und "konzis" definiert) unterschieden, erstere jedoch bereits als Teil der
Logik betrachtet, wo ihr die Funktion zugesprochen wird, die Exposition der wissenschaftlichen Rede mittels eines strengen Technizismus zu regeln. Mitte des
zweiten vorchristlichen Jahrhunderts führt *Hermagor von Temnos*, entsprechend der
aristotelischen Zweiteilung in allgemeine und eigene *topoi*, die Unterscheidung
zwischen *théseis* (allgemeinen Fragestellungen) und *hypothéseis* (konkreten Streitfra-
gen) ein. Dies löst eine erneute Kompetenzdiskussion zwischen Rhetorikern und
Philosophen aus, da letztere die allgemeinen Fragestellungen als ihre Domäne ansehen. Hermagor beschäftigt sich mit dem judizialen Genus und beeinflußt dieses
nachhaltig: er findet u.a. zum Terminus *stásis* (Sachverhalt) als auch zu einer genaueren Klassifikation gerichtlicher Reden. Unter letztere reiht er auch ein Genus,
welches auf dem Syllogismus aufbaut und in der Inferenz von vorhandenen Ge-

setzen auf nicht vorgesehene Fälle besteht. Im letzten vorchristlichen Jahrhundert konkurrieren im hellenistischen Bereich die *asianische* Schule (Anhängerin eines ausufernden Stils, des Prinzips der "Originalität" des Autors sowie des sprach-theoretischen Standpunktes um die *anomalia*, des Prinzips des ständigen und un-vorhersehbaren Sprachwandels), die *attische* Schule (Anhängerin eines puristischen, regulären und konzisen Stils, des Prinzips der "Imitation" von kanonischen Auto-ren sowie des sprachtheoretischen Standpunktes um die *analogia*, des Prinzips des gemäß festen Regeln stattfindenden Sprachwandels) sowie die Schule von *Rhodos*, welche um u.a. *Eskines*, den Gegner von Demosthenes, einen temperierten Stil vertritt. Stilistik und Grammatik werden gleichzeitig zu immer wichtigeren Be-standteilen der Rhetorik. Zu dieser Zeit beginnt die griechische Rhetorik auch in Rom Fuß zu fassen, und mit *Caecilius von Calatte* und *Dionysios von Halikarnassos* (auf dessen historiographische Werke sich u.a. Montesquieu stützt; Anm. d. Verf.) ent-stehen im augustäischen Rom ausführliche normative Abhandlungen zu Gramma-tik und Stilistik. Dionysios hinterläßt zudem ein syntaxtheoretisches Werk. Um Augustus' Lehrer, *Apollodorus von Pergamos*, ist im Gefolge der attischen Schule eine Strömung zu verzeichnen, welche eine Rigidisierung der argumentativen Struktur propagiert, emotionelle Elemente aus der Rede verbannt und diese auf die reinen Fakten beschränkt. Als letztes großes Werk der griechischen Rhetorik gilt schließ-lich das anonyme[3] Werk *Perì hýpsous* ("Über das Erhabene") aus dem ersten nach-christlichen Jahrhundert. Das erhabene rhetorische Genus wird dort definiert über fünf Elemente, von denen zwei angeboren, die restlichen drei als erwerbbare Künste betrachtet werden. Zu den angeborenen Elementen gehören die Fähigkeit des Autors, "große" Ideen zu gebären sowie dessen mitreißendes, von der Einge-bung bestimmtes, Pathos. Die drei übrigen Elemente sind die Darstellung der Figuren, die Wortwahl sowie der Schmuck und die Erhabenheit der Komposition (Rhythmus, Wohlklang, Harmonie etc.). Poesie und Prosa teilen Pathos und Phan-tasie, die Poesie soll jedoch verfremden, während die Prosa Klarheit schaffen soll. Bezüglich der Redefiguren wird explizit auf den Unterschied zwischen Kunst (Unauffälligkeit) und Künstlichkeit hingewiesen. (Mortara Garavelli [10]1997: 30-34)

Von der lateinischen Rhetorik, welche aus der griechischen hervorgeht und ihr die Disposition der Materie, die juristischen Interpretationen, ihre erzieherische Rolle und die systematische rhetorische Didaktik hinzufügt, ist für die Zeit vor Cicero nur ein indirektes Zeugnis vorhanden, namentlich in Ciceros Werk *Brutus*, welches einen historischen Abriß beeinhaltet. Von *Cato* über *Scipio Æmilianus* bis

---

3   Das Werk wurde lange Zeit fälschlich Longinos zugeschrieben (vgl. BHE 13: 523; Anm.d.Verf.).

zu den *Gracchen* waren fast alle Politiker große Redner, welche ihre Reden auch zu Propagandazwecken publizierten. Für *Cato* war die rhetorische Elaboration einer Rede im Hinblick auf deren "Natürlichkeit" verschleiert zu halten. Ein guter Redner ergab sich für ihn aus dessen Kenntnis der Materie. Das erste rhetoriktheoretische Werk auf Latein ist die *Rhetorica ad Herennium*, welche aus dem ersten vorchristlichen Jahrhundert stammt und nunmehr nicht mehr Cicero, sondern einem gewissen *Cornificius* zugeschrieben wird. Ihr verdanken wir beinahe die gesamte, auch heute noch gebräuchliche lateinische Terminologie, welche aus Übersetzungen und Lehnprägungen aus dem Griechischen entwickelt wurde. Auf sie geht auch die Hinzufügung der *memoria* zu den aristotelischen Schritten der Schaffung einer Rede zurück, welche jetzt *inventio, dispositio, elocutio* und *pronuntiatio* heißen. Dieses Werk sowie *Ciceros* Jugendwerk *De inventione* wurden später zu den einzigen und unbestrittenen Vermittlern antiker Rhetorik im Mittelalter. (Mortara Garavelli [10]1997: 34f.)

Mit *Ciceros* reifem Werk, u.a. *De Oratore*, erlebt die Rhetorik einen Quantensprung von dem ihr immer wieder zugewiesenen Platz als reinem Handwerk zur *ars*. Cicero verteidigt die Rhetorik als Kunst, welche zur Philosophie, speziell zur Logik und Dialektik komplementär ist. Wissenschaft (*sapere*) und Redekunst (*dicere*) sind eng miteinander verbunden, und eine Redekunst, welche praktischen Zwecken wie der Politik und der Jurisprudenz dienen soll, setzt eine profunde Kenntnis sowohl der Dinge (*res*) als auch der Worte (*verba*) voraus. *Docere, movere* und *delectare* sind in jeder Rede eng miteinander verbunden und in jedem Teil der Rede (*exordium, propositio* oder *narratio, argumentatio, conclusio*) angestrebt. Die klassische Rhetorik bleibt weiters geprägt von den von Cicero als zentral gehandelten Elementen wie seinem *ornatus*-Inventar (Tropen und Figuren) oder den vom Redner geforderten Tugenden (Schärfe der Dialektiker, Tiefe der Philosophen, verbales Vermögen der Poeten, Gedächtnis der Juriskonsulten, Stimme der Tragöden, die Gesten der besten Schauspieler). Cicero ist damit auch für Entstehung und historische Weitergabe des erzieherischen Modells verantwortlich, welches im Mittelalter die Rhetorik neben der Grammatik und der Dialektik unter die drei freien Künste des *trivium* (s. auch weiter unten; Anm. d. Verf.) reiht. (Mortara Garavelli [10]1997: 36f.)

Nach dem Fall der Republik ziehen sich die Redner von der Politik in die Schulen zurück, wo die Übungen der *declamationes* den Lehrplan bestimmen. In dem *Tacitus* zugeschriebenen Werk *Dialogus de oratoribus* wird diese Entwicklung als kulturelle und politische Dekadenz bedauert. In diesem Werk wird ferner die Eloquenz als alle Genera (Poesie und Prosa) umfassend dargestellt, welche sich jedoch durch *utilitas* (Prosa) bzw. *voluptas* (Poesie) unterscheiden. *Quintilians* Werk *Institutio oratoria* bringt schließlich eine kritische *summa* aller vorangehenden rhetorischen Doktrinen und prägt in der Folge die "klassische Rhetorik" (unter anderem in bezug auf die reduktionistische Sicht der Rhetorik als Kunst vom "gut-Sprechen"). (Mortara Garavelli [10]1997: 37-39)

Von der Antike zum Mittelalter. Das Mittelalter übernimmt übergangslos und *en bloc* die antike Rhetoriklehre. Ab dem zweiten Jahrhundert stehen einander die heidnische Tradition und die christliche Theologie gegenüber. Dies manifestiert sich einerseits in den juristisch orientierten Werken der Apologisten, wie etwa *Tertullians*, andererseits in der Antirhetorik des *sermo humilis* der Kirchenväter, wie etwa von *Augustinus*, welcher sich an der hebräischen Rhetorik der Bibel orientiert und in seiner geringen Ausgefeiltheit bei den heidnischen Anhängern der klassischen Tradition auf Verachtung stößt. Im vierten Jahrhundert verfestigt *Elius Donatus* in seiner *Ars Grammatica*, welche einen Abschnitt über rhetorische Figuren enthält, die seit geraumer Zeit vorhandene Tendenz, Grammatik und Rhetorik miteinander zu assoziieren. *Martianus Capella*, unterstützt in der Folge durch die enzyklopädischen Werke von *Isidor von Sevilla* und *Cassiodorus*, etabliert durch sein allegorisches Traktat *De nuptiis Philologiae et Mercurii*, ein enzyklopädisches Handbuch der Basisbegriffe der sieben freien Künste, letztere zum festen Curriculum, bestehend aus *trivium*, welches sich auf die sprachorientierten Disziplinen Grammatik, Dialektik und Rhetorik bezieht, sowie *quadrivium*, welches die mathematisch orientierten Disziplinen Geometrie, Arithmetik, Astronomie und Musik umfaßt. Im sechsten Jahrhundert prägt *Boethius* durch seine Übersetzungen und Kommentare von bzw. zu klassischen Autoren wie *Aristoteles* und *Cicero* entscheidend die mittelalterliche Rhetorik. Er unterscheidet in seiner später so genannten *Topica Boethii* zwischen Dialektik, welche sich mit der *thesis* (der Fragestellung ohne Zusammenhang) beschäftigt, sich auf vollständige Syllogismen stützt und den Gegner durch logisches Schließen schlagen soll, und Rhetorik, welche sich mit der *synthesis* (der Fragestellung im Zusammenhang) beschäftigt, sich auf Enthymeme stützt und einen oder mehrere Richter rühren soll. Zur gleichen Zeit etabliert *Priscian* durch seine *Institutio de arte grammatica* in gleicher Weise die Tradition für die höhere grammatikalische Bildung, wie dies *Donatus* für die Grundausbildung getan hat. (Mortara Garavelli [10]1997: 40-44)

Im 13. Jahrhundert teilt sich die Rhetorik in verschiedene *artes* auf: Verskunst, Briefstellerei und Predigt; die *ars grammatica* wird zur Basis aller anderen *artes*. Die Dialektik entwickelt sich vom 12. bis zum 14. Jahrhundert, unabhängig von der Logik, zu einer Diskussionstechnik, welche nicht nach der Wahrheit, sondern nach einer Konklusion sucht, welche von zwei entgegengesetzten, aber jeweils plausiblen Positionen ausgeht. Daraus entsteht die schulische Tradition der *dispu-

tatio, welche auch literarische Früchte (*disputatio, contrasto*) trägt. (Mortara Garavelli [10]1997: 45f.)

Renaissance und Barock. Durch ihren praktischen Charakter drängt im frühen Humanismus die Rhetorik zunächst die Dialektik zurück. Die Wiederentdeckung eines Manuskriptes von Quintilians *Institutio oratoria* unterstützt jedoch im 16. Jahrhundert jene Strömungen, welche die Trennung von Rhetorik, Logik und wissenschaftlicher Spekulation aufheben wollen. Mit *Rudolf Agricola* und v.a. *Pierre de la Ramée* wird jedoch sodann eine endgültige Trennung von Rhetorik und Dialektik vorgenommen. Ramée teilt die *artes logicae* in diese beiden Disziplinen, wobei *inventio* und *dispositio* Domänen der Dialektik (Logik) und *elocutio* und *pronuntiatio* Domänen der Rhetorik sind. Letztere wird auf die Normierung der figurierten Rede reduziert. Die Wiederentdeckung und Übersetzung von *Aristoteles' Poetik* Mitte des 16. Jahrhunderts und deren daraufhin sehr einseitige Rezeption (hauptsächlich Beschäftigung mit Aristoteles' Wahrhaftigkeitstheorie) werten die Rhetorik zu einer *ornatus*-Doktrin ab, und diese wird in der Folge sowohl als gegen das Prinzip der Wahrhaftigkeit als auch gegen jenes der Klarheit verstoßend abgelehnt. Mit dem Aufkommen der Idee des *ingenium* und des *furor divinus* des Dichters sollen die *inventio* und *dispositio* nicht mehr dem Rhetoriker überlassen werden; die letzte Domäne der Rhetorik, die *elocutio*, wird als der Klarheit widersprechend verurteilt, wie etwa durch *Francesco Patrizi* oder *Giordano Bruno*. (Mortara Garavelli [10]1997: 46-48) Die barocke Theorie wertet die Rhetorik erneut auf, welche als ein Mittel gesehen wird, die verborgenen Eigenschaften der Dinge aufzuspüren. Das klassische Maßhalten wird zugunsten eines Konzeptismus aufgegeben, welcher v.a. auf dem Oxymoron basiert. (Mortara Garavelli [10]1997: 48) Die französische Klassik bringt hingegen im Gefolge *Descartes* einen Beitrag zur Logik hervor, welcher nachhaltig die moderne Logik sowie Sprachwissenschaft beeinflussen wird: die neben der *Grammaire raisonnée* entstandene *Logik* von *Port-Royal* (*Logique, ou l'Art de penser*) von *Arnauld* und *Nicole* (TEP 4: 536; PFL: 350). Die Logik von Port-Royal ist ein Handbuch der Methodik, in welchem die Autoren versuchen, über eine Theorie der klaren und deutlichen Gedanken dem Pyrrhonismus der Wissenschaft zu entkommen (TEP 1: 165), wobei Arnauld und Nicole dazu besonders sorgsam mit Definitionen umgehen (PFL: 350). Ihre Methode ist streng deduktiv, auch wenn sie über Begriffe wie "Konzeption", "Urteil" und "Raisonnement" zu jenem Psychologismus beiträgt, welcher sich bald in der Logikbetrachtung verbreiten wird (TEP 4: 536). Folgende Themenbereiche stellen die Autoren in der Einleitung (*premier discours*) als ihr Programm vor:

Quant à ce qu'on a tiré des Livres ordinaires de la Logique , voicy ce qu'on y a observé.

Premierement , on a eü dessein de renfermer dans celle-cy tout ce qui estoit veritablement utile dans les autres , comme les regles des figures , les divisions des termes & des idées , quelques reflexions sur les propositions. Il y avoit d'autres choses qu'on jugeoit assez inutiles comme les categories & les lieux , mais parce qu'elles estoient courtes , faciles & communes , on n'a pas crû les devoir obmettre , en avertissant neanmoins du jugement qu'on en doit faire , afin qu'on ne les crût pas plus utiles qu'elles ne sont.

On a esté plus en doute sur certaines matieres assez épineuses & peu utiles , comme les conversions des propositions , la demonstration des regles des figures ; mais enfin on s'est resolu de ne pas les retrancher , la difficulté même n'en estant pas entierement inutile. (Arnauld/Nicole 1683: 11)

Das Werk, welches die Autoren immer wieder umgearbeitet und ergänzt haben (Roubinet 1946), teilt sich in der letzten überarbeiteten Fassung von 1683 in folgende Teile:

- Teil 1: Ideenlehre ("Contenant les reflexions sur les idées , ou sur la première action de l'esprit , qui s'appelle concevoir.") (pp. 36-128)
- Teil 2: Propositionslehre ("Contenant les reflexions que les hommes ont faites sur leurs jugemens.") (pp. 129-231)
- Teil 3: Lehre vom Schließen ("Du Raisonnement.") (pp. 232 -382)
- Teil 4: Methodenlehre ("De la Methode.") (pp. 383-471)

Für uns ist der dritte Teil am relevantesten, da er Wesen und Unterarten der Syllogismen behandelt (vgl. z.B. "Chapitre premier. De la nature du Raisonnement , & des diverses especes qu'il y en peut avoir."; Arnauld/Nicole 1683: 233ff.):

Die Autoren teilen die Syllogismen in einfache ("simples": *alle A sind B, alle C sind A, daher sind alle C B*; unsere Formalisierung) und zusammengesetzte Syllogismen ein ("conjonctifs": *immer wenn A B ist, ist A auch C; A ist B; daher ist A C*; unsere Formalisierung), die einfachen wiederum in nicht-komplexe (s.o.) und komplexe (*A betrifft B auf die Art C; D ist ein B; daher betrifft A D auf die Art C*; unsere Formalisierung).

Im Anschluß werden die vier möglichen Figuren (= "la disposition des trois termes" = Anordnung der in Major, Minor und Konklusion vorkommenden Konzepte), deren Regeln (zur Gültigkeit: etwa: "Major muß affirmativ, universal etc. sein"), Modi (= "disposition des 3 propositions" = Anordnung von Major, Minor und Konklusion) und deren Basis ("fondements" = konstitutive logische Prinzipien) behandelt.

Dann folgt ein Kapitel über die komplexen Syllogismen und die Möglichkeiten der Reduktion letzterer auf gewöhnliche Syllogismen ("communs").

Es folgen Prinzipien zur Austestung von Syllogismen auf deren Korrektheit.

Dann werden Sonderformen von Syllogismen behandelt: zusammengesetzte ("conjonctifs"), solche mit konditioneller Konklusion (*Alle A, auf welche B zutrifft, sind C;* wenn *daher B auf D zutrifft,* dann *ist D ein C;* unsere Formalisierung), Enthymeme (definiert als unvollständige Syllogismen der üblichen menschlichen Rede), zusammengesetzte ("composés") und Dilemmen ("un raisonnement composé , où après avoir divisé un tout en ses parties , on conclut affirmativement ou négativement du tout , ce qu'on a conclu de chaque partie").

Es folgt ein Abschnitt über *topoi* ("lieux", welche wiederum eingeteilt werden in *grammatikalische, logische* und *metaphysische*) und Argumentfindung.

Den Abschluß bilden je ein Kapitel über Sophismen sowie über schlechte Raisonnements des zivilen Lebens und in der alltäglichen Rede.

Die Logik von *Port-Royal* wird von 1684 bis 1800 achtzehnmal neuaufgelegt, im 19. Jhdt. zählt man 21 französische Editionen sowie je zwei englische und lateinische Übersetzungen. Gegen Ende des 19. Jhdts. verschwindet dieses Werk aus dem Handel und wird nicht mehr neu ediert (Roubinet 1964). Auch die von Roubinet 1964 herausgegebene Version ist ein Faksimile der Ausgabe von 1683.

Aufklärung. Mit *Giambattista Vico* werden Rhetorik und Dialektik mit aufeinanderfolgenden menschlichen Entwicklungsphasen gleichgesetzt. Die Rhetorik ist dabei die erste oder niedrigere Stufe: sie präsentiert den Menschen über Fabeln und Beispiele, was der weiterentwickelte Geist danach über die direkte Sprache der Logik erfassen kann. Die Rhetorik wird damit gleichzeitig abgewertet (als präliminäres Moment) und aufgewertet (als wichtiges erzieherisches Instrument). (Mortara Garavelli [10]1997: 48f.) *Herder* und die deutsche Romantik übernehmen diese Ideen Vicos (HWP 8: 1021).

Für den sensualistischen Philosophen *Condillac,* welcher sich gegen die Schule von *Port-Royal* und den cartesianischen Rationalismus im allgemeinen richtet, ist die Basis der Erkenntnis nicht die angeborene Ratio, sondern es sind die Sinneswahrnehmungen. Gedanken sind sodann durch Sprache transformierte Sinneswahrnehmungen. Wenn einzig die Sprache das reflektierende Denken gestattet, dann reduziert sich die Kunst des vernünftigen Denkens auf eine gut gestaltete Sprache. (DLFF 1: 371) Condillac widmet sodann auch im Rahmen seines 16-bändigen *Cours d'étude* (1775) den dritten Teil dem *Art d'écrire.* Diese Abhandlung ist in fünf Bücher geteilt: 1) "Des constructions" (welches Aspekte der *compositio* umfaßt, wie etwa die syntaktische und inhaltliche Anordnung von Perioden; pp. 519-546), 2) "Des différentes espèces de tours" (welches das vorstellt, was wir Elaborationstechniken ("accessoires" bei Condillac) nennen: Paraphrasen, Vergleiche, Gegensätze, dann aber auch auf Tropen und deren Gebrauch eingeht; pp. 548-579), 3) "Du tissu du discours" (welches Kohärenzfragen behandelt, wie Satzabfolge, Satzlänge, unterbrochene Sätze, etc; pp. 581-590), 4) "Du caractère du style suivant les différents genres d'ouvrages" (welches Stilfragen allgemein und in bezug auf das didaktische, narrative, "eloquente" und poetische Genre diskutiert; pp. 591-611) sowie 5) "Dissertation sur l'harmonie du style" (welches Harmonie rhythmisch sowie tonalisch definiert und ihre allgemeinen Bedingungen sowie ihren Beitrag im Rahmen der französischen Sprache behandelt; pp. 612-615). Der heuristische Wert einer guten Sprache wird immer wieder betont: "les arts et les sciences sont des édifices, qui s'écroulent, s'ils ne sont assis sur des fondements solides", merkt der Autor etwa in bezug auf die Elaborationstechniken an (Condillac 1775: 547). Es gilt jedoch auch der Umkehrschluß: "pour savoir comment nous devons écrire, il faut savoir comment nous concevons." (Condillac 1775: 518) Der Autor geht nicht auf das in *Port-Royal* so zentrale Thema des Syllogismus ein. Zu anderen erklärenden Elementen findet man eher lapidare Anmerkungen wie zum Satz *j'envoie ce livre à votre ami*: "Vous remarquerez que le sens de cette phrase, pour être fini, doit renfermer un objet et un terme ; et qu'il n'est pas nécessaire qu'il renferme les circonstances, le moyen, la fin ou le motif. Or j'appelle *nécessaires* toutes les idées sans lesquelles le sens ne sauroit être terminé ; et j'appelle *sur-ajoutées* les circonstances, le moyen, la fin, le motif, toutes les idées, en un mot, qu'on ajoute à un sens déjà fini."[4] (Condillac 1775: 522). Ein Kriterium der Reihung von Hauptsätzen kann sein, daß die folgenden einen vorangehenden *erklären* (Condillac 1775: 528). Obwohl die Beispiele des Autors häufig *parce que, puisque, pour, donc, car* und *or* (etwa pp. 529ff.) enthalten, werden diese Konnektoren zwar erwähnt, jedoch hauptsächlich in bezug auf ihre syntaktische oder stilistische Funktion ("si les conjonctions n'embarassent pas le discours, elles le rendent au moins languissant", worauf er empfiehlt, aus einem konkret genannten Beispiel ein *parce que* zu streichen; Condillac 1775: 531). Während sich also der heuristische Wert in der Logik von *Port-Royal* als im syllogistischen Raisonnieren liegend verstanden hat, ist es bei Condillac die Klarheit des sprachlichen Stils, der die Erkenntnis ermöglicht: "[la netteté] demande qu'on choisisse toujours les termes qui rendent exactement les idées ; qu'on dégage le discours de toute superfluité ; que le rapport des mots ne soit jamais équivoque ; et que toutes les phrases, con-

---

4   Dies entspricht unserer Konzeption von erklärenden Strukturen als Elaborationsstrategien (vgl. Kap. B.6.1.1.).

struites les unes pour les autres, marquent sensiblement la liaison et la gradation des pensées." (Condillac 1775: 517).

Die Schulrhetorik des 18. Jahrhunderts ist zu Lasten des Inhalts dagegen erneut gänzlich zentriert auf die *elocutio* (Mortara Garavelli [10]1997: 49).

Romantik. Die romantische Doktrin, welche der kreativen Spontaneität, dem uneingeschränkten Pathos und dem Genie des Autors verbunden ist, lehnt jegliche rhetorische Verfremdung als gleichbedeutend mit Künstlichkeit, Unehrlichkeit und Dekadenz ab. *Victor Hugo* erklärt der Rhetorik gar den Krieg, während er die Grammatik als notwendiges Mittel zur gegenseitigen Verständigung anerkennt. (Mortara Garavelli [10]1997: 49f.)

20. Jahrhundert. *Croce* führt in seiner Kritik an der klassischen Rhetorik die Ideen Vicos, Herders und der deutschen Romantik weiter (HWP 8: 1021). Zwar wird die Rhetorik im Rahmen des offiziellen Unterrichts abgeschafft, verschwindet jedoch nie gänzlich aus den literarischen Handbüchern. Als Analyseinstrument von Diskursmechanismen kann sie in bescheidenem Ausmaß dem impressionistischen Konsum von literarischen Texten und dem Kult der angeblichen Unaussprechlichkeit des ästhetischen Gefühls entgegenwirken. (Mortara Garavelli [10]1997: 50) Die Werke *Lausbergs* und *Pletts* liefern dazu Handbücher, welche durch ihre zuverlässige Wiedergabe des antiken Gedankengutes auch die moderne Linguistik grundlegend beeinflussen (HWP 8: 1021). In den 70er Jahren provozieren Beiträge wie die *Rhétorique générale* der Gruppe μ, welche sich mit der Bezeichnung "allgemein" schmücken, jedoch nur Teilgebiete der Rhetorik behandeln, die heftige Kritik von *Jean Genette*. Er nennt diese Rhetorik, welche ihm gemäß im Laufe der Jahrhunderte von einer umfassenden Disziplin auf eine Figurenlehre und schließlich eine reine Metaphernlehre reduziert wurde, polemisch "rhétorique restreinte". Er fordert eine neue Rhetorik, welche eine Semiotik aller Arten von Diskursen sein soll. Die in der Folge hier genannten Studien v.a. pragmatischer Ausrichtung können diesem Ideal teilweise folgen. (Mortara Garavelli [10]1997: 50f.) Mit *Perelman/Olbrechts-Tyteca* und ihrem *Traité de l'argumentation* kehrt die Rhetorik zu ihren Wurzeln als Theorie der persuasiven Rede zurück. Die programmatisch "nouvelle rhétorique" genannte Konzeption distanziert sich von der klassischen Rhetorik, auf der sie jedoch auch aufbaut, durch ihren bewußt nichtdemonstrativen Charakter. Während seit *Descartes* die Logik mit der formalen Logik assoziiert war und das Wahrscheinliche als falsch oder nicht verifizierbar betrachtet wurde und von der Beweisführung ausgeschlossen war, verweisen die Autoren darauf, daß der menschliche Geist nicht derart funktioniert, und plädieren für ein Studium jener Techniken, welche dazu führen, daß ein Publikum einer vorgebrachten These zustimmt (Mortara Garavelli [10]1997: 51f.): "Le domaine de l'argumentation est celui du vraisemblable, du plausible, du probable, dans la mesure où ce dernier échappe aux certitudes du calcul." (Perelman/Olbrechts-Tyteca 1958: 1) Die Technik ist eine dialektische, und im Zentrum steht das Zielpublikum, dessen soziopsychologischer Hintergrund, dessen Erwartungen die Rede konditionieren (Mortara Garavelli [10]1997: 52): "Ce que nous conservons de la rhétorique traditionnelle, c'est l'idée même *d'auditoire*, qui est immédiatement évoquée, dès que l'on pense à un discours. [...] En effet, l'orateur est obligé, s'il veut agir, de s'adapter à son auditoire [...]" (Perelman/Olbrechts-Tyteca 1958: 8f.). Dieser pragmatische Ansatz hat die moderne Diskursanalyseforschung entscheidend mitgeprägt. Die Autoren Perelman und Olbrechts-Tyteca weisen die auf den Kantschen Kriterien der Subjektivität vs. Objektivität basierende Unterscheidung zwischen *Überreden* und *Überzeugen* zurück: *Überreden* wird vielmehr definiert als "auf ein bestimmtes Publikum zugeschnitten", während eine *überzeugende Rede* jedes rationale Wesen zur Zustimmung bringen wird. (Mortara Garavelli [10]1997: 52f.) Argumentation kann gemäß den Autoren auch als Zweig der Psychologie betrachtet werden: "l'étude de l'argumentation deviendrait ainsi un des objets de la psychologie expérimentale [...]" (Perelman/Olbrechts-Tyteca 1958: 12). Als Basis für die Argumentation werden folgende Begriffe genannt: *Fakten, Wahrheiten* auf der einen und *Annahmen* auf der anderen Seite; *Werte, Hierarchien* und die *topoi des Vorzuziehenden*. "Fakten" können *beobachtbar, vorausgesetzt*, auf einer *Übereinkunft basierend* oder *wahrscheinlich* sein. "Wahrheiten" sind komplexere Systeme wissenschaftlicher, philosophischer oder religiöser Natur. "Annahmen" basieren auf dem, "was normal und wahrscheinlich ist". "Werte" werden definiert als "Objekte", welche keine universelle Zustimmung erwarten können, wobei *abstrakte* ("Les notions *d'engagement*, de *fidélité*, de *loyauté*, de *solidarité*, de *discipline*"; Perelman/Olbrechts-Tyteca 1958: 103) von *konkreten*, das heißt uniken Werten ("la France ou l'Église"; Perelman/Olbrechts-Tyteca 1958: 103) unterschieden werden. Mit den Werten sind *Hierarchien* verbunden, die ebenso *konkret* ("la supériorité des hommes sur les animaux"; Perelman/Olbrechts-Tyteca 1958: 107) oder *abstrakt* ("la supériorité du juste sur l'utile"; Perelman/Olbrechts-Tyteca 1958: 107) sein können. Um Werte und deren Hierarchien festzusetzen, stützt man sich wiederum auf die *topoi*. Die neue Rhetorik betrachtet ihre Aufgabe nicht in der Darstellung unvereinbarer Antithesen, sondern im Aufzeigen der Relativität von Wahrheiten durch eine Technik, welche Argumente und Gegenargumente heranzuziehen imstande ist. (Mortara Garavelli [10]1997: 50-55) Es sind die Geisteswissenschaften, welche die Grundlage für die neue Argumentationstheorie geben sollen: "Nous chercherons à la [sc. la théorie de l'argumentation] construire en analysant les moyens de preuve dont se servent les sciences humaines, le droit et la philosophie ; nous examinerons des argumentations présentées par les publicistes dans les journaux, par les politiciens dans leurs discours, par des avocats dans leurs plaidoiries, par des juges dans leurs attendus, par des philosophes dans leurs traités." (Perelman/ Olbrechts-Tyteca 1958: 13; Näheres zu u.a. den *topoi* bei Perelman/Olbrechts-Tyteca s. im folgenden Kapitel)

B.3.3. "Rhetorische" Begriffe mit Relevanz für unsere Arbeit

B.3.3.1. "Positive" Relevanz

Von den in Kapitel B.3.2. erwähnten Begriffen *Syllogismus* und *Enthymem* wollen wir hier, neben den kausal orientierten *argumenta*, noch einmal kurz deren Stellung im Rahmen der Tradition und der neueren Rhetorik besprechen, um sodann deren Relevanz für unsere Arbeit darzulegen.

Wir gehen zuerst auf die *inventio* ein, die sich für persuasive Diskurse in *prooemium, narratio* (*digressio, propositio, partitio*), *argumentatio* (*conformatio, refutatio*) und *epilogus/conclusio* teilt. Perelman/Olbrechts-Tyteca bemerken dazu, daß das wissenschaftliche expositiv-demonstrative Genus mit *propositio* und Demonstration auskommt. (Mortara Garavelli [10]1997: 63) Im Rahmen der *argumentatio* werden nun die Beweise, auf denen die *confirmatio* aufbaut, in unterschiedliche Kategorien eingeteilt (Mortara Garavelli [10]1997: 75; siehe die Graphik auf der folgenden Seite).

Die "nicht-technischen" Beweise sind außersprachliche Elemente (wie Zeugenaussagen), die "technischen" Beweise basieren auf der Redekunst. Hier gibt es zum ersten die faktuellen Beweise, die *signa* (wie etwa Indizien), zum zweiten induktive Techniken (*exempla*) und deduktive Techniken (*argumenta* in Form von Enthymemen). (Mortara Garavelli [10]1997: 76)

Die *exempla* (Beispiele) dienen dazu, einer Regel ein Fundament zu geben, und sind daher induktiv. Eine *Illustration* verstärkt die Gültigkeit einer anerkannten Regel über Einzelfälle; ein *Modell* ist ein Beispiel oder eine Illustration aus dem Bereich des praktischen Handelns. Das *argumentum auctoritatis* kann auch Beispielfunktion einnehmen. (Mortara Garavelli [10]1997: 77)

Das Enthymem wurde von Aristoteles definiert als ein Syllogismus, dessen Prämissen wahrscheinlich sind (nicht notwendigerweise wahr). Die Konzession an das Publikum verlangt ein Verkürzen durch Weglassen einer der beiden Prämissen: dies führte zur Definition des Enthymems als "verkürzter Syllogismus". Die weggelassene Prämisse kann selbstverständlich sein, es können jedoch auch weniger gesicherte Prämissen bewußt implizit bleiben. (Mortara Garavelli [10]1997: 79)

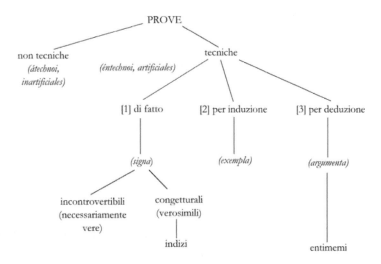

Die Prämissen werden dem kollektiven Bewußtsein entnommen, wo sie in Form von *topoi* gelagert sind. Wie weiter oben schon erwähnt, gibt es (all)gemeine und eigene *topoi*. Im zweiten Buch seiner *Rhetorik* listet *Aristoteles* jene Gemeinplätze auf, von denen Prämissen für Syllogismen abgeleitet werden können, davon achtundzwanzig[5] für echte und neun für scheinbare Enthymeme. (Mortara Garavelli [10]1997: 80)

Die ersten drei etwa der 28 *topoi* für die echten Enthymeme sind:

1) der Schluß aus dem Gegenteil: "Wenn nämlich der Krieg schuld ist an den gegenwärtigen Übeln, dann muß man im Frieden wieder hochkommen."

2) ähnliche Wortableitungen, "da für sie in ähnlicher Art Bejahung und Verneinung gilt. Z.B.: 'Das Gerechte ist nicht immer gut, da sonst ja auch das gut sein müßte, was in gerechter Weise geschieht; nun ist aber ein gerechter Tod nicht erstrebenswert.' "

3) Vergleiche: "Wenn nämlich für den einen das Tun edel und gerecht ist, dann für den andern das Erleiden, und wenn der Befehl, dann auch die Ausführung. So sagt der Zöllner Diomedon über den Zoll: 'Wenn für Euch das Verkaufen nichts Häßliches ist, dann auch für uns nicht das Pachten.' " (*Rhet II, 23*)

---

5   Mortara Garavelli führt hier irrtümlicherweise "diciotto" an.

Die ersten drei der neun *topoi* für falsche Enthymeme sind:

1) Verführung durch die Ausdrucksweise: "eine [...] Abart verführt durch Namengleichheit [...] die Rede sei etwas Edles, weil tüchtige Männer nicht 'des Geldes' sondern 'der Rede' wert genannt werden. 'Der Rede wert' hat nämlich mehrere Bedeutungen."

2) das Getrennte vereinigen oder das Zusammengehörige trennen: "man kenne das Wort, wenn man die einzelnen Buchstaben kenne, da es dasselbe sei."

3) Übertreibung: "Dies geschieht, wenn jemand die Tat in ihrem Ausmaß steigert, ohne den Täter nachgewiesen zu haben. Das erweckt den Anschein, als könne man es nicht getan haben, wenn der Beschuldigte so verfährt, jedoch als hätte man sie getan, wenn der Ankläger sich so aufregt." (*Rhet II, 24*; zu anderen Beispielen für scheinbare Enthymeme s. oben, Kap. B.3.2.; Anm. d. Verf.)

Perelman/Olbrechts-Tyteca beschränken die Domäne der *topoi* auf jene, welche eine Basis abgeben für die Werte und Hierarchien (Mortara Garavelli [10]1997: 81).

Die Autoren unterscheiden

- *topoi* der Quantität, welche versichern, daß eine Sache aus quantitativen Gründen mehr wert ist, als eine andere ("Et entre plusieurs opinions également reçues, je ne choisissais que les plus modérées ; tant à cause que ce sont toujours les plus commodes pour la pratique, et vraisemblablement les meilleures, tous excès ayant coutume d'être mauvais ..." (Descartes); Perelman/Olbrechts-Tyteca 1958: 119)

- *topoi* der Qualität, welche oftmals jenen der Quantität entgegengesetzt sind und festhalten, daß eine Sache umso mehr wert ist, je seltener sie ist ("Le plus difficile, dit Aristote, est préférable à ce qui l'est moins : car nous apprécions mieux la possession des choses qui ne sont pas faciles à acquérir" (Aristoteles); Perelman/Olbrechts-Tyteca 1958: 121)

- *topoi* der Ordnung, welche dem Früheren höheren Wert als dem später Nachfolgenden zuschreiben ("Si les formes produites, dira Plotin, ... existaient seules, elles ne seraient pas au dernier rang ; [si elles y sont, c'est que] là-bas, sont les choses primitives, les causes productrices qui, parce qu'elles sont causes, sont au premier rang" (Plotin); Perelman/Olbrechts-Tyteca 1958: 125)

- *topoi* des Existierenden, welche dem Realen Vorrang vor dem Möglichen geben ("Car étant dans la forêt, endroit ni pire ni meilleur que les autres, et étant libre d'y rester, n'étais-je pas en droit d'y voir des avantages, non pas à cause de ce qu'elle était, mais parce que j'y étais. Car j'y étais. Et y étant je n'avais plus besoin d'y aller..." (Beckett); Perelman/Olbrechts-Tyteca 1958: 126)

- *topoi* der Essenz, welche Individuen als bestimmten Repräsentanten einer Essenz einen hohen Wert zusprechen ("Roi plus que Mars d'honneur environné/Roi le plus Roi, qui fût onc couronné" (Marot); Perelman/ Olbrechts-Tyteca 1958: 126) und schließlich

- *topoi* der Person, welche ihren Wert von den Verdiensten, der Würde oder der Autonomie von Personen ableiten ("N'est-ce pas être heureux que de pouvoir être réjoui par le divertissement ? Non ; car il vient d'ailleurs et de dehors..." (Pascal); Perelman/Olbrechts-Tyteca 1958: 128).

Im antiken und mittelalterlichen Gebrauch ist im übrigen der metonymisch bedingte synonymische Gebrauch von *topos* und *argumentum* zu verzeichnen (der Ort - *topos* -, an dem sich die Entität befindet, bzw. die Entität - *argumentum* - werden metonymisch vertauschbar; Mortara Garavelli [10]1997: 84). Die *argumenta* (im ursprünglichen Sinn) werden weiter eingeteilt in *argumenta a persona* und *argumenta a re*, wobei man im fünften Buch der *Institutio oratoria* des *Quintilian* eine Liste von 15 *topoi* als Basis für die erste Gruppe vorfindet, während die zweite Gruppe eine komplexe und offene Klasse darstellt. Die ersten 5 der dortigen 10 Hauptgruppen entsprechen den fünf bekannten Fragen (Mortara Garavelli [10]1997: 85):

a causa	*quare* (warum)
a loco	*ubi* (wo)
a tempore	*quando* (wann)
a modo	*quomodo* (wie)
a facultate	*per quae* (wodurch)

Die weiteren fünf Gruppen sind:

a finitione (durch Definition)
a simili (durch Ähnlichkeit)
a comparatione (durch Vergleich)
a fictione (durch Annahme)
a circumstantia (durch die Umstände)

Der *locus a causa* umfaßt etwa die Erklärungen für Handlungen. Dies sind einerseits die psychologischen Motive, welche entweder auf das Erreichen,

Vergrößern oder Erhalten von Vorteilen oder aber auf das Vermeiden, Beseitigen, Vermindern oder Ertragen von Nachteilen ausgerichtet sind. Auf der anderen Seite existieren die allgemeinen, physischen oder metaphysischen Ursachen, von denen sich die notwendigen oder nicht-notwendigen Wirkungen deduzieren (oder auch umgekehrt: die Ursachen von den Wirkungen). (Mortara Garavelli [10]1997: 86)

Der *locus a finitione* ist die Basis von Definitionen, etwa auch etymologischer Art, welche im Rahmen der Diskussion eines Problems Begriffe klarstellen sollen (Mortara Garavelli [10]1997: 86). Eine moderne Bezeichnung dafür wäre "Bedeutungspostulat", die formalisierte Notation wäre die Implikation (Anm. d. Verf.).

Der *locus a fictione* wird gebraucht, um fiktive *exempla* anzuführen und hat die äussere Form der *période hypothétique*. Es geht dabei um das Anführen einer Sache, die, wenn sie wahr wäre, das gestellte Problem lösen würde. (Mortara Garavelli [10]1997: 87)

Perelman/Olbrechts-Tyteca widmen den Großteil ihres Werkes der Analyse der argumentativen Schemata. Die Autoren unterscheiden dabei assoziative und dissoziative Formen. Die Graphik auf der folgenden Seite gibt ihre Klassifikation wieder (Mortara Garavelli [10]1997: 91).

Wir greifen hier jene Formen heraus, welche mit unseren weiteren Überlegungen in Bezug zu setzen sind.

Die Gruppe (a) der quasi-logischen assoziativen Argumentstrukturen stehen gemäß den Autoren den formalen (logischen oder mathematischen) Raisonnements am nächsten, wobei die ersten drei (Widerspruch, totale oder teilweise Identität und Transitivität) den logischen und die letzten drei (Teil/Ganzes, Größer/Kleiner-Relation und Frequenz) den mathematischen angenähert sind. Sie sind nicht als "unvollkommene" Formen anzusehen, sondern gewinnen vielmehr ihre persuasive Kraft durch jene Annäherung an die formalen Formen (Mortara Garavelli [10]1997: 92).

Die *Identifikation* stellt totale oder partielle Identitätsverhältnisse her. Die totale Identität wird über Definitionen geschaffen. Quasi-logisch sind diese Mechanismen dann, wenn sie auf keiner absoluten logischen Evidenz aufbauen; sie sind jedoch nicht vollständig arbiträr und können daher als argumentative Rechtfertigung dienen. Die Autoren unterscheiden *normative, deskriptive* (situationsabhängige), *kondensierende* (sich auf essentielle Merkmale beschränkende) und *komplexe* (die genannten Formen verbindende) Definitionen. Die *partiale Identität* besteht typischerweise bei Präzedenzen, wo über eine *règle de justice* die Anwendung der gleichen Behandlung von Wesen oder Situationen vorgeschrieben wird, welche in derselben Kategorie zusammengefaßt sind. (Mortara Garavelli [10]1997: 93f.)

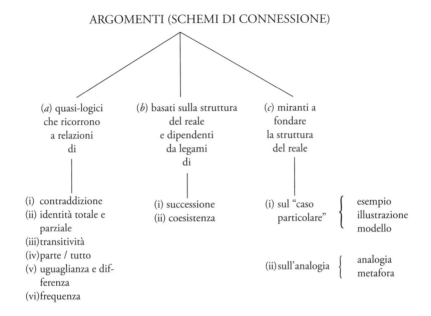

ARGOMENTI (SCHEMI DI CONNESSIONE)

(*a*) quasi-logici che ricorrono a relazioni di

(*b*) basati sulla struttura del reale e dipendenti da legami di

(*c*) miranti a fondare la struttura del reale

(i) contraddizione
(ii) identità totale e parziale
(iii) transitività
(iv) parte / tutto
(v) uguaglianza e differenza
(vi) frequenza

(i) successione
(ii) coesistenza

(i) sul "caso particolare" { esempio illustrazione modello

(ii) sull'analogia { analogia metafora

Transitivität ist quasi-logisch, wenn sie nicht auf unbestreitbarer Evidenz, sondern auf subjektiven Konzeptionen aufgebaut ist. Die wichtigste transitive Relation ist die *Implikation*, auf welcher das *syllogistische* Raisonnement aufbaut. *Enthymem* und *Epicherem* (Quintilians Terminus) entsprechen *grosso modo* diesen syllogistischen Argument-Formen. Die Sorites entsteht durch den Gebrauch transitiver "Ketten" (Mortara Garavelli [10]1997: 95; ein Beispiel der Autoren dazu: "Les Anciens qui voulaient faire remplir par l'intelligence son rôle éducateur dans tout le pays mettaient d'abord de l'ordre dans leur principauté ; voulant mettre de l'ordre dans leur principauté, ils réglaient d'abord leur vie familiale ; voulant régler leur vie familiale, ils cultivaient d'abord leur personne ; désirant cultiver leur personne, d'abord ils rectifiaient leur cœur ; voulant rectifier leur cœur, ils cherchaient la sincérité dans leurs pensées ; cherchant la sincérité dans leurs pensées, ils s'appliquaient d'abord à la science parfaite ; cette science parfaite consiste à acquérir le sens des réalités." (Tá Hio); Perelman/Olbrechts-Tyteca 1958: 310f.); die Sorites kann Basis der rhetorischen Figur der Klimax sein (Mortara Garavelli [10]1997: 198).

Die Argumente, welche auf der Struktur der Realität basieren, stützen sich auf die Relationen der Sukzession sowie Koexistenz (von Personen und deren Werken, deren sozialer Gruppe oder von Wesen und deren Manifestationen). Die sukzessiven Relationen bauen auf kausalen Zusammenhängen auf und bilden die Basis für drei Typen von Argumentationen: dies ist zunächst das kausale Verbinden zweier sukzessiver Ereignisse (*post hoc ergo propter hoc*) - hier geht es um Einzelfälle; zum anderen der Versuch, aus einem gegebenen Ereignis dessen Ursache zu inferieren - dies ist etwa bei der Verbrechensaufklärung aktuell, wo es auch um die Motive geht; und schließlich die Vorhersage der möglichen Wirkung eines bekannten Ereignisses. In der Argumentation der Historiker führt das Studium der kausalen Verbindung oftmals zum Kalkül der rückblickenden Wahrscheinlichkeit: um zu erklären, was geschehen ist, wird die Frage gestellt, was hätte geschehen können, oder aber man verweist auf die unterschiedlichen Wirkungen, welche unterschiedliche Ereignisse auslösen hätten können. (Mortara Garavelli [10]1997: 97f.) Die Autoren führen auch ein Beispiel einer Karikatur eines kausalen Raisonnements an: "Oh, Dieu saint ! ... Est-il possible que pareilles choses se passent dans le monde, et que les enchanteurs et les enchantements aient tant de force, qu'ils aient pu changer le bon sens de mon maître en une si extravagante folie." (Cervantes: Sancho Pansa zu Don Quijote, der behauptet, bei Zauberritualen zugegen gewesen zu sein; Perelman/Olbrechts-Tyteca 1958: 356).

Das *pragmatische Argument*, welches eine Handlung oder ein Ereignis in bezug auf dessen günstige oder ungünstige Konsequenzen hin evaluiert, kann den Kausalnexus interpretieren als Relation zwischen einem Mittel und einem Ziel: eine Wirkung kann minimiert werden, indem man sie als Konsequenz (unerwünscht) darstellt, oder kann in ihrer Wichtigkeit unterstrichen werden, indem man sie als Ziel (erwünscht) darstellt (Mortara Garavelli [10]1997: 98f.; ein Beispiel der Autoren: "Ce n'est pas un exil misérable que ton iniquité m'a infligé, mais un retour glorieux qu'elle m'a préparé." (Cicero); Perelman/Olbrechts-Tyteca 1958: 368).

Unsere Begriffe *Syllogismus* und *Enthymem* tauchen auch in einer anderen Phase der Verarbeitung (*tractatio*) der Rede auf, namentlich im *ornatus*, unter den *Gedankenfiguren* (*figurae sententiae*). In der Klassifikation von Lausberg etwa scheinen sie bei den amplifizierenden Figuren auf, welche eine konzeptuelle Bereicherung des Stoffes aufbauen. (Mortara Garavelli [10]1997: 240) Auch das *Exemplum*, welches wir weiter oben als Beweis in induktiven Schlüssen angetroffen haben, kann *ornatus*-Funktion innehaben, und zwar ebenfalls als semantische Erweiterung (Mortara Garavelli [10]1997: 239; 253). Dies läuft parallel zu unserer Klassifikation von Erklärungen als Mechanismen der semantischen Elaboration von Propositionen (s. Kap. B.6.1.1.). Eine weitere Figur, welche für uns relevant ist, ist die *Konzession*. Diese wird von Lausberg unter die ersetzenden Figuren gereiht, genauer unter jene, welche in der Redesituation den Redeinhalt betreffen (Mortara Garavelli [10]1997: 139). Sie besteht in der Einräumung der Argumente des Gegners, welche jedoch gleichzeitig als weniger gewichtig als die eigenen Argumente präsentiert werden (Mortara Garavelli [10]1997: 268). Wir beschreiben konzessive Strukturen allerdings auf der rein inhaltlichen Ebene, nicht auf der Meinungsebene (es werden "Sachverhalte" eingeräumt, nicht "Argumente"), aus einer polyphonen Sichtweise jedoch können diese beiden Mechanismen insofern angenähert werden, als der eingeräumte Sachverhalt zuweilen als Vorwegnahme einer widersprechenden Stellungnahme eines potentiellen Rezipienten gedeutet werden kann (vgl. Kap. B.4.6.2.2.3.).

Mit dem Hinweis darauf, daß Redefiguren, welche über keine argumentative Kraft verfügen, reine Stilfiguren sind und daß eine Beschreibung von Redefiguren ohne gleichzeitige Beschreibung ihrer argumentativen Funktion daher fruchtlos ist, stellen Perelman/Olbrechts-Tyteca zwei Bedingungen dafür auf, daß eine sprachliche Struktur als Redefigur bezeichnet werden darf: namentlich eine, vom Inhalt unabhängige, erkennbare Struktur sowie ein Gebrauch, welcher sich von der üblichen Ausdrucksweise unterscheidet und somit Aufmerksamkeit erregt (die rhetorische *Verfremdung* nach Lausberg). Die Verfremdungswirkung ist jedoch vom Kontext abhängig und außerhalb dieses nicht beschreibbar. Die Autoren wenden sich auch gegen die bei Aristoteles noch nicht aufscheinende Unterteilung in Wort- und Gedankenfiguren, da auch dieser Aspekt kontextbedingt ist. In bezug auf die argumentative Funktion der Figuren kann man diese nun klassifizieren als a) *Wahlfiguren* (der Parteilichkeit des Redners dienend, wie etwa die oben behandelte *Definition*), b) *Präsenzfiguren* (welche das Redethema aktualisieren, wie etwa Wiederholungen) und c) *Gemeinschaftlichkeitsfiguren* (welche die Gemeinsamkeit mit dem Publikum fördern, wie etwa Anspielungen). (Mortara Garavelli [10]1997: 271-273)

Im Bereich der *compositio*, welche syntaktische und phonetische Phänomene umfaßt, finden wir unsere erklärenden Strukturen wieder, namentlich im syntaktischen Bereich. Dort werden drei Grade von Elaboration unterschieden: a) die *oratio soluta* (welche in etwa vom modernen Terminus *Parataxe* abgedeckt werden kann), b) die *oratio perpetua* (welche die lineare Sukzession der Sätze bezeichnet) sowie c) die *periodus*. Die *periodus* ist eine zweigeteilte, in sich kreisartig geschlossene Konstruktion. Sie besteht aus einem ersten Teil (*prótasis*), wo bestimmte Gedanken präsentiert werden (*pendens oratio*), welche erst im zweiten Teil (*apódosis*) Unterstützung oder Vervollständigung finden (*sententia clausula*: "Abschluß"). (Mortara Garavelli [10]1997: 274f.) Hier liegt ganz deutlich eine syntaktisch-semantische Definition vor; auch die Beschreibung jener Relationen, welche zwischen den beiden Teilen herrschen können, ist semantisch (Anm. d. Verf.). Die Relationen können namentlich sein: *implikativ oder konditional* (wenn ... dann), *kausal* (weil ... [daher]), *korrektiv* u.ä. (nicht nur ... sondern auch), *adversativ* (aber; jedoch; obwohl), *temporal, konsekutiv* oder *ana-/kataphorisch wiederauf-/vorwegnehmend*. Eine *periodus* kann auch aus einem einzigen Satz bestehen. (Mortara Garavelli [10]1997: 275) Wir erkennen hier einige unserer erklärenden Strukturen wieder, auch wenn unsere Klassifikation/ Terminologie teilweise eine andere ist (s. Kap. B.4.).

Von primärer Relevanz für die vorliegende Arbeit ist nun für uns das Konzept des Syllogismus. Wir unterscheiden terminologisch nicht weiter in "Syllogismus" und "Enthymem". Da wir in unseren Analysen alle impliziten Prämissen und Konklusionen explizitieren, ist in der endgültigen Beschreibung der semantischen Architektur des Textes nicht mehr relevant, welche Prämissen tatsächlich an der Textoberfläche aufscheinen. Bezüglich der Lesart "Syllogismus, der nicht notwendig, sondern nur wahrscheinlich ist" für "Enthymem" ist folgendes anzumerken: wir unterscheiden in den Analysen zwischen "deduktiven" auf der einen und "induktiven" und "abduktiven" Raisonnements auf der anderen Seite und verweisen bezüglich letzterer jeweils auf deren Status als "logisch nicht notwendigerweise gültig". Was die Gültigkeit der *praemissae maiores* betrifft, sprich: deren Verifizierbarkeitsgrad gemessen an der außersprachlichen Wirklichkeit, sind hier zwei "Wahrheitsstandpunkte" zu unterscheiden: jener der außersprachlich-naturwissenschaftlich nachzuprüfenden "Wahrheit" (Koinzidenz der Beschreibung mit der "Wirklichkeit") sowie jener des Dafürhaltens des Sprechers, worüber dieser in seiner Äußerung informiert. Nun ist es nicht die Aufgabe der Sprachwissenschaft, Gesetzmäßigkeiten in der außersprachlichen Wirklichkeit zu untersuchen, zumal die moderne Wissenschaftstheorie ein solches Vorgehen mehr und mehr in Frage stellt (s. Kap. B.1.), die "objektiv-wissenschaftliche" Wahrheit ist daher nicht Gegenstand unserer Überlegungen. Sehr wohl die Aufgabe der Sprachwissenschaft ist es jedoch zu untersuchen, *wie* Sprecher durch Sprache die Wirklichkeit *darstellen, darauf referieren*. Wir haben daher analysiert, wie der Autor unseres Corpustextes mit den seine Syllogismen aufbauenden Gesetzen (*praemissae maiores*) umgeht, in diesem Fall, wie er deren Gültigkeit *präsentiert*. Wir konnten sodann einen Unterschied feststellen zwischen Gesetzen, welche als "hart" (stets gültig) bzw. als "weich" (eingeschränkt gültig) präsentiert werden. "Weiche" Gesetze sind etwa solche, welche durch Adverbia wie *normalement, assez souvent* oder durch Gegenbeispiele (konzessive Kontexte) in ihrer Allgemeingültigkeit eingeschränkt werden. Wir haben "harte" und "weiche" Gesetze in der Formalisierung notationell unterschieden (Näheres dazu s. Kap. B.4.3.2.).

Die Gesetze, welche Montesquieu explizit oder implizit als Prämissen verwendet, spiegeln die *topoi* wider, welche seine persönlichen, aber *auch* jene seiner Zeit sind, seines soziohistorischen Kontextes. Wir haben jedoch keine zusätzliche *topoi*-Analyse der Prämissen vorgenommen, da unsere Untersuchungen soziokulturelle und soziopsychologische Aspekte wenn auch nicht absolut ausklammern, so doch nicht ins Zentrum stellen.

In den quintilianischen *loci a causa, a finitione, a fictione* sowie in den argumentativen Schemata von Perelman/Olbrechts-Tyteca, welche quasi-logisch (Identifikation, Transitivität) sind bzw. sich auf die "Struktur der Realität" (kausaler Nexus, Handlungspragmatik) stützen, erkennen wir verschiedene unserer erklärenden Strukturen wieder, die hier inhaltlich definiert sind. Wir schicken jedoch kurz voraus, daß Perelman/Olbrechts-Tyteca im Zusammenhang von Kausalität einerseits von "Schließen auf die Ursache/die Wirkung" sprechen, andererseits von "Struktur der Realität". Aufbauend auf der in Kap. B.1.1.2. vorgestellten Unterscheidung zwischen "Ursache" und "Grund" werden wir in Kap. B.4.1.1. für eine Definition von Kausalität plädieren, welche einerseits Abstand nimmt von der "Grund/Bedingung-Folge"-Relation, andererseits sich überhaupt als *innerlinguistische* (genauer: referenzsemantische) Definition versteht. Das heißt daß keinerlei außersprachliche Definitionskriterien für "Kausalität" herangezogen werden, da einerseits aus theoretischer Sicht, wie oben erwähnt, eine Verifizierung nicht möglich ist und da andererseits aus sprachempirischer Sicht Struktur und Wesen der versprachlichten Inhalte kaum Einfluß auf die Wahl der Sprachstrukturen haben (Näheres dazu s. Kap. B.4.4.). Eine Beobachtung der Rhetorik, welche formale und inhaltliche Aspekte von bestimmten erklärenden Strukturen vereint, ist die im Rahmen der *compositio* behandelte *periodus*. Diese Vorstellung der klassischen Rhetorik, daß im Rahmen einer *periodus* ein Gedanke (implikativer oder konditionaler, kausaler, adversativer, konsekutiver etc. Art) "eröffnet" und erst in einer zweiten Phase "abgeschlossen/vervollständigt" wird, das heißt daß eine *periodus* eine semantische Einheit darstellt, unterstützt unsere in Kap. B.6.2. (s. dort) vertretene Auffassung, daß Erklärungen bei der Konstruktion von semantischen Makrostrukturen nicht "weggekürzt" werden dürfen, da sonst ein konstitutiver Teil der semantischen Textur zerstört wird.

Wir werden im Anschluß in Kap. B.4. den nun inhaltlich umrissenen Syllogismus einer bestimmten linguistischen Beschreibungsebene, namentlich der semantischen, zuordnen.

In bezug auf die Termini *Dialektik* und *Logik* und deren Denotation im Hinblick auf unsere Arbeit ist folgendes anzumerken: wir verwenden den Terminus *Dialektik* hier nicht, da uns die Lesart nach Hegel im Sinne des u.a. historischen Prinzips "These-Antithese-Synthese" als "(chronologisch oder achronisch gedachte) dialektische Bewegung" zwischen einander scheinbar widersprechenden Einsichten in die Wirklichkeit (PFL: 89) am nächsten steht, welches für unsere Arbeit jedoch nicht relevant ist.

Wir arbeiten mit dem Terminus "Logik", welcher für uns ein "strukturiertes System von Konzeptkomplexen inklusive dessen formalisierter Beschreibung, aus
dessen Strukturiertheit bestimmte (semantische und syntaktische) Gültigkeits-
regeln erwachsen und welches der natürlichen menschlichen Sprache zugrunde
liegt", denotiert. Semantik und Syntax der *formalen* Logik lehnen sich an jene dieser
"natürlichsprachlichen" Logik an, decken sich aber keinesfalls mit ihnen. In Kap.
B.4.3.2. gehen wir in bezug auf unseren Beschreibungsapparat, speziell jedoch
bezüglich der "Implikation", auf die zu treffenden Unterscheidungen zwischen
"formaler" und "natürlichsprachlicher" Logik ein.

B.3.3.2. "Negative" Relevanz

Das Konzept *Argumentation* hat für die vorliegende Arbeit insofern große Relevanz, da es uns wichtig erscheint, stets zu betonen, daß unsere Untersuchungen
nicht argumentationsorientiert sind, "Argumentation" hier daher "negative" Relevanz besitzt. Dies erscheint uns insofern betonenswert, als die meisten gegenwärtigen Untersuchungen, welche sich mit den von uns untersuchten sprachlichen
Strukturen beschäftigen, auch oder vornehmlich deren argumentative Momente
behandeln oder, wie wir meinen, die argumentative Beschreibungsebene terminologisch oder konzeptuell mit anderen Beschreibungsebenen (v.a. der semantischen) vermengen. Wir werden dies im Laufe der folgenden Kapitel (speziell B.4.
sowie B.6.) auch zeigen. Um dieser Vermengung zu entgehen, stellen wir im folgenden Kapitel B.3.4. eine genaue Definition der Begriffe "Argumentation"/
"Pragmatik" in unserem Sinne vor und grenzen deren Beschreibungsbereich nach
deutlichen Kriterien vom semantischen Beschreibungsbereich ab, dem sich unsere
Untersuchungen zurechnen. Wir verwenden dazu ein propositionales Beschreibungsmodell für sprachliche Einheiten, dessen konstitutive Elemente a. illokutiver
Akt, b. lokutiver Akt, c. enunziatorischer Akt und d. Diktum den Ebenen *Semantik*
und *Pragmatik* eindeutig zugewiesen sind: Pragmatik für Punkt a., Semantik für die
Punkte b., c., und d.

B.3.4. Unser Zugang: Abgrenzung und Neuinterpretation

Wir haben oben in Kap. B.3.1. den Rhetorikbegriff als Überbegriff "Theorie und
Praxis des zielgerichteten Umgangs mit Sprache" bezeichnet, dessen einzelne angestrebte Ziele *Ästhetik, Illokution* und *Erkenntnis* von den Teildisziplinen (mit Unterbegriffstatus) *Stilistik, Argumentation* und *Dialektik/Logik* abgedeckt werden, deren Mechanismen in der praktischen Anwendung ineinander übergreifen. Wir

nannten "Rhetorik" einen traditionellen Ausdruck für die modern "Sprachhandlungstheorie" genannte Disziplin, eine Teildisziplin der "Pragmatik".

Die drei genannten zielgerichteten Disziplinen der Rhetorik können nun "intern"
(durch eine Analyse ihrer konstitutiven Elemente und deren Interaktion) oder
"extern" (durch eine Analyse der Wirkung/Funktion der Elemente/Elementkom-
binationen in bezug auf das angestrebte Ziel) beschrieben werden. Eine interne
stilistische Beschreibung analysiert etwa Redefiguren morphosyntaktisch oder semantisch (Tautologien, rhetorische Fragen etc.), eine externe ihre ästhetische Wirkung auf den Rezipienten. Eine interne Argumentationsanalyse beschreibt mögliche als Argumente einsetzbare Sprachformen (Beispiele, Erklärungen, rhetorische Fragen etc.), eine externe deren argumentative Wirkung auf den Rezipienten.
Eine interne dialektisch/logische Analyse beschreibt der Erkenntnis dienende
Sprachformen (Erklärungen, Definitionen etc.), eine externe deren heuristische
Wirkung auf den Rezipienten, der auch als der Sender selbst gedacht werden
kann. Wie aus unseren Beispielen hervorgeht, können dieselben Sprachformen zu
unterschiedlichen Zwecken eingesetzt werden, unterschiedliche Wirkungen her-
vorrufen, und dies auch gleichzeitig. Wir haben hier mit Absicht das Beispiel der
Erklärungen angeführt, um unseren Untersuchungsgegenstand genau situieren zu
können. Unsere Beschreibung ist eine interne, das heißt sie zielt nicht auf die
Untersuchung der Wirkung (ästhetische, argumentative, heuristische) der Erklärungen ab, sondern auf deren Wesen. Dabei betrachten wir vor allem die semantische Dimension, wobei wir jedoch morphosyntaktische Momente als Indizes für
unterschiedliche (referenz-)semantische Strukturen betrachten (Näheres dazu in
Kap. B.4.4.). Da wir jedoch eben die Wirkung *nicht* in unsere Überlegungen
miteinbeziehen, ist die Art der Wirkung ebenfalls nicht relevant bzw. gar nicht be-
stimmbar. Wir situieren uns daher auf einer quasi prä-rhetorischen Ebene der reinen Semantik, wo wir keinerlei Aussagen über Wirkungen machen. Graphisch
kann dies folgendermaßen dargestellt werden (die drei Tabellen a), b), c) sind als
parallele oder ineinander übergreifende Ebenen zu lesen, unsere Beschreibung
situiert sich immer auf der Ebene der Kognition/Semantik):

a) Ästhetik

Kognition Semantik	(kausale und logische) Erklärungen (beschrieben als propositionale Referenzschemata unterschiedlicher Art)
interne Beschreibung Ästhetik	Erklärungen (beschrieben als rhetorische Figuren, evt. als "Sprachschmuck" in bezug auf Textgenera)
externe Beschreibung Ästhetik	"wissenschaftlicher Stil", "bevormundender Stil", etc.

b) Argumentation

Kognition Semantik	(kausale und logische) Erklärungen (beschrieben als propositionale Referenzschemata unterschiedlicher Art)
interne Beschreibung Argumentation	Erklärungen (beschrieben als Argumente in bezug auf Meinungen[6])
externe Beschreibung Argumentation	"überzeugende Wirkung", "bedrängende Wirkung", etc.

c) Heuristik

Kognition Semantik	(kausale und logische) Erklärungen (beschrieben als propositionale Referenzschemata unterschiedlicher Art)
interne Beschreibung Heuristik	Erklärungen (beschrieben als Information in bezug auf Wissenszuwachs)
externe Beschreibung Heuristik	"Verstehen", "Einsicht", etc.

Wir beschreiben Erklärungen propositional, genauer als Propositionskonfigurationen (Näheres dazu s. Kap. B.4.3.1.). Aufgrund unserer Unterscheidung zwi-

---

6   In Kapitel B.6.2. stellen wir die von uns gemachte Unterscheidung zwischen den Dichotomien "Grund-Folge/Konklusion" (Semantik) vs. "Argument-Meinung/Überzeugung" (Pragmatik), welche den obigen Tabellen zugrunde liegt, genauer vor.

schen illokutiven Akten auf der einen Seite und Äußerungsakten[7] auf der anderen Seite - erstere beschreiben wir auf der pragmatischen, letztere auf der semantischen Ebene - können wir die Verbindung zwischen zwei Äußerungsakten auch rein semantisch beschreiben, das heißt losgelöst von interaktions-intentionsbezogenen Überlegungen. Wir können dies folgendermaßen formalisieren, wobei die außerhalb der eckigen Klammer stehende Indikation der illokutiven Intention Skopus über den gesamten Inhalt der Klammer hat und wir im Rahmen einer rein semantischen Analyse jedoch nur den Klammerinhalt betrachten (mit "sagen" bzw. "denken/wollen/ wahrnehmen" etc. als lokutorische bzw. enunziatorische Indikationen):

> X-warnen wollen [X-sagen: X-denken: Y-P]
> X-informieren wollen [X-sagen: X-wollen: Y-P]
> X-überzeugen wollen [X-sagen: X-wahrnehmen: Y-P]

Wir streichen daher folgende Unterschiede in Terminologie und Klassifikation unseres Systems zu den gängigen Systemen heraus:

- für uns bezeichnet der Terminus *Syllogismus* eine bestimmte *semantische* Konfiguration, welche wir unabhängig von deren eventueller pragmatischen Wirkung beschreiben;
- wir vermeiden die, für uns der Pragmatik angehörenden, Termini "Argumentation" (etwa für "Syllogismus", "syllogistische Struktur"), "argumentativ" (etwa für "syllogistisch"), "Argument" (etwa für "Prämisse") im Rahmen unserer semantischen Beschreibung als nicht adäquat und irreführend.

Im folgenden Kapitel stellen wir unseren diesbezüglichen Beschreibungsapparat im Detail vor: Propositionsanalyse, Arten von erklärenden Strukturen, deren Beschreibung und Formalisierung, Zuordnung von Oberflächenstrukturen zu den einzelnen Kategorien von Erklärungen, jeweils eingebettet in theoretische und empirische Begründungen sowie Exemplifizierung durch Belege aus unserem Corpus.

---

7   = lokutorischen Akten, welche wiederum Skopus über enunziatorische Akte haben, welche wiederum Skopus über die eigentlichen Propositionskerne, die Dicta, haben, welche auf logischem Subjekt und logischem Prädikat aufbauen.

B.4. Kausalität und Erklärungen: neuer Beschreibungsansatz

Wir wollen nun unseren eigenen Ansatz für die Beschreibung von *erklärenden Strategien* präsentieren. Unter "erklärende Strategien" verstehen wir sprachliche Mechanismen, derer wir uns bedienen, um *Ursachen, Gründe* und *Motive* für "etwas" (wir bleiben hier mit Absicht zunächst sehr vage) anzuführen.

Unsere Beschreibung ist auf dem Niveau der semantisch-logisch-kognitiven Strukturen angesiedelt, das heißt daß es nicht die diskursive oder pragmatische Funktion der Erklärungen ist, die uns in erster Linie interessiert (für einen derartigen pragmatischen Ansatz zur Kausalität im Französischen s. Torck 1996, bei uns vorgestellt in Kap. B.2.2.2.7.). Wir wiederholen (s. Kap. B.3.4.), daß für uns "Erklärung" und "Argumentation" zwei klar zu unterscheidende Konzepte darstellen: unter "Erklärung" verstehen wir bestimmte *semantische* Strukturen, während "Argumentation" für uns die *pragmatischen* Effekte bestimmter sprachlicher Strukturen bezeichnet, welche durch die Form oder den Inhalt dieser Strukturen ausgelöst werden. Die "Erklärung" kann daher die "Argumentation" als pragmatischen Effekt nach sich ziehen, das heißt die mehr oder weniger gelungene Manipulation des Meinungsuniversums des Rezipienten. Wir weisen darauf hin, daß in der Literatur zuweilen eine andere Unterscheidung vorgenommen wird: "Erklärung" wird verstanden als die Strategie des Angebens von "außersprachlichen Ursachen" und "Argumentation" als jene des Angebens von "raisons de dire" (s. Kap. B.2.1.5. sowie weiter unten in Kap. B.4.2. bzw. B.4.5.). Wir finden es jedoch, von einem heuristischen Standpunkt aus gesehen, für grundlegend, die semantische und die pragmatische Beschreibungsebene zu unterscheiden und zu diesem Zwecke zu versuchen, der terminologischen Ambiguität, welche in der Literatur vorherrscht, entgegenzuarbeiten.

Es sei zudem vorausgeschickt, daß unser Beschreibungsansatz ein globalisierender ist: wir beschäftigen uns mit der "semantischen Architektur" des Textes als Endprodukt und nicht mit der schrittweisen Dynamik der Etappen der interpretativen (Re-)Konstruktion, welche vom Hörer/Leser vorgenommen wird (und wie diese z.B. vom Relevanz-Ansatz von Sperber/Wilson 1986 beschrieben wird).

Wir haben unser Beschreibungsmodell anhand von detaillierten propositionellen Voranalysen der *Considérations sur les causes de la grandeur des Romains et de leur décadence* von Montesquieu (1734) entwickelt und getestet, bevor wir den gesamten Text mit dessen Hilfe durchanalysiert haben. In den Voranalysen wurde rasch klar, daß

von einem allumfassenden Begriff "Kausalität" im Bereich der Erklärungen abzu-
kommen ist: die erklärenden Strategien weisen untereinander Variationen auf,
wobei vor allem die referentielle Zweiteilung in *phänomenologische* vs. *logische*
Strategien ins Auge sticht.

Unser definitives Corpus enthält ca. 1160 erklärende Kontexte.

B.4.1. Die theoretische Basis unseres Beschreibungsansatzes

Auf der Basis einer Propositionsanalyse (wir verstehen "Proposition" hier im
Sinne von "semantischer Einheit", wie sie von Metzeltin/Jaksche 1983 vorgeschlagen wurde; vgl. Kap. B.2.2.4.), welche die zentralen semantisch-logischen Relationen explizitieren soll, die in den komplexen *linguistischen* Konzepten Kausalität, Konsekutivität, Korrelativität, Konzessivität, Hypothese, Finalität und "Okkasionalität" enthalten sind, wollen wir zeigen, daß ein deutlicher semantisch-logischer Unterschied zwischen Kausalität und den übrigen Konzepten besteht.

Der Terminus "Kausalität (als nicht-linguistischer Begriff)" bezeichnet eine bestimmte (und umstrittene) Relation zwischen außersprachlichen Phänomenen (vgl.
Kap. B.1.5.). Der Terminus "Kausalität (als linguistischer Begriff)" bezeichnet für
uns *eine* unter anderen möglichen erklärenden Strategien, welche auf einer speziellen *referentiellen* Struktur aufbaut: wenn sich ein Textproduzent der kausalen Erklärungsstrategie bedient, *stipuliert* er damit, daß eine (kausale) Verbindung zwischen
zwei oder mehreren Phänomenen der außersprachlichen Wirklichkeit existiert, auf
welche er sich auf diese Weise "direkt" bezieht. Unserer Meinung nach darf die
"Kausalität als linguistischer Begriff" nicht über extra-linguistische Kriterien definiert werden (s. Kap. B.4.4. für unsere diesbezüglichen Gründe).

Eine andere erklärende Strategie besteht in der Referenz nicht "direkt" auf außersprachliche Phänomene, sondern auf ein logisch-kognitives Universum, genauer gesagt, auf die geordnete Struktur, welche wir diesem Universum zuschreiben. Unserer Meinung nach müssen die linguistischen Konzepte der Konzessivität, Konsekutivität, Korrelativität, Hypothese, Finalität und "Okkasionalität" als logische Relationen analysiert werden (= Relationen zwischen Sätzen, Urteilen oder "Propositionen"; "Proposition" hier mit der Lesart "Einheit in einem
logischen Schluß"). Besagte Relationen sind für uns als parallel zum Syllogismus
zu sehen. Mit dem Syllogismus teilen sie zentrale logische Züge wie ihren Aufbau
auf einer Reihe von Propositionen, welche als *praemissae maiores, minores* und Konklusionen interpretierbar sind (welche wiederum logische Schlüsse aufbauen), sowie die Tatsache, daß sie eine Inferenzleistung von seiten des Hörers/Lesers verlangen. Der Sender des Textes, welcher sich einer derartigen Strategie bedient, bezieht sich dabei auf eine *logisch strukturierte Beschreibung* der außersprachlichen Welt

(auf welche er sich daher nur "indirekt" bezieht), wobei die Struktur dieser Beschreibung als Basis für die abzugebende Erklärung dient.

Im Gegensatz zur (linguistischen) Kausalität haben die Konzepte der Konzessivität, Konsekutivität, Korrelativität, Hypothese, Finalität und "Okkasionalität" kein Gegenstück in der außersprachlichen Welt: sie sind *per definitionem* logisch-abstrakte Konzepte, welche uns bei der Strukturierung unseres kognitiven und damit sprachlichen Universums helfen.

B.4.1.1. Ursachen vs. Gründe

In der philosophischen und wissenschaftstheoretischen Fachsprache liegt eine exakte Terminologie vor, welche präzise zwischen den einzelnen Arten von Erklärungen unterscheidet (EPW 1: 654; vgl. Kap. B.1.2.):

dtsch. *Ursache (verursachen) - Wirkung*	vs.	dtsch. *Grund - Folge*
frz. *cause(r) - effet*		frz. *raison - conséquence / conclusion*
engl. *(to) cause - effect*		engl. *reason / ground - consequence*

Die linke Spalte bezieht sich auf Verbindungen zwischen außersprachlichen Phänomenen: ein *Phänomen 1* (z.B. *der Regen*) *verursacht* ein *Phänomen 2* (z.B. *die Überschwemmung der Stadt X*), welches dessen *Wirkung* ist. Die rechte Spalte bezieht sich auf Verbindungen zwischen *Urteilen* oder *Propositionen* im Rahmen eines *logischen Schlusses*. Dessen prototypisches Modell ist der auf Aristoteles zurückgehende Syllogismus, wo eine *praemissa maior* (ein *Gesetz*) mit einer *praemissa minor* (einem *Fall*) kombiniert wird, um daraus eine Konklusion zu ziehen (ein *Resultat*; die Ausdrücke in Klammer stellen die übliche wissenschaftstheoretische Terminologie dar; EPW 1: 581f.).

Die Verbindung zwischen den *praemissae* (*maior* und *minor*, kurz *Major* und *Minor*) ist eine auf dem Niveau des logischen Raisonnements angesiedelte Verbindung (sie ist unabhängig von der Welt). So wird *Alle Menschen sind sterblich* (praemissa maior) kombiniert mit *Sokrates ist ein Mensch* (praemissa minor), um uns zu gestatten, daraus die Konklusion *Sokrates ist sterblich* abzuleiten. Eine andere ("modernere") Notation desselben Kontextes in seiner allgemeinen Form stellt folgende Kombination dar: die Feststellung eines Gesetzes in Form einer Implikation[1]: $p \rightarrow q$ (p = "Antezedent" oder "Kondition", q = "Konsequens", "$p \rightarrow q$"

---

1   N.B. Es handelt sich hier nicht um die materielle Implikation der formalen Logik; s. weiter unten in Kap. B.4.3.2.

= "Implikation"), die Feststellung eines Falles *p*, welcher schließlich die Feststellung eines Resultates *q* erlaubt.

Es muß jedoch daran erinnert werden, daß *eine* wissenschaftstheoretische Schule (Hempel, Popper) die kausalen Verbindungen in der Welt als feste Gesetze ansieht und mit Hilfe von allgemeinen Gesetzen beschreibt ("covering law model", ein Erklärungsmodell, welches mehr oder weniger einem Syllogismus entspricht; EPW 1: 581f; vgl. unsere diesbezügliche Diskussion in Kap. B.1.1.).

Wir halten es jedoch für äußerst wichtig, die Trennung von "Ursache" und "Grund" auf einer methodologischen Ebene beizubehalten, während wir gleichzeitig auf die unklare Grenze im (alltäglichen und wissenschaftlichen) Sprachgebrauch hinweisen: die Termini *Ursache, Grund* u.a. bzw. deren Entsprechungen in anderen Sprachen (frz. *cause, raison*) werden oft als Synonyme betrachtet oder eingesetzt (vgl. Kap. B.1.2.). Wir selbst bezeichnen als "Ursachen" jene erklärenden semantischen Einheiten, welche im Rahmen von *kausalen Erklärungen* angeführt werden; und als "Gründe" bezeichnen wir jene erklärenden semantischen Einheiten, welche in *logischen Erklärungen* angeführt werden (s. Kap. B.4.4. für unsere Zuordnung von sprachlichen Daten zu "kausalen Erklärungen" und "logischen Erklärungen"). Wir wiederholen, daß wir eine "(linguistische) kausale Relation" bzw. eine "logische Relation" nicht mittels extra-linguistischen Kriterien definieren, sondern über Referenzmechanismen: "direkte" Referenz auf die Welt für erstere vs. Referenz auf das logische Universum für letztere und damit "indirekte" Referenz auf die Welt.

B.4.1.2. *Sachverhalte vs. Ereignisse*

Die Unterscheidung zwischen "Sachverhalt" und "Ereignis" stammt aus bestimmten Strömungen der Sprachphilosophie[2]. Es muß jedoch sogleich angemerkt werden, daß die Diskussion sowohl um den ontologischen als auch den semantischen (deskriptiven) Status sowohl des Ereignisbegriffes (s. Casati/Varzi 1996) als auch des Sachverhaltsbegriffes (s. HWP 8: 1102ff.) keineswegs als abgeschlossen zu betrachten ist. Aus diesem Grund existiert (noch) keine standardisierte Notation. Ein *Ereignis* wird oft definiert als ontologische Grundeinheit (welche sich auf demselben Niveau befindet wie der *Zustand*), welche quantifiziert und prädiziert werden kann. Die semantische Notation von Davidson (1967: 14) wäre z.B. "∃x (Kicked(Shem, Shaun, x)", wo x ein Ereignis "Shem kicked Shaun" darstellt). Als typische sprachliche Realisierungen dieser Kategorie zählt Kevin Mulligan (persönliche Mitteilung) z.B. Syntagmen, welche von perzeptiven Verben abhängen:

---

2   Auf diesen philosophischen Aspekt hat uns Kevin Mulligan/Genf aufmerksam gemacht.

(Jean voit) Marie traverser la rue. Das Ereignis soll die einzige ontologische Kategorie sein, welche etwas "verursachen" kann (dieses "etwas" wäre dann erneut ein Ereignis). Auf der anderen Seite soll ein *Sachverhalt* im Vergleich zum Ereignis eine höhere ontologische Einheit sein, dessen semantische Beschreibung der Proposition entspräche (welche dem "Satzsinn" Freges gleichzusetzen ist). Als typische sprachliche Realisierungen dieser Kategorie zählt Kevin Mulligan (persönliche Mitteilung) z.B. Objektsätze wie *(Jean voit) que Marie traverse la rue* oder deverbale Nomen wie *le "traversement" de la rue par Marie.* Ein Sachverhalt kann keine Ursache sein, da er sich auf einem höheren Niveau befindet als das Niveau, wo die Ursache-Wirkung-Relationen angesiedelt sind.

Zwar ist die Unterscheidung Sachverhalt vs. Ereignis weit davon entfernt, eine klare, gemeinhin akzeptierte und indiskutable Unterscheidung zu sein, dennoch scheint es, als könnte sie unsere Unterscheidung zwischen kausalen und logischen Erklärungen weiter untermauern: somit wären kausale Erklärungen auf Beschreibungen von Ereignissen und logische Erklärungen auf Beschreibungen von Sachverhalten (in Form von Propositionen) aufgebaut.

B.4.1.3. Monotone vs. nicht-monotone Logik

Im Rahmen der logischen Erklärungen bedienen wir uns einer weiteren Unterscheidung, welche aus dem Bereich der Logik entstammt: der Unterscheidung zwischen *monotoner* und *nicht-monotoner Logik*[3]. Wir beschränken uns hier auf eine sehr grobe Beschreibung und weisen darauf hin, daß wir zum einen nicht intendieren, einen Beitrag zur theoretischen Diskussion in diesem Bereich zu leisten, und daß wir uns zum anderen die zentrale Idee, welche hinter dem Nicht-Monotonizitätsbegriff steht, auf eine relativ unorthodoxe Art zunutze machen. Strengere Anhänger dieser Disziplin mögen sich vielleicht an unserer Anwendung stoßen, sie scheint uns jedoch sehr brauchbar, um auf der deskriptiven Ebene bestimmten sprachlichen Fakten gerecht zu werden (s. Kap. B.4.6.2.2.3. zu den konzessiven Erklärungen). Die nicht-monotone Logik wurde auf der Suche nach geeigneteren Modellen zur Beschreibung von *common-sense*-Raisonnements entwickelt, für welche die Modelle der formalen Logik nicht dienlich schienen. In der formalen, monotonen, Logik führt eine Erweiterung der Menge an Prämissen zu einer Erweiterung der Menge der Konklusionen. Bei den Alltags-Raisonnements stützen wir uns, *faute de mieux*, auf eine unvollständige Menge an Prämissen ("raisonnements à défaut"[4]), was dazu führen kann, daß, wenn wir unser Wissen

---

3   Wir verdanken diese Referenz Jacques Jayez/EHESS und Genf.

4   Reiter 1980, zitiert nach Kleiber 1990: 110.

um eine bisher unbekannte Prämisse erweitern können, eine zuvor gemachte
Konklusion annulliert werden muß (dies ist in der monotonen Logik unmöglich; s.
van der Hoek/Witteveen 1996: iii). Eine *praemissa* (*maior*) "tous les oiseaux volent"
kombiniert mit einer *praemissa minor* "Tweety est un oiseau" führt uns traditionell
zur Konklusion "Tweety vole". Erfahren wir zu einem späteren Zeitpunkt von einer weiteren Prämisse "Tweety est un pingouin", müssen wir unsere erste Konklusion annullieren und durch die Konklusion "Tweety ne vole pas" ersetzen (Beispiel aus Moeschler 1996/97).

B.4.1.4. Handlungen vs. Ereignisse[5]

Im Rahmen der Erklärungen muß noch eine weitere Unterscheidung vorgenommen werden, welche diesmal aus dem Bereich der Psychologie und der Philosophie des Geistes stammt. Es ist dies die Unterscheidung zwischen *menschlichen* (rationellen, vorsätzlichen, geplanten, motivierten etc.) *Handlungen* und *"physischen"*
Ereignissen, welche in der Welt stattfinden, ohne daß man einem menschlichen
Agenten dafür die Verantwortung zuschreiben kann[6]. Hier ist zu beachten, daß in
diesem Fall nicht der Ereignisbegriff nach Davidson gemeint ist, obwohl diese
beiden Arten von Ereignissen in einem konkreten Fall naturgemäß koinzidieren
können. Eng verbunden mit dem Handlungskonzept ist jenes der "Intention" (s.
G.E.M. Anscombe für eine Analyse dieses Begriffes; die Autorin definiert eine
"intentional action" als "subclass of the events in a man's history"; sie kennt auch
einen Begriff "unintentional action": Anscombe 1957: 84 - ihre Terminologie unterscheidet sich daher von der unseren).

Während wir uns gemäß unserer Analyse im Bereich der logischen Erklärungen
befinden, sobald wir mit Kontexten zu tun haben, welche motivationelle Erklärungen für rationale menschliche Handlungen abgeben (finale Kontexte, Motive,
Ziele, Anlässe etc., s. Kap. B.4.6.2.2.5.), können die "physischen" Ereignisse sowohl in kausal erklärenden als auch in logisch erklärenden Kontexten figurieren.
Dies hat mit der Wahlmöglichkeit des Textproduzenten zu tun, seine erklärende
Verbindung entweder als eine Verbindung zwischen außersprachlichen Phänomenen oder zwischen Prämissen und Konklusionen darzustellen. Auch menschliche
Handlungen können im Rahmen von kausalen oder logischen, nicht-motivationel-
len Erklärungen präsentiert werden: die Handlungen werden sodann gleichsam

---

5   Diesen Hinweis verdanken wir Jean-Paul Bronckard/Genf.

6   *Verantwortung* ist ein zentraler Begriff der Philosophie, Psychologie und Rechtssprechung (s. zum
     letzten Punkt Kap. B.1.9.), welcher eng mit der Frage der Vorsätzlichkeit/Intention sowie mit allen
     Bereichen der Handlungsethik verbunden ist.

von außen gesehen, als reines Ereignis, wobei die inneren Raisonnements des Handelnden abstrahiert werden. Bei den motivationellen Erklärungen befinden wir uns in der Domäne der Handlungslogik, welche ebenfalls den syllogistischen Strukturen unserer logischen Erklärungen folgt (s. Kap. B.4.6.2.2.5.).

B.4.2. Ähnliche Unterscheidungen in der Literatur

In den zahlreichen Werken, welche der Kausalität, der Erklärung und der Argumentation gewidmet sind und welche wir in Kap. B.2. vorgestellt haben, haben wir Unterscheidungen gefunden, die teilweise an die unseren erinnern, mit diesen jedoch nicht völlig identisch sind. Wir fassen diese Unterscheidungen hier noch einmal überblicksmäßig zusammen und verweisen gleichzeitig auf die Diskussion des Beschreibungssystems von van Dijk 1977 (in Kap. B.4.5., im Anschluß an die Darstellung unseres Beschreibungsapparates in den Kap. B.4.3. und B.4.4.), welches speziell geeignet ist, die Besonderheiten unseres Systems hervorzuheben.

- Davidson 1967: Ausdruck von Ursache vs. Erklärung (= Verbindung zwischen "statements" und nicht zwischen Ereignissen)
- Vendler 1967: Ursache/Sachverhalt ("imperfect nominals") vs. Wirkung/Ereignis ("perfect nominals")
- Dakin 1970: kausale Erklärungen vs. Erklärungen von Zwängen (sozialen Regeln)
- Anscombre 1984: Ursache ("extern") vs. Argument ("geschaffen durch den Diskurs")
- Schiffrin 1985: externe Kausalität ("facts") vs. interne Kausalität ("speaker's inferences")
- Lowe 1987: Ursachen vs. Gründe (für Sprachhandlungen und Handlungen)
- Plantin 1990: logische Ursache (basierend auf "Natur"-Gesetz) vs. Argumentation (basierend auf sozialen argumentativen Konventionen)[7]
- De Beaugrande/Dressler 1981: Ursache ("notwendige Bedingung für ein Ereignis") vs. Ermöglichung ("hinreichende Bedingung für ein Ereignis") vs. Grund ("Relation [...], bei der eine menschliche Handlung als sinnvolle Reaktion auf ein vorhergegangenes Ereignis folgt")
- Previtera 1996: physische Ursache vs. Handlungsmotiv vs. Motiv für Sprechhandlung

---

7   Referenzen von Davidson bis Plantin alle zitiert nach Torck 1996: 21-48.

Die häufigsten Unterschiede zwischen den zitierten Systemen und dem unseren ergeben sich i) aus der Tatsache, daß erstere häufig auf außersprachlichen Definitionskriterien basieren: z.B. Plantin, De Beaugrande/Dressler, Previtera (unsere Kriterien betreffen die referentiellen Strategien) und ii) aus der unterschiedlichen Position einiger klassifikatorischer Grenzen (die "Argumentation"[8] bei Anscombre entspricht unserer logischen Erklärung; die "Kausalität" bei Schiffrin, De Beaugrande/Dressler und Previtera entspricht unserem übergeordneten Konzept der Erklärung).

B.4.3. Das Beschreibungsmodell

B.4.3.1. Propositionen

Wir bedienen uns eines Propositionsmodells, welches von jenem von Metzeltin/Jaksche 1983 und Metzeltin 1997 inspiriert ist (vgl. Kap. B.2.2.4.), haben aber (aus Gründen der Ökonomie und Relevanz) gewisse Vereinfachungen, aber auch (aus Gründen der deskriptiven Notwendigkeit) andere bzw. zusätzliche Unterscheidungen vorgenommen, welche aus dem Bereich der Polyphoniediskussion nach Ducrot[9] (1984, 1989) stammen, aber differenzierter als bei Ducrot sind.

Unser Modell ist sehr informell, das heißt sehr nahe der natürlichen Sprache. Wir repräsentieren eine Oberflächenstruktur (ausgesprochen von Jean) *Je trouve que les vacances sont normalement extrêmement courtes* folgendermaßen:

Jean-dire : Jean-juger : vacances-être courtes, degré élevé, 90%

"Jean-dire" gibt die textinterne Entität an, welche mitteilt oder wissen läßt, sowie ihren Akt des "Wissenlassens"; wir nennen diese *locuteur* nach Ducrot 1984 et 1989.

"Jean-juger" gibt den *énonciateur* von Ducrot 1984 und 1989 (= die textinterne Entität, welche die Verantwortung für die im Satz ausgedrückte Proposition hat, deren enunziatorische = mentale Haltung gegenüber der Proposition beschrieben wird) und seinen enunziatorischen Akt an. Andere enunziatorische Konzepte wären etwa "croire", "penser", "vouloir", "craindre", "espérer" etc.

---

8   Wir wiederholen, daß für uns "Argumentation" die pragmatischen Effekte bezeichnet, welche sich
     u.a. aus der Erklärung (einem semantischen Phänomen) ergeben.

9   Vgl. auch die Kurzpräsentation des Systems von Ducrot in Kap. B.2.2.2.3.

"vacances-être courtes" gibt den *diktalen Teil* der Proposition an (in der Terminologie von Bally 1965, an welchem sich sowohl Metzeltin/Jaksche als auch Ducrot inspirieren), mit dem logischen Subjekt sowie dem logischen Prädikat.

"degré élevé" gibt den Grad an, mit welchem der *énonciateur* meint, daß das Prädikat auf das Subjekt zutrifft (wir sind hier erneut sehr informell); in diesem Fall "extrêmement" an der Oberfläche. Andere Möglichkeiten wären "degré minimal", "degré maximal", "degré limité", "degré a", "degré > a", "degré < a" etc.

"90%" gibt den Grad der Wahrscheinlichkeit an, mit welchem der *énonciateur* meint, daß das Prädikat auf das logische Subjekt zutrifft (auch hier sind wir wieder sehr informell). Bei Metzeltin/Jaksche drückt "100%" eine Feststellung, "0%" eine Verneinung, "30%" z.B. ein "peut-être", "90%" ein "normalement" aus[10]. Wir verwenden die Notation "vacances-¬(être courtes)" für die Verneinung, lassen derartige Angaben bei Feststellungen überhaupt weg und beschränken uns auf eine Angabe in den übrigen Fällen.

Ducrot arbeitet des weiteren mit der Kategorie "sujet parlant", welche die extrasprachliche, real-physische Entität des Sprechers darstellt und daher nicht Teil der sprachinternen Beschreibung ist. Während Ducrot diesem *sujet parlant* auch die illokutiven Akte zuspricht[11] ("demander", "commander", "avertir" etc.; Ducrot 1984: 204), halten wir es für sinnvoll, eine weitere sprachinterne Kategorie "illocu-

---

10   Metzeltin wurde für seinen "ad hoc"-Gebrauch von Prozentangaben auch kritisiert (v. Meyer-Hermann 1995: 323: "nicht einmal diskutabel"; "es gibt schlichtweg keine Möglichkeit, die von Metzeltin vorgeschlagenen Quantifikationen zu objektivieren"). Wir teilen dennoch die Haltung Metzeltins, daß eine derartige, intuitiv und *ad hoc* (jeweils jedoch kontextbezogen) vorgenommene Zuordnung ausreichend ist, um die meisten Aufgaben einer formalen Sprachbeschreibung zufriedenstellend zu lösen. Zielte man jedoch etwa auf eine automatische Sprachverarbeitung ab, so müßte man sich naturgemäß auf "greifbarere" Kriterien stützen (welche eventuell auf psycholinguistischen Versuchen zu basieren hätten, welche Daten in Richtung jener "Objektivierung" liefern könnten, welche von Meyer-Hermann für Metzeltins Methode in Zweifel gezogen wird). Dies ist hier jedoch nicht unser Anliegen.

11   In Kratschmer 1998, 2001, 2002 sowie 2003 referierten wir leider fälschlicherweise, daß Ducrot die illokutiven Akte seinem *locuteur* zuschreibt. Wir bedauern diesen Fehler, der gänzlich auf unserer Seite war.

teur" einzuführen, welche die illokutiven Akte ausführt. Im Rahmen unserer rein semantischen Beschreibungen sehen wir jedoch von diesem *illocuteur* ab[12].

Die Unterscheidung, welche Ducrot zwischen *locuteur* und *énonciateur* macht, ist äusserst nützlich, um die Identität jener Person anzugeben, deren Gedanken wiedergegeben werden. In unserem Text haben wir einen Standard-*locuteur,* namentlich Montesquieu in seiner Funktion als Autor, und daher wird er nicht jedes Mal angeführt. Wir geben andererseits die *énonciateurs* in jenen Fällen an, wo diese nicht mit dem *locuteur* koreferentiell sind. Dies gilt speziell für die finalen Kontexte. Letztere beschreiben eine überlegte, "vorsätzliche" Handlungsweise. Hier ist es immer der *locuteur*, der uns das Raisonnement eines *énonciateur* wissen läßt, oder genauer, eine Version des Raisonnements, welches sich der *locuteur* vorstellt. Im Falle der Wiedergabe von Rede hätten wir es naturgemäß mit einer direkteren Beobachtung zu tun. Im Standardfall der "indirekten" Beobachtung, kann man sich den *locuteur* als aufgespalten in einen *locuteur* (der wissen läßt) und einen zweiten *énonciateur* (welcher das Raisonnement der beschriebenen Person inferiert[13]) denken.

B.4.3.2. Verbindungen zwischen Propositionen

Um erklärende Verbindungen zu formalisieren, verbinden wir mehrere Propositionen auf die folgenden Arten und Weisen (wir betrachten Erklärungen als *inter*-propositionelle Relationen):

logische Erklärungen:
praemissa maior
<u>praemissa minor</u>
Konklusion

---

12   Die Illokution und der "illocuteur" gehören der Ebene der pragmatischen (= interaktionellen) Beschreibung an; wir verweisen hier auf unser in Kap. B.3.4. vorgestelltes Modell: der *illocuteur* ist jene Einheit vor der eckigen Klammer, dessen *acte illocutoire* Skopus über den gesamten Klammerninhalt hat. Ein *acte illocutoire* kann jedoch auch gleichzeitig über mehrere Propositionen (und deren Äußerungsakte) Skopus haben.

13   Im Falle eines Erzählers u.ä. in der ersten Person, sind der *locuteur* und der *énonciateur* naturgemäß koreferentiell und der zweite *énonciateur* wird für den Standardfall überflüssig. Diese Aufspaltung des *locuteur* in einen zweiten *énonciateur* müßte als Standardfall für Kontexte betrachtet werden, wo ein *locuteur* die Meinung eines *énonciateur* wissen läßt, welche er inferiert anstatt gehört oder gelesen hat.

kausale Erklärungen:
Phänomen 1
CAUS
Phänomen 2

Um eine Referenz auf außersprachliche Phänomene zu formalisieren, verwenden wir im übrigen die gleiche Beschreibung mit Subjekt und Prädikat wie für Sachverhalte (Propositionen); dies zum ersten, weil wir es für ausreichend erachten, den Unterschied durch *einen* notationellen Hinweis ("CAUS") hervorzuheben, und zum zweiten, weil wir nicht zum Ziel haben, zur (keineswegs abgeschlossenen) philosophischen Diskussion im Bereich der Ereignisse beizutragen (vgl. Kap. B.4.1.2.).

Die logischen Erklärungen bauen auf implikativen Strukturen auf. An dieser Stelle muß angemerkt werden, daß zwischen der materiellen Implikation der formalen Logik und der Implikation in der natürlichen Sprache beträchtliche Unterschiede bestehen (s. z.B. auch die Diskussion dieser Unterschiede bei Ducrot 1991: 179ff.). Wir illustrieren diese Unterschiede mit Hilfe eines Beispiels sowie der dazugehörigen Wahrheitstafeln. Wir haben dazu absichtlich ein Beispiel gewählt, welches gemäß einer "natürlichen" Lektüre vollständig absurd erscheint, um den wenig nützlichen Charakter der Mechanismen der materiellen Implikation für die Analyse natürlicher Sprache zu unterstreichen. Eine materielle Implikation "$p \rightarrow q$" wie "s'il pleut tout l'été (= p), le blé se dessèche (= q)" ergibt die folgende Wahrheitstafel, wo die äußerst rechte Spalte jenen Wahrheitswert angibt, der der gesamten Implikation ("$p \rightarrow q$") je nach Kombination jener Wahrheitswerte zugesprochen wird, welche p und q isoliert zugesprochen werden:

p	q	$p \rightarrow q$
vrai	vrai	vrai
il est vrai qu'il pleut tout l'été	*il est vrai que le blé se dessèche*	
vrai	faux	faux
il est vrai qu'il pleut tout l'été	*il est faux que le blé se dessèche*	
faux	vrai	vrai
il est faux qu'il pleut tout l'été	*il est vrai que le blé se dessèche*	
faux	faux	vrai
il est faux qu'il pleut tout l'été	*il est faux que le blé se dessèche*	

Solche Wahrheitsbedingungen widersprechen dem Gebrauch, welchen wir von
Implikationen in der natürlichen Sprache machen. Dies ergibt sich aus zwei definitorischen Prinzipien der materiellen Implikation: erstens beschränkt sich letztere
darauf, die in der Syntax verankerten Regeln vorzugeben, und läßt den semantischen Gehalt der Propositionen p und q außer acht, zweitens widersprechen die
in der Syntax verankerten Regeln bereits selbst unseren "natürlichen" Intuitionen
(etwa die Regel, daß jede Implikation den Wert "wahr" hat, wenn der Antezedent
p den Wert "falsch" hat).

Der natürlichsprachliche Gebrauch verlangt, von derselben Implikation "s'il
pleut tout l'été, le blé se dessèche" eine Wahrheitstafel nach folgendem Muster:

p	q	p → q
vrai	vrai	faux
il est vrai qu'il pleut tout l'été	*il est vrai que le blé se dessèche*	
vrai	faux	vrai
il est vrai qu'il pleut tout l'été	*il est faux que le blé se dessèche*	
faux	vrai	vrai
il est faux qu'il pleut tout l'été	*il est vrai que le blé se dessèche*	
faux	faux	faux
il est faux qu'il pleut tout l'été	*il est faux que le blé se dessèche*	

Eine Lösungsmöglichkeit wäre, sich etwa an der "relevant implication" der konne-
xiven Logik (s. Anderson/Belnap 1975, zitiert nach van Dijk 1977: 55) zu inspirieren, welche van Dijk "p > q" notiert. Diese *relevante Implikation* beachtet den semantischen Gehalt der Propositionen, was die materielle Implikation wie gesagt
nicht tut.

Wir verwenden eine Notation "p >> q" für die Implikation der natürlichen
Sprache, auch um uns vom Beschreibungssystem für logische und kausale Kontexte van Dijks zu unterscheiden, das wir in Kap. B.4.5. mit unserem vergleichen
werden. Unsere Notation für konkrete Fälle von Raisonnements ist folgende:

[i] (X : être homme) >> (X : être mortelle)
[ii] Socrate : être homme
[iii] Socrate : être mortel

Die darin beteiligten Gesetze sind unserer Meinung nach kognitiver Natur. Sie beziehen ihre Gültigkeit aus dem Glauben des raisonnierenden Geistes an diese Gesetze. Es ist die Aufgabe der Philosophie (Metaphysik) zu untersuchen, ob diese Gesetze eine außersprachliche oder ontologische Basis haben. Es ist die Aufgabe der Philosophie des Geistes und der kognitiven Psychologie zu untersuchen, wie diese Gesetze sich im raisonnierenden Geist formen[14]. In der Linguistik untersuchen wir ihren Ausdruck: die linguistischen Strukturen, welche diese Gesetze explizit oder implizit ausdrücken.

Der Autor unseres Corpus verwendet in seinen Raisonnements Gesetze, welche als absolut gültig dargestellt werden, und andere, welche er als "weniger streng" präsentiert oder welche er selbst im Laufe seiner Ausführungen aufhebt. Wir formalisieren daher die "harten" Gesetze mittels des Konnektors ">>" und die "weichen" Gesetze mit dem Konnektor "¿". "Harte" Gesetze werden sprachlich signalisiert durch generalisierende Ausdrücke (*tous les ...*, *toujours*, *chaque fois* etc.) und Ausdrücke der Notwendigkeit (*nécessairement*, *infailliblement*, *devoir* etc.: vgl. (23)/I[15] *car un peuple fier, entreprenant, hardi, et renfermé dans des murailles*, doit nécessairement *secouer le joug, ou adoucir ses mœurs*.).

Folgende sprachliche Realisierungen signalisieren ein "weiches" Gesetz: Adverbien (*souvent*, *peut-être*), Modalverben (*pouvoir; devoir* z.B. im *conditionnel*) etc. (vgl. z.B. das "et *peut-être* est-ce une règle *assez générale*" aus unserem Beispiel in Kap. B.4.6.2.1.2. weiter unten). Dazu kommt noch, daß eine ganze Untergruppe unserer logischen Erklärungen dadurch charakterisiert ist, daß sie auf aufhebbaren und aufgehobenen Gesetzen basiert: es handelt sich dabei um die konzessiven Kontexte, welche wir als Kontexte analysieren, wo Konklusionen Gesetze brechen und deren Gesetze wir daher mit dem Konnektor "¿" markieren (s. Kap. B.4.6.2.2.3.).

B.4.4. Oberflächenindizien und deren Kategorisierung

Die erklärenden Verbindungen, deren Oberflächenrealisierungen in den natürlichen Sprachen sich oft als sehr homogen darstellen (z.B. über durch bestimmte Konjunktionen eingeleitete Nebensätze), sind in der wissenschaftlichen Betrachtung *grosso modo* stets als Variationen eines Themas behandelt worden (z.B. *Finalität*

---

14   S. dazu etwa die Stellungnahmen der Sozialpsychologie, welche wir kurz in Kap. B.2.2.2.5. vorgestellt haben.

15   Die Referenz ist folgendermaßen zu lesen: Satz 23 des ersten Kapitels der *Considérations* von Montesquieu.

als "Kausalität in der Zukunft"[16] oder *Konsekutivität* als "quantifizierte Kausalität"[17]). Wir möchten jedoch zeigen, daß diese Kategorisierungen zunächst semantisch nicht präzise genug sind und sodann nicht dem oben entwickelten Modell
entsprechen. Um rein "intuitive" Urteile zu vermeiden, brauchen wir oberflächen-
strukturelle Ankerpunkte, welche uns helfen, die Kontexte nach den vorgeschlagenen Kriterien zu klassifizieren (für illustrative Beispiele aus unserem Corpus sei
auf Kap. B.4.6. verwiesen).

Wir beginnen mit unserer Unterscheidung zwischen kausalen und logischen/
syllogistischen Erklärungen. Wir gehen davon aus, daß es sich dort um kausale
Erklärungen handelt, wo der Text kausative Verben (*tuer, augmenter*), kausative
Konstruktionen (*faire faire, laisser faire*), kausale Verben (*causer, produire, créer, en-
gendrer, faire (que)*), kausale Nomen (*cause, origine, effet*[18]) oder den Konnektor *à cause
de* aufweist. Alle diese Kontexte entsprechen einem semantischen Basisschema,
welches eine von außen induzierte Veränderung des logischen Subjektes beschreibt (vgl. unsere Beispiele in Kap. B.4.6.1. für Details).

Wir treffen sodann eine methodologische Wahl, welche den klassischen Analysen entgegengesetzt ist: in diesen Analysen werden auch andere Kontexte als
kausal analysiert, wie etwa solche mit anderen Konnektoren (*le vase tomba* parce
que *la porte claqua; la porte claqua* et *le vase tomba* etc.), mit "umgedrehter" Zeiten-
folge (Moeschler (2000: 47): *Max tomba. Jean l'avait poussé.*) oder Kontexte, welche
sich durch das Fehlen von sprachlichen Angaben auszeichnen (*La porte claqua. Le
vase tomba.*), wo der Zuhörer/Leser die kausale Verbindung (re)konstruieren muß.
Unserer Meinung nach teilen die letzten Kontexte semantische Züge mit den logi-
schen/syllogistischen Kontexten, indem sie eine Inferenzleistung von seiten des
Hörers/Lesers verlangen. Inferenz ist auf der anderen Seite nichts anderes als
logisches Raisonnieren, welches sich auf syllogistische Strukturen stützt: der Textproduzent raisonniert und der Hörer/Leser rekonstruiert dieses Raisonnement.

---

16   Vgl. z.B. Gruppo di Padova 1979: 341 (zitiert nach Prandi 1996: 71): "le finali, esattamente come le
      causali, stabiliscono una relazione causale" (Prandi bezeichnet diese Position als "sconcertante",
      sofern man nicht die kantianische Unterscheidung zwischen "natürlicher" und "auf Freiheit
      basierender" Kausalität vornimmt).

17   Vgl. z. B. Cuzzolin 1996: 104: "causa intensificata".

18   Es wurde schon darauf hingewiesen (Kap. B.4.1.1.), daß die kausalen meta-explikativen Termini
      cause, effet etc. in der konkreten Sprachverwendung oft synonym zu den logischen meta-explikativen
      Termini *raison, conséquence* etc. verwendet werden; unsere Kategorisierung der meta-explikativen
      Termini in kausal vs. logisch jeweils gemäß der ursprünglichen Wortbedeutung basiert daher eher
      auf dem Streben nach einer symmetrischen Darstellung von Form und Inhalt und weniger auf prä-
      zisen linguistischen Kriterien.

Wir haben uns daher entschieden, jene Kontexte, welche nicht kausal im oben definierten Sinn sind, als logische Kontexte zu klassifizieren. Dies gilt auch für einen Konnektor wie *parce que,* den man normalerweise als den kausalen Konnektor *par excellence* (oder als "polysem" zwischen einer "kausalen" und einer "logischen" Lesart) betrachtet. Noch allgemeiner schlagen wir vor, alle Kontexte, welche durch Satzkonnektoren[19] ausgezeichnet sind, als logische Kontexte zu betrachten: diese Konnektoren erzeugen charakteristische Verbindungen zwischen Propositionen, was uns gemäß unserer Definition automatisch in den logischen Bereich führt.

Zudem haben wir unter unsere logisch erklärenden Kontexte eine Reihe von Kontexten mit "Temporal"konnektor gereiht (*quand, lorsque, aussitôt que* etc.), wo eine Struktur beobachtbar war, in welcher zuerst ein Gesetz erwähnt oder vom Kontext suggeriert wurde und sodann durch einen Fall (welcher an der Oberfläche durch eine "Temporal"konjunktion eingeleitet war) und ein Resultat[20] belegt wurde. Ebenso sind u.E. Kontexte, welche Juxtapositionen von Sätzen (vgl. das dritte Beispiel aus Kap. B.4.6.2.1.1.), Appositionen oder infinite Verbalkonstruktionen (vgl. das zweite Beispiel aus Kap. B.4.6.3.1. für eine adverbielle Präsenspartizipialkonstruktion bzw. eine Apposition mit Perfektpartizip) aufweisen, als logische Kontexte zu klassifizieren, sofern man sie als erklärende Kontexte betrachten möchte.

Neben diesen Kontexten findet man die folgenden "klassischen" Oberflächenphänomene, welche logische Kontexte angeben: explizite Formulierung von Gesetzen durch den Gebrauch von generalisierenden Ausdrücken und Ausdrücken der Notwendigkeit (s. oben Kap. B.4.3.2. für Beispiele); logische Konnektoren: *donc, or, car.* Was den Status einiger dieser Konnektoren betrifft, können wir uns auf Genfer Arbeiten stützen (Rossari/Jayez 1996/1997; Rossari/Jayez 1997). Die Autoren reihen Konnektoren wie *donc, alors, de ce fait* et *du coup* unter die *inferentiell* genannten Konnektoren (Rossari/Jayez 1997: 2s.). In ihrem Modell enthält eine Aussage ("énoncé") einen propositionalen Inhalt (CP = die prädikative Struktur), eine propositionale Attitüde (ATT; "penser", "vouloir", ...) und eine illokutorische

---

19   Dies gilt nicht für den Konnektor *à cause de* (der aber auch kein Satzkonnektor ist: er regiert ein Nominalsyntagma): *à cause de* ist inkompatibel mit inferentiellen Lesarten: **il est à la maison à cause de la lumière dans le salon* - zu vergleichen mit dem akzeptablen *il est à la maison parce qu'il y a de la lumière dans le salon. À cause de* realisiert offensichtlich eine direkte Referenz auf Verbindungen zwischen Phänomenen (Formen wie *on est venu en retard à cause de mon frère* sind als Ellipsen für *à cause de l'action X de mon frère* zu deuten).

20   (39)/IV *La cavalerie carthaginoise valoit mieux que la romaine* [..] (40) *Dans la première guerre punique, Régulus fut battu* dès que *les Carthaginois choisirent les plaines pour faire combattre leur cavalerie* [...].

Kraft (FI; "constater", "demander" etc.). Die propositionale Attitüde wird verstanden als die formale Repräsentation des Raisonnements. Rossari/Jayez zeigen, daß der Konnektor *donc* Skopus über die propositionale Attitüde der durch ihn eingeleiteten Äußerung hat (Rossari/Jayez 1997: 22), und die Autoren rechnen diesen Konnektor zu den Markern von enthymemischen Implikationen (Rossari/Jayez 1996/1997).

Die Mehrzahl der logischen Kontexte stellt keine vollständigen Syllogismen dar, sondern gerade Enthymeme (sehr häufig ist es die *praemissa maior*, welche implizit bleibt, aber man trifft auch implizite Konklusionen und *praemissae minores*; vgl. Kap. B.4.6.2. für Beispiele): hier ist sodann die Inferenzarbeit des Hörers/Lesers notwendig, um die Erklärung zu vervollständigen. Neben den *Deduktionen* (wo der Sender von einem Fall und einem, oft impliziten, Gesetz ausgeht, um daraus eine Konklusion zu ziehen) findet man auch *Induktionen* (der Sender geht von einem Resultat und einem Fall aus und konstruiert ein Gesetz) und *Abduktionen* (der Sender geht von einem Resultat und einem Gesetz aus und konstruiert daraus einen Fall; wir folgen hier den Definitionen von *Deduktion, Induktion* et *Abduktion* nach C.S. Pierce: vgl. Hookway 1985: 30-31). Wir schlagen vor, die letzten drei Formen von erklärenden Strategien *nicht-partikuläre Raisonnements* zu nennen. So kann man sie von den *partikulären Raisonnements* unterscheiden, welche die *konsekutiven, korrelativen, konzessiven, hypothetischen, finalen* und *"okkasionellen"* Raisonnements wären. Letztere unterscheiden sich von ersteren durch eine spezialisiertere oder elaboriertere semantisch-logische Struktur und normalerweise durch ganz bestimmte Oberflächenmarker, welche sie in einem Text leichter dekodierbar machen (s. Kap. B.4.6.2.2.).

Bei der Analyse der erklärenden Kontexte in unserem Corpus wurde deutlich, daß die sprachlichen Realisierungen kausaler Kontexte ohne jegliche Referenz auf ein allgemeines Gesetz auskommen, was dem Gegenteil dessen entspricht, was das *covering law model* von Hempel erwarten ließe. Es genügt, daß der Sprecher (mittels der oben beschriebenen sprachlichen Mittel) eine kausale Verbindung zwischen zwei Phänomenen der außersprachlichen Wirklichkeit feststellt, oder besser, stipuliert. Auf der anderen Seite verlangt eine logische Erklärung immer ein (implizites oder explizites) allgemeines Gesetz, von welchem man (mittels eines aktuellen Falles) eine Konklusion ableiten kann. Eine kausale Erklärung erlegt dem Sprecher damit weniger pragmatische oder referentielle Restriktionen auf: i) er muß sich nicht festlegen, indem er die Existenz eines Gesetzes proklamiert, welches sich sodann als falsifizierbar erweisen könnte, ii) er kann auf unike Phänomene referieren (welche *per definitionem* nicht allgemeinen Gesetzen unterworfen werden können).

Zudem kann ein Textproduzent die Erklärung desselben Kontextes als kausale Verbindung oder als logische Verbindung präsentieren[21]: in unserem Corpus gibt es zahlreiche Fälle, wo der Autor Montesquieu denselben Kontext sukzessive mittels beider Strategien präsentiert (s. Kap. B.4.6.3.2. für Beispiele). Diese Wahl kann rein stilistisch bedingt sein (rhetorische *variatio* zwischen z.B. kausalen Ausdrücken und Ausdrücken mit Satzkonnektoren), aber auch durch die von uns schon erwähnten pragmatischen oder referentiellen Faktoren. Die Wahlmöglichkeit hat aber auch gewisse Grenzen: in sehr speziellen Fällen, wo zu viele Prämissen implizit bleiben würden oder zu rekonstruieren wären, würde die Wahl eher auf eine kausale Strategie fallen: vgl. z.B. (35)/IV *La fondation d'Alexandrie avait beaucoup* diminué *le commerce de Carthage* mit *le commerce de Carthage diminua,* car *Alexandrie a été fondée,* welches eine Art Erwartungshaltung in bezug auf weitere Erklärungen erzeugen würde (welche im übrigen sehr komplex wären: mit einer Serie von Gesetzen wie *si une ville X a un commerce florissant et si une autre ville Y est fondée, et si celle-ci développe un commerce florissant, et si ce commerce florissant devient plus important, le commerce de la ville X diminuera,* mit einer Serie von *praemissae minores* wie *or Carthage avait un commerce florissant et Alexandrie a été fondée* etc., und schließlich mit einer Konklusion: *donc* ....). In anderen Fällen würde man induktive oder abduktive Präsentationen bevorzugen (s. Kap. B.4.6.2.1.2. und B.4.6.2.1.3. für eine Definition und Illustration induktiver und abduktiver Raisonnements): z.B. widerspricht unser abduktives Raisonnement aus Fußnote 18 *il est à la maison parce qu'il y a de la*

---

21 Aus unseren Analysen geht hervor, daß man genauer von drei Schritten der Versprachlichung von Erklärungen sprechen kann: 1) das *Postulieren* eines einmaligen kausalen Zusammenhanges zwischen zwei Phänomenen der Welt, 2) das Postulieren eines wiederholt beobachteten kausalen Zusammenhanges zwischen zwei Phänomenen (bestimmter Art) der Welt sowie 3) das *logische* Deduzieren. Die in Punkt 2) genannte Lösung, welche eine Mittelstation zwischen 1) und 3) einnimmt, jedoch immer noch deutlich auf die Phänomenologie referiert, wird von Montesquieu an der Oberfläche folgendermaßen markiert: ein mediales Verbum (Medialität als Spiegelbildrelation zu Kausativität: "geboren werden" - "gebären") signalisiert einen postulierten kausalen Zusammenhang, der imperfektive Aspekt des Verbums signalisiert die Wiederholung (vgl. das folgende Beispiel aus Kap. I): (13) [...] *les guerres* naissoient *toujours des guerres.*

[27a] Romains : faire la guerre aux peuples d'Italie, t1

CAUS (wiederholt) (vgl. naître)

[27b] Romains : faire la guerre aux peuples d'Italie, t2.

lumière dans le salon, wenn man es nach üblichem Muster[22] als kausale Relation umformuliert (*la lumière dans le salon l'a fait être à la maison*), dem im Ausgangsraisonne-
ment implizit enthaltenen Gesetz "(personne X : être à la maison Y) >> (lumière :
être dans le salon de la maison Y)".

Diese normalerweise freie Wahlmöglichkeit zwischen kausalen und logischen
Erklärungen für ein und denselben Kontext stellt unser Hauptargument gegen
eine außerlinguistische und für eine referentielle Definition der Konzepte "(linguistische) Ursache" und "Grund" dar. Es ist nicht die außersprachliche Natur des zu
beschreibenden Kontextes, welcher eine bestimmte sprachliche Strategie auslöst,
zumindest nie direkt: man findet Fälle von Kausalität "in der Natur" ("Regen -
Überschwemmung"), welche durch logische Kontexte wiedergegeben werden,
und man findet "raisonnierende" Kontexte ("juristisches Gesetz - menschliches
Verhalten"), welche durch kausale Strategien ausgedrückt werden (z.B. durch *faire
faire*).

Torck (1996: 49) weist ebenfalls auf die Wahl des Sprechers hin, denselben
Kontext mittels "interner oder externer" Kausalität zu erklären, wobei sie sich auf
ein Zitat von Monaghan stützt: "cette citation [...] souligne la liberté du locuteur,
ce qui entraîne une fragilisation de la frontière entre ce qui est exophorique et
endophorique (pour reprendre les termes de Monaghan), ou entre ce qui est de
l'ordre de la causalité externe." Auch an einer anderen Stelle führt sie an: "Si le locuteur est autonome au niveau du choix de l'expression linguistique pour rendre
compte d'un rapport entre entités, il est bien sûr contraint par le système grammatical et sémantique de la langue. S'il est également plus ou moins autonome dans
l'établissement d'un rapport de causalité, il est contraint par la réalité du monde
physique, son environnement socioculturel et sa mémoire collective." (Torck
1996: 82).

Diese Wahlmöglichkeit macht die zwei Strategien auf dem diskursiv-interaktionel-
len (pragmatischen) Niveau eines Textes funktionell äquivalent. Dieser Tatsache
trägt z.B. Torck (1996) sodann Rechnung, wenn sie die beiden Strategien (nicht
ohne auf deren unterschiedlichen semantisch-logischen Status hinzuweisen) unter
dem Terminus *causalité discursive* zusammenfaßt. Da unser Interesse jedoch darin
besteht, diese Strukturen aus einer semantisch-logischen Perspektive zu beschreiben, halten wir es für wichtig, zwischen diesen beiden Strategien eine klare theore-
tisch-deskriptive Unterscheidung zu treffen.

---

22   Umformulieren des durch *parce que* eingeleiteten Nebensatzes durch eine Nominalphrase in Sub-
      jektposition zu einem kausativen Verb: vgl. *Il a perdu la course parce qu'il était fatigué* ⇒ *Sa fatigue l'a
      fait perdre la course.*

B.4.5. Exemplarischer Vergleich des Beschreibungsmodells mit jenem von van Dijk 1977

Wir vergleichen unser Beschreibungssystem für kausale und logische Kontexte exemplarisch mit jenem von van Dijk 1977, welches sich von unserem durch eine Reihe von Punkten unterscheidet:

1) van Dijk analysiert die kausalen und rationellen Kontexte als an außer-sprachliche Gesetze gebunden (p.74), während wir kausale Kontexte als gesetzesunabhängig und logische Kontexte als an "kognitive" Gesetze gebunden betrachten;

2) van Dijk definiert eine "Ursache" als eine "hinreichende Bedingung" ihrer Wirkung (p. 60); für uns ist "Bedingung" ein logischer Ausdruck;

3) van Dijk reiht Ursachen und Gründe in dieselbe deskriptive Kategorie (p. 46); für uns sind Ursachen "direkte" Beschreibungen von Phänome-nen und Gründe Einheiten im Rahmen von logischen Schlüssen;

4) van Dijk kategorisiert kausale Verbindungen und rationale Verbindungen (Gründe) als Verbindungen zwischen Phänomenen und inferentielle Ver-bindungen als Verbindungen zwischen Propositionen, während er gleich-zeitig die kausalen und rationellen Verbindungen auf der semantischen Ebene und die inferentiellen Verbindungen auf der pragmatischen Ebe-ne beschreiben möchte: denn inferentielle Verbindungen sind für ihn Verbindungen zwischen illokutiven Akten (p. 86); für uns sind alle diese Konzepte auf der semantischen Ebene zu beschreiben;

5) van Dijk reiht Kontexte mit Satzkonnektoren wie *because* unter die kausa-len Kontexte (p. 46), während diese für uns logische Kontexte darstellen.

B.4.6. Beschreibungsschemata und konkrete Beispiele der einzelnen Erklärungsstrategien

B.4.6.1. Phänomenologische Erklärungen: kausale Verbindungen

Wir haben für die Darstellung von kausalen Verbindungen eine Notation wie die im Anschluß zuerst angeführte (für Kontexte, wo die Wirkung vom Typ "Er-schaffung", "menschliche Handlung" etc. ist) beziehungsweise wie die an zweiter Stelle angeführte (für Kontexte, wo die Wirkung eine Zustandsveränderung ist, eventuell versehen mit einer Gradangabe = Intensität des im Prädikat ausgedrück-ten Phänomens) gewählt.[23] Wir fügen auch Zeitangaben hinzu ("t1", "t2" mit t1 <

---

23 Tatsächlich können alle Ereignisse als Zustandsänderung beschrieben werden: die "Erschaffung" als "Veränderung von der Nicht-Existenz zur Existenz", eine "verursachte" menschliche Handlung

t2), um die Verankerung der Phänomene auf der Zeitachse zu signalisieren[24], jedoch ohne dabei im Rahmen der philosophischen und wissenschaftstheoretischen Diskussion zur möglichen oder notwendigen Gleichzeitigkeit von Ursache und Wirkung Stellung zu nehmen. Speziell das zweite Modell geht dabei auf Vorstellungen zur Formalisierung von linguistischer Kausalität zurück, welche bereits in Metzeltin/Jaksche (1983: 30) angedeutet werden[25].

[i] X : P, t1
CAUS (Erschaffung, etc.)
[ii] Y : Q, t2

[ia] Y : Q, degré a, t1 [oder: Y : Q, t1]
[ii] X : P, t2
CAUS (Intensivierung, Schwächung oder Aufhebung des Zustandes zu t1)
[ib] Y : Q, degré > a [oder: < a], t3 [oder: Y : $\neg$(Q), t3]

Es folgt ein konkretes Beispiel mit der kausativen Konstruktion *rendre + Adjektivsyntagma*:

(10)/XV La vue continuelle des combats des gladiateurs *rendoit* les Romains extrêmement féroces [...].

[16a][26] Romains : être féroces, degré limité, t1
[17] Romains : voir combats des gladiateurs, t2-tn
CAUS
[16b] Romains : être féroces, degré élevé, t2-tn

---

als "Veränderung des Zustandes der Nicht-Handlung zur Handlung"; unsere Unterscheidung ist daher eher durch unseren Wunsch geleitet, unsere Formalisierungen so nahe wie möglich an den "natürlichen" sprachlichen Realisierungen zu halten.

24   Wir haben in unseren Analysen auch Raisonnements mit Zeitangaben formalisiert; dies ist jedoch auf der Tatsache gegründet, daß sukzessive Raisonnements oft sukzessive Etappen der römischen Geschichte beschreiben, welche wir auf diese Weise unterscheiden wollen: s. das Beispiel mit den Angaben "t2" aus Kap. B.4.6.2.2.3., welches im Gegensatz zur Periode der römischen Größe ("t1") steht.

25   Die zweite Formel geht auf eine mündliche Anregung Metzeltins zurück.

26   Die Zahlen in eckigen Klammern geben die Nummern der Propositionen innerhalb des entsprechenden Kapitels im Rahmen unserer Analysen an.

Wir setzen fort mit einem Beispiel, welches ein kausales Verb (*produire*) mit einem meta-explikativen kausalen Ausdruck (*effet*) verbindet:

(23)/XVI Ces levées, faites dans les provinces, *produisirent* un autre *effet* : les empereurs [...] furent presque tous étrangers et quelquefois barbares [...].

[35] Romains : faire levées dans les provinces, t1 - t(n-1)
CAUS
[36a] empereurs : être étrangers, 90%, t2 - tn (*presque tous*)
[36b] empereurs : être barbares, 30%, t2 - tn (*quelquefois*)

Unser letztes Beispiel ist durch einen weiteren, sehr häufigen meta-explikativen kausalen Ausdruck gekennzeichnet (*faire*):

(20)/XVI Les proscriptions de Sévère *firent* que plusieurs soldats de Niger se retirèrent chez les Parthes [...].

[28] Sévère : proscrire soldats romains A, B, C, ..., t1
CAUS
[29] soldats romains A, B, C, ... : se retirer chez les Parthes, t2

Für ein Beispiel mit einem kausativen Verb (*anéantir*) sei auf Kapitel B.4.6.3.2. verwiesen.

B.4.6.2. Logische Erklärungen

B.4.6.2.1. Nicht-partikuläre Raisonnements

B.4.6.2.1.1. Deduktive Raisonnements

Für das allgemeine Schema dieses Raisonnements (Syllogismus) sei auf Kap. B.4.3.2. oben verwiesen. Als illustrative Beispiele aus unserem Corpus haben wir einen Beleg mit dem Konnektor *car* (welcher wie der Konnektor *parce que* unserer Meinung nach eine *praemissa minor* einleitet), einen Beleg mit dem Konnektor *et* (welcher wie der Konnektor *donc* eine Konklusion einleitet) sowie einen Beleg mit Juxtaposition einer Konklusion zu den beiden Prämissen gewählt:

(4)/I Les maisons [de la ville de Rome] étoient [...] très petites ; *car* les hommes [...] ne se tenoient guère dans les maisons.

[1] [personne X : ¬(se tenir dans la maison)] >> [personne X : avoir maison petite] (prémisse majeure implicite)

[2] les hommes/les Romains : ¬(se tenir dans les maisons), dans les commencements (prémisse mineure explicite)

[3] (la ville de) Rome : avoir maisons petites, degré élevé, dans les commencements (conclusion explicite)

Hiezu muß angemerkt werden, daß die rekonstruierten Gesetze nicht notwendigerweise bezüglich ihrer Allgemeingültigkeit für jedermann überzeugend sind, sondern daß es der Textproduzent ist, welcher diese Gesetze in dieser Form impliziert. Genau dies gilt es auch zu untersuchen und nicht etwa den außersprachlichen Status dieser Gesetze.

(10)/XXI [...] les Romains [...] furent encore forcés de se soumettre à un tribut [chez les Avares] ; *et* la majesté de l'empire fut flétrie chez toutes les nations.

[21] [(Empire X : être majestueux, t1) ∧ (Empire X : payer tribut à nation Y, t2)] >> [Empire X : ¬(être majestueux, t3)] (prémisse majeure implicite)

[22] Empire romain : être majestueux, t1 (prémisse mineure 1 explicite : v. *la majesté*)

[20] Romains-payer tribut à Avares, t2 (prémisse mineure 2 explicite)

[23] Empire romain : ¬(être majestueux), t3 (conclusion explicite)

(10)/XVII Enfin, cette affabilité des premiers empereurs, qui seule pouvoit leur donner le moyen de connoître leurs affaires, fut entièrement bannie. (11) Le prince ne sut plus rien [...].

[54] [prince X : ¬(être affable)] >> [prince X : ¬(connaître affaires)] (p. majeure explicite avec condition nécessaire dans l'antécédent de l'implication)

[57] empereurs : ¬(être affables), t2 (p. mineure explicite)

[58] empereurs : ¬(connaître affaires), t2 (conclusion explicite)

Wir haben hier ein Beispiel vorliegen, in dem alle konstitutiven Teile explizitiert sind.

Im Rahmen jener Gesetze, welche solchen deduktiven Raisonnements zugrunde liegen, gibt es eine Gruppe mit Sonderstatus: die *Handlungsmaximen*. Wie der Terminus bereits andeutet, handelt es sich hier um "Gesetzmäßigkeiten" aus dem Bereich menschlichen Verhaltens, um "Handlungsgesetze". Diese "Gesetze" sind dadurch gekennzeichnet, daß ihre Gültigkeit auf eine handelnde Person oder Personengruppe beschränkt ist, d.h. daß derlei Maximen in deduktiven Raisonnements, welche sich auf die betreffenden Personen beziehen, als *præmissæ maiores* angewendet werden können, in bezug auf andere Personen jedoch falsche Prämissen darstellen. Es handelt sich jedoch hier nicht etwa um "weiche" Gesetze, deren Gültigkeit nicht absolut gegeben ist, sondern um "harte" Gesetze in bezug auf eine bestimmte Subjektgruppe (wenn man "Maxime" als "absolute Handlungsrichtschnur" definiert). In den *Considérations* präsentiert Montesquieu an vielen Stellen Handlungsmaximen der Römer, welche er entweder nur erwähnt oder in deduktive Raisonnements einbaut, wie im folgenden Beispiel (zu beachten ist hier die postulierte absolute Gültigkeit der Maxime in bezug auf die Römer, welche Montesquieu durch das Adverb *toujours* signalisiert; wir analysieren hier nur den Satzteil außerhalb der eckigen Klammer):

(12)/I [Et on doit remarquer que ce qui a le plus contribué à rendre les Romains les maîtres du Monde, c'est qu'] ayant combattu successivement contre tous les peuples, ils ont *toujours* renoncé à leurs usages, sitôt qu'ils en ont trouvé de meilleurs.

[19] [(Romains : combattre contre peuple X) ∧ (Romains : avoir usage bon, degré a) ∧ (peuple X : avoir usage bon, degré > a)] >> [Romains : prendre usage de peuple X]

[20] Romains : combattre contre tous les peuples

[21] Romains : avoir usages bons, degré a

[22] peuples A, B, C ... : avoir usages bons, degré > a

[23] Romains : prendre usages de peuples A, B, C ...

Die Konklusion [23] wird sodann in weiteren Erklärungsschritten eingesetzt, welche hier weniger relevant sind.

Aus der eingeschränkten Gültigkeit der Handlungsmaximen bezüglich anderer Personen(gruppen) ergibt sich auf der logischen Ebene, daß diese Gesetze innerhalb eines Raisonnements immer explizitiert werden müssen (Montesquieu nennt im obigen Beispiel die vollständige Handlungsmaxime im Oberflächentext), da sie aufgrund ihres speziellen Charakters nicht aus einem enthymemischen Kontext ableitbar sind: die Gültigkeit des Gesetzes muß zuerst vorausgeschickt werden, bevor darauf eine Deduktion aufgebaut werden kann ([19] ist nicht aus [20] bis [23] rekonstruierbar).

Zuletzt sei zu den Handlungsmaximen noch angemerkt, daß zu unterscheiden ist zwischen solchen Maximen, welche in Deduktionen als *præmissæ maiores* eingesetzt werden, und solchen Maximen, deren konkrete Anwendung (in Form eines Ereignisses oder sich wiederholender Ereignisse) konstatiert wird. Im letzteren Fall handelt es sich nicht mehr um ein Gesetz, sondern um die Abfolge zweier

Ereignisse, die festgestellt wird. Die beiden genannten Referenzmöglichkeiten auf
Maximen spiegeln erneut die freie Wahl des Senders zwischen unterschiedlichen
Erklärungstypen wider. Während wir Maximen als Handlungsgesetze durch
"p >> q" (Implikationen) formalisieren, formalisieren wir die Referenz auf eine
konkrete Anwendung einer Maxime als "p ∧ q" (durch "und"-Konnektor verbundene Propositionen), d.h. als Ereignisabfolge (die Maximen im vorliegenden
Beispiel werden im Text nicht konkret genannt, wir formalisieren ihre Prädikate
daher mittels der Variablen P und Q; der Index "1-n" bezeichnet eine nicht näher
bestimmte Anzahl an Prädikaten). Die Abfolge dieser Ereignisse - eine "direkte"
Referenz auf die phänomenologische Welt - kann sodann als Ursache in einer
kausalen Erklärung herangezogen werden, wie im folgenden Beispiel aus Kap.
XVIII:

(17) [Voici, en un mot, l'histoire des Romains :] ils *vainquirent* tous les peuples par leurs
maximes ; [mais, lorsqu'ils y furent parvenus, leur république ne put subsister ; il fallut
changer de gouvernement,] et des maximes contraires aux premières, employées dans ce
gouvernement nouveau, firent tomber leur grandeur.

[37] (Romains : P_{1-n}, t1) ∧ (Romains : Q_{1-n}, t1)
CAUS (vgl. vaincre)
[38] tous les peuples : être vaincus, t2

[42] (gouvernement romain : P_{1-n}, t2) ∧ (gouvernement romain : $\neg Q_{1-n}$, t2)
CAUS (vgl. faire tomber)
[43] Romains : ¬(être grands), t3

B.4.6.2.1.2. Induktive Raisonnements

Gemäß der Definition von C.S. Pierce nimmt ein raisonnierender Geist, welcher
ausgehend von einem Resultat und einem Fall ein Gesetz konstruiert, ein induk-
tives Raisonnement vor (vgl. Hookway 1985: 30-31). Dies tut unser Autor im folgenden Beispiel, während er gleichzeitig eine gewisse Reserve (s. *peut-être* sowie *une*
règle assez *générale*) gegenüber der Gültigkeit dieses Gesetzes ausdrückt (wir hätten
damit ein "weiches" Gesetz vorliegen, welches im Sinne der nicht-monotonen Logik schematisierbar ist: s. unseren logischen Konnektor "¿" sowie die Angabe
"80%", welche die hohe, aber nicht absolute, Wahrscheinlichkeit ausdrückt, die
der *énonciateur* Montesquieu seiner Proposition zuschreibt). Der Konnektor *et* signalisiert, daß das Gesetz als "Konklusion" zu Fall und Resultat präsentiert wird.

(70)/XVI Ce qu'on appeloit l'empire romain dans ce siècle-là étoit une espèce de républi-que irrégulière [...] ; et *peut-être* est-ce *une règle assez générale* que le gouvernement militaire est à certains égards plutôt républicain que monarchique.

[75] Rome : avoir gouvernement militaire (cas/prémisse mineure ; information contextuel-le)

[76] Rome : être une république irrégulière (résultat/conclusion)

[77] {État X : avoir gouvernement militaire} ¿ {[État X : être république, 80%] ∧ [État X : ¬(être monarchie), 80%]} (loi/prémisse majeure)

Es dürfte weiters ein Charakteristikum induktiver Schlüsse sein, daß in diesen alle Teile (*præmissa maior, præmissa minor*, Konklusion) explizitiert werden müssen. Dies ergibt sich daraus, daß es bei induktiven Schlüssen darum geht, den gesamten Schlußvorgang als solchen in seiner logischen (= syntaktischen) Korrektheit zu zeigen, und weniger darum, die semantische Korrektheit einer Einzelproposition mit Hilfe einer anderen zu begründen, wozu auch mit impliziten Minores, Majores oder Konklusionen gearbeitet werden kann (da diese ja anhand der explizit vor-handenen Teile inhaltlich rekonstruiert werden können).

B.4.6.2.1.3. Abduktive Raisonnements

C.S. Pierce nennt jenen Raisonniervorgang "Abduktion", welcher in der Kon-struktion eines Falls ausgehend von einem Resultat und einem Gesetz besteht (Hookway 1985: 30-31). Es folgt ein Beispiel aus unserem Corpus:

(3)/XX D'ailleurs, le Nord s'épuisa lui-même, et l'on n'en vit plus sortir ces armées in-nombrables qui parurent d'abord ; *car* [...] ceux-ci [les Huns et les Goths] [...] attaquèrent avec moins de forces.

[14] Huns et Goths : attaquer avec moins de forces, après la mort d'Attila (résultat)

[15] {[pays X : s'épuiser] ∧ [pays X : ¬(avoir armées innombrables)]} >> {pays X : attaquer avec moins de forces} (loi implicite)

[12] Nord : s'épuiser lui-même (cas, partie 1)

[13] Nord : ¬(envoyer armées innombrables) (cas, partie 2)

Car leitet einen Satzteil ein, dessen Inhalt [14] keine Erklärung des Inhalts des vorangehenden Satzteils sein kann [12]/[13][27] ("Angriffe mit geringerer Gewalt als Grund für Erschöpfung"), während ein umgekehrter Zusammenhang einleuchtend ist ("Erschöpfung als Grund für Angriffe mit geringerer Gewalt"). Montesquieu rekonstruiert also einen Fall aufgrund eines Resultates (und eines impliziten Gesetzes [15]). Aus einer diskursanalytischen Perspektive würde man dies als "Begründung nicht des propositionalen Gehaltes, sondern dessen Äußerungsaktes" nennen. Unserer Meinung nach kann man diesen Zusammenhang jedoch rein inferentiell beschreiben, ohne auf die Ebene des Äußerungsaktes gehen zu müssen.

B.4.6.2.2. Partikuläre Raisonnements

Die partikulären Raisonnements zeichnen sich üblicherweise durch Oberflächensignale aus, welche sie relativ leicht verarbeitbar machen[28], während sie gleichzeitig eine inferentielle Leistung voraussetzen, welche mit jener von den nichtpartikulären Raisonnements geforderten vergleichbar ist. Diese inferentiellen Vorgänge sind jedoch "spezialisierter" (z.B. mit dem Konzept der Gradualität verbunden) und oft elaborierter (mit einer höheren Anzahl an konstitutiven Propositionen) als jene der nicht partikulären Raisonnements.

B.4.6.2.2.1. Konsekutive Raisonnements

Konsekutive Raisonnements werden von Konnektoren markiert, welche die Vorstellung einer Gradualität ausdrücken: *si ... que; tant ... que; tellement ... que* etc. Derartige Verbindungen sind in der Literatur oft "quantifizierte Kausalität" genannt worden. Wir möchten nichtsdestoweniger zeigen, daß wir es hier mit deduktiven Schlüssen zu tun haben, welche mit jenen aus Kap. B.4.6.2.1. vergleichbar sind. Der *énonciateur* einer konsekutiven Erklärung meint, daß ein Sachverhalt durch einen bestimmten Grad einer seiner Komponenten ausgezeichnet ist und daß ein anderer Sachverhalt als wahr einzustufen ist, weil der erste Sachverhalt sich genau durch den fraglichen Grad auszeichnet. Dies bedeutet auch, daß - unter der Be-

---

27 [13] ist gemäß unserer Analyse selbst eine Konklusion der Minor [12], eine Relation, welche an der Oberfläche durch den Konnektor *et* signalisiert wird.

28 Vgl. z.B. Foolen (1997: 8) in bezug auf Konzessivität: "The figure of frustrated expectation is cognitively important [...] Such situations thus have a high communicative value. It is, therefore, not surprising, that all languages seem to have at least one marker that indicates this relation of frustrated expectation."

dingung eines niedrigeren Grades - der zweite Sachverhalt nicht als wahr einzustufen wäre (unsere verikonditionelle Terminologie zeigt bereits, daß wir von logischen Zusammenhängen sprechen). Um eine derartige Feststellung zu machen, ist
man gezwungen, sich auf Gesetze zu stützen, welche sich auf Gradualitäten
beziehen: man geht von einem Gesetz aus (welches hier ein doppeltes Gesetz ist;
s. unten), stellt einen Fall fest und leitet daraus ein Resultat ab. Es folgt unser allgemeines Schema sowie ein Beispiel aus unserem Corpus, in welchem wir es zudem mit einem Beleg zu tun haben, wo der *locuteur* Montesquieu in seiner Funktion als Autor das Raisonnement eines anderen (kollektiven) *énonciateur* präsentiert:

[ia] [p, degré < a] >> [¬q] (prémisse majeure/loi, partie 1)

[ib] [p, degré ≥ a] >> [q] (prémisse majeure/loi, partie 2)

[ii] <u>p, degré ≥ a</u> (prémisse mineure/cas)

[iii] q (conclusion/résultat)

(49)/XXII [...] on [les moines] l'assura [Andronic Paléologue] que Dieu étoit *si* content de
son zèle pour la paix de l'Église *que* ses ennemis n'oseroient l'attaquer.

[109a] moines-assurer Andronic Paléologue : [(Dieu-être content du zèle de prince X,
degré < a) >>   (ennemis-vouloir : ennemis-attaquer X)]

[109b] moines-assurer Andronic Paléologue : {[Dieu-être content du zèle de prince X,
degré ≥ a] >> [ennemis-vouloir : ennemis-¬(attaquer X)]}

<u>[110] moines-assurer Andronic Paléologue : Dieu-être content du zèle d'Andronic Paléo-
logue, degré ≥ a</u>

[111] moines-assurer Andronic Paléologue : ennemis-vouloir : ennemis-¬(attaquer
Andronic Paléologue)

B.4.6.2.2.2. Korrelative Raisonnements

Korrelative Raisonnements sind Spezialfälle von Konsekutivität (das mathemati-
sche Äquivalent heißt Funktion): der Grad einer Konstituente eines Sachverhaltes
hängt vom Grad einer Konstituente eines anderen Sachverhaltes ab. Sie sind
sprachlich markiert durch *plus ... plus*, *à mesure que* etc. Das diesbezügliche logische
Schema enthält auch zwei Gesetze sowie (mindestens) zwei Fälle mit genau so
vielen Konklusionen. Die Fälle illustrieren Sachverhalte mit unterschiedlichen
Gradualitäten (welche als zu unterschiedlichen Zeitpunkten gültige *Beschreibungen*
von Sachverhalten zu deuten sind) und führen daher zu Konklusionen, welche
wiederum zu unterschiedlichen Zeitpunkten gültige Beschreibungen von Sachverhalten sind und welche sich untereinander durch unterschiedliche Graduali-

täten unterscheiden. Es sind zumindest zwei Fälle/Resultate notwendig, um die Tatsache, daß das Resultat je nach Fall unterschiedlich ist, formal darstellen zu können. Es folgt unser diesbezügliches Schema:

[ia] [p, degré a] >> [q, degré b]
[ib] [p, degré a + c] >> [q, degré b + d]
[iia] p, degré a, t1
[iiia] q, degré b, t1

[ia] [p, degré a] >> [q, degré b]
[ib] [p, degré a + c] >> [q, degré b + d]
[iib] p, degré a+c, t2
[iiib] q, degré b+d, t2

Die Angaben "t1" und "t2" sind als zwei unterschiedliche Zeitpunkte zu lesen. Wir bringen dazu nun ein Beispiel von Montesquieu:

(9)/XVII Le poison[29] de la cour augmenta sa force *à mesure qu'*il fut plus séparé [...].

[46a] (cour X : être séparée, degré a) >> (cour X : être corrompue, degré b)
[46b] (cour X : être séparée, degré a+c) >> (cour X : être corrompue, degré b+d)
[47a] cour romaine : être séparée, degré limité, t1
[48a] cour romaine : être corrompue, degré limité, t1

[46a] (cour X : être séparée, degré a) >> (cour X : être corrompue, degré b)
[46b] (cour X : être séparée, degré a+c) >> (cour X : être corrompue, degré b+d)
[47b] cour romaine : être séparée, degré élevé, t2
[48b] cour romaine : être corrompue, degré élevé, t2

B.4.6.2.2.3. *Konzessive Raisonnements*

Konzessive Raisonnements werden typisch durch Konnektoren *bien que, quoique, quel(le) que* + *subjonctif* (im dadurch eingeleiteten Satz) markiert und drücken überraschende Konklusionen aus. Liegt ein bestimmter Fall vor, erwarten wir ein bestimmtes Resultat, müssen jedoch feststellen, daß wir ein anderes Resultat vor-

---

29   Das Nominalsyntagma *le poison de la cour* kann in eine Proposition "cour romaine : être corrompue" umformuliert werden, genau wie *il fut plus séparé* (= le poison, welches isoliert ist, weil der Hof selbst isoliert ist) in eine Proposition "cour romaine : être séparée".

liegen haben [iii]. Das heißt daß wir auch hier von einem Gesetz [i] ausgehen, unter das der vorliegende Fall [ii] fallen müßte und sodann eine bestimmte Konklusion gestattet (vgl. van Dijk 1977: 81: "the exception to normal courses of events consists in the fact that the antecedent expresses a sufficient condition for the negation of the proposition expressed by the consequent"; Adam [3]1992: 113: "[...] MEME SI laisse entendre que l'on pourrait normalement tirer de la donnée p une conclusion contraire à la valeur [...] de la proposition q. Ce schéma concessif repose sur [Si p alors q] et sur son corollaire [Si non p alors non q]"; Mazzoleni 1996: 48: "causa frustrata"[30]; Foolen 1997: 7ss: "frustrated expectation"). In den meisten solcher Fälle in unserem Corpus erklärt der Autor Montesquieu diese "Ausnahme der Regel"[31] durch eine neue, unerwartete Bedingung [iv] ("Extrakondition" in unserer Terminologie), welche zum fraglichen Fall hinzukommt und das Greifen des Gesetzes "verhindert", indem sie es umformuliert oder präzisiert. Wir befinden uns hier im typischen Bereich der nicht-monotonen Logik: eine neue, unerwartete Bedingung verhindert einen bestimmten Schluß, welcher bis dahin für gültig angesehen wurde. Wir schematisieren diese Kontexte daher mit dem Konnektor "¿".

[i] p ¿ q
[ii] p
dennoch: [iii] ¬q

Extrakondition:
[iv] r

Man kann [iv] in eine neue Implikation ("r >> ¬q") oder die originale Implikation integrieren: "$(p \land r) >> \neg q$". Der letzte Fall ergibt den neuen, "aktualisierten" Schluß:

---

30 Wie schon die Terminologie "causa frustrata" anzeigt, betrachtet der Autor Konzessivität als Spezialfall von Kausalität, obwohl er Konzessivität im Rahmen von Mechanismen beschreibt, welche wir logisch-deduktiv nennen würden: "l'opinione maggiormente diffusa nella letteratura specialista si può riassumere con le parole di Martin (1987: 81): "dans tout énoncé concessif, on perçoit, sousjacente [...], une relation hypothétique dont l'antécédent est vrai et dont le conséquent est faux"" (Mazzoleni 1996: 48). Wir bringen hier dieses Zitat von Martin auch als eine weitere Untermauerung unserer Analyse von unter anderem konzessiven und hypothetischen Raisonnements als logische Schlüsse.

31 Bezüglich unserer Analyse der Negierung von erklärenden Verbindungen s. Kap. B.4.6.4.

[i] $(p \land r) >> \neg q$

[ii] p

[iii] r

[iv] $\neg q$

In unserem Corpus findet sich dazu unter anderem ein Beispiel, wo die Extrakondition den ursprünglichen Schluß durch ein konsekutives Moment bereichert (für andere Kontexte mit Kombinationen verschiedener erklärender Strategien s. Kap. B.4.6.3.). Man beachte den Konnektor *car*, welcher jenen Satz einleitet, der die Extrakondition ausdrückt.

(13)/X Cependant, *quelle que fût* la corruption de Rome, tous les malheurs ne s'y étoient pas introduits ; *car* la force de son institution avoit été *telle qu'*elle avoit conservé une valeur héroïque, et toute son application à la guerre, au milieu des richesses, de la mollesse et de la volupté [...].

[22] [nation X : être corrompue] ¿ [nation X : ¬(avoir vertus)]

[23] Rome : être corrompue, t2

néanmoins : [24] Rome : avoir vertus, t2

Extrakondition im vollständigen (konsekutiven) Kontext:

[25a] [(État X : avoir institution forte, degré < a) ∧ (État X : se corrompre)] >> [État X : ¬(avoir vertus)]

[25b] [(État X : avoir institution forte, degré ≥ a) ∧ (État X : se corrompre)] >> [État X : conserver vertus]

[26] Rome : avoir institution forte, degré ≥ a, t1 + t2 (*car la force de son institution avoit été telle qu'*)

[27a] Rome : être riche, t2 (*au milieu des richesses*)

[27b] Rome : être molle, t2 (*au milieu [...] de la mollesse*)

[27c] Rome : être voluptueuse, t2 (*au milieu [...] de la volupté*)

[24a] Rome : avoir valeur héroïque, t2

[24b] Rome : faire la guerre héroïquement, t2[32]

In der Literatur (Ducrot 1980: 93-130; Foolen 1991 und 1997) wurde oft darauf hingewiesen, daß mit *mais* ausgedrückte Relationen (Kontrastrelationen) einen Ge-

---

32   [24a] und [24b] sind Explizitierungen von [24]; [27a], [27b] und [27c] sind Explizitierungen von [23]: das bedeutet unserer Meinung nach, daß sie im fraglichen Schluß einen äquivalenten Status haben und damit innerhalb des fraglichen Raisonnements [24] bzw. [23] ersetzen können.

gensatz zu einer Erwartung ausdrücken können bzw. immer ausdrücken. Dies rückt sie in die Nähe unserer konzessiven Erklärungen. Tatsächlich haben wir in unseren Analysen zahlreiche erklärende Kontexte unseres Corpus, welche an der Oberfläche durch *mais* markiert waren, als konzessive Kontexte klassifiziert, wobei der durch *mais* eingeleitete Satz oft die überraschende Konklusion oder die Extrakondition[33] ausdrückt. Während Foolen 1997 von einem "concessive-adversative complex" spricht, kann man unserer Meinung nach Kontexte mit *mais* als eine Subkategorie der Konzessivität betrachten. Parallel dazu betrachten wir bestimmte Kontexte, welche an der Oberfläche durch *sans* markiert sind, als konzessive Kontexte[34].

B.4.6.2.2.4. Hypothetische Raisonnements

Im Laufe unserer Analysen konnten wir feststellen, daß auch hypothetische Raisonnements (zumindest jene der Vergangenheit: in unserem Corpus gibt es beinahe keine anderen[35]) ebenfalls erklärende Strategien darstellen. Der *énonciateur* präsentiert eine Beschreibung der Welt in der Vergangenheit, welche der gültigen Beschreibung entgegengesetzt ist, während er gleichzeitig zu verstehen gibt, daß diese alternative Beschreibung aus (einer Menge an) Prämissen deduziert wurde,

---

33 Vgl. das folgende Beispiel aus unserem Corpus: *(1) Les Romains eurent bien des guerres avec les Gaulois. (2) L'amour de la gloire, le mépris de la mort, l'obstination pour vaincre, étoient les mêmes dans les deux peuples,* mais *les armes étoient différentes. (3) Le bouclier des Gaulois étoit petit, et leur épée mauvaise : aussi furent-ils traités à peu près comme dans les derniers siècles les Mexicains l'ont été par les Espagnols.* (chap. IV). Hier markiert *mais* die Extrakondition, welche die überraschende Konklusion "Niederlage" erklärt, welche an der Oberfläche durch *aussi* markiert wird.

34 *(42) Car ils avoient porté les choses au point que les peuples et les rois étoient leurs sujets,* sans *savoir précisément par quel titre ; étant établi que c'était assez d'avoir ouï parler d'eux pour devoir leur être soumis.* (chap. VI). In diesem Kontext signalisiert *sans* den Fall, welcher normalerweise eine bestimmte Konklusion gestatten würde (wir hätten hier ein implizites Gesetz "qui ne sait pas par quel titre il est sujet, n'est pas sujet" vorliegen). Die Struktur *étant établi* [...] drückt die Extrakondition aus, welche die Konklusion *les peuples et les rois étoient leurs sujets* gestattet.

35 Es ist denkbar, daß hypothetische Kontexte im grammatikalischen Präsens oder Futur ein größeres "argumentatives Potential" haben als Kontexte in der Vergangenheit, etwa als Handlungsanweisungen (cf. *si tu étudies bien, tu vas passer ton examen = je te conseille d'étudier* oder sogar mit exhortativer Illokution). Wir können dazu keine päziseren Angaben machen, da sich unser Corpus wie gesagt fast ausschließlich auf Vergangenheitskontexte beschränkt. Wir wiederholen hier jedoch erneut, daß der pragmatische Effekt der erklärenden Strukturen auch nicht unser zentrales Forschungsinteresse darstellt.

welche - teilweise - dieselben sind wie für die gültige Beschreibung, mit dem einzigen Unterschied, daß zumindest eine der *praemissae minores* (eine notwendige Bedingung) einen umgekehrten Wahrheitswert wie in der gültigen Beschreibung hat. Die Beschreibung der aktuellen Welt sowie die Menge an Prämissen, von denen diese Beschreibung abgeleitet ist, bleiben implizit, können aber inferiert werden (vgl. Ducrot 1991: 188[36]). In diesem Mechanismus ist nun die Erklärung enthalten: indem man sagt, was unter der Bedingung B wahr gewesen wäre, erklärt man, daß dies nicht wahr war, eben weil diese Bedingung B nicht erfüllt wurde. Wir nennen die expliziten Propositionen, welche die hypothetische Welt beschreiben, Anti-Minor und Anti-Konklusion. Die Oberflächenmarker sind die Konjunktion *si,* welche einen Nebensatz einleitet, sowie der Verbalmodus Konditional (der Vergangenheit) im Hauptsatz. Wir schematisieren hypothetische Kontexte folgendermaßen:

[i] p >> q

[iia] p (= anti-mineure, explicite)

[iib] ¬p (= prémisse mineure, implicite)

[iiia] q (= anti-conclusion, explicite)

[iiia] ¬q (= conclusion, implicite)

Ducrot 1991 schlägt eine andere, "diskursive" Analyse der hypothetischen Kontexte vor: "si ... que" wird als pragmatische Anweisung betrachtet, "de se placer imaginativement dans la situation "p", et une fois dans cette situation, d'y affirmer "q" " (p. 184). Ducrot schlägt vor, für die Formalisierung des Irrealen einen prädikativen Operator SI zu verwenden, welcher mit dem kopulativen Operator IRR zu kombinieren wäre (p. 189). Eine ähnliche Analyse findet sich im übrigen bereits bei van Dijk (1977: 77) welcher "*if ... then*" sieht als "not a connective, but a (monadic) operator together with an 'underlying' conditional, because *if* merely indicates that the facts are not to be interpreted in the actual known world" und seiner Darstellung kausaler und rationaler Kontexte lediglich das Symbol IF hinzufügt. Van Dijk schließt jedoch eine Interpretation in unserem Sinne nicht aus: "Instead of taking *if ... then* as hypothetically modalized causal or implicative connective, we may also take it to represent this implicit inference, where the *if*-clause

---

36   In einem Kontext "si p, q" betrachtet Ducrot "¬p" als *présupposé* (= "implicite immédiat" des sogenannten *constituant linguistique* und nicht annullierbar: s. p.133) und "¬q" als *sous-entendu* (= "implicite discursif" des sogenannten *constituant rhétorique* und daher annullierbar: s. p. 133); wir vertreten die Ansicht, daß das "¬q" "sous-entendu" in erklärenden Kontexten aktiviert und nicht annulliert wird.

indicates the assumed premise and the *then*-clause the asserted conclusion, as in the modus ponens schema [...]".

Wir illustrieren unsere Analyse mit dem folgenden Beispiel, wo eine *praemissa minor* ([190]) sowohl in der aktuellen als auch in der hypothetischen Welt gültig ist (zusätzlich müssen die sprachlichen Daten hier durch unser historisches Weltwissen ergänzt werden[37]):

(56)/XXIII Bajazet ayant soumis tous les autres sultans, les Turcs *auroient* fait pour lors ce qu'ils firent depuis sous Mahomet II, *s*'ils n'avoient pas été eux-mêmes sur le point d'être exterminés par les Tartares.

[189] {[nation X : s'unir] ∧ [nation X : ¬(être menacée par nation Y)]} >> {nation X : vaincre ennemi Z} (prémisse majeure implicite)

[190] Bajazet : soumettre tous les autres sultans (= prémisse mineure 1 explicite)

[191a] Turcs : ¬(être sur le point d'être exterminés par Tartares) (= anti-mineure 2 explicite)

[191b] Turcs : être sur le point d'être exterminés par Tartares (= prémisse mineure 2 implicite)

[192a] Turcs : conquérir Constantinople (= anti-conclusion explicite)

[192b] Turcs : ¬(conquérir Constantinople) (= conclusion implicite)

B.4.6.2.2.5. Finale und "okkasionelle" Raisonnements

Finale Kontexte zeichnen sich an der Oberfläche durch Standardmarker wie *pour + infinitif, afin que + subjonctif, dans l'idée de + infinitif, motivé par; dans l'espérance de, vouloir* etc. aus. Aber sie sind unserer Meinung nach auch in bestimmten Kontexten mit *devoir, falloir, nécessairement* etc. enthalten: wenn der *locuteur/ énonciateur 2*[38] eine solche Modalität anführt, stellt man sich automatisch Fragen wie "notwendig, um was zu erreichen/zu umgehen ?" oder "und wenn nicht ... was erwartet den Handelnden?". Derartige Modalitäten drücken daher nichts anderes aus, als Raisonnements über Ziele, die man erreichen möchte, oder Konsequenzen, die man vermeiden will, indem man auf eine bestimmte Art und Weise handelt, mit einem Wort, finale Raisonnements. Wir formalisieren derlei Kontexte mittels folgendem deskriptiven Schema, welches in einem Kontext wie "acteur X fait P pour Q"

---

37 "faire ce qu'ils firent sous Mahomet II" bedeutet "conquérir Constantinople".

38 Wir erinnern daran, daß bei der Wiedergabe eines Handlungsraisonnements eines Akteurs in der 3. Person (des ursprünglichen *énonciateur* oder *e 1*) der Vermittler (*locuteur*) gleichzeitig auch *énonciateur* (*e 2*) wird, da er ja über das Raisonnement anderer urteilt.

wohlgemerkt nur den Teil "pour Q" darstellt (der Teil "acteur X fait P" ist eine "direkte" Referenz auf die außersprachliche Wirklichkeit; im Raisonnement wird X zu unserem *énonciateur e 1*):

[i] e-penser : p >> q   (für hinreichende Bedingungen)

oder: e-penser : ¬ p >> ¬q (für notwendige Bedingungen)

[ii] e-vouloir : q (= Basismotiv)

[iii] e-vouloir : p (= direktes Handlungsmotiv)

Der *énonciateur e (1)* geht von einer *praemissa maior* aus, welche seinen Glauben an sein Vermögen darstellt, q durch die Realisierung von p herbeizuführen.[39] Es existiert weiter als *praemissa minor* sein bewußter Wille, q erreichen zu wollen (dieser Wille, den wir *Basismotiv* nennen, ist eventuell mit "purpose" von van Dijk 1977: 174 zu vergleichen). Der *énonciateur* verbindet diese beiden Prämissen und zieht daraus die Konklusion, q zu wollen. Diesen Willen nennen wir direktes Handlungsmotiv (eventuell vergleichbar mit "intention" von van Dijk 1977: 174): denn es ist dieses Motiv, das zum Handeln veranlaßt. Anscombe (1957: 78) definiert das Konzept des "raisonnement pratique" (inspiriert am aristotelischen Konzept des *praktischen Syllogismus*) mit "that the thing wanted is *at a distance* from the immediate action, and the immediate action is calculated as the way of getting or securing the thing wanted". "Wanting" wäre charakterisiert durch "some kind of action or movement which (the agent at least supposes) is of use towards something, and the idea of that thing" (1957: 69). Bezüglich des Terminus "Motiv" liest man: "I call a motive forward-looking if it is an intention" (1957: 21; die Autorin unterscheidet im übrigen "forward-looking motives", "backward-looking motives", "motives-in-general" und "mixed motives").

Nach der Darstellung des Raisonnements muß der *locuteur* nur noch feststellen - eine Referenz auf die außersprachliche Welt - daß der *énonciateur* (= der Agent) seinen Plan verwirklicht hat (was der Verwirklichung des diktalen Teiles des direkten Handlungsmotives entspricht). Mit unserem *direkten Handlungsmotiv* können wir gleichzeitig auch eine logische Definition des Konzeptes des *Mittels* (*zum Zweck*) oder des *Instrumentes* (im weitesten Sinn) liefern. Kontexte mit *vouloir faire/ chercher à faire* können sich darauf beschränken, ein derartiges Raisonnement zu

---

39   Vgl. Anscombe (1957: 35): "the future state of affairs mentioned must be such that we can understand the agent's thinking it will or may be brought about by the action about which he is being questioned." N.B. Die "Frage", die hier gemeint ist, ist die Frage "warum ?"; die "Anwendbarkeit" dieser Frage in Handlungskontexten stellt für Anscombe das Definitionskriterium für *Intention* dar, da diese Frage eine Antwort bezüglich der Handlungsgründe herausfordert.

implizieren, ohne die konkreten Handlungen anzuführen, welche zu diesem Zweck gesetzt werden. Es sei darauf hingewiesen, daß ein finaler Kontext an sich keinerlei Informationen darüber enthält, ob der Agent tatsächlich sein Ziel erreicht hat, indem er dem Plan gefolgt ist, welchen seine Vernunft ihm eingegeben hat. Es gibt allerdings Kontexte, welche durch den *locuteur* mittels derlei Informationen erweitert werden. Wir nennen diese *Kontexte der aufgegangenen Rechnung*. Wir formalisieren eine aufgegangene Rechnung ebenfalls mittels eines logischen Schlusses. Dieser Schluß enthält - als *praemissa maior* - das isolierte Diktum der ursprünglichen *praemissa maior*, namentlich die Implikation ("p >> q"), weiters - als *praemissa minor* - den Sachverhalt um die konkrete Handlung und schließlich, als Konklusion, den Sachverhalt um die Eventualität des realisierten Ziels (es gibt auch Fälle des Scheiterns des Plans, welche unter anderem als konzessive Kontexte darstellbar sind, wo eine unvorhergesehene Extrakondition die Rechnung nicht aufgehen läßt). Wir führen dazu ein Beispiel an, wo im Text eine Angabe vorliegt, daß das Ziel erreicht wurde ("Grec A" ist zu lesen als "n'importe quel Grec d'une espèce déterminée"):

(17)/XXI Toutes les voies furent bonnes *pour* parvenir à l'empire : on y alla par les soldats, par le clergé, par le sénat, par les paysans, par le peuple de Constantinople, par celui des autres villes.

[31] Grec A-penser : {[(A : collaborer avec soldats[40]) ∨ (A : collaborer avec clergé) ∨ (A : collaborer avec sénat) ∨ (A : collaborer avec paysans) ∨ (A : collaborer avec peuple de Constantinople) ∨ (A : collaborer avec peuple des autres villes)] >> [A : parvenir à l'empire]}
[32] Grec A-vouloir : Grec A-parvenir à l'empire (= motif de base ; v. *pour*)
[33] Grec A-vouloir : [(A : collaborer avec soldats) ∨ (A : collaborer avec clergé) ∨ (A : collaborer avec sénat) ∨ (A : collaborer avec paysans) ∨ (A : collaborer avec peuple de Constantinople) ∨ (A : collaborer avec peuple des autres villes)] (= motif direct d'action)

état de choses autour de l'action réelle :
[33'] (Grec A : collaborer avec soldats) ∨ (Grec A : collaborer avec clergé) ∨ (Grec A : collaborer avec sénat) ∨ (Grec A : collaborer avec paysans) ∨ (Grec A : collaborer avec peuple de Constantinople) ∨ (Grec A : collaborer avec peuple des autres villes)

---

40   Gemäß unseren Analysen drücken die Oberflächenstrukturen *par* + *syntagme nominal* im vorliegenden Kontext ganze Propositionen aus. Dies ist für uns hier wesentlich festzuhalten. Das konkrete Prädikat, welches schließlich zur Explizitierung eingesetzt wird, ist hier weniger wesentlich und kann diskutiert werden.

calcul réussi :

[31'] [(Grec A : collaborer avec soldats) ∨ (Grec A : collaborer avec clergé) ∨ (Grec A : collaborer avec sénat) ∨ (Grec A : collaborer avec paysans) ∨ (Grec A : collaborer avec peuple de Constantinople) ∨ (Grec A : collaborer avec peuple des autres villes)] >> [Grec A : parvenir à l'empire] (= partie dictale de [31])

[33'] (Grec A : collaborer avec soldats) ∨ (Grec A : collaborer avec clergé) ∨ (Grec A : collaborer avec sénat) ∨ (Grec A : collaborer avec paysans) ∨ (Grec A : collaborer avec peuple de Constantinople) ∨ (Grec A : collaborer avec peuple des autres villes)

[34] Grec A : parvenir à l'empire (= état de choses autour du but réalisé)

Es gibt auch komplexere finale Kontexte, wo der *énonciateur* gezwungen ist, mehrere Raisonnement- und in der Folge Handlungsschritte vorzunehmen, wo einer zum anderen führt und welche den Handelnden seinem Ziel immer näher bringen. Derartige Kontexte sind formell dadurch gekennzeichnet, daß jedes direkte Handlungsmotiv in einem weiteren Schluß Basismotiv wird, welches wieder ein neues direktes Handlungsmotiv zur Konklusion hat (s. im Anschluß).

Ausgehend von diesem Basisschema für komplexe finale Kontexte kann man ein weiteres Konzept der Handlungslogik formalisieren, namentlich jenes des Anlasses. Wir analysieren den Anlaß (das "okkasionelle" Raisonnement) als doppeltes finales Raisonnement, dessen einer Teil ein Standardraisonnement ist und dessen zweiter Teil ein spezielleres Raisonnement ist und dessen beide Teile sich auf jene Art und Weise überschneiden, wie wir dies soeben für die komplexen finalen Kontexte beschrieben haben: das direkte Handlungsmotiv des ersten Teils wird Basismotiv im zweiten Teil. Es folgt unser Schema:

A :

[i] e-penser : (p >> q)

[ii] e-vouloir : q (= motif de base 1)

[iii] e-vouloir : p (= motif direct d'action 1)

B :

[iv] e-penser : [(r ∨ s ∨ t ∨ .....) >> (p)]

[v] = [iii] e-vouloir : p (= motif de base 2 = motif direct d'action 1)

[vi] e-voir : r' (r' = occasion)

[vii] e-vouloir : r (= motif direct d'action 2)

[viii] e_i/a_i : faire que r (= état de choses autour de l'action réelle)

Teil B des okkasionellen Kontextes enthält als *praemissa maior* den Glauben des *énonciateur* an sein Vermögen, p über verschiedene Wege [iv] herbeizuführen: diese verschiedenen Wege sind schematisierbar über einen Antezedenten mit disjunktiv verbundenen hinreichenden Bedingungen (mit inklusivem "oder") (man kann sich diesen Antezedenten als offene Menge vorstellen). Weiters existiert, als eine der *praemissae minores*, ein bewußter Wille seitens des *énonciateur*, p [v] zu erreichen, welches das Resultat (die Konklusion) eines unabhängigen Raisonnements ist (A: [iii]). Eine weitere *praemissa minor* stellt das Erkennen seitens des *énonciateur* eines Sachverhalts r' dar, welcher dem énonciateur gleichsam suggeriert, aus allen hinreichenden Bedingungen eine bestimmte, nämlich (r), anstatt von anderen zu realisieren, um p herbeizuführen. Besagter Sachverhalt stellt den *Anlaß* [vi] der Handlung [viii] dar, welche der Konklusion [vii] des Raisonnements B folgt, welche wiederum den Willen des *énonciateur* ausdrückt, r zu realisieren. Ein Beispiel aus unserem Corpus beinhaltet einen kollektiven *énonciateur*:

(63)/XX [par la destruction des Samaritains la Palestine devint déserte [...] on affoiblit l'empire, par zèle pour la religion] *du côté par où*, quelques règnes après, les Arabes pénétrèrent pour la détruire[41].

[172] Arabes-penser : [(Arabes-pénétrer dans Empire romain) >> (Arabes : détruire religion chrétienne)]
[173] Arabes-vouloir : détruire religion chrétienne (= motif de base 1) (v. *pour la détruire*)
[174] Arabes-vouloir : Arabes-pénétrer dans Empire romain (= motif direct d'action 1)

[175] Arabes-penser : {[p ∨ q ∨ (partie P d'Empire romain : être faible) ∨ ...] >> [Arabes-pénétrer dans Empire romain]}
[174] Arabes-vouloir : Arabes-pénétrer dans Empire romain (= motif direct d'action 1 = motif de base 2)
[167'] Arabes-voir : Palestine-être déserte (= occasion)
[176] Arabes-vouloir : Arabes-pénétrer dans l'Empire romain par la Palestine (= motif direct d'action 2)

état de choses autour de l'action réelle :
[176'] Arabes : pénétrer dans l'Empire romain par la Palestine, t2

---

41 Die Oberflächenstruktur *pour la détruire* gestattet auch eine nicht-finale Lesart "Zukunft in der Vergangenheit". Wir meinen jedoch, daß unsere finale Lesart mit dem Hinweis auf die historische Datenlage ebenso zu rechtfertigen ist.

calcul réussi[42] :

[172'] (Arabes-pénétrer dans Empire romain) >> (Arabes : détruire religion chrétienne)

[176'] Arabes : pénétrer dans Empire romain par la Palestine, t2

[177] Arabes : détruire religion chrétienne, t2 (= état de choses autour du but réalisé)

B.4.6.3. Kombination von erklärenden Verbindungen

Unser Corpus enthält eine große Anzahl von Kontexten, wo der Autor mehrere erklärende Strategien kombiniert, um denselben historischen Kontext zu analysieren. Dieses Vorgehen untermauert unserer Meinung nach vor allem zwei unserer theoretischen Überlegungen, was wir in den folgenden zwei Kapiteln zeigen wollen.

B.4.6.3.1. Kombination von mehreren logischen Verbindungen

Unsere Beobachtung, daß der Autor häufig mehrere logische erklärende Strategien (hintereinander oder innerhalb eines Schlusses miteinander amalgamiert) kombiniert, um denselben historischen Kontext zu diskutieren, untermauert für uns die Analyse dieser Kontexte als logisch und strukturell miteinander verwandt, das heißt auf demselben logisch-kognitiven Mechanismus aufbauend, namentlich dem logischen Schluß. Wir illustrieren dies mittels zweier Beispiele, von denen das erste einen Kontext zeigt, wo die Konklusion eines finalen Kontextes (oder genauer, die Proposition, welche den Sachverhalt um die Handlung beschreibt, die dem finalen Raisonnement folgt) als *praemissa minor* eines nicht-partikulären (deduktiven) Kontextes dient, sowie ein zweites Beispiel, welches einen Kontext mit amalgamierten finalen und konzessiven Elementen zeigt (wir verweisen außerdem auf Kap. B.4.6.2.2.3. für ein konzessiv-konsekutives Amalgam):

(19)/XVI La malheureuse coutume de proscrire, introduite par Sylla, continua sous les empereurs ; et il *falloit* même qu'un prince eût quelque vertu pour ne la pas [sic] suivre ; *car, comme* ses ministres et ses favoris *jetoient* d'abord *les yeux sur* tant de confiscations, ils ne lui parloient que de la nécessité de punir, et des périls de la clémence.

Man kann hier zuerst einen finalen Kontext isolieren (wir lesen "jeter les yeux sur" als "vouloir : jouir de"), wo das Basismotiv [24] an der Oberfläche durch *comme* markiert ist:

---

42   Der Kontext erlaubt zu inferieren, daß die Rechnung aufgegangen ist.

[23] ministres et favoris des empereurs-penser : [(ministres et favoris-suggérer : empereurs-être sévères) >> (ministres et favoris-jouir des confiscations)]

[24] ministres et favoris-vouloir : ministres et favoris-jouir des confiscations (= motif de base)

[25] ministres et favoris-vouloir : ministres et favoris-suggérer : empereurs-être sévères (= motif direct d'action)

état de choses autour de l'action concrète :
[25'] ministres et favoris-suggérer : empereurs-être sévères

[25'] dient sodann als *praemissa minor* in einer Deduktion, was an der Oberfläche durch die Konjunktion *car* markiert wird. Die *praemissa maior* dieser Deduktion [26] ist explizit (*et il* falloit *même qu'un prince eût quelque vertu pour ne la pas* [sic] *suivre* ; der notwendige Charakter ihrer Bedingung ist durch *falloir* markiert). Diese Deduktion enthält eine weitere *praemissa minor* [27], welche implizit ist. An der Oberfläche wird die letzte Konklusion als erstes Element präsentiert, um erst im Anschluß erklärt zu werden.

[26] {[ministres et favoris d'empereur X-suggérer : empereur X-P] ∧ [empereur X : ¬(être vertueux)]} >> {empereur X-P}
[25'] ministres et favoris-suggérer : empereurs-être sévères
[27] empereurs : ¬(être vertueux)
[28] empereurs : être sévères ≅ continuer proscriptions

(1)/XVII [...] Dioclétien [...] régla qu'il y auroit toujours deux empereurs et deux Césars. (2) Il *jugea* que [...] la dignité de César *étant* toujours *subordonnée*, la puissance, *partagée* entre quatre pour la sûreté du gouvernement, ne seroit *pourtant* dans toute son étendue qu'entre les mains de deux.

[13] Dioclétien-savoir : [(Dioclétien-partager puissance en quatre) >> (puissance-être dans les mains de quatre)] (= majeure, implicite)
[14] Dioclétien-vouloir : puissance-être dans les mains de deux (= motif de base, implicite)
néanmoins : [15] Dioclétien-vouloir : Dioclétien-partager puissance en quatre (= motif direct d'action concessif, base de l'action exprimée par "il régla que")

motif extra (dans son contexte complet) :

[16] Dioclétien-penser : {[(Dioclétien-partager puissance en quatre) ∧ (deux chefs-être subordonnés)] >> [puissance-être dans les mains de deux]} (majeure ; v. *il jugea que ... pourtant*)

[14] Dioclétien-vouloir : puissance-être dans les mains de deux (= motif de base, implicite)

[17] Dioclétien-vouloir : deux chefs-être subordonnés (= motif extra, implicite)

[15] Dioclétien-vouloir : Dioclétien-partager puissance en quatre (= motif direct d'action)

Wir haben uns hier auf die Darstellung des amalgamierten Teilkontextes beschränkt und verweisen für den vollständigen (sehr komplexen) Kontext auf unsere diesbezügliche Analyse im Materialteil.

B.4.6.3.2. Kombination von logischen und kausalen Verbindungen

Unsere Beobachtung, daß der Autor unseres Corpus häufig beide erklärenden Strategien, die kausale und die logische, heranzieht, um denselben historischen Kontext zu analysieren, untermauert unserer Meinung nach unsere Auffassung, daß ein Textproduzent die Erklärung eines bestimmten Kontextes entweder als kausale oder als logische Verbindung präsentieren kann, und dies untermauert in weiterer Folge wiederum unsere These, dergemäß die Unterscheidung "(linguistische) Ursache" und "Grund" nicht auf außersprachlichen Kriterien, sondern auf linguistischen, namentlich referentiellen Kriterien basieren sollte.

Wir haben einen solchen Fall im folgenden Beispiel vorliegen, wo Montesquieu zuerst einen kausalen Ausdruck verwendet, um ein bestimmtes historisches Faktum zu erklären, um diese Erklärung sodann mittels einer logischen Strategie zu vertiefen:

(47)/XX [Justinien, qui favorisa les bleus, et refusa toute justice aux verts, aigrit les deux factions, et par conséquent les fortifia.]⁴³ (48) Elles allèrent jusqu'à *anéantir* l'autorité des magistrats. | (49) Les bleus ne craignoient point les lois, *parce que* l'empereur les protégeoit contre elles ; | les verts cessèrent de les respecter, *parce qu'*elles ne pouvoient plus les défendre.

---

43   Der Satz in Klammer, welcher den vorangehenden Kontext repäsentiert, stellt selbst einen komplexen erklärenden Kontext dar - wir verweisen hier für die Details auf die Textanalysen im Materialteil; wir inferieren hier ein Prädikat "se fortifier" aus dem vorangehenden Kontext, welches für die Faktionen ("les bleus et les verts") gilt; dieses Prädikat beschreibt jenes Ereignis, welches die Vernichtung der Macht der Magistrate verursacht.

[133a] magistrats : avoir autorité, t1

[132] bleus et verts : se fortifier, t2

CAUS (v. *anéantir*)

[133b] magistrats : ¬(avoir autorité), t3

Das Verb *anéantir* markiert zunächst eine kausale Erklärung. Der Sachverhalt um das Resultat der Veränderung (beschrieben durch die Proposition [133b]) wird in der Folge durch zwei Propositionen erklärt ([135] und [136]), welche im Rahmen einer Deduktion als *praemissae minores* dienen; die Konklusion dieser Deduktion ist sodann [133b] (das Gesetz [134] ist implizit). An der Oberfläche werden [135] und [136] durch Sätze ausgedrückt, welche jenem Satz juxtaponiert folgen, welcher (unter anderem) [133b] ausdrückt (wir haben diese Juxtapositionen im Text durch " | " markiert). Der Leser muß die erklärende Verbindung inferieren (was für uns genügt, um [135] et [136] als *praemissae minores* und nicht als Ursachen zu klassifizieren):

[134] {[peuple d'État X : ¬(craindre lois)] ∨ [peuple d'État X : ¬(respecter lois)]} >> {magistrats d'État X : ¬(avoir autorité)}

[135] bleus : ¬(craindre lois)

[136] verts : ¬(respecter lois)

[133b] magistrats : ¬(avoir autorité), t3

Sowohl [135] als auch [136] werden jeweils mittels anderer Prämissen ([138] bzw. [140]) logisch erklärt, zu denen sie im Konklusionsverhältnis stehen (die *praemissae maiores* [137] bzw. [139] sind zu rekonstruieren). [138] und [140] sind jeweils an der Oberfläche durch die Konjunktion *parce que* markiert (welche für uns, wie alle anderen Konjunktionen, logische Verbindungen markiert):

[137] [prince d'État X : protéger faction F1 contre lois] >> [faction F1 : ¬(craindre lois)]

[138] Justinien : protéger bleus contre lois

[135] bleus : ¬(craindre lois)

[139] [lois d'État X : ¬(défendre faction F2)] >> [faction F2 : ¬(respecter lois)]

[140] lois : ¬(défendre verts)

[136] verts : ¬(respecter lois)

B.4.6.4. Die Negierung von erklärenden Verbindungen

In unserem Corpus gibt es eine Reihe von Kontexten, wo der Autor leugnet, daß ein bestimmtes historisches Faktum ein anderes verursacht hat oder dessen Wirkung war (im ersten Fall spricht er von einem konkreten Faktum und leugnet die Existenz eines Faktums, welches als möglich oder voraussehbar präsentiert wird; im zweiten Fall spricht er von einem konkreten Faktum und leugnet, daß ein anderes konkretes Faktum dessen Ursache war; das heißt daß die beiden Fakten als kausal voneinander unabhängig präsentiert werden). Wenn der Autor derartige Erklärungen abgibt, läßt er stets weitere, logische, Erklärungen folgen: sei es, daß er Gründe anführt, warum die vorausgesagte Wirkung nicht eingetroffen ist, sei es, daß er die "richtige(n)" Erklärung(en) liefert. Die Tatsache, daß eine solche Verbindung geleugnet wird, impliziert, daß der Autor erwartet, daß zumindest irgendjemand diese Verbindung herstellen könnte. Um eine solche jedoch erwarten zu können, muß man sich auf ein allgemeines Gesetz beziehen. Der Autor erklärt in der Folge dieses implizite Gesetz für den vorliegenden Kontext für "außer Kraft gesetzt". Dies ist jedoch nichts anderes als unser konzessives Raisonnement, dessen Extrakonditionen man in der Tat auch sofort in der Umgebung eines solchen Kontextes an der Textoberfläche antrifft. Dies führt uns dazu, die These aufzustellen, daß jede Negierung einer erklärenden Verbindung *per se* ein logischer Vorgang ist, was auch für verneinte kausale Verbindungen gilt. Man kann diese These, abgesehen von den Belegen, welche unser Corpus dafür zur Verfügung stellt, mit Überlegungen in Verbindung bringen, welche unabhängig von unseren Überlegungen in den Arbeiten anderer Linguisten vorgebracht wurden. Dies wäre zuerst die Beobachtung im Rahmen von diskursanalytischen Untersuchungen, daß der Zurückweisung durch den Gesprächspartner von propositionellen Inhalten, illokutorischen und enunziatorischen Akten eines Sprechers, normalerweise weitere Erklärungen seitens des Gesprächspartners folgen (vgl. z.B. Heritage 1988 bezüglich der Zurückweisung von Einladungen oder Fragen, oder Kerbrat-Orecchioni 1992 für eine Synthese über diese "dispreferred acts"; beide zitiert nach Torck 1996: 79; Näheres dazu in Kap. B.2.2.2.5.). Während die Diskursanalyse dieses Phänomen im Rahmen von *facemanagement* oder Abschwächung eines potentiellen Konfliktes erklärt, stellt sich für uns die Frage, ob dieses Phänomen, abgesehen davon, nicht auch durch die der Verneinung bestimmter Verbindungen inhärente logische Struktur erklärt werden kann, eine konzessive Struktur, welche das Terrain für weitere Erklärungen "vorbereitet", indem sie bereits die logische Struktur vorgibt, der sodann gefolgt werden kann (es widerspricht keiner Logik, daß man sich ausschließlich anderer als der erklärenden Strategien bedienen könnte, um einen potentiellen Konflikt abzuschwächen; zu anderen Strategien s. Kap.

B.2.2.2.5.). Mit dieser Referenz auf die Diskursanalyse befinden wir uns bereits in der Nähe der Stellungnahmen von Ducrot (1984: 217s.) und dessen *négation polémique*: diese würde einen *énonciateur* implizieren, welcher eine Meinung äußert, die der Meinung des *énonciateur* der expliziten Äußerung (positiv) entgegengesetzt ist, und auf welche der explizite *énonciateur* antwortet, indem er ihr widerspricht (man findet dieselbe Analyse im übrigen bereits in van Dijk 1977: 57[44]). Unsere Beobachtungen würden diese These untermauern, wenn man unserer Vorstellung folgt, daß Argumentation ein diskursiv-pragmatischer Effekt von u.a. textsemantischen Phänomenen wie der Erklärung sein kann. In diesem Sinne wäre der Inhalt, welcher vom impliziten, opponierenden *énonciateur* vertreten wird, für den Fall der Erklärungen jenes Gesetz, welches der explizite *énonciateur* aufhebt. Wir illustrieren unsere These mit dem folgenden Beispiel aus unserem Corpus:

(66)/I La prise de Rome par les Gaulois *ne lui ôta rien de ses forces* : l'armée, plus dissipée que vaincue, se retira presque entière à Véïes ; le peuple se sauva dans les villes voisines ; et l'incendie de la ville ne fut que l'incendie de quelques cabanes de pasteurs.

Wir schematisieren diesen Kontext zunächst als verneinten kausalen Zusammenhang:

[225a] Rome : forte, degré a, t1
[226] Gaulois : prendre Rome, t2
¬**CAUS** (v. *ne lui ôta rien de ses forces*)
[225b] Rome : ¬(être forte, degré < a), t3
= [225'] Rome : ¬(devenir moins forte)

Sodann schematisieren wir ihn, unserer Meinung nach adäquater, als konzessiven Kontext mit einer Reihe von Extrakonditionen ([228]-[231]), welche an der Oberfläche durch juxtaponierte Sätze markiert sind, aber durch die Zeichensetzung (Doppelpunkt) eng mit dem zu erklärenden Satz verbunden sind:

---

44   Während der Beitrag von van Dijk jenem von Ducrot vorausgeht, arbeitet Ducrot diese Idee systematisch in sein Polyphoniesystem ein (van Dijk vertieft diese Idee, welche er zusammen mit zwei anderen Fragestellungen zur Negation anreißt und welche ihm gemäß "require separate discussion", aus Platz- und Relevanzgründen nicht weiter).

[227] (peuple X : prendre capitale de nation Y) >> (capitale : devenir moins forte)

[226] Gaulois : prendre Rome

néanmoins : [225] Rome : ¬(devenir moins forte)

conditions extra :

[228a] armée romaine : être dissipée, degré > a

[228b] armée romaine : être vaincue, degré < a

[229] armée romaine : être entière, 90%[45]

[230] peuple romain : se sauver

[231a] ville de Rome : ¬(être détruite par feu)

[231b] quelques cabanes : être détruites par feu

Nachdem wir nun unser Beschreibungsinstrumentarium für die erklärenden Strukturen vorgestellt haben, diskutieren wir im folgenden Kapitel B.5. einen weiteren Baustein der semantischen Architektur von Texten, namentlich die semantischen Felder.

---

45   [229] kann als Konklusion zu [228a und b] interpretiert werden, welche so einen Status als *prae-missae minores* einnehmen würden.

B.5. Semantische Felder

B.5.1. Einleitung

Semantische Felder, das heißt begriffliche Bereiche, werden im allgemeinen in bezug auf die *langue*-Ebene diskutiert (mit *langue* als "abstraktes System einer Einzelsprache"). Dies gilt ebenso für lexikalische Felder, das bedeutet semantische Felder, deren Mitglieder ausschließlich Lexeme (und nicht kleinere oder größere Einheiten als diese) sind; hier steht speziell das abstrakte System "Wortschatz" im
Mittelpunkt von Untersuchungen (vgl. Lyons 1977 I: 230; zu Lyons' genauer Definition s. Kap. B.5.3.). Wir wollen hier jedoch die Betrachtung der *langue*- und jene der *parole*-Ebene verbinden, indem wir die auf der *langue*-Ebene gewonnenen
Erkenntnisse über bestimmte semantische Felder anhand von konkreten sprachlichen Realisierungen (hier: anhand eines Textes) überprüfen. Wir wollen damit einerseits bestimmte sprachsysteminhärente Regelmäßigkeiten aufzeigen und andererseits ein Instrumentarium für die konkrete Textanalyse vorstellen, welches es
gestattet, das Auftreten bestimmter Begriffe in einem Text systematisch vorherzusagen bzw. ein Abweichen von der Vorhersage systematisch zu beschreiben und
sodann zu interpretieren.

Semantische Felder sind namentlich auch ein essentieller Bestandteil von textuellen Architekturen. Indem ein Textinhalt unterschiedliche begriffliche Bereiche
aktiviert, bekommt er einerseits Struktur andererseits Kohärenz und wird damit
rezipierbar. Der begriffliche Bereich, unser kognitives Universum, ist nach gewissen Grundprinzipien wie zuallererst der Antonymie strukturiert (s. Näheres dazu
in Kap. B.5.3.). Indem ein Text nun bestimmte Subbereiche unseres kognitiven
Universums aktiviert - dies geschieht durch Oberflächenrealisierungen wie Lexeme oder Lexemkombinationen -, werden andere vorhandene Strukturen unseres
kognitiven Universums mitaktiviert und gestatten dadurch einerseits eine indirekte
Strukturierung des Textuniversums. Auf der anderen Seite gibt die repetitive Aktivierung von begrifflichen Bereichen dem Text Kohärenz: die Wiederholung von
Inhaltselementen im Text kann als begriffliche Fäden oder Stränge - auch *Isosemien*
genannt (s. dazu Kap. B.5.3.) - bildend betrachtet werden, welche das Gewebe
"Text" (< TEXERE) durchziehen und damit aufbauen bzw. zusammenhalten
(< CO-HAERERE). Letztendlich bedingen Struktur und Kohärenz daher einander
gegenseitig.

In bezug auf die Analyse unseres konkreten Textes der *Considérations sur les causes de
la grandeur des Romains et de leur décadence* von Montesquieu kündigt bereits dessen

Titel an, daß die semantischen Felder der GRANDEUR und der DÉCADENCE die isosemischen Grundpfeiler der Textarchitektur sein müssen. Dies stellt uns vor mehrere Fragen, welche vor der eigentlichen Analyse beantwortet werden müssen.

Es ist zunächst zu bestimmen, welche Intension und Extension diese beiden Begriffe in der fraglichen Kultur in der fraglichen Periode haben, aus welchen der zu untersuchende Text stammt. Wir beginnen unsere Untersuchungen daher mit einer lexikographischen Absicherung: und zwar erstens der Begriffe GRANDEUR und DÉCADENCE in der Auffassung des französischen 18. Jahrhunderts anhand der *Encyclopédie, ou Dictionnaire raisonné des sciences, des arts et des métiers* (ab nun *Encyclopédie*) von Diderot und D'Alembert sowie zweitens der Lexeme *grandeur* und *décadence* anhand etymologischer Wörterbücher, wobei wir jeweils deren begriffliches und lexemisches Umfeld miteinbeziehen (HAUTEUR/*hauteur*, CHUTE/*chute* etc.). Damit soll ein ungefährer Rahmen in bezug auf relevante Subfelder (z.B. physischer, militärischer etc. Bereich) gegeben werden, auf deren Aktivierung sodann bei der konkreten Analyse des Montesquieu-Textes geachtet werden soll.

Auf der anderen Seite ist ein theoretischer Apparat notwendig, mit dessen Hilfe systematisch andere, in der Lexikographie nicht genannte/aktivierte, potentiell jedoch vorhandene Subbereiche des relevanten Teiluniversums explizitiert und damit für die Analyse verfügbar gemacht werden können. Es handelt sich dabei speziell um die Struktur der Antonymie - dies einerseits, weil dieses kognitive Prinzip einer der grundlegendsten, vielleicht der grundlegendste Strukturgeber unserer Kognition und damit Text(re)konstruktion ist (vgl. Metzeltin/Thir 1996: 18; Geckeler 1996: 25, der der Synonymie jedoch eine ebensowichtige kognitive Rolle einräumt); andererseits, weil der Titel unseres Textes *Considérations sur les causes de la grandeur des Romains et de leur décadence* die Begriffe GRANDEUR und DÉCADENCE einander gegenüberstellt und damit einen semantischen Gegensatz suggeriert, welcher intuitiv auch mehr oder weniger nachvollziehbar ist. Es gilt daher, eine Theorie zur systematischen Beschreibung von semantischen Gegensätzen zu entwickeln, welche die semantischen Gegensätze von GRANDEUR und DÉCADENCE isolieren und die Frage nach dem semantischen Verhältnis dieser beiden Begriffe zueinander ("echte" Antonymie oder nicht) beantworten kann. Nach einer kurzen exemplarischen Präsentation zur Theorie der semantischen Felder und verwandter theoretischer Einheiten (v.a. Wortfelder) in der Literatur (Lyons 1977; Geckeler 1996, 1997a, 1997b; Kap. B.5.3.) soll versucht werden, kognitive Prinzipien zu Entstehung und Aufbau von semantischen Feldern am Beispiel von GRANDEUR und DÉCADENCE zu isolieren (Kap. B.5.4.), sodann eine systematische Definition von semantischen Gegensätzen zu liefern (Kap. B.5.5.), auf

deren Basis die antonymischen Felder von GRANDEUR und DÉCADENCE
(Kap. B.5.6.1.) sowie das semantische Verhältnis von GRANDEUR und DÉCA-
DENCE zueinander (Kap. B.5.6.2.) bestimmt werden können. Nach diesem theoretischen Teil soll schließlich der praktischen (das heißt prädiktiven) Relevanz dieser Voruntersuchungen Rechnung getragen werden, indem - aufbauend auf den
gemachten Erkenntnissen - eine systematische Aufstellung der prädiktiv bestimmten, für die Analyse der *Considérations* relevanten Subfelder von GRANDEUR und
DÉCADENCE präsentiert wird (Kap. B.5.7.) und Beispiele von sodann tatsächlich in den *Considérations* aufscheinenden lexematischen Vertretern einiger dieser
Subfelder angeführt werden (Kap. B.5.8.).

*B.5.2. Lexikographische Absicherung der Begriffe GRANDEUR und DÉCADENCE,
der Lexeme* grandeur *und* décadence *sowie des begrifflichen und lexemischen Umfeldes*

Wir beginnen unsere Untersuchungen mit einer ungefähren Bestimmung von Intension und Extension der beiden Begriffe GRANDEUR und DÉCADENCE in
der fraglichen Kultur in der fraglichen Periode, aus welchen die zu untersuchenden *Considérations* von Montesquieu stammen.

Diesem Ziel sollte eine Untersuchung folgender Artikel der *Encyclopédie, ou Dictionnaire raisonné des sciences, des arts et des métiers* von Diderot und D'Alembert dienen:

- "Grandeur"
- "Décadence"
- Artikel, auf welche in den Artikeln "Grandeur" und "Décadence" explizit verwiesen wird (z.B. "Grandeur" → "Gloire");
- gegebenenfalls Artikel zu Stichwörtern, welche in den Artikeln "Grandeur" und "Décadence" im Rahmen der Erläuterungen/Definitionen
  herangezogen werden ("Décadence" → "Ruine");
- gegebenenfalls Artikel zu Stichwörtern, welche auf die letztgenannte Art
  und Weise aus letztgenannten Artikeln hervorgehen (zunächst "Décadence" → "Ruine", sodann "Ruine" → "Chute");
- gegebenenfalls Artikel zu Stichwörtern, welche in anderen Nachschlagewerken (z.B. dem *Trésor*) mit den betreffenden Begriffen in Zusammenhang gebracht werden ("Décadence" → "Crouler").

Es sei hier vorausgeschickt, daß die *Encyclopédie* zu jenen Themen, die uns hier
speziell interessieren, insbesondere zwei Kategorien von Artikeln anbietet:

- zum ersten jene, welche mit "(Gramm.)", "(Syn. Gramm.)", "(Synony-
  mes)" o.ä. gekennzeichnet sind und sich auf den konkreten Sprachgebrauch des Stichwortes beziehen (Bedeutungsdefinitionen, -nuancen,
  auch in bezug auf andere Mitglieder der Wortfamilie, wie etwa adjektivische Ableitungen etc., inhaltlicher und anwendungstechnischer Vergleich
  mit bzw. Abgrenzung von Lexemen nahestehenden Inhalts, präskriptive
  und deskriptive Gebrauchsnormen): diese Art Artikel ist z.B. zum Stichwort "Décadence" zu finden;
- zum zweiten Artikel, welche mit "(Phil.mor.)" markiert sind und welche
  eine moralisch-ethische Diskussion des fraglichen Begriffes durch den
  jeweiligen Autor bringen, und dies aus dessen ganz persönlicher Sicht;
  die aufklärerische, humanistische redaktionelle Grundhaltung ist naturgemäß durch die gesamte *Encyclopédie* gewahrt, die einzelnen Autoren präsentieren ihr Anliegen jedoch von einer sehr persönlichen Warte aus,
  und einzelne Beiträge, welche einander inhaltlich überschneiden, sind
  nicht immer vollständig kongruent in bezug auf ideologische Haltung
  und damit auch auf begriffliche Definitionsfragen: Artikel dieses Typs ist
  etwa der Artikel "Grandeur" von Marmontel sowie der dazugehörige
  Unterartikel "Grandeur d'ame [sic]" von Formey;
- letzte Einschränkung gilt im übrigen teilweise auch für die "(Gramm.)"-
  Artikel, welche einander überschneiden, wie etwa die Artikel "Gloire"
  (Autor: Voltaire), "Renommée" (Autoren: Goussier und Daubenton),
  "Réputation, Considération" (die Autoren Goussier u. Daubenton zitieren die Definitionen von Mme de Lambert) und "Estime" (Autor: Jaucourt): die jeweiligen Autoren definieren ihre Begriffe über die jeweils
  anderen Begriffe des fraglichen Feldes, die definitorischen Stammbäume
  sind jedoch keineswegs deckungsgleich (während Voltaire "gloire" definiert als "réputation jointe à l'estime" und Goussier/Daubenton "renommée" als "estime éclatante", so definierte wiederum Jaucourt "estime" als
  "degré de considération", und während für Mme de Lambert "considération" vom "effet que nos qualités personnelles font sur les autres",
  speziell jedoch bei Nahestehenden, kommt, hat "réputation" für die Autorin mit "admiration" bei einem breiteren Publikum zu tun etc.);
- die Übergänge zwischen den beiden Kategorien von Artikeln sind flie-
  ßend: Definitionen fehlen nicht in den ideologischen Artikeln, und einige
  Autoren können sich ideologischer Stellungnahmen auch im Rahmen
  von Grammatikartikeln nicht enthalten; dies gilt etwa für die Artikel zu
  "Gloire", wo Voltaire den grammatikalischen, Marmontel jedoch den
  ideologischen Artikel verfaßt hat: Voltaires Definition von "gloire" ist

wie erwähnt "réputation jointe à l'estime", während Marmontel diesen Begriff definiert als "éclat de la bonne renommée" sowie als "renommée éclatante", welche "le merveilleux" voraussetzt, welches sich wieder über die Naturkräfte erhebt oder zumindest scheint, es zu tun; die Definitionen Marmontels sind in Konflikt mit den oben genannten Begriffsdefinitionen, was noch vertieft wird, indem der Autor wiederum seine eigenen Definitionen für "estime" ("sentiment tranquille & personnel"), "admiration" ("un mouvement rapide & quelquefois momentané") und "célébrité" ("renommée étendue") gibt; dasselbe gilt für die Artikel zu "Grand/ Grandeur" u.a. (s. Kap. B.5.2.1.).

Die Hinweise, welche wir zu unseren semantischen Feldern aus der *Encyclopédie* erhalten, sind daher sehr heterogen. Jene Beziehungen, die in den einzelnen Artikeln zwischen Begriffen aufgebaut werden, sind in zwei Hauptkategorien einzuteilen:

– zum ersten Beziehungen, welche für die gesamte Sprachgemeinschaft der damaligen Zeit verbindlich waren, sprich: im Sprachsystem gemäß einer deskriptiven Norm fixiert waren;

– zum zweiten Beziehungen, welche ein Autor ausgehend von seiner ideologischen Haltung ganz persönlich zwischen einzelnen Begriffen herstellt, indem er etwa eine Idee über eine andere Idee definiert, ohne daß diese Definition für andere Sprecher der Sprachgemeinschaft verbindlich wäre; dazu gehören etwa moralische Imperative nach dem Muster "ein Würdenträger *soll(te)* diese oder jene Eigenschaft oder Handlungsweise an den Tag legen": der Autor verbindet (assoziiert) die Idee des Würdenträgers mit einer speziellen Eigenschaft oder Handlungsweise in seinem *persönlichen semantischen Feld*, ohne daß das Kollektiv der Sprachgemeinschaft oder auch nur ein einziger anderer Sprecher diese Assoziationen nachvollzieht oder nachvollziehen möchte;

– schließlich gibt es auch noch eine Art kategorielles Mittelding zwischen diesen beiden Beziehungen: es sind dies Beziehungen, welche der Autor für einen Teil des Kollektivs (typischerweise den ungebildeten; mit Formulierungen wie "le peuple") als gültig deklariert und dies kritisiert; es sind dies sozusagen Beziehungen, welche der präskriptiven Norm des Autors (der persönlichen oder jener der elitären Gruppe, welcher er sich zugehörig fühlt) widersprechen.

Da unsere Untersuchungen jedoch lediglich zum Ziel haben, eine ungefähre Vorstellung bezüglich der Gedankenwelt des französischen 18. Jahrhunderts für unsere folgende konkrete Untersuchung der "Considérations" von Montesquieu zu bekommen, sind diese Tatsachen hier weniger relevant. In der konkreten Untersuchung der "Considérations" sind sodann die *persönlichen* semantischen Felder Montesquieus zu rekonstruieren.

B.5.2.1. *GRANDEUR in der Auffassung des französischen 18. Jahrhunderts anhand der* Encyclopédie

Die *Encyclopédie* leitet den Artikel "Grandeur" zuerst mit einem mit "(Philos. & Mathém.)" gekennzeichneten Teilartikel ein, welcher auf die mathematisch-philosophischen Definitionsprobleme von "grandeur" eingeht (etwa, ob "Null" und das "Unendliche" als "Größen" anzusehen sind, wogegen beispielsweise eine Definition von "grandeur" als etwas "susceptible d'augmentation & de diminution" spricht). Der darauf folgende Teilartikel, welcher mit "(Phil.mor.)" markiert ist, spiegelt die persönliche Meinung des Autors (Marmontel) wider, wie dies im vorangehenden Kapitel näher erläutert wurde. Der Autor weist darauf hin, daß "g." im physikalischen und geometrischen Sinn oft absolut ist, d.h. keinen Vergleich voraussetzt, synonym mit "quantité" oder "étendue" ist. Im moralischen Sinn ist der Begriff jedoch ein relativer und beinhaltet die "idée" der "supériorité":

Ainsi quand on l'applique aux qualités de l'esprit ou de l'ame [sic], ou collectivement à la personne, il exprime un haut degré d'élévation[1] au-dessus de la multitude.

Diese "élévation" kann nun natürlich oder künstlich ("factice") sein, was sodann den Unterschied zwischen "*grandeur* réelle" (oder "g. personnelle") und "*grandeur* d'institution" ausmacht. Erstere, welche jene Qualität ist, die einen "grand homme" ausmacht, setzt sich einerseits zusammen aus der "g. d'ame", welche wiederum in der "fermeté", der "droiture" und der "élévation des sentimens" besteht und der schönste Teil der "g. personnelle" ist, sowie aus dem "esprit vaste, lumineux, profond".

In der Auffassung des gemeinen Volkes ("dans l'opinion du vulgaire") werden nun jedoch stets physische Attribute mit dem Begriff der "g." assoziiert, was sowohl auf die menschliche Vorstellung, welche nach greifbaren Maßen sucht, als auch auf unsere gewohnte Erfahrung der Einheit von Körper und Seele zurück-

---

1   Interessant ist hier der Gebrauch von "élévation" in einem nicht physischen Sinn, denn diese Lesart ist in der Eintragung zum Stichwort "élévation" nicht erwähnt (s. dazu auch in Kapitel B.5.6.1.2.).

geführt wird. So hielt sich wahrscheinlich jener ägyptische König, welcher die
größte Pyramide gebaut hat, für den größten König.

Le nombre des combattans qu'ils ont armés ou qu'ils ont vaincus, l'étendue de pays qu'ils
ont ravagée ou conquise, le poids dont leur fortune a été dans la balance du monde, sont
comme les matériaux de l'idée de *grandeur* qu'on attache à leur personne.

Ein Herrscher, dessen Regierung sich durch "abondance", "harmonie" und "paix"
auszeichnet, wird bestenfalls als "bon" in die Geschichte eingehen, niemals jedoch
als "grand". Die "g." von Sparta war kaum darauf begründet, daß es "incorruptible
par ses mœurs, inébranlable par ses lois, invincible par sa sagesse & l'austérité de
sa discipline" war. Auch die "g." von Rom wird angesprochen:

Est-ce à Rome vertueuse & libre que l'on pense, en rappelant la *grandeur* ? L'idée que l'on y
attache est formée de *toutes les causes de sa décadence* [Hervorh. d. Verf.]. On appelle sa *grandeur*, ce qui entraîna sa ruine ; l'éclat des triomphes, le fracas des conquêtes, les folles entreprises, les succès insoûtenables, les richesses corruptrices, l'enflure du pouvoir, & cette domination vaste, dont l'étendue faisoit la foiblesse, & qui alloit crouler sous son propre
poids.

Viele Herrscher, welche als "grand homme" bezeichnet wurden, hatten Qualitäten
in gewissen Bereichen, nicht jedoch in anderen: Alexander verfügte beispielsweise
über "de l'étendue dans l'esprit & de la force dans l'ame", nicht jedoch über "ce
plan de justice & de sagesse, qui annonce une ame élevée & un génie lumineux".
Ein einziger Staatsmann (Antoninus) und ein einziger Privatmann (Sokrates) der
Antike erfüllten "dans toute son étendue l'idée de la véritable *grandeur*". An dieser
Stelle wird auch auf den Artikel "Gloire" verwiesen.

Ein ähnlicher Aspekt wird auch in einem weiteren Unterkapitel ("grandeur d'a-
me") des Artikels genauer behandelt[2]. Selbst wenn jemand über "g. d'ame" verfügt, bedeutet dies noch nicht, daß Untugenden automatisch ausgeschlossen sind,
ebensowenig wie umgekehrt:

il est difficile de ne pas sentir dans un homme qui maîtrise la fortune & qui par des
moyens puissans arrive à des fins élevées, qui subjugue les autres hommes par son activité,

---

2   Während der Großteil des Artikels auf Marmontel zurückgeht, ist der Autor des kleinen Unterkapi-
     tels zur *grandeur d'âme* Formey. Wie im vorangehenden Kapitel ausführlich diskutiert, ergibt dies In-
     kongruenzen bei der Definition von Begriffen - wir haben hier eine Synthese versucht.

par sa patience, ou par de profonds conseils ; il est difficile, dis-je, de ne pas sentir dans un génie de cet ordre une noble dignité ; cependant il n'y a rien de pur, & dont nous n'abusions.

Umstände wie "passions", "lumières", "éducation", "fortune" etc. (wie etwa eine adelige Geburt) können jemanden, der über "g. d'ame" verfügt, sowohl zum Guten als auch zum Schlechten führen, wie etwa im Falle von Julius Caesar, dessen gesellschaftlicher Status es nicht erlaubte, seine angeborenen Qualitäten zum Guten zu entfalten. Die menschliche Natur ist "mêlée si manifestement de *grandeur* & de petitesse" - ein Naturgesetz, das es zu akzeptieren gilt:

ceux qui veulent que les hommes soient tout bons ou tout méchans nécessairement grands ou petits, ne les ont pas approfondis. Il n'y a rien de parfait sur la terre [...]

Soweit zur "grandeur naturelle/personnelle" - dieser gegenüber steht die schon erwähnte "grandeur d'institution/factice". Diese wird von den Herrschern ("les grands") in einem Staat eingenommen. Diese sind jedoch nicht notwendigerweise "des grands hommes" im oben beschriebenen Sinn, sondern sind über eine "élévation artificielle" (genannt "grandeur") an die Macht gebracht worden, weil jeder Staat nun mal "des grands" braucht. Daraus ergibt sich eine ambige Lesart des Terms "grandeur", welche von diesen Herrschern ausgenutzt wird. Nur selten sind die "grands" in einem Staat "des grands hommes", oft fehlt den "grands" jegliche "g. personnelle". Wer keinen "mérite recommandable" hat, muß diesen durch ein "extérieur imposant" ersetzen. Letzteres setzt sich wiederum aus "décence" und "dignité" zusammen. Die "décence" besteht darin, " de se rien permettre de ce qui peut avilir ou dégrader son état, y attacher du ridicule, ou y répandre du mépris". Dies erreicht man durch das Studium und das Befolgen der landesüblichen Sitten und Gebräuche. Die "dignité" hängt jedoch wiederum ab von den Verdiensten. Sind diese - wie zumeist - nicht vorhanden, so wird die "dignité" durch die "décoration" ersetzt. Das Volk läßt sich durch diesen Schein gerne täuschen und verwechselt "la personne" mit "la place". Doch auch ein "grand" unterliegt gerne dieser Täuschung, hält sich selbst für viel und wird hoffärtig:

Étonné de se voir si haut, il prétend de vous inspirer le respect qu'il s'inspire à lui-même.

Die Folge sind "dédain", "arrogance", "hauteur humiliante" gegenüber anderen Menschen, um nur einige dieser "vices" zu nennen.

Folgende Informationen sind hier aus weiteren Artikeln in der *Encyclopédie* zu
"Grand/Grandeur" zu ergänzen: Voltaire verfaßte einen Artikel "Grand, grandeur
(Gramm. & Littérat.)", wo er u.a. festhält, daß der Erfolg ("succès") eine Voraussetzung dafür ist, daß jemand die Bezeichnung "grand homme" (in der Lesart von
Marmontel) für sich beanspruchen kann ("Les succès sont nécessaires, parce
qu'on suppose qu'un homme toûjours malheureux l'a été par sa faute"); diese Bedingung ist bei Marmontel nicht gegeben; daneben geht ein weiterer Artikel auf
Marmontel zurück, "Grand (Philos.Mor.Politiq.)", wo der Autor seine politisch-
moralischen Überlegungen zu den "grands" ("politischen Würdenträgern") vertieft, welche er im Artikel "Grandeur" umrissen hat; schließlich findet sich im
Rahmen der Supplement-Bände noch ein Artikel des Abbé de Saint-Pierre
"Grand-homme (Philos.Morale.)", wo der Autor meint, daß dieser Titel nur den
großen Geistern der beiden Arten von "professions, illustres & importantes" ge-
bührt, nämlich den Philosophen ("génies spéculatifs, appliqués à perfectionner
celles des connoissances humaines qui sont les plus importantes au bonheur des
hommes") wie Descartes und den Politikern ("génies plus practiciens que spéculatifs ; elle [la profession] regarde la grande augmentation du bonheur, non des
hommes en général, mais d'une nation en particulier"); diese Einschränkung wird
bei Marmontel nicht explizit getroffen, ist jedoch implizit vorhanden (vgl. dessen
Beispiele für die "einzig echten *grands hommes* der Antike" ("un seul homme d'état"
sowie "un seul homme privé")), nämlich Antoninus und Sokrates.

Im Artikel "Grandeur" von Marmontel wird zudem auf "Gloire" verwiesen,
im Artikel "Grand" desselben Autors auf "Courtisan, gloire, grandeur, faste, flatterie, noblesse"; während die Artikel "Courtisan", "Faste" und "Flatterie" nähere
moralische Beleuchtungen höfischer (Un-)Sitten sind, welche im Artikel "Grandeur" schon erläutert werden, und der Artikel "Noblesse" alleine die juridisch-po-
litischen Seiten dieses gesellschaftlichen Standes beleuchtet ("noblesse" im übertragenen Sinne wird dort nicht erwähnt, obwohl diese Lesart z.B. im Artikel
"Grandeur" vorkommt - "ce faste imposant [...] qui ruine la haute noblesse par la
contagion de l'exemple [...]"), so führten unsere Untersuchungen in bezug auf
"Gloire" und verwandte Begriffe zu folgendem Ergebnis: wie schon im vorangehenden Kapitel erwähnt, war es in bezug auf die Artikel "Gloire, Glorieux, glo-
rieusement, glorifier (Gramm.)" (Autor: Voltaire), "Renommée" (Autoren: Goussier, Daubenton), "Réputation, Considération" (die Autoren Goussier u. Daubentontitel
zitieren die Definitionen von Mme de Lambert) und "Estime" (Autor: Jaucourt) unmöglich, zu einer Synthese, wenn nicht zu einer sehr verallgemeinernden, zu gelangen; die jeweiligen Autoren definieren jeweils ihre Begriffe über die
jeweils anderen, die definitorischen Stammbäume sind jedoch keineswegs dek-
kungsgleich. Die sehr verallgemeinerte Synthese aus allen diesen Aussagen kann

nur sein, daß "grandeur" zu "gloire", "renommée", "réputation", "considération", "estime", "célébrité" und "admiration" *führen kann.*

In der *Encyclopédie* konnten demnach folgende semantische Bereiche, welche direkt oder indirekt mit GRANDEUR in Zusammenhang gebracht wurden, festgemacht werden, wobei wir hier gegebenenfalls selbst eine überordnende Etikettierung bzw. konzeptuelle Explizitierung der Subfelder vorgenommen haben (dies jedoch stets im Sinne der Ausführungen der Autoren):

i.   *grandeur naturelle/réelle/personnelle*
           mit den Sub-Subbereichen
                    i.a. *grandeur d'âme*
                    i.b. *grandeur d'esprit*
ii.   *grandeur factice/d'institution,* welche sich auf Herrscher in einem Staat im
           Verhältnis zu den Untertanen bezieht,
           mit den Sub-Subbereichen
                    ii.a. *mérite*
                    ii.b. *extérieur imposant*
                              ii.b.a. *décence*
                              ii.b.b. *dignité*
                              ii.b.c. *décoration/représentation*
                              ii.b.d. (minus) *hauteur révoltante*
iii.   *grandeur "physique/matérielle"* (unsere Bezeichnung), welche in der Auffas-
           sung des gemeinen Volkes mit der *grandeur personnelle* gleichgesetzt oder
           verwechselt wird,
           mit den Sub-Subbereichen
                    iii.a. *grandeur "corporelle"* (unsere Bezeichnung)
                    iii.b. *grandeur "militaire"* (unsere Bezeichnung)
                    iii.c. *représentation* (z.B. architektonische Leistungen)
iv.   *grandeur "sociale"* (unsere Bezeichnung), welche sich auf soziale Anerken-
           nung bezieht (*gloire, estime* etc.)

B.5.2.2. Zur Wortgeschichte von grandeur *anhand etymologischer Wörterbücher*

Um die Angaben der *Encyclopédie* weiter zu objektivieren, seien hier kurz einige Hinweise zur Wortgeschichte von *grandeur (grand)* gegeben:

grandeur "Größe" 12. Jhdt., ist *-ore-*Abl. von *grand* [...] (REW: s.v. *grandeur*)

grandeur f. "étendue en hauteur, en longueur, en largeur" (seit 12. Jhdt.) [...] "importance, é-
normité (p.ex. d'un crime)" (seit 13. Jhdt.) [...] (FEW: s.v. *grandis*)

Diesen Angaben gemäß hatte das substantivische Lexem *grandeur* historisch gesehen zuerst eine konkrete, sodann auch eine abstrakte Lesart (dies ist für das Adjektiv *grand* umgekehrt; s. unsere Angaben in Kapitel B.5.4.2.1.). Dem widersprechen jedoch die Angaben des DHLF:

grandeur n.f. dans son premier emploi attesté (v. 1120), signifie "puissance, splendeur (de
Dieu)". Le mot a aussi, dès le XIIe s., les sens de "caractère de ce qui est grand pour la dimension, la taille" (v. 1155) et de "dimension, étendue" (v.1165, vieilli). Du sens de "puissance" viennent ceux de "caractère de ce qui est important" (XIIIe s.) et (surtout au pluriel)
d'"action d'éclat" (1559) et de "dignité, honneur" (1640), d'emploi littéraire aujourd'hui, enfin de "distinction particulière, dans l'ordre moral, spirituel" (XVIIe s.), d'où vient la locu-
tion courante *grandeur d'âme* (1736) (DHLF: s.v. *grand*).

Der DHLF repräsentiert gegenüber dem FEW naturgemäß einen aktuelleren Forschungsstand. Dennoch ist festzuhalten, daß der konkrete und der abstrakte Erstbeleg zeitlich und diese Begriffe damit konzeptionell (d.h. im kollektiven Bewußtsein der Sprachgemeinschaft jener Zeit) sehr nahe beieinander liegen. Im Hinblick
auf das phylogenetische Primat von konkreten Kategorien gegenüber abstrakten
im menschlichen Bewußtsein sei darauf hingewiesen, daß sich die Ableitung eines
abstrakten "grandis" aus einem konkreten "grandis" bereits im Lateinischen voll-
zogen hat (vgl. unsere Angaben in Kapitel B.5.4.2.1.).

B.5.2.3. DÉCADENCE *u.a. in der Auffassung des französischen 18. Jahrhunderts anhand der* Encyclopédie

Der "Décadence" wird in augenfälliger Weise weit weniger Raum in der *Encyclopédie* zur Verfügung gestellt als der "Grandeur" ("Grandeur": fast sechs vollständige
Spalten - "Décadence: 6,5 Zeilen). Die vollständige Eintragung lautet:

DECADENCE, RUINE, (*Syn. Gramm.*) Ces deux mots different en ce que le premier prépare
le second, que en est ordinairement l'effet. *Exemple*. La *décadence* de l'empire romain depuis
Théodose, annonçoit sa *ruine* totale. On dit aussi des Arts qu'ils tombent en *décadence*, &
d'une maison qu'elle tombe en *ruine*. (O [= Autor: Diderot; Anm. d. Verf.])

Diese Information setzt "décadence" und "ruine" in Zusammenhang ("décadence" als Vorstufe von "ruine" bzw. sogar "ruine" als eine übliche, aber nicht zwin-
gende Wirkung[3] ("ordinairement") von "décadence"). Wir erhalten auch Hinweise
bezüglich der semantischen Bereiche, auf die sich diese Begriffe beziehen können:
Staatsgebilde und Kunst für "Décadence", Staatsgebilde und Gebäude für
"Ruine". Hier ist zu erkennen, daß der Abstraktheitsgrad jeweils ein unterschiedlicher ist: Gebäude repräsentieren den konkret physischen Bereich, Staatsgebilde
einen Übergangsbereich (konkret: z.B. Lage von Grenztruppen/-posten, abstrakt:
Machtverhältnisse, moralische Belange), Kunst/Künste schließlich umfassen einen gänzlich abstrahierten Bereich: will man von einer "décadence" in der Kunst
sprechen, so sind dafür bestimmte Kriterien aufzustellen, die immer subjektiv und
relativ sein werden und niemals in der konkreten Natur der Dinge liegen. Damit
ist hier jedoch in der *Encyclopédie* für "Décadence", im Gegensatz zu "Ruine", kein
Anwendungsbereich *rein* konkreten Inhalts dokumentiert, wenn man die "Décadence" von Staatsgebilden als doch zu einem großen Teil abstraktes Konzept
rechnet.

Allerdings - der begriffliche Inhalt von "décadence" und "ruine" wird in dieser
Eintragung weder definiert noch illustriert.

Wir gehen daher weiter zur Eintragung "Ruine", um zu sehen, ob dort mehr dazu
zu finden ist. Tatsächlich umfaßt diese Eintragung (zusammen mit den Eintragungen "Ruiné", "Ruiner", "Ruineux") räumlich auch eine ganze Spalte. Inhaltlich gesehen wird hier jedoch kaum mehr Aufschluß gegeben:

RUINE, f.f. (*Gram.*) décadence, chûte [sic], destruction ; les *ruines* sont belles à peindre. Sans
le crime il n'y auroit point de poëmes épiques, point de tragédie ; sans le ridicule & le vice,
point de comédie. [Die Funktion des zweiten Zitats an dieser Stelle bleibt unklar;
Anm.d.Verf.] La *ruine* de cette homme ; la *ruine* de ma fortune.

Die Eintragung geht hier weiter unter "Ruines", welche folgendermaßen definiert
werden: "ce sont des matériaux confus de bâtimens considérables dépéris par succession de tems." Das Wesen der architektonischen Ruinen wird ausführlich diskutiert - tatsächlich nimmt dies einen Großteil des Raumes der hier untersuchten

---

3   N.B. Eine Formulierung "ordinairement l'effet de" widerspricht deutlich einer Interpretation vom
     Ursache-Wirkung-Verhältnis als einem zwingenden Naturgesetz - hier wird präsupponiert, daß eine
     bestimmte Ursache eine bestimmte Wirkung haben kann, aber nicht *notwendig* immer hat. Dies un-
     termauert unsere in Kap. B.4.4. präsentierte Sichtweise von linguistischer Kausalität als unabhängig
     von Gesetzen.

Eintragungen ein. Damit sind jedoch zumindest die Gebäuderuinen als definiert zu betrachten. In der nächsten Untereintragung werden die "Ruines, pierre de (*Hist. nat. Litholog.*)" definiert als "pierres sur lesquelles le hasard a fait paroître des figures semblables à des *ruines* [...]". Unter "Ruiné" und "Ruiner" wird jeweils auf "Ruine" verwiesen, für "Ruiné" wird des weiteren noch eine Lesart "(*Maréchal.*) cheval usé de fatigue", für "Ruiner & Tamponner" eine Lesart "(*Archit.*) gâcher des poteaux de cloison par les côtés, & y mettre des *tampons* ou grosses chevilles, pour tenir les panneaux de maçonnerie." angeführt. Schließlich ist noch eine Eintragung "Ruineux" zu finden:

RUINEUX, adj. (Gram.) qui menace ruine ; ce mur est *ruineux.* Il se dit aussi de ce qui peut entraîner la ruine. Cette entreprise est *ruineuse.*

"Ruine" in deren übergeordneter Bedeutung bleibt undefiniert. Als Anwendungsbereiche des Begriffes "Ruine" werden genannt: Gebäude (mit deutlicher Definition), Personen, Vermögen (von Personen) sowie Staatsgebilde (im Artikel "Décadence"). Gebäuderuinen sind wiederum etwas Konkretes, die anderen Bereiche sind erneut Abstraktionen.

Zudem geht aus den Beispielen etwa nicht hervor, ob etwa der Ruin einer Person sich auf deren Vermögen bezieht und/oder auf andere Bereiche (s. auch weiter unten).

Sucht man nun weiter unter jenen Stichwörtern, die im Artikel "Ruine" angeführt werden, so muß zuerst festgestellt werden, daß eine Eintragung "Destruction" fehlt.

Unter "Chûte" [N.B. stets mit *circonflexe* in der Graphie] finden wir eine relativ brauchbare Definition für den physischen "Fall": "le chemin que fait un corps pesant[4] en s'approchant du centre de la terre. *Voyez* DESCENTE." Im Anschluß daran folgt eine ausführliche Behandlung von "Chute" als Fachausdruck aus Medizin, Architektur, Uhrmacherkunst, Hydraulik, Gartenkunst und Seefahrt. Zum Schluß kommt ein Hinweis in bezug auf eine abstrakte Lesart:

CHÛTE, ce mot est encore employé dans un sens moral, comme la *chûte* d'Adam (Voyez PÉCHÉ ORIGINEL), la *chûte* de l'empire Romain, etc.

---

4   Interessant ist, daß "Fallen" hier nur auf "schwere Körper" bezogen wird (Anm.d.Verf.).

Definiert wird dieser "sens moral" jedoch nicht. Als Anwendungsbereiche werden der (moralische) Fall von Personen und der (Zer-)Fall von Staatsgebilden angesprochen.

Unter "Descente ou Chûte" finden wir die konkret physische Lesart explizitiert ("le mouvement ou la tendence d'un corps vers le centre de la terre, soit directement, soit obliquement [...]"), daneben zahlreiche fachsprachliche Lesarten (Rechtssprechung, Kriegsführung, Handel, Hydraulik etc.). Hinweise in eine Richtung einer abstrakteren Lesart sind nicht zu finden.

Um die bisherigen Ergebnisse zusammenzufassen, konnten einerseits große definitorische Lücken in der *Encyclopédie* im Bereich der Eintragungen "Décadence", "Ruine", "Chûte" u.a. festgestellt werden. Während die konkreten (bzw. physikalischen) Lesarten der Begriffe i.a. zufriedenstellend definiert wurden, mußten die abstrakten Lesarten mit Umschreibungen durch (Quasi-)Synonyme sowie mit sprachlichen Anwendungsbeispielen (Sätze, Syntagmen) auskommen.

Andererseits ergaben sich auf Grund der vorhandenen Angaben doch zumindest Hinweise auf jene semantischen Bereiche, in welchen diese Begriffe zur Anwendung kommen können. Es sind dies, neben den konkreten Bereichen wie Gebäude (bzw. allgemeiner: feste Körper), vor allem der Status von Staatsgebilden, von Personen und deren Belangen (Vermögen etc.) sowie von künstlerischen Manifestationen. Zudem verfügen wir über einen logischen und chronologischen Hinweis darauf, daß "Décadence" eine Vorstufe zu "Ruine" darstellt.

B.5.2.4. Zur Wortgeschichte von décadence *u.a. anhand etymologischer Wörterbücher*

In Ermangelung ausführlicher Angaben aus der *Encyclopédie* muß die etymologische Studie aus dem Bereich "Lexeme aus dem Begriffsfeld DÉCADENCE" etwas ausführlicher werden.

Etymologisch gesehen gehen sowohl "Décadence" und "Chute" (beide < CADERE) als auch "Ruine" (< RUERE; LEW: s.v. *ruo*) auf das "Fallen" zurück.

Beginnen wir mit unseren näheren Untersuchungen bei "Chute" und "Ruine":

chute "Fall" 16. Jhdt. *cheute*, ist Kreuzung von afrz. *chëue* und afrz. *cheoite* dass., das sind beides Partizipialformen von afrz. *cheoir* "fallen", s. *choir*. *chëue* ist eine *-uta*-Abl., *cheoite* entspricht einem vlat. **cadecta*, das vielleicht von *collecta* zu *colligere*, s. *cueillir*, ausgeht. [...] (EWF: s.v. *chute*)

Mfr. nfr. *chute* "action de tomber d'une position élevée" (seit Froissart); nfr. "faute entraî-nant la perte des mérites devant Dieu" (seit 17. Jhdt.), "péché commis par une jeune fille qui s'est laissé séduire" [...]; nfr. *chute* "échec, insuccès d'une œuvre dramatique" [...] (FEW: s.v. *cadĕre*)

CHUTE, subst. fem. I. - Action de choir, de tomber. A. - Domaine *concr.* 1. [...] a) PHYS. Mouvement vertical d'un corps se rapprochant du centre de la terre sous l'effet de la loi de la pesanteur. [...] B. - *Au fig.* 1. Fait d'être précipité d'une situation élevée ou privilégiée dans un état moindre ou malheureux. a) [En parlant de qqn] Fait de perdre son crédit, son influence [...] b) [En parlant de qqc.] Fait de succomber à une opposition, à une résistance ou par suite d'une catastrophe [...] - [En parlant d'une ville, d'une place forte] Fait de tom-ber aux mains de l'ennemi [...] [En parlant d'un gouvernement, d'une institution, d'un régi-me] *Chute du gouvernement* [...] 2. Fait de diminuer, de s'affaiblir considérablement, de dispa-raître [...] c) [En parlant de qqc. d'abstrait] Synon. *déclin, disparition.* [...] 3. *chute (morale)* Faute grave [...] a) RELIG. Faute grave contre Dieu. [...] b) faute morale ; *spéc.* haute [sic; lies: faute] contre la chasteté [...] **Étymol. et Hist.** [...] 2ᵉ moitié XIVᵉ s. "fait de tomber" [...] 1587: "effondrement (d'un pays, d'un régime)" [...] 1680 "fait de tomber dans la déchéance" [...] (*Trésor.* s.v. *chute*)

rŭīna einsturz. 1.a. Fr. *ruines* f.pl. [...] "débris d'un édifice abattu, restes d'un édifice détruit" (seit 1180 [...] fr. *ruine* "perte de l'honneur, du crédit, du pouvoir, de la vie, etc." (seit ca. 1300 [...] fr. *ruine d'un Etat* "sa chute, son entière décadence" (seit Est 1549), *ruine* "perte des biens, de la fortune" (seit Mon 1636) [...] fr. *ruine* "ce qui est cause de la ruine de qch, et particulièrement ce qui entraîne une grande dépense" [...] Das lt. RUINA "einsturz, unter-gang, trümmer" lebt als halbgelehrtes wort in allen rom. sprachen weiter [...] und ist von den mundarten mehr oder weniger eingepaßt worden. Das verbum *ruiner* scheint eine ablt. von *ruine* zu sein, *ruinare* "stürzen, zerstören" ist aber auch schon eine mlt. bildung [...] (FEW: s.v. *rŭīna*)

ruine "Einsturz", "Verfall" 14. Jhdt., aus lat. (*rŭīna*) [...] (EWF: s.v. *ruine*)

RUINE, subst. fém. I. A. - 1. Effondrement partiel ou total d'une construction ou d'un ensemble d'édifices à la suite d'une dégradation naturelle, d'une destruction volontaire ou accidentelle. Syn. *destruction.* [...] 2. *P. ext.* Destruction partielle ou totale d'une chose. [...] 3. *P. anal.* a) *Vieilli.* Mort d'une personne [...] b) Dégradation physique accentuée d'une per-sonne, de son état de santé ou d'une partie de son corps [...] B. *Au fig.* - 1. Altération pro-fonde, désagrégation (d'une chose abstraite) aboutissant à sa disparition ; *p. ext.*, destruction soudaine et complète de quelque chose. Synon. *anéantissement, décadence, écroulement, effondre-*

ment. a) [Le compl. désigne une structure, un système] *Ruine de la famille* [...] b) [Le compl. désigne une idée, un sentiment, une valeur] *Ruine d'une croyance* [....] 2.a) *Ruine (morale) de qqn.* Déchéance morale de quelqu'un. Synon. *destruction* [...] *perte* [...] b) Perte des biens, de la fortune ; effondrement financier d'une ou des plusieurs personnes physiques ou morales, Synon. *naufrage* [....] II. - *P. méton.* A. - 1. *Au sing.* ou *au plur.* a) α) Construction ou ensemble d'édifices partiellement écroulés [...] β) *P. ext.*, surtout *au plur.* Important dégât matériel résultant d'une cause violente (catastrophe naturelle, guerre etc.). Synon. *destruction, dévastation, ravage.* [...] - *Au fig.* [Le sujet désigne une ville, un pays] *Renaître, se relever de ses ruines.* Revivre après un cataclysme, un désastre. [...] γ) *au fig.*, surtout *au plur.* Destruction d'ordre moral ou social. Synon. *Destruction, ravage.* [...] b) *Ruine (humaine).* Personne physiquement et parfois intellectuellement dégradée par l'âge ou la maladie. Synon. *débris* [...] 2. *Au plur. Ruines de qqc.* Vestiges d'une chose en partie détruite. Synon. *restes* [...] B. - *Au sing.* 1. cause de l'effondrement de quelque chose, de la perte de quelqu'un [...] 2. cause de ruine [...] source de dépenses excessives ou source de pertes [...] **Étymol. et Hist.** [...] 1155 "dévastation, destruction, ravage commis sur une chose" [...] ca.1213 "restes d'un édifice écroulé" [...] (*Trésor.* s.v. *ruine*)

Gehen wir nun weiter zu "Décadence":

DÉCADENCE n.f. est probablement emprunté (1413) au latin médiéval *decadentia*, pluriel neutre devenu singulier féminin du participe présent de *decadere*, lequel a donné *déchoir**.
Le mot, d'abord employé au sens concret, "état d'une construction qui se dégrade", s'est restreint au sens figuré usuel d'"'acheminement vers le déclin, la ruine" (v. 1460). L'idée de décadence, solidaire d'une réflexion sur l'histoire, a longtemps été hantée par le déclin et la chute de l'Empire romain d'Occident. [...] La pensée chrétienne lui apporta une explication d'ordre religieux, parvenu à maturité au XVIe siècle. C'est à l'époque où se diffusent les idées de renaissance et de réformation, mais où tout changement a une tonalité négative, que se répand l'idée de décadence (exprimée diversement par le mot latin *decadentia*, mais aussi par *declinatio, inclinatio, lapsus, vaccillatio, eversio, conversio, perversio, subversio*). Deux siècles plus tard, dans la seconde moitié du XVIIIe s., l'analyse du déclin de Rome est ajustée aux événements contemporains (Gibbon, Guizot, Montesquieu, Herder) [...] **DÉCADENT, EN-TE** [...] appliqué à un mouvement littéraire de la fin du XIXe s. (av. 1872, Gautier) [...] Pour la première fois, la décadence est assumée, car elle a pour effet d'alléger l'esprit et de lui rendre en quelque sorte la liberté [...] (DHLF: s.v. *décadence*)

Mfr. nfr. *décadence* "commencement de la ruine d'un objet" (1413 - Ac 1798), nfr. "perte progressive de pouvoir, de prospérité, d'énergie (en parlant d'un pays, d'un art, etc.)" (seit Pom 1671); "nom qu'on donne aux derniers siècles de l'empire romain" (seit Lar 1870) (FEW: s.v. *cadēre*)

DÉCADENCE, subst. fem. A. - *Vx. rare.* État de ce qui commence à tomber, à s'écrouler : [...] *Un vieux mur en décadence sépare seul de la mer profonde.* STENDHAL [...] B. - *Au. fig., usuel.* État de ce qui commence à se dégrader et évolue progressivement vers sa fin ou sa ruine. *Décadence de l'art/ des arts, des lettres, des mœurs.* [...] 1. Période de l'histoire correspondant à une régression sur le plan politique et/ou artistique. [...] *Spéc.* Période correspondant aux derniers siècles de l'Empire Romain [...] en 1835 *Ac.* note "Il n'est presque plus d'usage au propre" [...] (*Trésor.* s.v. *décadence*)

Wenn wir die Eintragungen zu den genannten Lexemen vergleichen, ist festzuhalten, daß *chute* ein typisches Erbwort ist, mit einer ursprünglichen konkreten Bedeutung auf der Inhaltsseite und einer starken lautlichen Weiterentwicklung des Wortkörpers vom lateinischen Ursprung auf der Ausdrucksseite. Das Lexem *ruine* ist laut FEW ein halbgelehrtes Wort in allen romanischen Sprachen. Schon das lateinische RUINA kann auf konkrete und abstrakte Lesarten verweisen ("Fall, Sturz, Einsturz, Trümmer", LEW: s.v. *ruo*).

Das Lexem *décadence* dagegen ist über seine Ableitung vom mittellateinischen *decadentia* typisch als Bildungswort erkennbar. Die konkrete Lesart stand zu allen Zeiten deutlich im Hintergrund. Dagegen ist aus der Lexikographie zu erkennen, daß das Lexem stets ein negativ bewertendes Element mit sich führte (erst mit der literären Strömung des Dekadentismus gegen Ende des 19. Jahrhunderts ist erstmalig eine positivere Bewertung mit diesem Begriff verbunden).

Die Wortetymologie von "Décadence" deckt sich jedoch materiell und inhaltlich mit jener von "Chute" (< CADERE, "fallen") sowie inhaltlich mit jener von "Ruine" (< RUERE, "fallen").

Nun ist jedoch dem Hinweis der *Encyclopédie* weiter nachzugehen, daß "Décadence" eine Vorstufe zu "Ruine" ist ("Chute" wird von der *Encyclopédie* nicht mit den anderen beiden Begriffen in semantische Relation gesetzt).

Der *Trésor* führt zu "Ruine" an: "Destruction partielle ou totale d'une chose", während "Décadence" als "État de ce qui commence à se dégrader et évolue progressivement vers sa fin ou sa ruine" definiert wird. Auch hier wird "Décadence" als "Vorstufe zu Ruine" betrachtet. Es bleibt allerdings unklar, inwiefern nicht die obige für "Ruine" gegebene Definition alleine schon beide Stadien der Verfallsentwicklung ("partielle ou totale") abdeckt. Des weiteren führt der Trésor *décadence* als ein mögliches Synonym zu *ruine* an, offensichtlich in dessen Lesart "destruction partielle" (s.v. *ruine*). Im übrigen ist zu bemerken, daß hier etwas, das einen Verfallsprozeß beginnt ("commence à se dégrader") und dann fortschreitend sich

seinem Ende zu entwickelt ("évolue progressivement vers sa fin"), als sich in einem *Zustand* ("état") befindlich bezeichnet wird.

In bezug auf "Chute" und "Ruine" konnten wir jedoch feststellen, daß beide eine Lesart "Abwärtsbewegung" bzw. "Ver*nicht*ung" umfassen, wobei sich diese beiden Lesarten durch den *Grad* der Abwärtsbewegung unterscheiden: diese kann bis
zu einem gewissen Grad nach unten gehen ("teilweise Zerstörung"), sie kann jedoch auch den Null-Punkt der Skala erreichen ("Aufhebung der Existenz"). Offensichtlich umfaßt nun "Décadence" nur erstere Lesart der "Abwärtsbewegung";
wird "Ruine" mit "Décadence" in Kontext gebracht, so profiliert "Ruine" offensichtlich nur die Lesart "Ver*nicht*ung", da "Décadence" bereits das Stadium der
"beginnenden Zerstörung" abdeckt.

Zwei weitere Lexeme tauchen im Zusammenhang mit "Décadence", "Chute" und
"Ruine" immer wieder auf: es sind das einerseits *crouler*, andererseits *ruiner*.

Der Begriff "crouler" ist folgendermaßen dokumentiert, wobei die Etymologie
des Lexems umstritten ist:

crouler "zusammenstürzen" [...] bedeutet afrz. "schütteln", "heftig bewegen" [...] aus gallo-
rom. *crotulare zu lat. *crotalum* "Klapper" [...] (EWF: s.v. *crouler*)

*corrŏtŭlare "zusammenrollen" [...] fr. *crouler* [...] (FEW: s.v. *corrŏtŭlare*)

Keine Zweifel herrschen dahingegen bezüglich dessen Bedeutung:

Fr. *crouler* v.n. "tomber en s'affaissant (surtout d'une construction)" (seit 13. jh.) [...] afr.
croler "être ébranlé, périr (d'un empire, etc.)" (13. jh.), nfr. *crouler* (seit 1748 Montesquieu)
[...] Nfrz. *s'écrouler* "tomber soudainement en débris de toute sa masse (surtout des
constructions)" (seit Fur. 1690) [...] (FEW: s.v. *corrŏtŭlare*)

CROULER², verbe intrans. [...] [implique l'idée du mouvement d'une masse vers le bas,
et, gén., celle d'une destruction] 1. S'affaisser, s'effondrer de toute sa masse. *Synon. s'écrouler.*
[...] 2. *Au fig.* a) [le sujet désigne un état social ou historique] Être renversé, détruit. Synon.
s'écrouler, s'effondrer [...] Spéc. [Le sujet désigne une entreprise commerciale ou financière]
Faire faillite. [...] b) [Le sujet désigne une construction de l'esprit, un sentiment] Être réduit
à néant, disparaître [...] **Étymol. et Hist.** [...] Fin Xᵉ s. "vaciller, trembler" [...] 1177-80
"tomber en ruines (d'un mur)" [...] fig. et p. exagér. 1831 [...] (*Trésor.* s.v. *crouler*)

Der Begriff "ruiner" ist folgendermaßen dokumentiert:

Fr. *ruiner* v.n. "tomber en ruines" (1260 - ca. 1572 [...] v. a. "abattre, démolir, détruire" (seit Entree [...] "perdre, effacer, détruire (des choses que l'on compare à des édifices qu'on ruine" (Desch - Montesquieu) [...] *ruiner qn* "lui ôter son crédit, sa réputation" (seit Est 1538), "faire perdre la fortune à qn" (seit Mon 1636) [...] "user, détériorer (du corps, de la santé, etc.)" (seit Pascal) [...] Das verbum *ruiner* scheint eine abl. von *ruine* zu sein, *ruinare* "stürzen, zerstören" ist aber auch schon eine mlt. bildung [...] (FEW: s.v. *rŭĭna*)

ruine "Einsturz", "Verfall" 14. Jhdt., aus lat. (*rŭĭna*); dazu seit dem 14. Jhdt. die Abl. **ruiner** "zusammenstürzen machen" u.ä. (EWF: s.v. *ruine*)

Damit können wir ein semantisches Super-Feld (VER)FALL[5] festmachen, welchem wir etwa die Lexeme *décadence, ruine, chute, crouler, ruiner* etc. zuordnen können. Das Super-Feld (VER)FALL umfaßt sowohl konkrete(n) als auch abstrakte(n) Verfall/Zerstörung. Der Begriff "décadence" hat, wie in der Lexikographie festgestellt werden kann, fast ausschließlich abstrakten Bezug. Wir können also ein Sub-Feld von (VER)FALL unter dem Namen DÉCADENCE abstecken, welches sich auf die abstrakte Sphäre beschränkt (menschliche Charaktereigenschaften, Staatsgebilde etc.).

B.5.3. Kurzer Überblick zur Theorie der Wortfelder und der semantischen Felder in der Literatur

Der Begriff des sprachlichen Feldes geht auf Trier (1931) zurück, welcher in Anknüpfung an Humboldts Gliederungsbegriff und Saussures Systembegriff erstmals den Wortschatz einer Sprache als gegliedertes System betrachtet, dessen Subsysteme, oder Felder, über Lexeme definierbar sind, welche wiederum in Opposition zueinander stehen. Wichtige Relationen zwischen Lexemen sind daher nach Trier die Antonymie, aber auch die Hierarchie, eine Auffassung, welche auch heute noch Gültigkeit hat. Die Theorie der lexikalischen Felder ist von Anfang an (mit Trier, sodann mit Weisgerber, schließlich mit der Tübinger Schule um Coseriu) tendenziell eine germanophone Forschungsdomäne, obwohl andere europäische Strukturalisten parallel dazu ebenfalls strukturalistisch orientierte Semantiken entwickeln. Es sind hier v.a. Pottier (1963; 1964) und Greimas (1966) zu nennen. Sowohl Pottiers "petit ensemble lexical" als auch Greimas' "système sémique" bauen auf denselben Grundprinzipien auf: Systematizität, Opposition, distinktive Merkmale, Archi-Einheit, u.a. (Geckeler 1997b: 94-96). Vielzitiert ist Pottiers Semana-

---

5   Wir verwenden hier eine deutsche Bezeichnung, da diese mit der hinzugefügten/weggelassenen Vorsilbe die umfassende Idee abzudecken imstande ist.

lyse von Sitzgelegenheiten, wo distinktive Merkmale, wie [± mit Rückenlehne] etwa 'chaise' von 'tabouret', unterscheiden (Geckeler 1997a: 85).

Gemäß dem Coseriu-Schüler Geckeler (1997b: 96) ist die sogenannte *Lexematik* von Coseriu (auch *Tübinger Schule* genannt) die vollständigste bisher vorgebrachte semantische Theorie zu lexikalischen Strukturen.

Coseriu systematisiert die sogenannten lexematischen Strukturen auf folgende Art und Weise, wobei die paradigmatischen Beziehungen die Wortbildung betreffen und die syntagmatischen Beziehungen die "wesenhaften Bedeutungsbeziehungen" (s. dazu weiter unten, Anm.d.Verf.) nach Porzig 1934 (Geckeler 1997b: 97):

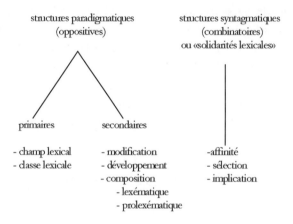

Coseriu definiert den Begriff des lexikalischen Feldes (oder Wortfeldes) folgendermaßen: "Le *champ lexical* est une structure paradigmatique constituée par des unités lexicales ("lexèmes") se partageant une zone commune de signification et se trouvant en opposition immédiate les unes avec les autres." (Coseriu 1976; zit. nach Geckeler 1997b: 97)

Die Tübinger Schule legt großen Wert darauf, daß ihr Begriff des Wortfeldes nicht mit nahestehenden Begriffen verwechselt wird. Geckeler etwa unterstreicht dies stets (vgl. z.B. Geckeler 1996: 85ff; Geckeler 1997b: 99). So sind lexikalische Felder *keine Sachbereiche* (außersprachliche und innersprachliche distinktive Merkmale müssen nicht koinzidieren); *keine Taxonomien* (Taxonomien sind logisch und regelmäßig strukturiert und von der außersprachlichen Wirklichkeit bestimmt; was nicht für lexikalische Felder zutrifft); *keine assoziativen Felder* (letztere haben eine unkontrollierbare Ausdehnung, sind individuell und daher weder vorhersehbar noch systematisierbar; sie sind schließlich nicht unbedingt sprachabhängig, sondern können vom außersprachlichen Kontext abhängen); *keine konzeptuellen Felder* (lexikalische Felder sind Teilmengen von konzeptuellen Feldern: manche Konzepte können nur über die Kombination von mehreren Lexemen ausgedrückt werden, daher umfaßt ein konzeptuelles Feld meist nicht nur Einzellexeme; auch ein terminologisches (taxonomisches) Feld kann ein konzeptuelles Feld sein); *keine Wortfamilien* (lexikalische Felder sind semantisch strukturierte synchrone Subsysteme eines Wortschatzes, Wortfamilien sind synchron nach morphologischen Kriterien und diachron nach etymologisch-morphologischen Kriterien organisiert; lexikalische Felder umfassen immer nur die gleiche Wortkategorie - es gibt adjektivische, substantivische etc. Wortfelder - Wortfamilien umfassen verschiedene Kategorien) und schließlich auch keine *semasiologischen Felder* (Bedeutungsfelder) von einzelnen *signifiants* (lexikalische Felder umfassen niemals nur ein einzelnes Lexem, sondern fungieren über ihre in Opposition zueinander stehenden Mitglieder) (Geckeler 1997a: 85ff.).

In bezug auf die Frage nach den Wortkategorien erläutert Geckeler (1997b: 98) zudem, daß es etwa im Bereich der Temperatur ein adjektivisches (mit z.B. frz. *froid, chaud* etc.), ein substantivisches (mit *le froid, la chaleur*) und ein verbales Wortfeld (mit *refroidir, chauffer* etc.) gibt. Es besteht keine direkte sprachliche Opposition zwischen z.B. *chaud* und *refoidir*. Geckeler räumt allerdings ein, daß in Texten, das heißt auf dem Niveau der *parole*, mit diesen beiden Lexemen Antithesen konstruiert werden können.

Wir können hier einhaken. Auf dem *parole*-Niveau macht eine Einschränkung des Forschungsgegenstandes "semantische Substanz und deren Struktur" über wortkategorielle Kriterien keinen Sinn. Die einzige andere von Geckeler genannte Strukturform, welche rein semantisch definiert war, war das *konzeptionelle Feld*. Es ist daher dieses konzeptionelle oder semantische Feld, welches für unsere Zwecke relevant ist.

Für uns sind semantische Felder besonders in bezug auf die Bildung von Isosemien in konkreten Texten relevant. Dabei kann ein Glied in einer Kette von Isosemien auch durch ein einzelnes Sem dargestellt werden, das heißt daß auch Einheiten, welche unterhalb der Lexemgrenze angesiedelt sind, in Betracht gezogen werden. Umgekehrt können auch mehrere Lexeme zusammen (etwa in einem Syntagma) ein Glied einer bestimmten Isosemie darstellen. Damit ist im Rahmen einer textsemantischen Analyse nicht nur von Wortkategorien, sondern zum Teil auch von Lexemgrenzen abzusehen.

Aus dem Folgenden wird hervorgehen, daß sich unsere Definition von *semantischem Feld* mit jener von Lyons' Definition (1977 I: 230) von *semantic field* deckt.

Lyons widmet dem Thema der semantischen Felder im 1. Band seines nunmehr klassischen Werkes *Semantics* ein ganzes Kapitel (1977 I: 230-269). Der Autor bringt dabei einerseits einen historischen Überblick über die Forschung in diesem Bereich und diskutiert andererseits einzelne solcher Beiträge kritisch. Wir geben hier jedoch nur die wichtigsten für unsere Zwecke relevanten Informationen wieder. Lyons definiert "semantische Felder" folgendermaßen (1977 I: 230): "Lexemes and other units that are semantically related, whether paradigmatically or syntagmatically, within a given language-system can be said to belong to, or to be members of, the same (semantic) field; and a field whose members are lexemes is a lexical field. A lexical field is a structured subset of the vocabulary (or lexicon [...]"). Lyons möchte dabei nicht ausschließen, daß ein und dasselbe Lexem mehreren semantischen Feldern zugeordnet werden kann, eine Auffassung, der wir uns aufgrund der Ergebnisse unserer Untersuchungen anschließen möchten (s. Kap. D.4.).

Zu den (saussureschen) paradigmatischen semantischen Relationen zwischen zwei z.B. lexikalischen Einheiten nennt Lyons (1977 I: 242) etwa inkompatible ("blau" vs. "grün"), antonymische ("alt" vs. "jung" bzw. "alt" vs. "neu"), hyponymische ("Katze" vs. "Tier") oder konverse Relationen ("Elternteil" vs. "Kind"), welche laut Lyons etwa speziell von Trier und Weisgerber als die Basis von semantischen Feldern angesehen wurden.

In bezug auf die syntagmatischen Relationen führt Lyons (1977 I: 261-65) die Studien von Porzig (1934) an, denen gemäß diese Relationen alleine die Struktur semantischer Felder prägen. Lyons selbst möchte jedoch sowohl die syntagmatischen als auch die paradigmatischen Beziehungen zwischen semantischen Einheiten als Basis von semantischen Feldern sehen, einer Auffassung, welcher wir uns aufgrund der in der Folge zu präsentierenden Ergebnisse unserer Untersuchungen anschliessen möchten (s. unsere Ausführungen zu den semantischen Gegensätzen in Kap. B.5.6.1.). Porzig verweist auf "wesenhafte Bedeutungsbeziehungen" zwischen etwa bestimmten Verben und Nomen oder aber bestimmten Nomen und Adjektiven, wie etwa "beißen-Zähne" oder "bellen-Hund", welche ein gemeinsames semantisches Feld aufbauen. Lexeme, die mit anderen Lexemen in derartigen Beziehungen stehen, tun dies in unterschiedlichen Graden: so kann etwa das Adjektiv *gut* mit beinahe allen Nomen kombiniert werden, das Adjektiv *ranzig* jedoch nur mit dem Nomen *Butter*. Je stärker die Restriktionen sind, welche derartigen Kollokationen im Einzelfall auferlegt sind, umso schwieriger ist etwa auch eine Bedeutungserklärung der einen semantischen Einheit ohne Verweis auf die jeweils andere.

Lyons (1977 I: 269) weist zudem darauf hin, daß der Kontext, in welchem konkrete Lexeme sodann auftreten, in Analysen ebenfalls miteinzubeziehen ist. Letztere
Überlegung war auch ausschlaggebend für unsere Vorgehensweise. Da wir es für
wichtig erachteten, in unseren Untersuchungen zum semantischen Aufbau von
Montesquieus *Considérations* auch Aufbau, Verteilung und Verhältnis der semantischen Felder untereinander im Text zu berücksichtigen, waren auch kontextuelle
Fragen aktuell. Während der zu untersuchende Text selbst automatisch den "Mikro-Kontext" liefert, sollte auch der "Makro-Kontext" (der kulturelle Kontext zur
Entstehungszeit der "Considérations") miteinbezogen werden, wie wir dies in
Kap. B.5.2. durchgeführt haben.

B.5.4. Hypothesen zu Entstehung und Aufbau von semantischen Feldern am Beispiel von GRANDEUR und DÉCADENCE

B.5.4.1. Theoretische Basis

B.5.4.1.1. Semanalyse

Wir gehen von einer Definition von semantischen Feldern aus, dergemäß letztere
auf dem Vorhandensein von gemeinsamen Semen oder Sem-Kombinationen (Sememen) in der semantischen Struktur ihrer Mitglieder aufgebaut sind.

Kritik am Prinzip der Sem-Analyse aus den Reihen der Verfechter einer Prototypensemantik entgegnet z.B. Kleiber (1990: 67f.) folgendes:

On notera, en premier lieu, que la sémantique du prototype, contrairement à ce qui est
souvent dit, ne remet nullement en cause le principe de la componentialité du sens d'un
mot, c'est-à-dire le bien-fondé d'une analyse en terme de traits sémantiques. Bien plus
même, elle implique, comme l'affirme avec force D. Dubois (1986) une telle «décomposabilité» : «L'analyse du prototype renvoie à une hypothèse de décomposabilité en unité de
représentation (ou de signification)» (p. 132). Les critiques qui ont été adressées, au nom de
la sémantique du prototype, au principe même de l'analyse compositionnelle du sens lexical
sont donc caduques. L'approche prototypique est une alternative aux traits nécessaires et
suffisants, mais non aux traits sémantiques eux-mêmes.

Auch Geckeler (1993; zit. nach Geckeler 1996: 26) meint in ähnlichem Sinne:
"Eine Alternative zur Wortfeldmethode sehe ich trotz Prototypensemantik nicht."

Unsere Definition von semantischen Feldern als Mengen von inhaltlichen Einheiten, die gemeinsame Seme/Semkombinationen teilen, bedeutet, daß die Extension eines semantischen Feldes alle jene sprachlichen Einheiten umfaßt, welche ein bestimmtes Sem bzw. eine bestimmte Semkombination teilen, während die Intension eines semantischen Feldes durch dieselbe Semkombination definiert wird. Innerhalb eines semantischen Feldes gibt es nun wieder Sub-Felder (und Sub-Sub-Felder etc.), welche etwa nicht alle, sondern nur einen Teil der Seme der Kombination teilen oder aber durch weitere Seme näher spezifiziert sind.

Damit kann jedoch einerseits den syntagmatischen Beziehungen Porzigs Rechnung getragen werden: die Beziehung zwischen 'bellen' und 'Hund' ist auf ein geteiltes Sem "[+ Canis]" o.ä. zurückzuführen, was ja der gängigen Isotopie-Analyse von Greimas entspricht (vgl. auch den Hinweis Lyons' 1977 I: 267 auf Greimas).

Auf der anderen Seite können auch paradigmatische Relationen mit dem gleichen Instrumentarium beschrieben werden. So ist etwa von der gängigen Definition auszugehen, daß ein Hyperonym alle Seme enthält, die sein Hyponym enthält, während letzteres sich dagegen gegenüber seinem Hyperonym dadurch auszeichnet, daß es weitere, spezifikere Seme (oder zumindest ein solches Sem) enthält. Das am wenigsten spezifike Sem, das ein Hypo- und ein Hyperonym teilen, kann als jenes Sem betrachtet werden, welches die Intension des dazugehörigen semantischen Feldes bestimmt. Begriffe, welche in inkompatibler ("blau" vs. "grün"), antonymischer ("alt" vs. "jung") und konverser Relation ("Elternteil" vs. "Kind") zueinander stehen, gehören dahingegen semantischen Feldern an, deren konstituierendes Sem stark abstrahierten Informationsgehalt aufweist: z.B. "[+ Farben/ Ausschnitte aus Lichtspektrum]", "[+ Alter]", "[+ Prokreationsverhältnis]".

B.5.4.1.2. Lexeme und Seme, Prädikate und Propositionen

Sprachliche Einheiten vom Typ "Lexem" stellen Grenzen dar, welche im Rahmen einer begriffssemantischen Analyse oftmals aufgelöst werden müssen. Es sei zu nachfolgenden Analysen jedoch folgendes vorausgeschickt:

Die expliziteste bisher erarbeitete semantische Analyseform von natürlicher Sprache ist die Propositionsanalyse etwa nach dem Muster von Metzeltin/ Jacksche 1983 (s. Kap. B.2.2.4.) bzw. Metzeltin 1997. Im Rahmen einer derartigen Analyse werden alle komplexen inhaltlichen Konzepte aufgelöst, ent-kondensiert und implizite Informationen explizitert. So werden etwa Abstrakta (wie "Bau", "Liebe") als eigene Proposition (z.B. "X erbauen Y"; "X lieben Y") analysiert oder etwa Sätze wie "der rote Ball ist groß" als zwei Propositionen "Ball B sein rot" und "Ball B sein groß" aufgelöst. Ein derartiges Vorgehen ermöglicht ein komplettes Erfassen der Information in einem Text und damit aller Zusammen-

hänge zwischen den einzelnen Informationsteilen. In weiten Teilen unserer Untersuchungen (in bezug auf erklärende Strukturen und semantische Makrostrukturen) wurde daher auf diese Analyseart zurückgegriffen. Wir haben uns jedoch
für die Untersuchungen bezüglich der semantischen Felder gegen eine derartige
tiefschürfende Analyse entschieden, und dies aus folgenden Gründen:

— semantische Felder sind Mengen von Konzepten; letztere empfinden wir
   oft als in sich abgeschlossene Einheiten (wir geben ihnen Namen = Lexeme), auch wenn sie eine komplexere Inhaltsstruktur aufweisen (vgl.
   "Ball" vs. "Mitarbeitervollversammlung");
— in einem semantischen Feld sind nun nach oben angeführter Definition
   zwischen den einzelnen Konzepten bestimmte Zusammenhänge zu verzeichnen, welche auf der Gemeinsamkeit von Inhalts-Elementen (= Semen) beruhen;
— wollen wir nun jene begrifflichen Grundeinheiten erfassen, welche allen
   Elementen in einem semantischen Feld gemein sind, dann ist eine De-
   tailanalyse aller Komponenten der einzelnen Konzepte eher hinderlich,
   während die Wahl einer mittleren Beschreibungsebene den Überblick zu
   wahren gestattet;
— semantische Felder sind Abstraktionen, und ein gewisses Maß an Abstraktion ist daher notwendig, um diese Ebene adäquat zu erfassen.

Während wir daher in den folgenden Untersuchungen oftmals mit komplexeren
Konzepten als Grundeinheiten, welche nicht weiter aufgelöst werden, arbeiten,
schließt unsere Methode eine genauere Analyse nach dem oben vorgestellten Muster jedoch nicht aus - im Gegenteil: indem wir Seme als potentielle Prädikate analysieren (welche je nach semantischem Kontext sodann unterschiedliche Argumente aufnehmen können), gestattet unser Zugang vielmehr, falls erforderlich
oder gewünscht, einen nahtlosen Übergang zu einer tiefergehenden Analyse propositionalen Charakters.

B.5.4.1.3. Metaphorische Übertragung

Erweiterungen von semantischen Feldern sind diachron gesehen oftmals auf das Phänomen der metaphorischen Übertragung zurückzuführen. Schon die *Encyclopédie* (s.v. *grandeur*) führt als (letztendlich kognito-psychologische) Erklärungen für die häufigen Übertragungen vom konkreten in den abstrakten Bereich "l'imagination qui veut des mesures sensibles" sowie "l'épreuve habituelle que nous faisons de l'union de l'ame & du corps" an.

Indem aber etwa der Begriff der "Größe" in einer Einzelsprache von einem Anwendungsbereich auf einen anderen übertragen wird (zu einer möglichen Beschreibung des diesbezüglichen Mechanismus s. im Anschluß), bleiben "Spender"- und "Rezeptor-Anwendungsbereich" naturgemäß miteinander verbunden. Diese Verbindung, welche man sich als eine "Mehrfacheintragung zu einem gegebenen Stichwort" (Homonymie oder Polysemie je nach definitorischer Präferenz) denken kann, kann von den Sprechern der Einzelsprache in der Folge assoziativ wachgerufen werden.

Lakoff/Johnson (1980) haben diesem Phänomen die Monographie *Metaphores we live by* gewidmet, in welcher die Autoren davon ausgehen, daß die meisten unserer[6] Basisbegriffe auf räumlichen Metaphern aufbauen, wie etwa "hoch/tief". Eine dieser Metaphern, welche nach Lakoff/Johnson unser Denken strukturieren, lautet "mehr ist hoch, weniger ist tief" und basiert auf der physischen Grundlage, daß ein Hinzufügen von Material zu vorhandenem Material den Stapel/den (Flüssigkeits-)Spiegel höher werden läßt. Eine andere Metapher ist "gut ist hoch, schlecht ist tief" und ergibt sich indirekt daraus, daß als "gut" bewertete Dinge (wie Leben, Gesundheit) wiederum als "hoch" klassifiziert werden (physische Grundlage: Kranke und Tote liegen, Gesunde stehen.). Wir werden in der Folge einige Elemente dieses Ansatzes verwerten, nicht jedoch, ohne stellenweise Präzisierungen hinzuzufügen.

B.5.4.2. Die konkreten Hypothesen

B.5.4.2.1. Zu Entstehung und Aufbau des semantischen Feldes der GRANDEUR

Für unseren konkreten Fall des Begriffes der "Größe"/"Grandeur" ist speziell eine Art von Metapher, welche Lakoff/Johnson (1980: 14-19) als "Richtungs-Metapher" ("orientational metaphore") bezeichnen, aufschlußreich. Dieser prinzipiell sehr inspirierende und für unsere konkreten Zwecke hier brauchbare Ansatz muß

---

6   Zu lesen eventuell als "des abendländischen Geistes" (Anm.d.Verf.).

jedoch für seine Anwendbarkeit einer gewissen kritischen Revision unterzogen werden. Wir möchten hier speziell auf den von Lakoff/Johnson nicht herausgearbeiteten qualitativen Unterschied zwischen diesen "Metaphern" hinweisen. Eine Metapher ist ein Vergleich zwischen zwei Dingen, die etwas gemeinsam haben (das *tertium comparationis*), welches aus dem Kontext rekonstruierbar sein muß, damit der Zusammenhang zwischen den beiden Dingen überhaupt verständlich wird: *Ritter A ist ein Löwe* (weil A mutig ist und ein Löwe mutig ist) entspricht *Ritter A ist mutig* wie *ein Löwe*. Versuchen wir parallel dazu dieselbe Analyse mit der Metapher "viel ist hoch": etwa *viel Wasser ist hohes Wasser*, eine durchaus logische Aussage (in der prototypischen Verteilung von Flüssigkeit in einem Behälter/Meeresbecken etc.). *Viel Wasser ist hohes Wasser* (weil viel (Wasser) x ist und hoch (Wasser) x ist) soll entsprechen *viel Wasser ist x* wie *hohes Wasser*. Das "x" ist unser gesuchtes *tertium comparationis*. Das x kann bezeichnet werden als "an einem Ende einer *Skala* angesiedelt". Der Zusammenhang zwischen "viel Wasser" und "hohem Wasser" ist jedoch nicht darauf beschränkt. Er ergibt sich aus einer physikalischen Logik, welche auf dem Naturgesetz basiert, daß Materie nur den Raum einnehmen kann, welcher nicht schon von anderer Materie eingenommen ist. "Viel" angewendet auf konkrete Dinge ist eine *hinreichende Bedingung* für "hoch" (angewendet auf dieselben Dinge); es ist wohlgemerkt *keine notwendige* Bedingung, da "Höhe" auch durch "hohe Lage" (von wenig Materie) erreicht werden kann. "Hoch" kann daher (in prototypischen Kontexten) logisch aus "viel" abgeleitet werden, nicht jedoch umgekehrt. Dies bedeutet, daß der Quantor "viel" das Prädikat "hoch" impliziert: $Q(x) >> P(x)$ (für Quantor Q = "viel" und Prädikat P = "hoch"), welches sozusagen bei Zutreffen des Quantors potentiell mitzutrifft und aktivierbar ist (für ein Beispiel für eine derartige Analyse, namentlich jene des Verhältnisses von GRANDEUR zu DÉCADENCE selbst, sei auf Kap. B.5.6.2. verwiesen).

Übertragen wir nun die Aussage "viel ist hoch" auf den abstrakten Bereich, so ist dieser Vorgang in mehrere getrennt zu analysierende Schritte aufzuspalten:

— ein *tertium comparationis* "quantitative Skala" erlaubt die Übertragung von etwa "viel(Wasser)" auf "viel(Liebe)" (N.B. "abstrakte Menge" = "Intensität"):

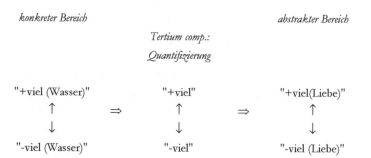

– ein *tertium comparationis* "qualitative Skala" gestattet die Übertragung von "hoch(Wasser)" auf "hoch(Liebe)":

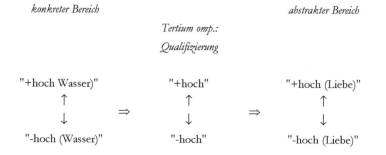

– und schließlich ist noch ein *tertium comparationis* anzunehmen, welches die Übertragung des Zusammenhanges zwischen "viel" und "hoch" erlaubt und welches daher ungefähr einem "Parallelschalten von zwei Skalen" entsprechen muß:

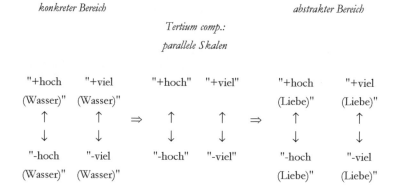

Hier stellt sich jedoch die berechtigte Frage, wieso eine Übertragung von "hoch (Wasser)" auf "hoch(Liebe)" überhaupt Sinn ergibt, mit anderen Worten, worauf die Bedeutung von "hoch" in diesem Zusammenhang zurückzuführen ist. Dafür ist nun die von Lakoff/Johnson festgemachte Metapher "hoch ist gut" von ausschlaggebender Bedeutung. Diese Metapher wird von den Autoren, wie erwähnt, über den Umweg "Leben ist hoch" und "Leben ist gut" abgeleitet. Wir meinen jedoch, daß "hoch ist gut" einfacher zu konstruieren ist. Dazu ist zum ersten zu sagen, daß es sich beim Prädikat "gut" um eine (deutlich kulturell bzw. auch individuell abhängige) Bewertung handelt. Bewertungen sind ebenfalls auf einer Skala darstellbar. Ein *tertium comparationis* "Skala" erlaubt also auch hier das Zusammenschalten von der Qualität "hoch" und der Bewertung "gut" genauso wie ein Zusammenschalten des Quantors "viel" und der Bewertung "gut". Die Wahl, welche der jeweiligen Enden der Skalen nun parallel liegen sollen (z.B. "gut // viel", "gut // hoch"), ist in hohem Maße kulturell bedingt, kann in bestimmten Kontexten jedoch vom Individuum anders getroffen werden. Dies bedeutet jedoch, daß diese Metapher *nicht logisch ableitbar* ist, wie dies "viel ist hoch" war. Diese im kollektiven Bewußtsein einer Sprach- und Kulturgemeinschaft vorhandene Parallelschaltung "viel/hoch ist gut" ist jedoch die Voraussetzung für die oben beschriebenen Übertragungen von "viel (Wasser)" auf "viel(Liebe)" bzw. von "hoch(Wasser)" auf "hoch(Liebe)". "Liebe" ist erneut in gewissen bis den meisten Kulturkreisen auf der Skala "gut" an einem bestimmten Ende angesiedelt. Wenn nun "Liebe" "gut" ist und "viel" auch (in dieser Kultur) "gut" ist, dann ist "viel(Liebe)" erst recht "gut". Damit kann jedoch nun eine Übertragung der im konkreten Bereich parallel geschalteten Skalen zu "viel", "hoch" und "gut" auf den abstrakten Bereich in gleicher Parallelität stattfinden, was eine Prägung "hohe Liebe" mit der Bedeutung "gute Liebe" ermöglicht.[7]

Für unsere Fragestellung kann nun eine Kombination der Metapher "viel ist gut" einen Hinweis in bezug auf die semantischen Relationen der Subfelder i., ii., und iii. zum übergeordneten Feld der GRANDEUR geben. "Grandeur" und das dadurch aktivierte semantische Feld ist als eine sehr abstrakte Kategorie zu betrachten, welche das Sem "große Menge/Anzahl/Intensität = viel" enthält und über die Metapher "viel ist gut" auch eine positive *Evaluierung*, welcher wir *Sem-Status*

---

7   Ein weiterer Hinweis darauf, wie sehr ein derartiger Zusammenhang konventionell bedingt (und damit arbiträr) ist, ist die alternative Konstellation der (positiv bewerteten) "tiefen Liebe" ("tief" jedoch im Sinne von "profund" ≠ "oberflächlich"). Hier wird von einer Oberfläche in die Tiefe gemessen, also eine andere Metapher zugrunde gelegt.

("[+ gut]") verleihen möchten[8]. Den Sem-Status von "[+ gut]" möchten wir aus
zweierlei Gründen jedoch von jenem von "[+ viel]" unterscheiden: zum ersten ist
diese Bewertung *indirekt* (über die genannte Metapher) vom (phylogenetisch[9]) primären Sem "[+ viel]" abgeleitet, zum zweiten wird sich in der Folge auch zeigen,
daß Seme vom Typ "[+ gut]" in bestimmten Kontexten andere funktionelle
Eigenschaften aufweisen (s. Kap. B.5.5.). Wir bezeichnen diese Seme daher als
"indirekte" Seme, im Gegensatz zu etwa "[+ viel]" des vorliegenden Beispiels, das
wir "zentrales" Sem nennen, da es für die (Grund-)Bedeutung des Begriffes ausschlaggebend ist. Das "indirekte" "[gut]"-Sem unterscheidet sich wieder vom
"[hoch]"-Sem dadurch, daß letzteres, nicht jedoch ersteres *logisch* aus dem zentralen Sem ableitbar ist. Wir bezeichnen das "[hoch]"-Sem daher hier als "logisch in-
härentes" Sem und vernachlässigen es i.ü. bis auf weiteres in unseren Untersuchungen, da es zunächst einmal nicht relevant sein wird (relevant wird es dagegen
in Kap. B.5.6.2.; s. dort).

Das Subfeld der (konkreten) **iii.** *grandeur physique* ist vereinfacht ausgedrückt[10] als
Basis des "Grandeur"-Begriffes zu betrachten (mit dem Sem "[+ viel]" mit der

---

8   Eine Analyse der konzeptuellen Verwandtschaft von "groß" und "viel" wird i.ü. weiter gestützt
      durch folgende Angabe zum historischen Französisch aus dem FEW: "Aus der bed. "gross" (I 1 a)
      ist im fr. die bed. "viel" herausgewachsen (b), vgl. afr. *petit* "wenig", wobei *grand* bald adj. bleibt,
      bald adv. wird. Der übergang zur bed. "viel" ist wohl zu verschiedenen zeiten erfolgt [...]" (FEW:
      s.v. *grandis*); N.B. auch den Hinweis zu "klein" und "wenig", welcher zeigt, daß diese konzeptuelle
      Verwandtschaft so grundlegend ist, daß sie auch im Gegensatzfeld vorhanden und nachweisbar ist
      (s. Kapitel B.5.6.1.1. zu den semantischen Gegensätzen von "Grandeur"; Anm. d. Verf.).

9   Wir folgen hier der verbreiteten Auffassung, daß, vom Standpunkt der menschlichen Entwicklung
      aus gesehen, dem Menschen zuerst konkrete Kategorien zur Verfügung standen und erst in wei-
      terer Folge abstrakte (darunter wertende) Kategorien, was in allen Sprachen durch die hohe Anzahl
      an Begriffen konkreten Ursprungs für abstrakte Kategorien dokumentiert ist (etwa Raummeta-
      phern für Zeitbegriffe: *davor, lange Zeit, höchste Zeit* etc.); s. dazu auch die Stellungnahme Porzigs, auf
      welche zu Kapitelende eingegangen wird.

10   Diese Aussage ist nicht ganz korrekt in bezug auf das Schicksal des adjektivischen Lexems *grand* im
      Rahmen der *französischen* Sprachgeschichte, sondern muß hier aus der größeren Perspektive der ro-
      manischen Sprachgeschichte (d.h. unter Einbezug der lateinischen Wurzeln) gesehen werden. Die
      frühesten Sprachdokumente für afrz. *grant* weisen in der Tat abstrakte Lesarten auf, welche aller-
      dings bereits aus dem lateinischen Erbgut stammen. GRANDIS verdrängt in der vulgärlateinischen
      Periode nach und nach das in der klassischen Periode vorherrschende MAGNUS zur Bezeichnung
      von "körperlichen Dimensionen", MAGNUS hält sich noch eine gewisse Zeit "zur bezeichnung
      geistig-seelischer größe"; GRANDIS wird "im späteren latein etwa seit dem 4. jh. (vorher nur ganz

Lesart "viel Materie"). Das Subfeld **ii.** *grandeur d'institution* ist eine metaphorische Überführung des "viel"-Sems in den Bereich der politischen Macht, eventuell gefördert durch archaische Vorstellungen von der Überschneidung von körperlicher und politischer Überlegenheit, eine Überlegung, welche auch in der *Encyclopédie* (s.v. *grandeur*) Ausdruck findet (" [...] dans les tems où la supériorité entre les hommes se décidoit à force de bras [...]"). Noch weiter in den abstrakten Bereich kommen wir schließlich mit Sub-Feld **i.** *grandeur personnelle*: hier wird das "[+ viel]"-Sem metaphorisch auf die geistigen und seelischen Qualitäten von Personen übertragen.[11] Während in den anderen beiden angesprochenen Bereichen das "[+ gut]"-Sem i.ü. immer im Hintergrund mitschwingt, rückt es hier deutlich in den Vordergrund (stark positive Evaluierung dieser menschlichen Qualitäten).[12]

Das übergeordnete Gesamt-Feld GRANDEUR ist eine weitere, starke Abstrahierung: hier wird vollständig darauf verzichtet, jene Konzepte zu explizitieren, auf welche die Seme "[+ viel]" und damit "[+ gut]" zu beziehen sind. Dies bedeutet aber, daß hier semantische Leerstellen zu verzeichnen sind, die erst durch die Aktivierung von spezielleren Subfeldern aufgefüllt werden. Die Seme "[+ viel]" und "[+gut]" könnten somit als Prädikate bezeichnet werden[13], welche in stark abstra-

---

vereinzelt bei Ovid und Martial) im übertragenen sinne von "angesehen, mächtig" gebraucht. Diese bed. ist in den rom. sprachen ganz allgemein geworden" (FEW: s.v. *grandis*); laut FEW ist zwar das substantivische Lexem *grandeur* zuerst mit konkreten, erst später mit abstrakten Lesarten belegt (FEW: s.v. *grandis*), der DHLF (s.v. *grand*), welcher einen aktuelleren Forschungsstand widerspiegelt, führt an, daß der Erstbeleg von *grandeur* abstrakter Lesart war, während ein Beleg mit konkreter Bedeutung erst (allerdings nicht viel) später folgt. Für *grandeur* gilt jedoch dasselbe wie für *grand*: wir müssen hier in die lateinische Periode zurückgehen, um den Primat der konkreten Kategorien vor den abstrakten feststellen zu können; siehe auch zur Wortgeschichte von *grand*/*grandeur* in Kapitel B.5.2.2.

11   Lakoff/Johnson (1980: 16f.) führen ebenfalls eine Metapher "Tugend ist hoch und Untugend ist tief" an, welche die Autoren auch auf einen komplexen semantischen Übertragungsvorgang zurückführen, welcher etwas anders läuft, als der hier vorgeschlagene; beide Wege führen jedoch zum Ergebnis, daß Tugend mit "hoch" und Untugend mit "tief" bewertet wird: laut Lakoff/Johnson ist "Gesellschaft" als Person zu sehen, für Personen gilt wiederum "gut ist hoch" (s.o.); Tugend wird als "gut für die Gesellschaft (als Ganzes)" bewertet, und damit als "hoch".

12   Weiter unten (in Kap. B.5.5.5.) wird gezeigt werden, daß diesem hier intuitiv erfaßten Punkt systematisch beschreibbare Semkonstellationen mit ebenso systematisch beschreibbaren Konsequenzen in bezug auf die Konstellation von semantischen Gegensätzen zugrunde liegen.

13   "[viel]" wurde weiter oben als Quantor bezeichnet, was auch seiner üblichen Analyse entspräche; "[gut]" wird häufig als Evaluierung bezeichnet, was eher einer konnotativen Kategorie und nicht ei-

hierten semantischen Feldern keine spezifizierten Argumente oder eventuell Platzhalter-Argumente aufweisen[14]. Eine "volle" Prädikation findet erst auf der Ebene der spezielleren Subfelder statt.

Damit stehen, um es noch einmal zusammenzufassen, Subfeld i. *grandeur personnelle* und Subfeld ii. *grandeur d'institution* in metaphorischem Verhältnis zu Subfeld iii. *grandeur physique.* Das übergeordnete Feld GRANDEUR ist eine Abstraktion, welche sich aus der De-Spezifizierung sowohl des *zentralen* ("[+ viel]") als auch des *indirekten Sems* ("[+ gut]") ergibt: betrachtet man diese Seme als Prädikate, so geschieht die Abstraktion durch eine De-Spezifizierung der Argumente der Prädikate "[+ gut]" und [+ viel]".

In einem ähnlichen Sinne lesen sich i.ü. auch Porzigs Überlegungen (1934; zitiert nach Lyons 1977 I: 263-65) zur historischen Entwicklung von semantischen Feldern. Der Autor geht davon aus, daß Begriffe, vom Standpunkt der menschlichen Entwicklungsgeschichte aus gesehen, stets zuerst eine konkrete und sehr spezifike Bedeutung haben und damit in nur sehr speziellen Kontexten zugelassen sind. Durch metaphorische Erweiterung des Begriffes, welche sich typischerweise durch eine Verallgemeinerung und Abstrahierung des Begriffes auszeichnet, werden die kontextuellen Restriktionen mit der Zeit gelockert, der Begriff wird auch in anderen Kontexten anwendbar: das semantische Feld, welchem der fragliche Begriff zuzuordnen ist, hat sich erweitert (wir erinnern daran, daß Porzig die syntagmatischen Relationen zwischen semantischen Einheiten alleine ausschlaggebend in bezug auf die Beschreibung von semantischen Feldern hält). Lyons (1977 I: 265) ist dagegen der Meinung, daß Begriffe historisch gesehen systematisch sowohl Bedeutungserweiterungen als auch -einschränkungen erfahren.

---

ner denotativen Kategorie ("echtes" Prädikat) entspräche. Unsere in den folgenden Kapiteln präsentierten Sem-Analysen werden jedoch zeigen, daß sowohl "[viel]" als auch "[gut]" sich wie andere, "echte" Seme (und damit Prädikate, wie etwa [Bewegung nach unten], ein Sem von DÉCADENCE) verhalten. Auch in unserer in Kap. B.4.3.1. (s. dort) vorgestellten Propositionsanalyse behandeln wir wertende semantische Einheiten als Teile des Diktums und nicht des Modus, wie dies etwa Bally 1965 tut.

14   Die erste Beschreibung wäre ein Beispiel gegen die recht allgemein anerkannte Behauptung, Prädikate ohne Argumente (Referenten) seien logisch inexistent (da undenkbar), die zweite Beschreibung naturgemäß eine theoretische Lösung zur Umgehung dieses Problems.

B.5.4.2.2. Zu Entstehung und Aufbau des semantischen Feldes der DÉCADENCE

Wir beginnen zunächst mit den Bedeutungen jener in Kap. B.5.2.3. und B.5.2.4. isolierten Lexeme, welche sowohl konkrete als auch abstrakte Lesarten aufweisen. Es sind dies zunächst "Chute" und "Ruine". Diese Lexeme enthalten in ihrer konkreten Bedeutung das zentrale Sem "[+ Bewegung nach unten]"; "Chute" in bezug auf "feste Körper/deren Teile", "Ruine" in bezug auf "Struktur/Teile einer Struktur", mit einer zusätzlichen resultativen Lesart "(teilweise) zerfallene Struktur". Nach dem im vorangehenden Kapitel beschriebenen Mechanismus der metaphorischen Übertragung von konkreten auf abstraktere Inhalte ist nun die Möglichkeit gegeben, diese "Bewegung nach unten" auf diese abstrakteren Inhalte zu beziehen. Dabei spielt wieder die von Lakoff/Johnson festgemachte *orientational metaphore* "gut ist hoch und schlecht ist tief" eine wesentliche Rolle (Assoziation von positiver Bewertung und der Vorstellung von räumlicher Höhe und Assoziation von negativer Bewertung und räumlicher "Niedrigkeit"). Vergleiche dazu die oben zitierte Definition von "chute" (abstr.) im *Trésor*: "Fait d'être *précipité* d'une situation *élevée* ou *privilégiée* dans un état *moindre* ou *malheureux*" (unsere Hervorhebungen). Die negative Evaluierung von "Chute" und "Ruine" in der abstrakten Lesart wird in der *Encyclopédie* zwar nicht explizitiert, kann jedoch aufgrund von kulturgeschichtlichem Hintergrundwissen rekonstruiert werden: etwa aus der Anführung des Beispiels vom Sündenfall, welcher in der christlichen Tradition als der Anfang allen menschlichen Unheils gesehen wird. Doch erst mit der negativen Evaluierung von "unten" zunächst im konkreten Sinn ergibt sich sodann dieser Sinn "Bewegung der Moral nach unten": wieder wurde im konkreten Bereich ein *indirektes* Sem "[- gut]" vom *zentralen* Sem "[+ Bewegung nach unten]" abgeleitet und dieser Komplex sodann in den abstrakten Bereich übertragen. In abstrakten Kontexten kann "Chute" nach den oben zitierten lexikographischen Angaben folgende Bedeutungen annehmen: "Abwärtsbewegung auf einer quantifizierenden Skala" (vgl. *perdre son crédit, Trésor*) bzw. "Ver*nicht*ung" (im Sinne von Aufhebung der Existenz"; vgl. "Fait [...] de disparaître"; *Trésor*). "Ruine" in seiner abstrakten Bedeutung hat auch beide Lesarten (vgl. "Altération profonde" vs. "désagrégation (d'une chose abstraite) aboutissant à sa disparition" sowie "Destruction partielle ou totale d'une chose."; *Trésor*), letztere steht jedoch zumindest in den Definitionen des *Trésor* im Vordergrund. Die beiden Lesarten unterscheiden sich durch den *Grad* der Abwärtsbewegung: jene kann bis zu einem gewissen Grad nach unten gehen ("teilweise Zerstörung"), sie kann jedoch auch den Null-Punkt der Skala erreichen ("Aufhebung der Existenz"). Beide Lesarten sind im unteren Bereich der Skala angesiedelt und verfügen - über die Metaphern "hoch ist gut" bzw. "tief ist schlecht" - je über ein "[- gut]"-Sem.

Analysieren wir nun erneut Seme als Prädikate (und Prädikate als etwas, das graduierbar ist[15]), so haben wir z.B. für *chute* im Sinne von

–   "perte (considérable) de son influence" folgendes Sem-Muster (für "50 - 100" = "viel-Bereich", "0 - 50" = "wenig-Bereich", "0" = "Nichts-Bereich"):
    [+ Bewegung nach unten(influence), Grad: $50 > g > 0$],

–   für "perte (totale) de son influence" folgendes Semmuster [+ Bewegung nach unten(influence), Grad: $g = 0$]

Eine zentrale Lesart von "Ruine" umfaßt die Bewegung nach unten in bezug auf "Struktur/Teile einer Struktur". Die *Existenz* einer Struktur *setzt voraus*, daß diese Struktur *vorher geschaffen* wurde. Wir haben es also hier mit einer sehr komplexen semantischen Struktur zu tun:

"[+ (erschaffen (y, x), t1)]" sowie
"[+ (Bewegung nach unten (x), Grad: $g = z$, t2)]" sowie
"[- gut]"

(für Zeitpunkt t1 < Zeitpunkt t2; für "x" als die fragliche Struktur, sowohl in ihrer Konstruktions- als auch in ihrer Destruktionsphase; für "y" als der Urheber der Struktur und für "z" als ein bestimmter Grad an Zerstörung).

Der Begriff wurde durch ein zusätzliches Sem erweitert. Dies ergibt etwa für *ruine* (*partielle*) eines Staatsgebildes : "[+ (erschaffen $(y,$ Reich), t1)]" sowie "[+ (Bewegung nach unten (Reich), Grad: $g = 50$, t2)]" sowie "[- gut]"; für *ruine* (*totale*) eines Staatsgebildes: "[+ (erschaffen $(y,$ Reich), t1)]" sowie "[+ (Bewegung nach unten (Reich), Grad: $g = 0$, t2)]" sowie "[- gut]".[16] Wir meinen jedoch, daß diese Präzision für unsere Betrachtungen weniger relevant ist, und möchten daher in der Folge größtenteils davon absehen. Relevant ist für unsere Betrachtungen das Sem "[+ Bewegung nach unten]" einschließlich dessen Gradangabe.

---

15   Formalisiert man "Hans ist nett" mit etwa "N(h)", so muß man "Hans ist *sehr* nett" mit etwas wie "N(h), grad x" formalisieren, wobei die Skala zu spezifizieren ist.

16   Bei diesem Beispiel wird i.ü. deutlich, wie die Seme eines Lexems als Prädikate fungieren können, indem sie jeweils im Kontext vorhandene Referenten über ihre Argumente aufnehmen und auf diese Art komplexe Zusammenhänge wiedergeben.

"Ruine" hat des weiteren eine resultative Lesart "(teilweise) zerfallene Struktur" mit - neben konkreten ("Gebäuderuinen") - auch abstrakten Anwendungsmöglichkeiten (*sur les ruines de l'institution impériale*, Jaurès; *Trésor*, s.v. *ruine*). Hier ist der Grad, welcher durch die Abwärtsbewegung auf der Skala erreicht wurde, immer noch größer Null - Reste der Struktur sind vorhanden. "Ruine" im resultativen Sinn muß demnach ebenfalls die Seme "[+ (erschaffen (y, x), t1]" sowie "[Bewegung nach unten (x), Grad: 50 > g > 0, t2)]" enthalten. Allerdings hat die Struktur sodann auf ihrem Weg abwärts (zumindest für den Moment der Prädikation) an einem Punkt > 0 der Skala haltgemacht, befindet sich also damit in einem (vorübergehend) stabilen Zustand. Es ist daher ein weiteres Sem "[+ (tief (x), Grad: 50 > g > 0, t3)]" (mit t3 als Zeitpunkt der Prädikation von "ruine" auf die fragliche Einheit) anzusetzen. Schließlich enthält "ruine" mit dieser Lesart auch noch das bereits bekannte Sem "[- gut]", mit einigen wenigen Ausnahmen in bezug auf Gebäuderuinen (Ruinen-Faszination der Romantik; moderner Kulturdenkmalschutzgedanke).

Wir möchten hier nicht auf die u.E. für unsere Betrachtungen weniger relevanten Fragestellungen eingehen, welche sich aus formal- und sprachlogischer Sicht in bezug auf jene Tatsache ergeben, daß Lesarten wie "Zerstörung" vs. "Gebäuderest/Rest einer abstrakten Struktur" unterschiedlichen Status in bezug auf die innere logische Struktur des Gesamtbegriffes ("Vorgang" vs. "Resultativ" = "Ding") aufweisen. Wir fokussieren hier vorwiegend auf die festzumachenden Seme, welche es uns erlauben sollen, semantische Felder zu analysieren und voneinander abzugrenzen.

Wir fassen zusammen: die Begriffe "Chute" und "Ruine" sind in ihrer übergeordneten, vollständig abstrahierten Lesart nun wiederum so zu betrachten, daß sie die Seme "[+ Bewegung nach unten]" bzw. "[- gut]" als Prädikat ohne spezifikes Argument beinhalten. Eine Graduierung auf der "oben/unten"-Skala erlaubt die Abgrenzungen verschiedener Stufen des (Ver-)Falls von der gänzlichen Vernichtung.

In bezug auf den für unsere Untersuchungen so zentralen Begriff der "Décadence" konnten wir der Lexikographie entnehmen, daß er (fast) nur in abstrakten Kontexten aufscheint. Der *Trésor* führt zu "Ruine" an: "Destruction partielle ou totale d'une chose", während "Décadence" als "État de ce qui commence à se dégrader et évolue progressivement vers sa fin ou sa ruine" definiert wird. "Décadence" wird als "Vorstufe zu Ruine" betrachtet. Es bleibt allerdings - wie schon erwähnt - unklar, inwiefern nicht die obige für "Ruine" gegebene Definition alleine schon beide Stadien der Verfallsentwicklung ("partielle ou totale") abdeckt.

Des weiteren führt der Trésor *décadence* als ein mögliches Synonym zu *ruine* an, offensichtlich in dessen Lesart "destruction partiale" (s.v. *ruine*). In bezug auf "Chute" und "Ruine" konnten wir jedoch feststellen, daß beide eine Lesart "Abwärtsbewegung" bzw. "Ver*nicht*ung" umfassen, wobei sich diese beiden Lesarten durch den *Grad* der Abwärtsbewegung unterscheiden: diese kann bis zu einem gewissen Grad nach unten gehen ("teilweise Zerstörung"), sie kann jedoch auch den Null-Punkt der Skala erreichen ("Aufhebung der Existenz"). Offensichtlich umfaßt nun "Décadence" nur erstere Lesart der "Abwärtsbewegung"; wird "Ruine" mit "Décadence" in Kontext gebracht, so profiliert "Ruine" offensichtlich nur die Lesart "Ver*nicht*ung", da "Décadence" bereits das Stadium der "beginnenden Zerstörung" abdeckt.

Wir können daher folgende Sem-Verteilung in den Begriffen "Décadence", "Chute" und "Ruine" feststellen:

"Décadence"   [+ (Bewegung nach unten, Grad: 50 > g > 0)]
                     [- gut]

"Chute"   [+ (Bewegung nach unten, Grad: 50 > g)]
                     [- gut]

"Ruine"   [+ (Bewegung nach unten, Grad: 50 > g)]
                     [- gut]

Der Begriff "crouler" bezeichnet, gleich wie "ruine", das (Zer-)Fallen einer konkreten oder abstrakten Struktur, wir können daher erneut die Seme "[+ (erschaffen (y, x), t1)]" sowie "[+ (Bewegung nach unten (x), Grad: 50 > g, t2)]" sowie "[- gut]" festmachen, wobei für unsere Zwecke wiederum nur die Seme "[+ (Bewegung nach unten (x), Grad: 50 > g, t2)]" sowie "[- gut]" von Relevanz sind.

Das Lexem *ruiner* kann sowohl die Handlung eines Agens an einem Patiens abdecken ("abattre, démolir, détruire"; FEW: sv. *ruina*) als auch einen von einem *experiencer* "erlebten" Prozeß ("tomber en ruines"; FEW: sv. *ruina*). Während letztere Lesart als Synonym zu "crouler" betrachtet werden kann und damit dieselbe Sem-Struktur aufweist, ist die erste, agentivische Lesart *kausativ*. Unter "kausativ" versteht man jene Begriffe, welche zum Ausdruck bringen, daß ein Agens eine Handlung an einem Patiens ausführt, welcher in der Folge eine Zustandsänderung erfährt (s. Kap. B.4.4). Anhand dieser Definition ist leicht erkennbar, daß wir es auch hier mit komplexen Begriffen zu tun haben. Eine Sem-Analyse muß demnach Seme für diese einzelnen Informationen festmachen. Eine Zustandsänderung ist, wenn man ganz präzise sein möchte, über einen Zustand 1 zu einem Zeitpunkt t sowie einen Zustand 2 zu einem Zeitpunkt > t beschreibbar. In unserem Fall handelt es sich bei der Zustandsänderung um eine mehr oder weniger abstrakte Abwärtsbewegung. Ein Sem "[+ Bewegung nach unten(x)]" ist zur Beschreibung dieses Konzeptes jedoch ausreichend. Ein weiteres Sem"[+ behandeln (y,x)]" umfaßt die Idee, daß ein Agens "y" am Patiens "x" eine Handlung ausführt. Ein weiteres, schon von "ruine" bzw. "crouler" bekanntes Sem "[+ erschaffen (z, x)]" gibt auch hier wieder die Information, daß eine vorher geschaffene Struktur verfällt/zerstört wird. Auch hier ist dieses Sem für unsere Zwecke weniger relevant. Schließlich ist in diesem Begriff auch noch ein Sem "[- gut]" enthalten.

Dies bedeutet jedoch, daß sowohl "crouler" als auch "ruiner" (in beiden Lesarten) sowohl das Sem "[+ Bewegung nach unten(x)]" als auch "[- gut]" enthalten. Die Gradangabe der Bewegung kann erneut als "50 > g" angegeben werden, was bedeutet, daß "g" auch den Null-Punkt der Skala (totale Zerstörung) erreichen kann.

Damit können wir das in Kap. B.5.2.4. festgemachte semantische Super-Feld "(VER)FALL" über die Seme "[+ Bewegung nach unten]" als auch "[- gut]" definieren. Diesem Feld können wir etwa die Begriffe DÉCADENCE, RUINE, CHUTE, CROULER, RUINER etc. zuordnen, welche sich untereinander einerseits durch den Grad des Verfalls, andererseits durch weitere Seme (Struktur/Konstruktion; Agenseinwirkung) unterscheiden können. Das Super-Feld (VER)FALL umfaßt sowohl konkrete(n) als auch abstrakte(n) Verfall/Zerstörung. Der Begriff DÉCADENCE hat, wie bereits festgestellt wurde, fast ausschließlich abstrakten Bezug. Wir können also ein Sub-Feld von (VER)FALL unter dem Namen DÉCADENCE abstecken, welches sich auf die abstrakte Sphäre beschränkt (menschliche Charaktereigenschaften, Staatsgebilde etc.). Die bestimmenden Seme von DÉCADENCE sind damit dieselben wie von (VER)FALL, lediglich die Argumente der (Sem-)Prädikate sind auf abstrakte Einheiten eingeschränkt.

B.5.5. Versuch einer systematischen Definition von semantischen Gegensätzen: theoretische Basis

B.5.5.1. Gemeinsame (= geteilte) Seme und Grundmuster der ("Wahrheits"-)Bewertung ("+" vs."-")

Ausgehend von einem klassischen Beispiel für semantische Gegensätze ("männl. vs. weibl. Vertreter einer Tierart": *étalon* "Hengst" vs. *jument* "Stute") kann man die Voraussetzungen dafür, daß zwei Begriffe/Begriffsfelder als genuine Gegensätze zu klassifizieren sind, darin sehen, daß sie a) "wichtige"[17] Seme teilen und daß sie b) in bezug auf die Bewertungen "+" bzw. "-" dieser "wichtigen" Seme die gleichen Ergebnisse aufweisen, jedoch mit einer Ausnahme: c) die Bewertung für *eines der geteilten Seme* muß "+" für den einen und "-" für den anderen Begriff sein.

vgl.:

étalon	[+ hipp.]	*jument*	[+ hipp.]
	[+ erwachsen]		[+ erwachsen]
dagegen:	**[+ Y-Chromosom]**		**[- Y-Chromosom]**

Vergleicht man dagegen die beiden lexematisierten Begriffe *poulin* "Hengstfohlen" und *jument* "Stute", kann man feststellen, daß der Eindruck eines Gegensatzes verschwindet, sobald etwa mehrere der gemeinsamen, bewertbaren Seme eine andere Bewertung erhalten:

poulin	[+ hipp.]	*jument*	[+ hipp.]
	[- erwachsen]		**[+ erwachsen]**
	[+ Y-Chromosom]		**[- Y-Chromosom]**

Ebenso ist dann nicht von einem Gegensatz zu sprechen, wenn keine der für den Begriff "wichtigen" Seme auch für den anderen Begriff "wichtig" sind, selbst wenn das übrige Sem-Verteilungsmuster von oben beschriebener Art ist: vgl. *poulin* "Hengstfohlen" und *hongre* "Wallach[18]". Die beiden Begriffe teilen die Seme

---

17 Wir verwenden hier mit Absicht den vagen Terminus "wichtig"; weiter unten wird jedoch eine genauere Definition von semantischen Gegensätzen erarbeitet werden.

18 Kastrationen an männlichen Jungpferden werden erst nach dem Fohlenstadium, welches das erste Lebensjahr umfaßt, durchgeführt. Männlich Pferde werden mit 1 bis 1,5 Jahren geschlechtsreif ("erwachsen"; Trock 1989: 46; 97). Diese Informationen erlauben es uns, für "Wallach" ein Sem [+ erwachsen] anzunehmen.

"[+ hipp.]" und "[+ Y-Chromosom]" und unterscheiden sich in der Bewertung des Sems "[erwachsen]". Der Unterschied zwischen "Hengstfohlen" und "Wallach" in bezug auf das "[erwachsen]"-Sem genügt jedoch offensichtlich nicht, um eine Gegensatzwirkung hervorzurufen - es ist kein "wichtiges" Sem (eine konzisere Bezeichnung dieser Art von Semen folgt im anschließenden Kap. B.5.5.2.). Beide Begriffe teilen vielmehr das "wichtige" Sem "[- reproduktionsfähig]", welches bei *hongre* aus "[- Keimdrüsen]" (notwendige Bedingung nicht erfüllt), bei *poulin* aus "[- erwachsen]" ("erwachsen" wird definiert als "reproduktionsfähig") jeweils *inhärent* ableitbar ist.

poulin	[+ hipp.]	*hongre*	[+ hipp.]
	[- erwachsen]		[+ erwachsen]
	[+ Y-Chromosom]		[+ Y-Chromosom]
N.B.:	**[-reproduktionsfähig]**		**[-reproduktionsfähig]**

Ebenfalls ausschlaggebend ist die Binarität/Dichotomie des Verhältnisses zweier Begriffe, damit von einem echten semantischen Gegensatz gesprochen werden kann. Eine Sem-Verteilung nach obigem Muster ist zwar zuweilen beobachtbar, wenn (wie etwa bei der heute üblichen Einteilung von Lebewesen) Tierarten, welche sich auf gleicher hierarchischer Höhe im Rahmen der Klassifikation befinden, zueinander in Bezug gesetzt werden. Dennoch kann hier nicht von einem Gegensatz gesprochen werden: vgl.

lion	[+ Säugetier]	*loup*	[+ Säugetier]
	[+ Raubtier]		[+ Raubtier]
zwar:	**[+ Katze]**		**[- Katze]**

Dies ergibt sich u.E. ganz logisch aus bisher Gesagtem: ist ein Löwe mit [+ Katze] und ein Wolf mit [- Katze] gekennzeichnet, so ist ein Wolf aber auch [+ Hund], ein Löwe jedoch [- Hund]; beide sind wiederum [- Bär], ein Grizzly hingegen [+ Bär], jedoch [- Katze], [- Hund], etc.:

Lion	[+ Säugetier]	*loup*	[+ Säugetier]
	[+ Raubtier]		[+ Raubtier]
zwar:	**[+ Katze]**		**[- Katze]**
jedoch:	**[- Hund]**		**[+ Hund]**
	[- Bär]		**[- Bär]**

Überall dort, wo keine Dichotomie zwischen Kategorien besteht, sondern mehrere gleichrangige Kategorien nebeneinander zu verzeichnen sind, kann die oben gegebene Definition bei Ausschöpfung aller Sembewertungen (d.h. "-"-Bewertung für alle Parallelkategorien) nicht mehr erfüllt werden: zu viele "wichtige" Seme sind dann *parallel* mit "-" *bewertet.* Auch Lyons (1977 I: 270ff. bzw. 287ff.) diskutiert den Unterschied zwischen echten - dichotomen oder binären - Gegensätzen und dem letztgenannten Phänomen; dieses heißt bei Lyons "non-binary contrast" oder "incompatibility" und ist typisch für "many-member lexical sets".[19]

B.5.5.2. Periphäre vs. Kern-Seme

Wir haben im vorangehenden Kapitel festgestellt, daß bestimmte ("wichtige") Seme über eine gegengleiche Wahrheitsbewertung einen semantischen Gegensatz zwischen zwei Begriffen aufbauen können, andere Seme können dies jedoch nicht. Wir nennen in der Folge Seme mit dem funktionellen Vermögen des Aufbaus von Gegensatz *Kern*-Seme. Seme ohne dieses funktionelle Vermögen nennen wir dagegen *periphäre* Seme. So ist etwa das Sem [- reproduktionsfähig] ein Kern-Sem von *hongre*, [+ erwachsen] dagegen ein periphäres Sem.

---

19 Welche Bedeutungselemente nun tatsächlich als "wichtig" für einen Begriff gelten, hängt in gewissem Grad auch von der verwendeten Taxonomie ab. Lakoff (1978: 118f.) spricht in diesem Zusammenhang von z.B. "folk models" vs. "scientific models", welche je nach etwa Ausbildungshintergrund von Menschen zu Kategorisierungen der sie umgebenden Welt herangezogen werden können. Ein Beispiel dafür (welches nicht dieser Stelle aus Lakoff: 1978 entstammt, deren bibliographische Referenz uns jedoch nicht mehr möglich ist zu rekonstruieren) wäre eine Einteilung von Lebewesen entweder nach "wissenschaftlichen" Kriterien (in Gruppen, Klassen, Ordnungen, Familien, Gattungen und Arten), wie wir sie Carl von Linné verdanken, oder etwa nach einer "Alltagstaxonomie" von Tieren in "[+ gefährliches Tier]", "[+ Nahrungsmittel lieferndes Tier]", "[+ Kuscheltier]", "[+ Arbeitstier]", "[+ im Wald lebendes Tier]", "[+ im Wasser lebendes Tier]" etc. (wobei sich einzelne Gruppen durchaus überschneiden, die Klassifizierung - so "unlogisch" sie erscheint - der alltäglichen Brauchbarkeit durch den Menschen jedoch sehr viel mehr entspricht). Lyons (1977 I: 287f.) meint in bezug auf unterschiedliche Taxonomien im Alltag und in der Wissenschaft: "[not] any good reason for believing that many-member lexical sets [...] necessarily belong to some specialized technical or scientific subvocabulary rather than to the general vocabulary of a language." Als Alltagsbeispiele führt er die Menge der Wochentage, jene der Monate, aber auch Blumennamen an.

B.5.5.3. Zentrale vs. indirekte Seme

Die *Kern*-Seme eines Begriffes sind unterscheidbar in *zentrale* sowie *indirekte* Seme.

Der phylogenetische Unterschied zwischen *zentralen* und *indirekten* Semen besteht darin, daß zentrale Seme als primär, indirekte Seme jedoch als sekundär und erst als durch eine semantische Operation, wie etwa eine metaphorische Übertragung, in den Begriff eingegangen gedacht werden können. Wir haben einen solchen Zusammenhang zwischen dem [+ viel] (zentrales Sem) und dem [+ gut] (indirektes Sem) des Begriffes GRANDEUR in Kap. B.5.4.2.1. festgestellt: das [+ gut]-Sem ist über die von Lakoff/Johnson 1980 beschriebene Metapher "viel ist gut" vom [+ viel]-Sem abgeleitet.

Es besteht jedoch auch ein semantisch-funktioneller Unterschied zwischen diesen beiden Sem-Arten. Dieser manifestiert sich darin, daß die eigentliche Bedeutung des Begriffes verloren geht, sobald der Wahrheitswert eines zentralen Sems umgekehrt ("+" zu "-" oder *vice versa*) wird.[20] So ist das Sem [viel] als zentrales Sem von sowohl *grandeur* als auch von *petitesse* anzusehen: ändert man die Wahrheitsbewertungen bei diesen beiden Begriffen diesbezüglich, wird die Bedeutung des Begriffes aufgehoben. Eine kleine Größe ("Größe" nicht als generelles Maß, sondern als "Groß-Sein") gibt es semantisch gesehen nicht (wir sehen hier von pragmatisch bedingten Wortspielen ab, die letztendlich jedoch ihre rhetorische Wirkung auch nur aus der semantischen Unmöglichkeit beziehen):

vgl.:

grandeur	**[+ viel]**	*petitesse*	**[- viel]**
	[+ gut]		[- gut][21]

Bei der Umkehr der Wahrheitswerte von indirekten Semen kommt es nicht zu einer Aufhebung der Ausgangsbedeutung:

vgl.:

grandeur	[+ viel]	***grandeur* (*négative*)**	[+ viel]
	[+ gut]		**[- gut]**

---

20 Zum zentralen Stellenwert der Kommutationsprobe bei der Bestimmung von semantischen Oppositionen s. auch Geckeler (1996: 21; 1997b: 99).

21 Näheres zur Bewertung des [gut]-Sems bei *petitesse* s. Kap. B.5.5.5.

Eine ausführliche Diskussion von *petitesse, grandeur (négative)* und anderen antonymischen Feldern von *grandeur* (mit positiver Grund-Bewertung) folgt in Kapitel
B.5.6.1.1.

B.5.5.4. Bedingungen für semantische Gegensätze: Semkonstellationen

Semantische Gegensätze liegen vor, wenn zwei Begriffe/Begriffsfelder a) *Kern*-Se-
me (*zentrale* und *indirekte*) Seme teilen und sie b) in bezug auf die Bewertungen
"+" bzw. "-" der zentralen Seme die gleichen Ergebnisse aufweisen, aber c) die
Bewertung für *mindestens ein zentrales* **oder** *indirektes, maximal jedoch für ein zentrales
Sem* "+" für den einen und "-" für den anderen Begriff ist.[22]

Dies kann illustriert werden anhand der Gegensätze *étalon* vs. *jument* (3 gleiche
zentrale Seme, eines davon umgekehrt bewertet):

vgl.:

étalon	[+ hipp.]	*jument*	[+ hipp.]
	[+ erwachsen]		[+ erwachsen]
dagegen:	**[+ Y-Chromosom]**		**[-Y-Chromosom]**

Zum Vergleich der Gegensatz *grandeur (positive)* vs. *grandeur (négative)* - hier baut der
Kontrast auf dem indirekten Sem auf:

vgl.:

grandeur (positive)	[+ viel]	*grandeur (négative)*	[+ viel]
	[+ gut]		**[- gut]**

Im übrigen ist die Tatsache, daß ein solcher Kontrast rein über die Bewertung
konstruierbar ist, für uns ein ausreichender Beweis dafür, daß solche Bewertungen
als Seme (bzw. Prädikate) klassifizierbar sind, das heißt als semantische Einheiten
und nicht etwa bloß als rein pragmatisch bedingte Effekte, wie etwa Konnotatio-
nen.

---

22   In diesem Sinne - informell - auch Geckeler, wenn er darauf hinweist, daß Ähnlichkeit eine Vor-
     aussetzung für semantische Opposition ist und nicht vergleichbare Dinge keine Gegensätze dar-
     stellen können (vgl. Vortrag Horst Geckeler "Synonymie, Antonymie und Wortfeld", gehalten am
     24.3.1998 am Institut für Romanistik der Universität Wien).

Mehr als ein zentrales Sem darf jedoch nicht gegengleich bewertet werden, wie der bereits genannte Fall von *lion* vs. *loup* zeigt, wo kein genuiner semantischer Gegensatz besteht:

lion	[+ Säugetier]	*loup*	[+ Säugetier]
	[+ Raubtier]		[+ Raubtier]
zwar:	**[+ Katze]**		**[- Katze]**
jedoch:	**[- Hund]**		**[+ Hund]**
	[- Bär]		**[- Bär]**

Dagegen dürfen geteilte indirekte Seme gleichzeitig zu geteilten zentralen Semen gegengleich bewertet werden, ohne daß die Gegensatzwirkung aufgehoben wird:

vgl.:

grandeur (positive)	**[+ viel]**	*petitesse (négative)*	**[- viel]**
	[+ gut]		**[- gut]**

Ein weiterer semantisch-funktioneller Unterschied zwischen zentralen und indirekten Semen dürfte darin bestehen, daß mehrere geteilte indirekte Seme sehr wohl einen semantischen Gegensatz aufbauen können. So kann man etwa einen Kontrast zwischen *leben* und *sterben* auf diese Art beschreiben. Folgt man etwa erneut Lakoff/Johnsohn (1980: 15f.) und deren Beschreibung metaphorischer Übertragungsmechanismen ("Leben ist gut" >> "Leben ist hoch" >> "gut ist hoch"), bzw. deren Umkehr, so sind die [gut]- und die [hoch]-Seme jeweils indirekte Seme zum zentralen [leben]-Sem, alle diese Seme sind gegengleich bewertet, ohne daß der Gegensatz aufgehoben wird:

leben	**[+ leben]**	*sterben*	**[- leben]**
	[+ gut]		**[- gut]**
	[+ hoch]		**[- hoch]**

B.5.5.5. Konkrete vs. abstrakte Kontexte: Verschiebung der Semkonstellationen und damit der Bedingungen für semantische Gegensätze

Aus unseren konkreten Analysen hat sich ergeben, daß Gegensätze, welche zwischen zwei Begriffen konkreter Lesart über bestimmte Semkonstellationen definiert werden konnten, nach einer metaphorischen Übertragung der beiden Begriffe in den abstrakten Bereich aufgehoben wurden. Es handelte sich dabei um Kontexte, wo (im konkreten Bereich) der Gegensatz auf einer umgekehrten Wahrheitsbewertung der zentralen Seme aufbaute, wie etwa bei *grandeur (positive)* vs. *Petitesse (positive)* bzw. *grandeur (négative)* vs. *petitesse (négative)*:

GRANDEUR	**[+ viel]**	PETITESSEpos.	**[- viel]**
	[+ gut]		[+ gut]
PETITESSE	**[- viel]**	GRANDEURnég.	**[+ viel]**
	[- gut]		[- gut]

Eine *maison monumentale* kann als Gegensatz zu einer *maison modeste* empfunden werden, wo *modeste* als Mitglied des semantischen Feldes PETITESSEpos. gelten kann, *monumentale* zu GRANDEUR(pos.) gehört. Eine *maison mesquine* steht im Gegensatz zu einer *maison prétentieuse*, wobei *prétentieuse* als Mitglied des Feldes GRANDEURnég. zu betrachten ist, *mesquine* als Mitglied von PETITESSE. Wir befinden uns hier jeweils im konkreten Bereich.

Dahingegen ist eine *grande âme* wohl kaum als Gegensatz zu einer *âme modeste* zu bezeichnen, genausowenig wie *petitesse d'âme* zu *prétention*, welches als zu GRANDEURnég. gehörig gerechnet werden kann. Die fraglichen Begriffspaare aus den abstrakten Bereichen wirken, wenn nicht gar als Ko-Mitglieder desselben semantischen Feldes, doch zumindest nicht als Gegensätze. Während im konkreten Bereich (Gebäude) der regulär zu erwartende antonyme Gegensatz als solcher wirkt (über die positiven und negativen Bewertungen), geschieht im abstrakten Bereich etwas Unerwartetes: das "Gewicht" der indirekten Seme scheint größer als das "Gewicht" der zentralen Seme in bezug auf eine eventuelle Gegensatzwirkung: die parallelen Wahrheitswert-Bewertungen der indirekten Seme scheinen den Gegensatz aufzuheben. Das Größen-Element tritt in den Hintergrund.

Wir haben schon mehrmals festgestellt, daß im Rahmen der metaphorischen Übertragung die Bewertungen eine zentrale Rolle spielen, indem nur über die Assoziation von "viel ist gut" Begriffe, welche "[+ viel]" ausdrücken, auch zum Ausdruck von Bewertungen als "[+ gut]" herangezogen werden können. Im abstrakten Bereich sind diese bewertenden Seme nun offensichtlich nicht mehr als "indirekt" (im hier definierten Sinn) zu bezeichnen: die Bewertung ist dem abstrakten Bereich inhärent und hat damit einen Status, welcher als "zentral" im Sinne der hier vorgeschlagenen Terminologie zu klassifizieren ist. Der Unterschied zwischen diesen beiden Sem-Arten besteht nach unserer Definition darin, daß die eigentliche Bedeutung des Begriffes verloren geht, sobald der Wahrheitswert eines zentralen Sems negativ ("-") wird; so ist etwa GRANDEUR/physisch mit einem Wahrheitswert "[- viel]" keine GRANDEUR mehr; dahingegen ändert sich an der Grundbedeutung von GRANDEUR/physisch nichts, wenn das indirekte Sem

"[+ gut]" zu "[- gut]" wird. Im Vergleich dazu ergibt eine "minus"-Bewertung der GRANDEUR/*d'âme* in bezug auf das "[viel]"-Sem keinen Begriff, durch welchen GRANDEUR/*d'âme* aufgehoben wird (namentlich PETITESSEpos. - ein Begriff, der immer noch eine positiv bewertete moralische Qualität abdeckt; z.B. in *modestie*): das "[viel]"-Sem ist hier ein indirektes Sem. Eine "minus"-Bewertung in bezug auf das "[gut]"-Sem ergibt jedoch einen Begriff (namentlich GRANDEURnég.), der als Aufhebung des Begriffes GRANDEUR/*d'âme* betrachtet werden muß, da er eine negativ bewertete moralische Eigenschaft abdeckt (z.B. in *prétention*): das "[gut]"-Sem ist hier ein zentrales Sem. Dasselbe gilt für PETITESSE/*d'âme*: das zentrale "[gut]"-Sem bewirkt bei einer Umbewertung von "-" auf "+" einen Verlust der Grundbedeutung von PETITESSE/*d'âme* (diese wird zu PETITES-SEpos.); das indirekte "[viel]"-Sem bewirkt bei einer Umbewertung von "-" auf "+" keinen Verlust der Grundbedeutung von PETITESSE/*d'âme* (diese wird zu GRANDEURnég.). In bezug auf letzteres Beispiel ist festzuhalten, daß hier für PETITESSE/*d'âme* die sehr breite - aber dokumentierte - Lesart "défaut de caractère" anzunehmen ist (vgl. die Definition der *Encyclopédie*: "La *petitesse* de l'esprit est bien voisine de la méchanceté. Il n'y a presque aucun vice qu'elle n'accompagne, l'avarice, l'intolérance, le fanatisme, etc.") und zu beachten ist, daß GRAN-DEURnég. ein Hilfs-Etikett ist. Alleine die Tatsache jedoch, daß, je stärker der Begriff PETITESSE/*d'âme* in Richtung (Charakter-) Bewertung und von der physischen Größenvorstellung abstrahiert wird, der Sem-Test umso besser bestanden wird, untermauert unsere Darstellung. Ebenso untermauert wird unsere Behauptung, daß "Mengenangaben"-Seme im abstrakten semantischen Feld der Charakterbewertung keinen zentralen Status haben, indem diese "Mengenangaben"-Seme in diesem semantischen Bereich in Konkurrenz zu Semen aus anderen mehr oder weniger konkreten Bereichen stehen: *haut* ("[+ viel]" in bezug auf eine bestimmte Dimension), *doux* (sensorisch), *beau* (ästhetisch), *chaleureux* (Temperatur), *fort* (Kraft) etc. Die "Mengenangaben"-Seme sind in diesem Bereich daher keinesfalls "unabkömmlich" oder *zentral*. Sie sind vielmehr als *indirekte* Seme, welche durch eine semantische Operation (metaphorische Übertragung) in das semantische Feld der Charakterbewertung eingegangen sind, zu klassifizieren.

Je weiter weg die Abstraktion von der ursprünglichen Grundbedeutung "Mengenangabe" ("[± viel]") wegführt, umso weniger ist etwa ein Gegensatz zwischen GRANDEUR und PETITESSEpos. und zwischen PETITESSE und GRAN-DEURnég. zu verzeichnen:

une grande action vs. *une action petite au sens positif*

une action mesquine vs. *une action grande au sens négatif* dagegen:

une grande âme ~~vs.~~ *une âme modeste*
une âme petite ~~vs.~~ *une âme prétentieuse*

Ein Sem, dessen Bedeutung für Randmitglieder eines bestimmten semantischen Feldes so "leer" wird, daß es keinen Gegensatz mehr aufzubauen imstande ist, kann in diesem Bereich des Feldes keinen zentralen Status haben: solche Seme bekommen daher offensichtlich periphären Status, worauf des weiteren die Existenz von parallelen, metaphorisch aufgebauten Feldern hindeutet (s.o. *haut, fort, doux* etc.).

B.5.5.6. Synopse: Subkategorien semantischer Gegensätze

Folgende Subkategorien semantischer Gegensätze konnten festgemacht werden:

–   *primäre* Gegensätze, das sind Gegensätze, welche sich aus einer unterschiedlichen Wahrheits-Bewertung von *zentralen* Semen ergeben:

für den konkreten Bereich

GRANDEUR	**[+ viel]**		PETITESSEpos.	**[- viel]**
	[+ gut]			[+ gut]
maison monumentale			*maison modeste*	

für den abstrakten Bereich

GRANDEURpos.	[+ viel]		GRANDEURnég.	[+ viel]
	[+ gut]			**[- gut]**
grande âme			*âme prétentieuse*	

–   sekundäre Gegensätze, welche sich aus einer unterschiedlichen Wahrheits-Bewertung von *indirekten* Semen ergeben:

für den konkreten Bereich

GRANDEURpos.	[+ viel]		GRANDEURnég.	[+ viel]
	[+ gut]			**[- gut]**
grande maison			*maison prétentieuse*	

für den abstrakten Bereich

(allerdings nur bei relativer "Nähe"

zum konkreten Ausgangsbegriff)

GRANDEUR   **[+ viel]**   PETITESSEpos.   **[- viel]**

               [+ gut]   **[+ gut]**

grande action   *action petite au sens positif*

—   *Kombinationen* von *sowohl primären* als *auch sekundären* Gegensätzen:

für den konkreten Bereich

GRANDEUR   **[+ viel]**   PETITESSE   **[- viel]**

               [+ gut]   **[- gut]**

grande maison   *maison mesquine*

für den abstrakten Bereich

GRANDEUR   **[+ viel]**   PETITESSE   **[- viel]**

               [+ gut]   **[- gut]**

grande âme   *âme mesquine*

—   *partielle* semantische Gegensätze, welche dann festzustellen sind, wenn die beiden Begriffe mindestens ein, nicht jedoch alle Kernseme teilen und die geteilten Kernseme gegengleich bewertet sind:

N.B. DÉCADENCE hat (fast) ausschließlich eine abstrakte Lesart (vgl. Kap. B.5.2.4.), es ist daher nur sinnvoll, diesen Begriff einer abstrakten GRANDEUR gegenüberzustellen. Es sind hier also die [± gut]-Seme als zentrale Kernseme zu betrachten:

GRANDEUR   **[+ viel]**   DÉCADENCE   **[+ B.n.u.]**

               [+ gut]   **[- gut]**

une grande personne   *une personne décadente*

—   die nähere Art der semantischen Gegensätze (*antonymisch* vs. *komplementär* vs. *direktional*) wird bestimmt durch die isolierte diesbezügliche Klassifizierung der gegensätzlichen Begriffe (zentrale Seme untereinander, indirekte Seme untereinander). Die Literatur unterscheidet üblicherweise zwischen *antonymischen, komplementären* und *direktionalen* semantischen Gegensätzen.

Begriffe, welche in antonymischen Gegensatz zu anderen Begriffen treten können, sind skalar und relativ (*groß* vs. *klein*). Sie sind graduierbar (*groß* → *sehr groß*), steigerbar (*groß* → *größer* → *am größten*) und kontextrelativ (*ein kleiner Elefant* ist größer als *eine große Maus*, vgl. LSW: 36). Die Seme [± viel] und [± gut], welche für unsere Untersuchungen relevant sind, gehören dieser Kategorie an.

Begriffe, welche in komplementären Gegensatz zu anderen Begriffen treten können, sind nicht skalar und absolut (*tot* vs. *lebendig; männlich* vs. *weiblich*). Sie sind nicht graduierbar (*tot* > **sehr tot*), nicht steigerbar (*tot* > **toter* > **am totesten*) und nicht kontextrelativ (*ein nicht-männliches Wesen* ist (immer) *ein weibliches Wesen*, vgl. LSW: 250).

Lyons (1977, I : 281) führt im Rahmen seiner Klassifizierung von semantischen Gegensätzen auch eine Kategorie "direktionaler Gegensatz" ("directional opposition") ein. Diese umfaßt Verhältnisse wie "auf/hin auf - ab/hinunter", "ankommen - abfahren", "kommen - gehen" etc. Alle diese Verhältnisse sind dadurch charakterisiert, daß sie eine Bewegung in eine von zwei entgegengesetzten Richtungen relativ zu einem bestimmten Punkt P implizieren. Das hier für uns relevante Beispiel "auf/hinauf - ab/hinunter" impliziert eine Bewegung (jeweils weg von P) in zwei entgegengesetzte Richtungen. Lyons (1977, I : 281f.) meint dazu weiter: "It would be difficult to exaggerate the importance of directional opposition [...] as a structural relation. It is all-persuasive in both the grammatical and the lexical structure of languages: [...] it is the basis of much that we might think of as metaphorical in the use of particular lexemes and expressions. [...]". Das Sem [± Bewegung nach unten] aus dem semantischen Feld DÉCADENCE gehört dieser Kategorie an.

B.5.6. Das semantische Verhältnis von GRANDEUR und DÉCADENCE zueinander - andere semantische Felder in diesem Zusammenspiel

Bevor wir das eigentliche Verhältnis von GRANDEUR und DÉCADENCE bestimmen, wollen wir zunächst die semantischen Gegensätze der beiden Begriffe voneinander isoliert betrachten.

B.5.6.1. *GRANDEUR und DÉCADENCE und semantische Gegensätze*

Wir werden nun systematisch alle der möglichen Gegensätze von GRANDEUR und DÉCADENCE herausarbeiten, indem wir alle der möglichen Kombinationen an Sem-Wahrheitsbewertungen durchnehmen und für diese Begriffsfelder einen Oberbegriff wie auch Beispiele von lexematischen Vertretern suchen werden. Auch hier werden wir unsere Überlegungen lexikographisch absichern.

B.5.6.1.1. *GRANDEUR und semantische Gegensätze*

Für den Bereich der GRANDEUR müssen wir dem Unterschied zwischen konkreten und abstrakten Kontexten Rechnung tragen, da ja hier der unterschiedliche Status der Seme [viel] und [gut] (zentral vs. indirekt) Auswirkungen auf die Gegensatzwirkung hat.

Wir beginnen damit, indem wir, ausgehend von GRANDEUR, beide Seme umbewerten. Dadurch erhalten wir einen Begriff mit negativ bewerteter Kleinheit, den wir laut Lexikographie mit dem französischen Lexem *petitesse* abdecken können:

So liest man etwa im Artikel *petitesse* der *Encyclopédie*: "On dit la *petitesse* de la taille, & la *petitesse* de l'esprit. La *petitesse* de l'esprit est bien voisine de la méchanceté. Il n'y a presque aucun vice qu'elle n'accompagne, l'avarice, l'intolérance, le fanatisme, etc.". Tatsächlich taucht dieser Begriff etwa auch im Artikel "Grandeur" der *Encyclopédie* auf (Die menschliche Natur ist "mêlée si manifestement de *grandeur* & de petitesse", ein Naturgesetz, das es zu akzeptieren gilt). Ein Adjektiv aus diesem semantischen Feld wäre z.B. *mesquin*.

GRANDEUR ([+ viel], [+ gut]) und PETITESSE ([- viel] [- gut]) sind *Gegensätze*; hier stellt sich nun die Frage, ob es sich hier um antonymische oder komplementäre Gegensätze handelt. Wir wiederholen, daß als Kennzeichen für komplementäre Gegensätze gilt, daß sie weder graduierbar noch steigerbar sind (*ein bißchen tot, *verheirateter*, vgl. LSW: 251) - *très grand, assez petit* sind jedoch wohlgeformt. Als Kennzeichen für antonymische Gegensätze gilt jedoch, daß die Negation des einen Ausdrucks n i c h t die Assertion des anderen impliziert (*A ist nicht alt* → *A ist jung*, vgl. LSW: 36) - vgl. *A n'était pas un grand empereur, il était médiocre* ("médiocre" ist nicht "petit", bzw. "¬petit" ist mit "¬grand" vereinbar); oder wie in der *Encyclopédie* (s.v. "petit") zu lesen ist: "correlatif & opposé de *grand*. Il n'y a rien qui soit absolument grand, rien qui soit absolument *petit*. L'éléphant est grand à l'égard de l'homme, qui petit à l'égard de l'éléphant, est grand à l'égard de la mouche, qui petite à l'égard de l'homme, est grande à l'égard du ciron. [...] Il se prend [...] au simple & au figuré. [...]". Wir haben es demnach hier mit einem *antonymischen* Gegensatz in bezug auf die [gut]-Seme zu tun.

Bezüglich des Verhältnisses zwischen "[+ gut]" und "[- gut]" ist zu sagen, daß der diesbezügliche Gegensatz ein *antonymischer* ist (vgl. *besser, sehr gut*, es gibt Stufen zwischen "[+ gut]" und "[- gut]").

Im Gegensatzpaar GRANDEUR vs. PETITESSE sind daher zwei verschiedene Arten von Gegensätzen zu verzeichnen, die wir *primärer* bzw. *sekundärer* Gegensatz genannt haben. Der *primäre* Gegensatz baut auf der unterschiedlichen Wahrheitsbewertung der *zentralen* Seme, der *sekundäre* Gegensatz dagegen auf der unterschiedlichen Wahrheitsbewertung der *indirekten* Seme auf. Je nachdem, ob wir nun einen konkreten oder einen abstrakten Kontext vorliegen haben, ergibt dies unterschiedliche Konfigurationen:

konkreter Bereich:

| GRANDEUR | [+ viel] | PETITESSE | [- viel] |
| | [+ gut] | | [- gut] |

GRANDEUR vs. PETITESSE	
gleiche Wertung bzgl.	verschiedene Wertung bzgl.
-	zentrales Sem [viel]
-	indirektes Sem [gut]

In diesem Bereich kann das zentrale "[viel]"-Sem durch die unterschiedliche Wahrheitsbewertung ("+"/"-") einen primären antonymischen Kontrast aufbauen. Ein sekundärer antonymischer Kontrast ergibt sich auf der Ebene des "[gut]"-Sems, welches hier indirekt ist (*maison monumentale* vs. *maison mesquine*).

abstrakter Bereich:

GRANDEUR vs. PETITESSE	
gleiche Wertung bzgl.	verschiedene Wertung bzgl.
-	zentrales Sem [gut]
-	indirektes Sem [viel]

Hier liegt ein primärer antonymischer Kontrast auf der Ebene des hier zentralen "[gut]"-Sems vor, ein sekundärer antonymischer Kontrast ergibt sich auf der Ebene des hier indirekten "[viel]"-Sems (*grande âme* vs. *âme mesquine*).

Gehen wir weiter zum Kontrast, wo, wiederum ausgehend von der GRANDEUR, nur das [gut]-Sem umbewertet wird, also eine negativ bewertete Größe erscheint. Viele der im Französischen lexikalisierten, als negativ bewertbaren "Größen" haben jedoch auch positive Lesarten (*gros:* "[Terme d'affection] *Mon gros* [...] *Gros lot. Le plus important que l'on puisse gagner à une loterie* [...] *Au fig.* Événement fortuit qui procure de grands avantages, qui a d'heureuses conséquences" *Trésor.* s.v. *gros; démesuré : C'est à cette sorte de salut intellectuel que contribuent les hommes démesurés* [...] ALAIN, *Trésor.* s.v. *démesuré*). Allerdings ist eine GRANDEUR NÉGATIVE kein Widerspruch in sich, wie dies etwa eine GRANDEUR PETITE (in wörtlicher Lesart) wäre. Hier scheint eine lexikalische Lücke vorzuliegen, nicht jedoch eine konzeptionelle Lücke (es liegt keine logische Unmöglichkeit vor). Das entsprechende semantische Feld umfaßt eventuell Lexeme wie *exagérer, superbe* oder *mégalomanie*. Alle diese Begriffe haben jedoch relativ enge Bedeutungen und eignen sich nicht als Überbegriffe für das ganze semantische Feld. Als Hilfs-Überbegriff müssen wir daher mit GRANDEURnég. mit der Bedeutung "grandeur au sens négatif" das Auskommen finden. Aufgrund der vorliegenden lexikalischen Lücken sind die Wohlgeformtheitstests hier weniger elegant (s.u.). Formen wie *assez/plus grand au sens négatif* sind logisch wohlgeformt (wenn auch nicht gerade stilistisch): *L'empereur A devenait plus grand au sens négatif chaque jour.* Aus einer Aussage *A n'était pas un grand empereur* folgt nicht *A était un grand empereur au sens négatif.* Der Test scheint also zugunsten einer antonymischen Klassifikation auszufallen.

Über das aus "[+ viel]" ableitbare Sem "[+ hoch]" kann aus GRANDEUR HAUTEUR abgeleitet werden, und aus GRANDEURnég. eine HAUTEURnég. Tatsächlich fand sich im Artikel "Grandeur" der *Encyclopédie* ein Ausdruck aus dem Bereich HAUTEURnég.: *hauteur révoltante.* Während wir in Kap. B.5.2.1. intuitiv festgestellt haben, daß sich "hauteur révoltante" antonymisch zu "grandeur personnelle" verhält, können wir dies hier systematisch nachvollziehen.

konkreter Bereich:

GRANDEUR	[+ viel]		GRANDEURnég.	[+ viel]
	[+ gut]			[- gut]

GRANDEUR vs. GRANDEURnég.	
gleiche Wertung bzgl.	verschiedene Wertung bzgl.
[viel]	-
-	[gut]

Hier liegt ein sekundärer antonymischer Gegensatz ("[viel]" ist zentral, "[gut]" ist indirekt) vor: *maison monumentale* vs. *maison prétentieuse.*

abstrakter Bereich:

GRANDEUR   [+ viel]   GRANDEURnég.   [+ viel]

             [+ gut]   [- gut]

GRANDEUR vs. GRANDEURnég.	
gleiche Wertung bzgl.	verschiedene Wertung bzgl.
[viel]	-
-	[gut]

Hier liegt ein primärer antonymischer Gegensatz ("[gut]" ist zentral, "[viel]" ist indirekt) vor: *grande action* vs. *action grande au sens négatif.*

Parallel dazu ist jener Gegensatz, welcher, von PETITESSE ausgehend, ebenfalls
nur die [gut]-Seme umbewertet, wodurch eine positiv bewertete Kleinheit entsteht. Die Bedingungen sind hier vollständig parallel zum vorangehenden Beispiel.
Eine lexikalische Lücke bezüglich eines Oberbegriffes kennzeichnet dieses semantische Feld, welches etwa Lexeme wie *économie, épargner* oder *modestie* enthält.
Faute de mieux möchten wir auch hier wieder PETITESSEpos. als Hilfsoberbegriff
einsetzen. PETITESSE und PETITESSEpos. stehen erneut in *antonymischem* Gegensatz in bezug auf die [gut]-Seme (vgl. *quelle maison mesquine ! - Non, elle n'est pas
mesquine, elle est petite au sens positif - elle se nettoie vite !*).

PETITESSE   [- viel]   PETITESSEpos.   [- viel]

             [- gut]   [+ gut]

PETITESSE vs. PETITESSEpos.	
gleiche Wertung bzgl.	verschiedene Wertung bzgl.
[viel]	-
-	[gut]

Auch hier liegt ein sekundärer, antonymischer Gegensatz im konkreten ("[viel]" ist
zentral, "[gut]" ist indirekt) und ein primärer, antonymischer Gegensatz im abstrakten Bereich vor ("[gut]" ist zentral, "[viel]" ist indirekt); vgl. konkret: *maison
mesquine* vs. *maison modeste,* abstrakt: *action mesquine* vs. *action petite au sens positif.*

Geht man nun erneut von GRANDEUR aus und bewertet nur das [viel]-Sem um, dann erhält man die schon bekannte PETITESSEpos., die positiv bewertete Kleinheit.

konkreter Bereich:

GRANDEUR   [+ viel]   PETITESSEpos.   [- viel]

                [+ gut]   [+ gut]

GRANDEUR vs. PETITESSEpos.	
gleiche Wertung bzgl.	verschiedene Wertung bzgl.
-	[viel]
[gut]	-

Hier liegt ein primärer, antonymischer Kontrast vor ("[viel]" ist zentral, "[gut]" ist indirekt): *maison monumentale* vs. *maison modeste*.

abstrakter Bereich:

GRANDEUR   [+ viel]   PETITESSEpos.   [- viel]

                [+ gut]   [+ gut]

GRANDEUR vs. PETITESSEpos.	
gleiche Wertung bzgl.	verschiedene Wertung bzgl.
-	[viel]
[gut]	-

Hier liegt ein sekundärer, antonymischer Kontrast vor ("[gut]" ist zentral, "[viel]" ist indirekt): *grande action* vs. *action petite au sens positif.* Bei starker Abstraktion wird die Gegensatzwirkung aufgehoben: *grande âme* vs. *âme modeste*.

Geht man nun jedoch von GRANDEURnég. aus und bewertet wie zuvor nur das [viel]-Sem um, dann erhält man wiederum PETITESSE, die negativ bewertete Kleinheit.

konkreter Bereich:

GRANDEURnég. [+ viel]   PETITESSE   [- viel]

           [- gut]   [- gut]

GRANDEURnég. vs. PETITESSE	
gleiche Wertung bzgl.	verschiedene Wertung bzgl.
-	[viel]
[gut]	-

Hier liegt erneut ein primärer, antonymischer Kontrast vor ("[viel]" ist zentral, "[gut]" ist indirekt): *maison prétentieuse* vs. *maison mesquine.*

abstrakter Bereich:

GRANDEURnég. [+ viel]   PETITESSE   [- viel]

           [- gut]   [- gut]

GRANDEURnég. vs. PETITESSE	
gleiche Wertung bzgl.	verschiedene Wertung bzgl.
-	[viel]
[gut]	-

Hier liegt ein sekundärer, antonymischer Kontrast vor ("[gut]" ist zentral, "[viel]" ist indirekt): *action grande au sens négatif* vs. *action mesquine.* Bei starker Abstraktion wird die Gegensatzwirkung aufgehoben: *prétention* vs. *petitesse d'âme.*

Es steht nun nur noch eine mögliche Kombination aus, namentlich jene, wo - wie dies etwa bei GRANDEUR vs. PETITESSE der Fall war - sowohl die [gut]- als auch die [viel]-Seme eine unterschiedliche "±"-Bewertung erhalten, jedoch mit dem Unterschied, daß die Bewertung der direkten und indirekten Seme innerhalb eines Begriffes gegengleich ist (im Gegensatz zu parallel bei GRANDEUR vs. PETITESSE): vgl.

GRANDEUR   [+ viel]   PETITESSE   [- viel]

             [+ gut]   [- gut] dagegen:

PETITESSEpos.	[- viel]		GRANDEURnég.	[+ viel]
	[+ gut]			[- gut]

PETITESSEpos. vs. GRANDEURnég.	
gleiche Wertung bzgl.	verschiedene Wertung bzgl.
-	[viel]
-	[gut]

Bei PETITESSEpos. vs. GRANDEURnég. liegt erneut, wie bei GRANDEUR vs. PETITESSE, ein zweifacher Gegensatz vor. Genauer gesagt kann man hier erneut für den konkreten Bereich einen primären, antonymischen Gegensatz auf der Ebene des hier zentralen "[viel]"-Sems sowie einen sekundären, antonymischen Gegensatz auf der Ebene des hier indirekten "[gut]"-Sems feststellen: vgl. *maison modeste* vs. *maison prétentieuse*.

Dementsprechend handelt es sich für den abstrakten Bereich um einen primären, antonymischen Gegensatz auf der Ebene des hier zentralen "[gut]"-Sems sowie um einen sekundären, antonymischen Gegensatz auf der Ebene des hier indirekten "[viel]"-Sems: vgl. *action petite au sens positif* vs. *action grande au sens négatif.*

Wir können nun die konkreten Gegensatzformationen, welche in der obigen Untersuchung festgemacht werden konnten, in der folgenden Tabelle zusammenfassen ("p" = primärer Kontrast; "s" = sekundärer Kontrast):

Gegensatz	konkreter Bereich	abstrakter Bereich
i. GRANDEUR - PETITESSE	**p + s** *grande maison* vs. *maison mesquine*	**p + s** *grande âme* vs. *âme mesquine*
ii. GRANDEUR - GRANDEURnég	**s** *maison monumentale* vs. *maison prétentieuse*	**p** *grande action* vs. *action grande au sens négatif*
iii. GRANDEUR - PETITESSEpos.	**p** *maison monumentale* vs. *maison modeste*	**s** *grande action* vs. *action petite au sens positif* Gegensatz wird aufgehoben bei starker Abstraktion: *grande âme* vs. *âme modeste*
iv. GRANDEURnég. - PETITESSE	**p** *maison prétentieuse* vs. *maison mesquine*	**s** *action grande au sens négatif* vs. *action mesquine* Gegensatz wird aufgehoben bei starker Abstraktion: *prétention* vs. *petitesse d'âme*
v. PETITESSE - PETITESSEpos.	**s** *maison mesquine* vs. *maison modeste*	**p** *action mesquine* vs. *action petite au sens positif*
vi. PETITESSEpos. - GRANDEURnég	**p + s** *maison modeste* vs. *maison prétentieuse*	**p + s** *action petite au sens positif* vs. *action grande au sens négatif*

Graphisch kann das Verhältnis der einzelnen Felder folgendermaßen dargestellt werden:

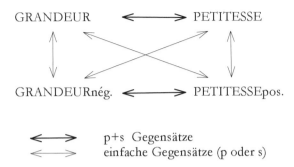

B.5.6.1.2. DÉCADENCE *und semantische Gegensätze*

Wir wollen nun nach dem Muster des vorangehenden Kapitels die semantischen
Gegensätze von DÉCADENCE ermitteln. Wir haben bereits festgestellt, daß der
Begriff "décadence" eine gelehrte Prägung mit fast ausschließlich abstrakter Les-
art ist (in bezug auf Staatsgebilde, den moralischen Zustand von Personen etc.).
Aus diesem Grund war es möglich, im Rahmen des relativ weiten semantischen
Feldes (VER)FALL, welches auch Vorstellungen bezüglich konkreten Verfalls
umfaßt, ein Sub-Feld DÉCADENCE festzumachen, welches ausschließlich in
abstraktem Bezug zu denken ist. Wir können uns daher hier auf die Untersuchung
der abstrakten Sphäre beschränken, was bedeutet, daß wir nicht, wie dies bei
GRANDEUR der Fall war, unterschiedliche Gegensatzarten für konkrete vs. abstrakte Lesarten untersuchen müssen. Wir können hier davon ausgehen, daß wir
auch hier zentrale und indirekte Seme vorliegen haben, wobei wir hier jedoch
ausschließlich *eine* Konstellation vorfinden: jene, wo die zentralen Seme die (moralische) Wertung umfassen, während die indirekten Seme eine gerichtete Bewegung
indizieren.

Wir können nun die gleichen Operationen wie im vorangehenden Kapitel
durchführen, indem wir systematisch die einzelnen Wahrheitsbewertungen der
zentralen bzw. indirekten Seme umkehren, bis wir alle möglichen Kombinationen
überprüft haben.

Beginnen wir mit DÉCADENCE und jenem Begriff, welcher sowohl das zentrale
als auch das indirekte Sem gegengleich bewertet hat, das heißt wir würden eine
positiv bewertete Bewegung nach oben erhalten. Nun könnte an dieser Stelle angeführt werden, daß der Gegensatz zu [+ Bewegung nach unten] nicht [+ Bewegung nach oben], sondern etwa [+ Stillstand oben/unten] sei. Wir meinen je-

doch, daß die Vorstellung der Bewegung, sobald sie mit einer *Richtung* verbunden ist, eher eine Vorstellung einer entgegengesetzten Bewegung auslöst, als die Vorstellung von Ruhe (an einem bestimmten Ort), wenn die Frage nach dem Gegensatz gestellt wird. Die Bedeutung von Vorstellungen über entgegengesetzte Bewegungen im Rahmen der menschlichen Kognition unterstreicht etwa auch Lyons (1977, I : 281). Er führt, wie in Kap. B.5.5.6. erwähnt, im Rahmen seiner Klassifizierung von semantischen Gegensätzen auch eine Kategorie "direktionaler Gegensatz" ("directional opposition") ein.

Ein Begriff, welcher die zentralen Seme [+ Bewegung nach oben], [+ gut] enthält, wäre deutsch "Aufstieg", welcher tatsächlich auch die gewünschte, positiv bewertete abstrakte Bedeutung, etwa in "sozialer Aufstieg", hat. Der entsprechende französische Term "ascension" hat seine Lesart "fait de s'élever, moralement ou socialement" laut DHLF (s.v. *ascendant, ante*: "av. 1848, chez Chateaubriand") erst im 19. Jahrhundert erhalten und ist daher weder in Montesquieus *Considérations* (1734) noch in der *Encyclopédie* (Band A-Az: 1751; *Supplément*-Band A-Bl: 1776) *in dieser Bedeutung* zu finden. Als Lesarten werden in der *Encyclopédie* dagegen angeführt: a) "proprement une *élévation*, ou un *mouvement en-haut* [...] *ascension* des liqueurs dans les pompes", Fachausdruck aus b) Gärtnerei-Kunst, c) Astronomie, d) Theologie (Band A-Az: 1751); Fachausdruck aus Astronomie (*Supplément*-Band A-Bl: 1776).

Die im *Trésor* (s.v. *ascension*) in den Definitionen angeführten Begriffe "élévation", "montée", "progrès" und "promotion" haben in der *Encyclopédie* folgenden Status:

Unter "élévation" sind nur sehr spezielle Fach-Lesarten zu finden: als Fachterminus in Astronomie, Mechanik, Hydraulik, Arithmetik, Physik, Alchimie, Chirurgie, Orthographie, Theologie und Kirchengeschichte. Allerdings ist unter dem Verb "Elever, Exhausser (synonym.)" folgende Information zu finden:

Le premier s'employe au propre & au figuré : *élever une muraille, élever son esprit*. Le second ne se dit qu'au propre, *exhausser un plancher, un bâtiment* ; mais par une bisarrerie de notre langue, *relever & rehausser* se disent tous deux au propre & au figuré : on *releve* [sic ohne Akzent] une chose tombée, on *rehausse* une chose qui est trop basse ; on *releve* [sic ohne Akzent] le mérite, on *rehausse* le courage.

Daneben taucht das Lexem *élévation* im Artikel "Grandeur" auf, und dies hier ebenfalls mit abstrakter Lesart, worauf schon in Kapitel B.5.2.1. hingewiesen wurde:

Ainsi quand on l'applique [le terme *grandeur*] aux qualités de l'esprit ou de l'ame, ou collectivement à la personne, il exprime un haut degré d'élévation au-dessus de la multitude.

Im vorliegenden Kontext ist allerdings zu beachten, daß wir es hier mit einer statischen Lesart von "élévation" zu tun haben: nämlich in bezug auf "qualités de l'esprit ou de l'ame". Hier kann keine Bewegung festgestellt werden, aus prädikations-
semantischer Sicht handelt es sich hier um das Resultativ einer Aufwärtsbewegung, die hohe Lage (N.B. auf einer abstrakten, bewertenden Skala) steht als Zustand im Vordergrund, die vorangehende Bewegung erklärt nur noch, wie es zu
diesem Zustand kam, ist jedoch kaum mehr relevant. Das Verb *élever* in einem
Kontext *élever son esprit* zeigt jedoch die Bewegung. Zu beachten ist hier jedoch
folgendes: "élever" ist ein Begriff, welcher ein agentivisches logisches Subjekt und
einen Patiens voraussetzt, während CADERE-Verben nur ein logisches Subjekt haben, das man in einer bestimmten Terminologie (Kasussemantik) "experiencer"
nennen kann.

Sowohl in "élévation" als auch in "élever" ist die positive Bewertung aus den
angeführten Kontexten klar ersichtlich. Der Begriff "élévation" ist demnach dem
semantischen Feld ASCENSION[23] zuzuordnen, beide haben ein zentrales Sem
"[+ gut]" sowie ein indirektes Sem "[+ Bewegung nach oben]", die jeweiligen Lexikalisierungen weisen jedoch andere logische Grundlagen (Agens-Patiens-Verhältnis vs. Experiencer allein) und in der Folge andere grammatikalische Realisierungen (Transitivität vs. "Intransitivität" bzw. "Inakkusativität") auf.

Unter "montée" führt die *Encyclopédie* nur eine fachterminologische Lesart (Architektur) an. Unter "progrès" findet man: "mouvement en-avant ; le *progrès* du soleil
dans l'ecliptique ; le *progrès* du feu ; le *progrès* de cette racine. Il se prend aussi au figuré, & l'on dit, *faire des progrès* rapides dans un art, dans une science." Wir können
mit dieser Definition für die abstrakte Sphäre sehr wohl eine positiv bewertete Bewegung feststellen, jedoch eine nach vorne, nicht eine nach oben.

Unter "promotion, f.f. & promouvoir v.act. (*Gram.*)" findet man: "cérémonie
ou action par laquelle certains supérieurs élevent [sic], ou par justice, ou par grace
[sic], quelques-uns de leurs inférieurs à quelque titre ou dignité. Ainsi on dit le
pape a fait une *promotion* de cardinaux: le rois a fait une *promotion* de cordons-bleus,
de lieutenans-généraux." Hier wird die Idee des positiv bewerteten gesellschaftlichen Aufstiegs deutlich, wenn auch hier wieder ein Agens-Patiens-Verhältnis zwischen dem "Beförderer" und dem "Aufsteiger" vorliegt, während in "ascension"/

---

23   Es sei erneut darauf hingewiesen, daß das Lexem *ascension* Mitte des 18. Jhdts. die hier intendierte
      Bedeutung noch nicht standardisiert hatte.

"ascendre" der "Aufsteiger" alleine Subjekt der Prädikation ist. Während also der gesellschaftliche Aufstieg Mitte des 18. Jhdts. durch einen Begriff der "promotion" (welcher ein Agens-Patiens-Verhältnis impliziert) abgedeckt ist, erweitert sich das Begriffsfeld im 19. Jhdt. um den Begriff "ascension" (welcher nur ein logisches Subjekt, jedoch mit relativer Aktivität/Agentivität aufweist). Diese Entwicklung im Bereich des Lexikons läuft parallel zur gesellschaftspolitischen Entwicklung derselben Zeit (Emanzipation der Bürgerschaft aus der Abhängigkeit des Adels: Möglichkeit des gesellschaftlichen Aufstiegs aus eigener Kraft, ohne "Beförderer").

DÉCADENCE   [+ Bewegung nach unten]   ASCENSION   [-Bew.nach unten]

                  [- gut]   [+ gut]

                                        entspricht: **[+B. nach oben]**

DÉCADENCE vs. ASCENSION	
gleiche Wertung bzgl.	verschiedene Wertung bzgl.
-	zentrales Sem [gut]
-	indirektes Sem [Bewegung n. unten]

Zwischen DÉCADENCE und ASCENSION liegt sowohl ein *primärer* Kontrast in bezug auf das *direkte* Sem "[± gut]" als auch ein *sekundärer* Kontrast in bezug auf das *indirekte* Sem "[± Bewegung nach unten]" vor. Der *primäre* Kontrast ist - wie wir dies im vorangehenden Kapitel feststellen konnten - ein *antonymischer*: "[- gut]" vs. "[+ gut]" sind Antonyme.

Der *sekundäre* Kontrast, welcher auf den Semen "[± Bewegung nach unten]" aufbaut, ist jedoch ein *direktionaler*, mit der Definition, welche Lyons (1977 I: 281; s.o.) gibt. Vergleiche dazu: *culture en ascension* vs. *culture en décadence*.

Als weitere Präzision ist zudem festzuhalten, daß sich DÉCADENCE und AS-CENSION auch noch in bezug auf ein Sem "[± mit eigener Kraft]" unterscheiden, was soviel bedeutet wie "[+ Agentivität]"[24] bzw. "[- experiencer]" für AS-CENSION und "[- Agentivität]" bzw. "[+ experiencer]" für DÉCADENCE. Dieses Sem ist jedoch offensichtlich *kein zentrales*, da es die Kontrastwirkung nicht aufhebt: es grenzt lediglich Subfelder voneinander ab. N.B. Es gibt ein Sub-Feld mit dem Sem "[+ mit eigener Kraft]" im Bereich DÉCADENCE, namentlich

---

24   N.B. daß sich "Agentivität" nicht ausschließlich auf Agens-Patiens-Verhältnisse reduzieren muß: auch ein alleinstehendes logisches Subjekt kann mehr (> Agentivität) oder weniger (> experiencer) aktiv in den beschriebenen Vorgang eingehen.

"DESCENSION" ("mit eigener Kraft absteigen"), während ein Subfeld mit dem Sem "[- mit eigener Kraft]" im Bereich der ASCENSION aufgrund der physikalischen Gesetze ein Agens-Patiens-Verhältnis voraussetzt: nichts "fällt" von alleine nach oben, steigt alleine auf. Für die übergeordneten Felder DÉCADENCE und ASCENSION sind diese Seme jedoch *nicht zentral*, da sie - wie gesagt - die Gegensatzwirkung nicht aufheben (nach der im vorangehenden Kapitel erarbeiteten Definition von semantischen Gegensätzen ergeben mehrere gegengleich wahrheitsbewertete zentrale Seme keinen Kontrast mehr). Sie sind *indirekt*. Daß sie indirekt und *nicht periphär* sind, wird dadurch gezeigt, daß sie sehr wohl einen Kontrast aufbauen können: vgl. DÉCADENCE vs. DESCENSION ("[± mit eigener Kraft]") - nach unserer Definition können indirekte Seme sehr wohl einen, periphäre Seme jedoch keinen Gegensatz aufbauen.

Das nächste zu untersuchende Begriffspaar soll DÉCADENCE und jener Begriff sein, welcher sich davon unterscheidet, daß nur eines der Seme, nämlich das zentrale, umbewertet wird, was einen Begriff für einen positiv bewerteten Abstieg/ Fall mit abstrakter Lesart ergibt. Für einen Abstieg ist dies leichter zu konzipieren als für einen Fall. Ein positiv bewerteter Abstieg setzt voraus, daß aus einer negativ bewerteten Höhe in positiver bewertete Tiefen abgestiegen wird. Im vorangehenden Kapitel fanden wir einen solchen Begriff aus dem Bereich der negativ bewerteten Höhe: "hauteur révoltante" - im Artikel "Grandeur" der *Encyclopédie* findet sich daneben auch ein Begriff für ein "Herunterkommen vom hohen Roß": "s'humanifier". S'HUMANIFIER ist demnach ein Teil des gesuchten semantischen Feldes, deckt jedoch nur einen sehr engen konzeptionellen Bereich ("âme", "caractère") ab und ist damit nicht allgemein genug, um Überbegriff für das gesamte Feld zu sein. Es ist bereits sehr schwierig, auf unserem kulturellen Hintergrund einen positiv bewerteten Fall überhaupt zu konzipieren. Sinngemäß kommt dies eventuell einer "Läuterung" nahe, obwohl diese einerseits "läuternde Kräfte" (Schicksal bis göttlicher Eingriff) voraussetzt (Agens-Patiens-Verhältnis), andererseits natürlich kein "[+ Bewegung]"-Sem enthält. Es handelt sich also am ehesten um ein "auf-den-Boden-Kommen". Es würde keinen Sinn ergeben, das gesuchte Feld "DÉCADENCEpositive" zu nennen: "décadence" ist ein abstrakter Begriff (ohne konkreten Gegenpart), dessen "[- gut]"-Sem zentral ist, das heißt nicht umbewertet werden kann, ohne daß die Bedeutung des Begriffes verlorengeht. "DÉCADENCEpositive" ist genauso logisch paradox wie "GRANDEURpetite" (mit rein konkreter Lesart). Wir greifen daher auf den Begriff "chute" zurück, welcher *auch* eine - nicht negativ bewertete - konkrete Grundbedeutung hat, und möchten das gesuchte semantische Feld daher "CHUTEpos." nennen.

DÉCADENCE   [+ Bewegung nach unten]   CHUTEpos.[+ Bew. nach unten]

                 [- gut]   [+ gut]

DÉCADENCE vs. CHUTEpos.	
gleiche Wertung bzgl.	verschiedene Wertung bzgl.
-	zentrales Sem [gut]
indirektes Sem [Bew. n. unten]	-

DÉCADENCE und CHUTEpos. stehen in einem *primären, antonymischen* Gegensatz über deren *zentrale* Seme "[± gut]"; vgl.: *ce qui, aujourd'hui, nous paraît comme humanisation des lois, fut alors regardé comme décadence de l'ancienne constitution.*

Wir bewerten nun, ausgehend erneut von DÉCADENCE, nur das indirekte (Bewegungs-)Sem um, woraus sich ein Begriff ergibt, der einen negativ bewerteten Aufstieg abstrakter Lesart erfaßt. Negativ bewertete Höhe fanden wir bei "hauteur révoltante" vor. Nun geht es darum, den Weg dorthin zu konzipieren. Es handelt sich hier um das "Versteigen", das "Erklimmen von negativen, eventuell tabuisierten Höhen"; diesem semantischen Feld gehört etwa der Begriff der menschlichen Hybris an. Andere (einfache oder komplexe) Lexeme dieses Feldes sind etwa *ambition* (mit negativer Lesart) oder *aspirations au pouvoir* (Lakoff/Johnson 1980: 14f. notieren auch eine Metapher "Macht ist hoch"). Wir möchten das gesuchte semantische Feld daher mit MONTÉEnég. bezeichnen.

DÉCADENCE   MONTÉEnég.

        [+ Bewegung nach unten]   [+Bew.nach **oben**]

        [- gut]   [- gut]

DÉCADENCE vs.MONTÉEnég.	
gleiche Wertung bzgl.	verschiedene Wertung bzgl.
zentrales Sem [gut]	-
-	indirektes Sem [Bewegung n. unten]

DÉCADENCE und MONTÉEnég. stehen in *sekundärem, direktionalem* Kontrast über das indirekte Sem "[± Bewegung nach unten]"; vgl.: *les dernières années sous cet empereur étaient marquées, on ne peut pas dire d'une décadence, mais plutôt d'une montée au sens négatif de l'administration militaire.* (Während die Eleganz dieses Beispiels zurecht in Frage gestellt werden kann, so gilt dies jedoch nicht für dessen semantisch-logische Wohlgeformtheit.)

Bei diesem Gegensatzpaar wird auch deutlich, was schon in bezug auf sehr stark abstrahierte Begriffe der Paare GRANDEUR - PETITESSEpos. bzw. PETITES-SE vs. GRANDEURnég. zu beobachten war: jene Begriffe der vorliegenden Felder, welche so weit abstrahiert sind, daß das Bewegungs-Sem zum periphären Sem wird, verlieren ihre Gegensatzwirkung zueinander. So steht etwa *décadence des mœurs* den *aspirations au pouvoir* (aus dem Feld MONTÉEnég.) nicht mehr als Gegensatz gegenüber.

Parallel dazu präsentiert sich der Gegensatz von ASCENSION und CHUTEpos., wo erneut die Wahrheitsbewertung des zentralen "[gut]"-Sems übereinstimmt und jene des indirekten Bewegungs-Sems gegengleich ist, jedoch mit umgekehrten Vorzeichen zum vorangehenden Beispiel:

ASCENSION   [+ Bewegung nach **oben**]   CHUTEpos.   [+B.nach **unten**]

                      [+ gut]   [+ gut]

ASCENSION vs. CHUTEpos.	
gleiche Wertung bzgl.	verschiedene Wertung bzgl.
zentrales Sem [gut]	-
-	indirektes Sem [Bewegung n. unten]

Auch hier ist der Gegensatz wieder ein *sekundärer, direktionaler* Gegensatz; vgl.: *son histoire n'était pas celle d'une ascension, mais d'une chute au sens positif.*

Auch hier verschwindet die Gegensatzwirkung, sobald die Begriffe aus den fraglichen semantischen Feldern sich weit von der ursprünglichen Vorstellung der Bewegung entfernen: vgl. den fehlenden Gegensatz zwischen *une histoire d'ascension* und *une histoire de correction* ("Läuterung").

Wir kommen nun zu jenem Gegensatzpaar, wo die Wahrheitsbewertung nur in bezug auf das zentrale "[± gut]"-Sem gegengleich ist, nämlich ASCENSION vs. MONTÉEnég., wie dies auch bei DÉCADENCE vs. CHUTEpos. der Fall war; die Bewegung ist diesmal jedoch aufwärts gerichtet:

ASCENSION   [+ Bewegung nach **oben**]   MONTÉEnég.   [+ B. nach **oben**]

          [+ gut]   [- gut]

ASCENSION vs. MONTÉEnég.	
gleiche Wertung bzgl.	verschiedene Wertung bzgl.
-	zentrales Sem [gut]
indirektes Sem [Bewegung n. oben]	-

Hier ist der Gegensatz erneut ein *primärer, antonymischer*, welcher auf dem zentralen
"[± gut]"-Sem aufbaut: vgl. *L'histoire de cet empereur n'était pas celle d'une ascension, mais
celle d'une montée au sens négatif.*

Als letzte Konstellation präsentiert sich schließlich MONTÉEnég. vs. CHUTE-
pos., eine Paarung, welche sich dadurch auszeichnet, daß sowohl die zentralen
"[± gut]"-Seme als auch die indirekten Bewegungs-Seme gegengleich wahrheitsbewertet sind; eine solche Konstellation hatten wir auch bei DÉCADENCE vs.
ASCENSION, jedoch mit umgekehrter Ausgangsposition in bezug auf die Wahrheitsbewertungen aller Seme:

MONTÉEnég.   [+ Bewegung nach **oben**]   CHUTEpos.   [+ B. nach unten]

          [- gut]   [+ gut]

MONTÉEnég. vs. CHUTEpos.	
gleiche Wertung bzgl.	verschiedene Wertung bzgl.
-	zentrales Sem [gut]
-	indirektes Sem [Bewegung n. unten]

Hier liegt einerseits ein *primärer, antonymischer* Gegensatz in bezug auf die zentralen
"[gut]"-Seme sowie ein *sekundärer, direktionaler* Gegensatz in bezug auf die indirekten Bewegungs-Seme vor; vgl.: *L'histoire de X était celle d'une montée au sens négatif,
l'histoire de son fils, par contre, était celle d'une chute au sens positif.*

Wir können nun alle Konstellationen in einer Übersichtstabelle zusammenfassen:

Gegensatz	konkreter Bereich	abstrakter Bereich
i. DÉCADENCE - ASCENSION	-	**p + s** *culture en décadence* vs. *culture en ascension*
ii. DÉCADENCE - CHUTEpos.	-	**p** *décadence de l'ancienne constitution* vs. *humanisation des lois*
iii. DÉCADENCE - MONTÉEnég.	-	**s** *décadence de l'administration militaire* vs. *montée au sens négatif de l'administration militaire* Gegensatz wird aufgehoben bei starker Abstraktion: *décadence des mœurs* vs. *aspiration au pouvoir*
iv. ASCENSION - CHUTEpos.	-	**s** *histoire d'ascension* vs. *histoire de chute au sens positif* Gegensatz wird aufgehoben bei starker Abstraktion: *histoire d'ascension* vs. *histoire de correction*
v. ASCENSION - MONTÉEnég.	-	**p** *histoire d'ascension* vs. *histoire de montée au sens négatif*
vi. MONTÉEnég. - CHUTEpos.	-	**p + s** *histoire de montée au sens négatif* vs. *histoire de chute au sens positif*

Graphisch kann das Verhältnis der einzelnen Felder wieder folgendermaßen dargestellt werden:

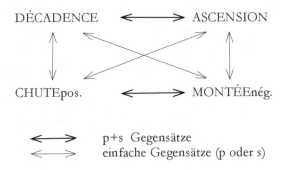

DÉCADENCE ⟷ ASCENSION

CHUTEpos. ⟷ MONTÉEnég.

⟷ p+s Gegensätze
⟷ einfache Gegensätze (p oder s)

B.5.6.2. Das gegenseitige Verhältnis von GRANDEUR und DÉCADENCE

Wir können nun dem semantischen Verhältnis von GRANDEUR und DÉCA-DENCE, für welche wir folgende Kern-Seme festmachen konnten, auf den Grund gehen:

GRANDEUR   [+ viel]   DÉCADENCE   [+ Bewegung nach unten]
                [+ gut]   [- gut]

Da "Décadence" ein Begriff ist, der sich im wesentlichen auf abstrakte Inhalte bezieht, ist es nur sinnvoll, diesen mit einem "Grandeur"-Begriff abstrakten Bezugs in Verhältnis zu setzen. Ein "Grandeur"-Begriff konkreten Bezugs ist damit nur indirekt, über seinen metaphorischen Bezug zum abstrakten "Grandeur"-Begriff, mit dem "Décadence"-Begriff verbunden.

Dies bedeutet, daß wir es hier mit Begriffen "Grandeur" und "Décadence" zu tun haben, welche das wertende Sem "[± gut]" als zentrales Sem und das Mengenangaben- bzw. Bewegungs-Sem als indirektes Sem haben. Die beiden wertenden Seme sind gleichen Inhalts ("[gut]"), aber gegengleich wahrheitsbewertet ("+/-"). Dies ergäbe isoliert betrachtet einen antonymischen Gegensatz. Nun haben wir jedoch einen genuinen semantischen Gegensatz zwischen zwei Begriffen so definiert, daß die beiden fraglichen Begriffe als erste Voraussetzung alle Kern-Seme (= zentrale und indirekte Seme) teilen müssen. Dies ist bei "Grandeur" und "Décadence" jedoch nicht der Fall: die indirekten Seme sind verschiedenen Inhalts.

Untersuchen wir daher das Verhältnis der beiden indirekten Seme "[+ viel]" und "[+ Bewegung nach unten]" näher:

Wir haben einerseits in Kap. B.5.4.2.1. festgestellt, daß aus dem Sem "[+ viel]" das Sem "[+ hoch]" logisch abgeleitet (und damit aktiviert) werden kann.

Wenn wir nun andererseits das Sem "[+ Bewegung nach unten]" semantisch-logisch weiter auflösen, so erhalten wir die beiden Seme "[+ hoch, t1]" und "[- hoch, t2]". Damit ergibt sich jedoch mit einem Mal ein Zusammenhang mit dem "[+ hoch]"-Sem von "Grandeur". Allerdings ergibt dies eine *Übereinstimmung* zum Zeitpunkt t1 und einen *Gegensatz* zum Zeitpunkt t2. Der jeweilige andere Zustand ist jedoch zu jedem Zeitpunkt impliziert, was dem Wesen der Zustandsänderung entspricht. Eine Bewegung nach unten ist nur dann möglich, wenn damit in einer relativ höheren Lage begonnen wird ("[+ hoch]"), eine Bewegung nach unten findet nur dann statt, wenn ein tiefer liegender Punkt angesteuert wird ("[- hoch]"). "[+ hoch]" ist Ausgangspunkt und *Voraussetzung* der abwärts gerichteten Bewegung. "[+ hoch]" ist *notwendige Bedingung* für "[+ Bewegung nach unten]". In "Grandeur" haben wir über eine logische Operation das "[hoch]"-Sem aus dem "[viel]"-Sem abgeleitet. Ein nicht-abgeleitetes "[hoch]"-Sem ist etwa im Begriff "Höhe" vorhanden: tatsächlich sind wir im Laufe unserer Untersuchungen im Zusammenhang mit "Grandeur" auch auf "Hauteur" gestoßen, nämlich auf die *hauteur (révoltante)*, welche im Zusammenhang mit der negativ bewerteten Größe auftrat. Dies bedeutet jedoch hier, daß "Grandeur" mit seinem aus "[+ viel]" abgeleiteten "[+ hoch]"-Sem eine *hinreichende Bedingung* für Begriffe mit dem Sem "[+ Bewegung nach unten]", wie etwa "Décadence", darstellt. "Grandeur" ist deswegen keine *notwendige* Bedingung, weil das "[+ hoch]"-Sem, welches die notwendige Bedingung für die Bewegung nach unten darstellt, auch in anderen Begriffen (und hier zum Teil "direkt", ohne Ableitung) vorkommt, wie etwa in "Hauteur". "Grandeur" ist damit gleichzeitig eine *hinreichende* Bedingung für "Hauteur". Einen weiteren Hinweis auf diesen Zusammenhang zwischen "Grandeur" und "Hauteur" gibt uns auch Voltaire im Artikel "Grand, grandeur (Gramm. & Littérat.)": "La *hauteur* est souvent prise pour de la *grandeur*. Qui étale la *grandeur*, montre de la vanité." Das kollektive Verwechseln von "grandeur" und "hauteur" läßt sich mit oben beschriebenem inhärenten semantisch-logischen Zusammenhang erklären.

Eine weitere Möglichkeit, die Voraussetzung für eine Bewegung nach unten zu erfüllen, wäre eine vorangehende Bewegung nach oben: "Ascension". Das hier enthaltene Sem "[+ Bewegung nach oben]" kann wieder in die Seme "[- hoch, t1]" und "[+ hoch, t2]" aufgelöst werden. Im Falle einer nicht vorhandenen "[+ hoch]"-Ausgangslage kann diese durch einen Prozeß mit der Charakteristik "[+ Bewegung nach oben]" wettgemacht werden. Damit ist jedoch auch "Ascension" eine hinreichende Bedingung für sowohl "Hauteur" als auch "Décadence": N.B. dazu deutsch "Aufstieg und Fall", englisch "rise and fall", Kombinationen, welche typisch zur Bezeichnung von Geschichten wie der römischen herangezogen werden.

Das "Bedingungs"-Verhältnis zwischen "Grandeur" und "Décadence" (aber auch zwischen "Ascension" und "Décadence") ist wohlgemerkt auf der Ebene der indirekten Seme "[+ viel]" (bzw. "[+ Bewegung nach oben]") und "[+ Bewegung nach unten]" angesiedelt. Kommen wir nun zurück zu den (zentralen) Bewertungen "[± gut]" von "Grandeur" vs. "Décadence", durch welche diese Seme in antonymischem Verhältnis zueinander stehen. Wir haben also im Begriffspaar "Grandeur" vs. "Décadence" im Bereich der Kern-Seme sowohl ein primäres antonymisches als auch ein sekundäres Bedingungsverhältnis zu verzeichnen. Da nicht alle Kern-Seme gleichen Inhalts sind, liegt hier *kein genuiner* semantischer Gegensatz vor. Dennoch ist eine gewisse Gegensatzwirkung gegeben, welche sich eben aus der Konstellation der zentralen Seme ergibt. Wir können feststellen, daß es neben genuinen Gegensätzen etwas gibt, daß man als "partielle Gegensätze" bezeichnen könnte und folgendermaßen definieren kann: zwei Begriffe stehen in partiellem Gegensatz, wenn sie mindestens ein, nicht jedoch alle Kern-Seme teilen und die geteilten Kern-Seme gegengleich bewertet sind (max. jedoch ein gegengleich bewertetes zentrales Sem: vgl. unsere Beobachtungen zu den genuinen Gegensätzen).

"Grandeur" vs. "Décadence" sind nach dieser Definition *partielle* Gegensätze, während sie gleichzeitig in einem Bedingungs-Verhältnis zueinander stehen.

Graphisch können wir das Verhältnis des semantischen Feldes der GRANDEUR zu jenem der DÉCADENCE und der in diesem Zusammenspiel weiteren beteiligten Felder folgendermaßen darstellen:

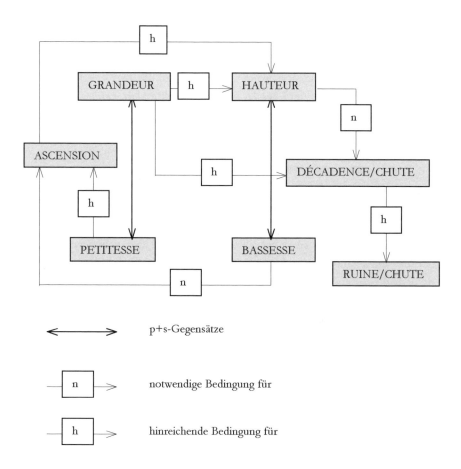

B.5.7. *Systematische Aufstellung der prädiktiv bestimmten, für die Analyse der* Considérations *relevanten Subfelder von GRANDEUR und DÉCADENCE*

Nach diesem theoretischen Teil soll schließlich der praktischen Relevanz dieser
Voruntersuchungen Rechnung getragen werden. Aufbauend auf den in den vorangehenden Kapiteln gemachten Erkenntnissen wird nun eine systematische Aufstellung mehrerer für die Analyse der *Considérations* voraussichtlich relevanten Subfelder von GRANDEUR und DÉCADENCE präsentiert (*grandeur* etc. *d'âme, grandeur* etc. *d'esprit* und *grandeur* etc. *sociale*). Indem wir sodann diesen prädiktiv erfaßten semantischen (Sub-)Feldern tatsächlich im Text vorkommende Oberflächenstrukturen zuordnen, wird erstens gezeigt, daß unsere hier vorgeschlagene
Methode der Kombination lexikographischer Information mit der systematischen
Umkehr der Wahrheitsbewertungen der zentralen Seme von im Titel eines Textes
angekündigten Begriffen ein leistungsfähiges Instrumentarium zur Vorhersage

von im Text voraussichtlich aktivierten semantischen (Sub-)Feldern ist. In Kapitel D.4. der Auswertung unserer Textanalysen wird dann zusätzlich gezeigt werden, daß durch diese Methode sodann überprüft werden kann, welche dieser potentiellen Felder tatsächlich aktiviert worden sind und daß das diesbezügliche Muster systematisch beschrieben und dessen Form eventuell erklärt werden kann. Nicht zuletzt wird dadurch auch hervorgehen, daß ein Autor eines konkreten Textes zwar sein semantisches Universum anders strukturieren kann als der/die Autor(en) lexikographischer Werke bzw., als es eine systematische Sem-Logik ermöglichen würde, daß jedoch der Vergleich mit den alternativen Mustern das persönliche semantische Universum (= das persönliche semantische Feld-System) des Autors deutlicher herauszuarbeiten gestattet.

In Kap. B.5.2.1. haben wir anhand lexikographischer Untersuchungen bezüglich der relevanten Kultur zum relevanten Zeitpunkt festgestellt, daß mögliche semantische Subfelder von GRANDEUR folgende sind:

v.   *grandeur naturelle/ réelle/ personnelle*
         mit den Sub-Subbereichen
                  i.a. *grandeur d'âme*
                  i.b. *grandeur d'esprit*
vi.   *grandeur factice/ d'institution*, welche sich auf Herrscher in einem Staat im Verhältnis zu den Untertanen bezieht,
         mit den Sub-Subbereichen
                  ii.a. *mérite*
                  ii.b. *extérieur imposant*
                           ii.b.a. *décence*
                           ii.b.b. *dignité*
                           ii.b.c. *décoration/ représentation*
                           ii.b.d. (minus) *hauteur révoltante*
vii.   *grandeur "physique/ matérielle"* (unsere Bezeichnung), welche in der Auffassung des gemeinen Volkes mit der *grandeur personnelle* gleichgesetzt oder verwechselt wird,
         mit den Sub-Subbereichen
                  iii.a. *grandeur "corporelle"* (unsere Bezeichnung)
                  iii.b. *grandeur "militaire"* (unsere Bezeichnung)
                  iii.c. *représentation* (z.B. architektonische Leistungen)
viii.   *grandeur "sociale"* (unsere Bezeichnung), welche sich auf soziale Anerkennung bezieht (*gloire, estime* etc.)

In Kap. B.5.2.4. haben wir ebenfalls anhand lexikographischer Untersuchungen bezüglich der relevanten Kultur zum relevanten Zeitpunkt festgestellt, daß DÉCADENCE mit dem Super-Feld (VER)FALL in Zusammenhang zu bringen ist, welches sowohl konkrete(n) als auch abstrakte(n) Verfall/Zerstörung umfaßt. Der Begriff "décadence" hat fast ausschließlich abstrakten Bezug. Wir konnten also ein Sub-Feld von (VER)FALL unter dem Namen DÉCADENCE abstecken, welches sich auf die abstrakte Sphäre beschränkt (menschliche Charaktereigenschaften, Staatsgebilde etc.).

In Kapitel B.5.6.1.1. haben wir durch systematische Umkehr von Sem-Bewertungen folgende antonymische Felder im GRANDEUR-Bereich isoliert:

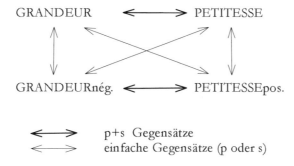

Schließlich haben wir in Kapitel B.5.6.1.2. durch systematische Umkehr von Sem-Bewertungen folgende antonymische Felder im DÉCADENCE-Bereich isoliert:

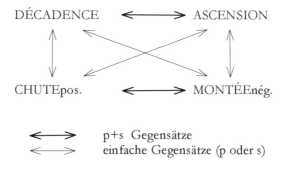

Wir können nun diese Ergebnisse miteinander kombinieren, indem wir exemplarisch einzelne Subfelder (*grandeur* etc. *d'âme, grandeur* etc. *d'esprit* und *grandeur* etc. *sociale*) in allen Gegensatzvariationen präsentieren. Wir werden die gewonnenen

Schemata dabei gleichzeitig bereits mit den Daten unseres konkreten Textes auffüllen.

*B.5.8. Exemplarische Aufstellung prädiktiv bestimmter semantischer Felder und der tatsächlich
im Corpustext aufgefundenen lexematischen Vertreter: die* grandeur personnelle

In diesem Bereich deckt sich Montesquieus semantisches Universum mit dem
prädiktiv festgemachten Universum. Einzelpersonen und Völkern werden (positive und negative) ideelle Eigenschaften zugeschrieben, welche sich entweder auf
den Charakter (*grandeur* u.a. *d'âme*) oder den Intellekt (*grandeur* u.a. *d'esprit*) beziehen
(für nähere Kommentare zu den einzelnen Subfeldern s. Kap. D.4.2.1.1.).

- *grandeur d'âme*

(28)/I Le portrait de Tarquin n'a point été flatté ; son nom n'a échappé à aucun des
orateurs qui ont eu à parler contre la tyrannie ; mais sa *conduite* avant son malheur que l'on
voit qu'il prévoyoit ; sa *douceur* pour les peuples vaincus ; sa *libéralité* envers les soldats ; cet
art qu'il eut d'intéresser tant de gens à sa conservation ; ses ouvrages publics ; son *courage* à
la guerre ; sa *constance* dans son malheur [...]

- *grandeur(nég.) d'âme*

(32)/I Les princes ont dans leur vie des périodes d'*ambition* ; après quoi, d'autres passions,
et l'oisiveté même, succèdent [...]

- *petitesse d'âme*

(32)/I Les princes ont dans leur vie des périodes d'ambition ; après quoi, d'autres *passions*,
et l'*oisiveté* même, succèdent [...][25]

- *petitesse(pos.) d'âme*

(13)/XVII [...] lorsque Julien voulut mettre de la *simplicité* et de la *modestie* dans ses manières, on appela oubli de la dignité ce qui n'étoit que la mémoire des anciennes mœurs.

---

25   Bei *passions* und *oisiveté* als negative Charaktereigenschaften ist deutlich das zentrale [-gut]-Sem akti-
     viert, während das indirekte [-viel]-Sem hier nicht unbedingt mehr aktiviert ist. Die übrigen Bei-
     spiele in unserer Aufstellung aktivieren dagegen deutlich das [± viel]-Sem.

• *grandeur d'esprit*

(37)/XI De plus, il *se servit* de la plus vile populace *pour* troubler les magistrats dans leurs fonctions, espérant que les gens *sages*, lassés de vivre dans l'anarchie, le créeroient dictateur par désespoir.

• *grandeur(nég.) d'esprit*

(42)/XIII Sylla, homme emporté, mène violemment les Romains à la liberté ; Auguste, *rusé* tyran, les conduit doucement à la servitude.

• *petitesse d'esprit*

(52)/XX Je ne serois point naturellement porté à croire tout ce que Procope nous dit là-dessus dans son Histoire secrète, parce que les éloges magnifiques qu'il a faits de ce prince dans ses autres ouvrages affoiblissent son témoignage dans celui-ci, où il nous le dépeint comme le plus *stupide* et le plus cruel des tyrans.

• *petitesse(pos.) d'esprit*

(5)/XIV Il n'y eut donc plus de liberté dans les festins, de confiance dans les parentés, de fidélité dans les esclaves ; la dissimulation et la tristesse du prince se communiquant par-tout, l'amitié fut regardée comme un écueil ; l'*ingénuité*, comme une imprudence [...]

B.6. Semantische Makrostrukturen

B.6.1. Einleitung

Bevor wir nun exemplarisch je einen Beitrag zum Thema "semantische Makrostrukturen" aus den drei letzten Jahrzehnten (van Dijk 1977, Metzeltin/Jaksche 1983 und Adam 1992) vorstellen und kommentieren (B.6.2., B.6.3., B.6.4.), möchten wir einige Aspekte unserer theoretischen Betrachtungsweise zu diesem Thema vorausschicken, auf derem Hintergrund wir sodann die oben genannten Beiträge diskutieren wollen.

Wir beginnen mit einer Diskussion des Elaborationsbegriffes und der Klassifikation von erklärenden Strukturen in diesem Rahmen (B.6.1.1.) und erläutern sodann die Relevanz unserer diesbezüglichen Kategorisierungen in bezug auf die Beschreibung semantischer Makrostrukturen (B.6.1.2.).

Wir haben bereits in den Kapiteln B.3. und B.4. unsere Gründe bezüglich der von uns geforderten klaren Trennung zwischen einer semantischen und einer pragmatischen Beschreibungsebene dargelegt. Wir möchten hier nun einerseits unsere diesbezüglichen Hauptargumente kurz wiederholen (B.6.1.3.), um sodann jene Konsequenzen zu erläutern, die diese in bezug auf die Beschreibung von semantischen Makrostrukturen haben (B.6.1.4.). Wir schließen diese theoretische Einleitung, indem wir eine systematische Beschreibung von Makrostrukturen vorschlagen (B.6.1.4. und B.6.1.5.). Diese soll basieren auf

a. einer klaren Unterscheidung der Beschreibungsebenen (Semantik vs. Pragmatik; Elaborierung vs. Sequenzialisierung von Propositionen; Hierarchisierung von Komplexitätsgraden von Makrostrukturen);

b. der eindeutigen Zuordnung von makrostrukturellen Einheiten zu diesen Beschreibungsebenen;

c. der Systematisierung der Beschreibung von makrostrukturellen Kategorien durch eine Merkmalanalyse.

Diese systematische Beschreibung von Makrostrukturen kann schließlich dazu verwendet werden, einen Beitrag zur Texttypologiediskussion zu leisten.

B.6.1.1. Generelles zu den Elaborationsstrategien

Ein Textproduzent kann die semantische Basiseinheit "Proposition" ausbauen ("elaborieren"). Die Gründe für eine derartige Strategie sind pragmatischer Art, wie etwa der Wunsch, der Aussage quantitativ und damit qualitativ größeres Gewicht zu geben; der Wunsch, die Aussage für den Rezipienten klarer, verständlicher oder überzeugender zu machen; ästhetische Ziele etc. Die konkreten diesbezüglichen Strategien sind jedoch rein semantisch beschreibbar, was wir hier erneut unterstreichen wollen. Folgende Mechanismen stehen dem Produzenten nun zur Verfügung:

a. Reformulieren der Proposition (Paraphrase):

> a
> **PARA**
> a'

b. Präzisieren über Anführen von Details oder konstitutiven Teilen (Explizitierung; α enthält ein Hyponym oder einen Teilbegriff von a):

> a
> **EXPL**
> α

c. Anführen des globaleren Rahmens (Generalisierung; A enthält ein Hyperonym oder einen Ganzes-Begriff von a)[1]:

> a
> **GEN**
> A

---

1   Die hier intendierte Lesart für "Generalisierung" ist zu unterscheiden von jener Lesart von "Generalisierung", wie sie für induktive Schlüsse typisch ist. Induktive Schlüsse gehören zu den Elaborationen höherer Ordnung (s. im Anschluß sowie in Kap. B.4.6.2.1.2.) und zeichnen sich dadurch aus, daß von einem Fall (z.B. "Sokrates ist ein Mensch") und einem Resultat (z.B. "Sokrates ist sterblich") auf ein allgemeines Gesetz geschlossen ("generalisiert") wird (z.B. "alle Menschen sind sterblich"). Es geht dort demnach um einen komplexen logischen Schluß. Dagegen steht "Generalisierung" im hier intendierten Sinn für eine einfache Verknüpfung von zwei Aussagen mit gleichem Subjekt oder gleichem Prädikat, welche sich nur dadurch unterscheiden, daß das eine Prädikat oder Subjekt ein Hyperonym des anderen ist: z.B. "Äpfel sind gesund" - "Obst ist gesund" bzw. "Äpfel sind Früchte" - "Äpfel sind Pflanzenteile". Es wird dabei kein Anspruch auf logische Ableitbarkeit der einen von der anderen Aussage erhoben.

d. Illustrieren über konkrete Fälle (Exemplifizierung):

> a
> **EXEM**
> a_1

e. Stützen auf eine Autorität (Dokumentation):

> a
> **DOC**
> X-sagen: a

f. Nennen von Ausnahmen (α enthält ein Hyponym oder einen Teilbegriff von a, für den die für a zutreffende Aussage nicht gilt):

> a
> **EXEPT**
> $\neg\alpha$

g. Vergleichen:

> a
> **CONTRAST**
> b

> a
> **PARALLEL**
> b

h. Definieren:

> a
> **DEF**
> b

Diese Strategien zeichnen sich dadurch aus, daß das *Elaborandum* (a) und das *Elaborans* (a', α, A, a_1, X-sagen: a, $\neg\alpha$; b) durch ihre Kombination die semantische Einheit des Elaborandums in bezug auf deren kategorielles Paradigma näher definieren, indem entweder beide Einheiten als demselben kategoriellen Paradigma angehörig (a. bis f.), als unterschiedlichen kategoriellen Paradigmata angehörig (g.) oder als zwei miteinander zu identifizierenden Paradigmata angehörig (h.) präsentiert werden. Diese Strategien bleiben aus kognitiver Sicht auf der Ebene der begrifflichen Abgrenzung von Kategorien. Wir haben sie daher *Basis-Elaborationsstrategien* genannt (für konkrete Beispiele aus unserem Corpus s. Kap. D.5.1.2.1.).

Auf der anderen Seite können Propositionen weiters elaboriert werden, indem man das Elaborandum als phänomenologisch oder logisch vom Elaborans abhängig präsentiert. Dies geschieht bei den erklärenden Strategien (zur Theorie der erklärenden Strukturen *per se* vgl. Kap. B.4.):

i. Erklären: a **CAUS** b (lies: "b ist Ursache von/verursacht a")
                      a **MINOR** b (lies: "b ist Grund/Prämisse von/begründet a")
                      a **MOTIV** b (lies: "b ist Motiv von/motiviert a")

Hier werden ganze Sachverhalte (Propositionen in ihrer Gesamtheit) voneinander abhängig gemacht, indem ein größerer (phänomenologischer oder logischer) Bezugsrahmen geschaffen wird, der deutlich über die Strukturierung der Wirklichkeit in Kategorien hinausgeht. Begriffs*konfigurationen* (Sachverhalte beschreibende Propositionen) werden von anderen Begriffs*konfigurationen* abhängig gemacht. Wir haben diese Strategien daher *Elaborationsstrategien höherer Ordnung* genannt.

Wir stellen Basis-Elaborationen als paradigmatisch auf der gleichen Achse (= senkrecht) angesiedelt dar, Elaborationen höherer Ordnung als syntagmatisch (= in einer anderen Dimension = waagrecht) angesiedelt dar (vgl. unseren *parcours narratif* und *arrière-fond explicatif*, den wir in Kap. D.1.2. vorstellen).

B.6.1.2. Elaborationsstrategien und Sequenzen

Die oben beschriebenen beiden Klassen von Elaborationsstrategien bestimmen nun die Architektur der von uns "Sequenzen" genannten semantischen Makroeinheiten. "Sequenzen" sind für uns *bestimmte Kombinationen* von *bestimmten Propositionen*. Die "bestimmten Kombinationen" sind nichts anderes als unsere Elaborationsstrategien: Basiselaborationen oder Elaborationen höherer Ordnung. Die "bestimmten Propositionen" zeichnen sich nun durch ihre *Zeitangaben* aus: je nachdem, ob die verbundenen Propositionen die gleiche oder aufeinander folgende Zeitangaben aufweisen, kategorisieren wir diese Kombination als den einen oder den anderen "Sequenz"-Typ. Hier stellt sich naturgemäß die Frage nach dem Sonderstatus der Zeitangabe im Vergleich zu den anderen semantischen Konstituenten einer Proposition als Definitionskriterium für Sequenzen. Eine Antwort kommt hier aus der kognitiven Psychologie bzw. der Erkenntnistheorie. Das Erleben des Zeitphänomens ist für den Menschen so zentral, daß er sich dessen auch auf einer Meta-Ebene bewußt ist. Man denke etwa an die Klassifikation von "Zeit" bei Kant als eine *a priori*-Form der Anschauung (vgl. PFL: 229).

Wir definieren hier die *Deskription* als eine Sequenz von Propositionen, welche die *gleiche Zeitbestimmung* (z.B. t1) aufweisen (*Synchronizität*):

X: p, t1
Y: q, t1
Z: r, t1

Was nun die Art der Verbindung betrifft, so hängt diese von den eingesetzten Elaborationsstrategien ab. Man kann dazu Basis-Elaborationsstrategien (Explizitierung, Exemplifizierung, Paraphrase etc.) oder Elaborationsstrategien höherer Ordnung (Erklärung) einsetzen. Im ersten Fall ergibt dies eine Architektur etwa nach folgendem Muster:

X: p, t1
EXPL
Y: q, t1
PARA
Z: r, t1

Im zweiten Fall kann dies etwa so aussehen:

Y: q, t1   **CAUS**   X: p, t1
Z: r, t1   **MINOR** Y: q, t1

Der erste Prototyp inventarisiert sozusagen synchrone Fakten (die natürlich in eine bestimmte Ordnung gebracht werden können: etwa vom Allgemeinen ins Detail), wie dies typisch für eine Landschafts- oder Bildbeschreibung wäre, der zweite Prototyp beschreibt synchrone Fakten als miteinander in Zusammenhang stehend, wie dies etwa auf die Funktionsbeschreibung einer Maschine zuträfe.

Wir definieren die *Narration* hingegen als eine Sequenz von Propositionen, welche eine *aufeinander folgende Zeitbestimmung* (z.B. t1, t2, t3) aufweisen (*Diachronizität*):

X: p, t1
Y: q, t2
Z: r, t3

Bezüglich der Art der Verbindung ist wieder zu sagen, daß diese von den eingesetzten Elaborationsstrategien abhängt. Zur Verfügung stehen erneut Basis-Elaborationsstrategien (v.a. Kontrast, welcher in jedem Fall in bezug auf die Zeitangabe besteht, aber auch typischerweise bezüglich des Prädikates, wenn das Subjekt

gleich bleibt) oder Elaborationsstrategien höherer Ordnung (Erklärung). Im ersten
Fall ergibt dies eine rein sukzessive Architektur, etwa nach folgendem Muster:

X: p, t1
CONTR
Y: q, t2
CONTR
Z: r, t3

Im zweiten Fall kann dies etwa so aussehen:

Y: q, t2   **CAUS**   X: p, t1
Z: r, t3   **MINOR**   Y: q, t2

Dazu ist zu sagen, daß der zweite Fall das abdeckt, was man üblicherweise unter
Narration "im engeren Sinne" versteht: eine Chronologie, welche in bezug auf ein
Thema eine eigene innere Logik aufweist und welche in der klassischen und modernen theoretischen Betrachtung üblicherweise von reinen Sukzessionswiedergaben vom Typ "Chronik", "Tagebuch" etc. unterschieden wird (Aristoteles Poetik
59a17-21; Ricœur 1986; beide zit. nach Adam 1992: 49). Mit Hilfe unserer Analyse können wir Gemeinsamkeiten und Unterschiede zwischen reinen Chronologien und "eigentlicher Narration" systematisieren.

B.6.1.3. Generelles zu Semantik vs. Pragmatik

Von einem theoretischen Standpunkt aus wird kein Linguist den prinzipiellen
Unterschied zwischen den Beschreibungsebenen Semantik und Pragmatik in Frage stellen und wahrscheinlich jeder Linguist im großen und ganzen folgende, von
uns hier kurz umrissene Definition akzeptieren:

—   "Semantik" ist die Ebene der Beschreibung von Konzepten und deren Ver-
    bindungen;

—   "Pragmatik" ist die Ebene der Beschreibung von Sprache als Handlung, wo-
    bei Aspekte von Situation (Kontext), Ziel der Sprachhandlung (illokutive
    Ausrichtung) sowie Wirkung der Sprachhandlung beim Rezipienten (Perloku-
    tion) involviert sind.

Ebenso herrscht weitgehend Einigkeit darüber, daß die "Argumentation" ein pragmatisches Phänomen ist: "Argumentieren" heißt, eine ganz bestimmte *visée illocutoire* zu haben, namentlich "[...] on parle souvent en cherchant à faire partager à un interlocuteur des opinions ou des représentations relatives à un thème donné, en cherchant à provoquer ou à accroître l'adhésion d'un auditeur ou d'un auditoire plus vaste aux thèses qu'on présente à son assentiment." (Adam 1992: 103) Erreicht der Sprecher dieses Ziel, dann war seine "Argumentation" das Mittel, um den perlokutiven Effekt zu erzielen.

Um seine *visée illocutoire* zu verwirklichen (um zu *perlozieren*), gebraucht der Sprecher bestimmte sprachliche und nicht-sprachliche Mittel. Er wählt dabei bestimmte Form- oder Inhaltsstrukturen aus dem Sprachsystem aus und kombiniert sie auf eine bestimmte Weise (gegebenenfalls mit außersprachlichen Signalen). Bestimmte Kombinationen ergeben konventionell oder individuell eine bestimmte Wirkung beim Rezipienten. Ein solches Sprachprodukt kann man nun u.a. auf der semantischen oder auf der pragmatischen Ebene beschreiben. Die Beschreibung auf der semantischen Ebene zeigt die evozierten Konzepte und das Ob und Wie der Verbindungen zwischen diesen Konzepten auf. Die Beschreibung auf der pragmatischen Ebene versucht u.a. die Intention des Sprechers hinter der Kombination zwischen den Konzepten bzw. die Wirkung der Konzeptkombinationen beim Rezipienten zu rekonstruieren.

B.6.1.4. Semantik vs. Pragmatik und Sequenzen

Eine textsemantische Beschreibung, die (Re-)Konstruktion einer semantischen Textarchitektur, darf gemäß den eben gemachten Ausführungen nicht auf Kriterien wie Sprecherintention, Illokution und Perlokution aufbauen. Definitionen von *semantischen* Textbausteinen sind *inhalts*bezogen und *nicht intentions*bezogen durchzuführen. Gerade dies wird jedoch in der Literatur relativ systematisch durchgeführt, wenn eine *semantische* Makrostruktur *argumentativer* Art (zumeist deduktiv-syllogistisch aufgebaut), welche sodann auch über deren *visée illocutoire* definiert wird, neben inhaltlich definierten Makrostrukturen wie der Deskription und der Narration postuliert wird (s. unten etwa bei Adam 1992).

Wir sprechen uns gegen eine Definition semantischer Makrostrukturen über intentionsbezogene Kriterien aus und plädieren für die Aufgabe von Termini wie "Makrostruktur argumentativer Art" im Rahmen einer semantischen Textbeschreibung. Die tatsächlich vorhandenen deduktiv-syllogistischen Strukturen, welche unserer Auffassung nach rein semantisch beschreibbar sind (s. Kap. B.4.), sind für uns als mittels logischer Erklärungen elaborierte Propositionen beschreibbar. Dies gilt sowohl für mikro- als auch für makrostrukturelle Syllogismen.

B.6.1.5. Sequenzen und Texttypologie in einem neuen Licht

Nachdem wir nun in B.6.1.2. die semantischen Makrostruktur-Grundtypen *Deskription* und *Narration* in jeweils unterschiedlicher Elaboriertheit festgemacht und in B.6.1.4. die *Argumentation* als pragmatisches Phänomen aus der Text*semantik* ausgesondert haben, bleiben zwei Sequenztypen über, welche u.a. in Adam 1992 als eigene makrostrukturelle Grund-Einheiten abgehandelt werden. Es ist dies zunächst der *erklärende* Typ. Die Terminologie läßt uns sofort an die Elaboration höherer Ordnung denken, und dies zu Recht. Es wird im Anschluß gezeigt werden, daß der vermeintliche Makrostrukturtyp tatsächlich auf einen Elaborationsmechanismus reduziert werden kann (Kap. B.6.3.). Zum Schluß bespricht Adam den *Dialog* als eigenen makrostrukturellen Typ. Während wir für unsere Untersuchungen einen monologalen Corpustext vorliegen haben, uns also die praktischen Daten zum Dialog fehlen, meinen wir dennoch, aus theoretischer Sicht auch den Dialog als *Basis*-Makrostrukturmuster ausscheiden zu können: denn der Dialog verbindet Monologe (mit deren innerer Gesetzmäßigkeit) mittels ganz eigener Mechanismen, welche wiederum semantisch und pragmatisch beschreibbar sind, zu etwas völlig Neuem. Damit befindet sich jedoch der Dialog gegenüber der Deskription und der Narration auf einer *höheren, komplexeren Beschreibungsebene* und ist damit sozusagen als eine Makrostruktur, deren konstitutive Teile wiederum Makrostrukturen sind, zu betrachten. Eine Reihung des Dialoges unter die *Grund*-Makrostrukturtypen wäre der Komplexität dieses Phänomens nicht gerecht.

Wir bleiben daher bei den semantischen Sequenz-Grundtypen *Deskription* und *Narration*, welche jeweils unterschiedliche Grade von Elaboriertheit aufweisen.

Für eine Texttypologie, welche rein auf semantisch definierten Sequenzen aufbaut, würde dies bedeuten, daß die Zahl der Texttypen radikal zu reduzieren wäre. Wir werden jedoch insbesondere anhand unserer Besprechung von Metzeltin/ Jaksche 1983 zeigen, wie wiederkehrende Konfigurationen von Sequenzen und/ oder auf eine bestimmte Art elaborierte Propositionen zu semantischen Textbausteinen höherer Ordnung dieses zunächst reduzierte texttypologische Inventar zu bereichern imstande sind.

B.6.2. Semantische Makrostrukturen bei van Dijk 1977

Van Dijk behandelt semantische und - in seiner Terminologie - pragmatische Makrostrukturen von Texten im Rahmen eines umfassenderen Textbeschreibungsansatzes. Naturgemäß sind die fünfundzwanzig Jahre, die seit Erscheinen dieses

Werkes vergangen sind, an vielen Stellen merkbar (Verweise auf längst geschlossene Forschungslücken, Fehlen von heute zum Standard gehörenden Erkenntnissen etc.), und auch der Autor selbst hat mittlerweile weitere Arbeit in diesem Bereich geleistet (1978, 1980, 1981, 1984 etc.). Warum wir dennoch sein Werk von 1977 für unseren Forschungsbericht gewählt haben, hat mehrere - und wie wir meinen - gute Gründe: zum ersten handelt es sich um ein Pionierwerk und beleuchtet damit die Forschungsgeschichte in diesem Bereich, zum zweiten hat dieses Werk trotz seines schwierigen Status als Pionierwerk Standards gesetzt, welche noch heute aktuell sind (die vorliegende Arbeit verdankt, wie noch zu sehen sein wird, so manche praktische Methode oder theoretische Absicherung diesem Werk), und nicht zuletzt eignet es sich durch einige Standpunkte, welche wir in Frage stellen, als wertvolle Diskussionsgrundlage für unsere vorliegende Arbeit.

Das Werk teilt sich in einen semantischen Teil, welcher eine Einführung in die formale Semantik des formallogischen Typs, die Diskussion von Konnexion und Konnektoren, von Kohärenz sowie von semantischen Makrostrukturen umfaßt, und einen pragmatischen Teil, welcher eine Einführung in die Aktionstheorie und in die Sprechakttheorie, generelle Fragestellungen zur Diskurspragmatik sowie die Diskussion von Makrosprechakten präsentiert. Während wir in Kapitel B.4. insbesondere auf van Dijks Stellungnahmen bezüglich Konnexion und Konnektoren verwiesen haben, werden wir an dieser Stelle vornehmlich die Kapitel zu den semantischen Makrostrukturen sowie zu den Makrosprechakten behandeln.

Van Dijk beginnt seine Diskussion der semantischen Makrostrukturen (pp. 130-165) mit der Themenproblematik, der Fragestellung, wie man das Thema ("topic") eines Textes isolieren kann. Der Autor geht dabei von einem konkreten Textbeispiel (p. 132f.) aus, das den Niedergang einer Stadt beschreibt und damit semantisch sehr nahe an unserem Corpustext über den (Aufstieg und) Niedergang der Römer liegt. Anhand der Relationen, welche der Autor zwischen den Begriffen und Propositionen des Textes herstellen kann, kommt er zu dem Schluß, daß ein Konzept oder eine konzeptuelle Struktur (eine Proposition) ein Diskursthema sein kann, wenn es die konzeptuelle (propositionale) Struktur der Sequenz, in der es/ sie vorkommt, *hierarchisch organisiert* (p. 133f.).

Das Thema eines Textes soll daher propositional explizitiert werden und wird folgendermaßen definiert: eine Proposition α einer Sequenz Σi ist das Thema von Σi, genau dann, wenn Σi α impliziert. Dies kann der Fall sein, wenn α ein explizites Mitglied von Σi ist, oder aber, wenn alle Propositionen von Σi zusammen α implizieren. In einer formalen Beschreibung würde dies etwa über Bedeutungspostulate zu beweisen sein. Im konkreten Fall führt van Dijk als Thema seines Textausschnittes an: *A (little) town (called Fairview) is declining because it cannot compete with another town (called Betonville).* (p. 134). Diese Kombination von zwei "events" in "causal relation"[2] als Grundform für eine Makro-Form ist hier besonders zu beachten: in Kap. D.1.2. stellen wir unsere Analysen vor, welche ebenfalls diese "zweigeteilte" Informationsstruktur aufweisen.

Van Dijk löst das Prädikat *decline* weiter auf in *prosperous, t1* und *¬prosperous, t2* und weist darauf hin, daß dies in Verbindung mit Faktenwissen die Inferenz erlaubt, daß eine blühende Stadt eine dortige lukrative Industrie impliziert und umgekehrt (p. 134). Van Dijk arbeitet demnach auch mit impliziten Gesetzen, so wie wir dies in unseren Analysen tun. Mittels solcher Inferenzen wird nach van Dijk die Hypothesenbildung im Interpretationsprozeß bezüglich einer möglichen Fortsetzung eines Textes gelenkt (p. 134f.). Propositionen in einer Sequenz bezüglich eines bestimmten Themas stecken damit einen *frame* ab, "a subset of knowledge", welches "information about component states, actions or events, about NECESSARY OR PROBABLE CONDITIONS and CONSEQUENCES" enthält (p. 135).

Themen können weiters in Subthemen oder atomare Themen ("subtopics or atomic topics") unterteilt werden, wobei die Subthemen das Hauptthema implizieren (p. 136).

Sätze, welche (sub-)thematische Propositionen direkt ausdrücken, nennt van Dijk *thematisch* ("topical"). Solche Sätze müssen nicht vorhanden sein, unterstützen jedoch im gegebenen Fall die kognitive Textverarbeitung, indem sie das Thema vor einer Passage "ankündigen" (">>announce<<") oder nach einer Passage die thematische Hypothese des Lesers bestätigen. Die übrigen Sätze der Passage "may be viewed as 'explicating' or 'specifying' the information of the topical sentence" (p. 136). In diesen Aussagen sind zwei für uns relevante Gedanken enthalten: zum ersten der Begriff der "topical sentences", ein Phänomen, welches wir regelmäßig in unserem Corpus feststellen konnten. Diese "topical sentences" entsprachen entweder den explizit versprachlichten Makro-Propositionen eines Textabschnittes (in unserem Fall jeweils des Absatzes; s. unten in Kap. D.1.3.) oder aber drückten explizit das Thema des Gesamttextes ("Größe und Fall der Römer") aus, weswegen wir diese sodann "Mikropropositionen mit Gigareferenz" genannt haben (s. unten in Kap. D.1.3.7.1.). Zum zweiten entsprechen die von van Dijk erwähnten "'explicating' or 'specifying'" Sätze/Propositionen genau unseren elaborierenden Propositionen.

---

2   Wir wiederholen aus Kap. B.4., daß ein derartiger Satz mit phrasalem Konnektor für uns keine kausale, sondern eine logische Beziehung zwischen zwei Eventualitäten ausdrückt.

Das Thema, welches aus mehreren Propositionen implizit abgeleitet wird, darf jedoch nicht zu allgemein sein, sondern muß so spezifisch wie möglich gehalten werden. Daher dürfen zur Ableitung nur direkte oder unmittelbare Implikationsrelationen ("DIRECT or IMMEDIATE entailment relations") herangezogen werden, das heißt jene Relationen, welche die kleinste Obermenge einer Menge ("the SMALLEST SUPERSET of a set") definieren. Das Konzept, welche diese kleinste Obermenge definiert, nennt van Dijk "unmittelbares Superkonzept" ("IMMEDIATE SUPERCONCEPT of a given concept") (p. 136). Dieses Prinzip machen wir uns bei der Bestimmung des Oberbegriffes von den von uns so genannten *Listen* zunutze (s. unten Kap. D.1.3.2.).

Makrostrukturen sollen nun nach van Dijk dieselben semantischen Eigenschaften aufweisen wie die Themen: "That is, a macro-structure of a sequence of sentences is a semantic representation of some kind, viz a proposition entailed by the sequence of propositions underlying the discourse (or part of it)." Dabei können Makrostrukturen kurzer Sequenzen mit den zugrunde liegenden Propositionen identisch sein (p. 137). Genau dieses Phänomen konnten wir in unserem Corpus feststellen, namentlich dort, wo ein Absatz genau auf *einer* elaborierten (erklärten) Proposition aufbaute (wir haben dies mit dem Stichwort "Bestimmungskriterium Makroschritt: einzig vorhandene Struktur" in unserer Tabelle signalisiert, s. u. Kap. D.1.3.6.).

Van Dijk hält des weiteren fest, daß er mehrere Niveaus von Makro-Strukturen ansetzt, welche hierarchisch aufeinander aufbauen (p. 137). Dies entspricht ebenfalls unseren Analysen, auch wenn wir die einzelnen Niveaus der Hierarchie terminologisch voneinander unterscheiden (Mikro-, Makro-, Mega- und Giga-Niveau, s. unten Kap. D.1.1.).

In der Folge möchte der Autor testen, ob obige Erkenntnisse, welche er aufgrund der Analyse eines deskriptiven Textes ("*ie* pertains to a certain state of an object") gewonnen hat, auch für narrative Texte ("action and event discourse, *eg* for narrative") gelten. Er geht dafür von einer Passage aus dem *Decamerone* aus (2. Tag, 4. Geschichte), deren Thema er intuitiv folgendermaßen zusammenfaßt: *A merchant wants to trade but is ruined by competition* (p. 137f.). Dies entspricht genau einer Megastruktur vom finalen Typ "nicht aufgegangene Rechnung" in unserem Analysemodell (vgl. Kap. D.1.4.2.).

   Van Dijk weist nun darauf hin, daß dieses Thema auf die bereits bekannte Weise isolierbar ist: ein Kaufmanns-*frame* wir evoziert, der wiederum aufspaltbar ist in *vorbereitende Handlungen, Hilfshandlungen* und *Teilhandlungen*, welche im Text auch vorkommen. Die letzten drei Begriffe sind Teil der von van Dijk in einem späteren Kapitel vorgestellten Handlungstheorie (p. 138). Dies bestätigt unsere handlungslogische (= finale) Analyse.

Van Dijk definiert sodann einen Themenwechsel als dann vorliegend "if a sentence introduces an argument or a predicate which cannot be subsumed under higher order arguments or predicates of the given topic" (p. 138f.) und weist darauf hin, daß dies eine jener Bedingungen sein könnte, welche in schriftlichen Texten den konventionellen Gebrauch von Absätzen und ähnlichen Einheiten bestimmt (pp. 139/162: Fußnote 8).

Zwei verschiedene Makrostrukturen können, jeweils als Einheit betrachtet, an der Textoberfläche durch bestimmte Konnektoren verbunden werden, z.B. durch ein *aber* im Fall von kontrastierenden Informationen. Daraus konkludiert van Dijk: "This is one clear linguistic reason why the assumption about semantic macrostructures in discourse must be made." (p. 139f.). Weiter unten wird der Autor weitere Argumente dafür anführen.

Im Anschluß daran bespricht van Dijk jene Analysemechanismen, welche es uns gestatten, Makrostrukturen aus Mikrostrukturen zu isolieren. Er nennt dies "semantic information reduction", weist jedoch darauf hin, daß dabei Information nicht nur "gelöscht" wird, sondern auch unter/in einer Makrostruktur auf einem globaleren Repräsentationsniveau "subsummiert" oder "integriert" wird (p. 143). Eine erste Einschränkung dabei ist, daß Propositionen, welche in einer Sequenz eine Präsupposition für andere Propositionen darstellen, nicht durch Makro-Operationen gelöscht werden dürfen. Folgende "deletion rules" führt der Autor in der Folge an:

a. *einfaches Weglassen* von *attributiven* (nicht von identifizierenden) Prädikaten, wie etwa *little* von *little town*; die dabei gelöschte Information ist nicht rekonstruierbar (144f.); hiezu müssen wir ganz spezifisch auf unser Corpus bezogen anmerken, daß das Weglassen von Prädikaten aus dem semantischen Feld der "Größe" aufgrund unseres speziellen Forschungsinteresses *nicht* gestattet ist;

b. *Weglassen von konstitutiver Information* aus einem *frame*, wie etwa "normal or expected causes and consequences of events, reasons and consequences of events, reasons and consequences of actions, preparatory and auxiliary actions, normal component events, actions or objects, and the 'setting' (time, place, world) of the object, action or event"; diese Informationen sind zumindest induktiv rekonstruierbar (145); unserer Auffassung gemäß dürfen

Propositionen, welche Elaborationen höherer Ordnung (= Erklärungen) anderer Propositionen sind, *nicht* weggekürzt werden, weil damit die konstitutive Struktur der Textur zerstört wird (s. auch Kap. D.1.3.);

c. *einfache Verallgemeinerung* durch Ersetzen von Begriffen durch Hyperonyme; die gelöschte Information ist nicht rekonstruierbar (p. 145f.);

d. Verallgemeinerung von konstitutiven *frame*-Elementen ("essential properties, causes, components, consequents etc.") zum Ausdruck des *frame* selbst (*I bought wood, stones ... I erected walls ... → I built a house*); die Information wird nicht gelöscht, sondern kombiniert oder integriert (p. 146).

Die Operationen a. bis d. bauen alle auf der Implikationsrelation auf: alle resultierenden Makrostrukturen werden von den gelöschten Mikrostrukturen impliziert. Es findet eine Abstraktion statt, wobei auch definiert wird, was "relativ wichtig" in einer Passage ist, und zwar "relativ" in bezug auf das Verhältnis der Mikroinformationen untereinander als auch in bezug auf das Verhältnis der Makroinformation zu den Mikroinformationen. Die Operationen a. und b. sind selektiver ("löschender"[3]), c. und d. konstruktiver ("ersetzender") Art. Zudem sind diese Operationen rekursiv, was die Konstruktion hierarchisch angeordneter Makrostrukturen gewährleistet (p. 146).

Van Dijk schränkt obige Aussagen insofern ein, als daß man gemäß dem damaligen Forschungsstand nicht festlegen habe können, ob diese vier Operationen ausreichend oder etwa überdeterminierend seien. Zudem schließt er induktive Reduktionsprozesse nicht aus, etwa wenn aus einem üblichen Teil von X, der mikrostrukturell aufscheint, (induktiv) auf X (als Makrostruktur) geschlossen wird. Sodann schließt er die Möglichkeit nicht aus, daß bestimmte Textsorten ihre eigenen Auswahlmechanismen haben und je nach Textsorte andere Informationen als wichtig zu betrachten sind (p. 147). Unsere obige Feststellung in bezug auf die Wichtigkeit unserer "Größen"-Prädikate für unseren Corpus-Text könnte diese Vermutung bestätigen. Schließlich stellt der Autor noch fest, daß seine Reduktionsprinzipien "idealer" und theoretischer Natur sind, und möchte individuelle Variationen nicht ausschließen (p.147).

Van Dijk stellt im Anschluß eine Reihe von sprachlichen Beweisen ("linguistic evidence") für die Existenz von Makrostrukturen vor. Davor verweist er jedoch

---

3   Hier ist anzumerken, daß van Dijk selbst auch bezüglich der Diskussion von Operation c. weiter oben von "gelöschter" ("deleted") Information spricht.

auch auf die empirische Evidenz für Makrostrukturen, welche in den Sanktionen besteht, mit welchen Sequenzen ohne Makrostrukturen versehen werden, wie etwa "What are you talking about?" oder "You are all mixed up!", und welche die kommunikative Inakzeptabilität solcher Sequenzen dokumentieren. Zu den rein sprachlichen Indizien gehören die oben schon besprochenen *topical sentences*, welche Makrostrukturen direkt versprachlichen. Sodann wäre die ebenfalls schon erwähnte Möglichkeit zu nennen, Makrostrukturen untereinander mittels Konnektoren zu verbinden (p. 150). Weiters kann man mit Pro-Formen, Demonstrativa oder Nominalisierungen auf Makro-Einheiten verweisen. Auch können Präsuppositionen makrostruktureller Art sein. Ein Indiz für die Existenz von Makrostrukturen ist ferner die lexikalische Wiederaufnahme von deren Teilen (etwa von deren Prädikaten), wobei wieder das *frame*-Konzept bestimmend ist. Schließlich lassen Sequenzen, welche eine zeitliche, örtliche oder modale Einheitlichkeit aufweisen, auf die Existenz von Makrostrukturen schließen (p. 151f.). Neben diesen syntaktisch-semantischen Indizien gibt es auch solche morpho-phonologischer (Pausen, Intonation, Gliederungspartikeln oder bestimmte Morpheme in bestimmten Sprachen) und graphischer Art (Paragraphen). Schließlich erwähnt van Dijk noch ein Argument aus dem Bereich der Pragmatik, namentlich daß bestimmte Sprech-Akte Skopus über ganze Sequenzen haben (p. 152f.).

Im Anschluß streift van Dijk texttypologische Fragestellungen, wobei er u.a. Elemente des von uns im Anschluß vorzustellenden *transformativen Textoids* nach Metzeltin/Jaksche 1983 sowie der *argumentativen* und der *erklärenden Sequenz* nach Adam 1992 vorwegnimmt, jedoch weit weniger genau ausführt (p. 153ff.). Wir sparen daher Details sowie unsere Diskussion dieser Konzepte für die beiden folgenden Kapitel auf.

Van Dijk schließt sein Kapitel mit Ausführungen zur kognitiven Basis von Makrostrukturen (p. 155-161). Da dies nicht direkt den Gegenstand unserer Untersuchung darstellt, führen wir seine diesbezüglichen Anmerkungen hier nicht weiter aus.

Wir wollen nun noch kurz Aspekte aus van Dijks Kapitel (pp. 232-247) zu den Makro-Sprechakten diskutieren. Wir rufen in Erinnerung, daß unsere theoretischen Differenzen mit van Dijks Analyse vor allem auch in diesem Bereich liegen. In Kap. B.4.5. haben wir schon erwähnt, daß der Autor Inferenzen (besonders jene, welche wir abduktiv nennen) als pragmatische Phänomene, als Verbindungen zwischen Sprechakten ansieht, während diese für uns auch semantische Phänomene oder Verbindungen zwischen Propositionen sind. Aufgrund unserer in Kap. B.4.3.1. präsentierten Unterscheidung zwischen illokutiven Akten auf der einen Seite und Äußerungsakten (= lokutorischen und enunziatorischen Akten) auf der anderen Seite - erstere beschreiben wir auf der pragmatischen, letztere auf der semantischen Ebene - können wir die Verbindung zwischen zwei Äußerungsakten auch rein semantisch beschreiben, das heißt losgelöst von interaktions-intentionsbezogenen Überlegungen. Wir formalisieren dies wie besprochen folgendermaßen, wobei die außerhalb der eckigen Klammer stehende Indikation der illokutiven Intention - um van Dijks Terminologie hier zu gebrauchen - Skopus über den gesamten Inhalt der Klammer hat und wir im Rahmen einer rein semantischen Analyse jedoch nur den Klammerinhalt betrachten (mit "sagen" und "denken/wollen/wahrnehmen" etc. als lokutorische bzw. enunziatorische Indikationen):

> X-warnen wollen [X-sagen: X-denken: Y-P]
> X-informieren wollen [X-sagen: X-wollen: Y-P]
> X-überzeugen wollen [X-sagen: X-wahrnehmen: Y-P]

Van Dijk vertritt die Ansicht, daß in bestimmten Diskurstypen semantische Makro-Strukturen gleichzeitig Makro-Sprechakte aufbauen, z.B. als Argumente (p. 245). Dieser Äußerung können wir uns gänzlich anschließen: wir definieren ja Argumentation als einen möglichen pragmatischen Effekt von erklärenden Strukturen. So kann für uns einem Paar "Ursache-Wirkung" oder "Grund-Folge/Konklusion" auf der semantischen Ebene ein Paar "Argument-Meinung/Überzeugung" auf der pragmatischen Ebene zugeordnet sein. Ihm kann jedoch auch ein Paar "Information-Verstehen" zugeordnet sein, also ein anderer pragmatischer Effekt, diesmal jener der "Informierung". Van Dijk sagt weiter: "Thus, the PREMISE-CONCLUSION structure not only has semantic properties (*eg* implication of the latter by the former), but also determines the structure of the act of arguing: a conclusion is drawn, an inference made." (p. 245). Auch mit dieser Aussage sind wir prinzipiell einverstanden, wir wollen jedoch die verwendete Terminologie kritisieren. Der Autor bringt, wie so viele andere, die Beschreibungsebenen terminologisch durcheinander, worunter die Klarheit, vielleicht sogar die Richtigkeit der Beschreibung leidet: es ist nicht klar, ob sich "conclusion" auf die semantische oder die pragmatische Ebene bezieht. Unsere Unterscheidung zwischen "Grund-Folge/Konklusion" (Semantik) vs. "Argument-Meinung/Überzeugung" (Pragmatik) verhindert eine derartige Verwirrung. Van Dijk meint weiter: "It is exactly this property which differentiates connectives like *because* from sentence initial *so*. Similarly, we may give explanations by referring to causes or reasons for some event or we prove that some proposition is true or false." (p. 245). Hier spielt der Autor zuerst auf eine von ihm in seinem Werk an früherer Stelle (p. 46) gemachte Unterscheidung an, welche zwischen *so* (als Ausdruck einer Inferenz und damit eines für ihn pragmatischen Phänomens) und *because* (als Ausdruck für *cause* oder *reason*, für ihn semantische Phänomene) besteht. Da *reason* und *inference* für uns zur selben Beschreibungsebene gehören (den logischen Erklärungen), welche für uns rein semantisch zu beschreiben ist, sehen wir keinen semantischen Unterschied zwischen *so* und *because*, abgesehen davon, daß *because* Prämissen einleitet (für uns sind ja alle Satzkonnektoren logischer Art) und *so* Konklusionen. Der zweite Satz des letzten Zitates setzt für uns ebenfalls falsche Kategoriegrenzen: während wir *causes* und *reasons* trennen (kausale vs. logische Erklärungen), gehören die Begriffe *reasons* und *prove true/false* in dieselbe Kategorie (der logischen Erklärungen), alle Begriffe sind für uns semantische Begriffe.

Wir werden in der Folge (s. Kap. D.1.) viele von van Dijks theoretischen und praktischen Ideen in unserem Analyseapparat wiederfinden. Dazu gehören insbesondere die semantischen Reduktionsregeln und die Themenbestimmung sowie der hierarchische Charakter der Makro-Strukturen im Gesamttext.

B.6.3. Semantische Makrostrukturen und Texttypologie bei Metzeltin/Jaksche 1983 und Metzeltin/Thir 1996

Metzeltin/Jaksche präsentieren in ihrer *Textsemantik* von 1983 semantische Makrostrukturen im Rahmen eines ganzheitlichen Textsemantikmodells, welches sowohl der Mikro- als auch der Makroebene Rechnung trägt. Das Propositionsanalyse-Instrumentarium der beiden Autoren, welches Metzeltin auch 1997 in seinen *Sprachstrukturen und Denkstrukturen* wiederaufnimmt, diente uns ja als Grundlage unserer semantischen Beschreibung von erklärenden Strukturen (s. Kapitel B.4.). In seiner gemeinsam mit M. Thir verfaßten *Erzählgenese* von 1996 bringt Metzeltin eine kondensierte, essentiell jedoch seinem Modell von 1983 entsprechende Kategorisierung von semantischen makrostrukturellen Einheiten.

Für Metzeltin/Jaksche gehört zu den Aufgaben einer Textanalyse, was nun die übergeordneten semantischen Strukturen betrifft, die "Festlegung bestimmter in der Anzahl der Einheiten beschränkter Kombinationen von Propositionen als immer wiederkehrende propositionsübergreifende Konstrukte (Textoide)" sowie, bezüglich daraus resultierender Verallgemeinerungsmöglichkeiten, die "Ausarbeitung von Kriterien für neue Texttypologien" (p. 20).

Die Autoren arbeiten dabei unter einem Gesichtspunkt, der dem unseren entspricht: "Uns geht es nicht um den Nachvollzug des subjektiven Verstehungsprozesses, sondern um eine objektive Aufgliederung der semantischen Substanz eines Textes" (p. 35). Dafür schlagen sie einen Zwei-Phasen-Prozeß vor, der zunächst aus einer propositionellen Analyse des Gesamttextes, sodann aus einer Synthese der propositionalen Inhalte zu den oben definierten *Textoiden* besteht (p. 34).

Die Autoren unterscheiden vier Haupttexttypen, welche folgendermaßen definiert werden:

a. *Narration*: der Zusammenhang beruht "auf einer Abfolge von Prozessen - aber nicht von Sendungsprozessen mit Empfängerangabe - und/oder Zuständen an einem oder mehreren Objekten, d.h. auf der Veränderung einer oder mehrerer als identisch aufgefaßten Substanzen. Die tragenden Propositionen sind hier solche, deren Prädikate Zustands- oder Prozeßbegriffe enthalten und sukzessiv verbunden sind." (p. 40f.)

b. *Deskription*: informiert "über wesentliche oder momentane Eigenschaften eines oder mehrerer Objekte, wobei diese Eigenschaften nicht in einem Prozeß eingebettet sind." (p. 41)

c. *Argumentation*: gibt "Gedankenkombinationen wieder, mit denen jemand sich selbst oder andere von einem Sachverhalt überzeugen will" (p. 40).

   In c. finden wir in der Definition den Hinweis auf eine Sprecherintention, eine Illokution (vgl. *wollen*); ähnliches gilt für die entsprechende Definition in Metzeltin/Thir (1996: 28): "komplexe Gedankenstrukturen, durch die eine Aussage oder These so begründet werden soll, daß der Rezipient an die Güte der Aussage oder der These glaubt und danach sein weiteres Denken und Handeln richtet".

   Wir wollen weiter unten die "Gedankenkombinationen"/"komplexen Gedankenstrukturen" diskutieren, welche die inhaltliche Komponente dieser Definition ausmachen.

d. *Kontrakt*: drückt "grundsätzlich Abmachungen zwischen zwei Parteien aus, die sich gewöhnlich auf irgendeine Art von Leistung und Gegenleistung beziehen." (p. 40)

Bestimmte Verfahren dienen nun dazu, die Zahl der in der Analyse festgemachten Propositionen "auf ein semantisch verantwortbares Mindestmaß" zu reduzieren, die von den Autoren *Basispropositionen* genannt werden (p. 40). Dazu müssen *amplifizierende* Propositionen weggekürzt werden, zu denen die Autoren Tautologien (einschließlich Exemplifizierungen), Präsuppositionen und Implikationen sowie Digressionen zählen (p. 50f.). Die Autoren stellen zudem kurz van Dijks (1977) diesbezügliche Reduktionsoperationen vor (p. 18f.).

Basispropositionen, welche sich auf dieselben Figuren oder dieselben Gegenstände beziehen, lassen, wenn man sie gesondert von anderen Basispropositionen betrachtet, oftmals bestimmte logische Ordnungen erkennen, die in den meisten Texten zu finden sind - die Textoide (p. 53).

Die Autoren stellen in der Folge die Textoide der vier von ihnen festgemachten Haupttexttypen vor (pp. 53-59):

a. *deskriptives Textoid*: baut auf akkumulativ verbundenen Propositionen mit Eigenschaftsprädikaten und gleicher Zeitangabe auf:

$$P1 \ (Si, Q1, Tt) + P2 \ (Si, Q2, Tt) + ... + Pn \ (Si, Qn, Tt)$$

(lies: P = Proposition, S = Subjekt, Q = Prädikat (< lat. *qualitas*), T = Zeitpunkt)

   Anordnung und Anzahl der Propositionen sind prinzipiell frei, es gibt jedoch zuweilen Tendenzen zur Normierung der Anordnung (Porträtierung berühmter Spanier durch Pérez de Guzmán in *Generaciones y semblanzas*; Telefonbücher) (p. 53)

b. *narratives Textoid*
Bei den narrativen Textoiden unterscheiden die Autoren solche sukzessiver und solche transformativer Art (p. 53):

bi.

   narratives Textoid sukzessiver Art: baut auf Propositionen auf, welche sukzessive Zeitangaben aufweisen; je nachdem ob diese subjekt- oder senderzentriert sind, geben sie das Aufeinanderfolgen von Zuständen oder Prozessen (Q), in denen sich das Subjekt (S) befindet, bzw. aufeinanderfolgende Bewußtseinszustände/Wahrnehmungen (e) des Senders (E) wieder:

$$P1 \ (Si, Q1, T1) + P2 \ (Si, Q2, T2) + ... + Pn \ (Si, Qn, Tn)$$
$$P1 \ (Ei, e1, t1) + P2 \ (Ei, e2, t2) + ... + Pn \ (Ei, en, tn)$$

   Zu finden sind derartige Textoide typischerweise in Biographien, Tagebüchern, Reisebeschreibungen, Chroniken etc. (p. 53f.)

bii.

> *narratives Textoid transformativer Art:* besteht in seiner Vollform aus acht
> Propositionen mit folgendem Inhalt:

P1   eine Person X befindet sich in einer angenehmen oder neutralen Situation
(= Ausgangssituation = S0)

P2   ein Ereignis stört diese Situation (= Causa = C)

P3   X befindet sich in einer unangenehmen Situation (=S1)

P4   X will die unangenehme Situation S1 verändern, um eine angenehme Situation S2 zu erreichen (= Intention = I)

P5   X handelt, um S1 zu verlassen und S2 zu erreichen (= Transformation = T)

P6   eine Person Y hilft X bei seinem Unternehmen (= Adiuvare = A)

P7   eine Person Z hindert X bei seinem Unternehmen (= Difficultas = D)

P8   X erreicht die gewünschte angenehme Situation (= S2)

In der Kombination ergibt dies:

$$S0 + C \rightarrow S1 \rightarrow I \rightarrow ((T + A) \times D) \rightarrow S2$$

S0 und C können implizit sein; "I und T bilden die wesentlichen Struk-
turmomente des Textoids", wobei I ebenfalls implizit und T in verschiedene Schritte aufgegliedert sein kann; A und D können auch fehlen; S2
kann mit S0 identisch sein, oder die Hauptperson erreicht eine nicht intendierte Situation S3; S2 ist S1 semantisch entgegengesetzt (z.B. *unverhei-
ratet - verheiratet*); andere Variationen sind möglich (p. 54f.)

Wir können dazu bemerken, daß das sukzessive Textoid relativ präzise unserer narrativen Struktur vom Typ der Basiselaboration entspricht, während das
transformative Textoid aus mehreren Elementen unserer narrativen Struktur
vom Typ der Elaboration höherer Ordnung zusammengesetzt ist: P2 *erklärt*
die Verbindung zwischen P1 und P3; P4, P5 und P8 stellen in unserer Terminologie eine *finale Erklärungsstruktur* dar (als aufgegangene oder nicht-aufgegangene Rechnung), wobei P6 als eine *fördernde Nebenbedingung*[4] und P8 als die
Basis einer *konzessiven Struktur* aufgefaßt werden können. Ein narratives Textoid transformationeller Art nach Metzeltin/Jaksche 1983 entspricht daher

---

4   s. dazu unten Kap. D.1.4.2.: fördernde Nebenbedingungen haben wir in unserem Corpus erst auf
der von uns so genannten *Megæebene* feststellen können.

einer nach bestimmten Mustern geordneten Kombination/Verflechtung von elaborierten Propositionen, eine semantische Konfiguration, welche man aufgrund dieser internen Strukturierung *Makrostruktur höherer Ordnung* nennen könnte.

Etwas allgemeiner zur Narration finden wir bei den Autoren noch den Hinweis zum selektiven Charakter des Erzählens: "auch die Geschichtsschreibung ist immer subjektiv selegierend: "Une phrase narrative ... est une des descriptions possibles d'une action en fonction d'événements ultérieurs inconnus des agents, mais connus de l'historien. (Ricœur 10)"" (p. 71). Diesen Aspekt werden wir bei Adam 1992 wiederfinden.

c. *kompensatorisches Textoid*: besteht in der Vollform aus sechs Propositionen, "die eine gegenseitige Verpflichtung zweier Partner ausdrücken", wobei mehr Gewicht auf den Senderangaben liegt:

P1   der Partner X verspricht dem Partner Y eine Leistung

P2   X verlangt von Y eine Gegenleistung

P3   Y nimmt das Angebot von X an

P4   Y verpflichtet sich X gegenüber zu einer Gegenleistung

P5   X erbringt die angebotene Leistung

P6   Y erbringt die versprochene Gegenleistung

Die Verbindung der Propositionen sieht folgendermaßen aus:

$$((P1 + P2) + (P3 + P4) + (P5 + P6))$$

Dieses Textoid ist die Basis für den expliziten und erfüllten Vertrag, wie von Kaufverträgen, Bündnissen, aber auch von vielen literarischen Texten; sie können mit transformativen Textoiden verbunden werden (wo sie etwa eine "A(diuvare)"-Funktion ausdrücken) und i. ü. Variationen bezüglich Explizitheit von konstitutiven Elementen u.a. aufweisen. (p. 56)

Aus unserer Sicht ist hiezu anzumerken, daß man dieses Textoid gemäß unserem Instrumentarium als die Elaborierung höherer Ordnung (Erklärung okkasioneller Art) *zweier Erzählschritte* ([7a] und [7b] unten) analysieren kann (zwei Akteure erkennen im jeweils anderen die Gelegenheit, zu einem bestimmten Ziel zu kommen), welche über die Erklärung (handlungslogisch) voneinander abhängig gemacht werden. Wir hätten damit keine gesonderte Sequenz vorliegen, sondern erneut eine Makrostruktur höherer Ordnung.

Wir illustrieren dies am Beispiel des Vertrages aus dem Froschkönig (s. am Ende des Kapitels im Querformat), den die Autoren selbst weiter unten als Beispiel für ein Vertrags-Textoid analysieren (p. 59f.).

d. *argumentatives Textoid*: ist in seiner Grundform ein Syllogismus (dessen Propositionen Makropropositionen sind); erweiterte Formen sind *Fabeln* (hier als makrostruktureller Terminus zu verstehen) und *Kettenschlüsse*; Fabeln zeichnen sich durch 10 Grundpropositionen aus - Hypothese (P1-P4), positive Exemplifikation (P5-P6), negative Exemplifikation (P7-P8) und Moral (P9-P10):

P1   wenn X auf eine bestimmte Weise handelt

P2   dann wird sich X in einer angenehmen Situation befinden

P3   wenn X nicht auf die bestimmte Weise handelt

P4   dann wird sich X in einer nicht angenehmen Situation befinden

P5   A handelt auf die bestimmte Weise

P6   A begibt sich in eine angenehme Situation

P7   B handelt nicht auf die bestimmte Weise

P8   B begibt sich in eine nicht angenehme Situation

P9   der Sender nimmt an, daß sich der Empfänger in einer angenehmen Situation befinden will

P10 deswegen empfiehlt der Sender dem Empfänger, auf die bestimmte Weise zu handeln

Der Kettenschluß (oder Sorites) "besteht aus einer Reihe von Sätzen, in denen der jeweils folgende einen Term des Prädikatssyntagmas des vorangehenden in sein Subjektsyntagma aufnimmt und der letzte in seinem Subjektsyntagma einen Term des Subjektsyntagmas des ersten Satzes und in seinem Prädikatssyntagma einen Term des Prädikatssyntagmas des vorletzten Satzes aufweist". Diese Textoide finden sich in Fabeln, Predigten, politischen Reden, Reklamen, wissenschaftlichen Abhandlungen, gerichtlichen Urteilsformulierungen etc. (p. 57f.).

Gemäß unseren Analysen sind Syllogismen (logische) Erklärungsmechanismen und gehören damit in den Bereich der Elaborationsstrategien. Isoliert man demnach in einem Text einen Syllogismus auf der Makroebene, so hat man es mit einer elaborierten Makroproposition zu tun. Im Unterschied zum narrativen Textoid transformativer Art und zum kompensatorischen Textoid kann ein solcher "Makrosyllogismus" jedoch auf den unterschiedlichsten Propositions- und Elaborationskombinationen aufbauen (vgl. v.a. Kap. D.1.3. sowie D.3.1.) und hat daher keine nach ganz bestimmten Mustern konstruierte interne Struktur. Es handelt sich um eine - sehr gängige - Makrostruktur, nicht jedoch um eine Makrostruktur höherer Ordnung und damit um ein Textoid gemäß jener Definition, welche wir aus der Wesensbeschreibung für das narrative Textoid transformativer Art abgeleitet haben, die Metzeltin/Jaksche uns zur Verfügung stellen.

Die Fabel setzt sich gemäß unserer Terminologie zusammen aus einem induktiven Schluß auf ein Gesetz (bzw. dem "Nachweis" eines Gesetzes) und auf dem Heranziehen dieses Gesetzes als Basis für eine finale Erklärungsstruktur. Der induktive Schluß ist folgendermaßen aufgebaut: Nennung des Gesetzes in positiver (P1 und P2) sowie in negativer Form (P3 und P4), wobei die beiden Formen aus verikonditioneller Sicht tautologisch zueinander stehen, da sie für dieselben Prämissen dieselben Konklusionen garantieren. Die Richtigkeit des Gesetzes wird sodann "bewiesen", indem je ein positiver (P5) und ein negativer Fall (P7) als zu einem positiven (P6) bzw. negativen Resultat (P8) führend aufgezeigt werden.

Auf diesem induktiv "bewiesenen" Gesetz baut sodann die finale Elaboration einer anderen Makroproposition auf:

[1] X (= "Sender")-denken: [(Y-P) >> (Y-in angenehmer Situation sein)] (= Major 1; Y = "Empfänger")
[2] X-denken: Y-wollen: Y-in angenehmer Situation sein (= Basismotiv 1)
[3] X-wollen: Y-P (= direktes Handlungsmotiv 1)

[4] X-denken: [(X-sagen: Y-P) >> (Y:P)] (= Major 2)
[3] X-wollen: Y-P (= direktes Handlungsmotiv 1 = Basismotiv 2)
[5] X-wollen: X-sagen: Y-P (= direktes Handlungsmotiv 2)

[5'] X-sagen: Y-P (= Handlung)

Die (Sprach-)Handlung [5'] (die Äußerung des Senders, welche Y mit der Handlung P verbindet) wird motivationell begründet durch das Basismotiv 1 [2].

Wir weisen darauf hin, daß [5'] noch keinen Hinweis auf eine eventuelle exhortative Illokution[5] der Äußerung gibt. Eine solche ist gesondert auf der pragmatischen Ebene zu beschreiben. Es liegt ferner auf der Hand, daß eine semantische Struktur wie die Fabel pragmatisch gesehen ein hohes argumentatives "Potential" hat: will der Sender eine solche Struktur dazu einsetzen, den Hörer tatsächlich zu einer bestimmten Handlung(sweise) zu bewegen ("überreden", "überzeugen"), so können die Wiederholungen des gesetzmäßigen Zusammenhanges quantitativ dazu dienen, seinen als Argumente gebrauchten Schlüssen qualitativ Gewicht zu geben. Baut der Sender die finale Struktur schließlich noch in einen deutlichen illokutiven Akt ein (Warnen, Auffordern), so wird die argumentative Intention hinter der Verwendung derartiger semantischer Strukturen zudem klar ersichtlich. Dies alles bedeutet jedoch nicht, daß wir eine solche Makrostruktur nicht auch wie oben rein semantisch als die Kombination von einer induktiven mit einer finalen Erklärungsstruktur beschreiben können.

Die Fabel ist damit eine Makrostruktur höherer Ordnung.

Der Kettenschluß ist ein Spezialfall unserer *Erklärungsklammer* (s. unten Kap. D.1.3.1.) und damit ebenfalls eine Makrostruktur höherer Ordnung (das heißt eine Kombination von elaborierten Propositionen).

Metzeltin/Jaksche 1983 besprechen auch die Kombinationsmöglichkeiten von Textoiden innerhalb eines Textes. Als Regel zur Analyse des semantischen Verhältnisses von zwei Textoiden untereinander führen die Autoren an: "Wenn zwei Propositionen verschiedener Textoide in einem bestimmten Konnexionsverhältnis stehen, so können wir annehmen, daß auch die entsprechenden Textoide in derselben Beziehung stehen" (p. 61). Gemeint sind damit die in ihrem Kap. 1.4. (p. 28.ff.) angeführten Möglichkeiten der Tautologie (tautologische und synonymische Wiederholung, Vergleich, Kontrast, Pseudokontrast[6], Spezifizierung eines Oberbegriffes: diese entsprechen einem Teil unserer Basiselaborationstechniken[7]; Anm. d. Verf.), Akkumulation[8], Disjunktion[9], Sukzession, Kausalität und Implika-

---

5   Für eine propositionale Analyse von Aussagen mit exhortativer Illokution s. Kratschmer 2002: 229.

6   "Blanchefleur lebt und ist nicht tot": die Denotation beider Propositionen ist die gleiche (p. 29).

7   Wir fügen die Generalisierung, die Exemplifizierung und die Dokumentation hinzu.

8   Aneinanderreihung von Propositionen mit der gleichen Zeitangabe (p. 29).

tion (die letzten beiden entsprechen unseren Elaborationsmechanismen höherer Ordnung, nämlich kausalen und logischen Erklärungen, die Akkumulation entspricht unserer deskriptiven Sequenz vom basiselaborierten Typ, die Sukzession entspricht unserer narrativen Sequenz vom basiselaborierten Typ, und die Disjunktion entspricht unserer narrativen Sequenz vom basiselaborierten Typ oder vom elaborierten Typ höherer Ordnung; Anm. d. Verf.).

Zwei oder mehrere Textoide lassen sich nun zu einem abstrakten Architextoid zusammenfassen, wobei die Autoren hier drei Möglichkeiten unterscheiden:

a. nur vorübergehendes oder teilweises Erreichen von S2 in einem transformativen narrativen Textoid und damit fugenhaftes Wiederholen der transformativen Struktur, bis eine definitive S2 oder S3 erreicht wird: alle Transformationen lassen sich unter einem abstrakten transformativen Textoid zusammenfassen; als Beispiel wird die von Wiederholungen geprägte Geschichte der Emma Bovary angeführt (p. 61f.);

b. Stattfinden derselben Transformation in bezug auf unterschiedliche Subjekte oder Adressaten, was ebenfalls unter ein abstraktes transformatives Textoid zusammengefaßt werden kann; ein Beispiel wären die unterschiedlichen Brautwerbungsgeschichten in Goldonis Stück *La vedova scaltra* (p. 62f.);

c. als selten bezeichnet wird schließlich die "synonymische Wiederholung eines Textoids mit derselben Hauptfigur ohne kausalen Zusammenhang zwischen den Textoiden, wie dies etwa in Ribeiros *Romance da Raposa* der Fall ist (p. 63).

Die Autoren weisen in bezug auf das Wesen und die Bedeutung von Textoiden darauf hin, daß sie diese nicht als aprioristische Textkonstrukte verstehen und ihr Entstehen nicht auf eine auf Erfahrung gründende Handelslogik [sic] zurückzuführen ist, sondern vor allem heuristischen Wert für die Textanalyse besitzen (Erfassung der Funktion der Figuren, Lokalisierung von semantischen Feldern, Erstellung von Texttypologien u.v.m.). Textoide sind ferner aus dem konkreten Text zu isolieren und nicht *a priori* von Texten oder Textsorten anzunehmen und in die Analyse hineinzuzwingen (p. 63f.).

---

9   Aneinanderreihung von Propositionen, "deren Eigenschafts-, Zustands-, Prozeß-, Orts-, Zeit-
    oder Mengenangaben denotativ nicht zur selben Zeit und/oder am selben Ort gegeben sein kön-
    nen." (p. 30).

Wir fassen zusammen. Die von Metzeltin/Jaksche "Textoide" genannten Makrostrukturen lassen sich gemäß unserem Beschreibungsapparat folgendermaßen klassifizieren:

a. *deskriptives Textoid*: entspricht unserer deskriptiven Sequenz vom basiselaborierten Typ

b.i *narratives Textoid sukzessiver Art*: entspricht unserer narrativen Sequenz vom basiselaborierten Typ

b.ii *narratives Textoid transformativer Art*: entspricht einer Makrostruktur höherer Ordnung (Kombination von kausal und/oder deduktiv elaborierten Propositionen mit final und konzessiv elaborierten Propositionen)

c. *kompensatorisches Textoid*: entspricht einer Makrostruktur höherer Ordnung (Kombination von 2 okkasionell elaborierten narrativen Propositionen)

d.i *argumentatives Textoid vom Typ Syllogismus*: entspricht einer elaborierten Makroproposition (Elaboration höherer Ordnung: logische Erklärung), welche intern sehr unterschiedlich strukturiert sein kann

d.ii *argumentatives Textoid vom Typ Fabel*: entspricht einer Makrostruktur höherer Ordnung (Kombination einer induktiven mit einer finalen Erklärungsstruktur)

d.iii *argumentatives Textoid vom Typ Kettenschluß*: entspricht einer Makrostruktur höherer Ordnung (Kombination von erklärend elaborierten Propositionen)

Alle diese Textbausteine sind rein semantisch definiert. Wir schlagen vor, den Begriff "Textoid" als "Makrostruktur höherer Ordnung" (= eine nach bestimmten Mustern geordnete Kombination/Verflechtung von elaborierten Propositionen) neu zu definieren und für b.ii., c., d.ii. und d.iii. beizubehalten (wobei für d.ii. und d.iii. der Terminus "argumentativ" zu streichen wäre), a. und b.i. "Sequenzen" zu nennen (a. zudem bezüglich der Elaborationsstufe näher zu spezifizieren: Basis vs. höher) und schließlich d.i. aus der Kategorie der Textoide auszuscheiden, da es sich hierbei um eine "einfache" (d.h. intern nicht nach einer bestimmten Ordnung strukturierte) Makrostruktur handelt.

Folgende weitere, eher allgemeine Hinweise aus Metzeltin/Jaksche 1983 sind in bezug auf unsere Makroanalysen noch von besonderem Interesse. Es handelt sich

zunächst um die von uns auch berücksichtigte Oberflächenstrukturierung von
Texten: "Die globale Strukturierung der Textoberfläche in überschaubare Seg-
mente kann in Form von Absätzen, Paragraphen, Kapiteln, Teilen, Strophen, Ge-
sängen, Akten, Szenen u.ä. geschehen. Oft betreffen die Propositionen dieser Seg-
mente eine bestimmte Thematik." (p. 73).

Zur Fragestellung der Textthemenbestimmung, welche van Dijk auch angesprochen hat, können wir lesen, daß Textoide auch bei der Themenbestimmung eines
Textes helfen: das Thema des bestausgebauten (= des zentralen) Textoids ist in
der Regel das Thema des Gesamttextes (p. 133f.; vgl. damit unser "Prinzip der
maximalen Information" im Rahmen der absatzinternen Themenbestimmung in
jenen Fällen, wo mehrere Themen miteinander konkurrieren; Kap. D.3.1.1.).

B.6.4. Semantische Makrostrukturen und Texttypologie bei Adam 1992

Adams Werk versteht sich als Beitrag zur Texttypologie, welcher sich durch zwei
Elemente auszeichnet. Dies ist zum ersten die bewußte Wahl eines Klassifikationskriteriums, welches als eines von vielen möglichen dargestellt wird, namentlich der *Sequentialität*. Zum anderen will der Autor die so isolierten Texttypen als
Prototypen verstanden wissen, deren konkrete Realisierungen mehr oder weniger
den isolierten Schemata folgen bzw. diese mischen. Adam meint mit diesem Ansatz sowohl der Variation als auch der relativen Stabilität von Textsorten Rechnung tragen zu können: "L'hypothèse des prototypes séquentielles a l'avantage, par
rapport à d'autres hypothèses typologiques, de rendre compte, d'une part, du fait
que les énoncés produits actualisent toujours de façon plus ou moins fidèle les
prototypes de base et, d'autre part, du fait, en apparence contradictoire, que les
sujets catégorisent assez aisément des actualisations pourtant toujours floues." (p.
195) Im Gegensatz zu van Dijk 1977 und Metzeltin/Jaksche 1983, welche Makro-
Strukturen im Rahmen einer allgemeineren Texttheorie abhandeln und diesen daher notwendigerweise einen begrenzteren Raum geben müssen, ist Adams Buch
ausschließlich diesem Thema gewidmet. Seine diesbezüglichen Überlegungen nehmen daher naturgemäß mehr Raum ein, was auch im Rahmen unserer Besprechung hier zu einer ausführlicheren Diskussion führt. Als das rezenteste der von
uns präsentierten Werke spiegelt Adam 1992 zudem einen aktuelleren Forschungsstand wider und unterstreicht unserer Auffassung nach aufgrund einiger
kritikwürdiger Punkte, welche quasi seit Anfang der Makrostruktur-Forschungsge-
schichte unverändert tradiert wurden, die Dringlichkeit einer theoretischen
Revision, welche vor allem auch terminologischer Art sein soll. Wir spielen hier
erneut auf Termini wie "argumentative Makrostruktur" ("argumentative Sequenz"
bei Adam) an. Auch deshalb wird unsere Diskussion hier ausführlicher sein.

Das Kriterium der Sequentialität, welche im Anschluß näher erläutert werden soll, läßt Adams Beitrag auch gleichzeitig einen Beitrag zu übergeordneten Textstrukturen oder Makrostrukturen im weiteren Sinne werden, wodurch dieses Werk unmittelbare Relevanz für unsere Diskussion bekommt. Adam diskutiert den Makrostrukturbegriff in seiner Einleitung auch näher, wobei er auf Beiträge wie Halliday/Hasan 1976, welche von den einzelnen Textsorten inhärenten Makro- oder globalen Strukturen sprechen, und van Dijk 1978, 1981a,b und 1984 verweist, welcher von formalen Superstrukturen vs. inhaltlichen Makrostrukturen spricht und dessen diesbezüglichen Beitrag von 1977 wir oben vorgestellt haben. Adam verweist zudem auf Kintsch 1982, der von einer kognitiven Warte aus auf die zentrale Rolle von prototypischen Schemata bei der Textrezeption aufmerksam macht. (p. 14)

Um die Wahl seines Klassifikationskriteriums zu verdeutlichen, grenzt Adam zunächst die Begriffe "Text", "énoncé" ("Äußerung") und "Diskurs" voneinander ab (pp. 15s.), um dann alle jene Ebenen der Textklassifikation zu diskutieren, welche ihm gemäß neben der Ebene der Sequentialität noch zur Verfügung stehen (pp. 16-28).

Adam definiert "énoncé" als materielles (gesprochenes oder geschriebenes) Objekt, als empirisches, beobachtbares und beschreibbares Objekt, "Text" hingegen als abstraktes Objekt, welches man sich im Rahmen einer Theorie seiner kompositionellen Struktur vorzustellen hat (p. 15). Diese Definition von Text, welche diesen vom "Diskurs" unterscheidet, sei heute "assez unanimement admise", was Adam mit einem Zitat von Fuchs 1985 belegt, demzufolge ein Diskurs ein "objet *concret*, produit dans une situation déterminée sous l'effet d'un réseau complexe de déterminations extralinguistiques (sociales, idéologiques)" ist (pp. 15s.). Aus diesen Definitionen geht jedoch nicht deutlich hervor, wie nun "énoncé" und "discours" voneinander abzugrenzen sind (beide sollen ja konkrete Objekte sein): möglich wäre eine Definition von ersterem als "kleinere Einheit/Baustein von letzterem" oder von ersterem als "sprachliches Material" und von letzterem als "sprachliches Material samt außersprachlichem Kontext" oder eine Definition, welche die beiden letzten Definitionen vereint. Der Leser wird an dieser Stelle im unklaren gelassen. Eine spätere Graphik (p. 17), welche auf einer tieferliegenden Ebene die "énoncés" verzeichnet und auf deren höherer Ebene der "Diskurs" eingezeichnet ist, läßt vermuten, daß die übergreifende Definition anzunehmen ist.

Adam stellt in der Folge sieben mögliche Textklassifikationsebenen vor und situiert damit auch die Ebene seiner Wahl in einem größeren Rahmen.

Auf einer ersten Ebene [1] sind die diskursiv-situationellen (interaktionellen) Ty-
pologien nach Bachtin-Voloschinov angesiedelt (religiös, journalistisch, politisch,
literär etc., p. 15), auf der nächstniederen Ebene [2] die Textsortentypologien
(journalistisch: Chronik, Reportage, Leitartikel, p. 15). Da ein Typologieversuch
auf diesen beiden Ebenen laut Adam jedoch ebenso ehrgeizig wie linguistisch
schwierig machbar ist, wurden diese beiden Ebenen ("les moins linguistiques")
gleich zu Beginn aus den Überlegungen ausgeschieden. Die folgenden Ebenen betreffen nun die "énoncés", wobei die Einteilung und Definition Adams hier nicht
immer schlüssig sind. Eine dritte Ebene [3] bezieht sich auf die "fonctions du
langage et les actes de parole" (in der Graphik von p. 17 "visée illocutoire
(cohérence)" genannt), die vierte [4] stützt sich auf "des bases énonciatives" (in
der Graphik von p. 17 "repérages énonciatifs" genannt), die fünfte Ebene [5]
basiert auf "des bases thématiques" und legt Rechenschaft ab über den
Unterschied Fiktion vs. Nicht-Fiktion (in der Graphik von p. 17 "cohésion
sémantique (mondes)" genannt). Die sechste Ebene [6] ist schließlich jene der Sequentialität. Die Ebenen [3], [4] und [5] faßt Adam nun als die "configuration
pragmatique" betreffend zusammen, wobei [5] oben semantisch definiert wurde
und ihre Zuordnung zur pragmatischen Konfiguration nicht einleuchtet[10]. Die
Ebene [6] figuriert mit dem Begriff "connexité", welcher weiter unten als "phénomènes locaux de liage" definiert wird (p. 26), von welchem jedoch keine typologi-
sche Klassifikation abhängig gemacht wird, unter jenen Ebenen, welche die "suite
de propositions" betreffen. Die Ebenen der "suite de propositions" und der "configuration pragmatique" weisen jedoch teilweise einander überschneidende Eigenschaften auf: [4] (Element letzterer) und [6] (Element ersterer) werden gegenüber
[3] (Element letzterer) und [5] (Element ersterer) als "plus linguistiques" bezeichnet. Eine Ebene [7], jene des Textes, als Basis für Typologieversuche heranzuziehen, erscheint Adam aufgrund der kompositionellen Heterogenität ebenfalls
als "trop ambiti[ieux] et impertinen[t]". (p. 16)

Adams Beschreibungsebene ist nun jene der Sequentialität. Dieser Perspektive gemäß wird der Text als hierarchisches Konstrukt betrachtet, welches auf Sequenzen aufbaut. Die "Sequenz" selbst konstruiert sich aus Makropropositionen, welche wiederum auf Mikropropositionen aufbauen: "Définir le texte comme une
structure séquentielle permet d'abord l'hétérogénéité compositionnelle en termes
hiérarchiques assez généraux. La séquence, unité constituante du texte, est con-

---

10   Auch die Ebene [4] kann als semantisch gelten, wie in unseren Analysen, wo die Bestimmung der
      énonciateurs als Teil der semantischen Einheit "Proposition" betrachtet wurde.

tiuée de paquets de propositions (les macro-propositions), elles-mêmes constituées de *n* propositions. Cette définition est en accord avec un principe structural de base : « En même temps qu'elles s'enchaînent, les unités élémentaires s'emboîtent dans des unités plus vastes » (Ricœur 1986 : 150)" (p. 29). Damit entspricht Adams "Sequenz" in etwa unserem Textoid (definiert als "Makrostruktur höherer Ordnung"; Kap. B.6.3.), während unsere Sequenz (definiert als "elaborierte Mikroproposition", Kap. B.6.1.2.) sich auf einer hierarchisch tieferliegenden Textebene befindet.

Der hierarchische Charakter von Texten wird von Adam an anderen Stellen weiter unterstrichen: "Cette définition de chaque unité comme constituante d'une unité de rang hiérarchique supérieur et constituée d'unités de rang inférieur est la condition première d'une approche unifiée de la séquentialité textuelle" (p. 30) und sodann sogar als Definitionskriterium für "Text" herangezogen: "Un TEXTE est une structure hiérarchique complexe comprenant *n* séquences - elliptiques ou complètes - de même type ou de types différents." (p. 34) Wir teilen die Auffassung Adams bezüglich des hierarchischen Aufbaus von Texten im allgemeinen sowie auch bezüglich folgender, mehr ins Detail gehender Punkte:

— die unterschiedliche interne Komplexität von Makropropositionen: "une macro-proposition peut-être actualisée, en surface, par une seule ou par plusieurs propositions" (p. 30)
— die unterschiedliche interne Komplexität von Texten als einsequenzige Texte, mehrsequenzige Texte (koordiniert oder verschachtelt; mit dominierenden und weniger dominierenden Sequenztypen) (p. 31; "Textoidtypen" in unserer Terminologie; Anm.d.Verf.)
— das Aufbauen aller semantischen Strukturen auf Propositionen: bei Adam ist die Basiseinheit die *proposition énoncée*, welche wiederum auf der Prädikation (= "Herstellung einer Relation bezüglich eines oder mehrerer Konzepte") basiert, wobei es explizite und inferierte (präsupponierte und "mitverstandene": "sous-entendu[e]s") Propositionen gibt (p. 35); Adam schlägt weiter vor eine "définition textuelle de la proposition : unité liée selon le double mouvement complémentaire de la connexité (succession linéaire de propositions) et de la séquentialité (structure hiérarchique de propositions)." (p. 41)
— die texttypologische Unterscheidung findet auf einem höheren Niveau als jenem der Mikropropositionen statt, dem Makroniveau, welches Adam definiert als das Niveau "du regroupement des propositions en paquets (macropropositions) organisés selon les schémas prototypiques de séquence de base" (p. 35)

–   die Oberflächenstrukturierung eines Textes in Paragraphen, Kapitel etc.: "les
    phénomènes de démarcations graphiques locales et de marquage global du
    plan du texte (segmentation) sont des aspects de la spatialisation écrite de la
    chaîne verbale, en premier lieu d'instruction pour l'empaquetage et le traite-
    ment des unités linguistiques. Je range dans ce plan particulier d'organisation
    textuelle non seulement les indications de changement de chapitre et de para-
    graphe, mais les titres et sous-titres, la mise en vers et strophes en poésie, la
    mise en pages en général, le choix des caractères typographiques, la ponc-
    tuation. Organisateurs textuels et connecteurs peuvent également venir sou-
    ligner un plan de texte." (p. 28)

In bezug auf die Terminologie im Bereich "Makrostrukturen" hält Adam weiters
fest, daß er den Terminus "superstructures", welchen er in früheren Arbeiten von
van Dijk übernommen hatte, nicht mehr verwendet, da van Dijk den Terminus in
der Folge (1984) für nach Adam zu vage Texteinheiten verwendet hat (p. 32).
Adam bevorzugt die frühere Definition van Dijks von "Superstrukturen" aus dem
Jahre 1981: "ce sont des structures globales qui ressemblent à un schéma. À la différence des macrostructures, elles ne déterminent pas un « contenu » global, mais
plutôt la « forme » globale d'un discours [...]. Les macro-propositions, au moins
celles d'un niveau assez élevé, seront organisées par les catégories schématiques de
la superstructure, par exemple le schéma narratif." (p. 33).
Adam unterscheidet zudem zwischen *segmentation* (der "Erstellung eines Text-
planes, der les- oder sichtbaren Einteilung eines schriftlichen Textes") und seiner
séquentialisation (p. 33).

Adam geht in seiner Klassifikation aus von den "séquences prototypiques suivantes: *narrative, descriptive, argumentative, explicative* et *dialogale*." (p. 30). Von diesen
wollen wir die narrative, die argumentative und die explikative in der Folge näher
darstellen. Zur *dialogalen* haben wir bereits sehr kurz in Kap. B.6.1.5. Stellung genommen, sie ist für unser Corpus weiterhin auch nicht relevant. Bezüglich der
deskriptiven ist zu sagen, daß Adam auf Aspekte aufmerksam macht, welche dem
Geist unserer Beschreibung der Deskription aus Kap. B.6.1.2. entsprechen, wie etwa auf die semantischen Zusammenhänge zwischen den Propositionen "Teil vom
Ganzen", "Paraphrase", "Vergleich", worin wir unsere Basiselaborationstechniken
wiedererkennen. Auch aufgrund der geringeren Relevanz der Deskription in bezug auf unser Corpus wollen wir die Detailüberlegungen Adams zur deskriptiven
Sequenz (pp. 77-104) hier nicht genauer ausführen.

Im Gegensatz zu früheren Arbeiten behält Adam nur noch die fünf genannten Grundtypen an sequentiellen Strukturen bei. Andere, früher von ihm verwendete Strukturen ließen sich ihm gemäß entweder auf Aktionsbeschreibungen oder Sprechakte reduzieren, was für den letzten Fall bedeutet, daß sie die illokutive bzw. enunziatorische[11] Ebene (z.B. "prédictif", "optatif") betreffen und nicht die Sequentialität (p. 33). Als Beispiel dazu nennt er später die "textes procéduraux et injonctifs-instructionnels [...] on n'est déjà plus dans un prototype de séquentialité, mais bien dans un genre discursif avec toutes ses composantes pragmatiques (visée illocutoire injonctive, [...]" (p. 98). Genau hier können wir zum ersten Mal mit unserer Kritik an Adams Terminologie einhaken, denn es ist letztendlich v.a. die Terminologie, welche wir bei Adam kritisieren möchten. Wir meinen, daß seine Terminologie seine Sichtweise und die seiner Rezipienten in eine falsche Richtung führt. Seine "argumentative Sequenz" ist terminologisch unglücklich gewählt. Zwar macht Adam wiederholt (pp. 40, 103s.) darauf aufmerksam, daß "le fait que tout énoncé possède un but ou orientation argumentative ne devra pas être confondu avec la mise en séquence argumentative. Il y a certes là des sources de difficultés terminologiques", sein Argument jedoch, daß eine terminologische Unterscheidung durch die weitere Einführung von neuen Termini noch verwirrender wäre (p. 40), können wir absolut nicht nachvollziehen und optieren genau für das Gegenteil. Wenn Adam daher etwa "argument" und "conclusion" zusammenbringt oder von "prémisse d'une argumentation" spricht (p. 41), dann schlagen wir erneut unsere getrennte Dichotomie "Argument-Meinung (*opinion*)" und "Prämisse-Konklusion" vor.

Wir wollen nun als erstes Adams narrative Sequenz (pp. 45-74) diskutieren, deren Betrachtung der Autor mit einem kurzen Forschungsbericht zur Narrationstheorie einleitet (p. 45), auf den wir hier bloß verweisen wollen.

Als Kriterien für die Definition einer Erzählung führt Adam an, wobei er sich auf Bremond 1973, aber auch auf Sartre 1947, Mink 1969-70 u.v.a. stützt:

a. Sukzession der Ereignisse plus Spannung, welche die Erzählung auf ihr Ende ausgerichtet macht (vs. Chronik) (p. 46)
b. thematische Einheit (mindestens ein Akteur/Subjekt S) (p. 47)
c. transformierte Prädikate (pp. 47s.)

---

11 Wir erinnern noch einmal daran, daß wir die illokutive und die enunziatorische Ebene voneinander unterscheiden und die erste als der pragmatischen, die zweite als der semantischen Domäne angehörig betrachten.

d. Prozeß (Einheit der Handlung) (p. 48): "la mise en intrigue consiste principa-
    lement dans la sélection et dans l'arrangement des événements et des actions
    racontés, qui font de la fable une histoire "complète et entière", ayant com-
    mencement, milieu et fin" (Ricœur 1986, mit Bezug auf Aristoteles' Einheit
    der Handlung) (p. 49); dies gilt nach Adam auch für die narrative Sequenz (p.
    49); Adam erwähnt dazu auch Greimas: "programmes narratifs (PN)", welche
    er wiedergibt als "un sujet d'état (S) est disjoint (V) d'un objet de valeur (O)
    et, sous l'action (faire transformateur FT) d'un sujet opérateur (Sop), le sujet
    d'état (S) est, à la fin du récit, conjoint (Δ) à l'objet qu'il convoitait. Soit la
    formule d'un programme narratif conjonctif (pour un programme disjonctif,
    il suffirait d'inverser les prédicat [sic] initial et final en passant d'une conjonc-
    tion Δ à une disjonction V): PN = FT(Sop) >> [(S V O) > (S Δ O)]" (p.
    49s.); Adam erweitert das Schema um Zeit/Moment-Bestimmungen: m1 =
    vor dem Prozeß; m2 = Beginn des Prozesses, m3 = während des Prozesses,
    m4 = Ende des Prozesses und m5 = nach dem Prozeß. Diesen Momenten
    sind die 5 narrativen Makropropositionen zugeordnet, welche eine Basisse-
    quenz bilden, wobei Pn1 bei m1 angesiedelt ist, Pn5 bei m5, Pn3 bei
    m2+3+4, während Pn2 ("complication/déclencheur 1", p. 52) und Pn4 ("ré-
    solution/déclencheur 2", p. 52) zwischen dem eigentlichen Prozeß und dem
    Anfang bzw. Ende liegen und die chronologische Sukzession in die beson-
    dere Logik der Erzählung verwandeln (p. 50). Pn2, welche Tomachevsky
    1965 "nœud" nennt, wird von diesem Autor folgendermaßen definiert: "Pour
    mettre en route la fable, on introduit des motifs dynamiques qui détruisent
    l'équilibre de la situation initiale. L'ensemble des motifs qui violent l'immobi-
    lité de la situation initiale et qui entament l'action s'appelle le nœud." (p. 51).
    Dies entspricht einer Bündelung der "Ursache C" und der "Intention I" im
    narrativen Textoid bei Metzeltin/Jaksche 1983 (Anm. d.Verf.).

    Nach Adam kann eine narrative Sequenz auch beschrieben werden als
    "Thèse-Pn2 + Antithèse-Pn4 + Synthèse-Pn5 ", welche die "ossature de la
    mise en intrigue" darstellt (p.51).

e. die narrative Kausalität einer *mise en intrigue*: eine Erzählung *erklärt* den Zu-
    sammenhang zwischen den erzählten Ereignissen und ersetzt die Chronologie
    damit durch eine rationale Logik, welche in Form eines Syllogismus mit *præ-
    missa maior, præmissa minor* und Konklusion wiedergegeben werden kann. Die-
    se Formel nennt Adam auch *fable* (p. 51ss.), einen Terminus und eine Lesart,
    welche wir schon bei Metzeltin/Jaksche 1983 vorgefunden haben (bei Met-
    zeltin/Jaksche 1983 war die Fabel allerdings ein komplexeres Textoid, wel-
    ches die Autoren vom "Basis-"Syllogismus unterschieden haben). Adam (p.
    53) nennt als Beispiel den Syllogismus, welcher als Mérimées *Colomba* zugrun-

de liegend betrachtet werden kann und den Adam als "enchaînement, lumi-
neusement causal, des actes" nennt[12]:

>Major: *L'homme qui ne défend pas son honneur est indigne d'être heureux.*

>Minor: *Or Orso (grâce à Colomba) a su défendre son honneur.*

>Konklusion: *Donc Orso est digne d'être heureux.*

Adam (p. 54) zitiert auch Barthes 1966 sowie Genette 1969, welche die Logik
der Erzählung als Scheinlogik bezeichnen, da der Anfang der Geschichte (die
"Ursache") quasi rückwirkend durch das Ende (die "Wirkung") seine Bedeutung erfährt.

f.   eine abschließende implizite oder explizite Bewertung (Moral).

Zusammenfassend können wir sagen, daß die narrative Sequenz mehr oder weniger entweder Metzeltin/Jaksches transformativem Textoid und damit einer Makrostruktur höherer Ordnung in unserer Klassifikation entspricht oder aber einem
(Makro-)Syllogismus, welchen wir als elaborierte Makroproposition und damit als
"einfache" Makrostruktur betrachten.

Wir wollen nun die argumentative Sequenz (pp. 103-126) nach Adam besprechen.
Adam weist erneut darauf hin, daß "argumentative Sequenz" nicht gleich "Argumentation im allgemeinen" ist (p. 103).

Die argumentative Sequenz nach Adam besteht aus zwei Teilen, wobei ein Teil
als Argument für den anderen Teil dient, wodurch *a posteriori* ein gegenseitiger
Verweiseffekt entsteht. Adam, welcher sich hier auf Toulmin 1958, Apothéloz
1989 und Borel 1991 stützt, spricht von diesem ersten Teil auch als "argument",
"donnée", "raison" oder "segment étayant" und vom zweiten Teil als "conclusion"
oder "segment étayé". (p. 104)

Adam erläutert in der Folge (pp. 105-108) das Modell von Toulmin, welches
u.a. aus Inferenzregel, Garant, Untermauerung etc. besteht, welches wir schon in
Kap. B.2.2.2.3. vorgestellt haben und welches wir hier daher nicht mehr im Detail
besprechen wollen. Wir wollen nur wiederholen, daß es dem pragmatischen (argu-
mentationstheoretischen) Gegenstück unserer logischen Erklärungen syllogisti-
scher Bauart entspricht. Dies drückt Adam (p. 111) sodann auch explizit aus,
wenngleich er die Unterscheidung der argumentativen und der logisch-semanti-

---

12   Wir weisen erneut darauf hin, daß für uns der Terminus "Erklärung" der übergeordnete Begriff ist,
     der kausale und logische Erklärungsstrategien umfaßt, welche wir allerdings als deutlich zu tren-
     nende Referenzmechanismen verstehen.

schen Ebene nicht deutlich macht: "On peut dire que le modèle réduit du mouvement argumentatif est exemplairement réalisé par l'induction [sic, lies wohl: *l'impli-*
cation oder *l'inférence*] [Si p alors q] et par le syllogisme (avec sa variante incomplète
propre au discours ordinaire : l'enthymème)."

Adam geht in diesem Kapitel auch bereits auf den Unterschied "argumentativ
vs. explikativ" ein, welcher ihm gemäß folgendermaßen anzusetzen ist: "En effet,
dans la structure explicative de type [Si p c'est (parce) que q], il semble que la relation d'orientation argumentative linéaire [Si donnée p → (alors) conclusion q] s'in-
verse en un nouvel ordre [Si p ← c'est (parce) que q]. Cette inversion apparente
de l'inférence est caractéristique de la séquence explicative [...]" (p. 114). Es
scheint uns aus semantischer Sicht jedoch zweifelhaft, eine texttypologische Unterscheidung zwischen zwei Sequenzgenera zu treffen, welche rein auf einem Unterschied in der linearen Reihenfolge (*progressif* vs. *régressif* nach Adam p. 115) der
an und für sich semantisch im gleichen Verhältnis zueinander stehenden Teile
aufbaut. Adam selbst hält diese Unterscheidung auch nicht konsequent durch: der
Autor stellt zunächst die prototypische argumentative Sequenz vor (p. 118),

THESE ANTERIEURE + DONNEES(Prémisses) ---- Etayage des inférences ---- *donc probablement*   →   CONCLUSION

P. arg 0   **P. arg 1**   **P. arg 2**   (nouvelle)

                                                                                    ↑   thèse

                                                                        à moins que   **P. arg 3**

                                                                        RESTRICTION

                                                                        P. arg 4

schränkt jedoch sofort im Anschluß ein, "que ce schéma prototypique n'est pas
plus d'un ordre linéaire immuable que ceux du récit et de la description : la
nouvelle thèse (P arg. 3) peut être formulée d'entrée et reprise ou non par une
conclusion en fin de séquence [...]". Dann hätte die argumentative Sequenz jedoch
die Form, über die Adam die explikative Sequenz definiert, namentlich die
Inversion des erklärenden und des erklärten Elements. Ungewollt unterstützt
Adam damit unsere Meinung, daß die Adam'sche Unterscheidung von argumentativer und explikativer Sequenz über das Richtungskriterium nicht schlüssig ist.

Im Anschluß daran erläutert Adam die explikative Sequenz für sich (pp. 127-
144). Zu Beginn des Kapitels versucht Adam (pp. 127f), die Bezeichnungen
"explicatif", "expositif", "informatif" voneinander abzugrenzen, was jedoch nicht
ganz überzeugend gelingt. Er stützt sich dabei auf Combettes/Tomassone 1988,
welche einerseits zwischen "informatif-expositif du type argumentatif qui vise à
modifier des croyances, des représentations" und andererseits "informatif-exposi-

tif" unterscheiden, welches "vise moins à transformer des convictions qu'à apporter un savoir." Diese beiden Typen werden von den Autoren sodann noch vom explikativen Typ unterschieden:

Expliquer nous semble constituer une intention particulière qui ne se confond pas avec informer ; le texte explicatif a sans doute une base informative, mais se caractérise, en plus, par la volonté de faire comprendre les phénomènes : d'où, implicite ou explicite, l'existence d'une question comme point de départ, que le texte s'efforcera d'élucider. Le texte informatif, en revanche, ne vise pas à établir une conclusion : il transmet des données, certes organisées, hiérarchisées [...], mais pas à des fins démonstratives. Il ne s'agit pas, en principe, d'influencer l'auditoire, de le conduire à telle ou telle conclusion de justifier un problème qui serait posé. (zit. nach Adam 1992: 128).

Es geht aus Combettes' und Tomassones Definitionen hervor, daß die Autoren die Genera über deren *visée illocutoire* unterscheiden, also nach einem pragmatischen Kriterium und nicht nach einem sequentiellen, wie Adam dies möchte. Zudem ist die letzte Definition eher verwirrend als aufklärend, da zuerst *explicatif* als "volonté de faire comprendre" definiert wird, *informatif* dagegen als etwas, das "ne vise pas à établir une conclusion". Sodann stellt sich die Frage, ob "viser à établir une conclusion" gleichbedeutend mit "volonté de faire comprendre" ist (was *explicatif* hier ein argumentatives Moment verleihen würde), wie es der Text suggeriert. Dazu kommt noch, daß *informatif-expositif* in der vorangehenden Definition mit und ohne pragmatische Komponente existierend stipuliert wurde: das heißt einerseits daß die zweite Definition ("*informatif* ist immer ohne argumentatives Moment") der ersten einmal hier widerspricht, andererseits daß der suggerierte Unterschied zwischen *expliquer* und *informer* (plus vs. minus *visée argumentative*) insofern nicht schlüssig ist, als daß *informatif-expositoire* selbst bereits in beiden Versionen vorkommen soll.

Überraschenderweise meint Adam, daß mit obigen Definitionen die Unterscheidung zwischen *informatif-expositif* und *explicatif* "clairement opérée" ist, und er meint weiter, daß "il reste à franchir le pas que n'osent franchir B. Combettes et R. Tomassone, à savoir considérer le texte informatif-expositif comme un genre de discours encyclopédique prioritairement fondé sur des enchaînements séquentiels du type soit descriptif, soit franchement explicatif. En d'autres termes, le type dit "expositif" semble pouvoir être définitivement exclu de nos classements prototypiques." (p. 128).

Adam (p. 129) definiert nun den Unterschied zwischen Exposition und Erklärung über den Unterschied zwischen "POURQUOI ?" und "COMMENT ?" Er meint, daß "die meisten" der Sequenzen mit COMMENT nicht erklärend sind. Als Beispiel für einen nicht-explikativen Kontext führt er einen Text an, welcher mit "Comment gagner une Honda ?" beginnt und sodann darstellt, was die Teilnehmer des Preisausschreibens zu tun haben, um das Auto zu gewinnen. Adam kommentiert: "On voit bien ici que le texte ne répond qu'à la question « comment faire pour... ? »." Daher bediene sich der Text einer *procédure descriptive exemplaire*. Aus unserer Sicht ist die Aussage, der Text würde "nur" auf die Frage nach dem "wie, um zu" antworten, ein klares Argument *gegen* eine deskriptive Interpretation. Unserer Analyse gemäß handelt es sich hier um einen *finalen* (und damit explikativen Kontext), der zwar elliptisch (angeführt wird das Gesetz[13], welches ein bestimmtes Handeln mit einem bestimmten Resultat verbindet), deswegen aber nicht weniger eindeutig ist. Unseren Analysen gemäß sind alle Kontexte mit (zielgerichtetem, nicht mit qualifizierendem) COMMENT finaler Art. Auch wenn Adam festhält, daß seine Aussage nur auf "die meisten" der *comment*-Kontexte zutrifft, und etwa auch weiter unten (p. 132) anmerkt, "notons que COMMENT joue parfois le même rôle [= le rôle de pourquoi]", so geht nicht klar hervor, wann und wann nicht *comment* nun erklärend ist.

Adam betrachtet weiters die *justification* als Spezialfall der Erklärung, wobei er Grize 1981 folgt, welcher meint, man würde Aussagen rechtfertigen ("de dicto") und Tatsachen erklären (" de re") (pp. 129f). Unserer Meinung nach genügt diese Unterscheidung nicht, da alle motivationellen Erklärungen (finale Kontexte) menschliche Handlungen, auch nicht-sprachlicher Art, wenn man den folgenden pragmatischen Terminus gebrauchen möchte, *rechtfertigen* können (d.h. im Rahmen einer sprachlichen Interaktion die pragmatische Funktion der Rechtfertigung annehmen können). In bezug auf menschliche (nicht-sprachliche) Handlungen ist es zunächst eine referenzsemantische Perspektivenfrage, ob der Sprachproduzent sie kausal, logisch oder handlungslogisch (final-logisch) zu erklären wählt; im letzten Fall ist es sodann eine Frage der pragmatischen Deutung, ob der handlungslogischen Erklärung eine "rechtfertigende" Funktion zugesprochen werden soll oder kann.

Adam (pp. 130s.) gibt einen kurzen Forschungsbericht zum explikativen Diskurs, wobei der Forschungszugang (etwa bei Grize 1981) ein pragmatischer ist und die definitorischen Kriterien daher ebenso pragmatisch sind. Da sich Adam jedoch auf sequentielle Argumente stützt und für uns der Unterschied Erklärung-Argumentation kein innerpragmatischer, sondern ein Unterschied in der Beschrei-

---

13   mit den in der Werbung angeführten Handlungsschritten als Antezedens(teilen) und mit "gagner une Honda" als Konsequens der das Gesetz ausdrückenden Implikation.

bungsebene (Semantik vs. Pragmatik) ist, können wir an dieser Stelle auf eine weitere Ausführung zu den Überlegungen von Grize und seiner Kollegen verzichten.

Adam definiert nun im Anschluß die prototypische erklärende Sequenz, wobei er sich erneut auf Grize (diesmal 1990) stützt: ein Operator [POURQUOI] führt von einem initialen Schema S-i zu einem Problemschema S-q, von welchem erneut ein Operator, diesmal [PARCE QUE], zu einem explikativen Schema S-e führt (jedem Schema ist ein komplexes Objekt O zugeordnet):

S-i   POURQUOI ?   S-q   PARCE QUE   S-e
        ———————————————>   ———————————————>

[O-i]   [O-q]   [O-e]

Der POURQUOI-Operator kann auch implizit sein (p. 133), auch andere einzelne Teile des Schemas können elliptisch implizit bleiben (pp. 132, 134).

An vielen Stellen der Adam'schen Diskussion wird deutlich, wie unscharf die Kriterien des Autors bei seiner Klassifikation sind:

In einem Beispiel (p. 135) unterstreicht Adam die *erklärende* Funktion von Konnektoren wie *ainsi* und *par conséquent*, welche ja typischerweise Konklusionen einleiten und daher nach Adam *argumentative* Sequenzen auszeichnen sollten. Auch an anderen, einander widersprechenden, Stellen, zum Thema "Konnektoren" zeigt sich, daß die Unterscheidung eine künstliche ist: einerseits spricht der Autor von "connecteurs *argumentatifs* (car, *parce que*, mais, donc, etc.)" (p. 23; unsere Herv.), andererseits lesen wir: "dans des conclusions de suites argumentatives de type : « ... donc la marquise est une menteuse », ou encore des séquences *explicatives* (« ... *parce que* la marquise est mariée »)" (p. 36; unsere Herv.). *Parce que* wird also einmal als argumentativer, einmal als explikativer Konnektor klassifiziert, jedoch ohne daß etwa an irgend einer Stelle auf dessen eventuelle "Polysemie" (welche u. E. jedoch nicht besteht) aufmerksam gemacht wird.

Auch an diesen Stellen zeigt sich erneut, daß die Unterscheidung argumentative vs. erklärende Sequenzen nach den Kriterien von Adam streng theoretisch nicht durchzuhalten ist und immer sehr *ad hoc* erscheint.

In einem weiteren Beispiel (p. 140) präsentiert Adam einen Text "où ne demeure la moindre trace d'explication" (es soll sich um einen rein deskriptiven Text handeln). Konstruktionen wie *ce qui facilite la nage en immersion ; dont les os aplatis et solidement ligaturés en font de véritables rames ; cet appareil permet [...] des accélérations ; les pattes palmées [...] font office de gouvernail de direction ; leur sternum allongé protège le ventre de l'effet du choc* sind nach unseren in Kap. B.6.1.2. vorgestellten Kriterien so deutlich explikativ, daß man sich die im Rahmen von Adams Werk unbeantwortete Frage

stellt, welche Bestimmungskriterien der Autor überhaupt für explikative Oberflächensignale heranzieht. Für uns macht dieser Text hingegen keine Probleme: er
stellt eine sehr wohl *deskriptive* Sequenz dar, allerdings mit Elementen des elaborierten Typs höherer Ordnung - die Propositionen hängen teilweise *erklärend* zusammen.

Wir können unseren Kommentar zu Adams argumentativer und explikativer Sequenz folgendermaßen zusammenfassen:

Der Unterschied "argumentativ vs. explikativ" ist nicht schlüssig: die Zuordnung scheint bei der praktischen Anwendung *ad hoc,* und das theoretische Kriterium der umgekehrten Reihenfolge der Elemente ist a) aus rein semantischer Sicht
unzureichend und wird zudem b) vom Autor explizit als Variationen unterlegen
präsentiert und damit aufgehoben.

In unserer Klassifikation fassen wir diese beiden Typen von Adam'schen Sequenzen als "erklärend elaborierte Makropropositionen" zusammen, was wiederum einer Kategorisierung als "einfache" Makrostrukturen entspricht.
Nichtsdestoweniger bleibt der Beitrag von Adam 1992 wichtig. Er stellt einen
Versuch dar, Makrostrukturen rein semantisch zu definieren und darauf sodann
eine Text(proto)typologie zu erstellen. Grundsätzlich teilen wir viele der darin
vorgebrachten Stellungnahmen (wir verweisen speziell noch einmal auf unsere
obige Auflistung zum Thema "hierarchischer Aufbau" von Texten").

B.6.5. Ablehnung der Idee semantischer Makrostrukturen bei Reboul/Moeschler 1996

Abschließend wollen wir unsere Überlegungen in eine größere Perspektive setzen
und zeigen, daß die theoretische Annahme von Makrostrukturen keine Selbstver-
ständlichkeit ist. Wir wollen dazu kurz einen Ansatz erwähnen, welcher die Existenz von übergeordneten Textstrukturen grundsätzlich leugnet.

Reboul/Moeschler 1996 stellen die Existenz von u.a. semantischen Makrostrukturen in dem von den Autoren "radikale Pragmatik" genannten und auf der
Relevanztheorie von Sperber/Wilson 1986 aufbauenden Ansatz in Zweifel. Dort
wird die Existenz des "Diskurses" oder "Textes" als "catégorie scientifiquement
pertinente" in Abrede gestellt, da es den Autoren gemäß in Texten keine Information gäbe, welche nicht bereits in den Einheiten "énoncés" enthalten oder aus
diesen inferiert werden kann (p. 5fss.). Die "énoncés" werden als die größtmög-
lichen "catégories scientifiquement pertinentes" der menschlichen Sprachproduk-
tion angesehen (p. 13) und daher alle Beschreibungen, welche auf höheren (formalen oder inhaltlichen) Einheiten basieren, als unwissenschaftlich (im naturwis-

senschaftlichen Sinne) klassifiziert. Die Autoren konkludieren: "Quant au discours, il n'a pas les propriétés structurelles miraculeuses qu'on lui attribue, propriétés qui, en tout état de cause, ne sont pas nécessaires. Notre conclusion sera
donc simple: il faut arrêter de faire de l'analyse DE discours." (p. 24s.). Dazu ist
kurz anzumerken, daß die Autoren unterscheiden zwischen "analyse DE discours"
("*grosso modo* [...] approches top-down") et "analyse DU discours" ("*grosso modo* [...]
approches bottom-up"), wobei den Autoren gemäß eine Definition für "discours"
im ersten Fall nicht möglich ist (also als "Gesamtphänomen" u.ä.), während für
den zweiten Fall, den Ansatz, dem sich die Autoren verpflichtet fühlen, von einer
Definition von "discours" als "une suite non arbitraire d'énoncés" auszugehen ist
(p. 3).

A1:	A2:
[1a] Frosch-denken: [(Prinzessin-Frosch mitnehmen) >> (Frosch-Prinz sein)]	[1b] Prinzessin-denken: [(X-Kugel holen) >> (Prinzessin-Kugel wiederhaben)]
[2a] Frosch-wollen: Frosch-Prinz sein (= Basismotiv 1)	[2b] Prinzessin-wollen: Prinzessin-Kugel wiederhaben (= Basismotiv 1)
[3a] Frosch-wollen: Prinzessin-Frosch mitnehmen (= direktes Handlungsmotiv 1)	[3b] Prinzessin-wollen: X-Kugel holen (= direktes Handlungsmotiv 1)
B1:	**B2:**
[4a] Frosch-denken: ¦	p ∨ q ∨ {Frosch-sagen Prinzessin: [(Prinzessin-F. mitnehmen t2) >> (Frosch-Prinzessin helfen, t1)]}	>>	Prinzessin-Frosch ¦	[4b] Prinzessin-denken: ‖ ¦ p ∨ q ∨	{X-wollen R} ∧ {Prinzessin-sagen: [(X-Kugel holen, t1) >> (Prinzessin-R, t2)]} }	¦ >> ¦ X-Kugel holen, t1 ¦ ‖
[3a] Frosch-wollen: Prinzessin-Frosch mitnehmen (= Basismotiv 2 = direktes Handlungsmotiv 1)	[3b] Prinzessin-wollen: X-Kugel holen (= Basismotiv 2 = direktes Handlungsmotiv 1)
[5a] Frosch-sehen: Kugel-sein in Brunnen (= Okkasion)	[5b] Prinzessin-sehen: Frosch-wollen: Prinzessin-Frosch mitnehmen (= Okkasion)
[6a] Frosch-wollen: Frosch-sagen Prinzessin: [(Prinzessin-Frosch mitnehmen, t2) >> (Frosch-Kugel holen, t1)]	[6b] Prinzessin-wollen: Prinzessin-sagen: [(Frosch-Kugel holen, t1) >> (Prinzessin-Frosch mitnehmen, t2]
Handlungsteil:	Handlungsteil:
[6a'] Frosch-sagen Prinzessin: [(Prinzessin-Frosch mitnehmen, t2) >> (Frosch-Kugel holen, t1)]	[6b'] Prinzessin-sagen: [(Frosch-Kugel holen, t1) >> (Prinzessin-Frosch mitnehmen, t2]
aufgegangene Rechnung 1:	aufgegangene Rechnung 2:
[4a']	p ∨ q ∨ {Frosch-sagen Prinzessin: [(Prinzessin-F. mitnehmen, t2) >> (Frosch-Prinzessin helfen, t1)]}	>>	Prinzessin-Frosch mitnehmen, t2		[4b'] ¦ p ∨ q ∨	{X-wollen R} ∧ {Prinzessin-sagen: [(X-Kugel holen, t1) >> (Prinzessin-R, t2)]} }	¦ >> ¦ X-Kugel holen, t1 ¦
[6a'] Frosch-sagen Prinzessin: [(Prinzessin-Frosch mitnehmen, t2) >> (Frosch-Kugel holen, t1)]	[6b'] Prinzessin-sagen: [(Frosch-Kugel holen, t1) >> (Prinzessin-Frosch mitnehmen, t2]
[7a] Prinzessin: Frosch mitnehmen, t2	[7b] Frosch: Kugel holen, t1

Kommentar zur Tabelle auf der vorangehenden Seite:

Wir lassen hier die Analyse für die jeweiligen aufgegangenen Rechnungen der A-Teile weg, da diese nicht direkt zum Vertrag gehören (der ja in unserer Terminologie Mittel zum Zweck oder direktes Handlungsmotiv aus B ist). Wir machen darüber hinaus darauf aufmerksam, daß unsere Formalisierung für den Akt des Versprechens (z.B. "Frosch-sagen Prinzessin: [(Prinzessin-Frosch mitnehmen, t2) >> (Frosch-Kugel holen, t1)]") eine starke Vereinfachung darstellt: tatsächlich verspricht der Frosch, die Kugel zum Zeitpunkt t1 zu holen, unter der Bedingung, daß die Prinzessin *verspricht*, ihn zum Zeitpunkt t2 mitzunehmen; des weiteren abstrahieren wir die illokutiven Akte des "Sich-verpflichten-Wollens", welche das "Versprechen" charakterisieren (die verwendeten Klammern gemäß ansteigendem Komplexitätsheitsgrad : "(", "[", "{", " | ", " ¦ " sowie " ‖ ").

Teil C

Angewandte Geschichtstheorie – Annäherung
an Montesquieu als Historiker

Im folgenden Teil des Buches wollen wir uns der Persönlichkeit Montesquieus als Autor und Historiograph annähern. Dies soll auf zwei Wegen geschehen: durch einen Vergleich mit zwei weiteren Historiographen, welche sich kurz vor bzw. kurz nach Montesquieu zur römischen Geschichte geäußert haben (Bossuet in seinem *Discours sur l'histoire universelle* von 1681 und Voltaire in seiner *Philosophie de l'histoire* von 1765) sowie durch ein Sekundärliteraturstudium zu Montesquieu und dessen Werken.

Die Ergebnisse dieser Annäherung nicht nur an Montesquieu, sondern auch an Bossuet und Voltaire werden uns in der Folge hilfreich bei der Textanalyse der drei Werke sein. Diese Analyse wird die im folgenden Kapitel aufzustellenden Thesen sodann be- oder entkräften können.

Wir beginnen mit einer Präsentation der beiden anderen Autoren und schließen mit dem relativ längsten Teil zu Montesquieu selbst, welchen wir somit bereits auf dem Hintergrund der beiden anderen Autoren betrachten können.

Wir beginnen mit dem chronologisch frühesten Werk, dem *Discours sur l'histoire universelle* (1681) und dessen Autor Bossuet in Kap. C.1., setzen sodann in Kap. C.2. mit Voltaires *Philosophie de l'histoire* (1765) fort und schließen in Kap. C.3. mit der Diskussion von Montesquieus Persönlichkeit und Werk.

C.1. Bossuet und dessen *Discours sur l'histoire universelle*

Im folgenden Kapitel stellen wir zunächst Bossuets Werk *Discours sur l'histoire universelle* vor (Kap. C.1.1.), diskutieren sodann Bossuets Geschichtssicht, wie sie sich im *Discours* präsentiert (Kap. C.1.2.) und bringen in der Folge eine Chronologie der römischen Geschichte, wie sie im *Discours* aufgerollt wird (Kap. C.1.3.). Die letzten beiden Kapitel umfassen Bossuets eigene Darstellung und Deutung der römischen Geschichte aus rein weltlicher (Kap. C.1.4.) bzw. aus theologischer (providentieller) Sicht (Kap. C.1.5.).

C.1.1. Der Discours sur l'histoire universelle

Bossuets *Discours sur l'histoire universelle* ist ein historisches Lehrwerk in drei Abschnitten, welches der Geistliche Bossuet in seiner Eigenschaft als Hauslehrer für den Kronprinzen, Sohn Ludwigs des XIV., verfaßte und welches 1681 publiziert wurde.

Der erste Teil (*Les époques, ou la suite des temps*) umfaßt eine reine Chronologie der menschlichen Geschichte, welche dem Prinzen dazu dienen soll, die späteren Ausführungen zu den Geschichten der einzelnen Völker einzuordnen sowie den stetigen Fortschritt der gesamten Menschheitsgeschichte erkennen zu können (*avantpropos*, pp. 667f.). Als Anker- und Orientierungspunkte in der Geschichte dienen die sogenannten Epochen: Zeitabschnitte, die durch wichtige Begebenheiten gekennzeichnet sind, mit denen alle übrigen Ereignisse in Verbindung stehen. Bossuet präsentiert in diesem ersten Teil folgende zwölf Epochen bzw. jene Gestalten und Ereignisse, welche diese Epochen prägten: Adam, Noah, Abraham, Moses, Trojas Fall, Salomon, Romulus, Kyros, Scipio, Christi Geburt, Konstantin und Karl der Große[1]. Bis einschließlich Romulus sind die Quellen für die Beschreibung dieser Epochen entweder die Heilige Schrift oder mythologischen Ursprungs.

In den folgenden beiden Teilen erklärt Bossuet dem *Dauphin* sodann die Entwicklung der menschlichen Geschichte aus zwei unterschiedlichen Perspektiven: die Entwicklung der (lies: christlichen, speziell katholischen) Religion (*La suite de la religion*) sowie die Abfolge der einzelnen Reiche (*Les empires*). In Teil zwei sollen besonders die ununterbrochene Dauer der "Religion" sowie Sinn und Ausführung des göttlichen Planes aufgezeigt werden. In Teil drei sollen die Ursachen der großen Veränderungen in den einzelnen Reichen analysiert werden. Rein quantitativ

---

1   Eine geplante Abhandlung über die neue Geschichte blieb im reinen Skizzenstadium (*Introduction*, p. 660).

gesehen ist Teil zwei der bei weitem umfassendste, Teil drei der kürzest gefaßte Abschnitt des Werkes.

In seinem *Avant-Propos* unterstreicht der Autor jedoch, daß die heilsgeschichtliche und weltliche Entwicklung miteinander in Beziehung gesetzt werden müssen (p. 667). Ein solches Geschichtsstudium wird es gemäß Bossuet dem jungen Prinzen ermöglichen, sich Urteilskraft anzueignen, ohne daß in einem langen Erfahrungsprozeß das eigene Geschick und das der Untertanen aufs Spiel gesetzt werden müssen: der Prinz wird die Konsequenzen eines jeden Ereignisses einschätzen können. Er wird des weiteren die Abfolge der Entscheidungen Gottes in der Geschichte der Religion bewundern, aber auch die Verkettung der menschlichen Angelegenheiten erkennen. Dies wird ihm schließlich Einsicht darüber geben, mit wieviel Bedachtsamkeit und Vorausschau diese gelenkt werden wollen (p. 665).

C.1.2. Bossuets Geschichtssicht

Die Geschichte der (lies: christlichen, katholischen) Religion ist gemäß Bossuet eine Geschichte mit verschiedenen Etappen, wobei die erste Hauptetappe von der Erschaffung der Welt bis zur Menschwerdung Christi anzusetzen ist, die zweite Hauptetappe ist dagegen jene, die im Anschluß an dieses Ereignis einsetzt und zur Zeit Bossuets noch andauert. Der erste Teil der Geschichte ist dadurch gekennzeichnet, daß die Verehrung Gottes auf ein einziges Volk beschränkt ist: die Menschen sind allerdings noch ungefestigt und grob und müssen daher mit zeitweiligen Belohnungen und Bestrafungen gelenkt werden. Im zweiten Teil wird die Verehrung Gottes gemäß den alten Prophezeiungen auf der ganzen Welt verbreitet. Die Gläubigen sind nun besser unterrichtet und sollen ausschließlich nach ihrem Glauben leben, den ewigen Gütern zugewandt sein und in der Hoffnung auf letztere alle Übel erleiden, die ihre Geduld stärken können. (*Discours sur l'histoire universelle* = *Hist. univ.*; p. 764). Jesus Christus ist nach Bossuet das Bindeglied zwischen dem auserwählten Volk und der christlichen Gemeinschaft, und damit ist die Religion von Anbeginn der Welt bis heute immer die gleiche (*Hist. univ.*; pp. 765, 941).

Während die profane Geschichtsschreibung Bossuets Meinung nach nur Fabeln und höchstens konfuse und halbvergessene Tatsachen erzählen kann, ist die Heilige Schrift die einzige Quelle, die präzis und von Anbeginn der Welt Auskunft über die Ereignisse und damit über die Kraft dahinter, namentlich Gott, gibt (*Hist. univ.*; p. 765).

Das je nach Verdienst wechselnde Schicksal der Juden gibt gemäß Bossuet ein öffentliches Zeugnis darüber ab, daß die Vorsehung die Welt regiert (*Hist. univ.*; p.828). Im Laufe der Geschichte dienen für den Autor die Verbündeten und Gegner des auserwählten Volkes Gott als Werkzeug zu dessen Schutz oder aber zur Bestrafung der abtrünnig Gewordenen, etwa als die Juden in die Babylonische Gefangenschaft geraten (*Hist. univ.*; p. 810):

Mais la chute du peuple de Dieu devait être l'instruction de tout l'univers. Nous voyons en la personne de ce roi impie [Nabuchodonosor], et ensemble victorieux, ce que c'est que les conquérants. Ils ne sont pour la plupart que des instruments de la vengeance divine. Dieu exerce par eux sa justice, et puis il l'exerce sur eux-mêmes.

Alle die Reiche und deren Könige, die in irgendeiner Weise zur Geschichte des Volkes Gottes beigetragen hatten, sind gemäß Bossuet von den Propheten angekündigt worden (*Hist. univ.*; p. 951), wobei diese Prophezeiungen Zeichen sind, die Gott nicht zuletzt den Königen gibt und diese damit an deren Rolle in der Geschichte gemahnt (*Hist. univ.*; p. 952):

Dieu ne déclare pas tous les jours ses volontés par ses prophètes touchant les rois et les monarchies qu'il élève ou qu'il détruit. Mais l'ayant fait tant de fois dans ces grands empires dont nous venons de parler, il nous montre, par ces exemples fameux, ce qu'il fait dans tous les autres ; et il apprend aux rois ces deux vérités fondamentales : premièrement, que c'est lui qui forme les royaumes pour les donner à qui il lui plaît ; et secondement, qu'il sait les faire servir dans les temps et dans l'ordre qu'il a résolu, aux desseins qu'il a sur son peuple.

Bossuet gemahnt daher alle Herrscher, sich dieser Rolle bewußt zu sein und ihr Handeln nach den Plänen Gottes zu richten, denen sie zur Verfügung zu stehen haben. Die Betrachtung der Geschichte der einzelnen Reiche dient den Menschen zudem als Hinweis auf die eigene Nichtigkeit und straft deren Hochmut (*Hist. univ.*; p. 592).

In der von Gott geschaffenen Welt herrschen nach Bossuet von Gott geschaffene Gesetze, es gibt keine Eigengesetzlichkeit (*Hist. univ.*; pp. 768; 777):

[...] et si, selon l'ordre établi dans la nature, une chose dépend de l'autre, par exemple, la naissance et l'accroissement des plantes, de la chaleur du soleil, c'est à cause que ce même Dieu, qui a fait toutes les parties de l'univers, a voulu les lier les unes aux autres, et faire éclater sa sagesse par ce merveilleux enchaînement.

[...] il [Dieu] peut faire et défaire ainsi qu'il lui plaît ; il donne des lois à la nature et les renverse quand il veut.

Gott hebt seine eigenen Gesetze nach Bossuet immer dann auf, wenn er sich - in Form von Wundern - den Menschen zu erkennen geben will (*Hist. univ.*; p. 778).

Bossuet unterstreicht jedoch auch die Existenz kausaler Zusammenhänge in der Welt[2]: so wie Gott die Zusammenhänge des Universums geschaffen hat, so wollte er auch, daß die menschlichen Dinge aufeinander folgen und im richtigen Verhältnis zueinander verlaufen. Dies bedeutet, daß die Menschen und Nationen Eigenschaften aufweisen, die ihrem Erfolg entsprechen. Mit Ausnahme von gewissen außergewöhnlichen Ereignissen, wo Gott seine Hand im Spiel deutlich zeigen will, sind in der Geschichte niemals große Veränderungen eingetreten, die ihre Ursachen nicht in den vorangehenden Jahrhunderten gehabt hätten. Die Aufgabe der echten Geschichtswissenschaft ("la vraie science de l'histoire") ist es nun nach Bossuet, genau diese Zusammenhänge aufzuschlüsseln. Dazu muß man neben den Ereignissen vor allem auch die beteiligten Menschen studieren: die Neigungen und Sitten sowohl der herrschenden Völker als auch der Herrscher im speziellen und letztendlich aller herausragenden Figuren, die durch die Wichtigkeit ihrer Persönlichkeit im Guten und im Schlechten zur Veränderung im Staat und zum Erfolg beigetragen haben. (*Hist. univ.*; p. 953)

Betrachtet man nur diese Ereignisse, dann sieht es aus, als ob das Glück alleine den Aufstieg und Fall der Reiche bestimmte, daß es alles in allem zuginge wie beim Kartenspiel, wo der Tüchtigste letztendlich den Sieg davonträgt. Tatsächlich hatte auch immer jener den Vorteil auf seiner Seite und wandte das Glück zu seinen Gunsten, der die Dinge am weitesten voraussehen konnte, der sich am meisten bemühte, der am längsten in seinen Anstrengungen ausharrte und letztlich es am besten verstand, die jeweilige Lage richtig zu nützen (*Hist. univ.*; p.954).

Alle diese Verkettungen von Ursachen und Wirkungen hängen jedoch für Bossuet von den geheimen Richtlinien der göttlichen Vorsehung ab (*Hist. univ.*; p. 1024). Indem Gott die Leidenschaften und die Intelligenz der Menschen in seiner Hand hält, lenkt er das ganze menschliche Geschlecht (*Hist. univ.*; p. 1025):

Dieu exerce par ce moyen ses redoutables jugements, selon les règles de sa justice toujours infaillible. C'est lui qui prépare les effets dans les causes les plus éloignées, et qui frappe ces grands coups dont le contre-coup porte si loin. Quand il veut lâcher le dernier, et renverser les empires, tout est faible et irrégulier dans les conseils.

Von Zufall oder Glück zu sprechen heißt für Bossuet, die wahren Zusammenhänge mißzuverstehen (*Hist. univ.*; p. 1025):

---

2   Vgl. auch den Titel des zweiten Kapitels des dritten Teiles des *Discours*: *Les révolutions des empires ont des causes particulières que les princes doivent étudier* (*Hist. univ.*; p. 953).

Ne parlons plus de hasard ni de fortune, ou parlons-en seulement comme d'un nom dont nous couvrons notre ignorance. Ce qui est hasard à l'égard de nos conseils incertains est un dessein concerté dans un conseil plus haut, c'est-à-dire dans ce conseil éternel qui renferme toutes les causes et tous les effets dans un même ordre. De cette sorte tout concourt à la même fin ; et c'est faute d'entendre le tout, que nous trouvons du hasard ou de l'irrégularité dans les rencontres particulières.

Alle Herrscher sind gemäß Bossuet dieser *force majeure* unterworfen, sie können weder die Lage beeinflussen, die die vorangehenden Jahrhunderte vorbereitet haben, noch die Zukunft voraussehen (*Hist. univ.*; p. 1026):

En un mot, il n'y a point de puissance humaine qui ne serve malgré elle à d'autres desseins que les siens. Dieu seul sait tout réduire à sa volonté. C'est pourquoi tout est surprenant, à ne regarder que les causes particulières, et néanmoins tout s'avance avec une suite réglée.

Bossuet räumt ein, daß vieles in diesem Zusammenhang unverständlich scheinen mag. Dies liegt dem Autor gemäß jedoch daran, daß es dem menschlichen Verstand nicht gegeben ist, alle Geheimnisse des göttlichen Planes zu durchschauen: das, was für den Menschen unsinnig erscheint, ist dies nicht unbedingt. Gott zeigt gemäß Bossuet vielmehr den Menschen zuweilen mit Absicht unverständliche Dinge, damit diese ihren unzulänglichen Verstand zurücklassen und dadurch erlöst werden. (*Hist. univ.*; p. 897f.)

C.1.3. Chronologie der römischen Geschichte nach Bossuet

Die folgende Chronologie ist eine Zusammenfassung jener sehr konzisen Chronologie der römischen Geschichte, welche Bossuet im ersten Teil von Kap. VII mit dem Titel *La suite des changements de Rome est expliquée* von Teil drei des *Discours* bringt:

Romulus gründet Rom und bevölkert es mit Schäfern, Sklaven und Dieben und nährt deren Sinn für Kriegsführung. Nach und nach führt er Gesetz, Religion und Ordnung ein und gründet den Senat. (*Hist. univ.*; p. 1013)

Sein Nachfolger Numa verfeinert die Sitten in einer Friedensperiode. Tullus Hostilius schafft strenge Richtlinien im Bereich der militärischen Disziplin, Ancus Martius macht die Miliz zu einer heiligen und religiösen Einrichtung. Tarquinius der Ältere erhöht die Anzahl der Senatoren und beginnt mit den ersten Prachtbauten. Servius Tullius plant bereits die Errichtung einer Republik, diese wird jedoch erst verwirklicht, als Servius Tullius' Nachfolger Tarquinius Superbus die Macht verabsolutiert, worauf die Monarchie gestürzt und Konsuln eingesetzt werden. (*Hist. univ.*; p. 1014)

Valerius erweitert den Machteinfluß des Volkes, später werden dem Volk auch Volkstribunen zugebilligt. Letztere nähren den Neid des Volkes, der Senat kann diesen Einfluß jedoch ausgleichen. Dazu schickt der Senat etwa das Volk in den Krieg gegen Nachbarvölker, was die Parteien allerdings nur eine Zeit lang eint. (*Hist. univ.*; p.1015)

Neue Gesetze nach griechischem Vorbild werden verabschiedet, um Ruhe im Inneren zu schaffen. Das daraufhin geschaffene Dezemvirat mißbraucht bald seine Macht und wird ebenfalls abgesetzt. Während nun die neuen Gesetze die Basis für eine gedeihliche Zukunft im Reich geben, erkämpft sich das Volk mehr und mehr politische Rechte. Nach außen hin sind große Erfolge zu verzeichnen: Rom unterwirft nach 500 Jahren die Gallier diesseits der Alpen, ganz Italien und nach drei Punischen Kriegen schließlich Karthago. (*Hist. univ.*; p. 1016)

Nun beginnen ehrgeizige Personen, die inneren Unruhen auszunutzen und das Volk aufzuwiegeln. Mit den Gracchen werden die Bürgerkriege eingeleitet, im Anschluß daran bekämpfen einander der Plebejer Marius und der Patrizier Sulla, während gleichzeitig die Eroberungen in Asien die Römer mit Luxus und Streben nach Reichtum bekannt machen. Sulla besiegt Marius und läßt sich in Rom zum Diktator ausrufen. (*Hist. univ.*; p. 1017)

Sulla zieht sich zwar zurück, hat jedoch den Weg für nachfolgende Usurpatoren geebnet. Pompeius gewinnt durch seine zahlreichen militärischen Erfolge großen Einfluß im Staat und weckt damit den Neid Cäsars, der sich seinerseits durch die Eroberung Galliens Ruhm und Macht geschaffen hat. Die ehemaligen Verbündeten bekämpfen einander in der Folge in einem neuen Bürgerkrieg, in dem sich Cäsar überlegen zeigt, woraufhin ihn der Senat liquidiert. Cäsars Günstling Antonius kann das entrüstete Volk auf seine Seite und damit die Macht an sich ziehen und verbündet sich mit Lepidus und Oktavian, Cäsars Adoptivsohn. Das Triumvirat hat das Militär auf seiner Seite, der Senat ist machtlos. (*Hist. univ.*; p. 1018)

Nachdem sie Lepidus beseitigt haben, bekämpfen Antonius und Oktavian einander, wobei Oktavian die Oberhand gewinnt. Rom ist nach den langen Bürgerkriegswirren erschöpft und verzichtet auf seine Souveränität: das Haus Cäsar übernimmt die absolute Macht. Rom denkt ab diesem Zeitpunkt eher an den Erhalt als an die Ausweitung seiner Macht und zieht beinahe nur noch in den Kampf, um Barbaren fernzuhalten. Nach dem Tode Caligulas versucht der Senat vergeblich, die Konsuln wieder einzusetzen, was jedoch am Widerstand des Militärs scheitert. Unter Nero kommt es erneut zu einem Bürgerkrieg: jede Armee wählt und verteidigt ihren eigenen Kaiser, die militärische Disziplin geht verloren. Der Name Roms verliert an Ansehen: die Parther werden zu einer Bedrohung im Osten, und die Barbaren aus dem Norden dringen in das Reich ein. (*Hist. univ.*; p.1019)

Ein einzelner Herrscher kann die Bürde der Regierung nicht mehr tragen: Marc Aurel beteiligt seinen Bruder an der Regierung, Severus teilt sodann die Kaiserwürde unter seinen beiden Söhnen auf. Diokletian teilt endgültig die Macht mit Maximianus, beide wählen zusätzlich noch je einen Cäsaren dazu. Die Staatsausgaben schnellen dadurch in die Höhe, das Reich wird zersplittert und neuen Bürgerkriegen ausgeliefert. Konstantin teilt das Reich wie eine Erbschaft unter seinen Söhnen auf, was zum üblichen Vorbild für die Zukunft wird. Die Weichheit von Honorius und Valentinianus III. im Westen bereitet den Untergang vor: Italien und Rom werden mehrmals von Barbaren überfallen und geplündert. Die Kaiser geben den Westen auf und ziehen sich nach Ostrom zurück. Afrika wird von den Vandalen besetzt, Spanien von den Westgoten, Gallien von den Franken, Britannien von den Sachsen, Rom und Italien zunächst von den Herulern, sodann von den Ostgoten. Unter Justinian gewinnt das Reich dank Belisarius und Narses etwas an Macht zurück, Rom geht schließlich an die Kaiser zurück. Als die Sarazenen einen großen Teil des Reiches im Osten und die Langobarden die reichsten Provinzen Italiens erobern, wird Rom schließlich gezwungen, sich den Franzosen zu ergeben. (*Hist. univ.*; p. 1020)

Pipin besiegt die Langobarden, Karl der Große weitet den Einfluß aus, läßt sich zum König von Italien krönen und gründet, nachdem er von den Römern zum Kaiser gewählt wurde, im Jahre 800 das neue Reich. (*Hist. univ.*; p. 1021)

C.1.4. Bossuets eigene Darstellung und Deutung der römischen Geschichte aus rein weltlicher Sicht

Für eine Beschreibung von Bossuets eigener Darstellung und Deutung der römischen Geschichte aus rein weltlicher Sicht sind speziell zwei Abschnitte des *Discours* aufschlußreich: es ist dies zunächst Kap. VI *L'empire romain, et, en passant, celui de Carthage et sa mauvaise constitution* von Teil drei, wo Bossuet die Ursachen und Gründe für Expansion und Sturz der römischen Republik analysiert; ein zweiter wichtiger Abschnitt stellt sodann jener Teil von Kap. VII mit dem Titel *La suite des changements de Rome est expliquée* dar, welcher dort der eben in Kap. C.1.3. vorgestellten Chronologie folgt und welcher Bossuets eigene Synthese der römischen Geschichte von der Monarchie bis zu Karl dem Großen bringt.

Wir beginnen mit Bossuets Ursachen-Analyse aus Kap. VI:

Das Römische Reich hat im Laufe seiner Geschichte alle anderen Reiche des Universums in sich aufgenommen. Daraus sind alle jetzigen Reiche der Welt hervorgegangen, und die römischen Gesetze haben immer noch Gültigkeit. Daher ist es notwendig, diesem Reich ganz besondere Aufmerksamkeit zu schenken. Für seinen Aufstieg relevant sind neben den Sitten der Römer insbesondere die einzelnen Zeitabschnitte (*temps*), von denen alle Bewegungen dieses riesigen Reiches abhängen. (*Hist. univ.*; p.990)

Das römische Volk war das stolzeste und tapferste aller Völker, das vernünftigste in seinen Beschlüssen, das standhafteste, was seine Maximen betraf, das vorsichtigste, das fleißigste und letztendlich das geduldigste. Dieses Volk hatte die beste Miliz und eine Politik, deren Umsicht und Standhaftigkeit ihresgleichen sucht. Der Römer zeichnete sich zu aller erst durch seine Liebe zur Freiheit und zum Vaterland aus. Unter Freiheit verstand man, daß jede Person ausschließlich dem Gesetz unterstand und das Gesetz mächtiger war als der Mensch. (*Hist. univ.*; p. 991) Dahingegen waren materielle Güter ohne Bedeutung, Armut galt vielmehr als Tugend und als Garant für die Freiheit. Viehzucht und Ackerbau waren die Basis eines kargen Lebens, an dem auch die Senatoren Teil hatten. (*Hist. univ.*; p. 992)

Bis zu den Punischen Kriegen wurden alle Ersparnisse und erbeuteten Güter ausschließlich zur Errichtung öffentlicher Prachtbauten und Einrichtungen der Stadt Rom oder zur Ausstattung prunkvoller Zeremonien, wie etwa der Triumphzüge, eingesetzt (*Hist. univ.*; p. 993).

Die Sitten der Römer waren hart, zuweilen grausam, jedoch immer im Rahmen der Gesetze. Die militärische Disziplin war streng, Feigheit und jede Art von Gehorsamsverweigerung wurden mit dem Tode bestraft. (*Hist. univ.*; p. 994) Die Römer erfanden ständig neue Waffen- und Kampftechniken oder übernahmen diese von ihren Feinden und wurden dadurch unbesiegbar (*Hist. univ.*; p. 995ff.). Die Kriegstechnik war der Stolz der Römer und das Fundament ihres Erfolges. Die militärische Disziplin war das erste, was im römischen Staat entstand, und das letzte, das verlorenging. (*Hist. univ.*; p. 997)

Die weise Politik des Senates war ein weiterer Faktor in der römischen Erfolgsgeschichte. Der Senat verteidigte die alten Maximen, rettete in Krisenzeiten den Staat (*Hist. univ.*; p.998f.) und überwachte gleichzeitig die Moral in Politik und Kriegsführung. (*Hist. univ.*; p. 999) Ihm war der gute Ruf der Römer in der ganzen Welt, auch bei deren Feinden, zu verdanken. Der Senat sorgte nicht nur dafür, daß Feinde und unterworfene Völker gerecht behandelt, sondern auch dafür, daß Übertretungen in den eigenen Reihen bestraft wurden. (*Hist. univ.*; p.1000f.)

Der einzige Weg zu Ruhm und Ehre waren militärische Leistungen und Gehorsam dem Vaterland gegenüber, wobei die Belohnungen mehr symbolischer als materieller Natur waren (*Hist. univ.*; p.1001f.). Der Senat wachte darüber, daß die Kinder von klein auf in diesem Sinne erzogen wurden (*Hist. univ.*; p. 1002f.).

Diese Bedingungen mußten zu Erfolg führen. Rom zweifelte auch niemals an der eigenen Überlegenheit, zumal der *census* zu jeder Zeit den notwendigen Überblick über die zur Verfügung stehenden Kräfte gab (*Hist. univ.*; p. 1003). Die Überlegenheit Roms zeigte sich etwa in den Punischen Kriegen: das dekadente und innenpolitisch geschwächte Karthago unterlag Rom von Mal zu Mal, bis es schließlich zerstört wurde (*Hist. univ.*; p. 1004f.).

Nach den Punischen Kriegen eroberten die Römer zuerst ihre Nachbarn, später die ganze Welt. Dazu benutzten sie ihre Verbündeten, säten Zwietracht unter ihren Feinden und berechneten deren Schritte voraus. (*Hist. univ.*; p. 1006) Aufmerksamen Zeitgenossen, wie etwa dem Historiker Polybius, entging nicht, welches Ziel die Römer verfolgten. Cicero und manch anderer verurteilten die Vorgehensweise der Römer. (*Hist. univ.*; p. 1007) Bei ihren Eroberungen bedienten sich die Römer als Schutzmaßnahmen getarnter Unterwerfungen sowie einer Politik der Einschüchterung und Demütigung besiegter Feinde (*Hist. univ.*; p. 1008).

Allerdings behandelten die Römer eroberte Nationen gerecht und brachten ihnen Errungenschaften wie Justiz, Ackerbau, Handel, Künste und Wissenschaften. Dies machte das Römische Reich zum blühendsten und bestetablierten, aber auch zum größten, das jemals existiert hat. (*Hist. univ.*; p.1009) Durch die kluge römische Politik fühlten sich alle unterworfenen Völker schließlich als Römer, Unruhen waren höchst selten. Dies förderte Seefahrt und Handel, und der ganze Erdkreis befand sich zum ersten Mal in Frieden. Die Grenzen des Reiches waren nicht befestigt: stationierte Legionen gewährleisteten Ruhe in den Randgebieten. (*Hist. univ.*; p. 1010)

Trotz der klugen Politik der Republik enthielt diese selbst den Keim ihres eigenen Untergangs, welcher im ständigen Neid der Plebejer gegenüber dem Senat und den Patriziern begründet war. Diese soziale Kluft geht auf Romulus zurück, der dem Staat mit dem Senat ein Organ geben wollte, das aus besonders verdienstvollen und erfahrenen Mitgliedern bestehen sollte. Aus diesen waren die Patrizierfamilien hervorgegangen, die immer eine gewisse Macht über die restliche Bevölkerung und auch als einzige Zugang zu Funktionen wie dem Senat, öffentlichen Ämtern oder der Priesterwürde hatten. (*Hist. univ.*; p. 1011f.) Das Volk sah sich immer wieder in seiner Freiheit eingeschränkt, was zu ständigen inneren Unruhen führte, in denen das Volk gegen den Senat beziehungsweise die Plebejer gegen die Patrizier standen. Die unterschiedlichen Standpunkte wurden mit der Zeit unvereinbar.

(*Hist. univ.*; p. 1012) Ehrgeizige Geister bedienten sich zu ihren eigenen Gunsten dieses Konfliktes, was sodann mit und nach Cäsar zum Fall der Republik führte (*Hist. univ.*; p. 1013).

Wir bringen im folgenden eine Zusammenfassung von Bossuets eigener Synthese der römischen Geschichte, welche der Autor in Kap. VII mit dem Titel *La suite des changements de Rome est expliquée* im dritten Teil des *Discours* bringt und welche die Zeit von der römischen Monarchie bis zu Karl dem Großen abdeckt. Bossuet teilt dabei die Geschichte Roms in unterschiedliche Zeitabschnitte ein, welche durch bestimmte Umstände, wie etwa Regierungsform, Außenpolitik oder Zustand der Miliz, gekennzeichnet sind.

Aus innenpolitischer Sicht begann Rom als Monarchie mit primitiven Gesetzen, darauf folgte eine Zeit der Freiheit, worauf wiederum eine monarchische Herr-schaft folgte, allerdings unter Einsatz von Gewalt. Die Fundamente für die neue Monarchie wurden bereits in der Republik gelegt. Und so wie Servius Tullius die Republik vorbereitet hatte, so hatte Sulla die absolute Herrschaft vorbereitet. Was die innere Uneinigkeit betrifft, so kann man auch zwei Perioden unterscheiden: die erste, in der das Volk durch von außen drohende Gefahren in Schach gehalten wurde, und die zweite, in der keine Gefahren mehr von außen zu verzeichnen wa-ren und sich alle Energie nach innen entlud. (*Hist. univ.*; p. 1021) In der ersten hiel-ten Vaterlandsliebe und Gesetze die Geister in Schach, in der zweiten waren eigene Interessen und Gewalt ausschlaggebend. In der ersten hielten die Befehlshaber, welche legitime Ehren anstreben, ihre Soldaten im Zaum, und letztere blieben der Republik verbunden. In der zweiten, in der die Gewalt überhand nahm, trachteten die Generäle nur noch danach, ihre Soldaten zu ihren Zwecken einzusetzen und die Autorität des Senats zu umgehen. Daraus ergab sich notwendigerweise Krieg, und dies brachte wiederum mit sich, daß der Stärkste Sieger blieb. Ein Einzelner übernahm die Macht im Staat. Die Diskrepanzen im römischen Staat konnten demnach nur durch die Autorität eines Einzelherrschers beseitigt werden. Da der Kaiserstaat jedoch mit Waffengewalt errichtet wurde, verblieb er auch ein Militär-staat. (*Hist. univ.*; p. 1022)

Während die Schwäche der Republik im Neid zwischen Volk und Senat lag, lag die Schwäche der Monarchie in der Eigenmächtigkeit der Soldaten: diese hatten sich ihre Kaiser geschaffen und wurden sich nur zu bald bewußt, daß sie die Macht im Staat innehatten. Auch die römische Miliz war zu unterschiedlichen Zeiten ver-schieden geartet. Zuerst war sie dem Senat und dem römischen Volk unterstellt; dann verschrieb sie sich ihren Generälen; sodann brachte sie letztere unter dem militärischen Titel des Imperators an die Macht. Darauf folgte jene Zeit, in der die Miliz als Herrscherin über die Kaiser diese nach eigener Laune schuf und absetzte. Das hatte letztendlich sowohl die Aufweichung der Disziplin als auch die Aufstände und schließlich den Untergang der Miliz, gemeinsam mit dem Reich, zur Folge. Folgende Zeitabschnitte sind bezüglich der römischen Außenpolitik festzumachen: zuerst kam eine Periode, in der Rom gegen gleichwertige Feinde kämpfte und ständig in Gefahr war. Dieser Abschnitt dauerte fünfhundert Jahre und endete mit der Niederlage der Gallier in Italien und dem Untergang Karthagos. Dann kam eine Zeit, in der Rom niemanden zu fürchten hatte und immer überlegen war. Diese Epoche dauerte zweihundert Jahre und damit bis zur Gründung des Kaiserreiches. Sodann folgte die Periode, in welcher Rom sein Reich und seine Größe bewahrte; diese dauerte vierhundert Jahre und endete mit der Herrschaft von Theodosius dem Großen. Schließlich kam der Zeitabschnitt, als das Römische Reich von allen Seiten bedroht wurde und langsam unterzugehen begann; dieser dauerte ebenfalls vierhundert Jahre: er setzte mit den Kindern von Theodosius ein und endete mit Karl dem Großen. (*Hist. univ.*; p. 1023)

Neben den genannten Ursachen für den Untergang des Römischen Reiches sind noch einzelne Ereignisse zu nennen, die diesen beschleunigt haben, wie etwa die Revolten der Sklaven und Gladiatoren. Durch die Zuwanderung Fremder wurde nicht nur das Volk, sondern auch der Senat immer mehr mit anderen Völkern vermischt: die Vaterlandsliebe ging verloren, eigene Interessen standen mit einem Mal im Vordergrund, und unruhige Geister konnten immer wieder Verwirrung im Staat stiften. Die Kluft zwischen Arm und Reich wurde durch Ausschweifungen und Nichtstun immer größer, was Verschwörungen wie jener Catilinas alle Möglichkeiten öffnete. Als Einzelpersonen waren an den großen Veränderungen in der römischen Geschichte speziell die Gracchen, Marius, Sulla, Pompeius, Julius Cäsar, Antonius und Augustus beteiligt. Der Hauptgrund für diese Veränderungen war jedoch der Neid zwischen den beiden Ständen. (*Hist. univ.*; p. 1024)

C.1.5. Bossuets eigene Darstellung und Deutung der römischen Geschichte aus theologischer (providentieller) Sicht

Die folgende Analyse der römischen Geschichte ist eine Zusammenfassung von Bossuets eigener providentieller Deutung, wie der Autor diese in die Kapitel XVIII (*Suite des corruptions parmi les Juifs ; Signal de leur décadence, selon que Zacharie l'avait prédit*), XX (*La descente du Saint-Esprit ; L'établissement de l'Église ; Les jugements de Dieu sur les Juifs et sur les Gentils*), XXVI (*Diverses formes de l'idolâtrie : les sens, l'intérêt, l'ignorance, un faux respect de l'antiquité, la politique, la philosophie, et les hérésies viennent à son secours :*

l'Église triomphe de tout) und XXX (*Les prédictions réduites à trois faits palpables : parabole du fils de Dieu qui en établit la liaison*) von Teil zwei des *Discours* einfließen läßt, sowie Bossuets Synthese von Roms Rolle im Rahmen der Vorsehung, welche der Autor in Kap. I (*Les révolutions des Empires sont réglées par la Providence, et servent à humilier les princes*) von Teil drei des *Discours* bringt.

Für Bossuet sind auch die Römer und deren Erfolge und Mißerfolge nichts anderes als ein Werkzeug der Vorsehung. So seien etwa die Eroberungen von Pompeius die erste Ursache für den Untergang der Juden. Nach Bossuet werden durch diese Eroberungen die Prophezeiungen von Zacharias erfüllt und der Beweis erbracht, daß der göttliche Plan die Ereignisse steuert. (*Hist. univ.*; p. 834)

Auch als die Römer schließlich das jüdische Volk zerschlagen, dienen erstere für Bossuet bloß der Vorsehung: die Juden hatten den Messias in Jesus Christus nicht nur verkannt, sondern auch dem Tode ausgeliefert und damit die Rache Gottes auf sich gezogen (*Hist. univ.*; p. 856ff.):

Ils se révoltent contre les Romains qui les accablent ; Tite même, qui les ruine, reconnaît qu'il ne fait que prêter sa main *à Dieu irrité contre eux*. Adrien achève de les exterminer. Ils périssent avec toutes les marques de la vengeance divine : chassés de leur terre, et esclaves par tout l'univers, ils n'ont plus ni temple, ni autel, ni sacrifice, ni pays ; et on ne voit en Juda aucune forme de peuple.

Die Entstehung des riesigen Römischen Reiches erklärt Bossuet folgendermaßen: Gott habe beschlossen, zu dieser Zeit sein neues Volk unter allen Nationen dieser Welt zu sammeln, und habe zu diesem Zweck alle Länder und Meere unter dem Römischen Reich vereint. Dies sei eines der machtvollsten Mittel der Vorsehung gewesen, die Verbreitung des Evangeliums zu sichern. (*Hist. univ.*; p. 948)

Sogar als die Römer unter Nero begannen, Christen zu verfolgen, waren die Römer dabei für Bossuets nur Werkzeuge der Vorsehung: indem Nero die Apostel Petrus und Paulus zu Märtyrern machte, wurde Rom dem Christentum geweiht und in der Folge Hauptsitz der neuen Religion (*Hist. univ.*; p. 855). Auch die folgenden dreihundert Jahre an Christenverfolgungen unter den römischen Kaisern waren gemäß Bossuet von der Vorsehung bestimmt: da die stärksten Tugenden immer aus dem Leid erwachsen, sollte die neue junge Kirche auf dem Prinzip des Martyriums aufbauen und beweisen, daß sie ohne menschliche Unterstützung überleben konnte (*Hist. univ.*; p. 856). In diesen dreihundert Jahren nahmen die Christen nach Bossuet niemals an den zahlreichen Aufständen oder Bürgerkriegen teil, erkannten in Demut die Autorität der Herrscher an und übten sich in der größten der christlichen Tugenden, dem Gehorsam (*Hist. univ.*; p. 903).

Wenn also Juden und Christen unter den Römern litten, ist dies gemäß Bossuet demnach als göttliche Strafe für die Juden und als göttliche Gnade für die Christen zu verstehen, wobei die dahinterstehende göttliche Absicht jedermann einsichtig sein sollte (*Hist. univ.*; p. 941):

Si on ne découvre pas ici un dessein toujours soutenu et toujours suivi ; si on n'y voit pas un même ordre des conseils de Dieu, qui prépare dès l'origine du monde ce qu'il achève à la fin des temps, et qui, sous divers états, mais avec une succession toujours constante, perpétue aux yeux de tout l'univers la sainte société où il veut être servi, on mérite de ne rien voir, et d'être livré à son propre endurcissement, comme au plus juste et au plus rigoureux de tous les supplices.

Die Übernahme des Christentums als Staatsreligion im Römischen Reich erklärt Bossuet folgendermaßen: nachdem Gott schließlich gezeigt habe, daß er keiner menschlichen Hilfe oder irdischer Mächte bedürfe, um seine Kirche zu erbauen, habe er endlich die Kaiser gerufen und Konstantin zu einem erklärten Beschützer der Kirche gemacht. Daß diese Kirche sofort von innen durch Häresie und Sektenbildung bedroht wurde, tat dieser gemäß Bossuet keinen Abbruch, sondern festigte sie letztendlich umso mehr (*Hist. univ.*; p. 864f.).

Die römischen Kaiser gebrauchten nach Bossuet ihre Macht, um die Autorität der Kirche zu sichern; Rom wurde das Haupt jenes spirituellen Reiches, welches Jesus Christus auf der ganzen Welt verbreiten wollte. Gemäß Bossuet mußte Rom jedoch, wie alle anderen Reiche, früher oder später untergehen: Gott schickte daher nach vierhundert Jahren die Barbaren nach Rom, welches drei, vier Male eingenommen, geplündert und zerstört wurde; ein neues, christliches Rom entstieg der Asche - Jesus Christus war siegreich, die heidnischen Götter waren nicht nur zerstört, sondern auch vergessen. Die Nationen, die in das Römische Reich einfielen, übernahmen nach Bossuet in der Folge die christliche Frömmigkeit und ihre Könige, welche den Platz der römischen Kaiser einnahmen, fanden keinen ihrer Titel ruhmreicher als jenen des Beschützers der Kirche. (*Hist. univ.*; p. 949f.)

C.2. Voltaire und dessen *Philosophie de l'histoire*

Im folgenden Kapitel stellen wir zunächst die *Philosophie de l'histoire* vor (C.2.1.), beleuchten sodann Voltaires Interesse an historischen Fragestellungen (C.2.2.) und Voltaires Geschichtssicht (C.2.3.). Im Anschluß daran bringen wir eine Chronologie der römischen Geschichte, wie sie aus der *Philosophie de l'histoire* hervorgeht (C.2.4.), und schließen mit einer Kurzanalyse von Voltaires Darstellung und Sicht der römischen Geschichte (C.2.5.).

C.2.1. Die Philosophie de l'histoire

La Philosophie de l'histoire ist eine historische Abhandlung in 53 Kapiteln, welche erstmals 1765 als eigenständiges Werk unter dem Pseudonym "feu abbé Bazin" erscheint. Allein 1765 sind mindestens acht gleichzeitige Editionen zu verzeichnen, welche alle außerhalb Frankreichs publiziert werden. Voltaire korrigiert und erweitert diesen Text im Anschluß und stellt ihn 1769 seiner zweiten Edition seines *Essai sur les mœurs et l'esprit des nations et sur les principaux faits de l'histoire, depuis Charlemagne jusqu'à Louis XIII* voran, der erstmals 1756 erschienen war (Metzeltin/Kratschmer 1999).

La Philosophie de l'histoire stellt den Rahmen für eine Propaganda bezüglich Voltaires deistischer Weltanschauung zur Verfügung (Brumfitt: 13ff.). Diese Weltanschauung besteht in einem Glauben an *einen* Gott, ein "être suprême créateur, rémunérateur, vengeur", der sich deutlich vom christlichen Gott, speziell aber vom Gott des Alten Testamentes und damit der Juden abhebt. Man kann die *Philosophie de l'histoire*, aber auch den gesamten *Essai* als Antwort auf Bossuets *Discours sur l'histoire universelle* aus dem Jahre 1681 sehen, eine providentielle Weltgeschichte, welche für die ältere Zeit fast ausschließlich die Bibel und die Geschichte des auserwählten Volkes als Referenzpunkt heranzieht (Metzeltin/Kratschmer 1999).

Um sich vor politischer Verfolgung einigermaßen abzusichern, hält Voltaire die regelmäßigen Angriffe auf das Christentum und die Widersprüche der Heiligen Schrift eher indirekt. Der Autor macht vielmehr die Unantastbarkeit letzterer zu einem Topos, was bisweilen jedoch eine nicht übersehbare ironische Wendung nimmt (*Phil. de l'hist.*, p. 121, note):

C'est vainement que l'Empereur Julien, d'ailleurs si respectable par sa vertu, sa valeur, et sa science, dit dans son discours censuré par le grand et modéré saint Cyrille, que soit qu'Adam eût la science infuse, ou non, Dieu ne pouvait lui ordonner de ne point toucher à l'arbre de la science du bien et du mal, que Dieu devait au contraire lui commander de manger beaucoup de fruits de cet arbre, afin de se perfectionner dans la science infuse s'il l'avait, et de l'acquérir s'il ne l'avait pas. On sait avec quelle sagesse saint Cyrille a réfuté cet argument. En un mot nous prévenons toujours le lecteur que nous ne touchons en aucune manière aux choses sacrées. Nous protestons contre toutes les fausses interprétations, contre toutes les inductions malignes que l'on voudrait tirer de nos paroles.

Als eine weitere Vorsichtsmaßnahme macht sich Voltaire ein christliches Dilemma zunutze, welches er auch in seinem *Dictionnaire philosophique* (1764: 349, s.v. *Salomon*) anspricht:

Nous avons les Juifs en horreur et nous voulons que tout ce que a été écrit par eux et recueilli par nous porte l'empreinte de la Divinité. Il n'y a jamais eu de contradiction si palpable.

Dieses Dilemma nützt Voltaire nun zu seinen Gunsten, indem er statt des Christentums oder der Hl. Schrift die Juden angreift. So präsentiert der Autor etwa in Kap. XLI *Des Juifs après Moïse jusqu'à Saül* eine auf biblischen Angaben basierende Rechentabelle mit der Summe 239020 über jene Juden, die von ihren eigenen Brüdern oder sogar auf Gottes Geheiß in der Zeit der Wüstenwanderung bis zur Wahl des ersten Königs umgebracht wurden.

Als wichtigste Absicherung gegen Verfolgung ist jedoch die Herausgabe des Buches unter dem Pseudonym *le feu abbé Bazin* zu nennen, wobei er den Autor nicht nur einen Geistlichen sein läßt, sondern diesen auch als, da verstorben, nicht mehr zur Verantwortung zu ziehen darstellt. Voltaire fingiert den Zugang zu dem in der Folge von ihm herausgegebenen Manuskript über den Neffen des seligen Bazin. Obwohl so gut wie alle Zeitgenossen die Feder Voltaires unmißverständlich erkannt haben, beteuert dieser in seiner reichen Korrespondenz auch gegenüber guten Bekannten lange Zeit die Existenz seines Strohmannes (Brumfitt, 24ff.). Doch bereits die Widmung des Werkes an Katharina II. von Rußland verrät Eingeweihten mehr über den tatsächlichen Ursprung des Werkes.

Trotz aller Vorsichtsmaßnahmen kommt das Werk schließlich in Holland, Frankreich und der Schweiz auf den Index (vgl. Brumfitt, p. 26f.).

Die Kapitelverteilung in der *Philosophie de l'histoire* zeigt, daß Voltaire in seinem Bestreben, Geschichtsschreibung nach dem Muster Bossuets zu entkräften, sich genauso lange bei den Kapiteln über die Juden aufhält wie die Autoren, die er kritisiert, wie dies sein Zeitgenosse Grimm (Grimm 1765; zitiert nach Brumfitt p. 64f.) feststellt: 12 Kapitel von insgesamt 53. Allerdings muß angeführt werden, daß Voltaire in mancher Hinsicht weit über Bossuet hinausgeht. So enthält sein Werk Kapitel zu Kulturen, welche bei Bossuet nicht in Betracht gezogen werden (nordamerikanische Völker; diverse orientalische Völker wie Inder und Chinesen), ferner Kapitel zu allgemeinen Fragen der Anthropologie wie den verschiedenen Menschenrassen, des zivilisatorischen Fortschritts, des Glaubens und Aberglaubens, der Geschichtsschreibung und der Gesetzgebung.

Unter den übrigen Völkern bekommen nur die Ägypter ähnlich viel Raum wie die Juden, wobei Voltaire deren Kultur geringschätzt: in 5 Kapiteln versucht er zu zeigen, daß die Ägypter eine relativ junge, primitive und abergläubische Nation ohne große kulturelle Leistungen sind. Gleichzeitig ist es ein stehendes Motiv des Werkes, daß die Juden sämtliche Elemente ihrer Weltanschauung, aber auch ihrer Bräuche von anderen Völkern und hier vor allem von den Ägyptern übernommen haben. Damit unterstreicht Voltaire zusätzlich die seiner Meinung nach kulturelle Rückständigkeit der jüdischen Kultur, ein weiteres seiner Leitmotive. Nur zwei Kapitel sind den Römern in diesem Buch gewidmet, wobei der Grund dafür nach Brumfitt (p. 316) darin zu suchen ist, daß die römische Geschichte wenig zur deistischen Propaganda hergab; in anderen Werken wie dem *Essai sur les mœurs* und dem *Pyrrhonisme de l'histoire* sei mehr zur römischen Geschichte zu finden, wenn auch hauptsächlich aus einer andere Historiographen kritisierenden Perspektive. Voltaire verabsäumt es jedoch auch im Kapitel über die Römer nicht, die monotheistischen Glaubensgrundsätze der gesellschaftlichen Elite und nicht zuletzt auch die religiöse Toleranz der Römer zu behandeln.

C.2.2. Voltaires Interesse an historischen Fragestellungen

Voltaire beschäftigt sich mit Geschichte, weil er meint, daß die Geschichte eine Lehrmeisterin für den *philosophe* ist, daß letzterer auf seiner Suche nach einer besseren Welt in der Geschichte positive und negative Beispiele für menschliches Verhalten finden kann (*Phil. de l'hist.*, p. 89):

Vous voudriez que des philosophes eussent écrit l'histoire ancienne, parce que vous voulez la lire en philosophe. Vous ne cherchez que des vérités utiles, et vous n'avez guère trouvé, dites-vous, que d'inutiles erreurs. Tâchons de nous éclairer ensemble ; essayons de déterrer quelques monuments précieux sous les ruines des siècles.

Geprägt durch einen illuministischen Glauben an eine mögliche Verbesserung der Welt über eine Verbesserung des Menschen und dessen Verhaltens, konzentriert Voltaire seinen Blick in seiner Geschichtsbetrachtung auf die menschlichen Akteure und deren Taten, oder wie Brumfitt (p. 318) es ausdrückt:

He [Voltaire] believes too in the values of civilisation - enlightenment, tolerance, peace - and if he had not believed that they could be attained despite the whims of destiny, he would never have spent his whole life advocating them.

Voltaires explizites Ziel ist es, die christliche Geschichtsschreibung nach dem Muster Bossuets durch eine moderne zu ersetzen (*Phil. de l'hist.*, p. 142):

On ne parle point d'eux [des Arabes] dans nos histoires universelles fabriquées dans notre Occident. Je le crois bien ; ils n'ont aucun rapport avec la petite nation juive qui est devenue l'objet et le fondement de nos histoires prétendues universelles, dans lesquelles un certain genre d'auteurs, se copiant les uns les autres, tous oublient les trois quarts de la terre.

Das Ergebnis ist eine Geschichtsschreibung, die erneut als theologische Propaganda zu verstehen ist, in diesem Falle eine im Sinne des Deismus[1]. Wenn Voltaire auch in der *Philosophie de l'histoire* den Terminus *Deismus* vermeidet, so sind es deistische Prinzipien, welche er dort beschreibt und die er etwa im *Dictionnaire philosophique (DP)* - taktisch - als "die nächstbeste Religion nach dem Christentum" bezeichnet (*DP*, p. 333f.). In letztgenanntem Werk gebraucht der Autor i.ü. die Termini *socinien, unitaire* (*DP*, p. 310) und *théiste* für sein Weltbild (*DP*, 361f.).

Die Beleuchtung der anderen Kulturen der Weltgeschichte dient - nicht weniger als bei Bossuet - dazu, die Weltanschauung des Autors zu propagieren. Dessen Hauptthese ist dabei, daß es in jeder echten Hochkultur zur Entwicklung einer monotheistischen Religion kommt, wenn dies auch oft auf eine eingeweihte Priesterkaste beschränkt bleibt, während das Volk weiterhin (vgl. etwa Voltaires Chronologie der römischen Geschichte, Kap. C.2.4.) in Aberglauben und Polytheismus verweilt bzw. zuweilen absichtlich dort gehalten wird (*Phil. de l'hist.*, p. 100 bzw. p. 103f.):

La connaissance d'un dieu créateur, rémunérateur et vengeur, est le fruit de la raison cultivée, ou de la révélation.

---

1   Voltaire definiert diese Lehre (Dictionnaire philosophique (DP): 152f.), zu welcher er sich bekennt, als die Lehre von einem Gott, der - befreit von Vermenschlichung - Schöpfer und Lenker der Welt ist; diese Lehre nimmt Abstand von theologischen Haarspaltereien, religiösem Fanatismus und daraus resultierender Verfolgung.

Les premiers hommages des Romains agrestes sont pour Mars, ceux des Romains maîtres de l'Europe sont pour la déesse de l'acte du mariage, pour le dieu des latrines. Et cependant Cicéron et tous les philosophes et tous les initiés reconnaissaient un dieu suprême et tout-puissant. Ils étaient tous revenus par la raison au point dont les hommes sauvages étaient partis par instinct.

Voltaire hebt daher die hohe zivilisatorische Entwicklung zumindest der Gelehrten von Nationen wie den Chaldäern[2], den Persern[3], Syrern[4], Phöniziern[5], Griechen[6], ganz besonders aber den Indern[7] und Chinesen[8] hervor. Er versäumt dabei nicht, jedesmal deistische Züge in deren Theologie aufzuspüren[9], wie etwa in der folgenden Aussage (*Phil. de l'hist.*, p. 125):

cette religion des anciens Chaldéens était le sabéisme, c'est-à-dire l'adoration d'un dieu suprême [...]

Wenn Voltaire speziell auf Nationen wie China und Indien eingeht und deren hohen zivilisatorischen Status und deren jahrtausendealte Geschichte hervorhebt, dann ist dies als direkte Antwort auf Bossuet zu verstehen, in dessen Weltgeschichte nur Völker agieren, die mit den Juden und später den Römern in Kontakt waren und damit als Werkzeuge der Vorsehung gelten können (Brumfitt, p.16)[10].

Die Triebfeder hinter dieser und den anderen Arbeiten Voltaires zur Geschichte geht auch deutlich aus einem Brief des Autors an Damilaville aus dem Jahre 1764 hervor (Best.11140; zit. nach Brumfitt, p. 14):

---

2   Kap. X

3   Kap. XI

4   Kap. XII

5   Kap. XIII

6   Kap. XXVI

7   Kap. XVII

8   Kap. XVIII

9   Phil. de l'hist.; p. 125 zu den Chaldäern, p. 127 zu den Persern, p. 134 zu den Phöniziern, p. 180 zu den Griechen, p. 152 zu den Indern und p. 155f. zu den Chinesen; die Syrer sind hier eine Ausnahme: sie beten eine Göttin an: p. 131.

10   Bossuet verteidigt i.ü. sein Schweigen um China damit, daß man noch zuwenig um dieses Volk wisse; vgl. *Hist. univ., Introduction*, p. 663.

Je crois que la meilleure méthode de tomber sur l'infâme est de paraître n'avoir nulle envie de l'attaquer ; de débrouiller un peu le chaos de l'antiquité ; de tâcher de jeter quelque intérêt ; de répandre quelque agrément sur l'histoire ancienne ; de faire voir combien on nous a trompés en tout ; de montrer combien ce qu'on croit ancien est moderne ; combien ce qu'on nous a donné pour respectable est ridicule ; de laisser le lecteur tirer lui-même les conséquences.

Zum Begriff des hier von Voltaire verwendeten *infâme* erläutert Brumfitt (p.58):

Voltaire never defines 'l'infâme' but he used the word as a blanket term to cover all those manifestation of intolerance, fanaticism and absurdity which he detected in the history of religion and more particularly in the history of the Roman Catholic church.

Da religiöser Eifer gemäß Voltaire aus Unwissenheit entsteht (*DP*, p. 49), ist es die Aufgabe der Philosophen, diese Unwissenheit zu bekämpfen. Die Philosophie ist das Heilmittel der Welt (*DP*, p. 190), die Philosophen waren immer die tugendhaften Vertreter einer Nation (*DP*, p. 313) und sind damit als Beispiele zur Nachahmung zu verstehen. Voltaire glaubt an das Gute im Menschen (*DP*, p. 279f.) und fühlt sich berufen, dieses zu fördern (*DP*, p. 164):

J'ai nécessairement la passion d'écrire ceci ; et toi, tu as la passion de me condamner : nous sommes tous deux également sots, également les jouets de la destinée. Ta nature est de faire du mal, la mienne est d'aimer la vérité, et de la publier malgré toi.

C.2.3. Voltaires Geschichtssicht

Voltaires Sicht der Geschichte ist stark von seinem deistischen Weltbild geprägt, demgemäß ein *être suprême créateur, rémunérateur et vengeur* die Welt geschaffen hat und dessen Gesetzen diese daher unterliegt. Während Voltaire nichts über die eigentliche Schöpfung sagen möchte[11], ist er dennoch überzeugt, daß sich die Welt seit der Schöpfung nicht wesentlich verändert hat (*Phil. de l'hist.*, p. 89ff.). Eine umfassende Evolution anzunehmen würde für Voltaire bedeuten, die ursprüngliche Schöpfung und damit den Schöpfer in Frage zu stellen. Mit dieser Haltung kommt Voltaire in Widerspruch zu den im 18. Jhdt. bereits aufkommenden Vorstellungen einer Evolutionsgeschichte moderner Prägung. Voltaire, der sich als Modernist sieht, muß in der Folge gewisse evolutionistische Zugeständnis-

---

11   Nous ne pouvons savoir rien de certain sur la formation du monde, que ce que le Créateur du monde aura daigné nous apprendre lui-même. (Phil. d'hist., p. 135)

se machen (*Phil. de l'hist.*, p. 91; *DP*, p. 42), wenn er auch zum Beispiel in der zeitgenössischen Diskussion um die auf Festlandgebieten gefundenen Meeresfossilien nicht der Meinung folgen möchte, die Erde sei einst ganz oder in großem Ausmaß von Wasser bedeckt gewesen; Voltaire weist diese Theorie mit rational-wissenschaftlichen Argumenten zurück[12]. Dort, wo Voltaire evolutionistisch denkt, sind seine Beobachtungen allerdings ausgeprägt modern, etwa wenn er ein Phänomen beschreibt, das wir heute als "Akzeleration" bezeichnen (*Phil. de l'hist.*, p. 155):

Il n'y a point de peuple en Europe qui n'ait fait en dernier lieu plus de progrès en un demi-siècle dans tous les arts, qu'il n'en avait fait depuis les invasions des barbares jusqu'au quatorzième siècle.

Der hier angesprochene Fortschritt führt nach Voltaire von den primitiven zu den zivilisierten Völkerschaften und ist aus politischer Sicht dadurch gekennzeichnet, daß in allen Kulturen zunächst Republiken entstehen, die in der Folge von monarchistischen Strukturen abgelöst werden (*DP*, pp. 181, 307). Aus theologischer Sicht ist stets zuerst eine monotheistische Religion zu verzeichnen, die sodann von einer polytheistischen abgelöst wird (*DP*, p. 328). Die höchste Stufe der Entwicklung ist schließlich ein auf dem Prinzip der Vernunft begründeter Monotheismus (*DP*, p. 195).

Voltaires Geschichtssicht scheint zwiegespalten zwischen dem Prinzip der göttlichen Vorsehung und jenem der menschlichen Handlungsfreiheit - ein Prinzip, auf das er im Rahmen seiner aufklärerischen Mission weder verzichten kann noch will. Dennoch bleibt die *Providence* ein Leitbegriff, der sein gesamtes Werk durchzieht (*Phil. de l'hist.*, p. 20):

Le dogme de la Providence est si sacré, si nécessaire au bonheur du genre humain, que nul honnête homme ne doit exposer ses lecteurs à douter d'une vérité qui ne peut faire de mal en aucun cas, et qui peut toujours opérer beaucoup de bien.

Nous ne regardons point ce dogme de la Providence universelle comme un système, mais comme une chose démontrée à tous les esprits raisonnables ; au contraire, les divers systèmes sur la nature de l'âme, sur la grâce, sur des opinions métaphysiques, qui divisent toutes les communions, peuvent être soumis à l'examen : car, puisqu'ils sont en contestation depuis dix-sept cents années, il est évident qu'ils ne portent point avec eux le caractère de certitude ; ce sont des énigmes que chacun peut deviner selon la portée de son esprit.

---

12   Mais la mer ne peut avoir été pendant des siècles sur les Alpes et sur les Pyrénées ! Une telle idée
     choque toutes les lois de la gravitation et l'hydrostatique. (Phil. d'hist., p. 91)

Wenn Voltaire die *Providence* der Christen auch ironisiert (*DP*, p. 132), so ist seine Lösung des Zwiespalts, in welchem er sich als überzeugter Deist auf der einen und als aufgeklärter Modernist auf der anderen Seite befindet, doch im Grunde jene eines Bossuet (vgl. Kap. C.1.2.): der Mensch bestimmt den Ablauf der Geschichte mit seinen Handlungen, dies alles geschieht jedoch im Rahmen der Vorsehung (*DP*, p. 163):

Ton médecin a sauvé ta tante ; mais certainement il n'a pas en cela contredit l'ordre de la nature : il l'a suivi. Il est clair que ta tante ne pouvait pas s'empêcher de naître dans une telle ville, qu'elle ne pouvait pas s'empêcher d'avoir dans un tel temps une certaine maladie, que le médecin ne pouvait pas être ailleurs que dans la ville où il était, que ta tante devait l'appeler, qu'il devait lui prescrire les drogues qui l'ont guérie.

Das Prinzip der Handlungsfreiheit nimmt jedoch einen ebenso wichtigen Stellenwert in Voltaires Weltanschauung ein (*DP*, p. 258):

Votre volonté n'est pas libre, mais vos actions le sont. Vous êtes libre de faire quand vous avez le pouvoir de faire.

Dieses Ineinandergreifen menschlicher und göttlicher Faktoren in der Weltsicht Voltaires spiegelt sich auch in dessen Klassifikation der "drei Heimsuchungen der Welt" (Krieg, Pest und Hunger) wider: der Krieg ist menschengemacht, während Pest und Hunger von der Vorsehung abhängen (*DP*, p. 217).

Unter jenen Faktoren, welche im Detail die Geschichte bewegen, nennt Voltaire unter anderem die menschliche Vernunft, die Zeit, die rechte Gelegenheit, den Ehrgeiz der einen und die Schwäche der anderen (*DP*, pp. 49; 317):

L'empereur Constantin était un scélérat, je l'avoue, un parricide qui avait étouffé sa femme dans un bain, égorgé son fils, assassiné son beau-père, son beau-frère et son neveu, je ne le nie pas ; un homme bouffé d'orgueil, et plongé dans les plaisirs, je l'accorde ; un détestable tyran, ainsi que ses enfants, *transeat* ; mais il avait du bon sens. On ne parvient point à l'empire, on ne subjugue pas tous ses rivaux sans avoir raisonné juste.

Pourquoi les successeurs de Pierre ont-ils eu tant de pouvoir en Occident et aucun en Orient ? C'est demander pourquoi les évêques de Wurtzbourg et de Salzbourg se sont attribué les droits régaliens dans des temps d'anarchie, tandis que les évêques grecs sont toujours restés sujets. Le temps, l'occasion, l'ambition des uns et la faiblesse des autres ont fait et feront tout dans ce monde.

Auch der Einfluß des Klimas ist ein wiederkehrendes Thema bei Voltaire, manch-mal mit Vorbehalt (*Phil. de l'hist.*, p. 177), doch nicht immer (*Phil. de l'hist.*, pp. 146, 147f.; *DP.* 36, 182).

Die Welt ist gemäß Voltaire so aufgebaut, daß alles eine Ursache hat, aber nicht alles eine Wirkung (*DP.* pp. 109ff.). Die Vorsehung kennt zudem die *causes finales* (*DP.* pp. 57, 192), wenn diese auch kein durchgehendes Prinzip darstellen: in man-chen Fällen ist es nach Voltaire gerechtfertigt, *causes finales* anzunehmen (so ist der Zweck der Augen das Sehen), aber nicht in allen Fällen (so ist der Zweck der Nase nicht das Brillentragen). Alles folgt jedoch dem göttlichen Plan (*DP.* pp. 192ff.), und alles Existierende ist notwendig, da Gott sonst Unnotwendiges er-schaffen hätte (*DP.* p. 301):

OSMIN

    Ne dites-vous pas que tout est nécessaire?

SÉLIM

    Si tout n'était pas nécessaire, il s'ensuivrait que Dieu aurait fait des choses inuti-les.

OSMIN

    C'est-à-dire qu'il était nécessaire à la nature divine qu'elle fît tout ce qu'elle a fait ?

SÉLIM

    Je le crois, ou du moins je le soupçonne. Il y a des gens qui pensent autrement ; je ne les entends point ; peut-être ont-ils raison. Je crains la dispute sur cette ma-tière.

Während Voltaire an das Gute im Menschen glaubt (s. im vorangegangen Kap. C.2.2.), möchte er zum Bösen in der Welt weniger Stellung nehmen (*DP.* pp. 71f.):

Loin donc que l'opinion du meilleur des mondes possibles console, elle est désespérante pour les philosophes qui l'embrassent. La question du bien et du mal demeure un chaos in-débrouillable pour ceux qui cherchent de bonne foi ; c'est un jeu d'esprit pour ceux qui disputent : ils sont des forçats qui jouent avec leurs chaînes. Pour le peuple non pensant, il ressemble assez à des poissons qu'on a transportés d'une rivière dans un réservoir ; ils ne se doutent pas qu'ils sont là pour être mangés pendant le carême : aussi ne savons-nous rien du tout par nous mêmes des causes de notre destinée.

Mettons à la fin de presque tous les chapitres de métaphysique les deux lettres des juges romains quand ils n'entendaient pas une cause : *N. L., non liquet,* cela n'est pas clair.

Voltaire ist jedoch die Vorstellung eines Schicksals, welches man sich durch bestimmte Taten verdient, nicht fremd (*DP.* p. 51); mit anderen Worten können auch bei Voltaire Religion und Geschichte in einer Art und Weise ineinandergreifen, wie dies bei Bossuet zu sehen war. Dennoch sind Voltaires und Bossuets Auffassungen bei weitem nicht identisch: so lehnt Voltaire im Gegensatz zu Bossuet etwa Wunder als historisches Erklärungsprinzip ab, wobei er jedoch in seiner Argumentation nicht über den theologischen Bereich hinausgeht: es sei "ein Widerspruch in sich selbst", daß der Schöpfer in seine (perfekte) Schöpfung eingreife (*DP*, p. 289).

Wir bringen nun eine Kurzfassung von Voltaires Chronologie der römischen Geschichte, wie er sie in den Kapiteln L (*Des Romains. Commencements de leur Empire et de leur Religion ; leur tolérance*) und LI (*Questions sur les conquêtes des Romains, et leur décadence*) der *Philosophie de l'histoire* präsentiert, und diskutieren im Anschluß Voltaires Darstellung und Sicht der römischen Geschichte, wie sie aus einer ersten Lektüre dieses und anderer Werke hervorgeht.

C.2.4. Chronologie der römischen Geschichte nach Voltaire

Die Römer waren mit einer Geschichte von nur siebenhundert Jahren vor unserer Zeitrechnung ein relativ junges, zu Anfang kleines und barbarisches Volk, das seine Riten und Gesetze von den Toskanern und Griechen übernommen hatte. Sie verfügten bis in die Zeit der ersten Konsuln über ein Reich von geringer Ausdehnung, und ihre Könige waren nicht mit Herrschern wie Kyros zu vergleichen, sondern eher als Häuptlinge einer Räuberbande zu sehen (*Phil. de l'hist.*, p. 262).

Nach vierhundert Jahren konnten die Römer, die kriegerischer als alle anderen Völker waren, diese nach und nach unterwerfen, bis sich ihr Einflußbereich vom adriatischen Golf bis zum Euphrat erstreckte. Die Römer konnten jedoch auch auf Tugenden verweisen, wie ihre strengen Gesetze, die sie zuerst den besiegten Barbaren, sodann dem gesamten Okzident weitergaben. Die Römer waren in religiösen Angelegenheiten äußerst tolerant, übernahmen sie ja regelmäßig Götter anderer Kulturkreise, besonders jene der Griechen, deren Kult jedoch sodann gesetzlich verankert wurde. (*Phil. de l'hist.*, p. 263)

Anderen Religionen wurden Freiräume gelassen, es gab keine Religionskriege und keine ideologischen Verfolgungen. Die Römer verehrten einen obersten Gott und trugen diesen Glaubenssatz, gemeinsam mit ihrer Toleranz, über ihre Eroberungen in die ganze Welt. Ein gewisser Aberglaube in der Bevölkerung wurde von den Gesetzgebern toleriert: er schadete der Regierung nicht und war dem Volk wichtig, ja man konnte diesen zuweilen zum eigenen Vorteil nutzen (*Phil. de l'hist.*, p. 264f.)

Die Römer waren zu Beginn nur dreitausend Mann und verfügten lediglich über ein winziges Gebiet, dennoch wurden sie mit der Zeit zu den größten Eroberern der Welt. Diese Entwicklung hatten sie letztendlich ihrem Mut und ihrer Umsicht zu verdanken. (*Phil. de l'hist.*, p. 265)

Allerdings konnten sie während mehr als vierhundertfünfzig Jahren nur ein minimales Gebiet erobern: erst als sie alle Nachbarn unterworfen hatten, hatten sie genug Kraft, um Pyrrhus zu widerstehen und um Karthago zu zerstören. Die Römer brauchten insgesamt siebenhundert Jahre, um ein Reich zu erobern, das etwa so groß war wie jenes, das Alexander in sieben bis acht Jahren unterwarf. Dies hing womöglich damit zusammen, daß erstere kriegerischen Nationen gegenüberstanden, während letzterer nur mit verweichlichten Völkern zu tun hatte. Das Römische Reich wurde schließlich unter Honorius und dessen Nachfolgern von Barbaren zerstört, die robuster und kriegerischer waren als die nunmehr verweichlichten Römer. Weitere ungünstige Faktoren waren die Schwäche der Kaiser, der Faktionen der kaiserlichen Minister und Eunuchen, der Haß der alten Staatsreligion gegen die neue, die blutigen Streitereien innerhalb des Christentums, die Abkehr von der Kriegskunst zugunsten theologischer Querelen, Verweichlichung und schließlich das zahlenmäßige Überhandnehmen der Mönche gegenüber Bauern und Soldaten. All dies machte das Reich zu einer leichten Beute derselben Barbaren, welche zur Zeit der Republik den Römern machtlos gegenübergestanden hatten: Goten, Heruler, Vandalen und Hunnen. (*Phil. de l'hist.*, pp. 266f.)

Der Osten blieb vorerst verschont, da Theodosius I. sich mit dem Gotenkönig Alarich verbündet hatte, um seinen Gegner Eugenius auszuschalten. Als den Goten ihre Macht bewußt wurde, mußte sich Theodosius den Frieden erkaufen. Diese Zahlungen wurden zu einem fixen Tribut unter seinem Sohn Arcadius. Alarich zog daher nach Westen und überfiel Honorius in Rom. Dieser hatte seinen besten General, Stilicho, aufgrund unklarer Verdachtsmomente ermorden lassen und flüchtete nach Ravenna, während Alarich Rom belagerte. (*Phil. de l'hist.*, p. 267)

Rom wurde mittels eines hohen Lösegeldes freigekauft. Honorius sandte dennoch Truppen nach Rom, die von Alarich ebenfalls vernichtet wurden. Alarich drang daraufhin in Rom ein und setzte dort einen Kaiser ein, der ihm untertan war. Als Honorius erneut ansetzte, Alarich zu betrügen, plünderte letzterer zur Strafe Rom. Das bedeutete das Ende des westlichen Reichsteiles: Barbaren fielen in Italien, Gallien, Spanien und Afrika ein, während der Osten weiterhin Tribute zahlte. Die Schuld an dieser Entwicklung trägt letztendlich Konstantin, der das Reich nach Thrakien verlegt hatte. Es gibt wohl ein Schicksal, das den Aufstieg und Fall der Staaten bewirkt (*Phil. de l'hist.*, p. 268):

Tout événement en amène un autre auquel on ne s'attendait pas. Romulus ne croyait fonder Rome ni pour les princes Goths, ni pour des évêques. Alexandre n'imagina pas qu'Alexandrie appartiendrait aux Turcs ; et Constantin n'avait pas bâti Constantinople pour Mahomet II.

Wir können nun anhand dieses Berichts Voltaires zur römischen Geschichte sowie bestimmter Äußerungen aus dem *Dictionnaire philosophique* die persönliche Darstellungs- und Sichtweise Voltaires der *causa* Roms synthetisieren.

C.2.5. Voltaires Darstellung und Sicht der römischen Geschichte

Die Geschichte der Römer in der *Philosophie de l'histoire* dient Voltaire, wie schon erwähnt, auch der theologischen Propaganda. Die deistischen Züge der Religion der Eingeweihten werden hervorgehoben (*Phil. de l'hist.*, p. 263f.), und speziell auch die religiöse Toleranz und die daraus resultierende Absenz von Religionskriegen und Verfolgung Andersdenkender (*Phil. de l'hist.*, p. 264).

Was nun die eigentlichen historischen Zusammenhänge betrifft, ist der Beginn der römischen Geschichte gemäß Voltaire weniger von Tugend geprägt, da die Römer davon lebten, ihre Nachbarn auszuplündern (*Phil. de l'hist.*, p. 262f.) Der Autor hebt jedoch die Leistungen der Römer auf juristischem Gebiet hervor (*Phil. de l'hist.*, p. 263).

Für den Untergang macht Voltaire die Schwächen der Kaiser, die persönlichen Interessen der Beamten, den Haß der alten gegen die neue Religion, die Streitereien in der neuen Religion sowie die Abkehr von der Kriegskunst verantwortlich: all dies schwächte den Staat und lockte die Barbaren ins Land (*Phil. de l'hist.*, p. 266).

Auch im *Dictionnaire philosophique* geht Voltaire wiederholt auf die Römer ein, hebt die römische Toleranz in religiösen Angelegenheiten hervor (z.B.: *DP*, pp. 51; 270f.) und führt etwa den Mangel an religiösen Streitigkeiten und Menschenopfern darauf zurück, daß kirchliche Gesetze ohne ausdrückliche staatliche Sanktion nicht rechtskräftig waren (*DP*, p. 268). In Bezug auf die unter den Römern zu verzeichnenden Christenverfolgungen vermerkt Voltaire, daß die Zahl der Opfer geringer sei als allgemein behauptet (*DP*, p. 129f.) und daß die tatsächlichen Opfer zu jenen Zeiten zu verzeichnen gewesen wären, als die Christen die Ruhe im Staat störten (*DP*, p. 183) und anfingen, eine Partei im Staat zu sein (*DP*, p. 363) - diese

Aussage steht diametral Bossuets Aussagen gegenüber, demgemäß sich die Christen niemals politisch betätigt hatten (vgl. Kap. C.1.5.).

Auch in diesem Werk unterstreicht Voltaire wiederholt den Deismus der Römer: während die Eingeweihten deutlich ein *être suprême* verehrten, war der Senat aus Atheisten zusammengesetzt (*DP*, p. 55). Dieser Senat war sodann auch schuld am Untergang der Republik (*DP*, p. 56):

Il n'en était pas ainsi du sénat de Rome, qui était presque tout composé d'athées de théorie et de pratique, c'est-à-dire qui ne croyaient ni à la Providence ni à une vie future ; ce sénat était une assemblée de philosophes, de voluptueux et d'ambitieux, tous très dangereux, et qui perdirent la république. L'épicuréisme subsista sous les empereurs : les athées du sénat avaient été des factieux dans les temps de Sylla et de César ; ils furent sous Auguste et Tibère des athées esclaves.

C.3. Montesquieu und dessen *Considérations sur les causes de la grandeur des Romains et de leur décadence*

Wir bringen im folgenden Kapitel zunächst eine Übersicht über Montesquieus Rezeption in der Sekundärliteratur (Kap. C.3.1.), gehen sodann kurz auf das Werk der *Considérations* ein (Kap. C.3.2.) und schließen mit einer Chronologie der römischen Geschichte, wie Montesquieu sie in den *Considérations* präsentiert (Kap. C.3.3.)

C.3.1. Montesquieu in der Sekundärliteratur

Wir möchten in diesem Unterkapitel eine Reihe von repräsentativen Stellungnahmen der Sekundärliteratur zur Person und zum Werk von Montesquieu vorstellen, mit denen wir unter anderem sodann die Ergebnisse unserer Textanalysen vergleichen können. Es wird dabei auch deutlich werden, daß Person und Werk teilweise sehr unterschiedlich rezipiert und beurteilt wurden. Einigkeit herrscht jedoch bezüglich des innovativen Geistes von Montesquieu. Wir ordnen in der Folge die einzelnen Stellungnahmen thematisch.

C.3.1.1. Biographie

Charles-Louis de Secondat wird 1689 in der Nähe von Bordeaux als Sohn einer Familie mittleren Adels geboren (Cannon et al. 1988: 286). Er erhält zuerst eine Ausbildung bei den *Oratoriens* von Juilly und studiert im Anschluß Jura in Bordeaux und Paris (Pléiade 1949: *vie*). Sein Vater stirbt, als Charles-Louis erst 24 Jahre alt ist, und hinterläßt seinem Sohn die Verantwortung für das familiäre Besitztum la Brède bei Bordeaux. Zwei Jahre später heiratet Charles-Louis eine wohlhabende Frau, Jeanne de Lartigue (Pléiade 1949: *vie*), eine Protestantin (Starobinski ³1994: 15), und in seinem 27. Jahr hinterläßt ihm ein Onkel ein gewisses Vermögen, den Barontitel de Montesquieu sowie das Amt des Präsidenten (Richters[1]) des Parlaments von Bordeaux. 1721 publiziert er seine *Lettres Persanes* (vgl. Kap. C.3.1.2. *Werke*), was ihn gleichsam über Nacht bekannt werden läßt. Montesquieu verkauft sein Richteramt und verbringt während seines restlichen Lebens viel Zeit in Paris. Er wird im Alter von erst 38 Jahren in die *Académie Française* gewählt. (Cannon et al. 1988: 286) Montesquieu unternimmt in der Folge längere

---

1   Vgl. Cannon et al. (1988: 286): "the office of president, or judge, in the Bordeaux *parlement*."

Reisen durch Europa, unter anderem nach Deutschland, Österreich, Italien, Holland und die Schweiz. Er hält sich zudem von 1729 bis 1731 in England auf, wo er als Freimaurer initiiert wird (Pléiade 1949: *vie*). Nach seiner Rückkehr nach Frankreich publiziert er die *Considérations* (1734; vgl. Kap. C.3.1.2.) und beginnt mit der Materialsammlung für sein Hauptwerk *De l'esprit des lois*, welches 1748 erscheint (s. Kap. C.3.1.2.; Cannon et al. 1988: 286). Trotz langanhaltender Begeisterung für sein Werk ist Montesquieu gegen Ende der Arbeiten nicht damit zufrieden: das Gefühl, die Unmenge an Material nicht zu einer Synthese bringen zu können, entmutigt den Autor zusehends und läßt ihn nach Abschluß der Arbeit erschöpft und unbefriedigt zurück (Dedieu 1966: 161f.). Im Jahre 1750 publiziert er in Reaktion auf zahlreiche jesuitische und jansenistische Angriffe die *Défense de l'esprit des lois*. Dennoch wird der *Esprit* im folgenden Jahr auf den Index gesetzt. Montesquieu stirbt 1755 (Pléiade 1949: *vie*), nachdem er die letzten Jahre seines Lebens in Blindheit verbracht hat - weite Teile des *Esprit* hat er diktieren müssen (Starobinski [3]1994: 28; 16).

C.3.1.2. Werke

Hält man sich an die Auswahl von *Kindlers Neuem Literaturlexikon* 1990, so sind die Hauptwerke Montesquieus (die einzigen, welchen Kindler einen Artikel widmet) die *Considérations* (p. 901f.), der *Esprit des lois* (p. 902ff.) sowie die *Lettres Persanes* (904f.). Die Produktion des Autors ist jedoch bedeutend reicher: sie beläuft sich auf an die 3000 Seiten in der Pléiade-Ausgabe von 1949-51 (der *Esprit* nimmt davon knapp 900 Seiten ein), wobei die Pléiade-Ausgabe laut Shackleton (1961: xiii) "lacks some material [...] notably the correspondence." Davon abgesehen enthält die *Pléiade*-Ausgabe folgende weitere Werke Montesquieus: Band I - Reden und Texte, welche für das Parlament in Bordeaux oder die Académie verfaßt wurden; politische Portraits, Reiseberichte; die "Pensées" (eine Art Stichworttagebuch, oft in Aphorismenform) sowie literarische Werke (*Lettres Persanes; Le Temple de Gnide; Céphise et l'Amour; Histoire Véritable; Arsace et Isménie*); Band II - die unter dem Titel *Préparation de l'esprit des lois* zusammengefaßten Werke, darunter die *Considérations*, sodann den *Esprit* selbst, zwei weitere Werkgruppen, welche unter *Après l'esprit des lois* (mit der *Défense de l'esprit des lois*) bzw. *Dernières œuvres* (eine Reihe literarischer und nicht-literarischer Texte) zusammengefaßt sind, weiters ein *Spicilège*, eine Parlamentsrede, Fragmente zu einer römischen Geschichte, den *Voyage à Paphos* (ein literarisches Kurzwerk lyrisch-antiker Inspiration) sowie acht Gedichte. Diesen Werken wird in der Kritik unterschiedlicher Stellenwert beigemessen, sowohl was deren politische Bedeutung als auch was deren literarische Qualität betrifft.

Abgesehen von den *Lettres Persanes* ist sich die Literaturkritik jedoch relativ einig darüber, daß die rein literarische Produktion von Montesquieu weniger Aufmerksamkeit verdient als dessen politische Schriften. Starobinski ([3]1994: 9f.) nennt etwa *Le Temple de Gnide* ("«peinture poétique de la volupté»") Montesquieus "œuvre inutile" beziehungsweise "sa plus mauvaise œuvre, celle où les défauts de l'époque s'accumulent" und meint weiter, daß Montesquieu, "l'historien, le sociologue, le juriste, le philosophe - merveilleux écrivain par surcroît", für die Liebhaber literarischer Freuden nur ein Mann des Stils war, der kein Werk anbietet, welches als Ganzes die Vollendung der reinen Sprachausschöpfung darstellt.

Die *Lettres Persanes*, Montesquieus erstes Werk, sind ein satirischer Roman in Briefform, welcher dem Autor durch den imaginären Filter zweier persischer Reisender gestattet, zeit- und gesellschaftskritische Betrachtungen zu objektivieren (Kindler 1990: 904).

Die *Considérations sur les causes de la grandeur des Romains et de leur décadence* sind eine geschichtsphilosophische Abhandlung, in welcher der Autor versucht, Größe und Untergang des römischen Reiches zu erklären, wobei das Beispiel der Römer als Beleg für allgemeine historische Zusammenhänge verstanden wird (Kindler 1990: 901f.; Dedieu 1966: 143). Dabei geht es Montesquieu auch darum zu zeigen, wie in modernen Fällen ein derartiger Zyklus, als welchen er diese Geschichte sieht, zu vermeiden ist (Benrekassa 1987: 181). "Ce qui nous est exposé, par le jeu des causes ajoutées aux causes, c'est le passage de l'actif au passif. Un peuple qui a bâti sa grandeur est devenu un empire qui se morcelle et qui subit le dépérissement." (Starobinski [3]1994: 95). Laut Benrekassa (1987: 181f.) handelt es sich auch um eine Kritik an den Römern, deren brutale Eroberungspolitik der klugen Politik der nördlichen Eroberer entgegengestellt wird und welche der Autor im *Esprit* (X, 14) fortsetzt, wo er etwa Alexander den Großen als positives Gegenstück präsentiert (Benrekassa 1987: 185). Wie der Titel der *Considérations* angibt, handelt es sich dabei weder um eine Anekdotengeschichte noch um eine Portraitgalerie, sondern um eine Reihe von Betrachtungen (Shackleton 1961: 157f.; Dedieu 1966: 140; Starobinski [3]1994: 88). Als wichtige "Ursachen" für Größe und Untergang werden die *Maximen* der Römer herausgearbeitet (Dedieu 1966: 152). Für Dedieu (1966: 193) handelt es sich hier um das bestkomponierte Werk des Autors, obwohl es nicht an sein (literarisches, aber auch historiographisches) Vorbild des *Discours sur l'histoire universelle* von Bossuet herankomme. Montesquieu unterwirft die *Considérations* vor der Veröffentlichung einer freiwilligen Zensur (u.a. durch den Jesuiten Bertrand Castel), um seiner literarischen und diplomatischen Karriere nicht zu schaden (Shackleton 1961: 154; vgl. dagegen etwa Starobinski [3]1994: 45, welcher Montesquieus ablehnende Haltung gegenüber dem Streben nach Ruhm und Reichtum unterstreicht).

De l'esprit des lois ist eine "sentenzenreiche Studie", in welcher Montesquieu versucht, "Ursprung und Tragweite der Gesetze, deren sich die verschiedenen Gesellschaftsformen bedienen oder früher bedienten, nachzuweisen." Dabei unterscheidet er grundsätzlich drei Regierungsformen, welche jeweils auf einem anderen Grundprinzip aufbauen und bei dessen Verlust zusammenbrechen müssen: die auf der Tugend aufbauende Republik, die auf der Ehre aufbauende Monarchie sowie der auf der Furcht aufbauende Despotismus. (Kindler 1990: 903) Im Rahmen dieses Werkes explizitiert Montesquieu sein Prinzip der Gewaltentrennung (Kindler 1990: 903; Starobinski [3]1994: 106). Das Werk ist als sein Lebenswerk das Resultat jahrzehntelanger historischer Studien, in denen sich dem Autor die Instabilität aller menschlichen Einrichtungen offenbart hat (Dedieu 1966: 132). Der Autor möchte die Geschichte verstehen lernen (Benrekassa 1987: 177). Die *Considérations* waren dabei nur eine, wenn auch wichtige, Etappe auf diesem langen und als mühevoll empfundenen Weg (Dedieu 1966: 144). Das aus 31 Büchern (welche wiederum in zahlreiche Kapitel unterteilt sind) bestehende Werk des *Esprit* gilt als sehr inkongruent. So ist es laut Dedieu (1966: 160) von Buch XIV bis XIX strikt deduktiv konstruiert, um danach seine Ordnung, Richtung und seinen Rhythmus zu verlieren; die Methode scheint sich erschöpft zu haben, genau wie der Autor selbst. Montesquieu, der sich dessen bewußt war, gibt der Natur seines Untersuchungsgegenstandes die Schuld und meint, es wäre irreführend, ein komplexes Gebiet übersichtlich darzustellen (Dedieu 1966: 194).

C.3.1.3. Forscherpersönlichkeit, Zugang und Methode

Cannon et al. (1988: 286) beschreiben Montesquieu als "a reasonable rather than a rational man, who lived by the principle, 'We should accommodate ourselves to this life; it is not up to this life to accommodate itself to us.'" Montesquieu ist fasziniert von der Komplexität der Dinge und absolut kosmopolitisch eingestellt. Für Starobinski ([3]1994: 19) ist er - abgesehen vom "meilleur des Européens" - auch ein "Français patriote". Auch Starobinski hebt Montesquieus moderates Wesen hervor: Montesquieu definiert "bonheur" als "absence d'ennui et de chagrin" und schätzt sich selbst als glücklichen Menschen ein; das Unglück liegt in den Extremen der Leidenschaft und der Apathie, die es zu vermeiden gilt (Starobinski [3]1994: 23). Allerdings ist Montesquieu auch ein gewisser intellektueller Stolz nicht fremd (Starobinski [3]1994: 51). Obwohl überzeugt von der Relativität aller Dinge, hält er das Streben nach Freiheit und Gerechtigkeit für moralische Absoluta. Er verbindet ein konservatives Temperament mit der Unzufriedenheit über die französische Monarchie unter Ludwig dem XIV., welchen er für despotisch hält. Für Dedieu (1966: 162) ist Montesquieu "un esprit plein de hardiesse et d'humanité", dessen wissenschaftlicher "effort" "grand" ist, auch wenn er letztendlich resigniert, weil er nicht alle Zusammenhänge, die er entdecken will, tatsächlich entdecken kann.

Benrekassa (1987: 162f.) nennt Montesquieu dagegen einen "pessimiste stoïcien", welchem neben einem gewissen Glauben an den zivilisatorischen Fortschritt ein aristotelisches Mißtrauen nicht fremd ist.

Was Montesquieus Untersuchungsgegenstand in der Geschichtsforschung betrifft, so geht sein Interesse nach einer anfänglichen Periode der sehr literarisch orientierten Portraitstudie zum Studium der menschlichen Institutionen über, welche ihm sodann als Basis seiner rechtstheoretischen Forschungen dient (Dedieu 1966: 131f.). Das Studium der Vergangenheit soll dazu dienen, die Gegenwart zu verstehen (Benrekassa 1987: 180f.).

In bezug auf Montesquieus methodologische Leistungen scheint die Literatur sehr gespalten. Einer sehr enthusiastischen Rezeption bei Dedieu 1966 geht eine eher strenge Kritik von Shackleton 1961 voraus. Benrekassas (1987) Sichtweise scheint dazu vergleichsweise differenzierter. Starobinski (³1994) ist wiederum nahezu durchgehend voll der Anerkennung für Montesquieus Leistungen.

Nach Dedieu (1966: 132) studiert Montesquieu seine Corpustexte mit philologischer Akribie (er fordert Historiker auf, "grammairiens" zu sein) und macht auf die sprachlichen Fallen von Textinterpretationen aufmerksam (indem er u.a. auf einen möglichen Bedeutungswandel von Termini in historischen Quellen hinweist). Ein wichtiger Grundsatz Montesquieus dabei ist, daß man niemals eine historische Epoche, deren Menschen und Einrichtungen mit den Maßen einer anderen Epoche messen kann und darf, sondern mit Kritik und Umsicht an das Material heranzugehen hat (Dedieu 1966: 133f.). Ebenso wendet sich Montesquieu gegen vorgefaßte Systeme, weil diese den Blick auf die wahren Tatsachen verschleiern, wobei er in beinahe moderner geschichtskritischer Weise solche Autoren (etwa Loyseau) be- oder verurteilt, welche sich nicht an diese Prinzipien halten (Dedieu 1966: 135f.; 147). Montesquieu plädiert dagegen für die Beobachtung und das Experiment als wissenschaftliche Methoden: es sind namentlich die wissenschaftlichen Methoden, die er auf die Geschichtsforschung angewandt wissen will. Dabei versucht er, dieselben Methoden für die Beschreibung der Gesetze anzuwenden, die in den Naturwissenschaften für die Beschreibung von Lebewesen angewendet werden. Auch bei den Gesetzen sind Veränderungen feststellbar, und es kann daher die Frage nach Ursachen, Bedingungen und Folgen gestellt werden. (Dedieu 1966: 147f.; 150) All dies wird zur "philosophischen Geschichte" verbunden: dies bedeutet für Montesquieu, daß die menschliche Geschichte über natürliche Mechanismen erklärt werden kann, welche der Autor später als physische und moralische Ursachen festmachen wird (Dedieu 1966: 137f.). Die wissen-

schaftliche Erklärung ist für Montesquieu die Reduktion verschieden scheinender
Ursachen zu einer Einheit, z.B. zu generellen Prinzipien, von welchen die verschiedenen Formen von Legislation ableitbar sind (Dedieu 1966: 151). Montesquieu glaubt überhaupt an eine Einheit der Welt, welche sich als Gewebe von Ursachen und Wirkungen denken läßt; aus dieser Einheit der Welt ergibt sich die
Einheit der Wissenschaft, deren Grundprinzip die Vernunft ist. Daher kann die
Welt auch mittels einer einzigen Sprache beschrieben werden, welche jedoch nicht
die technische Sprache der Mathematiker ist, sondern die vernünftige Sprache der
"honnêtes gens", der Sprache der "«belles lettres»". Die Mathematik kennt nur
wahr und falsch, es gibt jedoch auch ein "Wahrscheinlich", für welches Formulierungen notwendig sind, die diesen Zweifel ausdrücken. (Starobinski [3]1994: 11f.)

Das Studium der Gesetze soll für Montesquieu nach denselben Prinzipien erfolgen wie jenes der römischen Geschichte (Dedieu 1966: 152; dies ist ein weiterer Hinweis auf Montesquieus induktive Vorgehensweise; Anm.d.Verf.). Dazu
unternimmt er weitere Lektüren, sammelt Dokumente, vergleicht "bizarre" mit
"gewöhnlichen" Gesetzen, um diese auf gemeinsame Prinzipien zurückzuführen
(Dedieu 1966: 152). Dedieu (1966: 158) nennt Montesquieus Leistung auf dem
Gebiet der Methode "triomphe de la déduction cartésienne, soutenue par l'observation expérimentale : chef-d'œuvre de l'esprit scientifique", was er an anderer
Stelle näher definiert: "Montesquieu combine ainsi la méthode cartésienne, qui est
l'analyse des concepts, et la méthode expérimentale, qui est l'observation des phénomènes sociaux." (Dedieu 1966: 155).

Ganz anders liest sich Shackletons Stellungnahme zu Montesquieus methodologischen Leistungen. Zwar hebt auch er einige diesbezügliche Positiva hervor, wie
etwa Montesquieus Arbeitsweise, namentlich Exzerpta oder Synopsen seiner umfangreichen Lektüren zu verfassen, wie aus zahlreichen Erwähnungen v.a. in
seinen *Pensées* hervorgeht (unter diesen Lektüren fand sich auch eine erhebliche
Anzahl antiker Historiographen; Shackleton 1961: 153), oder die Tatsache, daß
Montesquieu seine Aussagen zur Klimatheorie experimentell belegt (er untersucht
eine Schafszunge unter dem Mikroskop bei verschiedenen Temperaturen und findet einen Beweis dafür, daß die Hautoberfläche bei Wärme expandiert und bei
Kälte kontrahiert; Shackleton 1961: 311). Ein weiteres methodologisches Positi-
vum Montesquieus ist das eifrige Studium von Reiseberichten, um seine Klima-
Theorie zu belegen (Shackleton 1961: 313).

Shackleton (1961: 158f.) hält Montesquieu jedoch für einen schlechten Historiker: er stützt sich auf zu wenige, nicht kritisch hinterfragte oder verglichene Quellen, er nützt auch nicht die damals schon zur Verfügung stehenden archäologi-
schen Möglichkeiten (allerdings war dies auch nicht der essentielle Teil von Mon-

tesquieus Arbeit, wie eingeräumt wird). Shackleton (1961: 159f.) kritisiert Montesquieu auch für dessen beinahe vollständiges Außerachtlassen der Kirchen- bzw. Religionsgeschichte in der Erklärung des Unterganges des Römischen Reiches. Die auf eine Forderung von Bodin zurückgehende und in der Aufklärung bereits fest verankerte Methode der Trennung von laizistischer Geschichte und Kirchengeschichte, welche das Ziel haben sollte, daß diese unabhängig voneinander untersucht werden konnten, verlangte nun nach Shackleton eine Zusammenführung der getrennt gewonnenen Ergebnisse unter Verwendung wissenschaftlicher Untersuchungsmethoden. Genau dies unterläßt Montesquieu jedoch dem Autor gemäß. Dort, wo er kirchenkritisch eintritt, handelt es sich um "special and limited manifestations of Christianity" (d.h. die orthodoxe Ostkirche; Anm.d.Verf.). Shackleton (1961: 162) führt dies auf Montesquieus Angst zurück, dafür feindselige Kritik ernten zu können. Auch die Tatsache, daß Montesquieu einige Male zumindest formal einer providentiellen Sichtweise der Geschichte (allerdings nur der Kirchengeschichte, nicht der laizistischen) Tribut zollt, wird von Shackleton (1961: 162f.) vermerkt; der Autor meint jedoch, daß nicht feststellbar ist, ob diese isolierten Stellen ernst oder aber ironisch gemeint sind. Starobinski (^{3}1994: 47f.) hebt dagegen Montesquieus kritische Äußerungen gegenüber dem Christentum hervor, auch wenn er dies auf Umwegen (etwa über seine Kritik am Islam) tut. Generell richtet sich Montesquieu gegen religiöse Extremismen, wie etwa Glaubenskriege. Zudem meint Starobinski (^{3}1994: 48), "[...] Montesquieu [...] explique l'histoire sans recourir un seul instant à la Providence comme principe d'interprétation [...]". Als Deist braucht er jedoch das Göttliche als "Cause première" (Starobinski ^{3}1994: 50).

Nach Benrekassa (1987: 178) kann sich Montesquieu zwar zumeist, aber nicht immer ganz, vor einigen seiner methodologischen Fallen retten, namentlich dem Miteinbeziehen mythologischer Ursprünge in seine Geschichtsbetrachtungen (vgl. seinen "historischen" Romulus in Kap. I der *Considérations*; Anm.d.Verf.), einem deterministischen Denken, welches zuweilen die Idee der echten Veränderung zu ersticken droht, sowie dem Primat politischer Faktoren, welcher den Autor in Richtung einer sterilen Typenlogik führt.

C.3.1.4. Montesquieus Theorien

Montesquieu schreibt jeder Gesellschaft einen *esprit général* zu, welcher beeinflußt ist von Klima, Religion, den Gesetzen, den Maximen der Regierung, dem Beispiel von Dingen aus der Vergangenheit, den Sitten (*mœurs*) sowie den Gebräuchen (*manières*). Das Schicksal einer Nation hängt vom Gleichgewicht dieser Faktoren ab (Shackleton 1961: 317; Starobinski ^{3}1994: 83; Benrekassa 1987: 170ff., welcher dazu vermerkt (p. 172), daß eine primitive "«psychologie des peuples»" nicht Montesquieus Ziel war, auch wenn diese Lesart möglich ist). Sitten und Gebräuche entstehen unabhängig von Gesetzen (Benrekassa 1987: 173). Die Menschen in einer Gesellschaft und ihre Institutionen regulieren einander gegenseitig, eine Stellungnahme, welche auch eine mögliche Antwort auf die klassische Frage nach der Priorität der Gesetze bzw. der Sitten liefert (Benrekassa 1987: 176). Jeder Versuch, einer Gesellschaft Institutionen aufzuerlegen, welche deren Traditionen widersprechen, führt zur Korruption (Cannon et al. 1988: 286). Zur Korruption und schließlich zum Fall einer Nation führt ebenso die Korruption irgendeiner jener physischen und moralischen Ursachen, welche Existenz und Aufstieg besagter Nation gewährleistet haben (Dedieu 1966: 139). Von den sieben genannten Ursachen ist nur eine (das Klima) physisch. Die physischen und die moralischen Ursachen haben nach Montesquieu jedoch zu unterschiedlichen historischen Epochen unterschiedlichen Einfluß: in primitiven Gesellschaften überwiegt der Einfluß der physischen Ursachen - in weiter entwickelten Gesellschaften entsteht eine Religion; Gesetze, Traditionen, Sitten und Gebräuche entwickeln sich, und Maximen werden ausgesprochen. Diese haben dann größeren Einfluß auf den *esprit général.* Der gute Legislator muß einerseits ungünstigen klimatischen Einflüssen entgegenarbeiten, andererseits müssen die Gesetze auch dem *esprit général* entsprechen. (Shackleton 1961: 317f.) Zudem zieht nach Montesquieu die Größe einer Nation unweigerlich die Dekadenz nach sich: in der Größe, im Erreichen eines Machtgipfels, liegt ein Ungleichgewicht, welches zum Untergang führt, wie der Fall der Römer illustriert (Dedieu 1966: 139f; Starobinski [3]1994: 50). Bestimmte Maximen in einem Staat ermöglichen den Aufstieg; diese Maximen werden sodann ungeeignet zur Verwaltung eines großen Staates; neue Maximen werden notwendig, was sodann die Dekadenz unausweichlich macht (Dedieu 1966: 143). Damit hat Montesquieu eine Theorie geschaffen, welche, obwohl sie wichtige Faktoren wie die ökonomischen außer acht läßt, die Rechte der Freiheit und die Rechte der Natur vereint (Shackleton 1961: 319). Auch Benrekassa (1987: 160) hebt Montesquieus "logique de la «nature des choses»" hervor, die Benrekassa gemäß eine konstruktive Sicht der Gesellschaft in sich birgt, auch wenn der Eurozentrismus, die Naturalisierung des Sozialen und der historische Fixismus dieser Logik gewisse Grenzen darstellen.

Montesquieu findet jedoch erst nach Umwegen zu dieser Theorie. Das erste Buch des *Esprit* enthält noch eine Reihe metaphysischer Erklärungsansätze für die Entstehung juristischer Gesetze: der Autor versucht, diese auf ein ewiggültiges Gerechtigkeitsprinzip zurückzuführen, dessen Herkunft nicht menschlich ist. Unter dem indirekten Einfluß von Hobbes bewegt sich Montesquieu zwar in Richtung einer mehr experimentellen Methode. Der auf den Prinzipien der Utilität und der Gewalt aufgebaute Erklärungsansatz von Hobbes, der jeglichen Despotismus zu rechtfertigen scheint, stößt Montesquieu jedoch ab. Auch kann Hobbes den komplexen Ursprung der Gesetze nicht erklären. Montesquieu bemüht sich in der Folge um eine Erklärung über natürliche und vernünftige Ursachen. Gewalt ist für ihn die Negierung der Vernunft, Hobbes' Methode daher ein Irrtum. (Dedieu 1966: 145f.; Starobinski [3]1994: 103) Entstehung und Veränderung der juristischen Gesetze führt Montesquieu schließlich auf zwei große Grundprinzipen zurück: ein moralisches, namentlich die Art der Regierung bzw. das Regierungsprinzip (Republik, Monarchie, Despotismus; Anm.d.Verf.), sowie ein physisches, Klima und Gelände (Dedieu 1966: 152f.; Benrekassa 1987: 161). Weder ein blindes Schicksal noch der Zufall formen und verändern die Welt, alles ist ein Produkt der Vernunft (Dedieu 1966: 154f.; Benrekassa 1987: 177). Montesquieus letztes Ziel ist das Zusammenführen der beiden Grundursachen (der moralischen und der physischen) auf ein einheitliches Prinzip; als er die Unmöglichkeit dieses Vorgehens erkennt, setzt seine Entmutigung und Resignation ein (Dedieu 1966: 161). Auch spricht sich Montesquieu nicht darüber aus, welches der beiden Prinzipien das wichtigere, bestimmendere ist (Dedieu 1966: 162).

Der für die Aufklärung so wichtige Fortschrittsgedanke scheint bei Montesquieu, dem "stoïcien pessimiste" (Benrekassa 1987: 184), immer gefährdet, und zuweilen ist eine klassische zyklische Sichtweise zu bemerken. Der Autor läßt insgesamt eine diskontinuierliche und differenzierte Sicht der Geschichte erkennen, es fehlen jedoch in seinem Werk nicht jene Momente, wo der Glauben an eine positive, dauerhafte Entwicklung zu bemerken ist (Benrekassa 1987: 183f.): Montesquieus Sicht ist ein "mélange difficile de défiance et de confiance envers le cours des choses" (Benrekassa 1987: 184). Auch Starobinski ([3]1994: 52f.; 108) hebt Montesquieus Mißtrauen dem zivilisatorischen Fortschritt gegenüber hervor.

C.3.1.5. Montesquieus Idiosynkrasien: Originalität und Kontinuität, Stärken und Schwächen

"[...] Montesquieu [entwickelt[e]] als einer der ersten Denker der Neuzeit einen Plan [...], Staat, Gesellschaft, Kultur und anthropologische Konstanten nach dem Vorbild der *lois naturelles* systematisch zu erforschen und aufeinander zu beziehen." (Kindler 1990: 901f.) Seine Methoden sind dabei im Gegensatz zu den antiken, bis ins 18. Jhdt. verbreiteten abstrakten, metaphysischen oder moralischen Ansätzen empirisch-wissenschaftlich (Kindler 1990: 903). Was die Auffindung der *causes physiques* betrifft, so legt Montesquieu allerdings weniger Originalität an den Tag als bei der Auffindung der *causes morales*: die Klimatheorie ist eine traditionelle Idee, welche bis zum 18. Jahrhundert stets neu wiederbelebt wurde (Dedieu 1966: 159).

Montesquieu ist unter die großen liberalen Staatstheoretiker des 17. und 18. Jhdts. zu reihen. Indem er sich am englischen Parlamentarismus des 17. Jahrhunderts orientiert und der politischen Gesetzgebung Vorrang vor den einzelnen Regierungssystemen gibt, bereitet er den modernen Rechtsstaat vor. (Kindler 1990: 903) Montesquieu ist mit seinen *Considérations* der Vorreiter einer neuen geschichtstheoretischen Ausrichtung: des Studiums der gesellschaftlichen und politischen Institutionen (Grell 1993: 140; 167). Seine Lehre von der Gewaltentrennung ist in die Verfassungen aller demokratischen Staaten eingegangen, garantiert dort die freie Selbstentfaltung des Individuums und verhindert die rechtliche Willkür der Obrigkeiten (Kindler 1990: 903). Montesquieu ist dabei schon in den *Lettres Persanes*, welche Cannon et al. (1988: 286) als "first major work of the French Enlightenment" bezeichnen, ein "politischer" Autor, der im Gegensatz zu den Moralisten des 17. Jahrhunderts steht: er interessiert sich für gesellschaftliche Verhältnisse, welche er als von gesellschaftlichen Einrichtungen abhängig sieht. Mit dem *Esprit* wird er endgültig zum Mitbegründer einer kritischen Demographie. (Kindler 1990: 905) Im Gegensatz zu Voltaire geht es Montesquieu dabei jedoch immer um ein relativierendes, gerechtes Urteil in seiner Zeitkritik (Kindler 1990: 904; vgl. auch Starobinski [3]1994: 58). Montesquieu empfindet auch nicht, wie Voltaire, die allesverschlingende Entropie der Geschichte, die absolute Absenz von Ordnung, er sieht nicht, wie Toqueville, die Unterdrückungsformen der modernen Gesellschaften voraus, aber er nimmt den geistigen Wagemut, den Kant als für die Aufklärung charakteristisch definieren sollte, vorweg. Indem er in immenser Arbeit Material sammelt und ordnet, lehrt er uns, daß es keine fertigen Wahrheiten und wiederverwertbaren Meinungen gibt. (Benrekassa 1987: 3) Montesquieu reevaluiert die Figuren der Vergangenheit (positiv: Tarquinius - und negativ: Augustus; Starobinski [3]1994: 92ff.; Grell 1993: 171), er beschreibt Anti-Helden, welche das genaue Gegenteil der großen aufgeklärten Monarchen sind, denen gewisse *Lumières* wie Voltaire oder Helvetius ihre Erneuerungsphantasien verschreiben (Benrekassa 1987: 185). Voltaire möchte in seinem *Essai sur les mœurs*, um der Unordnung der Geschichte zu entkommen, den Herrscher in den umsichtigen Verwalter der Notwendigkeit der Natur der Dinge verwandeln; Montesquieu versucht zu demselben Zweck, Politik und Geschichte zu vereinen (Benrekassa 1987: 186).

Die Originalität des Historikers Montesquieu besteht darin, daß er Geschichte weder als pittoreske Erzählung vergangener Ereignisse noch als moralische Lektion ansieht: sie ist für ihn vielmehr ein Thema für allgemeine Betrachtungen, welche moralisch, psychologisch oder politisch sein können. Montesquieu setzt dabei die Fakten als bekannt voraus. Für ihn gilt es, deren Geist herauszuarbeiten. (Dedieu 1966: 128) Dabei verwirft er jegliches Systemdenken, auch hier ist er innovativ (Dedieu 1966: 144). Montesquieus Idee von der *génération des lois*, das heißt die Kohärenz untereinander als auch die historische Entwicklung der Gesetze, ist völlig neu gegenüber den hergebrachten Systematisierungen politischer Gegebenheiten von Plato bis Bodin (Dedieu 1966: 137; Benrekassa 1987: 179). Er behandelt dabei die Gesetze als Wissenschaftler, nicht als Philosoph oder Rechtskundiger wie seine Vorgänger (Dedieu 1966: 150). Er bietet eine neue Methode zur Beschreibung der Gesetze an, demonstriert sie an einigen Beispielen und hofft, daß andere seine Entdeckungen vervollständigen werden (Dedieu 1966: 195). Montesquieu läßt mit seinem Werk die Jurisprudenz, welche bis dahin eine Disziplin für Eingeweihte gewesen ist, zu einem Teil der französischen Geisteswissenschaften und Literatur werden (Dedieu 1966: 161).

Montesquieus großes historiographisches Vorbild ist Bossuet und dessen *Discours sur l'histoire universelle*. Er bewundert dessen solide Komposition und dessen edlen Stil. Er übernimmt die Erklärungen Bossuets bezüglich natürlicher Ursachen und verwirft die providentielle Sichtweise. Er ersetzt Bossuets Glaubensintuitionen durch seinen Rationalismus. (Dedieu 1966: 138)

Montesquieus Schreibstil ist gewollt nüchtern; der Autor richtet sich gegen die damalige Mode, prägnante Stilmerkmale zu entwickeln und zu pflegen: ein tiefgründiger Geist beherrscht sein Thema und benötigt keinen Schmuck. Einige Stilregeln sind jedoch auch für Montesquieu ewiggültig: Ordnung, korrektes Raisonnieren, strenge Abfolge von Gedanken sowie Vermeiden von zu niedrigem oder zu hochtrabendem Stil. Für den Autor ist der echte Stil eine verkürzte Version des Gedankens. Dem Leser soll eine gewisse Gedankenarbeit überlassen werden. Der Autor deutet mehr an, als daß er ausführt. Wenn Montesquieu schnelle Schilderungen und elliptische Betrachtungen bevorzugt, orientiert er sich u.a. an Tacitus. Die Ellipsen fordern den Leser zu gedanklicher Arbeit heraus: logische Verbindungen zwischen Sätzen müssen rekonstruiert werden.[2] (Dedieu 1966: 182f.) "Pour bien écrire, il faut sauter les idées intermédiaires, assez pour n'être pas ennuyeux ; pas trop, de peur de n'être pas entendu. Ce sont ces suppressions heureuses qui ont fait dire à M. Nicole que tout les bons livres étaient doubles." (*Pensées*, III, p. 27; zitiert nach Dedieu 1966: 183; Starobinski [3]1994: 20) Zudem ist Montesquieu die Wahl eines würdigen Themas wichtig, weil nur dieses würdige Gedanken zu erzeugen imstande ist (Dedieu 1966: 183). Die Gedanken eines Autors sind zentral, wobei zum Ausdruck neuer Gedanken neue Wendungen gefragt

---

2 Diese Auffassung Montesquieus soll speziell von der bevorzugten Wahl von *logischen* (gegenüber *kausalen*) erklärenden Strukturen in den *Considérations* bestätigt werden (vgl. Kap. D.1.1.).

sind, welche diese neuen Gedanken zur Geltung bringen können. Montesquieu hat zudem ein spezielles Feingefühl für die Klänge in der Sprache, für Silbenmelodien, Harmonie der Wörter sowie einen melodiösen Rhythmus. (Dedieu 1966: 184) Während er davon jedoch selten Gebrauch macht, pflegt Montesquieu gerne den Abschluß von Gedanken durch großartige und pointierte Vergleiche, wie etwa den Schlußsatz der *Considérations* (Dedieu 1966: 186f.). Wie sein großes Vorbild Bossuet bemüht sich Montesquieu um die "recherche laborieuse de la grande période", ohne jedoch an Bossuet heranzukommen: Bossuet greift auf Subordination zurück, was seinen Gedanken einen kontinuierlichen Fluß verleiht; Montesquieu gebraucht juxtaponierte Sätze, was den Rhythmus unterbricht (Dedieu 1966: 187f.). Montesquieus Stil wirkt teilweise dicht und vor allem trocken. Der Autor inspiriert sich an der klassischen Antike, auch in der Wahl seiner Bilder und Vergleiche, doch vieles wirkt geborgt, künstlich und kontraproduktiv; die eigene Bilderarmut des Autors wird dadurch unterstrichen. (Dedieu 1966: 188ff.)

Montesquieus wissenschaftliche Tugend ist seine Genauigkeit, sowohl in der Anwendung der wissenschaftlichen Methoden als auch in seinen Detailstudien. Seine Intelligenz ist extrem analytisch, es fehlt ihr jedoch die Synthesefähigkeit. Montesquieu akkumuliert Material, kann jedoch aus den Fragmenten, im Gegensatz etwa zu Bossuet, kein Gesamtkonstrukt machen bzw. das Essentielle herausfiltern. (Dedieu 1966:191ff.) Diese Schwäche macht sich auch in seinem Werk bemerkbar, und zwar in der mangelnden Ordnung des *Esprit* (Dedieu 1966: 195). Anders sieht Starobinski ([3]1994: 27ff.) diesen Zug Montesquieus: indem Montesquieu seinen Blick aus der Ferne gleichsam über das Panorama aller Zusammenhänge streifen läßt, erhält er eine augenblickliche Synopse aller Phänomene, kann jedoch auch von Detail zu Detail springen; dies erklärt die mangelnde Ordnung des *Esprit*, das Staccato der Gedanken, welche jedoch nach Montesquieus eigener Auffassung durch verborgene Ketten verbunden sind. Trotz aller Kritik faßt Dedieu (1966: 196) sein Urteil über Montesquieu schließlich folgendermaßen zusammen: "Quoi qu'il en soit, Montesquieu est grand - par son caractère, par ses idées, par son amour de l'humanité, par la vigueur et la splendeur de son langage."

C.3.1.6. Montesquieus Werk: Reaktionen und Wirkung

Während die *Lettres Persanes* (1721) Montesquieu zu plötzlichem literarischem Ruhm verhelfen (Cannon et al. 1988: 286), können die schon deswegen mit Spannung erwarteten *Considérations* (1734) an diesen Erfolg kaum anknüpfen. Die Reaktionen der offiziellen Rezensoren, aber auch privater Leser sind "lauwarm" bis vernichtend. Das Werk wird im Volksmund *la décadence de Montesquieu* genannt.

Die Kritik reicht vom Vorwurf, die Römer als Schurken beschrieben zu haben, über ein Monieren von Montesquieus "persischem Stil" bis zum Vorwurf des Mangels an Kontinuität und gelegentlicher unverständlicher Passagen. Voltaires Urteil, es handle sich um ein originelles Inhaltsverzeichnis, abgefaßt in einem seltsamen Stil, dürfte der allgemeinen damaligen Auffassung sehr nahe kommen. (Shackleton 1961: 155ff.)

Das Werk *De l'esprit des lois* (1748) fordert dagegen den Vorwurf des Fatalismus oder Determinismus heraus (Benrekassa 1987: 160; Shackleton 1961: 313), welcher vor allem aufgrund der Strenge der Klimatheorie gemacht wird. Montesquieus eigene Antwort darauf sind die Hinweise dazu, daß der gute Gesetzgeber den Nachteilen des Klimas entgegenwirkt (Shackleton 1961: 313). Montesquieus Aussagen bezüglich unvermeidbarer Folgen von klimatischen Bedingungen ziehen sogar Anklagen des "Spinozismus" nach sich: zu groß sind die befürchteten Auswirkungen auf Moral und Religion von Montesquieus Aussagen zu den "natürlichen Ursachen" von etwa Polygamie in warmen Ländern oder der hohen Selbstmordrate in England (Benrekassa 1987: 159f.). Die Erfolgsgeschichte seiner Werke ist sehr widersprüchlich. Der *Esprit* erfährt noch im Erscheinungsjahr 22 Auflagen und alsbald Übersetzungen in die wichtigsten europäischen Sprachen (Kindler 1990: 903), kommt jedoch schließlich 1751 auf den Index (Pléiade 1949: *vie*).

Trotz dieser Kritiken wird das Werk Montesquieus noch im selben Jahrhundert große Wirkung zeigen, eine Wirkung, welche bis in unsere Tage spürbar ist.

Montesquieus Theorie, daß die Monarchie auf dem Ehrgefühl des Adels aufbaut, welcher dem Monarchen freien aber nicht unbedingten Dienst leistet und damit das Abgleiten der Regierungsform in den Despotismus verhindert, wird zum Slogan der französischen Parlamente gegen den bourbonischen Absolutismus. Die konstitutionell monarchistisch eingestellte Bewegung von 1789 beruft sich wiederum auf die Darstellung Montesquieus der englischen Verfassung als beinahe perfektes Vorbild, während Rousseau und die radikaleren Revolutionäre von jener Auffassung Montesquieus beeinflußt sind, daß die klassischen Republiken auf dem Prinzip der Tugend aufbauen, sprich darauf, daß der Bürger seine eigene Erfüllung mit dem Dienst an der Gemeinschaft identifiziert. (Cannon et al. 1988: 287) Obwohl die Gewaltentrennungslehre Montesquieus während der Revolution mit Rousseaus staatsrechtlicher Vorstellung von der *volonté générale* eines souveränen Volkes zusammenprallt (Kindler 1990: 903; Starobinski [3]1994: 121ff.; Montesquieu gilt während der Revolution, im Gegensatz zu Voltaire, als Reaktionär: Kindler 1990: 905), wurden letztendlich in Frankreich, und nicht nur dort, die Forderungen Montesquieus verwirklicht (Kindler 1990: 903). Montes-

quieu selbst kann jedoch die Wirkung seines Werkes kaum abschätzen: "On a pu
dire [...] que tout l'ouvrage de Montesquieu était une justification idéologique de la
noblesse de robe et des parlements, et que la cause qu'il défendait allait faire
naufrage à la fin du siècle. Selon Louis Althusser, c'est le peuple, le mouvement
démocratique, et non l'aristocratie libérale, qui tireront les bénéfices de l'attaque
dirigée par Montesquieu contre l'absolutisme." (Starobinski [3]1994: 131)

Durch die Publikation des *Esprit* öffnet Montesquieu den Historikern ein
neues Forschungsfeld und gibt ihnen gleichzeitig das notwendige Werkzeug in die
Hand. Die Verweltlichung der Staatsidee gestattet es, die politische Ordnung als
autonom und eigengesetzlich zu betrachten. Da es Montesquieu in seinem Werk
jedoch weder gelingt zu erklären, wie die Geschichte der Institutionen die Geschichte der Staaten erhellen soll, noch er in der Lage ist zu veranschaulichen, wie
das Funktionieren der Institutionen im Lichte der in den traditionellen Geschichten behandelten Krisen und Ereignisse betrachtet werden soll, finden seine
Theorien nur ein schwaches Echo in den Schriften der Historiker, während sie dagegen die politische und philosophische Diskussion entscheidend prägen. (Grell
1993: 169f.)

Durch seinen konstanten Humanismus, sein Mißtrauen gegenüber vorgefaßten
Theorien sowie sein Bemühen, dem Individuum Platz für dessen eigene Entwicklung zu geben, kann der *Esprit* als das Gründungsdokument des modernen Libera-
lismus gelten (Cannon et al. 1988: 287).

Auf Montesquieu allein geht schließlich die moderne, positivistische Methode
der Rechtswissenschaften und der Soziologie zurück (Dedieu 1966: 154). Cannon
et al. (1988: 286) nennen Montesquieu sogar den "creator of sociology".

C.3.2. Die Considérations sur les causes de la grandeur des Romains et de leur décadence

Wir wiederholen hier zunächst in etwas verkürzter Form jene Informationen zu
den *Considérations*, welche wir bereits im Abschnitt zur Sekundärliteratur präsentiert haben. Im Anschluß daran gehen wir etwas näher auf den Aufbau des Werkes ein.

Die *Considérations*, welche erstmals 1734 publiziert werden (Cannon et al. 1988:
286), sind eine geschichtsphilosophische Abhandlung, in welcher der Autor versucht, Größe und Untergang des Römischen Reiches zu erklären, wobei das Beispiel der Römer als Beleg für allgemeine historische Zusammenhänge verstanden
wird (Kindler 1990: 901f.; Dedieu 1966: 143). Dabei geht es Montesquieu auch
darum zu zeigen, wie in modernen Fällen ein derartiger Zyklus, als welchen er
diese Geschichte sieht, zu vermeiden ist (Benrekassa 1987: 181). Wie der Titel der
Considérations angibt, handelt es sich dabei weder um eine Anekdotengeschichte

noch um eine Portraitgalerie, sondern um eine Reihe von Betrachtungen (Shackleton 1961: 157f.; Dedieu 1966: 140; Starobinski [3]1994: 88). Als wichtige "Ursachen" für Größe und Untergang werden die *Maximen* der Römer herausgearbeitet (Dedieu 1966: 152). Für Dedieu (1966: 193) handelt es sich um das bestkomponierte Werk des Autors, obwohl es nicht an sein (literarisches, aber auch historiographisches) Vorbild des *Discours sur l'histoire universelle* von Bossuet herankommt.

Montesquieu wird mit seinen *Considérations* zum Vorreiter einer neuen geschichtstheoretischen Ausrichtung: des Studiums der gesellschaftlichen und politischen Institutionen (Grell 1993: 140; 167), auch wenn die unmittelbaren Reaktionen seiner Zeitgenossen auf das Werk fast durchgehend negativ sind. Die Kritik reicht - wie schon erwähnt - vom Vorwurf, die Römer als Schurken beschrieben zu haben, über ein Monieren von Montesquieus "persischem Stil" bis zum Vorwurf des Mangels an Kontinuität und gelegentlicher unverständlicher Passagen. (Shackleton 1961: 155ff.)

Das Werk selbst ist folgendermaßen aufgebaut: es umfaßt 23 Kapitel, wobei in der Kapitelreihenfolge fast ausschließlich eine chronologische Ordnung eingehalten wird. Ausnahmen bilden diesbezüglich Kap. II (*De l'art de la guerre chez les Romains*) und Kap.VI (*De la conduite que les Romains tinrent pour soumettre tous les peuples*), welche die jeweiligen Themen panchronisch mit Beispielen aus verschiedenen Epochen beleuchten, Kap. III (*Comment les Romains purent s'agrandir*) und VII (*Comment Mithridate put leur résister*), welche mehr eine Analyse als eine Chronologie darstellen, sowie Kap. VIII (*Des divisions qui furent toujours dans la ville*), welches nach Kap. VII zu Mithridates eine Rückblende zur Vertreibung der Könige und deren Folgezeit darstellt.

Die chronologisch orientierten Kapitel beschreiben zunächst die Anfänge der römischen Geschichte, wobei Montesquieu bis Romulus zurückgeht und diesen zu einer historischen Persönlichkeit macht (I *I. Commencements de Rome - II. Ses guerres*), über die ersten großen militärischen Erfolge (IV *I. Des Gaulois - II. De Pyrrhus - III. Parallèle de Carthage et de Rome - IV. Guerre d'Annibal*) bis zur Unterwerfung eines Großteils der damals bekannten Welt (V *De l'état de la Grèce, de la Macédoine, de la Syrie et de l'Égypte après l'abaissement des Carthaginois*). Diese Kapitel, gemeinsam mit den oben genannten, mehr analytisch als chronologisch orientierten Kapiteln II, III, VI, VII und VIII umfassen den Aufstieg bzw. die Expansion des Römischen Reiches. Es ist zu beachten, daß von 23 Kapiteln sich nur die ersten acht dem Aufstieg widmen.

Ab Kapitel IX beschäftigt sich der Rest des Werkes mit dem Niedergang, welcher für Montesquieu mit dem Untergang der Republik einsetzt. In den Kapiteln

IX (*Deux causes de la perte de Rome*) und X (*De la corruption des Romains*) leitet Montesquieu seine Darstellung des Untergangs ein. Diese beiden Kapitel sind zwar sehr
analytisch orientiert, jedoch chronologisch fest in der Schlußphase der Republik
verankert. Daraufhin folgt eine Darstellung der Bürgerkriege und deren Folgen in
Kap. XI (*I. De Sylla - II. De Pompée et César*) und XII (*De l'état de Rome après la mort de
César*). Die folgenden Kapitel beschreiben die mit Augustus einsetzende Kaiserzeit
während der außenpolitisch stabilen Phase (XIII *Auguste;* XIV *Tibère;* XV *Des empereurs, depuis Caius Caligula jusqu'à Antonin;* XVI *De l'état de l'empire, depuis Antonin jusqu'à Probus*).

In den Kapiteln XVII (*Changement dans l'état*) und XVIII (*Nouvelles maximes prises
par les Romains*) beschreibt Montesquieu den Übergang zu jener Phase der römischen Geschichte, in der das Reich seine militärische Stärke verliert und von
außen angreifbar wird. Kapitel XIX (*I. Grandeur d'Attila - II. Cause de l'établissement
des barbares - III. Raisons pourquoi l'empire d'Occident fut le premier abattu*) ist sodann
dem Untergang des Westreiches gewidmet. Die restlichen Kapitel (XX *I. Des conquêtes de Justinien - II. De son gouvernement;* XXI *Désordres de l'empire d'Orient;* XXII
Foiblesse de l'empire d'Orient; XXIII *I. Raisons de la durée de l'empire d'Orient - II. Sa destruction*) behandeln die letzten Jahrhunderte des Ostreiches und dessen abschließenden Untergang.

Wir bringen nun im Anschluß eine Übersicht über die Chronologie der römischen
Geschichte, wie sie aus den genannten 23 Kapiteln der *Considérations* hervorgeht.

C.3.3. Chronologie der römischen Geschichte nach Montesquieu

In den ersten Jahrhunderten der römische Geschichte werden bereits jene Umstände deutlich, welche in der Folge zum Aufstieg Roms geführt haben. Es ist
dies einerseits die Wahl der Regierungsform Republik, welche dem Geist der frei-
heitsliebenden Römer entspricht. In der Folge führt dies zu einer günstigen Entwicklung in einem weiteren, für den Aufstieg zentralen Bereich: der Kriegsführung. Kriegsführung ist für die Römer einerseits die einzige Möglichkeit, sich materiell zu versorgen (Rom selbst ist zu Beginn eine Stadt ohne Ressourcen), andererseits aber auch ein Teil des römischen Selbstverständnisses. Der ständige
Krieg, der zu Beginn nie dauerhafte Siege oder große Eroberungen mit sich
bringt, verhindert zudem gleichzeitig ein Ausruhen der Römer auf ihren Erfolgen
und die damit unweigerlich einhergehende Dekadenz. (Kap. I) Die Kriegskunst ist
ein wesentlicher Teil der römischen Kultur, sie ist vielleicht sogar mit dieser identisch. Hartes Training, Disziplin, Furchtlosigkeit und patriotische Opferbereit-
schaft lassen keinen Platz für Weichlichkeit, Sentimentalität, Ängstlichkeit und

den persönlichen Vorteil. Ein ständiges Lernen an immer anderen Feinden bezüglich Kampf- und Waffentechnik führt im Laufe der Zeit zu einer unüberwindbaren Überlegenheit anderen Völkern gegenüber. (Kap. II) Zudem ist die gleichmäßige Verteilung der Ländereien Ursache des Beginns der Expansion: niemand verzichtet zugunsten der eigenen Bereicherung auf die Eroberung der übrigen Welt und jeder hat gleich viel zu verlieren (Kap. III). Unter anderem in den Punischen Kriegen zeigt sich, wie waffen- und kampftechnische Nachteile durch die Übernahme jener Mittel, die den Gegner stark machen, dazu benutzt werden, für zukünftige Kriegshandlungen dazuzulernen und schließlich zu siegen. Auch kann ein armes, aber tugendhaftes und in sich gefestigtes Rom dem reichen, aber dekadenten und innenpolitisch zerrissenen Karthago nur überlegen sein. (Kap. IV) Im Anschluß an den dritten Punischen Krieg werden Griechenland und Makedonien erobert und Syrien sowie Ägypten geschwächt, wobei sich die Römer hier neben den klassischen Kriegstechniken speziell gewisser Zweck- und Scheinallianzen bedienen, die schließlich den ehemaligen Verbündeten zum Schaden gereichen (Kap. V). Zu den römischen Eroberungstechniken gehören zudem pseudolegale Schritte, die oft auf juridischen Wortklaubereien beruhen, Einschüchterung, Nichteinhalten eingegangener Verträge, existenzbedrohende Besteuerung, Säen von Zwietracht u.ä. (Kap. VI).

Obwohl es in Rom immer innere Spannungen zwischen den Plebejern und den Patriziern bzw. Adeligen gegeben hat, war die römische Verfassung bisher immer in der Lage, Machtmißbrauch zu verhindern. Pompeius, welcher mit seinen schnellen und zahlreichen Siegen (so etwa gegen den hartnäckigen Mithridates) die Größe Roms besiegelt, bringt allerdings bereits die öffentliche Freiheit in Gefahr, da die Verwaltung der Expansion nicht folgen kann. Zuzug durch eroberte Völker, Entwicklung von Reichtum und Armut in ungleicher Verteilung und die Verbreitung des epikureischen Gedankengutes sind für die beginnende Korruption gegen Ende der Republik verantwortlich zu machen. Die Dekadenz betrifft allerdings zu dieser Zeit noch nicht die Kriegsführung. (Kap. VII - XII)

Während Rom nach außen hin weiter expandiert, machen rücksichtslose und ehrgeizige Feldherren wie Marius, Sulla, der schon erwähnte Pompeius und Cäsar die ihnen anvertrauten Heere zu Werkzeugen ihrer eigenen Eitelkeit, stürzen den Staat immer wieder in Bürgerkriege und untergraben in ihrem persönlichen Machtstreben weiterhin die Republik mit ihren Institutionen (Kap. XI + XII). Unter dem Namen Augustus stellt Octavian die Ruhe im Staat wieder her, sein Ehrgeiz und Machtstreben besiegelt jedoch endgültig das Ende der Republik. Langsam und unmerklich verabsolutiert Augustus die Regierung, welche sich unter anderem durch lange Friedensperioden auszeichnet, was allerdings jenen Maximen widerspricht, die für den Aufstieg Roms verantwortlich waren. (Kap.

XIII) Die Nachfolger Augustus' sind vor allem durch Machtgier, Grausamkeit und Willkür gekennzeichnet, auch wenn dazwischen noch einmal eine längere Periode liegt, in der sich große tugendhafte Persönlichkeiten an der Macht befinden. Die Plebs wird durch die sprichwörtlichen "Brot und Spiele" und die Enteignungen der verhaßten Oberschicht gekauft, der Senat ist entmachtet und korrumpiert. Die Kaiser werden von ihren Armeen getragen und letztere daher mit Großzügigkeit gefügig gehalten, was den Staat an den Rand des wirtschaftlichen Ruins bringt und im Falle von notwendigen Einsparungsversuchen den Kaisern das Leben kostet. Dies gilt besonders in der an die severinische Epoche anschließende Periode der Militär-Anarchie. Gleichzeitig sind die ersten barbarischen Einfälle im Reich zu verzeichnen. (Kap. XIV - XVI)

Als die von Diokletian eingeführte Aufteilung der Herrschaft zu einer Aufteilung des Reiches führt und Konstantin seinen Regierungssitz nach Osten verlagert, zieht dies den Abzug von Arbeitskraft und Ressourcen aus Westrom nach sich. Als die Hunnen die Goten in Richtung Donau drängen und letztere Valens um Zuflucht bitten, läßt dieser sie in der Hoffnung auf eine neue Unterwerfung über die Grenze, hält allerdings nicht die gemachten Versprechungen von Nahrungsmittelversorgung, worauf die Goten das Land bis zum Bosporus verwüsten. (Kap. XVII) Das Imperium hat begonnen, anderen Reichen in Europa und Asien friedenserhaltende Tribute zu zahlen. Zusammen mit den immer noch hohen Ausgaben an die eigenen Soldaten wird Rom daher wirtschaftlich weiter geschwächt. In einem Versuch, dieser Situation durch Zurückgreifen auf billigere barbarische Hilfstruppen zu begegnen, werden Einheit, Leistung, Disziplin und der Patriotismus des Militärs – einer der Grundpfeiler des römischen Siegeszuges über andere Völker – untergraben. (Kap. XVIII) Einzelne Barbareninvasionen treiben langsam den Untergang voran. Ostrom verfügt über alle Reserven des Imperiums, wie etwa auch marine Streitkräfte, und geht zudem Allianzen mit barbarischen Stämmen ein, sodaß letztere sich auf ihrem Vormarsch nach Westen ausschließlich Italien zuwenden. Eine kluge Politik ermöglicht es Westrom, diese Barbaren vorerst an den Rändern des Reiches friedlich anzusiedeln. Als jedoch die hauptsächlich aus Fremden bestehende Armee unter Odoaker eine Aristokratie bildet, die sich ein Drittel der italienischen Ländereien aneignet, bedeutet dies den Todesstoß für Westrom. War der Aufstieg Roms eine Folge der Tatsache, daß Roms einzelne Kriege immer hintereinander stattfanden, so ist Roms Untergang dadurch bestimmt, daß plötzlich alle Feinde gleichzeitig angreifen. (Kap. XIX)

Ostrom kann länger bestehen, es läßt die einfallenden Nationen einander gegenseitig bekämpfen und unschädlich machen. Justinian kann mit Belisarius als General große Gebiete wieder zurückerobern. Justinians Persönlichkeit ist jedoch von Ruhmes- und Prunksucht, Härte, Ungerechtigkeit und Gier gekennzeichnet, und die ehrgeizigen, und letztlich nicht dauerhaften, Eroberungen bewirken, daß die Grenzen an der Donau und im Osten vernachlässigt werden, neue Barbarenschwärme, aber auch die Perser einfallen und dem Reich unheilbare Wunden schlagen. (Kap. XX) Die Perser, welche außer den Römern keine Feinde haben und zudem über eine starke militärische Disziplin verfügen, pressen immer mehr Tribut aus den an allen Grenzen kriegführenden Römern; zudem drängen auch noch die Awaren über die Donau. Die Innenpolitik Ostroms ist im Anschluß von der Tyrannei seiner Kaiser geprägt, der letztendlich auch die Kaiser selbst zum Opfer fallen: der Tyrannenmord und schnell wechselnde Herrscher sind die Regel. (Kap. XXI) Inzwischen haben die Araber, welche nicht nur von religiösem Eifer beseelt, sondern von vornherein ausgezeichnete Krieger sind, ihren Eroberungszug über Syrien, Palästina, Ägypten, Afrika und Persien begonnen. Im Zentrum der Aufmerksamkeit Ostroms stehen jedoch - längst ist das Christentum Staatsreligion geworden - (schein-)religiöse Fragestellungen, die nicht nur auf den zahlreichen Konzilen diskutiert werden, sondern den gesamten Alltag im Staat bestimmen. (Kap. XXII)

Ostrom besteht nur deshalb weiterhin, weil einerseits die Araber nach ihren Eroberungen durch innenpolitische Kämpfe abgelenkt sind, andererseits Konstantinopel als einzige Handelsmacht übriggeblieben ist, nachdem die Goten und Araber überall sonst den Handel zerstört haben. Da Ostrom zudem noch die Meere dominiert, fließen mit einem Male wieder Reichtümer in den Staat, der sich so trotz der schlechten Regierung aufrecht erhalten kann. Doch dann verbünden sich Türken und Araber, erobern zuerst Persien und sodann das gesamte asiatische Gebiet Ostroms bis zum Bosporus. Schließlich greift auch der religiöse Erzfeind aus Italien Ostrom an. Doch noch einmal kann die Katastrophe verhindert werden: die Europäer rüsten zum Heiligen Krieg, die Kreuzzüge retten ein letztes Mal den wichtigen Stützpunkt Ostrom vor dem Untergang. Als sich jedoch die ehemaligen Mitstreiter Venedig und Frankreich gegen Ostrom verbünden, ist dieses mit seiner unkriegerischen Haltung chancenlos. Die Oströmer werden nach Asien zurückgedrängt und Konstantinopel 60 Jahre von Italienern verwaltet. In dieser Zeit wird der Handel nach Italien verlagert, Konstantinopel verarmt und kann selbst nach seiner Rückeroberung nicht mehr zu seiner alten Größe zurückfinden. Das Reich ist den nun im Eifer des neu übernommenen Glaubens einfallenden Osmanen nicht mehr gewachsen. Diese erobern zuerst Asien. In einem kurz darauf folgenden Bürgerkrieg in Konstantinopel rufen die einzelnen Parteien türkische Sultane zu Hilfe, welche den Rest des Reiches auf die Vorstädte Konstantinopels reduzieren, den Herrschaftsbereich der letzten oströmischen Kaiser. (Kap. XXIII)

Teil D

Ergebnisse der Textanalysen

Wir bringen nun die Ergebnisse unserer Textanalysen. Wir beginnen mit einer Darstellung unseres Analyse- und Syntheseinstrumentariums, welches die Konzepte "Erklärung", "semantische Felder" sowie "semantische Makrostrukturen" vereint und welches wir auf den Gesamttext von Montesquieus *Considérations* sowie auf Ausschnitte von Bossuets *Discours sur l'histoire universelle* und von Voltaires *Philosophie de l'histoire* angewendet haben (D.1.).

Die nächsten vier Kapitel sind unseren Untersuchungsergebnissen bezüglich Montesquieus *Considérations* gewidmet: in Kap. D.2. besprechen wir das Zusammenspiel von Erklären und Erzählen auf der Mikroebene der *Considérations* und stellen texttypologische Überlegungen an; in Kap. D.3. betrachten wir die übergeordneten semantischen Strukturen (oder Makrostrukturen im weiteren Sinne) der *Considérations*, wobei wir ebenfalls erklärungslogische Aspekte miteinbeziehen, da sich diese nicht getrennt von den Makrostrukturen selbst behandeln lassen; in Kap. D.4. präsentieren wir unsere Ergebnisse zu den in den *Considérations* auf allen Textebenen aktivierten semantischen Feldern oder Feldkomplexen, und in Kap. D.5. stellen wir schließlich kurze Überlegungen zu den pragmatischen Effekten bestimmter semantischer Konfigurationen innerhalb der *Considérations* an und ziehen auf dieser Basis Schlüsse auf die historiographische und schriftstellerische Berufung Montesquieus.

Zuletzt bringen wir einen Vergleich der Textdaten, welche wir in unseren Untersuchungen von Voltaires *Philosophie de l'histoire* (D.6.) und von Bossuets *Discours sur l'histoire universelle* (D.7.) gewonnen haben, mit jenen zu Montesquieus *Considérations*.

D.1. Technik der semantischen Untersuchung der *Considérations* bezüglich deren propositionalen Aufbaus mittels eines Analyse- und Syntheseinstrumentariums, welches die Konzepte "Erklärung", "semantische Felder" sowie "semantische Makrostrukturen" vereint

Bevor wir die Resultate unserer Textanalysen zu Montesquieu alleine (Kap. D.2. bis D.5.) bzw. zu Montesquieu im Vergleich mit Voltaire und Bossuet (Kap. D.6. und D.7.) präsentieren, wollen wir im vorliegenden Kapitel zunächst jene konkrete Technik vorstellen, mit deren Hilfe wir zu unseren Resultaten gelangt sind.

Wir wiederholen an dieser Stelle aus Gründen der Übersichtlichkeit einige Informationen, welche wir bereits in Kap. B.6. gebracht haben. Es handelt sich dabei um unsere Prämissen bezüglich textueller Architekturen im allgemeinen sowie der *Considérations* im speziellen (D.1.1.). Im Anschluß daran stellen wir unsere Analysetechnik für die einzelnen der in den *Considérations* von uns festgemachten Textebenen vor (D.1.2. - D.1.7.). Wir schließen dieses Kapitel mit einer Präsentation von Beispieltabellen (in Querformat), auf welche wir im Laufe des Kapitels verweisen werden (D.1.8.).

D.1.1. Zum Konzept der "Hierarchie der Propositionen"; verwendete Terminologie

Wie schon in Kap. B.6. bemerkt, gingen wir in unseren Analysen davon aus, daß der Inhalt eines jeden Textes aus Propositionen zusammengesetzt ist. Auf einer etwas höheren Ebene befinden sich jedoch erneut inhaltliche Einheiten, die in gewisser Weise in sich abgeschlossen sind und deren formale Realisierung der Absatz darstellt. Der Inhalt eines Absatzes kann nun wiederum in einer Proposition abstrahiert oder zusammengefaßt werden. Nannten wir die ursprünglichen Propositionen *Mikropropositionen*, so bezeichneten wir diese "Absatzpropositionen" als *Makropropositionen*. Manche Texte, wie z.B. unser Corpustext, sind in Kapitel gegliedert, deren Inhalt wiederum in einer Proposition zusammengefaßt werden kann. Diese nannten wir *Megaproposition*. Jeder Text hat schließlich als Gesamtheit eine bis einige wenige Propositionen, auf die er reduziert werden kann und die wir als *Gigapropositionen* bezeichneten.

Wir haben den Gesamttext der *Considérations* auf allen diesen Ebenen bezüglich seiner erklärenden Strukturen und der davon aktivierten semantischen Felder untersucht, wobei mittels unseres neu entwickelten Beschreibungsinstrumentariums gezeigt werden konnte, daß und wie die Ebenen systematisch aufeinander aufbauen.

D.1.2. Die Mikroebene

Ein typischer historiographischer Text wie die *Considérations* enthält einerseits erzählende, andererseits erklärende Elemente. Erzählungen können in Erzählschritte aufgegliedert werden, welche sich z.B. dadurch auszeichnen, daß Ereignisse einander chronologisch folgen oder Zustände einer Veränderung unterworfen werden. Die Ereignisse oder Zustandsänderungen können sodann bezüglich ihrer Ursachen und Wirkungen, ihrer Gründe und Folgen oder ihrer Motive erklärt werden. In einem stark erklärenden Text wie dem vorliegenden Corpustext hat fast jeder Erzählschritt einen dazugehörigen Erklärungsapparat. Wir befinden uns damit in Textstrukturen, welche narrativ sind, und zwar vom Typ der Elaboration höherer Ordnung. Wir bezeichnen die Abfolge der Chronologie an Ereignissen und Zustandsänderungen als *parcours narratif* eines Textes und den jeweiligen Erklärungsapparat als *arrière-fond explicatif*. Ein im *parcours narratif* vermerkter Erzählschritt plus dessen *arrière-fond explicatif* ergibt somit eine textuelle Grundeinheit, welche wir *expositorischer Schritt* nennen möchten.

Im vorliegenden Text mit dem programmatischen Titel *Considérations sur les causes de la grandeur des Romains et de leur décadence* beziehen sich viele Zustandsänderungen auf jene der *Größe*. Uns interessierte nun, jene expositorischen Schritte des Textes zu isolieren, welche sich auf diese Größenveränderungen (konkreter und abstrakter Art) beziehen. Wir griffen daher einen Teil der gesamten Exposition heraus und ließen andere Teile außer acht. Zu letzteren gehörten insbesondere Vergleiche mit oder Erläuterungen anhand anderer historischer Kontexte sowie allgemeine historische theoretische oder philosophische Überlegungen des Autors.

Jeder Text hat mindestens so viele parallele (oder besser gesagt, miteinander verwobene) isolierbare expositorische Schritte, als semantische Felder im Text aktiviert werden: denn jedes semantische Feld öffnet durch seine Aktivierung im Text eine potentielle Entwicklung (welche eingelöst werden kann oder nicht) - Zustandsbeschreibungen öffnen die Möglichkeit der Beschreibung einer Zustandsveränderung, Ereignisbeschreibungen die Möglichkeit einer folgenden Chronologie weiterer Ereignisse. Alle diese isolierbaren expositorischen Schritte ergeben zusammen den komplexen *parcours narratif* und *arrière-fond explicatif* des Textes in seiner Gesamtheit.

Als Grundeinheiten der linguistischen Beschreibung verwendeten wir die in Kap. B.4. vorgestellten Propositionen. Innerhalb dieser Propositionen sind es v.a. die Prädikate, welche bestimmte semantische Felder aktivieren. Des öfteren können jedoch auch Subjekte diese Rolle erfüllen: namentlich dann, wenn das Subjekt keinen Eigennamen ("Römer", "Tiberius"), sondern eine Klassenbezeichnung darstellt ("die Kaiser" aktiviert etwa die *grandeur d'institution*, definiert in Kap. B.5. als die "politische Macht/Herrschaft") oder ein Abstraktum ("Regierung" aktiviert ebenfalls die *grandeur d'institution*). Im allgemeinen baut unsere Propositionsanalyse darauf auf, Abstrakta weiter in "konkretes Subjekt und Prädikat" ("Kaiser" > "X: herrschen") aufzulösen. Dies hätte jedoch teilweise sehr komplexe und unübersichtliche Strukturen ergeben, war für unsere Zwecke nicht immer relevant und wurde daher nicht immer vorgenommen.

Wir stellten in der Folge mehrere Fragen an die für uns relevanten expositorischen Schritte, deren Antworten wir sodann in einer überschaubaren Tabelle zugänglich machten:

– welche Propositionen ergeben den *parcours narratif* des vorliegenden Textes in bezug auf die semantischen Felder der *grandeur* und der *décadence*?

– welche Propositionen ergeben den jeweils entsprechenden *arrière-fond explicatif*?

– welche semantischen Felder (bzw. Sub-Felder: s. dazu Kap. B.5.) aktivieren die isolierten Propositionen?

– in welchem explikativen Verhältnis stehen der narrative und der erklärende Teil zueinander und damit die jeweils aktivierten semantischen Felder innerhalb eines expositorischen Schrittes?

Ein und dieselbe Proposition kann i.ü. in mehreren expositorischen Schritten aufscheinen und dort unterschiedliche Rollen spielen: sie kann einmal dem narrativen Teil angehören, um sodann im folgenden Schritt in den erklärenden Teil einzugehen, was den Standardfall innerhalb einer längeren Erklärungskette darstellt. Sie kann aber auch einmal Ursache, im Anschluß Motiv sein usw.

In einem ersten Analyseteil analysierten wir Absatz für Absatz eines jeden der 23 Kapitel der *Considérations*, indem wir die Oberflächenstrukturen des Textes gemäß den in Kapitel B.4. vorgestellten Prinzipien formalisierten und kommentierten. Weiters wurden die Lexeme oder Syntagmen, welche die relevanten semantischen Felder aktivierten, im Originaltext durch Fettdruck markiert und im Anschluß den jeweiligen semantischen Feldern zugeordnet. Oberflächenstrukturen, welche erklärende Verbindungen markierten, wurden kursiv markiert. Als Beispiel führen wir hier den 6. Absatz von Kapitel III der *Considérations* an (wir haben die Sätze des Originaltextes in runden Klammern und die von uns isolierten Propositionen in eckigen Klammern numeriert):

(7) Quand les **lois n'**étoient **plus rigidement observées**, les choses revenoient au point où elles sont à présent parmi nous : l'**avarice** de quelques particuliers, et la **prodigalité** des autres, *faisoient passer* les fonds de **terre dans peu de mains**, et d'abord les arts s'introduisoient *pour* les besoins mutuels des **riches** et des **pauvres**. (8) Cela *faisoit* qu'il **n'**y avoit presque **plus de citoyens ni de soldats** ; *car* les fonds de terre, destinés auparavant à l'entretien de ces derniers, étoient employés à celui des esclaves et des artisans, instruments du **luxe** des nouveaux **possesseurs** : sans quoi l'État, qui, malgré son **dérèglement,** doit **subsister**, auroit **péri**. (9) Avant la **corruption**, les **revenus** primitifs de l'État étoient partagés entre les soldats, c'est-à-dire les laboureurs : lorsque la république étoit **corrompue**, ils passoient d'abord à des hommes **riches** qui les rendoient aux esclaves et aux artisans, d'où on en retiroit, par le moyen des tributs, une partie pour l'entretien des soldats.

- les lois ne plus être rigidement observées : petitesse d'institution
- avarice : petitesse d'âme
- prodigalité : petitesse d'âme
- terres dans peu de mains : grandeur + petitesse économique[1]
- riches : grandeur économique
- pauvres : petitesse économique
- presque plus de citoyens ni de soldats : petite armée/petitesse militaire
- luxe : décadence
- possesseurs : grandeur économique
- dérèglement : EVT. décadence
- subsister : vie/grandeur physique
- périr : mort/petitesse physique

---

1   "grandeur + petitesse économique", welche mit dem Plus-Zeichen verbunden sind, steht in unserer Formalisierung für das Nebeneinanderexistieren von Reichtum und Armut, also für einen unausgeglichenen Zustand (im Gegensatz zum ausgeglichenen Zustand, wo es keine Extreme gibt und welchen wir mit "grandeur ≡ petitesse économique" formalisieren; Näheres zu unseren Formalisierungen bei der Darstellung von semantischen Feldern, s. Kap. D.4.2.1.10.).

- corruption : décadence
- revenus : grandeur économique
- corrompue : décadence
- riches : grandeur économique

Analyse von Satz (7): impliziter deduktiver Kontext

[8] [citoyens de communauté X : ¬(observer lois), t1] >> [citoyens de communauté X : ¬(avoir morceau de terre égal), t2][2]

[9] citoyens romains : ¬(observer les lois), t4

[10b] citoyens romains : ¬(avoir morceau de terre égal), t5

Die Proposition [10b], welche im Oberflächentext stark umschrieben ist (*les choses revenoient au point où elles sont à présent parmi nous*) ist über eine Negation aus einer Information des vorangehenden Absatzes abzuleiten: *(6) Les fondateurs des anciennes républiques avoient* **également partagé les terres** […]

Die erste Deduktion wird sodann mittels eines kausalen Kontextes in bezug auf die detaillierteren Ursachen explizitiert:

[10a] citoyens romains : avoir morceau de terre égal, t3

[11] citoyens romains A : être avares, t4

[12] citoyens romains B : être prodigues, t4

CAUS (vgl. Oberflächensignal *faisoient passer*)

[10b] citoyens romains : ¬(avoir morceau de terre égal), t5

impliziter deduktiver Kontext:

[13] [citoyens X : ¬(avoir morceau de terre égal)] >> [(citoyens X1 : être riches) ∧ (citoyens X2 : être pauvres)]

[10b] citoyens romains : ¬(avoir morceau de terre égal)

[14a] citoyens romains C : être riches

[14b] citoyens romains D : être pauvres

---

2   Hier ist zu beachten, daß die Zeitangaben t1/t2 in [8] sich auf das in [8] angeführte allgemeine Gesetz beziehen. Dahingegen referieren die Zeitangaben t3/t4/t5 in den Propositionen [9], [10a, b], [11] und [12] auf konkrete Zeitpunkte in der römischen Geschichte.

finaler Kontext:

[15] {[(citoyen X : être riche) ∨ (citoyen X : être pauvre)] ∧ [artisans : ¬(exister)]} >> {citoyen X : ¬(survivre)}

[14a] citoyens romains C : être riches (Minor 1: [*pour les besoins ...*] *des riches*)

[14b] citoyens romains D : être pauvres (Minor 2: [*pour les besoins ...*] *des pauvres*)

[16] citoyens romains-vouloir : citoyens romains-survivre (= Basismotiv: *pour les besoins* [*mutuels des riches et des pauvres*])

[17] citoyens romains-vouloir : artisans-exister (= direktes Handlungsmotiv)

Ergebnis der aufgegangenen Rechnung:

[17'] artisans : exister, t5 (*et d'abord les arts s'introduisoient*)

finaler Kontext aus Satz (8) (von *car* bis *artisans*):

[18] [citoyens X : ¬(payer artisans)] >> [artisans : ¬(exister)]

[17] citoyens romains-vouloir : artisans-exister (= Basismotiv)

[19] citoyens romains-vouloir : citoyens romains-payer artisans (= direktes Handlungsmotiv)

[19'] citoyens romains : payer artisans, t5 (= Handlungsteil: *car les fonds de terre* [...] *étoient employés à celui* [= *l'entretien*] *des esclaves et des artisans*)

Weiter unten im Satz (8) (von *sans quoi* bis *péri*) paraphrasiert Montesquieu seine Erklärung [14] bis [17] mittels eines hypothetischen Kontextes (N.B. die wiederaufgegriffenen Propositionen [16], [17] sowie [17']), welcher mit einem konzessiven und einem finalen Kontext kombiniert ist:

hypothetische Antiwelt:

[20a] [artisans : ¬(exister)] >> [citoyens X : ¬(survivre)] (= implizite Major)

[21] artisans : ¬(exister à Rome) (= Antiminor, explizit: *sans quoi*)

[22] citoyens romains : ¬(survivre) (= Antikonklusion, explizit: *l'État auroit péri*)

Beschreibung der realen Welt als finaler Kontext:

[20b] citoyens romains-penser : {[artisans : ¬(exister)] >> [citoyens romains : ¬(survivre)]}
(= implizite Major)

[16] citoyens romains-vouloir : citoyens romains-survivre (*qui* [= *l'État*] [...] *doit subsister*, welches als Paraphrase zu *pour les besoins* [*mutuels des riches et des pauvres*] gesehen werden kann, da beide die Überlebensnotwendigkeit/-intention ausdrücken) (= Basismotiv, explizit)

[17] citoyens romains-vouloir : artisans-exister à Rome (= direktes Handlungsmotiv, implizit)

[17'] artisans : exister à Rome (*les esclaves et les artisans, instruments du luxe des nouveaux possesseurs*) (= Zielteil; die Apposition *instruments* [...] stellt eine Explizitierung zu *esclaves/artisans* und damit eine (in diesem Kontext redundante) Basiselaborationsoperation dar, welche wir hier abstrahiert haben)

Mit Hilfe von *malgré son dérèglement* baut Montesquieu schließlich noch ein konzessives Element in dieses Raisonnement ein, welches eigentlich dem finalen Raisonnement vorausgeht, da es mit seiner Konklusion das Basismotiv für dieses finale Raisonnement liefert:

[23] [État X : être déréglé] ¿ [citoyens d'État X : ¬(survivre)]
[24] État romain : être déréglé (*malgré son dérèglement*)
dennoch: [16] citoyens romains-vouloir : citoyens romains-survivre

Der einleitende Teil von Satz (8) enthält einen kausalen Kontext:

[25a] soldats romains : être nombreux, t4
[17'] artisans : exister à Rome, > t5
CAUS (vgl. die Oberflächenstruktur *cela faisoit que*)
[25b] soldats romains : ¬(être nombreux), t6

Im Anschluß erklärt Montesquieu den letztgenannten kausalen Zusammenhang auch logisch mit implizitem finalem Element (*destinés* bis *derniers*):

[26] citoyens romains-penser : {[citoyens romains-payer soldats, quantité > a] >> [citoyens romains-¬(payer artisans)]}
[19] citoyens romains-vouloir : citoyens romains-payer artisans (= Basismotiv)
[27] citoyens romains-vouloir : citoyens romains-payer soldats, quantité < a (= direktes Handlungsmotiv)

[27'] citoyens romains : payer soldats, quantité < a, t5 (= Handlungsteil)

[28] [citoyens X : payer soldats, quantité < a] >> [soldats : ¬(être nombreux)]

[27'] citoyens romains : payer soldats, quantité < a

[25b] soldats romains : ¬(être nombreux), t6

Der Teil des Absatzes, welcher die folgenden Lexeme enthält (Satz (9)), ist eine reine Explizitierung/Paraphrasierung des vorhergegangenen Absatzteils und bringt keine neuen Informationen. Festzuhalten ist jedoch die starke Aktivierung des Feldes *décadence* in diesem Absatzteil:

- corruption : décadence
- revenus : grandeur économique
- corrompue : décadence
- riches : grandeur (négative) économique

In einem zweiten Analyseteil wurden die einzelnen expositorischen Schritte eines jeden Kapitels der *Considérations* in Tabellenform aufgelistet.

In jedem expositorischen Schritt wurden weiters seitlich innen neben den narrativen und erklärenden Propositionen jeweils die durch die Proposition aktivierten semantischen Felder angeführt. In der dritten Kolonne von rechts wurde angeführt, in welchem explikativen Verhältnis der explikative Teil zum narrativen Teil steht, und in der dritten Kolonne von links schließlich das Phänomen an der Textoberfläche, welches die Erklärung signalisiert (z.B. die Präposition *pour* in finalen Kontexten, das kausative Verb *agrandir* in kausalen Kontexten oder etwa der Vermerk "Juxtaposition", welcher angibt, daß das explikative Verhältnis zweier Sätze an der Oberfläche nicht durch Konnektoren o. a. gekennzeichnet ist).

PARCOURS NARRATIF		ARTICULATION		ARRIÈRE-FOND EXPLICATIF	
proposition	*champs sémantiques*	*signal de surface*	*valeur explicative*	*champs sémantiques*	*proposition*
[10b] citoyens romains : ¬ (avoir morceau de terre égal), t5	grandeur + petitesse économique (7)	*quand* [9]	MINOR [9] (MAJOR [8])	petitesse d'institution (7)	[8] [citoyens de communauté X : ¬(observer lois), t1] >> [citoyens de communauté X : ¬(avoir morceau de terre égal), t2] **[9] citoyens romains : ¬(observer les lois), t4**

In diese Tabelle gingen sodann auch Informationen ein, welche über das Niveau der einzelnen Propositionen (*Mikroniveau*) hinausgingen. In unserer Tabelle wurden gleich auch die Absätze markiert (durch "Bruchstellen" in der Tabelle zwischen den Absätzen). Da es ja ein weiteres Ziel unserer Analysen war, die höherliegenden semantischen Strukturen (*Makro-*, *Mega-* sowie *Gigastrukturen*) unseres Textes zu bestimmen, wurden die Ergebnisse der Synthese der Mikro- zu den Makrostrukturen ebenso gleich in die Tabelle miteinbezogen. Dies geschah durch Fettdruckmarkierung der als übergeordnet klassifizierten Mikrostrukturen bzw. durch Hinzufügen (in Fettdruck) an das Tabellenende jener übergeordneten Strukturen, welche aus den Mikrostrukturen "kondensiert" werden konnten. Die Prinzipien, nach denen dies geschah, werden weiter unten in Kap. D.1.3. erläutert. Nach jedem Absatz steht zudem das Bestimmungskriterium für den Makroschritt in Kurzform sowie eventuell nähere Erläuterungen in weniger evidenten oder besonders illustrativen Fällen. Als Beispiel führen wir erneut den 6. Absatz aus Kapitel III an (wegen des Querformates sei dazu auf Kap. D.1.8., Beispiel 1 verwiesen).

In einem dritten Analyseteil wurden die Informationen zu den semantischen Feldern eines jeden Kapitels der *Considérations* und deren explikative Verknüpfung aus der obigen Tabelle noch einmal getrennt angeführt. Die Informationen wurden hier jedoch nicht "textchronologisch", sondern nach semantischen Feldern geordnet aufgelistet. Dies ergab einen Überblick über thematische Schwerpunkte im jeweiligen Kapitel sowie die Verbindungen, welche der Autor zwischen den einzelnen Themen sieht. Als Beispiel dazu führen wir hier den Block zur *grandeur militaire* aus Kapitel III an:

puissance/grandeur militaire (6)	verursacht durch	grandeur ≡ petitesse économique (6)
puissance/grandeur militaire (15)	"	grandeur ≡ petitesse économique (15)
puissance/grandeur militaire (13)	bedingt durch	grande armée/grandeur militaire (13)
bonne armée/grandeur militaire (6)	verursacht durch	grandeur ≡ petitesse économique (6)
bonne armée/grandeur militaire (6)	bedingt durch	grandeur d'âme + grandeur militaire (6)
grande armée/grandeur militaire (13)	"	grandeur d'institution (12)
grande armée/grandeur militaire (16)	"	petitesse économique + ¬(luxe/décadence) (17)
petite armée/petitesse militaire (8)	verursacht durch	petitesse économique (8)
petitesse militaire (10)	bedingt durch	petitesse d'âme (10)
petitesse militaire (10)	"	corruption/décadence (10)
petitesse militaire (10)	"	¬(vouloir combattre)/ petitesse militaire (10)
petitesse militaire (8)	verursacht durch	luxe/décadence (8)
¬(vouloir combattre)/ petitesse militaire (10)	bedingt durch	- (10)[3]
petite armée/petitesse militaire (17)	"	grandeur économique + luxe/décadence (17)

(Die Zahlen in runden Klammern stehen für die Nummern der Sätze, in welchen die jeweiligen semantischen Felder aktiviert werden.)

---

3   In diesem expositorischen Schritt aktiviert der erklärende Teil ein nicht relevantes semantisches Feld, d.h. ein Feld, das nicht dem GRANDEUR/DÉCADENCE-Bereich entstammt.

D.1.3. Die Makroebene

Wir gingen davon aus, daß jeder Absatz eines sorgfältiger konstruierten Textes eine semantische "Hauptaussage" oder ein "Thema (im weitesten Sinne)" hat, welches mittels bestimmter Erweiterungstechniken zum vollen Oberflächenabsatz *elaboriert* wird. Wir nannten eine derartige "Hauptaussage" *Makroproposition*: "Proposition", weil wir zunächst davon ausgingen, daß derartige Informationen grundsätzlich in Propositionen verarbeitet werden, da kleinere Einheiten (isolierte Subjekte, isolierte Prädikate) letztendlich nichts aussagen; "Makro-", um diese Einheiten von den *Mikro*propositionen zu unterscheiden, welche wir auf der untersten Ebene (absatzintern) festmachen konnten.

Auf der Mikroebene konnten wir feststellen, daß Texte wie unser Corpustext aus narrativen und aus erklärenden Elementen bestehen und wir haben daher die deskriptive Einheit "expositorischer Schritt" angesetzt, welche aus einer Proposition mit erzählender Funktion sowie einer Proposition mit erklärender Funktion besteht (die erzählende Proposition wird erklärt). Es schien daher logisch und kongruent, daß auch die Makrostruktur, welche auf den einzelnen im Absatz befindlichen Mikrostrukturen (expositorischen Schritten) aufbaut, aber auch alle weiteren, höheren Einheiten (Megastrukturen, Gigastrukturen) diese doppelte Information enthalten. Wir haben in Kap. B.6.2. erwähnt, daß Elaborationen höherer Ordnung nicht "weggekürzt" werden dürfen, da sonst die Textur der fraglichen Struktur zerstört wird. Wir isolierten daher für jeden Absatz eine übergeordnete Struktur mit einer narrativen und einer erklärenden Proposition und nannten diese Struktur *Makroschritt* (zuweilen, weniger präzise, auch *Makrostruktur*). Aufgrund der doppelten Information wäre es nun irreführend, von Makro*proposition* zu sprechen, da ein Makroschritt ja zumindest zwei Propositionen enthält.

Wir haben die Makrostrukturen in der Tabelle durch Fettdruck hervorgehoben, wobei wir entweder vorhandene Strukturen markiert oder neu konstruierte Strukturen an das Ende der Tabelle zum jeweiligen Absatz angefügt haben. Bezüglich der Numerierung der Makrostrukturen ist festzuhalten, daß sie zeigen, auf welchen Mikropropositionen sie aufbauen, sofern die Mikroproposition nicht direkt selbst Makrostatus bekommt (z.B. [2-4] würde auf den Mikropropositionen [2] und [4] aufbauen). Nach jedem Absatz steht zudem das Bestimmungskriterium für den Makroschritt (s. im Anschluß) in Kurzform sowie eventuell nähere Erläuterungen in weniger evidenten oder besonders illustrativen Fällen.

Um nun die Makrostruktur eines bestimmten Absatzes festmachen zu können, muß, wie sich aus unseren Untersuchungen ergab, zuallererst der innere semantische Aufbau des Absatzes im Mikrobereich berücksichtigt werden. Die Qualität und Anordnung der in den Mikroschritten enthaltenen Informationen ist letztendlich ausschlaggebend dafür, nach welchem Prinzip der Makroschritt zu bestimmen ist. Dabei ergaben sich zwei Hauptprinzipien, welche wohl als prototypisch für derartige Texte anzusehen sind und welche wir in den folgenden beiden Unterkapiteln besprechen wollen.

D.1.3.1. Das Prinzip der Erklärungsklammer

Hat ein Absatz den für längere Erklärungen prototypischen Aufbau der *Erklärungskette*[4] (d.h. daß eine Proposition 1 eine Proposition 2 erklärt, welche wiederum eine Proposition 3 erklärt usw.), so kann nach dem Prinzip der Erklärungsklammer ein Makroschritt festgehalten werden, welcher Proposition 1 im erklärenden und die letzte erklärte Proposition im narrativen Teil hat. Der semantische Abstand zwischen diesen beiden Propositionen ist oft sehr groß, das heißt, daß etwa ein historisches Faktum mit etwas erklärt wird, was vom Autor als "Ur-Ursache" oder "Ur-Grund" präsentiert wird. Dies gibt oft überraschende Zusammenhänge, die jedoch vom Autor in seiner Erklärungskette letztendlich so präsentiert wurden (wenn auch mit allen Zwischenschritten). Von einem heuristischen Standpunkt aus betrachtet bringt diese Strategie tiefere Einblicke in weitläufige Zusammenhänge und eröffnet neue, globalere Perspektiven. Für ein Beispiel zu einer sehr breiten Erklärungsklammer sei auf Kap. D.1.8. (erneut Beispiel 1) verwiesen.

Bei einer konzessiven Erklärungsstruktur wird die Extrakondition (r) als erklärende Proposition für die (narrative) überraschende Konklusion ($\neg q$) gerechnet:

"(obwohl p und $p \not\subset q$, dennoch) $\underline{\neg q, da\ r}$" (Kap. D.1.8., Beispiel 2)

Bei einer (expliziten oder impliziten, d.h. anhand von Textdaten rekonstruierbaren) "Motiv-Aktion-aufgegangene Rechnung"-Kette wird die Proposition, welche die erste gesetzte Handlung ($X: P$) beschreibt, als erklärende Proposition betrachtet und die "Zielbeschreibung" (q) als die narrative Proposition (Großbuchstaben

---

4   Vgl. Metzeltin/Jaksches (1983: 57f.) *Sorites.*

stellen hier Prädikate und das Subjekt - X -, Kleinbuchstaben ganze Propositionen dar) [5]:

"X tat P und erreichte damit q" (Kap. D.1.8., Beispiel 3)

Bei einer "Motiv-Aktion-**nicht** aufgegangene Rechnung"-Kette (welche ja einer konzessiven Struktur entspricht, da das unerwünschte Ziel als überraschende Konklusion und eine nähere Erklärung bezüglich dieser überraschenden Konklusion als Extrakondition angesehen werden kann) wird die Proposition, welche die Extrakondition (s) beschreibt, als erklärende Proposition betrachtet und die "Zielbeschreibung" (r) als die narrative Proposition:

"(X erreichte)_r (obwohl X ursprünglich q wollte und deswegen P tat), da s vorlag" (Kap. D.1.8., Beispiel 4)

(Die Termini "überraschende Konklusion"", "Extrakondition", "Motiv", "Aktion", "(nicht) aufgegangene Rechnung" und "Zielbeschreibung" wurden in Kap. B.4. erklärt.)

D.1.3.2. Das Listenprinzip

Bringt ein Absatz mehrere expositorische Schritte, welche nicht aufeinander aufbauen, so sind alle Informationen (Propositionen) des narrativen Teils untereinander sowie alle Informationen (Propositionen) des erklärenden Teils untereinander zusammenzufassen. Es geht dabei darum, für die jeweiligen Prädikat- und Subjektgruppen einen gemeinsamen Überbegriff zu finden, welcher so wenig verallgemeinernd als möglich ist, damit möglichst viel Detailinformation erhalten bleiben kann (s. dazu auch den in Kap. B.6.2. erwähnten Hinweis von Van Dijk 1977: 136 zum "immediate superconcept"). Dieser Überbegriff kann auch schon in einer der betreffenden Propositionen vorkommen. Kann kein geeigneter Überbegriff gefunden werden (bei zu großer "Verschiedenheit" der Informationen), so müssen die jeweiligen Propositionen additiv miteinander verbunden werden. Für ein Beispiel zu einer Liste mit additiven und "Überbegriffs"-Elementen sei auf Kap. D.1.8. (Beispiel 5) verwiesen.

---

5   Geht aus einer motivationellen Erklärung nur Basismotiv und Handlungsteil hervor, so umfaßt die Erklärungsklammer das Basismotiv im erklärenden und den Handlungsteil im erzählenden Teil.

D.1.3.3. Kombination beider Prinzipien

Aus unseren Ausführungen wird deutlich, daß das Prinzip der Erklärungsklammer bei Texteinheiten angewendet wird, welche gemäß einer höheren Ordnung elaboriert sind, das Listenprinzip bei Texteinheiten, welche basiselaboriert sind.
Diese beiden Grundprinzipien können oder müssen miteinander verbunden werden, wenn die semantische Struktur des Absatzes Erklärungsketten mit Auflistungen verbindet oder gar verschachtelt (s. Kap. D.1.8., Beispiel 6).

Neben den beiden genannten Hauptprinzipien sind weitere semantische Kriterien relevant v.a. für die Ausscheidung weniger wichtiger Information im Rahmen eines Absatzes. Diese werden in den folgenden Unterkapiteln präsentiert.

D.1.3.4. Vorrang des Themas des Kapitels/Gesamttextes gegenüber anderen Informationen

Dieses Kriterium bedeutet für unseren konkreten Text, daß Informationen zu Größe und Fall der Römer Vorrang haben gegenüber Informationen etwa zu anderen Völkern oder aber Informationen zu den Römern, welche für einen anderen als dem im Text gerade besprochenen Zeitpunkt gelten.

D.1.3.5. Vorrang des Allgemeinen gegenüber dem Speziellen

Dieses Kriterium sagt aus, daß generelle Aussagen z.B. zu einer bestimmten Periode der römischen Geschichte Vorrang gegenüber konkreten Beispielen dazu haben.

Für ein Beispiel, welches "Thema", "Erklärungsklammer" und "Liste" als Bestimmungskriterien der Makrostruktur kombiniert, s. Kap. D.1.8. (Beispiel 6).

D.1.3.6. Einzig vorhandene Struktur

Zuweilen besteht ein Absatz aus einer einzigen Struktur. Dann muß nicht ausgewählt werden, was in der Folge durch "Bestimmungskriterium Makroschritt: einzig vorhandene Struktur" notiert wurde (es sind dies etwa Fälle, wo "topical sentences" nach Van Dijk 1977 explizit im Absatz vorhanden waren; s. Kap. B.6.2.).

D.1.3.7. Andere Strukturen auf der Makroebene

In einzelnen Kapiteln wurden bestimmte Makrostrukturen isoliert, welche wir nicht zur Konstruktion der jeweiligen Megastrukturen, sondern zur späteren Konstruktion der Gigastrukturen herangezogen haben. Es handelte sich dabei um Strukturen, welche inhaltlich über die Kapitelthematik hinauswiesen.

D.1.3.7.1. Makrostrukturen mit "Gigareferenz"

Es handelt sich bei solchen Strukturen um Makrostrukturen, welche Aufstieg oder Fall der Römer (oder beides in einer Gesamtschau) erklären. Diese Strukturen sind zuweilen schon direkt vom Mikro-Niveau übernommen und entsprechen sodann den "topical sentences" nach Van Dijk 1977, welche wir in Kap. B.6.2. erwähnt haben. Für ein Beispiel sei auf Kap. D.1.8., Beispiel 11 verwiesen.

D.1.3.7.2. "Schattenstrukturen"

Mit "Schattenstrukturen" bezeichneten wir jene Strukturen, welche in einem Kapitel zum Aufstieg der Römer Mißerfolge erklären oder in einem Kapitel zum Fall der Römer Erfolge erklären, welche demnach auf den jeweiligen anderen Teil des Textes referieren. Als Beispiel dafür haben wir in Kap. D.1.8. die Tabelle 12 angeführt.

Als Abschluß zum vorliegenden Kapitel zur Makroebene sei noch ein Hinweis auf die veränderte Natur von erklärenden Zusammenhängen auf den hierarchisch höheren Ebenen gegeben.

D.1.3.8. Aufhebung des Unterschiedes zwischen kausalen und logischen Erklärungen auf den hierarchisch höheren Ebenen

Es ist in bezug auf die Makro- sowie auf alle weiteren höheren Ebenen festzuhalten, daß der Unterschied zwischen kausalen und logischen Erklärungen auf diesen Ebenen dadurch aufgehoben wird, daß die Informationen diffuser verteilt gegeben und nicht mehr, wie auf der Mikroebene, durch spezialisierte Referenzmechanismen ausgedrückt werden. Statt daß dem Rezipienten explizit "A ist *Grund* für B" und "A ist *Ursache* für B" vermittelt wird, muß dieser aus mehr oder weniger regelmäßig verteilten Informationseinheiten ein verallgemeinerndes "A *erklärt* B" (re)konstruieren. Wir sprechen daher auf den höheren Ebenen von "kausalen und/oder deduktiven Erklärungen", welche sodann immer noch von etwa finalen und konzessiven Strukturen unterscheidbar bleiben.

D.1.4. Die Megaebene

Ausgehend von den Makrostrukturen konnten sodann die Megastrukturen ("Kapitel-Hauptaussagen") konstruiert werden, welche wiederum jeweils einen narrativen und einen erklärenden Teil aufwiesen.

Die Megastrukturen wurden in den Tabellen durch Kapitälchen und Fettdruck markiert. Bezüglich der Numerierung der Megastrukturen ist festzuhalten, daß sie zeigen, auf welchen Makropropositionen sie aufbauen, sofern die Makroproposition nicht direkt selbst Megastatus bekommt (z.B. {[2-4]-[7]} würde auf [7] und [2-4] aufbauen, wobei [2-4] auf den Mikropropositionen [2]und [4] aufbauen würde).

Aus unseren Analysen ergab sich, daß die Megastrukturen die auf der Mikroebene festgemachten erklärenden Muster wiederholten, wie in der Folge gezeigt wird.

D.1.4.1. Kausale und/oder deduktive Strukturen

Der Unterschied zwischen kausalen und logischen Erklärungen wird ja, wie soeben in Kap. D.1.3.8. erwähnt, auf den höheren Ebenen dadurch aufgehoben, daß die Informationen diffuser verteilt gegeben und nicht mehr, wie auf der Mikroebene, durch spezialisierte Referenzmechanismen ausgedrückt werden. Die kausalen und/oder deduktiven Strukturen stellen die unspezifizierteste Variante erklärender Strukturen dar. Als ein Beispiel dafür sei auf Kap. D.1.8., Beispiel 7 verwiesen, welches die Megastruktur von Kapitel III der *Considérations* präsentiert.

D.1.4.2. Finale Strukturen

Finale Strukturen der Megaebene können, wie jene der Mikroebene, entweder aufgegangenen oder nicht-aufgegangenen Rechnungen entsprechen. Für eine Megastruktur vom Typ "aufgegangene Rechnung" sei auf Kap. D.1.8., Beispiel 8 verwiesen, welches die Megastruktur von Kapitel VI darstellt. Beispiel 9 aus Kap. D.1.8. zeigt dagegen die Megastruktur von Kap. XVIII vom Typ "nicht-aufgegangene Rechnung".

Bei den komplexen finalen Megastrukturen (welche Basis- und direkte Handlungsmotive, Handlungsteile, Nebenbedingungen und Zielteile enthalten) wurden die "zentralen" Strukturen nach dem von der Makroebene bekannten Muster der Erklärungsklammer für derlei Strukturen ausgewählt (s. D.1.3.1.).

Die Termini "Basis-" bzw. "direktes Handlungsmotiv", "Handlungsteil", "Zielteil" wurden in Kap. B.4. erklärt; "Nebenbedingungen" sind notwendige oder hinreichende Bedingungen in bezug auf jene Konklusion, welche am Schluß der finalen Erklärung steht: die Endkonklusion ist damit sozusagen entweder aufgrund von mehreren parallelen Bedingungen (Motiv + Nebenbedingung) ableitbar oder sogar "überdeterminiert".

D.1.4.3. Konzessive Strukturen

Auf der Megaebene waren schließlich noch konzessive Strukturen zu verzeichnen. Für ein Beispiel siehe Kap. D.1.8., Beispiel 10, welches die konzessive Megastruktur von Kap. X präsentiert.

Bei den komplexen konzessiven Strukturen (welche Minores, überraschende Konklusion und Extrakondition enthalten) wurden die "zentralen" Strukturen nach dem Muster der Erklärungsklammer für derlei Strukturen ausgewählt (s. D.1.3.1.). Die Termini "Minor", "überraschende Konklusion" und "Extrakondition" wurden in Kap. B.4. erklärt.

Um nun von den konkreten Makrostrukturen zu den konkreten Megastrukturen zu kommen, sind erneut bestimmte Prinzipien miteinander zu kombinieren, wie wir in den folgenden drei Unterkapiteln erläutern wollen.

D.1.4.4. Das Listenprinzip

Strukturen mit einander semantisch deckenden narrativen Teilen (und mit einander deckenden oder nicht-deckenden erklärenden Teilen) können über Überbegriffe oder additiv zusammengefaßt werden, wobei die Zugehörigkeit der Propositionsinhalte zu bestimmten semantischen Feldern die semantische "Deckung" definiert; spezifischere Informationen "gehen" damit in allgemeineren Informationen "auf" (d.h. können "weggekürzt" werden). Dies gilt etwa für konkrete Beispiele in bezug auf generellere Regularitäten oder für jene Fälle, wo ein Prädikat in hyponymem Verhältnis zu einem anderen Prädikat steht (z.B. "ehrlich" als Unterbegriff zu "tugendhaft").

D.1.4.5. Das Prinzip der Erklärungsklammer

Entspricht die narrative Information einer Makrostruktur der erklärenden Information einer anderen Makrostruktur, so können die quasi als Zwischenschritt da-
zwischenliegenden, identen Informationen "weggekürzt" werden, wobei dann
nach bekanntem Muster die "Ur-Ursache" bzw. der "Ur-Grund" (die erklärende
Proposition der ersten Makrostruktur) und das Endresultat (die erzählende Proposition der zweiten Makrostruktur) stehen bleiben.

Die beiden genannten Prinzipien erwiesen sich speziell produktiv bei der Konstruktion von kausalen und/oder deduktiven Megastrukturen. Für die Konstruktion finaler und konzessiver Megastrukturen war zuweilen ein neues Prinzip vonnöten.

D.1.4.6. Das Prinzip des erklärungslogischen Sortierens der Informationen

Ohne Berücksichtigung der Tatsache, ob bestimmte Informationen den narrativen
oder den erklärenden Teil konkreter Makrostrukturen ausmachten, wurden sie
den einzelnen erklärungslogischen Kategorien der Megastruktur zugeordnet und
sodann nach dem Listenprinzip zusammengefaßt; die Bestimmung der logischen
Grundstruktur eines jeden Kapitels geschah in Vorstudien, in welchen die vorhandenen Informationen v.a. nach semantischen Feldern geordnet wurden, wodurch sich sodann die bereits bekannten erklärungslogischen Muster ergaben; sowohl bei der Zuordnung zu den einzelnen erklärungslogischen Kategorien
("Basismotiv", "Handlungsteil"; "Extrakondition" etc.) als auch bei der Zusammenfassung nach dem Listenprinzip und dem Prinzip der Erklärungsklammer war
die Zugehörigkeit der fraglichen Informationen zu den einzelnen semantischen
Feldern ein wichtiges Orientierungsinstrument.

D.1.5. Die Gigaebene

Die beiden Gigastrukturen, jene zum Aufstieg und jene zum Niedergang, wurden
aus den Megastrukturen aller Kapitel, den Makrostrukturen mit Gigareferenz sowie den Schattenstrukturen konstruiert. Diese Strukturen hatten dabei gleichberechtigten Status. Die Informationen, welche in den Megastrukturen der einzelnen
Kapitel gegeben werden, wurden als Explizitierungen oder Exemplifizierungen
der beiden Gigastrukturen betrachtet. Dies brachte technisch gesehen mit sich,

daß Erklärungsstrukturen, welche Handlungen von bzw. Ereignisse um Einzel-personen betrafen, in Strukturen, welche Handlungen der oder Ereignisse um die "Römer" betreffen, "aufgingen", sobald die Prädikate im erklärenden und im nar-rativen Teil "übereinstimmten". Als Kriterium für "Übereinstimmung" galt für uns, daß dieselben semantischen Felder bzw. Feld-Anhäufungen aktiviert wurden. Aus diesem Prinzip ergab sich parallel, daß Montesquieus Bezeichnungen für die von ihm beschriebene(n) Nation(en) "Römer" (als Gesamtbezeichnung für die Nation vor dem Fall) und "Griechen" (als Bezeichnung der Einwohner des Ost-reiches nach dem Fall des Westreiches) für uns unter "Römer" zusammengefaßt wurden. Wir gestatteten uns die beschriebenen technischen Mechanismen, da es Montesquieus Intention war, mit dem vorliegenden Text über die Römer allge-meinere historische Prinzipien zu illustrieren, um dann extrapolieren zu können. Dies geht u.a. aus jener Makrostruktur mit Gigareferenz (aus Kapitel XVIII der *Considérations*) deutlich hervor, welche als Beispiel 16 in Kap. D.1.8. angeführt wird.

Als Konstruktionsprinzipien genügten das Listenprinzip und das Prinzip der Erklärungsklammer; die Gigastrukturen waren durchwegs kausal und/oder de-duktiv aufgebaut. Bezüglich der Propositionsnumerierung der Gigastrukturen ist festzuhalten, daß sie zeigen, auf welchen Megapropositionen sie aufbauen, sofern die Megaproposition nicht direkt selbst Gigastatus bekommt (z.B. $\{[2\text{-}4]\text{-}[7]\}IV + \{[4\text{-}5\text{-}6]\text{-}[8\text{-}9]\}XVIII$ würde auf der Megastruktur aus Kapitel IV (ihrerseits $\{[2\text{-}4]\text{-}[7]\}$) und auf der Megastruktur von Kapitel XVIII (ihrerseits $\{[4\text{-}5\text{-}6]\text{-}[8\text{-}9]\}$) aufbauen; mit unserer Numerierungsmethode können wir die Herkunft von Informationseinheiten über alle Stufen der Hierarchie zurückverfol-gen).

Es wurde sodann die Gigastruktur (A) zu Aufstieg und Erfolg der Römer (s. Kap. D.1.8., Beispiel 13) sowie die Gigastruktur (B) zu Fall und Untergang isoliert (s. Kap. D.1.8., Beispiel 14).

Oberhalb des Giga-Niveaus der *Considérations* konnten noch zwei andere Struk-turen festgemacht werden, welche wir hier kurz anführen. Für eine genauere Dis-kussion dieser beiden Strukturen sei auf Kap. D.3.4. sowie D.3.5. verwiesen.

D.1.6. Die Giga-Plus-Ebene

Es konnte auch noch eine "Giga-Plus-Struktur" festgemacht werden, welche die beiden Gigastrukturen inhaltlich zusammenfaßt (s. Kap. D.1.8., Beispiel 15)

D.1.7. Die Meta-Giga-Ebene

Abschließend blieb noch eine Makrostruktur mit Gigareferenz aus Kapitel XVIII der *Considérations* übrig, welche über den Text der *Considérations* hinausweist und welche wir daher als "Meta-Giga-Struktur" bezeichneten (s. Kap. D.1.8., Beispiel 16).

D.1.8. Beispieltabellen

Zur Notation der Angaben zu den semantischen Feldern s. Kap. D.4.2.1.10.

D.1.8.1 Beispiel 1

Tabelle *parcours narratif* und *arrière-fond explicatif* von Absatz 6 aus Kapitel III: Bestimmungskriterium Makroschritt: Erklärungsklammer ([23b] wird erklärt durch "Ur-Grund" [9]) - mit großem konzeptuellen Abstand zwischen dem "Ur-Grund" und dem Endergebnis[1]:

(7) Quand les **lois n'**étoient **plus rigidement observées**, les choses revenoient au point où elles sont à présent parmi nous : l'**avarice** de quelques particuliers, et la **prodigalité** des autres, *faisoient passer* les fonds de **terre dans peu de mains**, et d'abord les arts s'introduisoient *pour* les besoins mutuels des **riches** et des **pauvres**. (8) Cela *faisoit* qu'il **n'**y avoit presque **plus de citoyens ni de soldats** ; *car* les fonds de terre, destinés auparavant à l'entretien de ces derniers, étoient employés à celui des esclaves et des artisans, instruments du **luxe** des nouveaux **possesseurs** : sans quoi l'État, qui, malgré son **dérèglement,** doit **subsister,** auroit **péri.** (9) Avant la **corruption,** les **revenus** primitifs de l'État étoient partagés entre les soldats, c'est-à-dire les laboureurs : lorsque la république étoit **corrompue,** ils passoient d'abord à des hommes **riches** qui les rendoient aux esclaves et aux artisans, d'où on en retiroit, par le moyen des tributs, une partie pour l'entretien des soldats.

---

1   Wir haben die Beschreibung der hypothetischen Antiwelt aus dem konditionalen Kontext [20a], [21] und [22] (*sans quoi l'État* [...] *auroit péri*) nicht in den *parcours narratif* aufgenommen, da diese für unsere Analyse von Montesquieus Beschreibung und Erklärung des tatsächlichen Verlaufes nicht relevant ist. Ebenfalls nicht Teil unserer Analyse ist - wie schon in Kap. D.1.2. - der redundante Inhalt von Satz (9).

PARCOURS NARRATIF		ARTICULATION		ARRIÈRE-FOND EXPLICATIF	
proposition	*champs sémantiques*	*signal de surface*	*valeur explicative*	*champs sémantiques*	*proposition*
[10b] citoyens romains : ¬(avoir morceau de terre égal), t5	gr. + p. écon. (7)	*quand* [9]	MINOR [9]	p. d'institut. (7)	[8] [citoyens de communauté X : ¬(observer lois), t1] >> [citoyens de communauté X : ¬(avoir morceau de terre égal), t2] **[9] citoyens romains : ¬(observer les lois), t4**
[10a] citoyens romains : avoir morceau de terre égal, t3 [10b] citoyens romains : ¬(avoir morceau de terre égal), t5	gr. + p. écon. (7)	*faisoit passer*	CAUS	p. d'âme (7)	[11] citoyens romains A : être avares, t4 [12] citoyens romains B : être prodigues, t4
[14a] citoyens romains C : être riches [14b] citoyens romains D : être pauvres	gr. + p. écon. (7)	*les fonds de terre dans peu de mains* [10b]	MINOR [10b]	gr. + p. écon. (7)	[13] citoyens X : ¬(avoir morceau de terre égal) >> (citoyens X1 : être riches) ∧ (citoyens X2 : être pauvres) [10b] citoyens romains : ¬(avoir morceau de terre égal)
[17'] artisans : exister, t5 (= Zielteil)	luxe/déca- dence (7)	*pour les besoins* [16]	MINOR [12] + MOTIV (Basismotiv [16])	(gr. + p. écon.) + vouloir (gr. phys. ⇒ ¬p. phys.) (7)	[13] {[(citoyen X : être riche) ∨ (citoyen X : être pauvre)] ∧ [artisans : ¬(exister)]} >> [citoyen X : ¬(survivre)] [14a] citoyens romains C : être riches [14b] citoyens romains D : être pauvres [16] citoyens romains- vouloir : citoyens romains-survivre (Basismotiv) [17] citoyens romains- vouloir : artisans- exister (dir. Handlgs.motiv)

[19'] citoyens romains : payer artisans, t5 (= Handlungsteil)	EVT. prodigalité/décadence (8)	*instruments de luxe* [17]	MOTIV (Basismotiv [17])	vouloir luxe/décadence (8)	[18] [citoyens X : ¬(payer artisans)] >> [artisans : ¬(exister)] [17] citoyens romains-vouloir : artisans-exister [19] citoyens romains-vouloir : citoyens romains-payer artisans
[17'] artisans : exister à Rome	luxe/décadence (8)	*qui* [= l'État] [...] *doit subsister* [16]	MOTIV (Basismotiv [16])	vouloir (gr. phys. ⇒ ¬p. phys.) (8)	[20b] citoyens romains-penser : {[artisans : ¬(exister)] >> [citoyens X : ¬(survivre)]} (= implizite Major) [16] citoyens romains-vouloir : citoyens romains-survivre (= Basismotiv, explizit) [17] citoyens romains-vouloir : artisans-exister à Rome (= direktes Handlungsmotiv, implizit)
[16] citoyens romains-vouloir : citoyens romains-survivre	(gr. phys. ⇒ ¬p. phys.) (8)	*malgré* + NP [24]	MINOR (CON-CESS.) [24]	EVT. décadence (8)	[23] [État X : être déréglé] ¿ [citoyens d' État X : ¬(survivre)] [24] État romain : être déréglé
[25a] soldats romains : être nombreux, t4 [25b] soldats romains : ¬(être nombreux), t6	petite armée/p. milit. (8)	*cela faisoit que*	CAUS	luxe/décadence (8)	[17'] artisans : exister à Rome, > t5
[27'] citoyens romains-¬(payer soldats), t5 (= Handlungsteil)	p. économ. (8)	implizit [19]	MOTIV (Basismotiv [19])	vouloir EVT. prodigalité/décadence (8)	[[26] citoyens romains-penser : {(citoyens romains-payer soldats) >> [citoyens romains-¬(payer artisans)]} [19] citoyens romains-vouloir : citoyens romains-payer artisans (= Basismotiv) [27] citoyens romains-vouloir : citoyens romains-¬(payer soldats)

[25b] soldats romains : ¬(être nombreux), t6	p. milit. (8)	*car* [27']	MINOR [27']	p. écon. (8)	[28] [citoyens X : ¬(payer soldats)] >> [soldats : ¬(survivre)] [27'] citoyens romains-¬(payer soldats)

D.1.8.2. Beispiel 2

Absatz 8 aus Kapitel XXIII: Makroschritt über Erklärungsklammer bei einem Absatz, welcher nur aus einer konzessiven Struktur zum Thema der Römer[2] besteht (die überraschende Konklusion [1] wird erklärt durch die Extra-Kondition [45]):

(13) *Ainsi*, pendant que l'**empire** étoit **affaissé** sous un **mauvais gouvernement**, des choses particulières le **soutenoient**. (14) C'est ainsi que nous voyons aujourd'hui quelques nations de l'Europe **se maintenir**, *malgré* leur **foiblesse**, par les **trésors** des Indes ; les États temporels du pape, par le **respect** que l'on a pour le **souverain** ; et les corsaires de Barbarie, par l'**empêchement** qu'ils mettent au **commerce** des **petites** nations, ce qui les rend utiles aux **grandes**.

[1] Empire grec : subsister longtemps	(gr. d'institut. ⇒ ¬p. d'institut.) + gr. temp. (1)	Hauptsatz [45] *pendant que* [43]+[44]	EXTRA-COND. (CONCESS. [45]) MINORES [43], [44]	gr. d'institut. ⇒ ¬p. d'institut. (13)	[42] [(état X : avoir mauvais gouvernement) ∧ (état X : être affaissé)] ¿ [état X : ¬(subsister)] [43] Empire grec : avoir mauvais gouvernement [44] Empire grec : être affaissé Extrakondition: [45] choses particulières : soutenir Empire

---

2   Der Inhalt von Satz (14) wurde als nicht zum Thema gehörig aus dem *parcours narratif* ausgeschlossen.

D.1.8.3. Beispiel 3

Absatz 9 aus Kapitel XXI: Makroschritt über Erklärungsklammer bei einer Motiv-Aktion-aufgegangene Rechnung-Kette (das Ziel [34] wird erklärt durch die Handlung [33']):

(17) Toutes les voies furent bonnes pour **parvenir à l'empire** : on y alla par les soldats, par le clergé, par le sénat, par les paysans, par le peuple de Constantinople, par celui des autres villes.

[33'] (Grec A : utiliser soldats) ∨ (Grec A : utiliser clergé) ∨ (Grec A : utiliser sénat) ∨ (Grec A : utiliser paysans) ∨ (Grec A : utiliser peuple de Constantinople) ∨ (Grec A : utiliser peuple des autres villes)	gr. d'institut. (relativ) (17)	*pour* [32] *être bonne* [33]	MOTIV (Basismotiv [32], direktes H.motiv [33])	vouloir (p. d'institut. ⇒ gr. d'institut.) (17)	[31] Grec A-penser : {[(A : utiliser soldats) ∨ (A : utiliser clergé) ∨ (A : utiliser sénat) ∨ (A : utiliser paysans) ∨ (A : utiliser peuple de Constantinople) ∨ (A : utiliser peuple des autres villes)] >> [A : parvenir à l'Empire]} [32] Grec A-vouloir : Grec A-parvenir à l'Empire (= Basismotiv) [33] Grec A-vouloir : [(A : utiliser soldats) ∨ (A : utiliser clergé) ∨ (A : utiliser sénat) ∨ (A : utiliser paysans) ∨ (A : utiliser peuple de Constantinople) ∨ (A : utiliser peuple des autres villes)] (= direktes Handlungsmotiv)

[34] Grec A : parvenir à l'Empire	p. d'institut. ⇒ gr. d'institut. (17)	*par* [33']	MINOR [33']	gr. d'institut. (relativ) (17)	[31'] [((Grec A : utiliser soldats) ∨ (Grec A : utiliser clergé) ∨ (Grec A : utiliser sénat) ∨ (Grec A : utiliser paysans) ∨ (Grec A : utiliser peuple de Constantinople) ∨ (Grec A : utiliser peuple des autres villes)] >> [Grec A : parvenir à l'Empire] **[33'] (Grec A : utiliser soldats) ∨ (Grec A : utiliser clergé) ∨ (Grec A : utiliser sénat) ∨ (Grec A : utiliser paysans) ∨ (Grec A : utiliser peuple de Constantinople) ∨ (Grec A : utiliser peuple des autres villes)**

D.1.8.4. Beispiel 4

Absatz 39 aus Kapitel XX: Makroschritt über Erklärungsklammer bei einer Motiv-Aktion-*nicht* aufgegangene Rechnung-Kette (das Ergebnis [177] wird erklärt durch die Extrakondition [170b']):

(63) Procope nous apprend que par la **destruction** des Samaritains la Palestine devint **déserte**, et ce qui rend ce fait singulier, c'est qu'on **affoiblit** l'empire, par zèle pour la religion, du côté par où, quelques **règnes** après, les Arabes **pénétrèrent** pour la **détruire**.

[167] Palestine : être déserte, t1	mort/p. phys. (63)	*devenir par*	CAUS	mort/p. phys. (63)	[166] Justinien : détruire Samaritains
[170'] = [159] Justinien : exterminer sectes **EXEMP** [170'a] Justinien : exterminer Samaritains en Palestine	mort/p. phys. (63)	*par* [169]	MOTIV (Basismotiv [169])	vouloir gr. d'institut. (63)	[168] Justinien-penser : [(Justinien-exterminer sectes) >> (Empire : avoir un culte)] [169] Justinien-vouloir : Empire-avoir un culte [170] Justinien-vouloir : Justinien-exterminer sectes (= dir. H.motiv)
[171] Empire : ¬(avoir un culte)	p. d'institut. (63)	Spaltsatz *c'est qu'on* [...] [170'b]	MINOR [170'b]	faiblesse/p. phys. (63)	[168'] (Justinien-exterminer sectes) >> (Empire : avoir un culte) [170'a] Justinien : exterminer Samaritains en Palestine Extrakondition: **[170b'] Justinien : affaiblir Empire en Palestine**
[174] Arabes-vouloir : Arabes-pénétrer dans Empire romain (= dir. H.motiv 1)	vouloir succès/gr. milit. (63)	*pour* [173]	MOTIV (Basismotiv [173])	vouloir gr. d'institut. (63)	[172] Arabes-penser : [(Arabes-pénétrer dans Empire romain) >> (Arabes : détruire religion chrétienne)] [173] Arabes-vouloir : détruire religion chrétienne (= Basismotiv 1)

[176'] Arabes : pénétrer dans Empire romain par la Palestine, t2	succès/gr. milit. (63)	implizit [174] EVT. *du côté par où* [167']	MOTIV (Basismotiv [174]) ANLASS [167']	vouloir gr. d'institut. + ANLASS: voir faiblesse/p. milit. (63)	[175] Arabes-penser : {[p ∨ q ∨ (partie P d'Empire romain : être faible)] >> [Arabes-pénétrer dans Empire romain]} [174] Arabes-vouloir : Arabes-pénétrer dans Empire romain (= dir. H.motiv 1 = Basismotiv 2) [167'] Arabes-voir : Palestine-être déserte (= Anlaß) [176] Arabes-vouloir : Arabes-pénétrer dans Empire romain par la Palestine (= dir. H.motiv 2)
[177] ≅ [171] Arabes : détruire religion chrétienne, t2	mort/p. d'institut. (aus der Sicht der *religion chrétienne*) (63)	*pour* [177]	MINOR [176']	succès/gr. milit. (63)	[172'] (Arabes : pénétrer dans Empire romain) >> (Arabes : détruire religion chrétienne) [176'] Arabes : pénétrer dans Empire romain par la Palestine

D.1.8.5. Beispiel 5

Absatz 16 aus Kapitel II: Makroschritt über Liste, welche eine Überbegriffs-Konstruktion mit additiven Elementen vereinigt:

(29) Comme leurs armées n'étoient **pas nombreuses**, il étoit aisé de pourvoir à leurs **subsistence** ; le **chef** pouvoit mieux les connoître, et voyoit plus aisément les **fautes** et les **violations de la discipline**.

[103] Romains : pourvoir à subsistance des armées, facile, degré élevé	gr. écon. (relatif) (29)	*comme* [102]	MINOR [102]	p. numér. (29)	[101] [armées X d'état Y : ¬(être nombreuses)] >> [Y : pourvoir à subsistance de X, facile, degré élevé] **[102] armées romaines : ¬(être nombreuses)**
[105] (soldat romain A : commettre faute) >> (chef d'armée : voir faute, facile, degré élevé)	p. pers. → p. d'institut. (29)	*comme* [102]	MINOR [102]	p. numér. (29)	[104] {[armées X : ¬(être nombreuses)] ∧ [soldat Y d'armée X : commettre faute]} >> {chef Z d'X : voir faute, facile, degré élevé} [102] armées romaines : ¬(être nombreuses)
[107] (soldat romain A : violer la discipline) >> (chef d'armée : voir faute, facile, degré élevé)	vouloir gr. d'institut. → p. d'institut. (29)	*comme* [102]	MINOR [102]	p. numér. (29)	[106] {[armées X : ¬(être nombreuses)] ∧ [soldat Y d'armée X : violer la discipline]} >> {chef Z d'X : voir faute, facile, degré élevé} [102] armées romaines : ¬(être nombreuses)
[103-105-107] Romains : avoir contrôle économique et militaire sur leurs armées	gr. écon. (relatif) + gr. d'institut.				

Kommentar: im erzählenden Teil subsummiert "avoir contrôle" Elemente aus [103], [105] und [107], während die Formulierung "économique et militaire" die Proposition [103] mit den Propositionen [105]+[107] zusammenfaßt; im erklärenden Teil scheint dreimal dieselbe Proposition [102] auf.

D.1.8.6. Beispiel 6

Absatz 49 aus Kapitel VI: Bestimmung des Makroschrittes über 1) Thema (Macht Römer) 2) Erklärungsklammer, 3) Liste:

(82) Mais Rome **n'imposant aucunes lois** générales, les peuples n'avoient point entre eux de **liaisons dangereuses** : ils ne faisoient un corps que *par* une **obéissance** commune ; et, *sans* être compatriotes, ils étoient tous romains.

[232] peuples du monde : ¬(avoir liaisons dangereuses)	(¬danger)/ gr. milit. (82)	Partizipial-apposition [231]	TEIL-MINOR [231]	vouloir ¬gr. d'institut. (82)	[230] {[peuple X : être maître de peuples Y, Z ...] ∧ [peuple X : ¬(imposer lois générales)]} >> {peuples Y, Z ... : ¬(avoir liaisons dangereuses)} [229] Romains : être maîtres de tous les peuples du monde [231] Romains : ¬(imposer lois générales)
[232] peuples du monde : ¬(avoir liaisons dangereuses)	(¬danger)/ gr. milit. (82)	Juxta-position [234]	MINOR [234]	p. d'institut. + ¬(gr. armée/gr. milit.) (82)	[233] {[peuples Y, Z ... : obéir à peuple X] ∧ [peuple Y, Z ... : ¬(former autre corps)]} >> {peuples Y, Z ... : ¬(avoir liaisons dangereuses)} [234a] peuples du monde : obéir à Romains [234b] peuples du monde : ¬(former autre corps)
[237] peuples du monde : être Romains	p. d'institut. (82)	implizit (anapho-risch) [234]	EXTRA-COND. (CONCESS. [234])	¬(gr. armée/gr. milit.) + ¬(vouloir combattre)/ p. milit. (82)	[235] [peuples X, Y, Z ... : ¬(être compatriotes)] >> [peuples X, Y, Z ... : ¬(être de nationalité N)] [236] peuples du monde : ¬(être compatriotes) Extrakondition: [234a] peuples du monde : obéir à Romains [234b] peuples du monde : ¬(former autre corps)
				gr. d'institut. + gr. d'esprit	**[229-231] Romains : être maîtres sages du monde**

Kommentar: 1) zuerst bestimmt das Thema (Macht der Römer) die Wahl zwischen [232] und [237] im erzählenden Teil, was zu Ungunsten von [237] ausfällt; 2) sodann bestimmt das Prinzip der Erklärungsklammer, ob die erste oder die zweite Struktur den erklärenden Teil zu [232] stellt: die Wahl fällt aus semantisch-logischen Gründen auf die erste Struktur, da der erklärende Teil der zweiten Struktur als Folge des erklärenden Teiles der ersten Struktur gesehen werden kann und die erste Struktur daher den "Ur"-Grund darstellt; 3) abschließend werden [229] und [231] nach dem Listenprinzip (additiv) zu [229-231] zusammengefaßt.

D.1.8.7. Beispiel 7

die kausale und/oder deduktive Megastruktur von Kapitel III:

{[1]-[44]}+{[40]-[41A-B]-[2A-B-4A-B]} (SOLDATS ROMAINS : ÊTRE NOMBREUX ET BONS GUERRIERS, AU DEBUT DE LA REPUBLIQUE) ∧ (ROME : ETRE PUISSANTE)	GR. ARMÉE/GR. MILIT. + PUISSANCE/ GR. MILIT.			GR. ≡ P. ECON. + GR. D'INSTITUT. + [P. ECON. + ¬(LUXE/ DECADEN-CE)]	{[37]-[42]}+[48A-B] [ROMAINS : PARTAGER EGALEMENT LES TERRES] ∧ [ROMAINS : SUIVRE LOIS, DEGRE MAXIMAL] ∧ [ROMAINS : ¬(AVOIR LUXE ET RICHESSES)]

D.1.8.8. Beispiel 8

die finale aufgegangene Rechnung-Megastruktur von Kapitel VI: Handlungsteil {[39]-[39-40]-[100-101-102-103-104-105-106-107]-[132-133]-[241-242-243]}+ {[65]-[110-111A-B]-[113]-[157]-[158]-[181]}+{[14-15]-[20]-[27]-[62']-[66]-[72]-[85]-[124']-[126]-[131]-[135-136-137]-[159]-[160]-[212-213B-216-217-218B-220-221-222B]-[227]-[228]}+{[6]-[57]-[161]}+[134A-B], fördernde Bedingungen ([3] und [4]) sowie Endziel [240] sind das zentrale Gerüst dieser Megastruktur, bei welcher das erreichte Ziel durch die (richtig gewählten) Handlungen sowie Nebenbedingungen zu begründen ist. Alle übrigen Angaben sind dabei entweder impliziert (Motive) oder periphär (Verhalten nach Erreichen des Zieles).

			Basismotiv	vouloir gr. d'institut. + vouloir puissance/ gr. milit. + vouloir gr. soc.	{[61]-[123]-[148-152]-[225]-[163]} (Romains-vouloir : Romains-commander monde) ∧ (Romains-vouloir : Romains-avoir gloire)
{[39]-[39-40]-[100-101-102-103-104-105-106-107]-[132-133]-[241-242-243]}+{[65]-[110-111A-B]-[113]-[157]-[158]-[181]}+{[14-15]-[20]-[27]-[62']-[66]-[72]-[85]-[124']-[126]-[131]-[135-136-137]-[159]-[160]-[212-213B-216-217-218B-220-221-222B]-[227]-[228]}+{[6]-[57]-[161]}+[134A-B] (ROMAINS : ASSUJETTIR BRUTALEMENT VASSAUX ET ENNEMIS A L'AIDE DE Y) ∧ (ROMAINS : UTILISER RUSES ADMINISTRATIVES ET MILITAIRES) ∧ (ROMAINS : AGIR EN MAITRES) ∧ (ROMAINS : UTILISER MEMES MAXIMES CONTRE TOUS LEURS ENNEMIS, T1+T2)	(GR. ARMÉE/GR. MILIT. ⇒ GR. ARMÉE/GR. MILIT.) → SUCCES/ GR. MILIT. + GR. D'ESPRIT + P. D'AME + ART/GR. MILIT. + DIRE GR. D'INSTITUT.[3]	HAND-LUNGSTEIL	direktes Handlungs-motiv	vouloir force/gr. milit. (Sicht Römer)	[115] (Romains-vouloir : ennemis-être faibles) ∧ (Romains-vouloir : combattre ennemis)
[3] SENAT : AGIR AVEC PROFONDEUR	GR. D'ESPRIT	FÖRDERN-DE BEDIN-GUNG 2	FÖRDERNDE BEDIN-GUNG 1	GR. D'ESPRIT	[4] SENAT : ETRE SAGE

---

3   "dire gr. d'institut." ist unsere Formalisierung der semantischen Felder, welche u.E. in der Proposi-tion "Romains : agir en maîtres " enthalten sind: die Römer halten in ihren Aussagen ihre eigene Größe fest, das heißt sie setzen lokutorische Akte ("dire"), welche einen propositionalen Kern ent-halten, der ihre Größe ausdrückt (wir abstrahieren hier von den enunziatorischen Verhältnissen, da die Handlung der Römer, die hier eine Sprechhandlung ist, im Vordergrund steht): es ist letztendlich das gebieterische Verhalten der Römer, das die Feinde einschüchtert.

{[93]-[120']-[146]-[171]-[196]} (nations du monde : respecter Rome, degré élevé) ∧ (nations du monde : s'assujettir à Rome)	gr. d'institut. (Sicht R.)	erstes Zwischen-ziel		
{[25]-[40]-[89]-[97-99]-[112]-[120]-[221a-b]-[168-175]-[208b]} nations du monde : ¬(menacer Romains)	(¬danger)/ gr. milit. (Sicht R.)	zweites Zwischen-ziel		
[240] [(EMPIRE ROMAIN : ETRE DURABLE) ∧ (EMPIRE ROMAIN : ETRE PUISSANT)]	PUISSANCE/ GR. MILIT. + GR. TEMP.	ENDZIEL		
[232] peuples du monde : ¬(avoir liaisons dangereuses)	(¬danger)/ gr. d'institut.	Erhalten des Zielzustan-des	Verhalten nach Erreichen des Zieles	gr. d'institut. + gr. d'esprit + p. d'âme	{[229-231]-[178-180]} Romains : être maîtres sages et injustes du monde

D.1.8.9. Beispiel 9

die finale *nicht* aufgegangene Rechnung-Megastruktur von Kapitel XVIII mit [1-3], [20], [64b], [78-79a-b] und [89b-90b] im erklärenden und [43] im erzählenden Teil:

			Basismotiv	vouloir (gr. d'institut. ⇒ ¬p. d'insti-tut.)	[40] Romains-vouloir : état-subsister, t2
			FÖRDERNDE BEDIN-GUNG = EXTRA-KONDITION	FAIBLESSE/ P. MILIT. + P. D'AME	[1-3] EMPEREURS ET EMPIRE : ETRE FAIBLES

			FÖRDERNDE BEDINGUNG = EXTRAKONDITION	GR. MILIT. $\to$ P. ECON.	[20] MILICE ROMAINE : ETRE COUTEUSE, DEGRE ELEVE
			direktes Handlungsmotiv	|vouloir {[danger/p. milit. + gr. écon.] $\Rightarrow$ [(¬danger)/ gr. milit. + p. écon.]} | + vouloir (p. écon. $\Rightarrow$ gr. écon.)	{[2]-[21]} [(empereurs-vouloir : empereurs-apaiser peuples A, B, C, ...) ∧ (empereurs-vouloir : empereurs-donner argent à peuples A, B, C, ...), t1-tn] ∧ {[Romains-vouloir : Romains-payer milice romaine] >> [Romains : ¬(payer milice romaine)]}[4]
[6]+{[33]-[36]}+[93]+[87]+ [6']+ [93]+{[33]-[36]} [gouvernement romain : payer tribut à autres peuples et faire horribles exactions sur propres peuples et laisser Barbares ravager Empire] ∧ [(Romains : détruire art militaire et remplir armée de soldats barbares, pour lors) ∧ (Romains : établir art militaire chez les autres, pour lors)]	p. d'institut. + p. écon. + p. d'âme + ¬(art/gr. militaire)	Handlungsteil	FÖRDERNDE BEDINGUNG = EXTRAKONDITION	DECADENCE	[64B] ROMAINS : ETRE DECADENTS, T2

---

4   Unsere Formalisierung, welche auf Michael Metzeltin/Wien (persönliche Mitteilung) zurückgeht, für "X kann nicht P" ist: "(X-wollen: X-P) >> (X: ¬P)", was einer Nicht-Realisierung von etwas Angestrebtem entspricht, welche auf das mangelnde "Können" (in allen seinen Bedeutungen) zurückgeführt wird.

			FÖRDERNDE BEDINGUNG = EXTRAKONDITION	{[VOULOIR COMBATTRE/GR. MILIT.] → [¬(VOULOIR COMBATTRE)/P. MILIT. + P. D'AME]}⁵ + (VOULOIR GR. ECON. + P. D'AME) + VOULOIR ¬GR. SOC.	[78-79A-B] {BARBARES : FAIRE LA GUERRE} >> {[BARBARES : FUIR] ∧ [BARBARES : PILLER] ∧ [BARBARES-VOULOIR : BARBARES-¬(AVOIR HONNEUR)]}
{[91b]-[96']} (citoyens romains : fuir tributs intolérables et se réfugier chez Barbares) ∨ (citoyens romains : vendre leur liberté)	p. d'institut.	Zwischen-ergebnis	FÖRDERNDE BEDINGUNG = EXTRAKONDITION	FAIBLESSE/ P. MILIT. + P. ECON.	[89B-90B] PROVINCES ROMAINES : ETRE FAIBLES ET PAUVRES, DEGRE ELEVE, T2
[43] ROMAINS : ¬(ETRE GRANDS), T3	P. D'INSTITUT. + P. MILIT.	END-ERGEBNIS			

D.1.8.10. Beispiel 10

die konzessive Megastruktur von Kapitel X:

{[24A-B]-[34']} ROMAINS : ÊTRE GUERRIERS BONS ET HÉROIQUES, T2	VOULOIR VAINCRE/ GR. MILIT.	KONKLUSION	Minor	p. d'âme	{[1-3a-b]-[5]-[21]} Romains : avoir mauvaises mœurs, au temps de Polybe
			EXTRAKONDITION	GR. D'INSTITUT. + [¬ (ART/GR. MILIT.) → ¬ GR. SOC.]	{[26]-[29-30]} (ROME : AVOIR INSTITUTION FORTE, DEGRE ≥ A) ∧ {[ROMAIN A : ¬(ETRE BON GUERRIER)] >> [ROMAIN A : ¬(FAIRE CARRIERE)]}

---

5   Die hier gewählte Formalisierung steht für "wenn Barbaren kämpfen wollen, dann flüchten sie" (mit "flüchten" = "nicht kämpfen wollen"): Montesquieu beschreibt die Flucht als eine Kampftechnik der Barbaren: diese Technik war den Römern - da als Feigheit betrachtet - fremd.

D.1.8.11. Beispiel 11

eine Makrostruktur mit Gigareferenz aus Kapitel IX:

[89-94-100] ROME : AVOIR SUCCÈS	SUCCÈS/GR. MILIT.			GR. D'ESPRIT	**[88-91-93-97-99-102-104] ROME : AVOIR COMPORTEMENT SAGE**

D.1.8.12. Beispiel 12

eine Schattenstruktur aus Kapitel XVII, welche einen Erfolg der Römer in der Verfallszeit erklärt:

[99A] BARBARES : OCCUPER PROVINCES LE LONG DU RHIN, T1 **[99B] BARBARES : FUIR PROVINCES LE LONG DU RHIN, T3**	SUCCÈS/GR. MILIT. (SICHT J.) (33)				
				GR. PERS.	**[100A-F] JULIEN : AVOIR GRANDES QUALITES, T2**

D.1.8.13. Beispiel 13

die Gigastruktur A zu Aufstieg und Erfolg der Römer (hier wird deutlich, daß nicht alle Kapitel mit expliziten Informationen zur Giga-Struktur beigetragen haben, was sich dadurch erklärt, daß die fraglichen Informationen *implizit* enthalten sind: sie sind in den hier angeführten, ihnen übergeordneten Informationen "aufgegangen"; dieselben Verhältnisse gelten für die Struktur zum Niedergang):

{[12]-[22AB]-[110]-[160]}I ROMAINS : ETRE MAITRES DU MONDE	PUISSANCE/GR. MILIT. + PUISSANCE/GR. D'INSTITUT.			VOULOIR GR. D'INSTITUT. + GR. D'ESPRIT[6] + GR. D'ÂME + GR. $\equiv$ P. ÉCON. + GR. D'INSTITUT. + P. ECON. + $\neg$(LUXE/DECADENCE) + [(GR. D'INSTITUT. + P. D'AME) $\rightarrow$ P. D'INSTITUT.] + [$\neg$(ART/GR. MILIT.) $\rightarrow$ $\neg$GR. SOC.] + FAIBLESSE/P. MILIT. + FORCE/GR. MILIT. + SUCCES/GR. MILIT.	{[90-21]-[222B-223B]}+{[25]-[78-79]}I {[37]-[42]}+[48A-B]III [11-12]+[6A-B]-[79A-B]-[81]IV [124]VIII [88-91-93-97-99-102-104]IX {[26]-[29-30]}X [113]XV [100A-F]XVII {PEUPLES D'ITALIE : AVOIR STRUCTURE PSYCHOLOGIQUE S} $\wedge$ {ROMAINS : ETRE SAGES ET VERTUEUX} $\wedge$ {ROMAINS : PARTAGER EGALEMENT LES TERRES} $\wedge$ {ROMAINS : SUIVRE LOIS, DEGRE MAXIMAL} $\wedge$ {ROMAINS : $\neg$(AVOIR LUXE ET RICHESSES)} $\wedge$ {ROMAINS : CORRIGER ABUS DE POUVOIR} $\wedge$ {[ROMAIN A : $\neg$(ETRE BON GUERRIER)] >> [ROMAIN A : $\neg$(FAIRE CARRIERE)]} $\wedge$ {ROMAINS : AVOIR ENNEMIS FORTS, T1} $\wedge$ {ROMAINS : AVOIR ENNEMIS FAIBLES, T2} $\wedge$ {ROMAINS : VAINCRE ENNEMIS, T2}

---

6   Die römische Psyche wird auf der Mikroebene des Kapitels v.a. durch ein Sich-nicht-unterordnen-Wollen definiert.

D.1.8.14. Beispiel 14

die Gigastruktur B zu Fall und Untergang der Römer:

[8"]+[64]+{[86]-[91]}+[26]+[48B]+[96A-96B-98]+{[106]-[116']-[132]}XVII {[1A-B]-[11]-[23]}+[69'-72']+[80-83-86A-B]XXI EMPIRE ROMAIN : DEGENERER ET S'AFFAIBLIR A L'INTERIEUR ET A L'EXTERIEUR	FAIBLESSE/ P. D'INSTI-TUT. + CORRUP-TION/ DECA-DENCE + DEFAITE/P. MILIT.			(GR. D'INSTITUT. + P. D'AME) + VOIR DECADENCE + [(GR. D'INSTITUT. + GR. PHYS.) ⇒ P. D'INSTITUT.] + [VOULOIR GR. ÉCON. ⇒ (GR. ÉCON. + P. ECON.)] + P. D'ESPRIT + DECADENCE + ¬(ART/ GR. D'INSTI-TUT.) + DANGER/P. MILIT. + FAIBLESSE/ P. MILIT. + [P. PHYS. ⇒ GR. PHYS. ⇒ P. PHYS.]	[50A-B-C-55]V [30]XIV {[16]-[19]}+[30]+[82]+{[75-76]-[123-124]}XV [110]+[135]+{[73-88]-[99B]}+[150-151-153-155]+{[2]-[13]-[16-17]-[19A-B]}+{[27]-[37A-B-C-38]-[40]-[118A-B-C]-[158]-[166]}+{[58]-[85-95]}+{[137A-B-C]-[140-145-146]}XXII {[123A-B]-[27-105-125]-[130-99]}+[167-176]XXIII [ROMAINS : ETRE ACCOUTUMES AUX COMBATS DES GLADIA-TEURS ET A SE JOUER DE LEURS ENFANTS ET DE LEURS ESCLAVES, T1] ∧ [ROMAINS : ETRE EN CONTACT AVEC LA DECADENCE EN SYRIE, T2] ∧ [PEUPLE ROMAIN : PERDRE ET AFFAIBLIR EMPIRE PAR SA PROPRE GRANDEUR, T2] ∧ [EMPEREURS : PRENDRE RICHESSES, T2] ∧ [ROMAINS : ETRE PEU RATIONNELS, PEU SAGES ET DECADENTS, 90%, T3] ∧ [ROMAINS : ¬(CONNAITRE NATURE ET BORNES DE LA PUISSANCE ECCLESIASTIQUE ET SECULIERE), 90%, T3] ∧ [EMPIRE : AVOIR ENNE-MIS SUPERIEURS, T3] ∧ [(EMPIRE : ETRE PETIT, T1) ∧ (EMPIRE : ETRE GRAND, T2) ∧ (EMPIRE : ETRE PETIT, T3)]

D.1.8.15. Beispiel 15

die "Giga-Plus-Struktur":

[63-66]XV EMPIRE ROMAIN : DEGENERER, T2	GR. D'INSTITUT. ⇒ P. D'INSTITUT.			GR. D'INSTITUT. ⇒ GR. D'INSTITUT.	[62-65]XV EMPIRE ROMAIN : PROSPERER, T1

D.1.8.16. Beispiel 16

die "Meta-Giga-Struktur", eine Makrostruktur mit Giga-Referenz aus Kap. XVIII:

[44]XVIII FORTUNE : ¬(DOMINER MONDE)	-				
				(- → SUCCES/GR. MILIT.) + (- → DEFAITE/P. MILIT.)[7]	[46-47]XVIII ROMAINS : AVOIR DESTIN MILITAIRE SELON COMPORTEMENT

---

7   "selon comportement" (im Originaltext: [(18) *Ce n'est pas la fortune qui domine le monde ;*] *on peut le demander aux Romains, qui eurent une suite continuelle de prospérités quand ils se gouvernèrent sur un certain plan, et une suite non interrompue de revers lorsqu'ils se conduisirent sur un autre*) ist so vage, daß eine Bestimmung der semantischen Felder im Rahmen des GRANDEUR/DÉCADENCE-Paradigmas nicht mög-lich ist. Daher haben wir das Antezedens der Implikation ("Verhalten A/B") mit einem Leer-zeichen "-" formalisiert.

D.2. Erklären und Erzählen auf der Mikroebene und Texttypologie

Wir präsentieren nun die Ergebnisse unserer Untersuchungen von Montesquieus *Considérations* in bezug auf erklärende Strukturen bzw. das Zusammenspiel von erzählenden und erklärenden Schritten in der Textgestaltung, welches wir in Kap. D.1.2. *parcours narratif* und *arrière-fond explicatif* genannt haben. Wir verbinden unsere Diskussion mit Überlegungen zur Texttypologie anhand der von uns herausgearbeiteten Textmerkmale.

Wir betrachten dabei vorläufig nur die Mikroebene der *Considérations*, das heißt die Ebene des Originaltextes. Die erklärenden Strukturen auf den höheren Ebenen behandeln wir in Kap. D.3. zum Thema der Makrostrukturen, da erstere von letzteren nicht losgelöst betrachtet werden können. In Kap. D.2.1. bringen wir einerseits eine kurze Wiederholung der von uns in Kap. D.1.2. präsentierten theoretischen Voraussetzungen, andererseits eine Darstellung jener theoretischen Erkenntnisse, welche wir aus unseren Analysen gewonnen haben. In Kap. D.2.2. stellen wir die konkreten Ergebnisse unserer Analysen der Mikroebene der *Considérations* in bezug auf erzählende und erklärende Strukturen vor.

D.2.1. Theoretische Voraussetzungen

Wie schon in Kap. D.1.2. erwähnt, enthält ein typischer historiographischer Text wie die *Considérations* einerseits erzählende, andererseits erklärende Elemente. Ereignisse folgen einander chronologisch, oder Zustände werden einer Veränderung unterworfen, was sodann in bezug auf die jeweiligen Ursachen, Gründe oder Motive erklärt werden kann. Wir bezeichneten die Abfolge der Chronologie an Ereignissen und Zustandsänderungen als *parcours narratif* eines Textes und den jeweiligen Erklärungsapparat als *arrière-fond explicatif*. Ein im *parcours narratif* vermerkter Erzählschritt plus dessen *arrière-fond explicatif* ergibt somit eine textuelle Grundeinheit, welche wir *expositorischer Schritt* genannt haben.

Im vorliegenden Text mit dem programmatischen Titel *Considérations sur les <u>causes</u> de la <u>grandeur</u> des Romains et de leur <u>décadence</u>* beziehen sich viele Zustandsänderungen auf jene der *Größe*. Uns interessierte nun, jene expositorischen Schritte des Textes zu isolieren, welche sich auf diese Größenveränderungen (konkreter und abstrakter Art) beziehen. Wir griffen daher diesen Teil der gesamten Exposition heraus und ließen andere Teile außer acht.

Als Grundeinheiten der linguistischen Beschreibung verwendeten wir die in Kap. B.4. vorgestellten Propositionen.

D.2.1.1. "Narrative vs. explikative Dichte" und Texttypologie

In einem stark erklärenden Text wie dem vorliegenden hat fast jeder Erzählschritt einen dazugehörigen Erklärungsapparat. Allerdings ließ sich im Laufe unserer Analysen feststellen, daß an einigen Textstellen nur erzählt und nicht erklärt wird (d.h. bestimmte dem *parcours narratif* angehörige Propositionen haben keinen dazugehörigen Erklärungsapparat). Wir bezeichnen diesen Unterschied, welchen man auch mit unseren Kriterien als "Elaboration vom Basistyp vs. Elaboration höherer Ordnung" erfassen kann (s. Kap. B.6.1.1.), als "narrative vs. explikative Dichte". Ein Text, dessen sämtliche Erzählschritte erklärt werden, besitzt eine maximale explikative Dichte und eine geringe narrative Dichte. Ein Text, innerhalb dessen kein einziger Erzählschritt erklärt wird, besitzt eine maximale narrative

z.B. 30 Erzählschritte, davon 6 nicht erklärt: 30 : 6 = 5 (jeder 5. Schritt wird nicht erklärt)

27 Erzählschritte, davon 3 nicht erklärt: 27 : 3 = 9 (jeder 9. Schritt wird nicht erklärt)

Wir haben nun je nach Höhe des Quotienten die explikative Dichte eines Textes folgenden Gradabstufungen zugeordnet:

kein Erzählschritt erklärt	explikative Dichte = 0 (maximale narrative Dichte)
Quotient 0,1 - 5	geringe explikative Dichte
Quotient 5,1 - 10	mittlere explikative Dichte
Quotient 10,1 - 20	hohe explikative Dichte
Quotient > 20	sehr hohe explikative Dichte
alle Erzählschritte erklärt	maximale explikative Dichte (geringe narrative Dichte)

Der Quotient der explikativen Dichte eines Textes stellt eine globale, das heißt horizontale Eigenschaft dar: der Text wird dadurch in seiner Gesamtheit charakterisiert.

Das Prinzip "narrative vs. explikative Dichte" kann sodann zu einer texttypologischen Klassifizierung, welche auf textstrukturellen Kriterien basiert, herangezogen werden. So kann etwa die Textsorte der Chronik über deren maximale narrative Dichte und deren nicht-existente explikative Dichte definiert werden. Ein historiographischer Text mit erklärendem Anspruch, wie unser Corpustext, hat dagegen, wie im Anschluß zu sehen sein wird, eine hohe explikative Dichte.

Verwendet man in der Textanalyse eine Tabelle nach dem von uns in Kap. D.1.2. vorgeschlagenen Muster, so ist dieses Textmerkmal problemlos mit einem Blick erfaßbar.

D.2.1.2. "Explikative Tiefe" und Texttypologie

Ein anderes Phänomen, das wir im Rahmen unserer Analysen beobachten konnten, bestand darin, daß für bestimmte Erzählschritte mehrere Erklärungen abgegeben wurden. Diese Eigenheit stellt, im Gegensatz zur explikativen Dichte, kein Textmerkmal dar, welches den Text in seiner Gesamtheit charakterisiert, sondern ist ein lokales oder vertikales Merkmal. Wir nennen dieses Phänomen "explikative Tiefe". Explikative Tiefe und explikative Dichte dürfen nicht miteinander verwechselt werden: sie beziehen sich auf unterschiedliche Phänomene und sind voneinander unabhängig. So hat etwa ein Text mit 11 Erzählschritten, von denen einer mit 10 Erklärungen ausgestattet ist, alle anderen 10 Schritte jedoch nicht erklärt werden, global gesehen eine geringe explikative Dichte, an einer Stelle jedoch eine beträchtliche explikative Tiefe. Dagegen hat ein Text, dessen 10 Erzählschritte alle genau einmal erklärt werden, eine maximale explikative Dichte, an keiner Stelle jedoch explikative Tiefe.

Da es sich bei der explikativen Tiefe um in lokales Phänomen handelt, schien es uns nicht logisch, dafür eine Quotientrechnung nach dem Muster der explikativen Dichte, welche sich auf den Gesamttext bezieht, zu entwickeln. Es schien uns vielmehr schlüssig, einfach anzuführen, an wieviel Stellen explikative Tiefe zu verzeichnen ist und wie hoch deren Faktor ist:

z.B   4 Erzählschritte je 2x erklärt: 4 x Faktor 2
        8 Erzählschritte je 3x erklärt: 8 x Faktor 3

Wir haben nun je nach Höhe des Faktors die explikative Tiefe einer Textstelle folgenden Gradabstufungen zugeordnet:

Erzählschritt 1x erklärt (Faktor 1)	keine explikative Tiefe
Erzählschritt 2x erklärt (Faktor 2)	gewisse explikative Tiefe
Erzählschritt 3x erklärt (Faktor 3)	große explikative Tiefe
Erzählschritt 4-5x erklärt (Faktor 4, 5)	sehr große explikative Tiefe
Erzählschritt 6-8x erklärt (Faktor 6, 7, 8)	markant große explikative Tiefe

Obwohl nun die explikative Tiefe eine lokale Texteigenschaft ist, läßt sich nicht leugnen, daß ein Text, welcher an vielen Stellen explikativ in die Tiefe geht, eine andere Qualität besitzt als ein Text, der dies nur an wenigen Stellen oder überhaupt nicht tut. Es liegt auf der Hand, daß die Anzahl der Stellen mit explikativer Tiefe dabei auch mit der Länge des Textes (Anzahl der Erzählschritte) in Relation zu setzen ist. Wir schlagen daher vor, obige Angaben dementsprechend zu ergänzen:

z.B.   von 25 Erzählschritten 4 Schritte je 2x erklärt:
            4 x Faktor 2 (von 25)

Aus texttypologischer Sicht kann man das Kriterium der explikativen Tiefe zur weiteren Unterscheidung von z.B. bereits als explikativ dicht typologisierten Texten heranziehen. Um im Bereich der Historiographie zu bleiben, wird sich ein einführender Abriß über eine längere Epoche etwa weniger durch große explikative Tiefe auszeichnen als eine an ein Fachpublikum mit großem Vorwissen gerichtete Monographie zu einem bestimmten historischen Ereignis. Dasselbe Kriterium kann eventuell - nach einer genauen Abwägung der pragmatischen Umstände der Textproduktion - auch als Kriterium der Qualitätsbewertung (etwa von Texten im Vergleich) herangezogen werden.

Verwendet man in der Textanalyse eine Tabelle nach dem von uns in Kap. D.1.2. vorgeschlagenen Muster, so ist auch das Textmerkmal der explikativen Tiefe unmittelbar zugänglich.

D.2.2. Erklären und Erzählen auf der Mikroebene der Considérations

Wir bringen nun in der Folge die Ergebnisse unserer Analysen des *parcours narratif* und des *arrière-fond explicatif* der einzelnen Kapitel der *Considérations*, wobei wir folgenden Aspekten Beachtung schenken wollen: Anzahl der zu verzeichnenden vollständigen expositorischen Schritte, Art und Distribution der erklärungslogischen Verbindungen (Ursachen, Gründe, Motive/Anlässe infolge unserer in Kap.

B.4. gegebenen Definitionen) sowie "narrative vs. explikative Dichte" und "explikative Tiefe" (d.h. unvollständige expositorische Schritte: Fehlen des *arrière-fond explicatif* bzw. "überdeterminierter *parcours narratif*": mehrere Erklärungen für einen Erzählschritt).

Wir präsentieren zunächst die Kapitel der *Considérations* zum Aufstieg der Römer (D.2.2.1.) und sodann jene zum Niedergang der Römer (D.2.2.2.).

D.2.2.1. Erklären und Erzählen in den Kapiteln der Considérations *zum Aufstieg der Römer*

D.2.2.1.1. Kapitel I der Considérations

Kap. I mit dem Titel *I. Commencements de Rome - II. Ses guerres* erklärt v.a. Ursachen, Gründe und Motive für die kriegerischen Erfolge der Römer.

Das Kapitel enthält 85 vollständige expositorische Schritte zum Thema GRANDEUR/DÉCADENCE (wir vernachlässigen jene expositorischen Schritte, welche im erklärenden oder erzählenden Teil andere Themen betreffen).

Davon sind 48 logische Erklärungen (Gründe; 56,5%), 24 kausale Erklärungen (Ursachen; 28,2%), 12 motivationelle Erklärungen (Motive; 14,1%) sowie ein Kontext, der einen kausalen Zusammenhang zwischen zwei Gegebenheiten verneint (1,2%).

8 Erzählschritte werden nicht erklärt.

Das Kapitel hat mit dem Quotienten 11,6 eine hohe explikative Dichte.

Darüber hinaus ist in diesem Kapitel an 13 Stellen eine explikative Tiefe vom Faktor 2, an 3 Stellen ein Faktor 3, an zwei Stellen ein Faktor 4 sowie an einer Stelle ein Faktor 8 zu verzeichnen. Dieses erste Kapitel weist somit eine hohe Tendenz zu explikativer Tiefe auf.

D.2.2.1.2. Kapitel II der Considérations

Kap. II mit dem Titel *De l'art de la guerre chez les Romains* erklärt erneut die Kriegstüchtigkeit der Römer.

Das Kapitel enthält 71 vollständige expositorische Schritte zum Thema GRANDEUR/DÉCADENCE.

Davon sind 42 logische Verbindungen (59,2%), 6 kausale Verbindungen (8,5%), 22 motivationelle Verbindungen (31%; 3 davon verbunden mit Anlaßerklärungen: 4,2%) sowie ein expositorischer Schritt, welcher einen Grund und ein Motiv für einen bestimmten Erzählschritt anführt (1,4%). Die relativ hohe Anzahl der motivationellen Erklärungen spiegelt Montesquieus Darstellung der römischen Kriegskunst als bewußte Willensleistung wider.

Das Kapitel II hat jedoch einen speziellen internen Aufbau: in seiner Darstellung der Kriegskunst der Römer zählt Montesquieu zusätzlich zu den genannten expositorischen Schritten eine Anzahl von Maximen auf, welche ein Teil eben dieser Kriegskunst sind. Die Aufzählung dieser Maximen bricht mit der gewohnten Textstruktur, welche aus *parcours narratif* und *arrière-fond explicatif* besteht. Statt dessen werden die Maximen aufgezählt oder "erzählt", der *arrière-fond explicatif* bleibt leer.[1] Insgesamt sind 6 solcher "unerklärten" Maximen im Text aufgelistet.

Das Kapitel hat mit dem Quotienten 12,8 eine hohe explikative Dichte.

Daneben ist an 15 Stellen eine explikative Tiefe vom Faktor 2 zu verzeichnen.

D.2.2.1.3. *Kapitel III der* Considérations

Kap. III mit dem Titel *Comment les Romains purent s'agrandir* erklärt ebenfalls die militärischen Erfolge der Römer.

Das kurze Kapitel enthält 24 vollständige expositorische Schritte zum Thema GRANDEUR/DÉCADENCE.

Davon sind 11 logische Zusammenhänge (45,8%), 9 kausale Zusammenhänge (37,5%), 3 motivationelle Zusammenhänge (12,5%) sowie ein expositorischer Schritt, welcher einen Grund und ein Motiv für einen bestimmten Erzählschritt anführt (4,2%).

Ein einziger Erzählschritt wird nicht erklärt.

Das Kapitel hat mit dem Quotienten 25 eine sehr hohe explikative Dichte.

Weiters ist an 6 Stellen eine explikative Tiefe vom Faktor 2 und an einer Stelle eine Tiefe vom Faktor 3 zu notieren.

D.2.2.1.4. *Kapitel IV der* Considérations

Kap. IV mit dem Titel *I. Des Gaulois - II. De Pyrrhus - III. Parallèle de Carthage et de Rome - IV. Guerre d'Annibal* erklärt ebenfalls die militärischen Erfolge der Römer, diesmal anhand von Schilderungen von kriegerischen Auseinandersetzungen mit den genannten Feinden.

---

1   Auf einer abstrakteren Textebene stellen diese Maximen allerdings erneut den *arrière-fond explicatif* dar, während die im Titel angekündigte Kriegskunst der Römer implizit den inhaltlich jeweils konstanten *parcours narratif* ausfüllt, daß heißt, die (Anwendung der) Maximen erklären/erklärt die hohe römische Kriegskunst.

Das Kapitel enthält 54 vollständige expositorische Schritte zum Thema GRANDEUR/DÉCADENCE.

Davon sind 33 logische Erklärungen (61,1%), 12 kausale Erklärungen (22,2%) und 9 motivationelle Erklärungen (16,7%; 2 davon in Kombination mit einer Anlaßerklärung: 3,7%).

4 Erzählschritte bleiben unerklärt.

Das Kapitel hat mit dem Quotienten 14,5 eine hohe explikative Dichte.

An 10 Stellen ist eine explikative Tiefe vom Faktor 2 zu verzeichnen.

D.2.2.1.5. Kapitel V der Considérations

Kap. V mit dem Titel *De l'état de la Grèce, de la Macédoine, de la Syrie et de l'Égypte après l'abaissement des Carthaginois* erklärt erneut die militärischen Erfolge der Römer.

Das Kapitel enthält 35 vollständige expositorische Schritte zum Thema GRANDEUR/DÉCADENCE.

Davon sind 19 logische Zusammenhänge (54,3%), 9 kausale Zusammenhänge (25,7%) und 7 motivationelle Zusammenhänge (20%; 4 davon verbunden mit einer Anlaßerklärung: 11,4%). Der relativ hohe Anteil an motivationellen Erklärungen macht - wie schon in Kap. II - deutlich, daß Montesquieu hier auf die bewußte Eroberungspolitik der Römer fokussiert.

4 Erzählschritte werden nicht erklärt.

Das Kapitel hat mit dem Quotienten 9,8 eine mittlere explikative Dichte.

Daneben erreicht das Kapitel an 9 Stellen eine explikative Tiefe vom Faktor 2, an einer Stelle eine Tiefe vom Faktor 5.

D.2.2.1.6. Kapitel VI der Considérations

Kap. VI mit dem Titel *De la conduite que les Romains tinrent pour soumettre tous les peuples* erklärt erneut die militärischen Erfolge der Römer, diesmal jedoch mit einem deutlichen Fokus auf dem final-motivationellen Moment.

Das Kapitel enthält 77 vollständige expositorische Schritte zum Thema GRANDEUR/DÉCADENCE.

Davon sind 34 logische Erklärungen (44,1%), nur 7 kausale Erklärungen (9,1%), 31 motivationelle Erklärungen (40,3%; eine davon mit einer Anlaßerklärung: 1,3%) sowie 5 expositorische Schritte, welche eine logische mit einer motivationellen Erklärung kombinieren (6,5%). Hier wird ganz deutlich, wie die Textgestaltung die im Titel angekündigte Fokussierung auf das finale Erklärungsmoment einlöst: ein relativ hoher Anteil aller in diesem Kapitel abgegebenen Erklärungen ist dem motivationellen Bereich zuzuordnen.

8 Erzählschritte bleiben unerklärt. Dies ist jedoch noch nicht die ganze diesbezügliche Information. Das Kapitel VI hat wie das Kapitel II einen speziellen internen Aufbau: als Antwort auf die im Titel aufgeworfene Frage nennt Montesquieu zusätzlich zu den genannten expositorischen Schritten eine Anzahl von Maximen, welche die Römer zum angestrebten Ziel führten. Die Maximen werden aufgezählt oder "erzählt", der *arrière-fond explicatif* bleibt leer.[2] Insgesamt sind 39 solcher "unerklärten" Maximen im Text aufgelistet.

Dies bedeutet jedoch, daß die explikative Dichte von Kapitel VI im Vergleich zu den vorangehenden Kapiteln markant geringer (ihr Quotient liegt bei nur 3, sie ist daher als "gering" einzustufen) bzw. daß dessen narrative Dichte relativ hoch ist.

Dagegen erreicht das Kapitel an 14 Stellen eine explikative Tiefe vom Faktor 2, an einer Stelle eine Tiefe vom Faktor 3.

D.2.2.1.7. *Kapitel VII der* Considérations

Kap. VII mit dem Titel *Comment Mithridate put leur résister* erklärt, wie der hartnäckige Gegner Mithridates nur auf Kosten einer Schwächung der Republik besiegt werden konnte.

Das kurze Kapitel enthält 14 vollständige expositorische Schritte zum Thema GRANDEUR/DÉCADENCE.

Davon sind 8 logische Zusammenhänge (57,1%), 5 kausale Zusammenhänge (35,7%) und 1 motivationeller Zusammenhang (kombiniert mit einer Anlaßerklärung: 7,1%).

4 Erzählschritte werden nicht erklärt.

Das Kapitel hat mit dem Quotienten 4,5 ebenfalls eine geringe explikative Dichte.

Auch erreicht das Kapitel an nur einer Stelle eine explikative Tiefe vom Faktor 2.

---

2   Auf einer abstrakteren Textebene stellen diese Maximen allerdings den *arrière-fond explicatif* dar, während die im Titel angekündigte Übermacht der Römer anderen Völkern gegenüber implizit den inhaltlich jeweils konstanten *parcours narratif* ausfüllt, daß heißt, die (Anwendung der) Maximen erklären die römische Übermacht.

D.2.2.1.8. Kapitel VIII der Considérations

Kap. VIII mit dem Titel *Des divisions qui furent toujours dans la ville* erklärt, warum es *nicht* diese *divisions* waren, welche letztendlich zum Untergang der Republik geführt haben.

Das Kapitel enthält 52 vollständige expositorische Schritte zum Thema GRANDEUR/DÉCADENCE.

Davon sind 21 logische Erklärungen (40,4%), nur 4 kausale Erklärungen (7,7%), 26 motivationelle Erklärungen (50%) sowie 1 expositorischer Schritt, welcher eine logische mit einer motivationellen Erklärung verbindet (1,9%). Die motivationellen Erklärungen haben damit in diesem Kapitel die absolute Mehrheit. Montesquieu erklärt hier die Handlungen einerseits der untereinander zerstrittenen Bevölkerung, andererseits die erfolgreichen Gegenmaßnahmen v.a. der Zensoren.

2 Erzählschritte sowie eine Maxime, welche die Gefahr der *divisions* hintanhält, werden nicht erklärt.

Das Kapitel hat mit dem Quotienten 18,3 eine hohe explikative Dichte.

Darüber hinaus sind 4 Stellen mit einer explikativen Tiefe vom Faktor 2, zwei Stellen mit dem Faktor 3 sowie eine Stelle mit dem Faktor 6 zu verzeichnen.

D.2.2.1.9. Die textuelle Struktur in den Kapiteln der Considérations *zum Aufstieg der Römer*

In den ersten 8 Kapiteln der *Considérations* zum Aufstieg dominieren, mit einer Ausnahme in Kap. VIII, die logischen Erklärungen (durchschnittlich 52,3%) vor den kausalen (durchschnittlich 21,8%) und den motivationellen (durchschnittlich 24%). Nur in Kap. VIII haben die motivationellen Erklärungen die absolute Mehrheit, die kausalen Erklärungen sind deutlich in den Hintergrund gedrängt. In Kap. II und VI ist zudem das Verhältnis zwischen kausalen und motivationellen Erklärungen zugunsten der motivationellen deutlich verschoben. Umgekehrt dominieren in Kap. III und VII die kausalen auf Kosten der motivationellen Erklärungen:

Kapitel	Gründe	Ursachen	Motive insgesamt	Motiv + Anlaß	Kombination Motiv + Grund	Verneinte Ursache
I	56,5%	28,2%	14,1%			1,2%
II	59,2%	**8,5%**	**31%**	4,2%	1,4%	
III	45,8%	**37,5%**	**12,5%**		4,2%	
IV	61,1%	22,2%	16,7%	3,7%		
V	54,3%	25,7%	20%	11,4%		
VI	44,1%	**9,1%**	**40,3%**	1,3%	6,5%	
VII	57,1%	**35,7%**	**7,1%**	7,1%		
VIII	**40,4%**	**7,7%**	**50%**		1,9%	
Durch-schnitt	52,3%	21,8%	24%	3,5%	1,7%	0,2%

Die Tatsache, daß die logischen Erklärungen, welche wir als auf Gesetzen basierend definiert haben, im Durchschnitt die absolute Mehrheit unter allen abgegebenen Erklärungen ausmachen, zeigt, in welch hohem Grad Montesquieu von der
Existenz gesetzmäßiger Zusammenhänge in der Geschichte überzeugt ist und versucht, historische Zusammenhänge mit Hilfe eben dieser Gesetzmäßigkeiten zu
erfassen. Im Vergleich dazu zeigen die Daten zu den kausalen Erklärungen, welche wir als gesetzesunabhängige Einzelfall-Erklärungen definiert haben, daß Montesquieu es deutlich vorzieht, Zusammenhänge gesetzmäßig zu erfassen, als sich
mit der Stipulierung eines kausalen Zusammenhanges für einen gegebenen Einzelfall zufriedenzugeben.[3]

Eine relativ hohe Anzahl motivationeller Erklärungen innerhalb eines Kapitels
spiegelt jeweils das Gewicht wider, welches Montesquieu Erklärungen zuschreibt,
welche menschliches zielgerichtetes Handeln betreffen.

---

3   Dort, wo Montesquieu vermehrt kausale Erklärungen einsetzt, könnte dies mit dem kurzgefaßten
     Charakter der jeweiligen Kapitel (III und VII) in Zusammenhang gebracht werden, welcher nach
     konzisen Formulierungen verlangt (kausale Erklärungen nehmen ja, wie wir in Kap. B.4. erläutert
     haben, sowohl kognitiv - sie kommen ohne Gesetze aus -, als auch oberflächenmäßig - sie verbin-
     den Nominalphrasen, keine ganzen Sätze, wie dies logische Erklärungen oft tun - weniger Raum
     ein). In Kap. VII könnte zudem noch ein Faktor mitspielen, der in Kap. XI eine wichtige Rolle
     einnehmen wird: Montesquieus Wahl von kausativen ("Handlungs-")Verben (z.B. *obliger, achever,
     unir, augmenter* etc. - im Gegensatz etwa zu kausalen Meta-Verben wie z.B. *produire, faire que*), welche
     eine Verantwortlichkeit von menschlichen Einzelakteuren (hier: Mithridates, Pompeius) auszu-
     drücken imstande sind.

Die explikative Dichte der ersten 8 Kapitel ist, mit zwei Ausnahmen, mittel bis
sehr hoch (im Durchschnitt hoch). Nur in Kap. VI und VII ist eine hohe narrative
Dichte (geringe explikative Dichte) zu verzeichnen:

Kapitel	Quotient	Grad der explikativen Dichte
I	11,6	hoch
II	12,8	hoch
III	25	sehr hoch
IV	14,5	hoch
V	9,8	mittel
VI	**3**	**gering**
VII	**4,5**	**gering**
VIII	18, 3	hoch
Durch-schnitt	12,4	hoch

Kap. VI stellt damit auf mehreren Ebenen eine Ausnahme dar. Dies läßt sich
leicht mit der Sonderstellung dieses Kapitels im Rahmen des Gesamttextes parallelisieren: wie in Kap. D.3.2.3.6. erläutert werden wird, stellt dieses Kapitel der
Considérations jenes Kapitel dar, dessen Titel (*De la conduite que les Romains tinrent
pour soumettre tous les peuples*) am präzisesten den Inhalt der Megastruktur wiedergibt. Wie schon in Kap. C.3.2. erwähnt, bricht dieses Kapitel zudem mit der chronologischen Ordnung der Erzählung der römischen Geschichte und bringt statt
dessen eine von der Chronologie losgelöste Synthese jener Verhaltensweisen, welche die Römer zum Erfolg führten. Montesquieu markiert demnach dieses Kapitel auf einer Reihe von Ebenen gegenüber den übrigen Kapiteln sozusagen als
Kondensat seiner Theorien zum Aufstieg der Römer.

Die größte Tendenz zu explikativer Tiefe hat das Einleitungskapitel vorzuweisen,
die niedrigste Tendenz das auch explikativ nicht sehr dichte Kap. VII. Die übrigen Kapitel weisen eine nicht allzu ausgeprägte diesbezügliche Tendenz auf, erst
das Kap. VIII, mit welchem die Aufstiegsgeschichte endet, geht explikativ wieder
etwas mehr in die Tiefe:

	Faktor 2 = gewisse Tiefe	F3 = große Tiefe	F4 = sehr große Tiefe	F5 = sehr große Tiefe	F6 = markant große Tiefe	F7 = markant große Tiefe	F8 = markant große Tiefe
Anzahl Stellen Kap. I	13	3	2				**1**
Anzahl Stellen Kap. II	15						
Anzahl Stellen Kap. III	6	1					
Anzahl Stellen Kap. IV	10						
Anzahl Stellen Kap. V	9			1			
Anzahl Stellen Kap. VI	14	1					
Anzahl Stellen Kap. VII	**1**						
Anzahl Stellen Kap. VIII	4	2			**1**		

Montesquieu markiert damit Einleitung und Abschluß der Aufstiegsgeschichte durch intensiveres Erklären.

D.2.2.2. Erklären und Erzählen in den Kapiteln der Considérations zum Niedergang der Römer

D.2.2.2.1. Kapitel IX der Considérations

Kap. IX mit dem Titel *Deux causes de la perte de Rome* erklärt, welche Faktoren zum Untergang der Republik geführt haben.

Das Kapitel enthält 49 vollständige expositorische Schritte zum Thema GRANDEUR/DÉCADENCE.

Davon sind 38 logische Erklärungen (77,6%), 8 kausale Erklärungen (16,3%), 2 motivationelle Erklärungen (4,1%) sowie ein expositorischer Schritt, welcher einen logischen Zusammenhang zwischen zwei Gegebenheiten verneint (2%).

3 Erzählschritte werden nicht erklärt.

Das Kapitel hat mit dem Quotienten 17,3 eine hohe explikative Dichte.

Darüber hinaus weist das Kapitel an 9 Stellen eine explikative Tiefe vom Faktor 2 und an je einer Stelle eine explikative Tiefe vom Faktor 3 bzw. Faktor 5 bzw. Faktor 6 auf.

D.2.2.2.2. Kapitel X der Considérations

Kap. X mit dem Titel *De la corruption des Romains* erklärt, warum die Römer trotz beginnender Korruption immer noch gute Krieger waren.

Das kurze Kapitel enthält 10 vollständige expositorische Schritte zum Thema GRANDEUR/DÉCADENCE.

Davon sind 6 logische Zusammenhänge (60%), 3 kausale Zusammenhänge (30%) und 1 motivationeller Zusammenhang (10%).

2 erzählende Schritte werden nicht erklärt.

Das Kapitel hat mit dem Quotienten 6 eine mittlere explikative Dichte.

Die explikative Tiefe erreicht an drei Stellen den Faktor 2, an einer Stelle den Faktor 3.

D.2.2.2.3. Kapitel XI der Considérations

Kap. XI mit dem Titel *I. De Sylla - II. De Pompée et César* erklärt die Unruhen zur Bürgerkriegszeit.

Das Kapitel enthält 64 vollständige expositorische Schritte zum Thema GRANDEUR/DÉCADENCE.

Davon sind 31 logische Erklärungen (48,4%), 21 kausale Erklärungen (32,8%), 9 motivationelle Erklärungen (14,1%), 2 expositorische Schritte, welche eine kausale Verbindung zwischen zwei Gegebenheiten verneinen (3,1%), sowie 1 expositorischer Schritt, welcher eine logische Verbindung zwischen zwei Gegebenheiten verneint (1,6%). Der relativ hohe Anteil an kausalen Erklärungen erwächst aus Montesquieus vermehrtem Rückgriff auf kausative Verben (z.B. *corrompre*), wenn er Sullas, Pompeius' und Cäsars Handlungen beschreibt. Damit schreibt der Autor diesen Akteuren eine deutliche Verantwortung für ihre Handlungen zu, was einer indirekten Stellungnahme zu Fragen der Geschichtsethik entspricht.

10 erzählende Schritte bleiben unerklärt.

Das Kapitel hat mit dem Quotienten 7, 4 eine mittlere explikative Dichte.

Daneben ist an 7 Stellen eine explikative Tiefe vom Faktor 2 und an 1 Stelle vom Faktor 3 zu verzeichnen.

D.2.2.2.4. *Kapitel XII der* Considérations

Kap. XII mit dem Titel *De l'état de Rome après la mort de César* erklärt, warum Rom
nach der Ermordung Cäsars dennoch nicht frei ist.

Das kurze Kapitel enthält 13 vollständige expositorische Schritte zum Thema
GRANDEUR/DÉCADENCE.

Davon sind 8 logische Zusammenhänge (61,5%), nur 1 kausaler Zusammenhang (7,7%) sowie 4 motivationelle Zusammenhänge (30,8%). Die relativ hohe
Anzahl an motivationellen Erklärungen ergibt sich aus Montesquieus Beschreibung der Handlungen jener Akteure, welche nach dem Tode Cäsars die Macht an
sich reißen wollen.

2 Erzählschritte werden nicht erklärt.

Das Kapitel hat mit dem Quotienten 7, 5 eine mittlere explikative Dichte.

An vier Stellen ist eine explikative Tiefe vom Faktor 2, an 2 Stellen eine Tiefe
vom Faktor 4 zu verzeichnen.

D.2.2.2.5. *Kapitel XIII der* Considérations

Kap. XIII mit dem Titel *Auguste* erklärt, wie Augustus die Macht im Staat verabsolutiert.

Das Kapitel enthält 27 vollständige expositorische Schritte zum Thema
GRANDEUR/DÉCADENCE.

Davon sind 13 logische Zusammenhänge (48,1%), nur 2 kausale Zusammenhänge (7,4%) und 12 motivationelle Zusammenhänge (44,4%). Die hohe Anzahl
an motivationellen Erklärungen ergibt sich aus Montesquieus Beschreibung von
Augustus' zielgerichtetem Handeln.

5 erzählende Schritte werden nicht erklärt.

Das Kapitel hat mit dem Quotienten 6,4 eine mittlere explikative Dichte.

An 3 Stellen wird eine explikative Tiefe vom Faktor 2, an 1 Stelle vom Faktor
3 erreicht.

D.2.2.2.6. *Kapitel XIV der* Considérations

Kap. XIV mit dem Titel *Tibère* erklärt, wie Tiberius die Herrschaft im Staat zur
Tyrannei macht.

Das Kapitel enthält 24 vollständige expositorische Schritte zum Thema
GRANDEUR/DÉCADENCE.

Davon sind 8 logische Erklärungen (33,3%), 4 kausale Erklärungen (16,7%)
und 12 motivationelle Erklärungen (50%). Letztere sind damit in der absoluten

Mehrheit, was sich erneut aus Montesquieus Fokussierung auf Tiberius' zielgerichtetes Handeln ergibt.

3 Erzählschritte werden nicht erklärt.

Das Kapitel hat mit dem Quotienten 9 eine mittlere explikative Dichte.

Dagegen ist an nur einer Stelle eine explikative Tiefe vom Faktor 2 zu notieren.

D.2.2.2.7. *Kap. XV der* Considérations

Kap. XV mit dem Titel *Des empereurs, depuis Caius Caligula jusqu'à Antonin* erklärt,
wie die Kaiser und das Militär den Staat korrumpieren und in Anarchie stürzen.

Das Kapitel enthält 40 vollständige expositorische Schritte zum Thema
GRANDEUR/DÉCADENCE.

Davon sind 33 logische Zusammenhänge (82,5%) , 5 kausale Zusammenhänge
(12,5%) und nur 2 motivationelle Zusammenhänge (5%). Montesquieu fokussiert
hier weniger auf die Handlungen der Akteure als auf generelle Zusammenhänge.

9 Erzählschritte bleiben unerklärt.

Das Kapitel hat mit dem Quotienten 5,4 eine mittlere explikative Dichte.

An 6 Stellen ist eine explikative Tiefe vom Faktor 2, an 3 Stellen vom Faktor 3
und an 1 Stelle vom Faktor 5 zu verzeichnen.

D.2.2.2.8. *Kapitel XVI der* Considérations

Kap. XVI mit dem Titel *De l'état de l'empire, depuis Antonin jusqu'à Probus* erklärt, wie
sich das Römische Reich trotz innerer und äußerer Bedrohungen halten kann.

Das Kapitel enthält 36 vollständige expositorische Schritte zum Thema
GRANDEUR/DÉCADENCE.

Davon sind 25 logische Verbindungen (69,4%), 6 kausale Verbindungen
(16,7%) und 5 motivationelle Verbindungen (13,9%).

13 Erzählschritte werden nicht erklärt.

Das Kapitel hat mit dem Quotienten 3,8 eine geringe explikative Dichte.

An 10 Stellen erreicht die explikative Tiefe den Faktor 2, an 1 Stelle den Faktor
3.

D.2.2.2.9. Kapitel XVII der Considérations

Kap. XVII mit dem Titel *Changement dans l'état* erklärt, wie das Römische Reich durch die Teilung innen und außen zunehmend geschwächt wird.

Das Kapitel enthält 44 vollständige expositorische Schritte zum Thema GRANDEUR/DÉCADENCE.

Davon sind 22 logische Verbindungen (50%), 9 kausale Verbindungen (20,5%) und 13 motivationelle Verbindungen (29,5%). Erneut spiegelt die relativ hohe Anzahl an motivationellen Erklärungen Montesquieus Fokus auf den Handlungen der Akteure (v.a. der Kaiser) wider.

5 erzählende Schritte werden nicht erklärt.

Das Kapitel hat mit dem Quotienten 9,8 eine mittlere explikative Dichte.

Dagegen ist an 11 Stellen eine explikative Tiefe vom Faktor 2, an 3 Stellen vom Faktor 3 und an 1 Stelle vom Faktor 4 zu verzeichnen.

D.2.2.2.10. Kapitel XVIII der Considérations

Kap. XVIII mit dem Titel *Nouvelles maximes prises par les Romains* erklärt, wie es den Römern trotz der neuen Maximen nicht gelingt, den Verfall des Reiches aufzuhalten.

Das Kapitel enthält 31 vollständige expositorische Schritte zum Thema GRANDEUR/DÉCADENCE.

Davon sind 23 logische Erklärungen (74,2%), 5 kausale Erklärungen (16,1%) und 3 motivationelle Erklärungen (9,7%).

10 Erzählschritte werden nicht erklärt.

Das Kapitel hat mit dem Quotienten 4,1 eine geringe explikative Dichte.

Die explikative Tiefe erreicht an 8 Stellen den Faktor 2 und an 1 Stelle den Faktor 3.

D.2.2.2.11. Kapitel XIX der Considérations

Kap. XIX mit dem Titel *I. Grandeur d'Attila - II. Cause de l'établissement des barbares - III. Raisons pourquoi l'empire d'Occident fut le premier abattu* erklärt vor allem, warum Westrom zuerst unterging.

Das Kapitel enthält 47 vollständige expositorische Schritte zum Thema GRANDEUR/DÉCADENCE.

Davon sind 37 logische Verbindungen (78,7%), 3 kausale Verbindungen (6,4%), 5 motivationelle Verbindungen (10,6%) sowie 2 expositorische Schritte, welche eine kausale Verbindung zwischen zwei Gegebenheiten verneinen (4,3%).

2 Erzählschritte werden nicht erklärt.

Das Kapitel hat mit dem Quotienten 24,5 eine sehr hohe explikative Dichte.

Die explikative Tiefe erreicht an 12 Stellen den Faktor 2, an 2 Stellen den Faktor 3 und an 1 Stelle den Faktor 4.

D.2.2.2.12. *Kapitel XX der* Considérations

Kap. XX mit dem Titel *I. Des conquêtes de Justinien - II. De son gouvernement* erklärt, warum Justinians militärische Erfolge den Untergang des Reiches dennoch nicht aufhalten können.

Das Kapitel enthält 76 vollständige expositorische Schritte zum Thema GRANDEUR/DÉCADENCE.

Davon sind 50 logische Erklärungen (65,8%), 9 kausale Erklärungen (11,8%), 16 motivationelle Erklärungen (21,1%; davon 2 in Verbindung mit Anlaßerklärungen: 2,6%) sowie 1 expositorischer Schritt, welcher die kausale Verbindung zwischen zwei Gegebenheiten verneint (1,3%). Die relativ hohe Anzahl an motivationellen Verbindungen spiegelt Montesquieus Fokussierung auf die Handlungen von Justinian und dessen General Belisarius wider.

Nur 2 Erzählschritte bleiben unerklärt.

Das Kapitel hat mit dem Quotienten 39 eine sehr hohe explikative Dichte.

Darüber hinaus ist an 18 Stellen eine explikative Tiefe vom Faktor 2, an 2 Stellen vom Faktor 3 sowie an 1 Stelle vom Faktor 6 zu verzeichnen.

D.2.2.2.13. *Kapitel XXI der* Considérations

Kap. XXI mit dem Titel *Désordres de l'empire d'Orient* erklärt, warum auch das Ostreich innen und außen zunehmend schwächer wird.

Das Kapitel enthält 30 vollständige expositorische Schritte zum Thema GRANDEUR/DÉCADENCE.

Davon sind 24 logische Zusammenhänge (80%), 3 kausale Zusammenhänge (10%) sowie 3 motivationelle Zusammenhänge (10%).

Es ist dies das einzige Kapitel ohne nicht-erklärte Erzählschritte.

Das Kapitel weist daher als einziges innerhalb der *Considérations* eine maximale explikative Dichte auf.

Dagegen erreicht die explikative Tiefe, zwar an 10 Stellen, nur den Faktor 2.

D.2.2.2.14. Kapitel XXII der Considérations

Kap. XXII mit dem Titel *Foiblesse de l'empire d'Orient* erklärt, warum das Ostreich weiterhin schwächer wird.

Das Kapitel enthält 63 vollständige expositorische Schritte zum Thema GRANDEUR/DÉCADENCE.

Davon sind 42 logische Zusammenhänge (66,7%), 17 kausale Zusammenhänge (27%) und 4 motivationelle Zusammenhänge (6,3%).

4 Erzählschritte werden nicht erklärt.

Das Kapitel hat mit dem Quotienten 16,8 eine hohe explikative Dichte.

Darüber hinaus ist an 17 Stellen eine explikative Tiefe vom Faktor 2, an 2 Stellen vom Faktor 3 sowie ebenfalls an 2 Stellen vom Faktor 4 zu verzeichnen.

D.2.2.2.15. Kapitel XXIII der Considérations

Das letzte Kapitel der *Considérations* mit dem Titel *I. Raisons de la durée de l'empire d'Orient - II. Sa destruction* erklärt, warum sich das Ostreich noch eine Weile halten kann, letztendlich dann jedoch untergeht.

Das Kapitel enthält 68 vollständige expositorische Schritte zum Thema GRANDEUR/DÉCADENCE.

Davon sind 50 logische Verbindungen (73,5%), 10 kausale Verbindungen (14,7%) sowie 8 motivationelle Verbindungen (11,8%).

5 erzählende Schritte werden nicht erklärt.

Das Kapitel hat mit dem Quotienten 14,6 eine hohe explikative Dichte.

Darüber hinaus ist an 13 Stellen eine explikative Tiefe vom Faktor 2, an 7 Stellen vom Faktor 3, an 2 Stellen vom Faktor 4, ebenfalls an 2 Stellen vom Faktor 5 sowie an 1 Stelle vom Faktor 7 zu verzeichnen.

Zuletzt muß hier jedoch noch ein Kuriosum zum semantischen Aufbau der Schlußpassage dieses Schlußkapitels (und damit zum Schluß des Gesamtwerkes) vermerkt werden. Im letzten Absatz nimmt der Autor eine überraschende stilistische Wende vor, indem er die bisher so rigoros durchgehaltene Erklärungsstrategie durch einen Vergleich ersetzt:

(57) Je n'ai pas le courage de parler des misères qui suivirent ; je dirai seulement que, sous les derniers empereurs, l'empire réduit aux faubourgs de Constantinople, finit comme le Rhin, qui n'est plus qu'un ruisseau lorsqu'il se perd dans l'Océan.

Zwar ist der Vergleich ein übliches Elaborationsmittel des Autors, daß er jedoch gerade Abschluß und Klimax dieses so ausgeprägt erklärenden Gesamtwerkes *nicht erklärt*, ist auffällig (zumal etwa der Untergang des Weströmischen Reiches in Kap. XIX eine eingehende Erklärung erfahren hat). Es kann sich hierbei um einen rhetorischen Kniff (Hervorhebung durch Strategiewechsel) handeln, der den logisch analysierenden Leser jedoch etwas unbefriedigt zurückläßt.

D.2.2.2.16. Die textuelle Struktur in den Kapiteln der Considérations zum Niedergang der Römer

Die Kapitel zum Niedergang weisen eine etwas andere Datenlage in bezug auf die erklärungslogischen Strukturen auf als die Kapitel zum Aufstieg. Zunächst ist einmal festzustellen, daß eine neue Kategorie, namentlich "verneinter Grund", hinzugekommen ist. Dafür sind keine erklärenden Schritte zu verzeichnen gewesen, welche Motive und Gründe miteinander verbinden. Die Anlaßerklärungen sind ebenfalls deutlich zurückgegangen.

Was nun die drei Hauptgruppen "logische", "kausale" und "motivationelle Erklärungen" betrifft, so ist festzustellen, daß sich deren durchschnittliche Verteilung im Vergleich zum ersten Teil des Werkes ebenfalls verschoben hat. Es sind durchschnittlich mehr logische (64,6%) und weniger kausale (16,4%) und motivationelle Erklärungen (18,1%) zu verzeichnen. Das Verteilungsmuster dieser drei Erklärungsformen innerhalb der einzelnen Kapitel ist allerdings weit inhomogener als im ersten Teil, das heißt die Werte schwanken stärker. Die logischen Erklärungen haben besonders hohe Werte in den Kapiteln IX, XV, XVIII, XIX, XXI und XXIII, besonders niedrige Werte in den Kapiteln XI, XIII und XIV. Die kausalen Erklärungen haben besonders hohe Werte in den Kapiteln X, XI und XXII, besonders niedrige Werte in den Kapiteln XII, XIII und XIX. Die motivationellen Erklärungen haben dagegen hohe Werte in den Kapiteln XII, XIII, XIV und XVII, niedrige Werte in den Kapiteln IX, XV und XXII. Es ist hier schwierig, ein kohärentes Muster in diesen Schwankungen auszumachen, welches sodann gedeutet werden könnte:

Kapitel	Gründe	Ursachen	Motive insgesamt	Motiv + Anlaß	Verneinte Ursache	Verneinter Grund
IX	**77,6%**	16,3%	**4,1%**			2%
X	60%	**30%**	10%			
XI	**48,4%**	**32,8%**	14,1%		3,1%	1,6%
XII	61,5%	**7,7%**	**30,8%**			
XIII	**48,1%**	**7,4%**	**44,4%**			
XIV	**33,3%**	16,7%	**50%**			
XV	**82,5%**	12,5%	**5%**			
XVI	69,4%	16,7%	13,9%			
XVII	50%	20,5%	**29,5%**			
XVIII	**74,2%**	16,1%	9,7%			
XIX	**78,7%**	**6,4%**	10,6%		4,3%	
XX	65,8%	11,8%	21,1%	2,6%	1,3%	
XXI	**80%**	10%	10%			
XXII	66,7%	**27%**	**6,3%**			
XXIII	**73,5%**	14,7%	11,8%			
Durch-schnitt	64,6%	16,4%	18,1%	0,2%	0,6%	0,2%

Die obigen Daten zeigen jedoch erneut und sogar deutlicher als im ersten Teil, daß Montesquieu jenen Erklärungen den Vorrang gibt, welche auf gesetzmäßigen Zusammenhängen aufbauen. Der leichte Fall in der durchschnittlichen Anzahl der motivationellen Erklärungen (und der Anstieg der logischen Erklärungen) kann eventuell mit anderen Resultaten unserer Untersuchungen parallelisiert werden, welche wir in Kap. D.3. präsentieren werden: bestimmte Ergebnisse aus dem ma-krostrukturellen Bereich zeigen deutlich, daß Montesquieu der Meinung ist, ein politisch-militärischer Aufstieg könne von einer Nation durch eine gewisse Wil-lensleistung herbeigeführt werden, der Niedergang ist jedoch stets eine inhärente Folge des Aufstiegs und kann nicht willentlich hintangehalten werden. Eine Erklä-rung des Niederganges mit Hilfe von motivationellen Erklärungen scheint aus dieser Perspektive daher weniger sinnvoll, während der gesetzmäßige Charakter des Niederganges aufs beste mittels logischer Erklärungen erfaßt werden kann.

Die explikative Dichte dieses Teiles des Werkes ist zunächst hoch (Kap. IX), fällt dann für eine lange Strecke auf ein mittleres Maß bzw. wird zuweilen gering (Kap. XVI und XVIII) und steigt in den letzten 5 Kapiteln wieder drastisch an (hoch über sehr hoch bis sogar, in Kap. XXI, einmal maximal).

Kapitel	Quotient	Grad der explikativen Dichte
IX	17,3	hoch
X	6	mittel
XI	7,4	mittel
XII	7,5	mittel
XIII	6,4	mittel
XIV	9	mittel
XV	5,4	mittel
XVI	**3,8**	**gering**
XVII	9,8	mittel
XVIII	**4,1**	**gering**
XIX	**24,5**	**sehr hoch**
XX	**39**	**sehr hoch**
XXI	-	**maximal**
XXII	16,8	hoch
XXIII	14,6	hoch
Durch-schnitt	12,3	hoch

Diese letzten 5 Kapitel sind genau jene, in denen der endgültige Untergang des Reiches erklärt wird. Montesquieu erklärt damit Expansion und Untergang sehr ausführlich, während er jene Epoche, in der sich das Reich zwar zum Schlechten entwickelt, jedoch immer noch mehr oder weniger stabil ist, weniger genau erklärt. Dies deckt sich auch mit dem Titel des Werkes [...] *causes de la grandeur* [...] *et de leur décadence*, wo ebenfalls auf Erfolg und Mißerfolg fokussiert wird.

Die durchschnittliche explikative Dichte liegt mit 12,3 (bzw. einem höheren, jedoch nicht berechenbaren Wert[4]) ungefähr auf dem gleichen Niveau wie im Teil zum Aufstieg und ist als hoch einzustufen.

Die explikative Tiefe in den Kapiteln zum Niedergang weist ein ähnliches Muster auf wie in den Kapiteln zum Aufstieg: das diesen Teil des Werkes einleitende Kapitel 9 hat eine relativ hohe Tendenz zu explikativer Tiefe, der mittlere Teil eine eher geringe Tendenz, während die explikative Tiefe gegen Ende dieses Teiles (und damit gegen Ende des Werkes) wieder stärker in den Vordergrund tritt:

---

4   Da die in Kap. XXI zu verzeichnende maximale explikative Dichte nicht in Zahlen erfaßt werden kann, mußte diese bei der Durchschnittsberechnung weggelassen werden. Es ist dabei jedoch zu bedenken, daß die durchschnittliche Dichte damit in Wirklichkeit höher ist, als die Berechnung anzeigt.

	Faktor 2 = gewisse Tiefe	F3 = große Tiefe	F4 = sehr große Tiefe	F5 = sehr große Tiefe	F6 = markant große Tiefe	F7 = markant große Tiefe	F8 = markant große Tiefe
Anzahl Stellen Kap. IX	9	1		1	1		
Anzahl Stellen Kap. X	3	1					
Anzahl Stellen Kap. XI	7	1					
Anzahl Stellen Kap. XII	4		2				
Anzahl Stellen Kap. XIII	3	1					
Anzahl Stellen Kap. XIV	1						
Anzahl Stellen Kap. XV	6	3		1			
Anzahl Stellen Kap. XVI	10	1					
Anzahl Stellen Kap. XVII	11	3	1				
Anzahl Stellen Kap. XVIII	8	1					
Anzahl Stellen Kap. XIX	12	2	1				
Anzahl Stellen Kap. XX	18	2			1		
Anzahl Stellen Kap. XXI	10						
Anzahl Stellen Kap. XXII	17	2	2				
Anzahl Stellen Kap. XXIII	13	7	2	2		1	

Damit ist das Werk an drei strategisch wichtigen Stellen durch spezielle explikative Tiefe ausgezeichnet: zu Beginn, zum Schluß und an der Scharnierstelle des
Überganges von der Aufstiegs- zur Niedergangsgeschichte. Diese Daten laufen

parallel zu den Daten der explikativen Dichte, welche ebenfalls in diesen Abschnitten des Werkes am höchsten ist[5].

Montesquieu hebt damit diese strategisch wichtigen Stellen des Werkes mittels dieser beiden semantischen Charakteristika, sprich: eines vermehrten Erklärungsaufwandes, hervor und gibt ihnen und damit dem gesamten Werk ein höheres rhetorisches Gewicht.

D.2.3. Zusammenfassung

Die Analyse der erklärenden und erzählenden Strukturen auf der Mikro-Ebene der *Considérations* hat zunächst gezeigt, daß Montesquieu jene erklärenden Strukturen bevorzugt, welche auf logischen Gesetzmäßigkeiten aufbauen. Zuweilen legt der Autor jedoch auch mehr Gewicht auf Erklärungen, welche rationales und zielgerichtetes menschliches Handeln betreffen. Diesbezüglich konnten wir einen Unterschied für den ersten Teil der *Considérations*, welcher den Aufstieg der Römer darlegt, im Vergleich zum zweiten Teil feststellen, welcher den Untergang behandelt: im zweiten Teil ist die Anzahl der Erklärungen zum menschlichen Handeln etwas geringer, was wir mit Montesquieus Auffassung, der Niedergang einer Nation sei nicht durch menschliche Willensanstrengung zu verhindern, in Verbindung gebracht haben.

Eine Analyse der *Considérations* in bezug auf das von uns aufgestellte Kriterium der explikativen Dichte, welches wir als jenen Anteil aller Erzählschritte, welcher einen Erklärungsapparat besitzt, definiert haben, hat folgendes Bild ergeben: insgesamt hat das Gesamtwerk eine hohe explikative Dichte, die Dichte ist jedoch besonders hoch zu Beginn und am Ende des Gesamtwerkes sowie an der Scharnierstelle zwischen dem Teil zum Aufstieg und dem Teil zum Niedergang. Dazwischen fällt die explikative Dichte teilweise auf ein niedriges Niveau.

Parallel dazu präsentieren sich die Daten zu einem weiteren Kriterium, jenem der explikativen Tiefe, die wir als die Anzahl der erklärenden Schritte, welche ein und denselben Erzählschritt elaborieren, definiert haben: die Tendenz zu explikativer Tiefe ist ebenfalls zu Beginn der *Considérations*, am Schluß sowie im Übergangsbereich zwischen Aufstiegs- und Untergangsgeschichte am ausgeprägtesten.

Montesquieu hebt damit diese strategisch wichtigen Stellen des Werkes mittels dieser beiden semantischen Charakteristika, sprich: eines vermehrten Erklärungsaufwandes, hervor und gibt ihnen und damit dem gesamten Werk ein höheres

---

5 Wir erinnern hier jedoch an die weiter oben genannte Ausnahme des Abschlußsatzes von Kap. XXIII.

rhetorisches Gewicht. Diese Daten decken sich auch mit dem Titel des Werkes
[...] *causes de la grandeur* [...] *et de leur décadence*, wo ebenfalls auf Erfolg und Mißerfolg
fokussiert wird.

Aus einer texttypologischen Sicht, welche Kriterien wie Wahl der Elaborationsstrategien (Basiselaboration vs. Elaboration höherer Ordnung, vgl. Kap. B.6.1.2.)
und sodann explikative Dichte und explikative Tiefe zur Klassifizierung heranzieht, gehören die *Considérations* zur Textgattung der vornehmlich höher (d.h.
durch erklärende Strukturen) elaborierten Texte und darunter wiederum zu jenen,
welche sich durch eine hohe explikative Dichte und eine ausgeprägte Tendenz zu
explikativer Tiefe auszeichnen. Dies kann sodann auch als Qualitätsmerkmal gedeutet werden, durch welches sich solche Texte von Texten mit geringerem explikativen Wert unterscheiden:

Basiselaborierte Texte → narrative Dichte	höher elaborierte Texte → explikative Dichte	
Chronik	*erklärende Historiographie*	
	geringe explikative Tiefe	**Ausgeprägte explikative Tiefe**
	einführender Abriß über eine bestimmte Epoche	*Monographie zu einem bestimmten historischen Ereignis für Fachpublikum*
	bzw.	bzw.
	geringer explikativer Wert: geringe Qualität	hoher explikativer Wert: hohe Qualität

D.3. Makrostrukturen

Wir bringen nun die Ergebnisse unserer Untersuchungen der Makrostrukturen (im weiteren Sinne von "übergeordneten Strukturen") von Montesquieus *Considé-rations*, welche wir mittels des in Kapitel D.1. präsentierten Analyse- und Synthese-instrumentariums gewonnen haben. Wir besprechen dabei auch die Form, welche diese Strukturen aus erklärungslogischer Sicht aufweisen.

Wir beginnen dabei bei der ersthöheren Ebene nach der Mikroebene, nament-lich der Makroebene (im engeren Sinn) oder Ebene der Absätze. Wir diskutieren hier speziell einige Absätze, deren Synthese nicht unmittelbar infolge der im vor-angehenden Kapitel vorgestellten Mechanismen vornehmbar schien; wir bringen dazu die jeweiligen Daten, unsere diesbezüglichen Überlegungen sowie unsere Lösungsvorschläge. Auf derselben Ebene befinden sich auch die in Kap. D.1.3.7.1. bzw. D.1.3.7.2. vorgestellten Makrostrukturen mit Giga-Referenz bzw. die Schattenstrukturen, welche wir hier ebenfalls besprechen wollen (Kap. D.3.1.2. bzw. D.3.1.3.).

Im Anschluß daran präsentieren wir die Ergebnisse bezüglich der Ebene der einzelnen Kapitel (der Megaebene; Kap. D.3.2.).

Schließlich diskutieren wir die Strukturen der Giga-Ebene (D.3.3.), der Giga-Plus-Ebene (D.3.4.) sowie der Meta-Giga-Ebene (D.3.5.) der *Considérations*.

D.3.1. Die Makroebene der Considérations

D.3.1.1. Die irregulären Makrostrukturen

In der überwiegenden Mehrzahl der Fälle bereitete die Synthetisierung der Infor-mation der Mikroebene zu Makrostrukturen, d.h. zu Strukturen, welche den Inhalt eines Absatzes zusammenfassen, nach den von uns vorgeschlagenen Mechanis-men (s. Kap. D.1.3.) keinerlei Schwierigkeiten, was u.E. für die Brauchbarkeit unserer Technik spricht. In wenigen Einzelfällen jedoch erwies sich die Informa-tionsverteilung komplexer, als sie sich mit unserem überschaubaren und homoge-nen System erfassen ließ. Dies ist aber keineswegs überraschend, da natürliche Sprache (und dabei speziell so komplexe Gebilde wie Textstrukturen) sich in den seltensten Fällen hundertprozentig "systemgetreu" verhält. Das System ist letzt-endlich nur ein heuristisches Beschreibungsinstrument des Linguisten, welches immer vereinfacht und vereinfachen muß. Uns erschienen jedoch gerade jene Fäl-le, welche sich einer nach systematischen Kriterien erfolgender Synthetisierung widersetzten, als speziell interessant und aufschlußreich in bezug auf profundere Erkenntnisse zu Textbauplänen. Wir präsentieren daher nun im Anschluß jene

Minderzahl an Absatzstrukturen, welche Probleme bei der Synthetisierung aufwarfen.

Wir müssen festhalten, daß wir uns, trotz der Tatsache, daß unsere Lösungsvorschläge *ad hoc*-Vorschläge sind, dennoch in allen Fällen von einem übergeordneten Prinzip leiten ließen, welches man als das "Prinzip der maximalen Information" bezeichnen kann. Dies bedeutet, daß wir, wenn mehrere Erzählschritte innerhalb eines Absatzes als Kandidaten für die "ausschlaggebende" Grundaussage des Absatzes nebeneinander standen, wir immer jener Struktur den Vorrang eingeräumt haben, welche die meiste Information enthielt. Wir maßen dabei die Informationsmenge an der Anzahl und am Inhalt der enthaltenen Propositionen.

D.3.1.1.1. *Vorrang bestimmter erklärungslogischer Strukturen vor anderen*

Bestimmte erklärungslogische Strukturen enthalten *per definitionem* mehr Information als andere. So enthält eine logische Erklärung etwa mehr Information als eine kausale Erklärung, da erstere nicht nur eine Verbindung zwischen *explanans* und *explanandum* herstellt, sondern diese Verbindung auch auf ein übergeordnetes Gesetz zurückführt, welches in Form der *præmissa maior* als zusätzliche Proposition der Struktur höheren informativen Gehalt gibt[1]. Ähnlich enthält ein konzessiver Kontext, welchen wir als die korrekte Form der Darstellung eines verneinten kausalen Zusammenhanges betrachten, mehr Information als eine einfache Formalisierung des verneinten kausalen Zusammenhanges. Die Mehrinformation besteht in der Angabe eines Gesetzes in Form der *præmissa maior* sowie der Angabe einer Extra-Kondition in Form einer zusätzlichen *præmissa minor*. Das folgende Beispiel aus Kap. I zeigt einen Fall von verneintem kausalen Zusammenhang, wo wir aus den genannten Gründen der konzessiven Struktur den Vorrang gegeben haben (wir reduzieren die Tabelle hier aus Formatgründen um die Informationen zu Oberflächenstruktur und semantischen Feldern, welche hier nicht relevant sind):

(66) La prise de Rome par les Gaulois ne lui ôta rien de ses forces : l'armée, plus dissipée que vaincue, se retira presque entière à Véïes ; le peuple se sauva dans les villes voisines ; et l'incendie de la ville ne fut que l'incendie de quelques cabanes de pasteurs.

---

1   In unserem Corpustext, wo des öfteren ein und derselbe historische Kontext zunächst kausal und sodann logisch erklärt wird, fanden sich jedoch keine Absätze, wo zwei derartige Erklärungen in Konkurrenz zueinander standen und auf das Prinzip der maximalen Information zurückgegriffen werden mußte. Es war vielmehr immer der Fall, daß unsere regulären Syntheseprinzipien griffen (z.B. Erklärungsklammer oder die Wahl des Allgemeinen vor dem Speziellen).

[225a] Rome : être forte, degré a, t1 [225b] Rome : être forte, degré < a, t3 = [225'] Rome : être forte, degré a, t3[2]	¬CAUS	[226] Gaulois : prendre Rome, t2
[225] Rome : ¬(devenir moins forte)	EXTRA-COND. (CONCESS. [228], [229], [230], [231])	[227] (peuple X : prendre capitale de nation Y) >> (capitale : devenir moins forte) [226] Gaulois : prendre Rome Extrakonditionen: [228a] armée romaine : être dissipée, degré > a [228b] armée romaine : être vaincue, degré < a [229] armée romaine : être presque entière [230] peuple romain : se sauver [231a] ville de Rome : ¬(être détruite par feu) [231b] quelques cabanes : être détruites par feu
		[228a-b-229-230-231a-b] Gaulois : ¬(faire grand dommage aux Romains et à Rome)

Die Extrakonditionen sind sodann nach dem Listenprinzip zusammengefaßt.

Anders sieht die Lage jedoch aus, wenn eine konzessive Struktur eine Extrakondition vermissen läßt, was auch zuweilen vorkommt. Dadurch verliert diese konzessive Struktur an informativem Gehalt und scheidet als Kandidat neben einer anderen Struktur mit vollem informativen Gehalt aus. Im folgenden Beispiel aus Kap. IV konkurrieren zwei konzessive Strukturen um die Rolle der Makrostruktur. Obwohl die letzte konzessive Struktur in der Tabelle thematischen Vorrang vor der erstgenannten konzessiven Struktur hätte (ihr Thema "Römer generell" ist allgemeiner als das Thema "Römer und Gallier" der anderen Struktur), haben wir sie aufgrund der fehlenden Extrakondition als Makrostruktur ausgeschieden (die Extrakonditionen der ersten Struktur sind wieder nach dem Listenprinzip zusammengefaßt):

(1) Les Romains eurent bien des guerres avec les Gaulois. (2) L'amour de la gloire, le mépris de la mort, l'obstination pour vaincre, étoient les mêmes dans les deux peuples,

---

2   Hier wird die Zustandsveränderung zwischen t1 ([225a]) und t3 ([225b]) geleugnet ("¬CAUS"), was einem unveränderten Zustand [225'] zu t3 entspricht.

mais les armes étoient différentes. (3) Le bouclier des Gaulois étoit petit, et leur épée mauvaise : aussi furent-ils traités à peu près comme dans les derniers siècles les Mexicains l'ont été par les Espagnols. (4) Et ce qu'il y a de surprenant, c'est que ces peuples, que les Romains rencontrèrent dans presque tous les lieux et dans presque tous les temps, se laissèrent détruire les uns après les autres, sans jamais connoître, chercher ni prévenir la cause de leurs malheurs.

[1a] Gaulois : aimer gloire, degré a, pendant les guerres gauloises [1b] Romains : aimer gloire, degré a, pendant les guerres gauloises		
[2a] Gaulois-¬(craindre : Gaulois-mourir), degré a, pendant les guerres gauloises [2b] Romains-¬(craindre : Romains-mourir), degré a, pendant les guerres gauloises		
[3a] Gaulois-vouloir : Gaulois-vaincre, degré a, pendant les guerres gauloises [3b] Romains-vouloir : Romains-vaincre, degré a, pendant les guerres gauloises		

[5] Romains : détruire Gaulois, pendant les guerres gauloises	EXTRA-COND. (CONCESS. [6])	[4] (peuple X : aimer gloire, degré a) ∧ (peuple Y : aimer gloire, degré a) ∧ [peuple X-¬(craindre : peuple X-mourir)] ∧ [peuple Y-¬(craindre : peuple Y-mourir)] ∧ (peuple X-vouloir : peuple X-vaincre) ∧ (peuple Y-vouloir : peuple Y-vaincre) ¿ [peuple Y : ¬(détruire peuple X)] [1a] Gaulois : aimer gloire, degré a, pendant les guerres gauloises [1b] Romains : aimer gloire, degré a, pendant les guerres gauloises [2a] Gaulois-¬(craindre : Gaulois-mourir), degré a, pendant les guerres gauloises [2b] Romains-¬(craindre : Romains-mourir), degré a, pendant les guerres gauloises [3a] Gaulois-vouloir : Gaulois-vaincre, degré a, pendant les guerres gauloises [3b] Romains-vouloir : Romains-vaincre, degré a, pendant les guerres gauloises Extrakondition(en): [6] (Romains : avoir armes A, pendant les guerres gauloises) ∧ (Gaulois : avoir armes B, pendant les guerres gauloises) EXPL [6a] Gaulois : avoir bouclier petit, pendant les guerres gauloises [6b] Gaulois : avoir épée mauvaise, pendant les guerres gauloises
[7] Romains : détruire peuples Y, Z ...		
[9a] [peuples Y, Z ...-¬(connaître cause de la défaite)] [9b] [peuples Y, Z ...-vouloir : peuple Y, Z ...-¬(connaître cause de la défaite)] [9c] [peuples Y, Z ...-vouloir : peuple Y, Z ...-¬(prévenir cause de la défaite)]	EXTRA-COND. (CONCESS. [?])	[8] [peuple X : détruire peuple Y] ¿ [(peuple Y-connaître cause de la défaite) ∨ (peuple Y-vouloir : peuple Y-connaître cause de la défaite) ∨ (peuple Y-vouloir : peuple Y-prévenir cause de la défaite)] [7] Romains : détruire peuples Y, Z .... Extrakonditionen: fehlen
		[6a-b] Gaulois : avoir mauvaises armes

D.3.1.1.2. Vorrang von erklärten Erzählschritten vor nicht-erklärten Erzählschritten

Der informative Gehalt von Erzählschritten mit Erklärungsapparat ist naturgemäß höher als jener von nicht-erklärten Erzählschritten, und erstere sind daher u.E. letzteren als Kandidaten für die Auswahl der Makrostruktur vorzuziehen. Das folgende Beispiel aus Kap. V enthält zunächst einen nicht-erklärten Erzählschritt (mit dem sehr allgemeinen Thema "Lage anderer Reiche als des Römischen zu einem bestimmten Zeitpunkt"), worauf ein erklärter (konzessiver) Erzählschritt folgt, der ein etwas spezielleres Thema "Lage Ägyptens zum fraglichen Zeitpunkt" hat. Aufgrund des höheren informativen Gehalts haben wir hier letzterer Struktur den Vorzug gegeben, obwohl das Themenkriterium eine umgekehrte Wahl auslösen müßte (die konzessive Struktur ist sodann mit den beiden letzten Strukturen nach dem Prinzip der Erklärungsklammer zusammengefaßt: die letzten beiden Strukturen führen die "Ur-Gründe" für die Extrakonditionen an; schließlich sind die "Ur-Gründe" nach dem Listenprinzip zusammengefaßt):

(74) Après l'abaissement d'Antiochus, il ne restoit plus que de petites puissances, si l'on en excepte l'Égypte, qui, par sa situation, sa fécondité, son commerce, le nombre de ses habitants, ses forces de mer et de terre, auroit pu être formidable ; mais la cruauté de ses rois, leur lâcheté, leur avarice, leur imbécillité, leurs affreuses voluptés, les rendirent si odieux à leurs sujets, qu'ils ne se soutinrent, la plupart du temps, que par la protection des Romains.

[85] autres empires : ¬(être puissants), après l'abaissement d'Antiochus		
[88] Égypte : ¬(être puissante)	EXTRA-COND. (CONCESS. [90], [92])	[86] [(nation X : être en situation favorable) ∧ (nation X : avoir terres fécondes) ∧ (nation X : avoir commerce) ∧ (nation X : avoir nombreux habitants) ∧ (nation X : avoir forces de mer et de terre)] ¿ [nation X : être puissante, degré élevé] [87a] Égypte : être en situation favorable [87b] Égypte : avoir terres fécondes [87c] Égypte : avoir commerce [87d] Égypte : avoir nombreux habitants [87e] Égypte : avoir forces de mer et de terre Extrakonditionen (im konsekutiven Gesamtkontext): [91a] [peuple X : haïr rois, degré < a] >> [rois : ¬(avoir besoin de la protection d'autrui)] [91b] [peuple X : haïr rois, degré ≥ a] >> [rois : avoir besoin de la protection d'autrui] [90] peuple égyptien : haïr rois égyptiens, degré élevé [92] rois égyptiens : avoir besoin de la protection romaine
[90] peuple égyptien : haïr rois égyptiens, degré élevé	CAUS	[89a] rois égyptiens : être cruels [89b] rois égyptiens : être lâches [89c] rois égyptiens : être avares [89d] rois égyptiens : être imbéciles [89e] rois égyptiens : avoir affreuses voluptés
[92] rois égyptiens : avoir besoin de la protection romaine	MINOR [90]	[91a] [peuple X : haïr rois, degré < a] >> [rois : ¬(avoir besoin de la protection d'autrui)] [91b] [peuple X : haïr rois, degré ≥ a] >> [rois : avoir besoin de la protection d'autrui] [90] peuple égyptien : haïr rois égyptiens, degré élevé
		[89a-b-c-d-e] rois égyptiens : avoir mauvaises mœurs

D.3.1.1.3. Vorrang von absatzinternen Informationen vor kataphorischen Informationen zu folgenden Absätzen

Zuweilen enthalten bestimmte Absätze Vorverweise auf Informationen, welche in folgenden Absätzen detaillierter besprochen werden, sodaß ein Absatz zwei Themen zu haben scheint, welche beide um das Vorrecht konkurrieren. Wir gaben hier jeweils der absatzinternen Information den Vorrang, da die kataphorische Information einerseits zu einem geringen semantischen Gehalt tendiert und andererseits ohnedies im folgenden Absatz oder den folgenden Absätzen zentral wird. Im folgenden Beispiel aus Kap. XVII stehen zwei Strukturen, welche unabhängige und einander nur chronologisch folgende Handlungen römischer Kaiser erklären, miteinander in Konkurrenz. Da die zweite Struktur rein kataphorisch auf später im Text genau erklärte Ereignisse verweist, haben wir der ersten Struktur den Vorrang eingeräumt:

(37) Valentinien sentit plus que personne la nécessité de l'ancien plan ; il employa toute sa vie à fortifier les bords du Rhin, à y faire des levées, y bâtir des châteaux, y placer des troupes, leur donner le moyen d'y subsister. (38) Mais il arriva dans le monde un événement qui détermina Valens, son frère, à ouvrir le Danube, et eut d'effroyables suites.

| **[103'] (Valentinien : fortifier bords du Rhin) ∧ (Valentinien : faire des levées aux bords du Rhin) ∧ (Valentinien : bâtir châteaux aux bords du Rhin) ∧ (Valentinien : placer troupes aux bords du Rhin) ∧ (Valentinien : soutenir troupes aux bords du Rhin)** | MOTIV (Basismotiv [102]) | [101] Valentinien-savoir : \| {[Valentinien-¬(fortifier bords du Rhin)] ∧ [Valentinien-¬(faire des levées aux bords du Rhin)] ∧ [Valentinien-¬(bâtir châteaux aux bords du Rhin)] ∧ [Valentinien-¬(placer troupes aux bords du Rhin)] ∧ [Valentinien-¬(soutenir troupes aux bords du Rhin)]} >> {empire : être perdu} \|

[102] Valentinien-vouloir : empire-¬(être perdu) (= Basismotiv)

[103] Valentinien-vouloir : [(Valentinien-fortifier bords du Rhin) ∧ (Valentinien-faire des levées aux bords du Rhin) ∧ (Valentinien-bâtir châteaux aux bords du Rhin) ∧ (Valentinien-placer troupes aux bords du Rhin) ∧ (Valentinien-soutenir troupes aux bords du Rhin)] (= dir. H.motiv) |
| [105] Valens : ouvrir Danube | CAUS | [104] événement E : arriver |

D.3.1.1.4. Vorrang von Fakten vor rhetorischen Figuren

Zuweilen unterbricht Montesquieu seine Faktenschilderung und -erklärung, um diese mit rhetorischen Figuren anzureichern, welche keinen echten informativen Gehalt haben, obwohl sie durchaus die Form logisch korrekter Erklärungen haben können. Steht eine solche "leere" Erklärungsstruktur innerhalb eines Absatzes in Konkurrenz zu einer vollwertigen Informationsstruktur, dann haben wir letzterer das Vorrecht eingeräumt. Im folgenden Beispiel aus Kap. XVI konkurriert ein nicht-erklärter Erzählschritt mit zwei thematisch zusammengehörigen erklärten Erzählschritten. (Daneben gibt es noch zwei weitere nicht-erklärte Erzählschritte, welche jedoch aufgrund ihrer mangelnden thematischen Relevanz - sie betreffen eine andere Periode der römischen Geschichte - ausgeschieden werden können.) Die erklärten Erzählschritte sind jedoch inhaltlich gesehen nichts anderes als eine Art spekulativer anthropomorphisierender Vergleich, von dem sich Montesquieu deutlich durch den Gebrauch des Verbums *sembler* distanziert und welcher rein stilistische Funktion hat. Obwohl also der erste Erzählschritt durch seinen mangelnden Erklärungsapparat keinen so ausgeprägten informativen Gehalt hat, ist der informative Gehalt der rhetorischen Figur noch geringer, und wir haben daher dem reinen Erzählschritt den Vorrang gegeben:

(76) Les Barbares, au commencement inconnus aux Romains, ensuite seulement incommodes, leur étoient devenus redoutables. (77) Par l'événement du monde le plus extraordinaire, Rome avoit si bien anéanti tous les peuples que, lorsqu'elle fut vaincue elle-même, il sembla que la terre en eût enfanté de nouveaux pour la détruire.

[89] Barbares : être inconnus aux Romains, t1		
[90] Barbares : être incommodes aux Romains, t2		
[91] Barbares : être redoutables aux Romains, t3		
[95] spectateur-juger : terre-enfanter nouveaux peuples C, D, ..., t2	MINOR [93], [94]	[92a] [(nation X : anéantir peuples Y, Z, ... , degré < a, t1) ∧ (nation X : être vaincue, t3)] >> [spectateur-¬(juger : terre-enfanter nouveaux peuples R, S, ..., t2)] [92b] [(nation X : anéantir nations Y, Z, ... , degré ≥ a, t1) ∧ (nation X : être vaincue, t3)] >> [spectateur-juger : terre-enfanter nouveaux peuples R, S, ..., t2] [93] Rome : anéantir peuples A, B, ..., degré ≥ a, t1 [94] Rome : être vaincue, t3
[95] spectateur-juger : terre-enfanter nouveaux peuples C, D, ..., t2	MOTIV (Basismotiv [97])	[96] spectateur-juger : terre-penser : [(terre-enfanter nouveaux peuples C, D, ...) >> (nouveaux peuples C, D, ...-détruire Romains)] [97] spectateur-juger : terre-vouloir : nouveaux peuples C, D, ...-détruire Romains (= "Basismotiv") [98] spectateur-juger : terre-vouloir : terre-enfanter nouveaux peuples C, D, ... (= "dir. H.motiv")

Beinahe ganz parallel dazu ist auch folgendes Beispiel aus Kap. XVII, wo wir ebenfalls einem nicht-erklärten Erzählschritt den Vorrang gegenüber einem spekulativen anthropomorphisierenden eingeräumt haben, wobei wir hier jedoch noch einen weiteren nicht erklärten Erzählschritt vorliegen hatten, welchen wir ebenfalls ausschieden, da es sich auch hier um einen Vergleich mit rhetorischer Funktion handelte. Für beide der ausgeschiedenen Informationseinheiten ist Montesquieus Distanz an der Oberfläche durch das Verb *sembler* markiert:

(43) D'abord des corps innombrables de Huns passèrent ; et, rencontrant les Goths les premiers, ils les chassèrent devant eux. (44) Il sembloit que ces nations se précipitassent les unes sur les autres et que l'Asie, pour peser sur l'Europe, eût acquis un nouveau poids.

[106] (Huns : passer le Bosphore, quantité élevée) ∧ (Huns : chasser Goths devant eux)		
[107] spectateur-juger : Huns et Goths-se précipiter les uns sur les autres		
[110'] spectateur-juger : Asie-acquérir nouveau poids	MOTIV (Basismotiv [108])	[108] spectateur-juger : Asie-penser : [(Asie-acquérir nouveau poids) >> (Asie-peser sur Europe)] [109] spectateur-juger : Asie-vouloir : Asie-peser sur Europe (= "Basismotiv") [110] spectateur-juger : Asie-vouloir : Asie-acquérir nouveau poids (= "dir. H.motiv")

Wir setzen nun fort mit der Präsentation der in den *Considérations* vorhandenen Makrostrukturen mit Giga-Referenz.

D.3.1.2. Makrostrukturen mit Giga-Referenz

In Kap. D.1.3.7.1. definierten wir jene Makrostrukturen als "Makrostrukturen mit Giga-Referenz", welche über den Rahmen des Kapitelthemas hinauswiesen und Aufstieg oder Fall der Römer oder beides in einer Gesamtschau erklären. Diese Strukturen dienen neben den Megastrukturen und den Schattenstrukturen zur Konstruktion der Giga-Struktur.

Wir haben folgende derartige Strukturen in folgenden Kapiteln der *Considérations* festmachen können:

Kapitel I:

[12] Rome : grande, dans la suite	gr. d'institut. + gr. milit. (9)	(succès/gr. milit. → gr. écon.) + _³	**[9-9'-10] Romains : célébrer victoires sur leurs voisins**

[22a] Romains : ¬(être maîtres du monde), sous les rois **[22b] Romains : être maîtres du monde, "plus tard"**	gr. d'institut. (12)	[(danger/p. milit. + mauvaises armes/p. milit.) → (bonnes armes/gr. milit.)]	**[19-20] Romains : améliorer art militaire selon l'exemple de tous leurs ennemis**

---

3   Wir notieren hier durch ein Leerzeichen, daß sich "célébrer" nicht in das GRANDEUR/DÉCA-DENCE-Paradigma einordnen läßt.

[110] Rome : venir à bout de toutes les autres nations	p. d'institut. → gr. d'institut. (42)	danger/p. milit. (42)	[109] Rome : être toujours en guerre

[160] Rome : être fatale à l'univers, t2	mort/p. milit. (aus der Sicht des *univers*) (52)	vouloir vaincre/gr. milit. + (force/gr. milit. ≡ faiblesse/p. milit.)	[152-155] Rome : faire toujours efforts malgré obstacles

Diese vier Strukturen haben wir über das Prinzip "Liste" zur folgenden übergeordneten Struktur zusammengefaßt, welche wir sodann bei der Konstruktion der
Giga-Struktur herangezogen haben:

{[12]-[22AB]-[110]-[160]} ROMAINS : ETRE MAITRES DU MONDE	PUISSANCE/GR. MILIT. + PUISSANCE/GR. D'INSTITUT.	VOULOIR COMBATTRE/GR. MILIT. + VOULOIR VAINCRE/GR. MILIT.	{[9-9'-10]-[19-20]-[109]- [152-155]} ROMAINS : ETRE GUERRIERS AMBITIEUX ET INFATIGABLES

Kapitel VIII:

[124] [ENTITE X : ABUSER DU POUVOIR A ROME] >> [(ESPRIT DU PEUPLE : CORRIGER ABUS) ∨ (FORCE DU SENAT : CORRIGER ABUS) ∨ (AUTORITE DE MAGISTRAT Y : CORRIGER ABUS)], DEPUIS SA NAISSANCE	(GR. D'INSTITUT. + P. D'AME) → (GR. D'INSTITUT. + GR. D'AME) (34)		

Kapitel IX:

[89-94-100] ROME : AVOIR SUCCES	SUCCES/GR. MILIT.	GR. D'ESPRIT	[88-91-93-97-99-102-104] ROME : AVOIR COMPORTEMENT SAGE

[106] ROME : PERDRE LA LIBERTE, T2	(GR. D'INSTITUT. + GR. D'AME) ⇒ (GR. D'INSTITUT. + P. D'AME) (38)		
		P. D'ESPRIT	[105-107] ROME : ¬(AVOIR COMPORTEMENT SAGE)

Kapitel XIII:

		vouloir ¬(danger/p. d'institut.) (aus der Sicht der *empereurs*) (46)	[46] empereurs-vouloir : armées-¬(mettre leurs services à trop haut prix)
[49'] empereurs : entretenir la paix	¬(vouloir combattre)/p. milit. (46)		

		vouloir ¬(danger/p. d'institut.) (47)	[51] capitaines romains-vouloir : {[capitaines romains-réveiller attention du prince] ∧ [capitaines romains-¬(réveiller jalousie du prince)]}
[54] capitaines romains-vouloir : capitaines romains-entreprendre choses grandes, degré ≤ a	vouloir gr. ≡ p. milit. (47)		

[75] affaires d'état : être secrètes, sous les empereurs	gr. d'institut. ⇒ gr. d'institut. (aus der Sicht der *empereurs*) (65)	gr. d'institut. (aus der Sicht der *empereurs*) (65)	[74] empereurs romains : recevoir seuls les dépêches des provinces

Diese drei Strukturen haben wir über das Prinzip "Liste" zur folgenden übergeordneten Struktur zusammengefaßt:

{[49']-[54]-[75]} (EMPEREURS ET CAPITAINES ROMAINS : FAIRE ENTREPRISES MILITAIRES, DEGRE LIMITE) ∧ (AFFAIRES D'ETAT : ETRE SECRETES, SOUS LES EMPEREURS)	(GR. D'INSTITUT. ⇒ GR. D'INSTITUT.) + ¬(VOULOIR COMBATTRE)/P. MILIT.	GR. D'INSTITUT. (AUS DER SICHT DER *EMPEREURS*) (65)	{[46]-[51]-[74]} (EMPEREURS ROMAINS : TENIR GENS DE GUERRE EN ECHEC) ∧ (EMPEREURS ROMAINS : RECEVOIR SEULS LES DEPECHES DES PROVINCES)

Kapitel XIV:

		P. ÉCON. (AUS DER SICHT DES *PEUPLE*) (16)	[30] EMPEREURS : PRENDRE RICHESSES, T1
[23A] SENAT : ¬(AVOIR ESPRIT DE SERVITUDE), T0 [23B] SENAT : AVOIR ESPRIT DE SERVITUDE, T2	P. D'INSTITUT. + P. D'AME (11)		

Kapitel XV:

[63-66] EMPIRE ROMAIN : DEGENERER, T2	GR. D'INSTITUT. ⇒ P. D'INSTITUT.	GR. D'INSTITUT. ⇒ GR. D'INSTITUT.	[62-65] EMPIRE ROMAIN : PROSPERER, T1

Kapitel XVIII:

[44] FORTUNE : ¬(DOMINER MONDE)	- (18)		
		(- → SUCCES/GR. MILIT.) + (- → DEFAITE/P. MILIT.)	[46-47] ROMAINS : AVOIR SORT MILITAIRE SELON COMPORTEMENT

D.3.1.3. Schattenstrukturen

In Kap. D.1.3.7.2. definierten wir als "Schattenstrukturen" jene Strukturen, welche in einem Kapitel zum Aufstieg der Römer Mißerfolge erklären oder in einem Kapitel zum Fall der Römer Erfolge erklären und welche demnach auf den jeweiligen anderen Teil des Textes referieren. Diese Strukturen dienen neben den Megastrukturen und den Makrostrukturen mit Giga-Referenz der Konstruktion der Giga-Struktur.

Wir haben folgende derartige Strukturen in folgenden Kapiteln der *Considérations* festmachen können:

Kapitel V:

[56] ROMAINS : ETRE CORROMPUS, T2	CORRUPTION/DECADENCE (62)		
		VOIR DECADENCE	[50A-B-C-55] ROMAINS-ETRE EN CONTACT AVEC LA DECADENCE EN SYRIE

Kapitel XV:

[112] VESPASIEN-VOULOIR : VESPASIEN-RETABLIR EMPIRE	VOULOIR (P. D'INSTITUT. ⇒ GR. D'INSTITUT.) (56)		

[115] TRAJAN : VAINCRE PARTHES	SUCCES/GR. MILIT. (64)	GR. D'AME + GR. D'ESPRIT (63)	[113] TRAJAN : ETRE VERTUEUX, DEGRE ELEVE

Kapitel XVI:

[1] secte des stoïciens : s'étendre et s'accréditer dans l'empire	p. d'institut. ⇒ gr. d'institut. (1)		

[4b] empereurs D, E, F, ... : être bons, degré maximal	gr. pers. + gr. d'institut. (3)		
		gr. d'âme	[6-2] empereurs D, E, F, ... : être stoïciens

Diese beiden Strukturen haben wir über das Prinzip "Erklärungsklammer" zur folgenden übergeordneten Struktur zusammengefaßt ([1] kann als "Ur-Grund" für [6-2] betrachtet werden):

[4B] EMPEREURS D, E, F, ... : ETRE BONS, DEGRE MAXIMAL	GR. PERS. + GR. D'INSTITUT.	P. D'INSTITUT. ⇒ GR. D'INSTITUT.	[1] SECTE DES STOÏCIENS : S'ETENDRE ET S'ACCREDITER DANS L'EMPIRE

Kapitel XVII:

[99A] BARBARES : OCCUPER PROVINCES LE LONG DU RHIN, T1 [99B] BARBARES : FUIR PROVINCES LE LONG DU RHIN, T3	SUCCES/GR. MILIT. (SICHT JULIEN) (33)		
		GR. PERS.	[100A-F] JULIEN : AVOIR GRANDES QUALITES, T2

[103'] (VALENTINIEN : FORTIFIER BORDS DU RHIN) ∧ (VALENTINIEN : FAIRE DES LEVEES AUX BORDS DU RHIN) ∧ (VALENTINIEN : BATIR CHATEAUX AUX BORDS DU RHIN) ∧ (VALENTINIEN : PLACER TROUPES AUX BORDS DU RHIN) ∧ (VALENTINIEN : SOUTENIR TROUPES AUX BORDS DU RHIN)	FAIBLESSE/P. MILIT. ⇒ FORCE/GR. MILIT. (37)	VOULOIR ¬(MORT/P. MILIT. + MORT/P. D'INSTITUT.) (37)	[102] VALENTINIEN-VOULOIR : EMPIRE-¬(ETRE PERDU)

Kapitel XXII:

		VOULOIR GR. D'INSTITUT. (40)	[90] EMPEREURS ICONOCLASTES : DECLARER GUERRE A MOINES
[91-92-93] GRECS : RECONSTITUER L'ETAT	P. D'INSTITUT. ⇒ GR. D'INSTITUT.		

D.3.2. Die Megaebene der Considérations

Wir teilen das vorliegende Kapitel in vier Teile: im ersten Teil (D.3.2.1.) schicken wir einige Informationen zu Prinzipien der Konstruktion der Megastrukturen voraus, im zweiten Teil (D.3.2.2.) bringen wir eine globale Übersicht über die erklärungslogischen Ausformungen der Megastrukturen der 23 Kapitel der *Considérations*, im dritten Teil (D.3.2.3.) präsentieren wir im einzelnen die Megastrukturen der Kapitel der *Considérations* zum Aufstieg der Römer und im vierten Teil (D.3.2.4.) die Megastrukturen der Kapitel der *Considérations* zum Niedergang der Römer. In den beiden Unterkapiteln zu den einzelnen Megastrukturen vergleichen wir auch jeweils letztere mit dem jeweiligen Kapiteltitel, wobei festzustellen sein wird, daß dieser meistens (doch nicht immer) einen Teil der Megastruktur abdeckt, während er jedoch nur selten die Megastruktur in ihrer ganzen Informationsfülle und (erklärungs-)logischen Struktur wiedergibt.

D.3.2.1. Zur Konstruktion der Megastrukturen

Wir haben in Kapitel D.1.4. bereits näher erläutert, welche Mechanismen wir systematisch bei der Konstruktion der Megastrukturen angewendet haben. Es handelte sich dabei um das Listenprinzip, das Prinzip der Erklärungsklammer sowie das Prinzip des erklärungslogischen Sortierens der Informationen. Zu diesen Mechanismen wäre noch ein weiteres Prinzip zu nennen, welches wir wiederholt einsetzten. Dieses Prinzip hat nichts mit der Aufnahme von Makrostrukturen in die Megastruktur zu tun, sondern im Gegenteil mit der Ausscheidung bestimmter Makrostrukturen aus dem Konstruktionsvorgang. Es handelte sich dabei um solche Makrostrukturen, welche die Aussage der Megastruktur auf der argumentativ-rhetorischen Ebene untermauerten, welche jedoch aus rein semantischer Sicht in bezug auf die Megastruktur nicht relevant waren.

Ein Beispiel dafür stammt aus Kap. I. Wir führen dazu auch die Megastruktur von Kap. I an, welche weiter unten in Kap. D.3.2.3.1. noch gesondert vorgestellt wird.

Die Megastruktur von Kap. I sieht zunächst folgendermaßen aus:

{[34]-[73]-[180B]-[197]} RO-MAINS : AVOIR SUCCES POLITIQUES ET MILITAIRES	SUCCES/GR. MILIT. + GR. D'INSTITUT.	VOULOIR GR. D'INSTITUT. + .[4]	{[90-21]-[222B-223B]}+{[25]-[78-79]} PEUPLES D'ITALIE : AVOIR STRUCTURE SOCIALE ET PSYCHOLOGIQUE S[5]

Die folgenden beiden Makrostrukturen zur physischen Größe der Gebäude der Stadt Rom (kleiner Anfang und Anwachsen zur Größe) haben rein rhetorische Funktion: durch ihr metonymisches Verhältnis zum Römischen Reich aktivieren sie die semantischen Felder der PETITESSE und der GRANDEUR und damit das Expansionsmotiv, welches den ersten Teil des Gesamtwerkes dominiert. Aus dem Blickwinkel der semantischen Architektur der erklärenden Struktur von Kapitel I der *Considérations* gesehen spielen diese Angaben jedoch keine Rolle auf der Megaebene:

[3] (la ville de) Rome : avoir petites maisons, degré élevé, dans ses commencements	p. phys. (4)	- (4)	[2] hommes/Romains : ¬(se tenir dans les maisons), dans ses commencements

		gr. phys. (6)	[7a] Romains : bâtir (grands) édifices, sous les rois
[7b] édifices romains : être éternels	gr. temp. (7)		

Ein weiteres Beispiel für dieses Phänomen ist in Kap. XIII zu finden. Wir führen zunächst die Megastruktur dieses Kapitels an (s. dazu gesondert unser Kap. D.3.2.4.5.):

---

4   Die römische Psyche wird auf der Mikroebene des Kapitels v.a. durch ein Sich-nicht-unterordnen-Wollen definiert. Die Information zur Sozialstruktur (kein Handwerk, kein nennenswerter Grundbesitz, Entrichtung eines Soldes durch alle Wehrpflichtigen) läßt sich nicht innerhalb des GRANDEUR/DÉCADENCE-Paradigmas erfassen.

5   "S" steht hier für "Struktur einer bestimmten Art" - s. vorangehende Fußnote.

			Basis-motiv	vouloir (gr. d'institut. ⇒ gr. d'institut.)	[38] Auguste-vouloir : Auguste-établir monarchie
{[2]-[25']-[58-59-60-61]-[62]-[72']} AUGUSTE : ETABLIR ORDRE ET SECURITE MILITAIRES ET CIVILS SANS SE MONTRER TYRAN	ART/GR. D'INSTI-TUT. (62)	HAND-LUNGSTEIL	direktes Hand-lungs-motiv	vouloir [(gr. d'institut. ⇒ gr. d'institut.) + ¬(danger/ p. d'insti-tut.)]	{[24]-[27]-[64-67-69]-[71]} Auguste-vouloir : Auguste-gagner contrôle militaire et civil sans risquer conjurations
{[5a-b]-[43]-[44]} (tyrannie d'Auguste : s'installer et se fortifier partout) ∧ (peuple romain-croire : peuple romain-être en liberté)	(gr. d'institut. ⇒ gr. d'insti-tut.) + gr. soc.	Zwischen-ziel			
{[169-[35]} OCTAVE AUGUSTE : ETABLIR SERVITUDE DURABLE DE CARACTERE ENTIEREMENT MONARCHIQUE	GR. D'INSTI-TUT.	ENDZIEL			

Die folgende Makrostruktur, welche Pompeius, Crassus und Cäsar zum Thema hat, unterstreicht rhetorisch über einen Kontrast die Besonderheit der Taktik in Augustus' Vorgehen. Semantisch gesehen trägt sie jedoch nicht zur Megastruktur bei.

[19'] Pompée, Crassus et César : mettre république en anarchie	danger/p. d'institut. (aus der Sicht der *république*) (26)-(27)	vouloir gr. d'institut. (26)	[18] Pompée, Crassus et César-vouloir : Pompée, Crassus et César-réaliser projets ambitieux

Als ein letztes Beispiel führen wir eine Makrostruktur aus Kap. XXII an. Die Megastruktur von Kap. XXII ist zunächst folgende (s. dazu auch Kap. D.3.2.4.14.):

{[7A-B]-[14']-[15]-[21]}+{[103-104]-[115]-[129]}+[152-154-156]+{[30-32]-[34-35]-[53]-[126]-[165]-[167-168]}+{[55-65]-[97]}+{[140]-[143]} [GRECS : ETRE OCCUPES DE QUERELLES RELIGIEUSES PEU SAGES] ∧ [GRECS : PRECIPITER ETAT DANS SCHISMES ET DETRUIRE ETAT] ∧ [GRECS-VOULOIR : GRECS-¬(COMBATTRE ENNEMIS)] ∧ [GRECS : SOUFFRIR ECHECS MILITAIRES]	P. D'ESPRIT + MORT/P. D'INSTITUT. + ¬ (VOULOIR COMBATTRE)/P. MILIT. + ¬(SUCCES/GR. MILIT.)	P. D'ESPRIT + DECADENCE + ¬(ART/GR. D'INSTITUT.) + DANGER/P. MILIT. + FAIBLESSE/P. MILIT.	[110]+[135]+{[73-88]-[99B]}+[150-151-153-155]+{[2]-[13]-[16-17]-[19A-B]}+{[27]-[37A-B-C-38]-[40]-[118A-B-C]-[158]-[166]}+{[58]-[85-95]}+{[137A-B-C]-[140-145-146]} [GRECS : ETRE PEU RATIONNELS, PEU SAGES ET DECADENTS, 90%] ∧ [GRECS : ¬(CONNAITRE NATURE ET BORNES DE LA PUISSANCE ECCLESIASTI-QUE ET SECULIERE), 90%] ∧ [EMPIRE : AVOIR ENNEMIS SUPERIEURS]

Die folgende Makrostruktur bezieht sich auf ein für die Gesamtaussage semantisch gesehen irrelevantes Detail aus dem Bilderstreit. Sie unterstreicht rein rhetorisch die Irrationalität der Griechen:

		dire (p. d'esprit + p. d'âme) (34)	[67] empereurs : accuser moines d'idolâtrie
[72] Grecs-croire : empereurs-sacrifier aux démons	croire (p. d'âme + p. d'esprit) (34)		

D.3.2.2. Ausformungen der Megastrukturen der 23 Kapitel der Considérations

In Kap. D.1.4. haben wir bereits erwähnt, daß wir in den *Considérations* mehrere Typen von Megastrukturen festmachen konnten, welche die erklärenden Muster der Mikroebene wiederholen: kausale und/oder deduktive Megastrukturen, finale Megastrukturen (sowohl vom Typ "aufgegangene Rechnung" als auch vom Typ "nicht-aufgegangene Rechnung") sowie konzessive Megastrukturen.

Wir wollen in der Folge eine kurze Zuordnung der einzelnen Megastrukturen zu diesen Ausformungstypen vornehmen.

D.3.2.2.1. Kausale und/oder deduktive Megastrukturen in den Considérations

Zu diesem Typ Megastruktur, dem unspezifischsten Typ, gehört die relative Mehrheit der Megastrukturen (10) der *Considérations*, namentlich jene der Kapitel I, III, IX, XII, XIV, XV, XVII, XIX, XXI und XXII.

D.3.2.2.2. *Finale Megastrukturen in den* Considérations

6 Megastrukturen der *Considérations* weisen ein finales Muster auf. Von diesen 6 Strukturen sind 5 vom Typ "aufgegangene Rechnung", namentlich jene der Kapitel II, IV, V, VI und XIII. Eine einzige Struktur, jene von Kap. XVIII, ist vom Typ "nicht-aufgegangene Rechnung". Es ist zu beachten, daß 4 der 5 Strukturen vom Typ "aufgegangene Rechnung" jenem Teil der *Considérations* (Kap. I - VIII) angehören, welcher dem Aufstieg der Römer gewidmet ist. Neben anderen Daten, welche wir aus unseren Untersuchungen zu den übergeordneten Strukturen der *Considérations* sowie aus unseren Untersuchungen zu Anzahl und Verteilung der semantischen Felder in diesem Text schöpfen werden, bekräftigt dieses Ergebnis unsere Interpretation von Montesquieus Geschichtsauffassung: eine Nation kann ihren Aufstieg willentlich herbeiführen, soweit sie gewisse Voraussetzungen zu leisten willens und imstande ist. Auf jeden Aufstieg folgt jedoch unweigerlich ein Niedergang, welcher nicht willentlich hintangehalten werden kann. Die Megastruktur von Kap. XVIII (aus dem Teil der *Considérations* über den Niedergang) vom Typ "nicht-aufgegangene Rechnung" unterstreicht diese Unausweichlichkeit.

D.3.2.2.3. *Konzessive Megastrukturen in den* Considérations

7 Megastrukturen der *Considérations* sind schließlich konzessiver Art, namentlich jene von Kap. VII, VIII, X, XI, XVI, XX und XXIII.

D.3.2.3. *Die Megastrukturen der Kapitel der* Considérations *zum Aufstieg der Römer*

Aus dem Folgenden wird auch hervorgehen, daß die Kapitel zum Aufstieg/zur Größe den Kapiteln zum Niedergang/zur Dekadenz zahlenmäßig unterlegen sind, ein Hinweis auf Montesquieus Interessensfokus.

D.3.2.3.1. Kapitel I der Considérations

Die Megastruktur von Kap. I ist vom Typ "kausal und/oder deduktiv":

{[34]-[73]-[180B]-[197]} ROMAINS : AVOIR SUCCES POLITIQUES ET MILITAIRES	SUCCES/GR. MILIT. + GR. D'INSTITUT.	VOULOIR GR. D'INSTITUT. + _6	{[90-21]-[222B- 223B]}+{[25]-[78-79]} PEUPLES D'ITALIE : AVOIR STRUCTURE SOCIALE ET PSYCHOLOGIQUE S[7]

Das Kapitel trägt den Titel *I. Commencements de Rome - II. Ses guerres* und deckt sich nur teilweise mit dem Inhalt der Megastruktur: der erzählende Teil letzterer spricht militärische (aber auch politische) Erfolge an, der Titel kündigt militärische Fragestellungen an, präzisiert jedoch nicht, daß es sich dabei um Erfolge handelt. Des weiteren nimmt die Megastruktur die im Titel angekündigten *commencements* nicht wieder auf, sondern beschränkt sich, im erklärenden Teil, auf eine generelle Aussage zum Wesen der italischen Völker.

D.3.2.3.2. Kapitel II der Considérations

Kapitel II der *Considérations* weist eine finale Megastruktur auf, welche alle jene Elemente enthält, welche wir auf der Mikroebene für derlei Strukturen festgemacht haben: Basis- und direktes Handlungsmotiv, Handlungsteil und Zielteil (aufgegangene Rechnung). Darüber hinaus ließen sich aus diversen im Kapitel vorhandenen Makrostrukturen ergänzende Angaben wie Anlaß und Zwischenziel konstruieren. Dies ergab sodann folgende "gesättigte Megastruktur":

---

6 Wir wiederholen: die römische Psyche wird auf der Mikroebene des Kapitels v.a. durch ein Sich-nicht-unterordnen-Wollen definiert. Die Information zur Sozialstruktur (kein Handwerk, kein nennenswerter Grundbesitz, Entrichtung eines Soldes durch alle Wehrpflichtigen) läßt sich nicht innerhalb des GRANDEUR/DÉCADENCE-Paradigmas erfassen.

7 "S" steht hier erneut für "Struktur einer bestimmten Art" - s. vorangehende Fußnote.

			Basis-motiv	vouloir vaincre/ gr. milit.	**[133] (Romains-vouloir : Romains-vaincre)**
[29A'-29B']+{[42]-[82]-[84]-[103-105-107]}+[139] (ROMAINS : TRA-VAILLER CONTI-NUELLEMENT) ∧ (ROMAINS : S'EXERCER) ∧ (ROMAINS : EXERCER CONTROLE SEVERE ECONOMIQUE ET MILITAIRE SUR LEURS ARMEES) ∧ (ROMAINS : REGARDER GLADIATEURS, T2)	[(GR. PHYS. ⇒ GR. PHYS.) + (ART/GR. MILIT. ⇒ ART/GR. MILIT.)] + GR. D'INSTITUT. + -	HAND-LUNGS-TEILE	direktes Hand-lungs-motiv 1 und Anlaß	vouloir gr. d'institut. + p. numér.	**{[83a-b]-[86]-[102]} [Romains-vouloir : soldats romains-être disciplinés] ∧ [armées romaines : ¬(être nombreuses)]**
[138b]+{[41]-[91]}+{[38]-[92]}+{[95a-b-c]-[121]}+ {[100']-[122]}+[108-110]+[18'-21'-23'-25'] [Romains-vouloir : Romains-¬(voir sang et blessures), degré lim 0[8], t3] ∧ [Romains : être endurcis par travail continuel] ∧ [Romains : être sains et vigoureux] ∧ [Romains : être orgueilleux, aguerris et robustes] ∧ [Romains : avoir haut moral de combat] ∧ [Romains : disposer de ressources physiques et infrastructurelles] ∧ [Romains : posséder bonne armée et bonnes armes et art de la guerre]	force/gr. phys. + force/gr. milit. + vouloir combattre/ gr. milit. + gr. d'institut. + bonne armée/gr. milit. + bonnes armes/gr. milit. + art/gr. milit.	Zwischen-ziele	direktes Hand-lungs-motiv 2	vouloir gr. milit.	**[12-15-20] Romains-vouloir : Romains-être militairement supérieurs**

---

8   Die Gradangabe ist hier zu lesen als "geht gegen Null".

| [31]+[113]+[129]+[128-131] [(peuples A, B, C, ... : avoir armes offensives et défensives fortes et pesantes, degré a) ∧ (Romains : avoir armes offensives et défensives fortes et pesantes, degré > a)] ∧ [ennemis : être stupéfiés] ∧ [Romains : être plus disciplinés qu'enne-mis] ∧ [(ennemis : avoir avantage t1) >> (Romains : vaincre, t2)] | bonnes armes/gr. milit. + - + gr. d'institut. + succès/gr. milit. | Zielteil | | | |
| [31-113-129-128-131] ROMAINS : ETRE SUPERIEURS A ENNEMIS | GR. MILIT. | ZIELTEIL | | | |

Der Titel *De l'art de la guerre chez les Romains* umfaßt nur einen Teilaspekt des Informationskomplexes, der im Kapitel präsentiert wird. Das Kapitel holt weit aus, um von einem Basismotiv zu einem Zielteil (aufgegangene Rechnung) zu gelangen. Die Kriegskunst ist dabei nur ein Zwischenschritt, wenn auch ein zentraler.

D.3.2.3.3. Kapitel III der Considérations

Kapitel III hat eine kausale und/oder deduktive Megastruktur:

{[1]-[44]}+{[40]-[41A-B]-[2A-B-4A-B]} (SOLDATS ROMAINS : ETRE NOMBREUX ET BONS GUERRIERS, AU DEBUT DE LA REPUBLIQUE) ∧ (ROME : ETRE PUISSANTE)	GR. ARMÉE/GR. MILIT. + PUISSANCE/GR. MILIT.	GR. ≡ P. ÉCON. + GR. D'INSTITUT. + [P. ECON. + ¬(LUXE/DECA-DENCE)]	{[37]-[42]}+[48A-B] [ROMAINS : PARTAGER EGALEMENT LES TERRES] ∧ [ROMAINS : SUIVRE LOIS, DEGRE MAXIMAL] ∧ [ROMAINS : ¬(AVOIR LUXE ET RICHESSES)]

Der Titel *Comment les Romains purent s'agrandir* ist nicht identisch mit der Megastruktur. Diesmal ist jedoch der Titel (wie etwa bei Kapitel II) kein Ausschnitt aus der Megastruktur, sondern die (im eigentlichen Text nicht explizitierte) Folge letzterer. Megastruktur und Titel ergänzen einander zu einer höheren Einheit: der Titel stellt die weitere Folge des erzählenden Teils der Megastruktur dar. Der Titel signalisiert zusätzlich noch die semantische Verbindung zwischen den beiden Informationseinheiten durch das *comment ... purent*.

D.3.2.3.4. Kapitel IV der Considérations

Das Kapitel IV hat eine finale Megastruktur vom Typ "aufgegangene Rechnung", wobei wir auch hier eine "gesättigte" Struktur vorliegen haben. Diese Struktur enthält auch "fördernde Nebenbedingungen". Zu letzeren haben wir bereits in Kap. D.1.4.2. erwähnt, daß es sich dabei um notwendige oder hinreichende Bedingungen in bezug auf jene Konklusion handelt, welche am Schluß der finalen Erklärung steht: die Endkonklusion ist damit sozusagen entweder aufgrund von mehreren parallelen Bedingungen (Motiv + Nebenbedingung) ableitbar oder sogar "überdeterminiert".

			Basismotiv	vouloir gr. d'institut. (20)	[37] Romains : être orgueilleux
[45']+[69A-B]+[114] {[NATION X : IMPOSER PAIX] >> [ROMAINS : ¬(FAIRE LA PAIX AVEC NATION X)]} ∧ {ROMAINS : ¬(METTRE ARMEE EN JEU DANS LA GUERRE)} ∧ {[ENNEMI : ETRE SUR TERRITOIRE ROMAIN] >> [ROMAINS : ¬(FAIRE LA PAIX)]}	(¬GR. D'INSTITUT. → VOULOIR COMBATTRE/ GR. MILIT.) + ART/GR. MILIT.	HAND-LUNGS-TEILE	direktes Handlungs-motiv und WEITERE FÖRDERN-DE BEDIN-GUNGEN	vouloir gr. milit. + (DEFAITE/ P. MILIT. ≡ SUCCES/ GR. MILIT.) + (FAI-BLESSE/P. MILIT. + FAIBLESSE/ P. D'INSTI-TUT.) (AUS DER SICHT DER GALLIER + KARTHA-GOS)	[55-61a-b]+[11-12]+[6A-B]-[79A-B]-[81] (Romains-vouloir : Romains-vaincre ennemis à l'aide de peuple fort) ∧ (PYRRHUS : ETRE ENNEMI DANGEREUX AUX ROMAINS) ∧ (GAULOIS ET CARTHAGE : AVOIR DESAVANTAGE MILITAIRE OU CIVIL)
{[5]-[78a-b]-[82a-b]}+{[99a-b]-[109]}+[119] (Romains : vaincre Gaulois et Carthage) ∧ (Romains : battre Carthage) ∧ (Romains : chasser Annibal d'Italie)	succès/gr. milit.	Zielteil	Zwischen-ziele	puissance/ gr. milit. + force/gr. milit. + gr. armée/gr. milit. + gr. milit. + gr. d'institut.	[53]+[32b]+[70]+ {[68]-[73]} (Rome : être puissante, degré maximal) ∧ (Rome : être forte, degré >> a) ∧ (Rome : avoir forces éternelles) ∧ (Rome : avoir grande armée et établissement solide)
{[5]-[78A-B]-[82A-B]}+{[99A-B]-[109]}+[119] ROMAINS : BATTRE ENNEMIS	SUCCES/GR. MILIT.	ZIELTEIL			

Der Titel von Kap. IV *I. Des Gaulois - II. De Pyrrhus - III. Parallèle de Carthage et de Rome - IV. Guerre d'Annibal* kündigt vier verschiedene Themen an, welche teilweise unterschiedlichen Abschnitten der (frühen) römischen Geschichte entsprechen. Trotz dieser scheinbaren Diversität und reinen chronologischen Abfolge, konnte dennoch eine Megastruktur isoliert werden, welche erklärender Natur ist (namentlich final). Die einzelnen Abschnitte der römischen Geschichte erscheinen damit als Illustration/Exemplifizierung einer übergeordneten Tendenz, welche die fragliche Epoche der römischen Geschichte dominiert (Erfolge/Aufstieg). Damit ist auch für Kapitel IV keine Äquivalenz zwischen Makrostruktur und Kapiteltitel gegeben.

D.3.2.3.5. Kapitel V der Considérations

Auch das Kapitel V weist eine finale Megastruktur vom Typ "aufgegangene Rechnung" auf, wobei hier erneut eine gesättigte Struktur mit Anlaß und fördernden Nebenbedingungen vorliegt. Hier ist jedoch zu beachten, daß dieses Schema nicht vollständig ausgefüllt ist. Zwar illustriert Montesquieu, daß das im Basismotiv definierte Ziel erreicht wurde, indem er den Zielteil für alle drei Exempel (Griechenland, Mazedonien, Ägypten) anführt, die Rubriken "Handlungsteil", "direktes Handlungsmotiv" sowie "fördernde Bedingung" werden jedoch nicht durchgehend durch Explizitierungen gesättigt (in den jeweiligen Rubriken markiert "EXPL", daß die angeführte(n) Information(en) sozusagen stellvertretende Explizitierungen für das übergeordnete Schema darstellen):

[17A-B] ROMAINS : ATTAQUER TOUTE LA TERRE EXPL [23] Romains : arriver en Grèce, t2	VOULOIR COMBATTRE/ GR. MILIT.	HAND-LUNGSTEIL	Basismotiv und Anlaß	succès/gr. milit.+ vouloir succès/gr. milit.	[11]+[15a-b-16-19] (Romains : être maîtres de Carthage) ∧ (Romains-vouloir : Romains-achever leur succès)
			direktes Handlungsmotiv	vouloir force/gr. milit. (in bezug auf die ägypt. Könige)	EXPL [99] Romains-vouloir : rois d'Égypte-être forts, degré a
		FÖRDERNDE BEDINGUNGEN	SUCCES/ GR. MILIT. + P. D'ÂME (AUS DER SICHT DER *GENS FAIBLES*)	EXPL [13]+{[58-59-60]-[66-67-68-69-70]-[80-78]} (ROME : VAINCRE CARTHAGE, T2) ∧ (ROMAINS : AVOIR A FAIRE A GENS FAIBLES)

[12A] [ROME : ¬(ETRE EFFICACE), T1] [12B] [ROME : ETRE EFFICACE, T3] EXPL [21a]+[21b]+{[61]-[73]-[84]}+[103] (Romains : soumettre Grèce) ∧ (Romains : soumettre Macédoine) ∧ (Romains : vaincre et réduire Antiochus à traité infâme) ∧ (Romains : réduire rois d'Égypte à leurs troupes nationales)	SUCCES/ GR. MILIT.	ZIELTEIL			

Genau wie im vorangehenden Kapitel ist die im Kapiteltitel *De l'état de la Grèce, de la Macédoine, de la Syrie et de l'Égypte après l'abaissement des Carthaginois* angeführte The-menliste nicht äquivalent mit der erklärenden Makrostruktur.

D.3.2.3.6. Kapitel VI der Considérations

Auch das Kapitel VI weist eine finale Megastruktur vom Typ "aufgegangene Rechnung" auf. Ebenso liegt hier eine gesättigte Struktur vor, welche fördernde Nebenbedingungen, aber auch Zwischenziele sowie eine Erklärung bezüglich des Erhaltes des Endzieles enthält:

			Basismotiv	vouloir gr. d'institut. + vouloir puissance/ gr. milit. + vouloir gr. soc.	{[61]-[123]-[148-152]-[225]-[163]} (Romains-vouloir : Romains-commander monde) ∧ (Romains-vouloir : Romains-avoir gloire)

{[39]-[39-40]-[100-101-102-103-104-105-106-107]-[132-133]-[241-242-243]}+{[65]-[110-111A-B]-[113]-[157]-[158]-[181]}+{[14-15]-[20]-[27]-[62']-[66]-[72]-[85]-[124']-[126]-[131]-[135-136-137]-[159]-[160]-[212-213B-216-217-218B-220-221-222B]-[227]-[228]}+{[6]-[57]-[161]}+[134A-B] (ROMAINS : ASSUJETTIR BRUTALEMENT VASSAUX ET ENNEMIS A L'AIDE DE Y) ∧ (ROMAINS : UTILISER RUSES ADMINISTRA-TIVES ET MILITAIRES) ∧ (ROMAINS : AGIR EN MAITRES) ∧ (ROMAINS : UTILISER MEMES MAXI-MES CONTRE TOUS LEURS ENNEMIS, T1+T2)	(GR. ARMÉE/ GR. MILIT. ⇒ GR. ARMÉE/ GR. MILIT.) → SUCCES/ GR. MILIT. + GR. D'ESPRIT + P. D'AME + ART/GR. MILIT. + DIRE GR. D'INSTI-TUT.	HAND-LUNGS TEIL	direktes Hand-lungsmotiv	vouloir force/gr. milit. (Sicht Römer)	[115] (Romains-vouloir : ennemis-être faibles) ∧ (Romains-vouloir : combattre ennemis)
[3] SENAT : AGIR AVEC PROFONDEUR	GR. D'ESPRIT	FÖRDERN-DE BEDIN-GUNG 2	FÖRDERN-DE BEDIN-GUNG 1	GR. D'ESPRIT	[4] SENAT : ETRE SAGE
{[93]-[120']-[146]-[171]-[196]} (nations du monde : respecter Rome, degré élevé) ∧ (nations du monde : s'assujettir à Rome)	gr. d'institut. (Sicht R.)	erstes Zwischen-ziel			
{[25]-[40]-[89]-[97-99]-[112]-[120]-[221a-b]-[168-175]-[208b]} nations du monde : ¬(menacer Romains)	(¬danger)/ gr. milit. (Sicht R.)	zweites Zwischen-ziel			
[240] [(EMPIRE ROMAIN : ETRE DURABLE) ∧ (EMPIRE ROMAIN : ETRE PUISSANT)]	PUIS-SANCE/ GR. MILIT. + GR. TEMP.	ENDZIEL			
[232] peuples du monde : ¬(avoir liaisons dangereuses)	(¬danger)/ gr. d'institut.	Erhalten des Zielzu-standes	Verhalten nach Erreichen des Zieles	gr. d'institut. + gr. d'esprit + p. d'âme	{[229-231]-[178-180]} Romains : être maîtres sages et injustes du monde

Der Titel *De la conduite que les Romains tinrent pour soumettre tous les peuples* ist der erste Titel bisher, der genau der von uns festgemachten Megastruktur entspricht: er enthält (in abstrahierter Form) den Handlungteil (*la conduite*), den Zielteil (*soumettre tous les peuples*) sowie einen expliziten Hinweis darauf, daß wir uns im Bereich finaler Erklärungsstrukturen befinden (*pour*).

D.3.2.3.7. Kapitel VII der Considérations

Die Megastruktur von Kapitel VII ist konzessiver Art:

[30] POMPEE : VAINCRE MITHRIDATE, RAPIDE, DEGRE ELEVE	SUCCES/ GR. MILIT.	Konklusion	Minor	danger/p. milit. + défaite/p. milit.	{[3]-[6]-[23]}+{[19a-b]-[23]-[14]-[18a-b]} **Romains : être dangereusement surmontés dans trois grandes guerres par Mithridates et ses alliés**
			EXTRA-KONDI-TION	¬(PUIS-SANCE/ GR. MILIT. ⇒ PUISSAN-CE/GR. MILIT.) + DANGER/ P. D'INSTI-TUT.	**[37] [POMPEE : ¬(AUGMENTER PUISSANCE DE ROME)] ∧ [POMPEE : PLUS EXPOSER LIBERTE PUBLIQUE]**

Der Titel *Comment Mithridate put leur résister* deckt nur einen Teil, wenn auch den quantitativen Hauptteil des Kapitelinhalts (und damit der Megastruktur) ab. Besonders wenn man die globale Fragestellung des Werkes im Auge behält, erscheint es überraschend, daß ein so wichtiges Moment wie die Schwächung der Republik, gleichsam einer der ersten Wendepunkte der römischen Geschichte, im Titel nicht gewürdigt wird.

D.3.2.3.8. Kapitel VIII der Considérations

Genau wie das vorangehende Kapitel hat auch Kapitel VIII eine konzessive Megastruktur:

[97A] GOUVERNEMENT DE ROME : ETRE FORT, T1 [97B] GOUVERNEMENT DE ROME : ETRE FORT, T2	FORCE/ GR. D'INSTI-TUT.	KONKLU-SION	Minor	[gr. d'institut. → (gr. d'institut. ⇒ gr. d'institut.)] + danger/p. d'institut.	{[1]-[35'-37'-39'-41'-43'-45'-47'-49'-51'-53'-55'-57'-59'-61'-63'-65'-67'-69'-71'-73'-75'-77'-79']} **peuple romain et sénat : appliquer leurs moyens de combat l'un contre l'autre, pendant la conquête de l'univers**
			EXTRA-KONDI-TION	GR. D'INSTI-TUT.	**[98] CENSEURS : EXISTER**

Der Titel *Des divisions qui furent toujours dans la ville* deckt wiederum nur einen Teil der Megastruktur (die "obwohl"-Bedingung) ab. Es ist Montesquieu ein wichtiges

Anliegen zu unterstreichen, daß diese *divisions* nicht Grund/Ursache des Niederganges waren, wie er an mehreren Stellen des Werkes bekräftigt. Der Kapiteltitel ist jedoch diesbezüglich nicht so deutlich.

D.3.2.3.9. Die dominierenden Typen von Megastrukturen in den Kapiteln der Considérations *tions zum Aufstieg der Römer*

Wir können an dieser Stelle zusammenfassen, welche Typen von Megastrukturen den Aufstiegsteil der *Considérations* dominieren. Mit 4 von 8 Strukturen haben hier die finalen Strukturen vom Typ "aufgegangene Rechnung" die relative Mehrheit. Wie schon weiter oben erwähnt, spiegelt dies deutlich Montesquieus Geschichtssicht wider, dergemäß ein Aufstieg willentlich herbeiführbar ist. Mit den beiden konzessiven Strukturen wird einmal ausgedrückt, was Montesquieus Meinung nach *nicht* zum Untergang geführt hat (die *divisions*), zum anderen wird bereits angedeutet, was dem Autor gemäß der erste Schritt zum Untergang war (Pompeius' Taten). Mit nur 2 Vertretern sind die "neutralen" kausalen und/oder deduktiven Strukturen schwach repräsentiert - das erklärende Gewicht dieses Teils der *Considérations* liegt bei den soeben besprochenen spezifischen Strukturen.

Wir setzen nun fort mit den Kapiteln zum Niedergang.

D.3.2.4. Die Megastrukturen der Kapitel der Considérations *zum Niedergang der Römer*

D.3.2.4.1. Kapitel IX der Considérations

Das Kapitel IX hat eine kausale und/oder deduktive Megastruktur:

{[43A-B]-[86-88A]-[86-88B]-[85]} LOIS DE ROME : ¬(SAUVER LA REPUBLIQUE), T2	FAIBLESSE/P. D'INSTITUT. ⇒ MORT/P. D'INSTITUT.	P. PHYS. ⇒ GR. PHYS.	{[44-45]-[87]} (LOIS DE ROME : FAIRE AGRANDIR ROME, T1) ∧ (ROME : ETRE GRANDE, T2)

Der Titel *Deux causes de la perte de Rome* entspricht diesmal relativ genau der von uns isolierten Makrostruktur, und dies sowohl auf der strukturellen als auch auf der inhaltlichen Ebene. Wir haben eine tatsächlich kausale und/oder deduktive Struktur festgestellt (vgl. *causes*). Die *zwei* Ursachen entsprechen den beiden Hauptthemen ("militärische Expansion" und "Bevölkerungsumschichtung"), welche Montesquieu auf der Mikroebene des Kapitels i.ü. auch als "Größe des Reiches" vs. "Grösse der Stadt" bezeichnet (vgl. Satz (13) Si la grandeur de l'empire perdit la république, la grandeur de la ville ne la perdit pas moins.). Wir haben

diese beiden "Größen" in der Makrostruktur zu einer übergeordneten Größe zusammengefaßt.

D.3.2.4.2. Kapitel X der Considérations

Das Kapitel X weist eine konzessive Megastruktur auf:

{[24A-B]-[34']} ROMAINS : ETRE GUERRIERS BONS ET HEROIQUES, T2	VOULOIR VAIN-CRE/GR. MILIT.	KONKLU-SION	Minor	p. d'âme	{[1-3a-b]-[5]-[21]} Romains : avoir mauvaises mœurs, au temps de Polybe
			EXTRA-KONDI-TION	GR. D'INSTI-TUT. + [¬ (ART/ GR. MILIT.) → ¬ GR. SOC.]	{[26]-[29-30]} (ROME : AVOIR INSTITUTION FORTE, DEGRE ≥ A) ∧ {[ROMAIN A : ¬(ETRE BON GUERRIER)] >> [ROMAIN A : ¬(FAIRE CARRIERE)]}

Der Titel *De la corruption des Romains* umfaßt nur einen Teil der Megastruktur, namentlich die "obwohl"-Bedingungen. Der konzessive Charakter der Megastruktur
geht aus dem Titel nicht hervor.

D.3.2.4.3. Kapitel XI der Considérations

In Kapitel XI liegt erneut eine grundsätzlich konzessive Megastruktur vor, allerdings in einer gesättigten Version: die Ausgangslage (Bürgerkrieg), die einerseits
zu einer überraschenden Folge führt, zieht auf der anderen Seite etwas (nach
Montesquieus Meinung) Gesetzmäßiges nach sich, nämlich die Expansion nach
außen:

[112] Rome : s'accroître sans cesse au dehors, t2	gr. phys. ⇒ gr. phys.	reguläre Konklusion	Minor	mort/p. d'institut. (aus der Sicht der *république*)	{[53-56]-[101]-[116]} république : être perdue
{[126]-[122]-[132]} CITOYENS : FAIRE CONJURATIONS CONTRE CESAR ET CONTRE AUGUSTE, AU COMMENCEMENT DU REGNE D'AUGUSTE	VOULOIR GR. D'INSTITUT. + DANGER/ P. D'INSTITUT. (AUS DER SICHT VON AUGUSTUS)	ÜBERRASCHENDE KONKLUSION	EXTRAKONDITION	VOULOIR GR. D'INSTITUT.+ EVT. GR. D'AME + CRAINDRE (GR. ÉCON. ⇒ P. ÉCON.)	{[124-125]-[128-126]-[133]} ROMAINS-VOULOIR : ROMAINS-PROTEGER PATRIE ET TRESORS CONTRE TYRANS

Der Titel *I. De Sylla - II. De Pompée et César* entspricht nicht der Megastruktur. Strukturell betrachtet stellt er eine Liste dar und nicht etwa ein solch komplexes Raisonnement wie die Megastruktur. Inhaltlich gesehen bezieht er sich auf einen Bereich (einzelne historische Akteure), welcher in der Megastruktur als weniger relevant klassifiziert wurde und sich zudem auf nur einen kleinen Teil der Megastruktur (die "obwohl"-Bedingung) bezieht.

D.3.2.4.4. Kapitel XII der Considérations

Kapitel XII hat eine kausale und/oder deduktive Megastruktur:

[4] ROME : ¬(ETRE LIBRE), APRES LA MORT DE CESAR	MORT/P. D'INSTITUT. (SICHT REP.)	¬(P. D'INSTITUT. ⇒ GR. D'INSTITUT.)	{[6-7]-[11]} CONJURES ROMAINS : ¬(AVOIR PLAN POUR CHANGER SITUATION DANS L'ETAT)

Der Titel *De l'état de Rome après la mort de César* hat Referenz auf den narrativen Teil unserer Megastruktur, hält sich jedoch allgemein: der Zustand wird nicht näher qualifiziert. Der erklärende Teil der Megastruktur findet nicht Eingang in den Titel.

D.3.2.4.5. Kapitel XIII der Considérations

Kapitel XIII hat eine finale Struktur vom Typ "aufgegangene Rechnung" und stellt erneut eine gesättigte Struktur dar, welche auch Zwischenziele enthält:

			Basis-motiv	vouloir (gr. d'institut. $\Rightarrow$ gr. d'institut.)	**[38] Auguste-vouloir : Auguste-établir monarchie**
{[2]-[25']-[58-59-60-61]-[62]-[72']} AUGUSTE : ETABLIR ORDRE ET SECURITE MILITAIRES ET CIVILS SANS SE MONTRER TYRAN	ART/GR. D'INSTI-TUT.	HAND-LUNGS-TEIL	direktes Hand-lungs-motiv	vouloir [(gr. d'institut. $\Rightarrow$ gr. d'institut.) + ¬(danger/ p. d'insti-tut.)]	**{[24]-[27]-[64-67-69]-[71]} Auguste-vouloir : Auguste-gagner contrôle militaire et civil sans risquer conjurations**
{[5a-b]-[43]-[44]} (tyrannie d'Auguste : s'installer et se fortifier partout) ∧ (peuple romain-croire : peuple romain-être en liberté)	(gr. d'institut. $\Rightarrow$ gr. d'insti-tut.) + gr. soc.	Zwischen-ziel			
{[169-[35]]} OCTAVE AUGUSTE : ETABLIR SERVITUDE DURABLE DE CARACTERE ENTIEREMENT MONARCHIQUE	GR. D'INSTI-TUT.	ENDZIEL			

Der Titel *Auguste* gibt lediglich das logische Subjekt der finalen Struktur der Megastruktur wieder. Der Komplexität der Kapitelaussage wird nicht Rechnung getragen.

D.3.2.4.6. Kapitel XIV der Considérations

Kapitel XIV hat eine kausale und/oder deduktive Megastruktur:

{[2]-[21]-[23-29A-B]-[45]}+{[15]-[55]} (TIBERE ET SENAT : EXERCER PUISSANCE ARBITRAIRE ET CORROMPUE) ∧ (ROMAINS : VIVRE EN DANGER CONTINUEL, T2)	GR. D'INSTITUT. + P. D'AME	P. D'AME + VOULOIR GR. D'INSTITUT.	{[4]-[47]}+{[17-22]-[25-28]-[38]} [PEUPLE ROMAIN-VOULOIR : SE PROTEGER CONTRE AUTRES FORCES, T1] ∧ [(TIBERE ET SENAT : AVOIR AME BASSE) ∧ (TIBERE ET SENAT : REALISER LEURS INTERETS)]

Der Titel *Tibère* verweist nur auf einen der in der Makrostruktur festgemachten Hauptakteure und gibt keine Auskunft über Art und Folgen der Handlungen.

D.3.2.4.7. Kapitel XV der Considérations

Kapitel XV hat eine kausale und/oder deduktive Struktur:

[61]+{[5-7]-[8-9]-[68A-B]-[111]}+{[91]-[97-99]}+{[70]-[125]} EMPEREURS ET ARMEES : DETRUIRE ORDRE ET MORALE DE L'ETAT ET CREER ANARCHIE MILITAIRE	DANGER/P. D'INSTITUT. + DANGER/P. MILIT.	(GR. D'INSTITUT. + P. D'AME) + [GR. PHYS. → (P. D'INSTITUT. + P. MILIT.)]	{[16]-[19]}+[30]+[82]+{[75-76]-[123-124]} (ROMAINS : ETRE ACCOUTUMES AUX COMBATS DES GLADIATEURS ET A SE JOUER DE LEURS ENFANTS ET DE LEURS ESCLAVES, T1) ∧ (PEUPLE ROMAIN : PERDRE ET AFFAIBLIR EMPIRE PAR SA PROPRE GRANDEUR, T2)

Auch der Titel dieses Kapitels, *Des empereurs, depuis Caius Caligula jusqu'à Antonin*, spricht nur einige der in der Megastruktur genannten Hauptakteure an (nicht etwa die Armeen) und informiert weder über die Gründe noch über die Folgen der Handlungen, wie diese aus der Megastruktur hervorgehen.

D.3.2.4.8. Kapitel XVI der Considérations

Das Kapitel XVI hat eine konzessive Megastruktur:

[128B-130] EMPIRE ROMAIN : ETRE SAUVE	VIE/GR. MILIT.	KON-KLU-SION	Minor	danger/p. d'institut. + danger/p. milit. + défaite/p. milit.	**[4-8]+{[33]-[53-56]-[76]-[80]-[88]}+{[32a-b]-[91]-[103]-[104]-[116]}+[40-42]** **[Rome : souffrir de guerres civiles, d'un régime militaire irrégulier et de la supériorité militaire de ses ennemis]** ∧ **[Rome : ¬(être première puissance législative au monde)]**
		EXTRA KONDI-TION	SUCCES/GR. MILIT. + ART/GR. D'INSTI-TUT.[9]		**[129] CONCOURS HEUREUX DE CIRCONSTANCES : ARRIVER**

Der Titel *De l'état de l'empire, depuis Antonin jusqu'à Probus* kann als sich sowohl auf die "obwohl"-Bedingungen als auch die überraschende Konklusion beziehend interpretiert werden. Er spiegelt nicht die komplexe (konzessive) Struktur der von uns festgemachten Megastruktur wider.

D.3.2.4.9. Kapitel XVII der Considérations

Kapitel XVII hat eine kausale und/oder deduktive Struktur:

[8''']+[64]+{[86]-[91]}+[26]+[48B]+[96A-96B-98]+{[106]-[116']-[132]} **EMPIRE ROMAIN : DEGENERER A L'INTERIEUR ET A L'EXTERIEUR**	CORRUPTION/ DECADENCE + DEFAITE/P. MILIT.	P. D'AME + P. D'ESPRIT + ¬(ART/GR. D'INSTITUT.) + ¬(ART/GR. MILIT.) + P. ECON.	**{[5-10-14]-[59-60]-[66]}+[22]+{[47B]-[31]-[57]-[59-60]}+[93]+{[112]-[118]}** **(EMPEREURS : ETRE PRINCES PEU SAGES ET MAUVAIS STRATEGES OU INTERESSES A D'AUTRES CHOSES)** ∧ **(EMPIRE : ETRE PAUVRE)**

Der Titel *Changement dans l'état* deckt den narrativen Teil der Megastruktur auf einer verallgemeinernden Ebene ab, bezieht sich jedoch nicht auf den erklärenden Teil.

---

9   Diese Umstände werden auf der Mikroebene expliziert als Siege über die Perser, Barbaren und
     Skythen sowie die Reetablierung des Reiches durch Claudius, Aurelian, Tacitus (Kaiser 275-276;
     Anm.d.Verf.) und Probus.

D.3.2.4.10. Kapitel XVIII der Considérations

Kapitel XVIII hat eine finale Megastruktur, die einzige der *Considérations* vom Typ "nicht-aufgegangene Rechnung". Es handelt sich hier erneut um eine gesättigte Struktur, welche eine längere Reihe an fördernden Bedingungen und ein Zwischenergebnis enthält.

				Basismotiv	vouloir : (gr. d'institut. $\Rightarrow \neg$p. d'institut.)	[40] Romains-vouloir : état-subsister, t2
				FÖRDERN-DE BEDIN-GUNG = EXTRA-KONDI-TION	FAI-BLESSE/P. MILIT. + P. D'AME	[1-3] EMPEREURS ET EMPIRE : ETRE FAIBLES
				FÖRDERN-DE BEDIN-GUNG = EXTRA-KONDI-TION	GR. MILIT. $\rightarrow$ P. ECON.	[20] MILICE ROMAINE : ETRE COUTEUSE, DEGRE ELEVE
				direktes Hand-lungsmotiv	{vouloir [(danger/p. milit. + gr. écon.) $\Rightarrow$ ($\neg$danger/ gr. milit. + p. écon.)]} + vouloir (p. écon. $\Rightarrow$ gr. écon.)	{[2]-[21]} [(empereurs-vouloir : empereurs-apaiser peuples A, B, C, ...) $\wedge$ (empereurs-vouloir : empereurs-donner argent à peuples A, B, C, ...), t1-tn] $\wedge$ {[Romains-vouloir : Romains-payer milice romaine] >> [Romains : $\neg$(payer milice romaine)]}[10]

---

10 Unsere Formalisierung, welche auf Michael Metzeltin/Wien (persönliche Mitteilung) zurückgeht, für "X kann nicht P" ist: "(X-wollen: X-P) >> (X: $\neg$P)", was einer Nicht-Realisierung von etwas Angestrebtem entspricht, welche auf das mangelnde "Können" (in allen seinen Bedeutungen) zurückgeführt wird.

[6]+{[33]-[36]}+[93]+[87]+[6']+[93]+{[33]-[36]} [gouvernement romain : payer tribut à autres peuples et faire horribles exactions sur propres peuples et laisser Barbares ravager Empire] ∧ [(Romains : détruire art militaire et remplir armée de soldats barbares, pour lors) ∧ (Romains : établir art militaire chez les autres, pour lors)]	p. d'institut. + p. écon. + p. d'âme + ¬(art/gr. militaire)	Handlungsteil	FÖRDERNDE BEDINGUNG = EXTRAKONDITION	DÉCADENCE	[64B] ROMAINS : ETRE DECADENTS, T2
			FÖRDERNDE BEDINGUNG = EXTRAKONDITION	{[VOULOIR COMBATTRE/GR. MILIT.] → [¬(VOULOIR COMBATTRE)/P. MILIT. + P. D'AME]}[11] + (VOULOIR GR. ECON. + P. D'AME) + VOULOIR ¬GR. SOC.	[78-79A-B] {BARBARES : FAIRE LA GUERRE} >> {[BARBARES : FUIR] ∧ [BARBARES : PILLER] ∧ [BARBARES-VOULOIR : BARBARES-¬(AVOIR HONNEUR)]}
{[91b]-[96']} (citoyens romains : fuir tributs intolérables et se réfugier chez Barbares) ∨ (citoyens romains : vendre leur liberté)	p. d'institut.	Zwischenergebnis	FÖRDERNDE BEDINGUNG = EXTRAKONDITION	FAIBLESSE/P. MILIT. + P. ECON.	[89B-90B] PROVINCES ROMAINES : ETRE FAIBLES ET PAUVRES, DEGRE ELEVE, T2
[43] ROMAINS : ¬(ETRE GRANDS), T3	P. D'INSTITUT. + P. MILIT.	ENDERGEBNIS			

Der Titel *Nouvelles maximes prises par les Romains* bezieht sich auf den Handlungsteil, enthält jedoch keinen Hinweis auf die Komplexität der Megastruktur.

---

11   Die hier gewählte Formalisierung steht für "wenn Barbaren kämpfen wollen, dann flüchten sie" (mit "flüchten" = "nicht kämpfen wollen"): Montesquieu beschreibt die Flucht als eine Kampftechnik der Barbaren: diese Technik war den Römern - da als Feigheit betrachtet - fremd.

D.3.2.4.11. Kapitel XIX der Considérations

Kapitel XIX hat eine kausale und/oder deduktive Struktur, wobei zuerst eine Erklärung gegeben wird, wie bzw. warum Westrom untergeht, worauf weiter erklärt
wird, was die späteren Folgen dieses Untergangs sind. Wir betrachten die erste Erklärung als Hauptinformation in unserer Megastruktur (das Thema sind die Römer), die beiden anderen sind Nebeninformationen:

	FAI-BLESSE/ P. MILIT. $\rightarrow$ MORT/P. MILIT.	FOL-GE/ WIR-KUNG	GRUND/ UR-SACHE	DANGER/ P. MILIT. + P. ARMEE/ P. MILIT. + P. D'INSTI-TUT.	
{[52A-B']-[58A]-[65]-[80']-[91]}+[2]+[120] (ROME : ETRE MILITAIREMENT FAIBLE) ∧ (ROME : ETRE DETRUITE)					{[60-61A]-[54-55-56]-[60]-[77]-[90]}+[119] [EMPIRE D'OCCIDENT : ETRE MILITAIREMENT ISOLE ET MALFOURNI ET ATTAQUE ET ENVAHI PAR TOUTES LES NATIONS PARTOUT ET EN MEME TEMPS] ∧ [(ODOACRE ET ARMEE ITALIENNE : FORMER ARISTOCRATIE) ∧ (ARISTOCRATIE : SE DONNER LE TIERS DES TERRES D'ITALIE)]
[111a-b]+{[49]-[51]} [Armorique et Bretagne : (commencer à) vivre sous propres lois] ∧ [Normands et Goths : s'établir]	p. d'institut. $\Rightarrow$ gr. d'institut.	Spät-folge 2	Spätfolge 1	faiblesse/ p. milit. (Sicht Rom) + (p. écon. + danger/p. phys.) (aus der Sicht der Norman-nen + Goten)	[92-95-98-101-104]+{[48]-[50]} [Rome : être militairement plus faible que Ravenne] ∧ [Normands et Goths : ¬(trouver de quoi piller)]

Der äußerst komplexe Titel von Kapitel XIX, *I. Grandeur d'Attila - II. Cause de l'éta-
blissement des barbares - III. Raisons pourquoi l'empire d'Occident fut le premier abattu,*
umfaßt sowohl strukturell *(cause, raisons)* als auch inhaltlich den Hauptteil unserer
Megastruktur sowie eine der Spätfolgen. Die zweite Spätfolge ("Auflösung des
Westreiches") wird nicht erwähnt. Dahingegen wird die Größe Attilas als eigenes
Thema genannt. Tatsächlich umfaßt dieses Thema quantitativ einen nicht geringen Teil des Kapitels. Rein qualitativ haben wir es als Exemplifizierung für die
Schwäche der Römer diesem Thema untergeordnet und nicht in die Megaproposi-
tion aufgenommen.

D.3.2.4.12. Kapitel XX der Considérations

Kapitel XX hat eine konzessive Megastruktur:

[111A] EMPIRE : ¬(ETRE PERDU), T1 **[111B] EMPIRE : ETRE PERDU, T2**	MORT/P. D'INSTI-TUT.	KON-KLU-SION	Minor	succès/ gr. milit.	**{[25]-[99]-[47]} Bélisaire et Justinien : reconquérir Afrique des Goths et des Vandales**
			EXTRA-KONDI-TION	GR. D'INSTI-TUT. + P. D'ÂME + ¬(ART/ GR. D'INSTI-TUT.) + (GR. ARMEE/ GR. MILIT. ⇒ P. ARMEE/ P. MILIT.) + FAIBLES-SE/P. MILIT. + (SUCCES/ GR. MILIT. + P. TEMP.)	**[142-143]+[122]+[126-128-129]+{[147]-[151]-[154]-[170B']}+[116] (JUSTINIEN : AVOIR GOUVERNEMENT TYRANNIQUE ET ARBITRAIRE) ∧ (JUSTI-NIEN : EXTERMINER TOUTES LES SECTES) ∧ (JUSTINIEN : AFFAIBLIR EMPIRE EN PALESTINE) ∧ (JUSTINIEN : CONQUERIR AFRIQUE ET ITALIE, VITE, DEGRE ELEVE)**

Der Titel *I. Des conquétes de Justinien - II. De son gouvernement* deckt inhaltlich die "ob-wohl"-Bedingungen und die Extra-Bedingungen unserer Megastruktur ab. Die überraschende Konklusion wird nicht erwähnt, ebensowenig die konzessive Struk-tur des Kapitels in seiner Gesamtheit.

D.3.2.4.13. Kapitel XXI der Considérations

Kapitel XXI hat eine kausale und/oder deduktive Megastruktur:

{[1A-B]-[11]-[23]}+[69'-72']+[80-83-86A-B] EMPIRE : ETRE FAIBLE ET INSTABLE A L'INTERIEUR ET A L'EXTERIEUR	FAIBLESSE/P. D'INSTITUT. + FAIBLESSE/P. MILIT.	P. D'ESPRIT + DANGER/P. MILIT. + P. D'INSTITUT.	**{[3-4]-[6-7]-[9-11a-b]-[13-14]}+[67-70]+{[36]-[51]-[62]-[74]} (GRECS : ETRE DOMINES PAR SUPERSTITION ET MENACES PAR RELIGION MAHOMETANE) ∧ (GRECS : AVOIR RESPECT POUR LES ORNEMENTS IMPERIAUX) ∧ (EMPIRE D'ORIENT : AVOIR MALHEURS MILITAIRES ET DIPLOMATIQUES CROISSANTS)**

Der Titel *Désordres de l'empire d'Orient* kann sowohl als auf den narrativen als auch auf den erklärenden Teil der Megastruktur Bezug nehmend gesehen werden: das Reich befindet sich in einer selbstverstärkenden Spiralbewegung.

D.3.2.4.14. Kapitel XXII der Considérations

Kapitel XXII hat eine kausale und/oder deduktive Megastruktur:

{[7A-B]-[14']-[15]-[21]}+{[103-104]-[115]-[129]}+[152-154-156]+{[30-32]-[34-35]-[53]-[126]-[165]-[167-168]}+{[55-65]-[97]}+{[140]-[143]} [GRECS : ETRE OCCUPES DE QUERELLES RELIGIEUSES PEU SAGES] ∧ [GRECS : PRECIPITER ETAT DANS SCHISMES ET DETRUIRE ETAT] ∧ [GRECS-VOULOIR : GRECS-¬(COMBATTRE ENNEMIS)] ∧ [GRECS : SOUFFRIR ECHECS MILITAIRES]	P. D'ESPRIT + MORT/P. D'INSTITUT. + ¬ (VOULOIR COMBATTRE)/P. MILIT. + ¬(SUCCES/GR. MILIT.)	P. D'ESPRIT + DECADENCE + ¬(ART/GR. D'INSTITUT.) + DANGER/P. MILIT. + FAIBLESSE/P. MILIT.	[110]+[135]+{[73-88]-[99B]}+[150-151-153-155]+{[2]-[13]-[16-17]-[19A-B]}+{[27]-[37A-B-C-38]-[40]-[118A-B-C]-[158]-[166]}+{[58]-[85-95]}+[137A-B-C]-[140-145-146]} [GRECS : ETRE PEU RATIONNELS, PEU SAGES ET DECADENTS, 90%] ∧ [GRECS : ¬(CONNAITRE NATURE ET BORNES DE LA PUISSANCE ECCLESIAS-TIQUE ET SECULIERE), 90%] ∧ [EMPIRE : AVOIR ENNEMIS SUPERIEURS]

Der Titel *Foiblesse de l'empire d'Orient* bezieht sich auf den narrativen Teil unserer Megastruktur und hat keine Referenz auf den diesbezüglichen erklärenden Teil.

D.3.2.4.15. Kapitel XXIII der Considérations

Kapitel XXIII, das letzte Kapitel der *Considérations*, hat eine konzessive Megastruktur:

				Minor	(gr. d'institut. ⇒ ¬p. d'institut.) + gr. temp.	[1] empire grec : subsister longtemps
[196] EMPIRE GREC : SE PERDRE DANS "L'UNIVERS"	MORT/P. D'INSTI-TUT.	KON-KLU-SION	EX-TRA-KON-DITION		P. PHYS. + P. D'INSTITUT. + P. ECON. + P. D'AME + DANGER/ P. MILIT.	{[123A-B]-[27-105-125]-[130-99]}+[167-176] (NOUVEL EMPIRE : PERDRE PROVINCES, COMMERCE ET CONFIDENCE) ∧ (TURCS : ETRE ZELES ET ADONNES AUX BRIGANDAGES)

Der Titel des letzten Kapitels der *Considérations, I. Raisons de la durée de l'empire d'Orient - II. Sa destruction,* deckt einerseits inhaltlich und strukturell die von uns zu den "obwohl"-Bedingungen konstruierte übergeordnete Struktur ab, andererseits die Konklusion unserer Megastruktur. Die Extrakonditionen unserer Megastruktur bzw. die konzessive Architektur unserer Megastruktur gehen/geht aus dem Titel nicht hervor.

D.3.2.4.16. Die dominierenden Typen von Megastrukturen in den Kapiteln der Considérations zum Niedergang der Römer

Wir können an dieser Stelle zusammenfassen, welche Typen von Megastrukturen den Niedergangsteil der *Considérations* dominieren.

Von den 15 Strukturen dieses Teils sind nur zwei finaler Art. Davon ist nur eine vom Typ "aufgegangene Rechnung".

Des weiteren finden sich 5 Strukturen vom konzessiven Typ, die übrigen 8 Strukturen sind kausaler und/oder deduktiver Art. Damit bietet der Niedergangsteil ein völlig konträres Bild zum Aufstiegsteil, in welchem die finalen Strukturen dominiert haben und die neutralen kausalen und/oder deduktiven Strukturen gänzlich im Hintergrund gestanden sind. Auch diese Daten bestätigen unsere Interpretation von Montesquieus Geschichtssicht, dergemäß der Niedergang einer Nation nicht willentlich hintangehalten werden kann, sondern eine historische Gesetzmäßigkeit darstellt, welche in ihrer Regelhaftigkeit genau erklärt werden kann. Die 5 konzessiven Strukturen stellen einen verfeinerten Erklärungsmechanismus dar, mit Hilfe dessen nicht nur gesetzmäßige Zusammenhänge dargestellt, sondern auch "Fehlschlüsse" ausgeschlossen werden können.

Wir setzen nun fort, indem wir die von uns isolierten Strukturen auf den höheren als bisher besprochenen Textebenen präsentieren.

D.3.3. Die Giga-Ebene der Considérations

Die Gigaebene, welche die Ebene des Gesamttextes des *Considérations* darstellt, teilt sich, wie bereits bekannt, in zwei Teile: jenen Teil, welcher eine übergeordnete Erklärung für den Aufstieg, sowie jenen Teil, welcher eine übergeordnete Erklärung für den Niedergang bietet.

Diese beiden Gigastrukturen wurden, wie bereits in den Kapiteln D.3.1.2. und D.3.1.3. erwähnt, aus den Megastrukturen aller Kapitel, den Makrostrukturen mit Gigareferenz sowie den Schattenstrukturen konstruiert.

Die Gigastrukturen sind beide kausal und/oder deduktiv aufgebaut.

Die Giga-Struktur der *Considérations* zum Aufstieg der Römer:

| {[12]-[22AB]-[110]-[160]}I ROMAINS : ETRE MAITRES DU MONDE | PUISSANCE/ GR. MILIT. + PUISSANCE/ GR. D'INSTITUT. | VOULOIR GR. D'INSTITUT. + GR. D'ESPRIT[12] + GR. D'ÂME + GR. ≡ P. ÉCON. + GR. D'INSTITUT. + P. ECON. + ¬(LUXE/DECA-DENCE) + [(GR. D'INSTITUT. + P. D'AME) → P. D'INSTITUT.] + [¬(ART/GR. MILIT.) → ¬GR. SOC.] + FAIBLESSE/P. MILIT. + FORCE/GR. MILIT. + SUCCES/GR. MILIT. | {[90-21]-[222B-223B]}+{[25]-[78-79]}I {[37]-[42]}+[48A-B]III [11-12]+[6A-B]-[79A-B]-[81]IV [124]VIII [88-91-93-97-99-102-104]IX {[26]-[29-30]}X [113]XV [100A-F]XVII {PEUPLES D'ITALIE : AVOIR STRUCTURE PSYCHOLOGIQUE S} ∧ {ROMAINS : ETRE SAGES ET VERTUEUX} ∧ {ROMAINS : PARTAGER EGALEMENT LES TERRES} ∧ {ROMAINS : SUIVRE LOIS, DEGRE MAXIMAL} ∧ {ROMAINS : ¬(AVOIR LUXE ET RICHESSES)} ∧ {ROMAINS : CORRIGER ABUS DE POUVOIR} ∧ {[ROMAIN A : ¬(ETRE BON GUERRIER)] >> [ROMAIN A : ¬(FAIRE CARRIERE)]} ∧ {ROMAINS : AVOIR ENNEMIS FORTS, T1} ∧ {ROMAINS : AVOIR ENNEMIS FAIBLES, T2} ∧ {ROMAINS : VAINCRE ENNEMIS, T2} |

---

12   Die römische Psyche wird auf der Mikroebene des Kapitels v.a. durch ein Sich-nicht-unterordnen-Wollen definiert.

Die Giga-Struktur der *Considérations* zum Niedergang der Römer:

[8'']+[64]+{[86]-[91]}+[26]+[48B]+[96A-96B-98]+{[106]-[116']-[132]}XVII {[1A-B]-[11]-[23]}+[69'-72']+[80-83-86A-B]XXI EMPIRE ROMAIN : DEGENERER ET S'AFFAIBLIR A L'INTERIEUR ET A L'EXTERIEUR	FAIBLESSE/ P. D'INSTI-TUT. + CORRUP-TION/DECA-DENCE + DEFAITE/P. MILIT.	(GR. D'INSTITUT. + P. D'AME) + VOIR DECADENCE + [(GR. D'INSTI-TUT. + GR. PHYS.) ⇒ P. D'INSTITUT.] + [VOULOIR GR. ÉCON. ⇒ (GR. ÉCON. + P. ECON.)] + P. D'ESPRIT + DECADENCE + ¬(ART/GR. D'INSTITUT.) + DANGER/P. MILIT. + FAIBLESSE/P. MILIT. + [P. PHYS. ⇒ GR. PHYS. ⇒ P. PHYS.]	[50A-B-C-55]V [30]XIV {[16]-[19]}+[30]+[82]+{[75-76]-[123-124]}XV [110]+[135]+{[73-88]-[99B]}+[150-151-153-155]+{[2]-[13]-[16-17]-[19A-B]}+{[27]-[37A-B-C-38]-[40]-[118A-B-C]-[158]-[166]}+{[58]-[85-95]}+{[137A-B-C]-[140-145-146]}XXII {[123A-B]-[27-105-125]-[130-99]}+[167-176]XXIII [ROMAINS : ETRE ACCOUTUMES AUX COMBATS DES GLADIATEURS ET A SE JOUER DE LEURS ENFANTS ET DE LEURS ESCLAVES, T1] ∧ [ROMAINS : ETRE EN CONTACT AVEC LA DECADENCE EN SYRIE, T2] ∧ [PEUPLE ROMAIN : PERDRE ET AFFAIBLIR EMPIRE PAR SA PROPRE GRANDEUR, T2] ∧ [EMPEREURS : PRENDRE RICHESSES, T2] ∧ [ROMAINS : ETRE PEU RATIONNELS, PEU SAGES ET DECADENTS, 90%, T3] ∧ [ROMAINS : ¬(CONNAITRE NATURE ET BORNES DE LA PUISSANCE ECCLESIASTIQUE ET SECU-LIERE), 90%, T3] ∧ [EMPIRE : AVOIR ENNEMIS SUPERIEURS, T3] ∧ [(EMPIRE : ETRE PETIT, T1) ∧ (EMPIRE : ETRE GRAND, T2) ∧ (EMPIRE : ETRE PETIT, T3)]

In bezug auf das Verhältnis zwischen den beiden Giga-Strukturen und dem Titel des Gesamtwerkes, *Considérations sur les causes de la grandeur des Romains et de leur décadence*, läßt sich Folgendes festhalten: der Titel deckt beide Giga-Strukturen insofern ab, als die Prädikate der Propositionen der erzählenden Teile durch die Begriffe *grandeur* bzw. *décadence* und deren Subjekte durch *des Romains* repräsentiert werden; daneben drückt *causes* sowohl die erklärungslogische Struktur der Gigaschritte als auch - allerdings als abstrakter Überbegriff und ohne konkrete konzeptuelle Fülle - die erklärenden Teile der Gigastrukturen aus. Hier läßt sich deutlich erkennen, daß die Übereinstimmung der Gigastrukturen mit dem Werktitel weit vollkommener ist, als dies für die meisten Megastrukturen und Kapiteltitel galt.

D.3.4. Die Giga-Plus-Ebene der Considérations

Die Giga-Plus-Ebene ist jene Textebene, welche Aspekte von Aufstieg und Niedergang in sich vereint bzw. diese beiden Phänomene zueinander in Beziehung setzt.

Wir sind zu dieser Struktur gelangt, indem wir zuerst die Megastruktur von Kapitel XIV (s. Kap. D.3.2.4.6.) herangezogen haben, welche ausdrückt, daß der Wille der Römer, ihre Souveränität zu bewahren, diese Herrschaft letztendlich in Gefahr gebracht bzw. geschwächt hat (wir haben dabei bestimmte Informationen zu Tiberius und dem Senat als historische Details vernachlässigt, da es hier um weit allgemeinere Prinzipien geht):

{[15]-[55]} ROMAINS : VIVRE EN DANGER CONTINUEL, T2	DANGER/P. D'INSTITUT.	VOULOIR ¬P. D'INSTITUT.	{[4]-[47]} PEUPLE ROMAIN-VOULOIR : SE PROTEGER CONTRE AUTRES FORCES, T1

Die letztgenannte Struktur kann nun gemeinsam mit folgender Makrostruktur mit Gigareferenz aus Kapitel XV zu einer konzessiven Struktur zusammengefaßt werden:

[63-66] EMPIRE ROMAIN : DEGENERER, T2	GR. D'INSTITUT. ⇒ P. D'INSTITUT.	GR. D'INSTITUT. ⇒ GR. D'INSTITUT.	[62-65] EMPIRE ROMAIN : PROSPERER, T1

Hierbei stellt der erklärende Teil der erstgenannten Struktur die Minor, der erklärende Teil der zweiten Struktur die Extrakondition dar, und die überraschende Konklusion kommt nach dem Listenprinzip aus den beiden narrativen Teilen. Da der narrative Teil der Makrostruktur aus Kap. XV sich auf das ganze Reich bezieht, wählen wir für die Formulierung der überraschenden Konklusion nach dem Prinzip "Allgemeines vor Speziellem" diesen Teil:

[63-66] EMPIRE ROMAIN : DEGENERER, T2	GR. D'INSTITUT. ⇒ P. D'INSTITUT.	ÜBERRA- SCHENDE KON- KLUSION	MINOR	VOULOIR ¬P. D'INSTI- TUT.	{[4]-[47]} PEUPLE ROMAIN-VOULOIR : SE PROTEGER CONTRE AUTRES FORCES, T1
		EXTRA- KONDI- TION		GR. D'INSTI- TUT. ⇒ GR. D'INSTI- TUT.	[62-65] EMPIRE ROMAIN : PROSPERER, T1

Nach unserem gewohnten Muster extrahieren wir aus einer konzessiven Struktur als letztendlich übergeordnete Struktur jene, welche die Extrakondition im erklärenden und die überraschende Konklusion im narrativen Teil aufweist. Damit wird die Makrostruktur mit Gigareferenz aus Kap. XV zu jener Struktur, welche die Gigastrukturen A und B unter einem höheren historischen Prinzip vereint, namentlich daß ein Aufstieg einen Fall bzw. daß die *grandeur* die *décadence* bedingt. Die Gigastrukturen A und B erläutern sodann im Detail die beteiligten Mechanismen menschlicher Natur, welche jedoch ihrerseits dieser zyklischen Gesetzlichkeit unterliegen. Wir können die oberste Textstruktur *Giga-Plus-Struktur* nennen und halten sie hier im Anschluß fest:

[63-66]XV EMPIRE ROMAIN : DEGENERER, T2	GR. D'INSTITUT. ⇒ P. D'INSTITUT.	GR. D'INSTITUT. ⇒ GR. D'INSTITUT.	[62-65]XV EMPIRE ROMAIN : PROSPERER, T1

Diese Struktur spiegelt erneut klar und deutlich Montesquieus Geschichtsauffassung wider, dergemäß einem Aufstieg, gleichermaßen einem zyklischen Gesetz zufolge, ein Niedergang folgen muß.

Diese Deutung wird durch ein anderes Faktum unterstützt: diese Struktur, welche einer Makrostruktur mit Giga-Referenz aus Kap. XV entspricht, baut ihrerseits wieder auf u.a. folgender mikrostruktureller Information auf:

(27) Quoi! [...] on n'**élève** donc sa **puissance**, que pour la voir mieux **renversée**! [...]

Dieser Satz ist ein übersetztes Zitat von Claudianus: *Tolluntur in altum, ut lapsu graviore ruant* (In Rufinum, I, 23). Dieses Zitat wollte Montesquieu ursprünglich als Epigraph zu den *Considérations* verwenden (vgl. *note 8* zu Kap. XV der Pléiade-Ausgabe, S. 1491). Diese Tatsache unterstreicht deutlich den Stellenwert dieses Gesetzes im Rahmen des Gesamtwerkes.

D.3.5. Die Meta-Giga-Ebene der Considérations

Die *Considérations* von Montesquieu enthalten noch eine weitere übergeordnete Struktur, welche insofern über das Gesamtwerk hinausweist, als sie von der Geschichte der Römer induktiv verallgemeinert und ein oberstes historisches Prinzip dadurch als "bewiesen" darstellt: namentlich daß es keinen Zufall gibt, sondern daß das menschliche Verhalten die Geschichte bestimmt. Diese Makro-Struktur aus dem Kapitel XVIII explizitiert nicht nur die eigentliche Geschichtssicht des Autors, sondern auch seine Intention, die römische Geschichte als Paradefall, welcher seine Geschichtssicht illustrieren kann, einzusetzen. Die Römer sind nur Anlaß zu jener Auseinandersetzung mit der Geschichte, welche im *Esprit des Lois* wiederum nur Anlaß zur Auseinandersetzung Montesquieus mit den Regeln des menschlichen Zusammenlebens wird. Wir bezeichneten die fragliche Struktur daher als *Meta-Giga-Struktur*[13]:

[44]XVIII FORTUNE : ¬(DOMINER MONDE)	-		
		(- → SUCCES/GR. MILIT.) + (- → DEFAITE/P. MILIT.)	[46-47]XVIII ROMAINS : AVOIR DESTIN MILITAIRE SELON COMPORTEMENT

D.3.6. Zusammenfassung

Unsere Arbeit mit den Makrostrukturen (im weiteren Sinne von "übergeordneten Strukturen") von Montesquieus *Considérations* mittels unseres Syntheseinstrumentariums hat insofern die Brauchbarkeit desselben gezeigt, als daß dessen Anwendung in der überwiegenden Mehrzahl der Fälle problemlos durchzuführen war. Auf die wenigen Ausnahmen auf der Makroebene im engeren Sinn haben wir in Kap. D.3.1.1. verwiesen: in diesen Fällen konnten wir jedoch auf das einheitliche Prinzip der "maximalen Information" zurückgreifen.

In bezug auf das Verhältnis der Megastrukturen (der den jeweiligen Kapitelinhalt zusammenfassenden Strukturen) und der Kapiteltitel ist festzuhalten, daß zwischen diesen oftmals eine gewisse inhaltliche und/oder strukturelle Diskrepanz besteht. In solchen Fällen, wo also der Titel keine mehr oder weniger genaue Ankündigung des Kapitelinhalts darstellt, präsentiert sich die Megastruktur doch des

---

13 Der vorliegende Kontext hat aus logischer Sicht betrachtet Axiomstatus: er drückt eine in sich logische Wahrheit (oder Tautologie) aus: "wenn p immer q ergibt und $\neg p$ immer $\neg q$, dann regiert nicht der Zufall die Welt" (= "wenn die Gesetze a und b gelten, dann gelten die Gesetze a und b").

öfteren als kontrapunktuelle Pointe oder Überraschungsmoment (deren Wesen zuweilen unterstrichen war vom konzessiven Charakter dieser Megastruktur). Das Zusammenspiel von Kapiteltitel und -inhalt ist daher in solchen Fällen alles andere als "mißglückt", sondern eher wohlkalkuliert in bezug auf eben diesen Effekt.

Die Datenlage in den übergeordneten Strukturen der *Considérations* läßt folgende Schlüsse bezüglich einer Interpretation des Werkes zu:

Anzahl und Verteilung der Typen von Megastrukturen im Aufstiegsteil der *Considérations* (relative Mehrheit der finalen Strukturen vom Typ "aufgegangene Rechnung") spiegeln deutlich Montesquieus Geschichtssicht wider, dergemäß ein Aufstieg willentlich herbeiführbar ist. Dahingegen sind im Teil der *Considérations* zum Niedergang nur zwei Megastrukturen finaler Art zu verzeichnen (von denen nur eine vom Typ "aufgegangene Rechnung" ist). Diese Daten bestätigen unsere Interpretation von Montesquieus Geschichtssicht, dergemäß der Niedergang einer Nation nicht willentlich hintangehalten werden kann, sondern eine historische Gesetzmäßigkeit darstellt, welche in ihrer Regelhaftigkeit genau erklärt werden kann.

Diese Deutung wird auch von der Giga-Plus-Struktur gestützt, welche ebenfalls die Vorstellung widerspiegelt, dergemäß einem Aufstieg, gleichermaßen einem zyklischen Gesetz zufolge, ein Niedergang folgen muß.

Schließlich weist die Meta-Giga-Struktur darauf hin, daß Montesquieu ausgehend von der Geschichte der Römer induktiv verallgemeinern und ein oberstes historisches Prinzip dadurch als "bewiesen" darstellen möchte: namentlich daß es keinen Zufall gibt, sondern daß das menschliche Verhalten die Geschichte bestimmt. Die römische Geschichte wird damit zum Paradefall, welcher Montesquieus Geschichtssicht illustriert. Dabei ist das römische Schicksal nur Anlaß für jene Auseinandersetzung mit der Geschichte, die in Montesquieus Werk *Esprit des Lois* wiederum nur Anlaß zur Auseinandersetzung des Autors mit den Regeln des menschlichen Zusammenlebens wird.

D.4. Semantische Felder

D.4.1. Einleitung

Wir präsentieren nun die Ergebnisse unserer Analyse der *Considérations* in bezug auf semantische Felder.

Wir folgen dabei den einzelnen hierarchischen Beschreibungsebenen des Textes. Wir beginnen mit der Mikroebene des Textes als Ganzes (Kap. D.4.2.), und zwar mit einer Aufstellung der in den *Considérations* tatsächlich aktivierten Subfelder von GRANDEUR und DÉCADENCE und führen Beispiele von jenen Oberflächenstrukturen an (Lexeme, Lexemkombinationen), die diese Aktivierungen auslösen (D.4.2.1.). Wir setzen fort mit der Analyse von Anzahl und Verteilung der semantischen Felder in den Kapiteln zum Aufstieg der *Considérations* (D.4.2.2.) sowie der Anzahl und Verteilung der semantischen Felder in den Kapiteln zum Niedergang der *Considérations* (D.4.2.3.), wobei wir die jeweilige Mikro- der jeweiligen Mega-Ebene (= Ebene des Gesamtkapitels) gegenüberstellen. Schließlich untersuchen wir die semantischen Felder auf der Giga-Ebene (D.4.3.), der Giga-Plus-Ebene (D.4.4.) sowie der Meta-Giga-Ebene (D.4.5.) der *Considérations*.

D.4.2. Semantische Felder auf der Mikroebene der Considérations

D.4.2.1. Die im Gesamttext der Considérations *tatsächlich aktivierten Subfelder von* GRANDEUR *und* DÉCADENCE

Aufbauend auf den in den Kapiteln B.5.2. bis B.5.6. gewonnenen Erkenntnissen wiederholen wir zunächst die systematische Aufstellung der für die Analyse der *Considérations* als relevant vorausgesagten Subfelder von GRANDEUR und DÉCADENCE aus Kap. B.5.7.

Indem wir sodann diesen prädizierten semantischen (Sub-)Feldern tatsächlich im Text vorkommende Oberflächenstrukturen zuordnen, wird erstens gezeigt, daß unsere hier vorgeschlagene Methode, welche in der Kombination lexikographischer Information mit der systematischen Umkehr der Wahrheitsbewertungen der zentralen Seme von im Titel eines Textes angekündigten Begriffen besteht, ein leistungsfähiges Instrumentarium zur Vorhersage von im Text voraussichtlich aktivierten semantischen (Sub-)Feldern ist.

Zum zweiten wird dadurch auch gezeigt werden, daß durch diese Methode sodann überprüft werden kann, welche dieser potentiellen Felder tatsächlich aktiviert worden sind und daß das diesbezügliche Muster systematisch beschrieben
und dessen spezifische Ausformung gedeutet werden kann. Nicht zuletzt wird
daraus hervorgehen, daß ein Autor eines konkreten Textes sein semantisches Universum anders strukturieren kann als der/die Autor(en) lexikographischer Werke
bzw. als es eine systematische Sem-Logik ermöglichen würde und daß der Vergleich mit den alternativen Mustern das persönliche semantische Universum
(= das persönliche semantische Feld-System) des Autors deutlicher herauszuarbeiten gestattet.

In Kap. B.5.2.1. haben wir anhand lexikographischer Untersuchungen bezüglich
der relevanten Kultur zum relevanten Zeitpunkt festgestellt, daß mögliche semantische Subfelder von GRANDEUR folgende sind:

i.   *grandeur naturelle/réelle/personnelle*
           mit den Sub-Subbereichen
                     i.a. *grandeur d'âme*
                     i.b. *grandeur d'esprit*
ii.   *grandeur factice/d'institution*, welche sich auf Herrscher in einem Staat im
           Verhältnis zu den Untertanen bezieht,
           mit den Sub-Subbereichen
                     ii.a. *mérite*
                     ii.b. *extérieur imposant*
                               ii.b.a. *décence*
                               ii.b.b. *dignité*
                               ii.b.c. *décoration/représentation*
                               ii.b.d. (minus) *hauteur révoltante*
iii.   *grandeur "physique/matérielle"* (unsere Bezeichnung), welche in der Auffas-
           sung des gemeinen Volkes mit der *grandeur personnelle* gleichgesetzt oder
           verwechselt wird,
           mit den Sub-Subbereichen
                     iii.a. *grandeur "corporelle"* (unsere Bezeichnung)
                     iii.b. *grandeur "militaire"* (unsere Bezeichnung)
                     iii.c. *représentation* (z.B. architektonische Leistungen)
iv.   *grandeur "sociale"* (unsere Bezeichnung), welche sich auf soziale Anerken-
           nung bezieht (*gloire, estime* etc.)

In Kap. B.5.2.4. haben wir ebenfalls anhand lexikographischer Untersuchungen bezüglich der relevanten Kultur zum relevanten Zeitpunkt festgestellt, daß DÉ-CADENCE mit dem Super-Feld (VER)FALL in Zusammenhang zu bringen ist, welches sowohl konkrete(n) als auch abstrakte(n) Verfall/Zerstörung umfaßt. Der Begriff "décadence" hat fast ausschließlich abstrakten Bezug. Wir konnten also ein Sub-Feld von (VER)FALL unter dem Namen DÉCADENCE abstecken, welches sich auf die abstrakte Sphäre beschränkt (menschliche Charaktereigenschaften, Staatsgebilde etc.).

In Kapitel B.5.6.1.1. haben wir durch systematische Umkehr von Sembewertungen folgende antonymische Felder im GRANDEUR-Bereich isoliert:

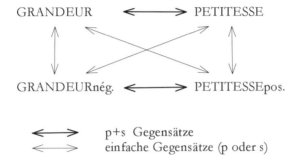

Schließlich haben wir in Kapitel B.5.6.1.2. durch systematische Umkehr von Sembewertungen folgende antonymische Felder im DÉCADENCE-Bereich isoliert:

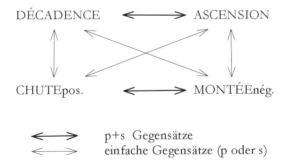

Wir können nun diese Ergebnisse miteinander kombinieren, indem wir die einzelnen Subfelder (z.B. *grandeur d'âme*) in allen Gegensatzvariationen präsentieren. Wir werden die gewonnenen Schemata dabei gleichzeitig mit den Daten unseres konkreten Textes auffüllen. Dabei berücksichtigen und diskutieren wir die wichtigsten Unterschiede zwischen Montesquieus semantischem Universum und dem prädizierten Universum.

D.4.2.1.1. *Die* grandeur personnelle

Das vorliegende Unterkapitel ist eine Wiederholung mit erweiternden Kommentaren von Kap. B.5.8.

In diesem Bereich deckt sich, wie bekannt, Montesquieus semantisches Universum mit dem prädizierten Universum. Einzelpersonen und Völkern werden (positive und negative) ideelle Eigenschaften zugeschrieben, welche sich entweder auf den Charakter (*grandeur* etc. *d'âme*) oder den Intellekt (*grandeur* etc. *d'esprit*) beziehen. Dieses semantische Feld nimmt einen wichtigen Stellenwert in den *Considérations* ein, wenn auch die einzelnen Subfelder unterschiedlich intensiv aktiviert werden.

- *grandeur d'âme*

Dieses Feld wird sehr intensiv durch viele unterschiedliche Lexeme/Lexemkombinationen aktiviert. Dazu gehören neben Lexemen, welche ein [+ viel]-Sem enthalten, auch alle Lexeme, welche Tugenden bezeichnen, sowie der Oberbegriff *vertu* selbst.

(28)/I Le portrait de Tarquin n'a point été flatté ; son nom n'a échappé à aucun des orateurs qui ont eu à parler contre la tyrannie ; mais sa *conduite*[1] avant son malheur que l'on voit qu'il prévoyait ; sa *douceur* pour les peuples vaincus ; sa *libéralité* envers les soldats ; cet art qu'il eut d'intéresser tant de gens à sa conservation ; ses ouvrages publics ; son *courage* à la guerre ; sa *constance* dans son malheur [...]

- *grandeur(nég.) d'âme*

Dieses Feld wird weniger intensiv aktiviert.

(32)/I Les princes ont dans leur vie des périodes d' *ambition*[2] ; après quoi, d'autres passions, et l'oisiveté même, succèdent [...]

---

1   Hier handelt es sich um ein Kontext-Ko-Hyponym zu *vertu*: die positive Bewertung wird durch den Kontext ausgelöst.

2   Hier handelt es sich um ein Kontext-Ko-Hyponym zu *vice*: die negative Bewertung wird durch den Kontext ausgelöst.

• *petitesse d'âme*

Dieses Feld wird sehr intensiv durch viele unterschiedliche Lexeme/Lexemkombinationen aktiviert. Dazu gehören, neben Lexemen, welche ein [- viel]-Sem enthalten, auch alle Lexeme, welche Untugenden/Laster bezeichnen, sowie der Oberbegriff *vice* selbst.

(32)/I Les princes ont dans leur vie des périodes d'ambition ; après quoi, d'autres *passions*, et l'*oisiveté* même, succèdent [...]

• *petitesse(pos.) d'âme*

Dieses Feld wird sehr selten aktiviert.

(13)/XVII [...] lorsque Julien voulut mettre de la *simplicité* et de la *modestie* dans ses manières, on appela oubli de la dignité ce qui n'étoit que la mémoire des anciennes mœurs.

• *grandeur d'esprit*

Dieses Feld wird sehr intensiv aktiviert, jedoch über wenige Lexem-*types*. Zu letzteren gehören vor allem *sage(sse)* und *prudent/prudence*.

(37)/XI De plus, il se servit de la plus vile populace pour troubler les magistrats dans leurs fonctions, espérant que les gens *sages*, lassés de vivre dans l'anarchie, le créeroient dictateur par désespoir.

• *grandeur(nég.) d'esprit*

Dieses Feld wird höchst selten aktiviert. Neben dem Lexem *rusé* ist als Einzellexem mit dieser Funktion lediglich *sophiste* zu verzeichnen, welches im Zusammenhang mit Caligulas spitzfindigen "Rechtfertigungen" zu seinen eigenen (grausamen) Handlungen verwendet wird ("Sophismus" in der Lesart "Scheinbeweis"). Allerdings aktiviert dasselbe Lexem im Zusammenhang mit den byzantinischen Gedankenmustern eher eine *petitesse d'esprit*: die Griechen raisonnieren nicht korrekt ("Sophismus" in der Lesart "nicht korrekter Schluß/Trugschluß") und führen sich damit selbst hinters Licht.

(42)/XIII Sylla, homme emporté, mène violemment les Romains à la liberté ; Auguste, *rusé* tyran, les conduit doucement à la servitude.

● *petitesse d'esprit*

Dieses Feld wird regelmäßig aktiviert, jedoch über relativ wenige Lexem(kombinations)-*types*. Zu letzteren gehören vor allem *stupide/stupidité, peu sage* und *imprudent/imprudence*.

(52)/XX Je ne serois point naturellement porté à croire tout ce que Procope nous dit là-dessus dans son Histoire secrète, parce que les éloges magnifiques qu'il a faits de ce prince dans ses autres ouvrages affoiblissent son témoignage dans celui-ci, où il nous le dépeint comme le plus *stupide* et le plus cruel des tyrans.

● *petitesse(pos.) d'esprit*

Dieses Feld wird gerade einmal aktiviert. Das folgende Zitat ist der einzige diesbezüglich zu verzeichnende Kontext.

(5)/XIV Il n'y eut donc plus de liberté dans les festins, de confiance dans les parentés, de fidélité dans les esclaves ; la dissimulation et la tristesse du prince se communiquant partout, l'amitié fut regardée comme un écueil ; *l'ingénuité*, comme une imprudence [...].

D.4.2.1.2. Die grandeur d'institution

Während die *Encyclopédie* die *grandeur factice/d'institution* als Größe definiert hat, welche ein Herrscher in einem Staat im Verhältnis zu den Untertanen innehat, anders ausgedrückt als innenpolitische Macht, wird dort nicht die Möglichkeit außenpolitischer Macht erwähnt. Außenpolitische Referenz hatte dort nur die *grandeur militaire*, eine nicht waffenbezogene, rein administrative Macht wurde nicht angesprochen. In den *Considérations* nimmt jedoch diese außenpolitische Macht eine wichtige Rolle ein. In bezug auf die *Considérations* erscheint daher die Bezeichnung *grandeur d'institution* mit der Lesart "(alle Arten von) Macht" sinnvoll, wozu etwa auch eine funktionierende staatliche Verwaltung zählt. Belange wie *mérite, décence, dignité* sowie (minus) *hauteur révoltante* werden bei Montesquieu immer im Rahmen der charakterlichen Beschreibungen von Personen aktiviert, das heißt sie sind bei diesem Autor Teil des semantischen Feldes der *grandeur d'âme*. Etwas wie *extérieur imposant* und *décoration/représentation* fallen dagegen bei Montesquieu in den Bereich der *grandeur physique*. Dies alles ist jedoch kein Widerspruch zu den Angaben in der *Encyclopédie*. Denn dort wird ja festgehalten, daß etwa die *grandeur d'institution* mit *mérite, décence* und *dignité* einhergehen solle, in Ermangelung dieser Qualitäten von den Betroffenen diese oft jedoch durch *extérieur imposant* und *décoration/représentation* ersetzt werden. Alle diese Begriffe sind daher nicht wirklich Teil des semantischen Feldes der *grandeur d'institution*, sondern werden vom Autor des entsprechenden Artikels der *Encyclopédie* nur damit assoziiert.

In den Analysen hat sich gezeigt, daß die Größe oder "Kleinheit" der Macht in weitere Subfelder untergliedert werden kann. Die wichtigsten sind dabei *puissance (force)* bzw. *faiblesse*, *danger* bzw. *¬danger*. Das heißt daß große Macht etwa über *puissance (force)*, aber auch über *¬danger* aktiviert werden kann; kleine Macht über *faiblesse* oder aber *danger*. Wir haben derlei aktivierte Teilfelder folgendermaßen notiert: *puissance/gr. d'institut.; force/gr. d'institut.; ¬danger/gr. d'institut.; faiblesse/p. d'institut.; danger/p. d'institut.*

Führten wir nun alle der möglichen und tatsächlichen Kombinationen hier an, würde sich unsere Datenmenge explosionsartig vergrößern, ohne daß der heuristische Wert der Aufstellung wesentlich erhöht würde. Wir werden daher diese weiteren Subfelder ausschnittweise, aber nicht systematisch in unserer Aufstellung illustrieren.

• *grandeur d'institution* (mit innenpolitischer Referenz)
Dieses Feld wird sehr intensiv durch viele unterschiedliche Lexeme/Lexemkombinationen aktiviert.

(12)/III Mais ce dénombrement de Rome tombe dans un temps où elle étoit dans la *force de son institution* [...] *(force/gr. d'institut.)*

• *grandeur d'institution* (mit außenpolitischer Referenz)
Dieses Feld wird immer wieder, jedoch nur durch einige wenige Lexeme/Lexemkombinationen wie *maîtres/maîtresse* oder *dominer/domination* aktiviert. In den meisten anderen Kontexten ist mehr der militärische als der zivile Aspekt im Vordergrund.

(23)/VI Quelquefois ils [les Romains] se rendoient *maîtres* d'un pays, sous prétexte de succession [...]

• *grandeur(nég.) d'institution* (mit innenpolitischer Referenz)
Dieses Feld wird regelmäßig aktiviert, selten jedoch, wie im folgenden Beispiel, über ein Einzellexem, häufiger über Lexemkombinationen wie *empereur cruel*, wobei man solche Kontexte sodann auch analysieren kann als eine Kombination von *grandeur d'institution + petitesse d'âme* (s. zu derlei Kombinationen Kap. D.4.2.1.9.).

(73)/XI César pardonna à tout le monde ; mais il me semble que la modération que l'on montre après qu'on a tout *usurpé* ne mérite pas de grandes louanges.

• *grandeur(nég.) d'institution* (mit außenpolitischer Referenz)

Dieses Feld wird sehr selten aktiviert. Montesquieu beleuchtet die Weltherrschaft der Römer unter deutlich negativer Bewertung ausschließlich in Kapitel VI.

(14)/VI Après avoir détruit les armées d'un prince, ils [les Romains] ruinoient ses finances par des taxes excessives, ou un tribut, sous prétexte de lui faire payer les frais de la guerre : nouveau genre de *tyrannie*, qui le forçoit d'opprimer ses sujets, et de perdre leur amour.

• *petitesse d'institution* (mit innenpolitischer Referenz)

Dieses Feld wird sehr häufig aktiviert, die Kontexte sind jene der Machtlosigkeit oder des politisch Gefährdetseins von Einzelpersonen, von Kollektiven oder Institutionen.

(26)/XIII Tous les gens qui avoient eu des projets ambitieux avoient travaillé à mettre une espèce d'*anarchie* dans la république. (*danger/p. d'institut.*)

• *petitesse d'institution* (mit außenpolitischer Referenz)

Dieses Feld wird eher selten aktiviert. In den meisten Kontexten zur geringen außenpolitischen Macht ist mehr der militärische als der zivile Aspekt im Vordergrund.

(39)/XIII Mais ce nouvel empire ne fut que le fantôme du premier, et *n'en eut* ni les ressources *ni* la *puissance*. (¬*puissance/p. d'institut.*)

• *petitesse(pos.) d'institution* (mit innenpolitischer Referenz)

Dieses Feld wird einige Male im Sinne der "freiwilligen Unterwerfung von Einzelpersonen" aktiviert, an der Oberfläche sodann markiert durch Lexemkombinationen wie *observer/suivre les lois*, aber auch durch die Einzellexeme *discipliné(s)/discipline*.

(22)/IV Il n'y a rien de si puissant qu'une république où l'on *observe les lois*, non pas par crainte, non pas par raison, mais par passion, comme furent Rome et Lacédémone [...] (aus der Sicht des einzelnen Römers: "freiwillige Unterwerfung")

• *petitesse(pos.) d'institution* (mit außenpolitischer Referenz)

Dieses Feld wird höchst selten aktiviert, und dies nur durch Lexemkombinationen, nicht durch Einzellexeme.

(1)/IX Lorsque la *domination* de Rome étoit *bornée* dans l'Italie, la république pouvoit facilement subsister.

D.4.2.1.3. *Die* grandeur physique

Dieses Feld wird in der Encyclopédie unterteilt in die *grandeur "corporelle"* (unsere Bezeichnung), welche sich auf körperliche Eigenschaften von Personen bezieht, die *grandeur "militaire"* (unsere Bezeichnung), welche sich auf die auf Waffengewalt aufbauende physische Überlegenheit bezieht, sowie die *représentation*, welche etwa architektonische Leistungen umfaßt. Bei Montesquieu ist die physische Größe tatsächlich sowohl in bezug auf Personen als auch in bezug auf Dinge anzutreffen. Die militärische Größe nimmt jedoch bei unserem Autor einen so wichtigen Platz ein und erweist sich als derartig komplex strukturiertes Feld, teilweise mit abstraktem Bezug (etwa Kampflust und Kampftechnik), daß es logischer erschien, diese als eigenes Feld aus der *grandeur physique* auszugliedern (s. das folgende Kapitel D.4.2.1.4.).

Physische Größe bzw. Kleinheit ist zudem noch unterteilbar in weitere Subfelder wie *force* bzw. *faiblesse*, *santé* bzw. *maladie*, *vie* bzw. *mort*. Wir führen, wie schon bei der *grandeur d'institution*, auch Beispiele für solche weiteren Subfelder an, ohne jedoch systematisch alle Kombinationen durchzuspielen.

• *grandeur physique* (mit humaner Referenz)
Dieses Feld wird regelmäßig aktiviert, vor allem jedoch über sein Subfeld *force/ grandeur physique*.

(32)/II Dans nos combats d'aujourd'hui un particulier n'a guère de confiance qu'en la multitude ; mais chaque Romain, plus *robuste* et plus aguerri que son ennemi, comptoit toujours sur lui-même : il avoit naturellement du courage, c'est-à-dire, de cette vertu qui est le sentiment de ses propres *forces*. (*force/gr. phys.*)

• *grandeur physique* (mit dinglicher Referenz)
Dieses Feld wird eher selten aktiviert, im gegebenen Fall jedoch vor allem mit Referenz auf Waffen. Abgesehen von Waffen spielen Dinge in Montesquieus Betrachtungen eine untergeordnete Rolle.
(3)/II Ils jugèrent qu'il falloit donner aux soldats de la légion des armes offensives et défensives plus fortes et plus *pesantes* que celles de quelque autre peuple que ce fût.

• *grandeur(nég.) physique* (mit humaner Referenz)

Dieses Feld wird in den *Considérations* nicht aktiviert. Obwohl etwa Begriffe wie körperliche "Schwerfälligkeit"/"Ungeschlachtheit" oder "Fettleibigkeit" Krieger der Dekadenzzeit auszeichnen könnten, werden diese nicht erwähnt.

• *grandeur(nég.) physique* (mit dinglicher Referenz)

Dieses Feld wird einige Male in Kontexten wie dem folgenden aktiviert:

(13)/XVII Ce *faste* et cette *pompe* asiatique s'établissant, les yeux s'y accoutumèrent d'abord [...].

Im Artikel "Grandeur" von Marmontel in der *Encyclopédie* wird *faste* im Rahmen der möglichen materiellen Umstände an einem Herrscherhof erläutert ("ce faste imposant [...] qui ruine la haute noblesse par la contagion de l'exemple [...]"), im Artikel "Grandeur d'ame" von Formey wird zudem der "extérieur imposant" gewisser Herrscher besprochen. Naturgemäß liegen im Bereich *faste/pompe* aber auch Überschneidungen mit dem semantischen Feld *luxe/décadence* vor (s. auch unter *luxe/décadence* in Kap. D.4.2.1.9.).

• *petitesse physique* (mit humaner Referenz)

Dieses Feld wird regelmäßig, vor allem über sein Subfeld der *faiblesse/petitesse physique,* aktiviert.

(32)/XIV [...] il [= le peuple romain] s'affligeoit comme les enfants et les femmes, qui se désolent par le sentiment de leur *foiblesse* [...] (*faiblesse/p. phys.*)

• petitesse physique (mit dinglicher Referenz)

Dieses Feld wird einige Male aktiviert.

(4)/I Les maisons étoient placées sans ordre, et très *petites* [...].

• *petitesse(pos.) physique* (mit humaner Referenz)

Diese Feld wird in den *Considérations* nicht direkt aktiviert. Obwohl etwa Begriffe wie "Schlankheit"/"Drahtigkeit" Krieger der Blütezeit auszeichnen könnten, werden diese nicht erwähnt. Am ehesten würde noch folgender Kontext in die Nähe dieses Feldes kommen, wo die "Wendigkeit"/"Geschicklichkeit" (*adresse*) als richtige Kraftverteilung definiert wird:

(5)/II Pour qu'ils pussent avoir des armes plus pesantes que celles des autres hommes, il falloit qu'ils se rendissent plus qu'hommes : c'est ce qu'ils firent par un travail continuel qui augmentoit leur force, et par des exercices qui leur donnoient de l'*adresse*, laquelle n'est autre chose qu'une juste dispensation des forces que l'on a.

• *petitesse(pos.) physique* (mit dinglicher Referenz)

Dieses Feld wird sehr selten aktiviert. Im folgende Beispiel steht die *troupe légère* für eine Einheit mit leichter Bewaffnung.

(4)/II Mais, comme il y a des choses à faire dans la guerre dont un corps pesant n'est pas capable, ils voulurent que la légion contînt dans son sein une *troupe légère* qui pût en sortir pour engager le combat et, si la nécessité l'exigeoit, s'y retirer [...]

D.4.2.1.4. Die grandeur militaire

Die *grandeur militaire* ist vielleicht das wichtigste semantische Feld, welches in den *Considérations* aktiviert wird. Daher wird hier unsere Exemplifizierung auch etwas ausführlicher ausfallen. Dieses Feld hat viele Subfelder, welche wiederum in Form von positiv und negativ bewerteten Größen und "Kleinheiten" auftreten. Zu den wichtigsten Subfeldern im Bereich gehören:

> *vouloir combattre/ vouloir vaincre* vs. ¬*(vouloir combattre)* (±Kampfeslust)
> *grande armée* vs. *petite armée* (großes/kleines Heer)
> *grandes armes/ bonnes armes* vs. *petites armes/ mauvaises armes* ((un)taugliche Waffen)
> *danger* vs. ¬*danger* (Gefahr/ Abwesenheit von Gefahr)
> *faiblesse* vs. *force/ puissance* (Schwäche/Stärke, Macht)
> *succès* vs. *défaite* (Erfolg/Mißerfolg, Niederlage)
> *vie* vs. *mort* (milit. Überleben/Vernichtung)
> *art* vs. ¬*art* (± Kriegskunst, -technik)

• *grandeur militaire*

Dies ist eines der bedeutendsten Subfelder der *grandeur militaire*. Die Anzahl der Beispiele in den *Considérations* ist schier unerschöpflich.

(18)/II Ont-ils à faire la guerre aux Latins, peuples aussi *aguerris* qu'eux-mêmes, Manlius songe à augmenter la force du commandement, et fait mourir son fils, qui avoit vaincu sans son ordre. (*vouloir combattre/ gr. milit.*)

(1)/IV Les Romains eurent bien des guerres avec les Gaulois. (2) L'amour de la gloire, le mépris de la mort, l'*obstination pour vaincre*, étoient les mêmes dans les deux peuples, mais les armes étoient différentes. (*vouloir vaincre/gr. milit.*)

(43)/XVII D'abord des *corps innombrables* de Huns passèrent [...] (*grande armée/gr. milit.*)

(11)/I Romulus prit leur *bouclier* qui étoit *large*, au lieu du petit bouclier argien dont il s'étoit servi jusqu'alors. (*grandes armes/gr. milit.*)

(82)/VI Mais Rome n'imposant aucunes lois générales, les peuples n'avoient *point* entre eux de *liaisons dangereuses* [...] (¬*danger/gr. milit.*)

(52)/I Mais Rome, faisant toujours des efforts, et trouvant toujours des obstacles, faisoit sentir sa *puissance*, sans pouvoir l'étendre, et, dans une circonférence très petite, elle s'exerçoit à des vertus qui devoient être si fatales à l'univers. (*puissance/gr. milit.*)

(18)/II Ont-ils à faire la guerre aux Latins, peuples aussi aguerris qu'eux-mêmes, Manlius songe à augmenter la force du commandement, et fait mourir son fils, qui avoit *vaincu* sans son ordre. [...] (21) Marius, pour *battre* les Cimbres et les Teutons, commence par détourner les fleuves [...] (*succès/gr. milit.*)

(64)/IV Rome fut *sauvée* par la force de son institution. (65) Après la bataille de Cannes, il ne fut pas permis aux femmes mêmes de verser des larmes ; le sénat refusa de racheter les prisonniers, et envoya les misérables restes de l'armée faire la guerre en Sicile, sans récompense, ni aucun honneur militaire, jusqu'à ce qu'Annibal fût chassé d'Italie. (*vie/gr. milit.*)

(4)/II Mais, comme il y a des choses à faire dans la guerre dont un corps pesant n'est pas capable, ils voulurent que la légion contînt dans son sein une troupe légère qui pût en sortir pour engager le combat et, si la nécessité l'exigeoit, *s'y retirer* ; qu'elle eût encore de la cavalerie, des hommes de trait, et des frondeurs, pour *poursuivre les fuyards* et achever la victoire ; qu'elle fût défendue par toute sorte de *machines de guerre* qu'elle traînoit avec elle ; que chaque fois elle *se retranchât*, et fût, comme dit Végèce, une espèce de place de guerre. (*art/gr. milit.*)

• *grandeur (nég.) militaire*
Dieses Subfeld wird weniger häufig aktiviert.

(27)/XX Ces *grandes flottes*, non plus que les *grandes armées* de terre, n'ont guère jamais réussi. (*gr. nég. armée/gr. nég. milit.*)

(26)/XVIII La cavalerie fut peu nombreuse chez les premiers Romains : elle ne faisoit que la onzième partie de la légion, et très souvent moins ; et ce qu'il y a d'extraordinaire, ils en avoient beaucoup moins que nous, qui avons tant de siècles à faire, où la cavalerie est peu utile. (27) Quand les Romains furent dans la décadence, ils n'eurent *presque plus que de la cavalerie.* (28) Il me semble que, plus une nation se rend savante dans l'art militaire, plus elle agit par son infanterie, et que, moins elle le connoît, plus elle *multiplie sa cavalerie* : [...] (*gr. nég. armée/gr. nég. milit.*)

• *petitesse militaire*

Dies ist, wie die *grandeur militaire*, eines der bedeutendsten Subfelder im militärischen Bereich. Die Menge der Beispiele in den *Considérations* ist ebenso reichlich.

(21)/II [...] et Sylla fait si bien travailler les soldats de son armée *effrayée de la guerre* contre Mithridate, qu'ils lui demandent le combat comme la fin de leurs peines. (¬(*vouloir combattre*)/*p. milit.*)

(7)/III Quand les lois n'étoient plus rigidement observées, les choses revenoient au point où elles sont à présent parmi nous : l'avarice de quelques particuliers, et la prodigalité des autres, faisoient passer les fonds de terre dans peu de mains, et d'abord les arts s'introduisoient pour les besoins mutuels des riches et des pauvres. (8) Cela faisoit qu'il *n*'y avoit *presque plus* de citoyens ni *de soldats* [...] (*petite armée/p. milit.*)

(1)/IV Les Romains eurent bien des guerres avec les Gaulois. (2) L'amour de la gloire, le mépris de la mort, l'obstination pour vaincre, étoient les mêmes dans les deux peuples, mais les armes étoient différentes. (3) Le *bouclier* des Gaulois étoit *petit*, et leur *épée mauvaise* [...] (*petites armes/p. milit.*); (*mauvaises armes/p. milit.*)

(17)/II Toutes les fois que les Romains se crurent en *danger*, ou qu'ils voulurent réparer quelque perte, ce fut une pratique constante chez eux d'affermir la discipline militaire. (*danger/p. milit.*)

(38)/II Ils [= les Romains] suppléèrent à la *foiblesse* de leur cavalerie, d'abord en ôtant les brides des chevaux, pour que l'impétuosité n'en pût être arrêtée, ensuite en y mêlant des vélites. (*faiblesse/p. milit.*)

(17)/II Toutes les fois que les Romains se crurent en danger, ou qu'ils voulurent réparer quelque *perte*, ce fut une pratique constante chez eux d'affermir la discipline militaire. [...] (19) Sont-ils *battus* à Numance, Scipion Émilien les prive d'abord de tout ce qui les avoit amollis. (20) Les légions romaines ont-elles *passé sous le joug* en Numidie, Métellus répare cette honte dès qu'il leur a fait reprendre les institutions anciennes. [...] (*défaite/p. milit.*)

(4)/IV Et ce qu'il y a de surprenant, c'est que ces peuples, que les Romains rencontrèrent dans presque tous les lieux et dans presque tous les temps, *se laissèrent détruire* les uns après les autres, sans jamais connoître, chercher ni prévenir la cause de leurs malheurs. (*mort/p. milit.*)

(15)/XX La cavalerie des Romains étoit très exercée à tirer de l'arc ; mais celle des Goths et des Vandales *ne se servoit que de l'épée et de la lance*, et *ne pouvoit combattre de loin* : c'est à cette différence que Bélisaire attribuoit une partie de ses succès. (¬*art/p. milit.*)

● *petitesse (pos.) militaire*
Dieses Subfeld wird weniger häufig aktiviert.

(43)/VI Ils [= les Romains] ne faisoient jamais de guerres éloignées sans s'être procuré quelque allié auprès de l'ennemi qu'ils attaquoient, qui pût joindre ses troupes à l'*armée* qu'ils envoyoient ; et, comme elle n'étoit *jamais considérable par le nombre*, ils observoient toujours d'en tenir une autre dans la province la plus voisine de l'ennemi, et une troisième dans Rome, toujours prête à marcher. (44) Ainsi ils n'exposoient *qu'une très petite partie de leurs forces*, pendant que leur ennemi mettoit au hasard toutes les siennes. (*petite pos. armée/petitesse pos. milit.*)

D.4.2.1.5. Die grandeur sociale

Die *grandeur "sociale"*, welche sozialen Status bezeichnet (*gloire, estime* etc.), ist bei Montesquieu annähernd gemäß den von der *Encyclopédie* geschaffenen Erwartungen vertreten.

● *grandeur sociale*
Dieses Feld wird regelmäßig aktiviert.

(83)/XI Cherchez à les opprimer, c'est quelquefois une preuve de l'*estime* que vous en faites ; choquez leurs coutumes, c'est toujours une marque de mépris.

● *grandeur(nég.) sociale*
Dieses Feld wird einige Male aktiviert. Es ist zu verstehen als ein negativ bewerteter hoher sozialer Status, das heißt als soziales Abgelehntwerden bei gleichzeitiger hoher Stellung.

(22)/XXIII Il y avoit longtemps qu'un malheureux schisme avoit mis une haine implacable entre les nations des deux rites ; et elle auroit éclaté plus tôt si les Italiens n'avoient plus pensé à réprimer les empereurs d'Allemagne, qu'ils *craignoient*, que les empereurs grecs, qu'ils ne faisoient que *haïr*.

• *petitesse sociale*

Dieses Feld wird regelmäßig aktiviert. Es bezeichnet das soziale Abgelehntwerden durch andere, welche sich (politisch, moralisch etc.) überlegen fühlen.

(83)/XI Cherchez à les opprimer, c'est quelquefois une preuve de l'estime que vous en faites ; choquez leurs coutumes, c'est toujours une marque de *mépris*.

• *petitesse(pos.) sociale*

Dieses Feld ist zu verstehen als positiv bewertete niedrige soziale Stellung; es wird in unserem Corpustext nicht aktiviert. Ein derartiges Konzept war sowohl in der römischen Gesellschaft als auch bei Montesquieu nicht unmittelbar Teil des gedanklichen Kanons.

D.4.2.1.6. Die grandeur économique

Dies ist ein semantisches Feld, welches bei Montesquieu im Vergleich zur *Encyclopédie* neu hinzukommt. Fragen der Armut und des Reichtums liefern für unseren Autor wichtige Erklärungen bezüglich GRANDEUR und DÉCADENCE.

• *grandeur économique*

Dieses Subfeld wird regelmäßig aktiviert, seltener jedoch mit positiver als mit negativer Bewertung.

(7)/XXIII Constantinople faisoit *le plus grand* et presque le seul *commerce* du monde dans un temps où les nations gothiques d'un côté, et les Arabes de l'autre, avoient ruiné le commerce et l'industrie partout ailleurs. (8) Les manufactures de soie y avoient passé de Perse ; et depuis l'invasion des Arabes elles furent fort négligées dans la Perse même : d'ailleurs les Grecs étoient maîtres de la mer. (9) Cela mit dans l'État d'*immenses richesses*, et par conséquent de *grandes ressources* ; et, sitôt qu'il eut quelque relâche, on vit d'abord reparoître la *prospérité publique*.

• *grandeur (nég.) économique*

(19)/IV Carthage, qui faisoit la guerre avec son *opulence* contre la pauvreté romaine, avoit, par cela même, du désavantage : l'or et l'argent s'épuisent ; mais la vertu, la constance, la force et la pauvreté ne s'épuisent jamais.

• *petitesse économique*
Dieses Subfeld wird regelmäßig aktiviert, seltener jedoch mit negativer als mit positiver Bewertung.

(25)/XVII Mais lorsque l'empire eut été divisé, ces richesses allèrent à Constantinople. (26) On sait d'ailleurs que les mines d'Allemagne n'étoient point encore ouvertes ; qu'il y en avoit très peu en Italie et dans les Gaules ; que, depuis les Carthaginois, les *mines* d'Espagne n'étoient guère plus travaillées, ou du moins n'étoient *plus si riches*. (27) L'Italie, qui n'avoit plus que des jardins abandonnés, *ne pouvoit*, par aucun moyen, *attirer l'argent* de l'Orient, pendant que l'Occident, pour avoir de ses marchandises, y envoyoit le sien. (28) L'or et l'*argent* devinrent donc extrêmement *rares* en Europe ; mais les empereurs y voulurent exiger les mêmes tributs : ce qui perdit tout.

• *petitesse (pos.) économique*

(50)/I C'est ce qui fit la résistance des peuples d'Italie, et en même temps l'opiniâtreté des Romains à les subjuguer ; c'est ce qui donna à ceux-ci des victoires qui ne les corrompirent point, et qui leur laissèrent toute leur *pauvreté*.

(19)/IV Carthage, qui faisoit la guerre avec son opulence contre la *pauvreté* romaine, avoit, par cela même, du désavantage : l'or et l'argent s'épuisent ; mais la vertu, la constance, la force et la *pauvreté* ne s'épuisent jamais.

D.4.2.1.7. *Die* grandeur temporelle

Auch dieses semantische Feld kommt bei Montesquieu im Vergleich zur *Encyclopédie* neu hinzu. Die Zeitdauer (kurze vs. lange Zeit) spielt zuweilen eine gewisse Rolle in den erklärenden Kontexten unseres Autors. Es handelt sich hier jedoch nicht um ein Feld von zentraler Wichtigkeit.

• *grandeur temporelle*

(5)/I Mais la grandeur de Rome parut bientôt dans ses édifices publics. (6) Les ouvrages qui ont donné, et qui donnent encore aujourd'hui la plus haute idée de sa puissance, ont été faits sous les rois. (7) On commençoit déjà à bâtir la ville *éternelle*.

• *grandeur (nég.) temporelle*

(5)/IX Mais, lorsque les légions passèrent les Alpes et la mer, les gens de guerre, qu'on étoit obligé de laisser *pendant plusieurs campagnes* dans les pays que l'on soumettoit, perdirent peu à peu l'esprit de citoyens, et les généraux, qui disposèrent des armées et des royaumes, sentirent leur force, et ne purent plus obéir.

• *petitesse temporelle*

(48)/I Les peuples d'Italie n'avoient aucun usage des machines propres à faire les sièges ; et, de plus, les soldats n'ayant point de paye, on ne pouvoit *pas* les retenir *longtemps* devant une place : ainsi peu de leurs guerres étoient décisives.

• *petitesse (pos.) temporelle*

(9)/II On les [= les Romains] accoutumoit à aller le pas militaire, c'est-à-dire à faire *en cinq heures* vingt milles, et quelquefois vingt-quatre.

D.4.2.1.8. Die grandeur numérique

Auch dieses semantische Feld kommt bei Montesquieu im Vergleich zur *Encyclopédie* neu hinzu. Die große oder kleine numerische Anzahl bestimmter zählbarer Einheiten (wie z.B. römischer Bürger oder Soldaten) wird ebenfalls an manchen Stellen vom Autor in seinen Erklärungen herangezogen. Auch dieses Feld ist jedoch nicht von zentraler Wichtigkeit.

• *grandeur numérique*

(5)/III Il n'en étoit pas de même dans les anciennes républiques ; car cette *proportion* des soldats au reste du peuple, qui est aujourd'hui comme d'un à cent, y pouvoit être aisément comme d'*un à huit*.

• *grandeur (nég.) numérique*

(3)/VIII Les patriciens voulant empêcher le retour des rois, cherchèrent à augmenter le mouvement qui étoit dans l'esprit du peuple ; mais ils firent plus qu'ils ne voulurent ; à force de lui donner de la haine pour les rois, ils lui donnèrent un désir immodéré de la liberté. (4) Comme l'autorité royale avoit passé tout entière entre les mains des consuls, le peuple sentit que cette liberté dont on vouloit lui donner tant d'amour, il ne l'avoit pas : il chercha donc à abaisser le consulat, à avoir des magistrats plébéiens, et à partager avec les nobles les magistratures curules. (5) Les patriciens furent forcés de lui accorder tout ce qu'il demanda ; car dans une ville où la pauvreté étoit la vertu publique, où les richesses, cette voie sourde pour acquérir la puissance, étoient méprisées, la naissance et les dignités ne pouvoient pas donner de grands avantages. (6) La puissance devoit donc revenir au *plus grand nombre*, et l'aristocratie se changer peu à peu en un état populaire.

• *petitesse numérique*

(5)/III Il n'en étoit pas de même dans les anciennes républiques ; car cette *proportion* des soldats au reste du peuple, qui est aujourd'hui comme d'*un à cent*, y pouvoit être aisément comme d'un à huit.

• *petitesse (pos.) numérique*

(50)/XIII Lorsque Rome avoit des guerres continuelles, il falloit qu'elle réparât continuellement ses habitants. (51) Dans les commencements, on y mena *une partie du peuple* de la ville vaincue : dans la suite, plusieurs citoyens des villes voisines y vinrent pour avoir part au droit de suffrage ; et ils s'y établirent en si grand nombre que, sur les plaintes des alliés, on fut souvent obligé de les leur renvoyer ; enfin on y arriva en foule des provinces. [...]

Abschließend soll zum Kapitel *grandeur* noch kurz angemerkt werden, daß Lexeme, welche eine Größe bezeichnen, teilweise im Text reinen Quantorcharakter haben, etwa in Kontexten wie *grande puissance*, wo die *puissance* selbst bereits eine *grandeur* evoziert, die sodann von *grande* quantifiziert, das heißt der ein hoher Grad zugesprochen wird. Wir haben dies mit + *degré* formalisiert. Im folgenden Beispiel verwendet Montesquieu selbst das Lexem *degré*:

(31)/I Rome, ayant chassé les rois, établit des consuls annuels ; c'est encore ce qui la porta à ce *haut degré de puissance*. (*puissance/grandeur d'institution* + *degré*)

D.4.2.1.9. Die DÉCADENCE und ihre Subfelder

Die DÉCADENCE wird bei Montesquieu tatsächlich, wie im Anschluß an unsere Wörterbuchstudien vorausgesagt, in bezug auf menschliche Charaktereigenschaften und Staatsgebilde aktiviert.

Allerdings wird von den von uns prädiktiv bestimmten Subfeldern DÉCADENCE, CHUTEpositive, ASCENSION und MONTÉEnégative allein die DÉCADENCE aktiviert. Wie schon in Kap. B.5. anhand der Lexikographie festgestellt, stand ein Lexem *ascension* mit gesellschaftlicher oder politisch-militärischer Referenz zum Zeitpunkt der Entstehung der *Considérations* noch nicht zur Verfügung. Es lassen sich jedoch auch fast keine anderen Oberflächenstrukturen feststellen, welche ein Sem [+ Bewegung nach oben] aktivieren würden. Die dynamische DÉCADENCE wird beinahe immer der statischen GRANDEUR bzw. der dynamischen Vergrößerung der GRANDEUR (EXPANSION) entgegengesetzt, welche beide positiv oder negativ bewertet werden können (und somit auch die MONTÉEnégative ersetzen). Die einzige diesbezügliche Ausnahme stellt der Satz (15) aus Kapitel III dar, welcher durch eine Paraphrase *sortir de son abaissement* die Idee einer Aufwärtsbewegung aktiviert (für eine genauere Besprechung dieser sehr speziellen Stelle sei auf unseren diesbezüglichen Kommentar weiter unten im Rahmen der Auflistung der Textstellen zu *corruption/décadence* verwiesen).

Die CHUTEpositive im Sinne etwa eines (in der *Encyclopédie* belegten) *s'humanifier* wird nicht aktiviert.

Als einziges Subfeld bleibt daher die DÉCADENCE übrig. Diese umfaßt auch die (Sub-)Subfelder *mollesse, corruption, luxe, plaisir(s)* sowie *chute* und *ruine*.

Diese Kontexte sind im Vergleich zu GRANDEUR-Kontexten deutlich in der Minderzahl. Es ist hier daher möglich, eine mehr oder weniger exhaustive Liste dieser Kontexte in den *Considérations* anzuführen. Anhand dieser Liste wird auch erkennbar sein, daß, wenn die DÉCADENCE in Kontrast mit anderen semantischen Bereichen gesetzt wird, diese Bereiche jene der GRANDEUR sind und nicht etwa jene des Aufstiegs.

• *DÉCADENCE*

Diesen allgemeinsten Bereich aktivieren das Lexem *décadence* selbst, sodann die beiden Lexeme, welche ein deutliches [+ Bewegung nach unten]-Sem enthalten, *déchoir* und *descendre* (wobei ersteres nicht agentivisch, letzteres agentivisch ist) sowie das Lexem *dégénérer*, welches bereits sehr weit von der *Abwärts*bewegung ab-

strahiert (die Bewegung ist eine "Wegbewegung von der ursprünglichen Art": vgl.
< DE GENERE). Ein adjektivisches *décadent* ist nicht zu verzeichnen.

(51)/I S'ils [= les Romains] avoient rapidement conquis toutes les villes voisines, ils se seroient trouvés dans la *décadence* à l'arrivée de Pyrrhus, des Gaulois et d'Annibal ; et, par la
destinée de presque tous les États du monde, ils auroient passé trop vite de la pauvreté aux
richesses, et des richesses à la corruption.

(9)/IV Tarente, son alliée, avoit bien *dégénéré* de l'institution des Lacédémoniens, ses
ancêtres. (10) Il auroit pu faire de grandes choses avec les Samnites ; mais les Romains les
avoient presque détruits.

(35)/IV La fondation d'Alexandrie avoit beaucoup diminué le commerce de Carthage. (36)
Dans les premiers temps, la superstition bannissoit en quelque façon les étrangers de
l'Égypte ; et lorsque les Perses l'eurent conquise, ils n'avoient songé qu'à affoiblir leurs
nouveaux sujets ; mais, sous les rois grecs, l'Égypte fit presque tout le commerce du
monde, et celui de Carthage commença à *déchoir*.

(71)/V Je ne sache rien de si magnanime que la résolution que prit un monarque qui a
régné de nos jours, de s'ensevelir plutôt sous les débris du trône que d'accepter des
propositions qu'un roi ne doit pas entendre : il avoit l'âme trop fière pour *descendre* plus bas
que ses malheurs ne l'avoient mis ; et il savoit bien que le courage peut raffermir une
couronne, et que l'infamie ne le fait jamais.

(18)/XIV Auguste avoit ôté au peuple la puissance de faire des lois, et celle de juger les
crimes publics ; mais il lui avoit laissé, ou du moins avoit paru lui laisser, celle d'élire les
magistrats. (19) Tibère, qui craignoit les assemblées d'un peuple si nombreux, lui ôta
encore ce privilège, et le donna au sénat, c'est-à-dire à lui-même : or, on ne sauroit croire
combien cette *décadence* du pouvoir du peuple avilit l'âme des grands. (20) Lorsque le peuple
disposoit des dignités, les magistrats qui les briguoient faisoient bien des bassesses ; mais
elles étoient jointes à une certaine magnificence qui les cachoit, soit qu'ils donnassent des
jeux ou de certains repas au peuple, soit qu'ils lui distribuassent de l'argent ou des grains :
quoique le motif fût bas, le moyen avoit quelque chose de noble, parce qu'il convient
toujours à un grand homme d'obtenir par des libéralités la faveur du peuple. (21) Mais
lorsque le peuple n'eut plus rien à donner, et que le prince, au nom du sénat, disposa de
tous les emplois, on les demanda, et on les obtint par des voies indignes : la flatterie, l'infamie, les crimes, furent des arts nécessaires pour y parvenir.

(27)/XVIII Quand les Romains furent dans la *décadence*, ils n'eurent presque plus que de la cavalerie. (28) Il me semble que, plus une nation se rend savante dans l'art militaire, plus elle agit par son infanterie, et que, moins elle le connoît, plus elle multiplie sa cavalerie [...]

Im vorangehenden Beispiel wird das Lexem *décadence* in einen Kontext gesetzt, welcher es in direkten Kontrast zu *art/grandeur militaire* stellt, bzw. es mit ¬*art/petitesse militaire* assoziiert.

(1)/XIX Comme, dans le temps que l'empire s'affoiblissoit, la religion chrétienne s'établissoit, les chrétiens rapprochoient aux païens cette *décadence*, et ceux-ci en demandoient compte à la religion chrétienne.

(29)/XIX Ce ne fut pas une certaine invasion qui perdit l'empire, ce furent toutes les invasions. (30) Depuis celle qui fut si générale sous Gallus, il sembla rétabli, parce qu'il n'avoit point perdu de terrain ; mais il alla, de degrés en degrés, de la *décadence* à sa chute, jusqu'à ce qu'il s'affaissât tout à coup sous Arcadius et Honorius.

(26)/XXII La religion chrétienne *dégénéra* sous l'empire grec, au point où elle étoit de nos jours chez les Moscovites, avant que le czar Pierre Ier eût fait renaître cette nation, et introduit plus de changements dans un État qu'il gouvernoit, que les conquérants n'en font dans ceux qu'ils usurpent.

(44)/XXII Les ministres de la religion chez les premiers Romains n'étant pas exclus des charges et de la société civile, s'embarrassèrent peu de ses affaires ; lorsque la religion chrétienne fut établie, les ecclésiastiques, qui étoient plus séparés des affaires du monde, s'en mêlèrent avec modération ; mais lorsque dans la *décadence* de l'empire, les moines furent le seul clergé, ces gens, destinés par une profession plus particulière à fuir et à craindre les affaires, embrassèrent toutes les occasions qui purent leur y donner part ; ils ne cessèrent de faire du bruit partout et d'agiter ce monde qu'ils avoient quitté.

• *corruption/décadence*

Dieses stellt das am meisten aktivierte Subfeld der *décadence* dar. Es wird aktiviert durch die die einzelnen Wortklassen ausschöpfenden Archilexeme des Feldes *corruption*, *corrompre* und *corrompu* sowie durch kontextuelle Synonyme wie die Nomina *mal*, *malheur*, *poison* und *abus* sowie an einer Stelle durch das kontextuell metonymische *contagieux*. Ganz deutlich wird in diesem Bereich, daß Montesquieu die *décadence* zuweilen in quasi-gegensätzlichem Kontrast zur *grandeur* sieht, das heißt in einer statischen Lesart, an anderen Stellen jedoch als dynamisches Phänomen (s. unsere Anmerkungen zu den einzelnen Belegstellen).

(50)/I C'est ce qui fit la résistance des peuples d'Italie, et en même temps l'opiniâtreté des Romains à les subjuguer ; c'est ce qui donna à ceux-ci des victoires qui *ne les corrompirent point*, et qui leur laissèrent toute leur pauvreté.

An dieser Stelle, wo die *corruption* negiert wird, wird deutlich, daß ein Verharren im positiv bewerteten *grandeur*-Zustand gemeint ist und diese beiden Begriffe daher als Gegensätze präsentiert werden. *Corruption* erhält damit hier eine statische Lesart.

(51)/I S'ils avoient rapidement conquis toutes les villes voisines, ils se seroient trouvés dans la décadence à l'arrivée de Pyrrhus, des Gaulois et d'Annibal ; et, par la destinée de presque tous les États du monde, ils auroient passé trop vite de la pauvreté aux richesses, et des richesses à la *corruption*.

(7)/III Quand les lois n'étoient plus rigidement observées, les choses revenoient au point où elles sont à présent parmi nous : l'avarice de quelques particuliers, et la prodigalité des autres, faisoient passer les fonds de terre dans peu de mains, et d'abord les arts s'introduisoient pour les besoins mutuels des riches et des pauvres.

    (8) Cela faisoit qu'il n'y avoit presque plus de citoyens ni de soldats ; car les fonds de terre, destinés auparavant à l'entretien de ces derniers, étoient employés à celui des esclaves et des artisans, instruments du luxe des nouveaux possesseurs : sans quoi l'État, qui, malgré son dérèglement, doit subsister, auroit péri. (9) Avant la *corruption*, les revenus primitifs de l'État étoient partagés entre les soldats, c'est-à-dire les laboureurs : lorsque la république étoit *corrompue*, ils passoient d'abord à des hommes riches qui les rendoient aux esclaves et aux artisans, d'où on en retiroit, par le moyen des tributs, une partie pour l'entretien des soldats.

(10)/III Or ces sortes de gens n'étoient guère propres à la guerre : ils étoient lâches, et déjà *corrompus* par le luxe des villes, et souvent par leur art même ; outre que, comme ils n'avoient point proprement de Patrie, et qu'ils jouissoient de leur industrie partout, ils avoient peu à perdre ou à conserver.

(11)/III Dans un dénombrement de Rome fait quelque temps après l'expulsion des rois, et dans celui que Démétrius de Phalère fit à Athènes, il se trouva à peu près le même nombre d'habitants : Rome en avoit quatre cent quarante mille ; Athènes, quatre cent trente et un mille. (12) Mais ce dénombrement de Rome tombe dans un temps où elle était dans la force de son institution, et celui d'Athènes dans un temps où elle était entièrement *corrompue*.

Hier steht die *corruption* ebenfalls im Kontrast zur *grandeur*, namentlich der *force/grandeur d'institution* (dans la force de son institution).

(15)/III Ce fut le partage égal des terres qui rendit Rome capable de sortir d'abord de son abaissement, et cela se sentit bien, quand elle fut *corrompue*.

Diese Stelle ist interessant in bezug auf die Oberflächenstruktur *sortir d'abord de son abaissement*. Zum ersten ist dies die einzige Stelle in den *Considérations*, wo eine Aufwärtsbewegung, ein Aufstieg angesprochen wird. Allerdings steht dieser Aufstieg nicht in direktem Kontrast zur *corruption*, obwohl diese in diesem Zusammenhang genannt wird: die *corruption* steht vielmehr in Kontrast zum *partage égal des terres* (welches als Ursache des Aufstiegs genannt wird), wodurch die *corruption* hier eher einer Ursache für die *décadence* angenähert wird, denn als bestimmendes Element (Teilfeld) derselben präsentiert wird, wie dies in den übrigen Kontexten geschieht. Und schließlich bezeichnet das Lexem *abaissement* hier einen (Anfangs-)Zustand und nicht etwa ein Resultat "tiefer Zustand nach einem Abstieg/Fall", wie es die kanonische Lesart von deverbalen *-ment*-Resultativen kausativer Verben wie *abaisser* erwarten ließe.

(11)/IV Carthage, devenue riche plus tôt que Rome, avoit aussi été plus tôt *corrompue* : ainsi, pendant qu'à Rome les emplois publics ne s'obtenoient que par la vertu, et ne donnoient d'utilité que l'honneur et une préférence aux fatigues, tout ce que le public peut donner aux particuliers se vendoit à Carthage, et tout service rendu par les particuliers y étoit payé par le public.

Hier steht die *corruption* im Gegensatz zur *vertu* (*grandeur d'âme*).

(18)/IV À Rome, gouvernée par les lois, le peuple souffroit que le sénat eût la direction des affaires ; à Carthage, gouvernée par des *abus*, le peuple vouloit tout faire par lui-même.

Hier steht die *corruption* im Gegensatz zur *grandeur d'institution*. Das Lexem *abus* aktiviert in diesem Kontext die *corruption*, welche in diesem sehr ausführlichen Vergleich von Rom und Karthago letzterer Stadt zugeschrieben wird. In anderen Kontexten aktiviert *abus* eher die *grandeur d'institution* + *petitesse d'âme* (zu Kombinationen von semantischen Feldern s. Kap. D.4.2.1.10.).

(60)/V Mais la foiblesse principale du royaume de Syrie venoit de celle de la cour où régnoient des successeurs de Darius, et non pas d'Alexandre. (61) Le luxe, la vanité et la mollesse, qui en aucun siècle n'ont quitté les cours d'Asie, régnoient surtout dans celle-ci. (62) Le *mal* passa au peuple et aux soldats, et devint *contagieux* pour les Romains même, puisque la guerre qu'ils firent contre Antiochus est la vraie époque de leur *corruption*.

Das Nomen *mal* ist hier ein Kontextsynonym, das Adjektiv *contagieux* eine kontextuelle Metonymie zu *corruption*.

(9)/IX Tandis que le peuple de Rome ne fut *corrompu* que par ses tribuns, à qui il ne pouvoit accorder que sa puissance même, le sénat put aisément se défendre, parce qu'il agissoit constamment ; au lieu que la populace passoit sans cesse de l'extrémité de la fougue à l'extrémité de la foiblesse. (10) Mais quand le peuple put donner à ses favoris une formidable autorité au dehors, toute la sagesse du sénat devint inutile, et la république fut perdue.

(33)/IX Il y a à présent dans le monde une république que presque personne ne connoît, et qui, dans le secret et le silence, augmente ses forces chaque jour. (34) Il est certain que, si elle parvient jamais à l'état de grandeur où sa sagesse la destine, elle changera nécessairement ses lois ; et ce ne sera point l'ouvrage d'un législateur, mais celui de la *corruption* même.

Titel von Kapitel X: De la *corruption* des Romains

An dieser Stelle wird die *corruption* programmatisch schon im Kapiteltitel aktiviert und ist daher für das laufende Kapitel mit besonders hohem Potential versehen.

(1)/X Je crois que la secte d'Épicure, qui s'introduisit à Rome sur la fin de la république, contribua beaucoup à gâter le cœur et l'esprit des Romains. (2) Les Grecs en avoient été infatués avant eux : aussi avoient-ils été plus tôt *corrompus*. (3) Polybe nous dit que, de son temps, les serments ne pouvoient donner de la confiance pour un Grec, au lieu qu'un Romain en étoit pour ainsi dire enchaîné.

An dieser Stelle wird *corrompus* von Montesquieu gleichsam definiert als *cœur et esprit gâtés*, welche insofern teilweise dynamisch sind, als daß sie einen (unverdorbenen) Ausgangszustand voraussetzen, von dem man sich sodann wegbewegt. Die *corruption* ist daher hier nicht vollständig mit einer statischen *petitesse d'âme + petitesse d'esprit* gleichzusetzen.

(9)/X La grandeur de l'État fit la grandeur des fortunes particulières. (10) Mais comme l'opulence est dans les mœurs, et non pas dans les richesses, celles des Romains, qui ne laissoient pas d'avoir des bornes, produisirent un luxe et des profusions qui n'en avoient point. (11) Ceux qui avoient d'abord été *corrompus* par leurs richesses le furent ensuite par leur pauvreté. (12) Avec des biens au-dessus d'une condition privée, il fut difficile d'être un bon citoyen ; avec les désirs et les regrets d'une grande fortune ruinée, on fut prêt à tous les attentats ; et, comme dit Salluste, on vit une génération de gens qui ne pouvoient avoir de patrimoine, ni souffrir que d'autres en eussent.

(13)/X Cependant, quelle que fut la *corruption* de Rome, tous les *malheurs* ne s'y étoient pas introduits ; car la force de son institution avoit été telle qu'elle avoit conservé une valeur héroïque, et toute son application à la guerre, au milieu des richesses, de la mollesse et de la volupté ; ce qui n'est, je crois, arrivé à aucune nation du monde.

(5)/XI Il [= Sylla] ruina, dans son expédition d'Asie, toute la discipline militaire ; il accoutuma son armée aux rapines, et lui donna des besoins qu'elle n'avoit jamais eus ; il *corrompit* une fois des soldats qui devoient dans la suite *corrompre* les capitaines.

(36)/XI Cela lui fit faire trois choses également funestes : il [= Pompée] *corrompit* le peuple à force d'argent, et mit dans les élections un prix aux suffrages de chaque citoyen.

(50)/XI Si César n'avoit point eu le gouvernement de la Gaule transalpine, il n'auroit point *corrompu* ses soldats, ni fait respecter son nom par tant de victoires.

(26)/XIII Tous les gens qui avoient eu des projets ambitieux avoient travaillé à mettre une espèce d'anarchie dans la république. (27) Pompée, Crassus et César, y réussirent à merveille. (28) Ils établirent une impunité de tous les crimes publics ; tout ce qui pouvoit arrêter la *corruption* des mœurs, tout ce qui pouvoit faire une bonne police, ils l'abolirent ; et comme les bons législateurs cherchent à rendre leurs concitoyens meilleurs, ceux-ci travailloient à les rendre pires : ils introduisirent donc la coutume de *corrompre* le peuple à prix d'argent ; et quand on étoit accusé de brigues on *corrompoit* aussi les juges ; ils firent troubler les élections par toutes sortes de violences ; et quand on étoit mis en justice, on intimidoit encore les juges ; l'autorité même du peuple étoit anéantie : témoin Gabinius, qui, après avoir rétabli, malgré le peuple, Ptolomée à main armée, vint froidement demander le triomphe.

(7)/XVII Il s'établit un nouveau genre de *corruption*. (8) Les premiers empereurs aimoient les plaisirs : ceux-ci, la mollesse ; ils se montrèrent moins aux gens de guerre ; ils furent plus oisifs, plus livrés à leurs domestiques, plus attachés à leurs palais, et plus séparés de l'empire.

(9)/XVII Le *poison* de la cour augmenta sa force à mesure qu'il fut plus séparé : on ne dit rien, on insinua tout ; les grandes réputations furent toutes attaquées, et les ministres et les officiers de guerre furent mis sans cesse à la discrétion de cette sorte de gens qui ne peuvent servir l'État, ni souffrir qu'on le serve avec gloire.

Das Lexem *poison* ist hier ein Kontextsynonym von *corruption*: es bezieht sich auf die in den beiden vorangehenden Sätzen gegebenen Informationen.

(32)/XVIII Lorsque, sous les empereurs, toutes ces vertus s'évanouirent, l'art militaire leur resta, avec lequel, malgré la foiblesse et la tyrannie de leurs princes, ils conservèrent ce qu'ils avoient acquis ; mais, lorsque la *corruption* se mit dans la milice même, ils devinrent la proie de tous les peuples.

Hier steht *corruption* im Gegensatz zu *art/grandeur militaire*.

(41)/XX Justinien avoit pris sur le théâtre une femme qui s'y étoit longtemps prostituée : elle le gouverna avec un empire qui n'a point d'exemple dans les histoires ; et mettant sans cesse dans les affaires les passions et les fantaisies de son sexe, elle *corrompit* les victoires et les succès les plus heureux.

(51)/XXII Les Grecs, grands parleurs, grands disputeurs, naturellement sophistes, ne cessèrent d'embrouiller la religion par des controverses. (52) Comme les moines avoient un grand crédit à la cour, toujours d'autant plus foible qu'elle étoit plus *corrompue*, il arrivoit que les moines et la cour *se corrompoient réciproquement*, et que le *mal* étoit dans tous les deux : d'où il suivoit que toute l'attention des empereurs étoit occupée quelquefois à calmer, souvent à irriter des disputes théologiques qu'on a toujours remarqué devenir frivoles à mesure qu'elles sont plus vives.

Das Lexem *mal* ist hier Kontextsynonym zu *corruption*.

• *mollesse/décadence*

Ein wichtiges Subfeld der *décadence* ist auch die *mollesse*, welche aktiviert wird durch die Archilexemvarianten *mollesse* und *(s')amolli(r)*, aber auch durch das Adjektiv *efféminé* sowie durch das Nomen *oisiveté*.

(53)/I Tous les peuples d'Italie n'étoient pas également belliqueux : les Toscans étoient *amollis* par leurs richesses et par leur luxe ; les Tarentins, les Capouans, presque toutes les villes de la Campanie et de la Grande-Grèce languissoient dans l'*oisiveté* et dans les plaisirs ; mais les Latins, les Herniques, les Sabins, les Eques et les Volsques aimoient passionnément la guerre ; ils étoient autour de Rome ; ils lui firent une résistance inconcevable, et furent ses maîtres en fait d'opiniâtreté.

Die *mollesse* steht hier der Kriegslust (*vouloir combattre/grandeur militaire*) gegenüber, wird aber auch mit anderen Elementen der *décadence* kombiniert, wie *luxe* und *plaisirs*.

(19)/II Sont-ils battus à Numance, Scipion Émilien les prive d'abord de tout ce qui les avoit *amollis*.

(22)/II Publius Nasica, sans besoin, leur fit construire une armée navale. (23) On *craignoit plus l'oisiveté* que les ennemis.

Im letztgenannten Beispiel wird die Furcht vor bzw. die Ablehnung der *oisiveté* in einem Kontext präsentiert, der von der Kriegskunst handelt (Kapitel II "De l'art de la guerre").

(73)/IV On dit encore qu'Annibal fit une grande faute de mener son armée à Capoue, où elle *s'amollit* ; mais l'on ne considère point que l'on ne remonte pas à la vraie cause. (74) Les soldats de cette armée, devenus riches après tant de victoires, n'auroient-ils pas trouvé partout Capoue ?

(60)/V Mais la foiblesse principale du royaume de Syrie venoit de celle de la cour où régnoient des successeurs de Darius, et non pas d'Alexandre. (61) Le luxe, la vanité et la *mollesse*, qui en aucun siècle n'ont quitté les cours d'Asie, régnoient surtout dans celle-ci. (62) Le mal passa au peuple et aux soldats, et devint contagieux pour les Romains même, puisque la guerre qu'ils firent contre Antiochus est la vraie époque de leur corruption.

(13)/X Cependant, quelle que fut la corruption de Rome, tous les malheurs ne s'y étoient pas introduits ; car la force de son institution avoit été telle qu'elle avoit conservé une valeur héroïque, et toute son application à la guerre, au milieu des richesses, de la *mollesse* et de la volupté ; ce qui n'est, je crois, arrivé à aucune nation du monde.

(19)/XV Le peuple de Rome, ce que l'on appeloit plebs, ne haïssoit pas les plus mauvais empereurs. (20) Depuis qu'il avoit perdu l'empire, et qu'il n'étoit plus occupé à la guerre, il étoit devenu le plus vil de tous les peuples ; il regardoit le commerce et les arts comme des choses propres aux seuls esclaves ; et les distributions de blé qu'il recevoit lui faisoient négliger les terres : on l'avoit accoutumé aux jeux et aux spectacles. (21) Quand il n'eut plus de tribuns à écouter, ni de magistrats à élire, ces choses vaines lui devinrent nécessaires, et son *oisiveté* lui en augmenta le goût. […]

(7)/XVII Il s'établit un nouveau genre de corruption. (8) Les premiers empereurs aimoient les plaisirs : ceux-ci, la *mollesse* ; ils se montrèrent moins aux gens de guerre ; ils furent plus *oisifs*, plus livrés à leurs domestiques, plus attachés à leurs palais, et plus séparés de l'empire.

(31)/XVII Constantin, après avoir affoibli la capitale, frappa un autre coup sur les frontières ; il ôta les légions qui étoient sur le bord des grands fleuves, et les dispersa dans les provinces ; ce qui produisit deux maux : l'un, que la barrière qui contenoit tant de nations fut ôtée ; et l'autre, que les soldats vécurent et *s'amollirent* dans le cirque et dans les théâtres.

(12)/XX La plupart de ces peuples du Nord, établis dans les pays du Midi, en prirent d'abord la *mollesse*, et devinrent incapables des fatigues de la guerre. (13) Les Vandales languissoient dans la volupté ; une table délicate, des habits efféminés, des bains, la musique, la danse, les jardins, les théâtres, leur étoient devenus nécessaires.

(45)/XX Ces deux factions, répandues dans toutes les villes de l'empire, étoient plus ou moins furieuses, à proportion de la grandeur des villes, c'est-à-dire de l'*oisiveté* d'une grande partie du peuple.

(20)XXII Or, cette lâcheté, cette paresse, cette *mollesse* des nations d'Asie, se mêlèrent dans la dévotion même.

(35)/XXIII Les François se moquoient de leurs habillements *efféminés* : ils se promenoient dans les rues de Constantinople, revêtus de leurs robes peintes ; ils portoient à la main une écritoire et du papier par dérision pour cette nation, qui avoit renoncé à la profession des armes ; et, après la guerre, ils refusèrent de recevoir dans leurs troupes quelque Grec ce fût.

• *luxe/décadence*

Das Subfeld *luxe* der *décadence* wird mäßig aber regelmäßig aktiviert, hauptsächlich durch das Archilexem *luxe* sowie je einmal durch *profusions* bzw. *prodiguer* (*toutes les richesses de l'empire*). Gewisse Überschneidungen mit dem semantischen Feld *grandeur(nég.) physique* ergeben sich für die Lexeme *faste* und *pompe*, welche wir bereits in Kap. D.4.2.1.3. besprochen haben (für ein Beispiel s. dort) und die ebenfalls *luxe* aktivieren. Das Subfeld *luxe* der *décadence* wird zumeist im Zusammenhang mit anderen Subfeldern der *décadence* aktiviert und ist immer deutlich negativ bewertet.

(53)/I Tous les peuples d'Italie n'étoient pas également belliqueux : les Toscans étoient amollis par leurs richesses et par leur *luxe* ; les Tarentins, les Capouans, presque toutes les villes de la Campanie et de la Grande-Grèce languissoient dans l'oisiveté et dans les plaisirs ; mais les Latins, les Herniques, les Sabins, les Eques et les Volsques aimoient passionnément la guerre ; ils étoient autour de Rome ; ils lui firent une résistance inconcevable, et furent ses maîtres en fait d'opiniâtreté.

(7)/III Quand les lois n'étoient plus rigidement observées, les choses revenoient au point où elles sont à présent parmi nous : l'avarice de quelques particuliers, et la prodigalité des autres, faisoient passer les fonds de terre dans peu de mains, et d'abord les arts s'introduisoient pour les besoins mutuels des riches et des pauvres.
(8) Cela faisoit qu'il n'y avoit presque plus de citoyens ni de soldats ; car les fonds de terre, destinés auparavant à l'entretien de ces derniers, étoient employés à celui des esclaves et des artisans, instruments du *luxe* des nouveaux possesseurs : sans quoi l'État, qui, malgré son dérèglement doit subsister, auroit péri. (9) Avant la corruption, les revenus primitifs de l'État étoient partagés entre les soldats, c'est-à-dire les laboureurs : lorsque la république étoit corrompue, ils passoient d'abord à des hommes riches qui les rendoient aux esclaves et aux artisans, d'où on en retiroit, par le moyen des tributs, une partie pour l'entretien des soldats.

(10)/III Or ces sortes de gens n'étoient guère propres à la guerre : ils étoient lâches, et déjà corrompus par le *luxe* des villes, et souvent par leur art même ; outre que, comme ils n'avoient point proprement de Patrie, et qu'ils jouissoient de leur industrie partout, ils avoient peu à perdre ou à conserver.

(16)/III Elle [= Rome] étoit une petite république lorsque, les Latins ayant refusé le secours de troupes qu'ils étoient obligés de donner, on leva sur-le-champ dix légions dans la ville. (17) « A peine à présent, dit Tite-Live, Rome, que le monde entier ne peut contenir, en pourroit-elle faire autant si un ennemi paroissoit tout a coup devant ses murailles :

marque certaine que nous ne nous sommes point agrandis, et que nous n'avons fait qu'augmenter le *luxe* et les richesses qui nous travaillent. »

(60)/V Mais la foiblesse principale du royaume de Syrie venoit de celle de la cour où régnoient des successeurs de Darius, et non pas d'Alexandre. (61) Le *luxe*, la vanité et la mollesse, qui en aucun siècle n'ont quitté les cours d'Asie, régnoient surtout dans celle-ci. (62) Le mal passa au peuple et aux soldats, et devint contagieux pour les Romains même, puisque la guerre qu'ils firent contre Antiochus est la vraie époque de leur corruption.

(9)/X La grandeur de l'État fit la grandeur des fortunes particulières. (10) Mais comme l'opulence est dans les mœurs, et non pas dans les richesses, celles des Romains, qui ne laissoient pas d'avoir des bornes, produisirent un *luxe* et des *profusions* qui n'en avoient point. (11) Ceux qui avoient d'abord été corrompus par leurs richesses le furent ensuite par leur pauvreté. (12) Avec des biens au-dessus d'une condition privée, il fut difficile d'être un bon citoyen ; avec les désirs et les regrets d'une grande fortune ruinée, on fut prêt à tous les attentats ; et, comme dit Salluste, on vit une génération de gens qui ne pouvoient avoir de patrimoine, ni souffrir que d'autres en eussent.

(19)/XV Le peuple de Rome, ce que l'on appeloit plebs, ne haïssoit pas les plus mauvais empereurs. (20) Depuis qu'il avoit perdu l'empire, et qu'il n'étoit plus occupé à la guerre, il étoit devenu le plus vil de tous les peuples ; il regardoit le commerce et les arts comme des choses propres aux seuls esclaves ; et les distributions de blé qu'il recevoit lui faisoient négliger les terres : on l'avoit accoutumé aux jeux et aux spectacles. (21) Quand il n'eut plus de tribuns à écouter, ni de magistrats à élire, ces choses vaines lui devinrent nécessaires, et son oisiveté lui en augmenta le goût. (22) Or, Caligula, Néron, Commode, Caracalla, étoient regrettés du peuple à cause de leur folie même ; car ils aimoient avec fureur ce que le peuple aimoit, et contribuoient de tout leur pouvoir et même de leur personne à ses plaisirs ; ils *prodiguoient* pour lui toutes les richesses de l'empire ; et, quand elles étoient épuisées, le peuple voyant sans peine dépouiller toutes les grandes familles, il jouissoit des fruits de la tyrannie ; et il en jouissoit purement, car il trouvoit sa sûreté dans sa bassesse. [...]

(51)/XVI La foiblesse de Domitien lui ayant fait augmenter cette paye d'un quart, il fit une grande plaie à l'État, dont le malheur n'est pas que le *luxe* y règne, mais qu'il règne dans des conditions qui, par la nature des choses, ne doivent avoir que le nécessaire physique.

(10)/XVIII On fit des traités avec des nations barbares qui n'avoient ni le *luxe* des soldats romains, ni le même esprit, ni les mêmes prétentions.

• *plaisirs/décadence*

Das Subfeld *plaisirs* der *décadence* wird ebenfalls mäßig, aber regelmäßig aktiviert. Der vergnügungssüchtige Lebensstil wird häufig in Gegensatz zur Kriegslust gesetzt und stets negativ bewertet (dies gilt auch für Gefallen an kulturellen Leistungen wie Theater und Artefakten). Neben dem Archilexem *plaisirs/plaisance* und anderen allgemeinen Synonymen wie *agréments* und *délices* sowie der Lexemkombination *languire dans les voluptés* aktivieren die unterschiedlichsten Lexeme aus dem Bereich privater Vergnüglich- oder Annehmlichkeiten dieses Subfeld. An einer Stelle listet Montesquieu explizit auf, was ihm gemäß unter dekadentem Vergnügen zu verstehen ist (s. den Kontext (12)/XX unten).

(53)/I Tous les peuples d'Italie n'étoient pas également belliqueux : les Toscans étoient amollis par leurs richesses et par leur luxe ; les Tarentins, les Capouans, presque toutes les villes de la Campanie et de la Grande-Grèce languissoient dans l'oisiveté et dans les *plaisirs* ; mais les Latins, les Herniques, les Sabins, les Eques et les Volsques aimoient passionnément la guerre ; ils étoient autour de Rome ; ils lui firent une résistance inconcevable, et furent ses maîtres en fait d'opiniâtreté.

(14)/II Nous n'avons plus une juste idée des exercices du corps : un homme qui s'y applique trop nous paroît méprisable, par la raison que la plupart de ces exercices n'ont plus d'autre objet que les *agréments* ; au lieu que, chez les anciens, tout, jusqu'à la danse, faisoit partie de l'art militaire.

(65)/V Antiochus ne fit rien de cela : il se montra dans la Grèce avec une petite partie de ses forces ; et, comme s'il avoit voulu y voir la guerre et non pas la faire, il ne fut occupé que de ses *plaisirs*. (66) Il fut battu, et s'enfuit en Asie, plus effrayé que vaincu.

(68)/VI Ainsi des rois qui vivoient dans le faste et dans les *délices* n'osoient jeter des regards fixes sur le peuple romain ; et, perdant le courage, ils attendoient, de leur patience et de leurs bassesses, quelque délai aux misères dont ils étoient menacés.

(10)/VII Cette disposition des choses produisit trois grandes guerres, qui forment un des beaux morceaux de l'histoire romaine, parce qu'on n'y voit pas des princes déjà vaincus par les *délices* et l'orgueil, comme Antiochus et Tigrane, ou par la crainte, comme Philippe, Persée et Jugurtha ; mais un roi magnanime qui [= Mithridate] dans les adversités, tel qu'un lion qui regarde ses blessures, n'en étoit que plus indigné.

(19)/XV Le peuple de Rome, ce que l'on appeloit plebs, ne haïssoit pas les plus mauvais empereurs. (20) Depuis qu'il avoit perdu l'empire, et qu'il n'étoit plus occupé à la guerre, il étoit devenu le plus vil de tous les peuples ; il regardoit le commerce et les arts comme des choses propres aux seuls esclaves ; et les distributions de blé qu'il recevoit lui faisoient négliger les terres : on l'avoit accoutumé aux *jeux* et aux *spectacles*. (21) Quand il n'eut plus de tribuns à écouter, ni de magistrats à élire, ces choses vaines lui devinrent nécessaires, et son oisiveté lui en augmenta le goût. (22) Or, Caligula, Néron, Commode, Caracalla, étoient regrettés du peuple à cause de leur folie même ; car ils aimoient avec fureur ce que le peuple aimoit, et contribuoient de tout leur pouvoir et même de leur personne à ses *plaisirs* ; ils prodiguoient pour lui toutes les richesses de l'empire ; et, quand elles étoient épuisées, le peuple voyant sans peine dépouiller toutes les grandes familles, il jouissoit des fruits de la tyrannie ; et il en jouissoit purement, car il trouvoit sa sûreté dans sa bassesse. [...]

(7)/XVII Il s'établit un nouveau genre de corruption. (8) Les premiers empereurs aimoient les *plaisirs* : ceux-ci, la mollesse ; ils se montrèrent moins aux gens de guerre ; ils furent plus oisifs, plus livrés à leurs domestiques, plus attachés à leurs palais, et plus séparés de l'empire.

(17)/XVII Quoique l'enceinte de Rome ne fût pas à beaucoup près si grande qu'elle est à présent, les faubourgs en étoient prodigieusement étendus : l'Italie, pleine de maisons de *plaisance*, n'étoit proprement que le jardin de Rome ; les laboureurs étoient en Sicile, en Afrique, en Égypte ; et les jardiniers, en Italie : les terres n'étoient presque cultivées que par les esclaves des citoyens romains.

(31)/XVII Constantin, après avoir affoibli la capitale, frappa un autre coup sur les frontiè-res ; il ôta les légions qui étoient sur le bord des grands fleuves, et les dispersa dans les provinces ; ce qui produisit deux maux : l'un, que la barrière qui contenoit tant de nations fut ôtée ; et l'autre, que les soldats vécurent et s'amollirent dans le *cirque* et dans les *théâtres*.

(12)/XX La plupart de ces peuples du Nord, établis dans les pays du Midi, en prirent d'a-bord la mollesse, et devinrent incapables des fatigues de la guerre. (13) Les Vandales *lan-guissoient dans la volupté* ; une *table délicate*, des *habits efféminés*, des *bains*, la *musique*, la *danse*, les *jardins*, les *théâtres*, leur étoient devenus nécessaires.

(43)/XX Le peuple de Constantinople étoit de tout temps divisé en deux factions, celle des bleus et celle des verts : elles tiroient leur origine de l'affection que l'on prend dans les *théâtres* pour de certains acteurs plutôt que pour d'autres.

- *ruine / décadence*

Das mit *décadence* quasi-synonymische Feld *ruine* wird einige Male aktiviert, wobei dies durch die archilexemischen Varianten *ruine* und *ruiner* sowie das Lexem *débris*, welches mit *ruine* in resultativer Lesart synonym ist, geschieht. *Ruine* oder *ruiner* haben immer abstrakte Referenz (Reiche, Militärdisziplin); *débris* bezieht sich auf ein konkretes Objekt, einen Thron, der gesamte Kontext ist jedoch hyperbolisch formuliert und im übertragenen Sinne zu verstehen, wodurch sich *débris* letztendlich ebenfalls auf ein Abstraktum (Macht) bezieht (s. (71)/V).

(3)/V Encore faudroit-il que les discours qu'on fait tenir à Annibal fussent sensés. (4) Que si, en apprenant la défaite de son frère, il avoua qu'il en prévoyoit la *ruine* de Carthage, je ne sache rien de plus propre à désespérer des peuples qui s'étoient donnés à lui, et à décourager une armée qui attendoit de si grandes récompenses après la guerre.

(71)/V Je ne sache rien de si magnanime que la résolution que prit un monarque qui a régné de nos jours, de s'ensevelir plutôt sous les *débris* du trône que d'accepter des propositions qu'un roi ne doit pas entendre : il avoit l'âme trop fière pour descendre plus bas que ses malheurs ne l'avoient mis ; et il savoit bien que le courage peut raffermir une couronne, et que l'infamie ne le fait jamais.

(12)/VI Comme ils ne faisoient jamais la paix de bonne foi, et que, dans le dessein d'envahir tout, leurs traités n'étoient proprement que des suspensions de guerre, ils y mettoient des conditions qui commençoient toujours la *ruine* de l'État qui les acceptoit.

(5)/XI Il *ruina*, dans son expédition d'Asie, toute la discipline militaire ; il accoutuma son armée aux rapines, et lui donna des besoins qu'elle n'avoit jamais eus ; il corrompit une fois des soldats qui devoient dans la suite corrompre les capitaines.

- *chute*

Dieses mit *décadence* quasi-synonymische Feld wird nur ein einziges Mal in den *Considérations* über das Lexem *chute* aktiviert. An der betreffenden Textstelle wird es in einen Kontext gesetzt, wo die *décadence* zur *chute* und die *chute* zum *s'affaisser* (des Reiches) als schließlichem Endpunkt der Abwärtsbewegung bzw. der Zerstörung führt; *s'affaisser* selbst kann ebenfalls als eine Instanz von *chute* betrachtet werden.

(29)/XIX Ce ne fut pas une certaine invasion qui perdit l'empire, ce furent toutes les invasions. (30) Depuis celle qui fut si générale sous Gallus, il sembla rétabli, parce qu'il n'avoit
point perdu de terrain ; mais il alla, de degrés en degrés, de la décadence à sa *chute*, jusqu'à
ce qu'il *s'affaissât* tout à coup sous Arcadius et Honorius.

D.4.2.1.10. Kombinationen von semantischen Feldern

Bei den konkreten Textanalysen hat sich ergeben, daß die semantischen Felder
bzw. Subfelder im Sinne von deskriptiv-theoretischen Einheiten, so wie sie in den
vorangehenden Kapiteln präsentiert wurden, nicht ausreichten, um die komplexe
Informationsvergabe im tatsächlichen Text zufriedenstellend formalisieren zu
können. Die fraglichen (Sub-)Felder mußten vielmehr, und dies war eher die
Regel als die Ausnahme, miteinander zu Informationspaketen kombiniert werden,
um jene semantischen Einheiten, welche durch einerseits inhaltliche oder andererseits Oberflächenstrukturen des Textes als solche präsentiert wurden, in ihrer begrifflichen Substanz beschreiben zu können.

Was zunächst die *Oberflächenstrukturen* betrifft, welche komplexere semantische
Einheiten abstecken, so sind dies etwa bestimmte Lexeme, (i) deren Inhaltsstruktur mehr als einem semantischen (Sub-)Feld zugerechnet werden kann oder muß
bzw. (ii) deren Inhaltsstruktur von einer bestimmten semantisch-logischen Syntax
strukturiert ist, welche mehrere Felder umfaßt.

(i)   viele Lexeme aktivieren gleichzeitig mehr als ein semantisches Feld,
         sodaß diese semantischen Felder als *additiv* aktiviert verstanden werden
         können:

- *butin* (z.B. (1)/I): aktiviert etwa *succès/grandeur militaire* + *grandeur économique* ((1)/I Il ne faut pas prendre, de la ville de Rome, dans ses commencements, l'idée que nous donnent les villes que nous voyons aujour-
  d'hui ; à moins que ce ne soient celles de la Crimée, faites pour renfermer
  le *butin*, les bestiaux et les fruits de la campagne.)
- *violer* (z.B. (21)/I): aktiviert *force/grandeur physique* + *petitesse d'âme*
  ((21)/I Son fils Sextus, en *violant* Lucrèce, fit une chose qui a presque toujours fait chasser les tyrans d'une ville où ils ont commandé [...])
- *tourmenter* (z.B. (34)/IV): aktiviert (im zitierten Kontext) *grandeur
  d'institution* + *petitesse d'âme* ((34)/IV Le gouvernement des Carthaginois
  étoit très dur : ils avoient si fort *tourmenté* les peuples d'Espagne, que,

lorsque les Romains y arrivèrent, ils furent regardés comme des libérateurs
[...])

- *avantages* (z.B. (91)/XI) aktiviert (im zitierten Kontext) *grandeur d'institution* + *grandeur économiqu*e ((90)/XI Il était bien difficile que César pût défendre sa vie : la plupart des conjurés étoient de son parti, ou avoient été par lui comblés de bienfaits, et la raison en est bien naturelle. (91) Ils avoient trouvé de grands *avantages* dans sa victoire ; mais, plus leur fortune devenoit meilleure, plus ils commençoient à avoir part au malheur commun [...])

(ii)   viele Lexeme aktivieren mehrere semantische (Sub-)Felder, wobei dies auf immer wiederkehrenden Strukturen, d.h. einer logischen Syntax aufbaut; solch typische Strukturen sind

(ii.a)
der chronologisch verzeichnete Übergang von einem Feld zum anderen, typischerweise von zwei gegensätzlichen Feldern; die entsprechenden Lexeme sind etwa Kausativa[3] (Verben, deverbale Nomen) oder Prozeßverben und -deverbalia; dieser Übergang wurde von uns formalisiert durch *Feld a* $\Rightarrow$ *Feld b*;

- *chasser* (z.B. in (31)/I): aktiviert hier *grandeur d'institution* $\Rightarrow$ *petitesse d'institution* ((31)/I Rome, ayant *chassé* les rois, établit des consuls annuels ; c'est encore ce qui la porta à ce haut degré de puissance.)
- *s'enrichir* (z.B. in (35)/I): aktiviert *petitesse économique* $\Rightarrow$ *grandeur économique* ((35)/I Rome étant une ville sans commerce, et presque sans arts, le pillage étoit le seul moyen que les particuliers eussent pour *s'enrichir.*)

(ii.b)
dem gegenüber steht das Ausbleiben eines (erwarteten, befürchteten u.a.) derartigen Überganges; hier würde es nicht genügen, das (letztlich identische) semantische Feld zu t1 und t2 anzuführen, da Lexeme wie etwa *sur-*

---

3   Wir erinnern daran, daß wir in unseren Analysen Kausativa zumeist als mehrteilige Propositionsstrukturen aufgelöst haben. Dies traf jedoch nicht immer zu. In bestimmten Kontexten, etwa wenn Kausativa in logischen Kontexten eingebaut waren, haben wir aus Gründen der expositorischen Übersichtlichkeit auf eine weitere (potentiell jedoch mögliche) Auflösung verzichtet. Wie schon in Kap. B.5.4.1.2. erwähnt, ist es letztendlich immer eine Frage des Erkenntnisinteresses, in wie kleine oder komplexe inhaltliche Einheiten eine semantische Analyse ihr Material auflöst.

vivre, maintenir etc. mehr ausdrücken als die reine Existenz; wir haben die chronologisch verzeichnete Nicht-Veränderung formalisiert durch *Feld a* + ¬(*Feld a* ⇒ ¬*Feld a*) oder in Kurzform *Feld a* ⇒ ¬(¬*Feld* a)];

- *entretenir* (z.B. in (4)/III): aktiviert hier *vie/gr. phys.* + ¬(*vie/gr. phys.* ⇒ *mort/p. phys.*) ((4)/III Une expérience continuelle a pu faire connaître en Europe qu'un prince qui a un million de sujets ne peut, sans se détruire lui même, *entretenir* plus de dix mille hommes de troupes : il n'y a donc que les grandes nations qui aient des armées.)
- *se soutenir* (z.B. in (74)/V): aktiviert hier *gr. d'institut.* + ¬(*gr. d'institut.* ⇒ *p. d'institut.*) ((74)/V Après l'abaissement d'Antiochus, il ne restoit plus que de petites puissances, si l'on en excepte l'Égypte, qui, par sa situation, sa fécondité, son commerce, le nombre de ses habitants, ses forces de mer et de terre, auroit pu être formidable ; mais la cruauté de ses rois, leur lâcheté, leur avarice, leur imbécillité, leurs affreuses voluptés, les rendirent si odieux à leurs sujets, qu'ils ne *se soutinrent*, la plupart du temps, que par la protection des Romains.)

(ii.c)

das Befinden zwischen den Extremen einer polaren Skala; von uns formalisiert durch *Feld a* ≡ *Feld b;*

- *médiocrité* (z.B. in (14)/I): aktiviert hier etwa *grandeur* ≡ *petitesse d'institution* ((14)/I Le règne de Numa, long et pacifique, étoit très propre à laisser Rome dans sa *médiocrité* [...])[4]
- *balance* und *équilibre* (z.B. in (28)/V): aktivieren hier *puissance/grandeur militaire* ≡ *faiblesse/p. militaire* ((28)/V La Grèce se maintenoit par une espèce de *balance* : les Lacédémoniens étoient, pour l'ordinaire, alliés des Étoliens ; et les Macédoniens l'étoient des Achaiens. (29) Mais, par l'arrivée des Romains, tout *équilibre* fut rompu.)[5]

---

4   Die Lexikographie verzeichnet zu *médiocrité* auch eine Lesart *petitesse.*

5   Nicht-isoliert, das heißt im Kontext ist *équilibre* jedoch mit *rompu* zu verbinden und aktiviert damit zusammen eine Informationsstruktur (*puissance/gr. milit.* ≡ *faiblesse/p. milit.*) ⇒ (*puissance/gr. milit.* + *faiblesse/p. milit.*). Der Teil hinter dem Pfeil stellt im übrigen unsere Formalisierung für ein *Ungleichgewicht* (das gleichzeitige Vorhandensein von zwei extremen Polen) dar; das Formalisieren von Ungleichgewicht stellt eines von weiteren, weniger bedeutenden, Details unseres Analyseapparates dar.

(ii.d)

komplexere Kombinationen aller bisher genannten (additiven und/oder strukturierten) Kombinationstypen;

- *pillage* (z.B. in (35)/I): aktiviert (*p. écon.* ⇒ *gr. écon.*) + *p. d'âme* ((35)/I Rome étant une ville sans commerce, et presque sans arts, le *pillage* étoit le seul moyen que les particuliers eussent pour s'enrichir.)
- *proscrits* (z.B. in (9)/XI): aktiviert (*gr. d'institut.* ⇒ *p. d'institut.*) + *danger*/*p. phys.* ((9)/XI Dès lors il fut impossible de s'attacher davantage à la république ; car, parmi deux hommes ambitieux, et qui se disputoient la victoire, ceux qui étoient neutres, et pour le parti de la liberté, étoient sûrs d'être *proscrits* par celui des deux qui seroit vainqueur. (10) Il étoit donc de la prudence de s'attacher à l'un des deux.)

Was nun die *inhaltlichen* Strukturen betrifft, welche komplexere semantische Einheiten abstecken, so sind dies unsere Erzählschritte im *parcours narratif* und unsere erklärenden Schritte im *arrière-fond explicatif* des Corpustextes. Diese Schritte werden oftmals durch komplexere Oberflächenstrukturen (Lexemkombinationen) ausgedrückt, welche aber syntaktisch deutlich als strukturelle (Hauptsätze, Nebensätze, infinite Konstruktionen, Nominalphrasen etc.) und damit als inhaltliche Einheiten von anderen Schritten abgegrenzt sind. Diese inhaltlichen Einheiten aktivieren oftmals (und zwar häufiger, als sie es nicht tun) mehr als ein semantisches (Sub-)Feld, wobei diese sodann nach den für die Einzellexeme beschriebenen Mustern (Addition, alle Arten logisch-syntaktischer Strukturierung) miteinander verknüpft sein können.

(a)   additive Verknüpfung

- *bouclier petit* + *épée mauvaise* (z.B. in (3)/IV): aktivieren *petitesse physique* + *mauvaises armes*/*petitesse militaire* ((3)/IV Le *bouclier* des Gaulois étoit *petit*, et leur *épée mauvaise* : aussi furent-ils *traités* à peu près comme dans les derniers siècles les Mexicains l'ont été par les Espagnols.)
- *conquêtes rapides* (z.B. in (40)/XX): aktiviert *succès*/*grandeur militaire* + *petitesse temporelle* ((40)/XX Plus ces *conquêtes* furent *rapides*, moins elles eurent un établissement solide : l'Italie et l'Afrique furent à peine conquises, qu'il fallut les reconquérir.)

(b)   der chronologisch verzeichnete Übergang von einem Feld zum anderen;

- *parvenir à l'empire* (z.B. in (17)/XXI): aktiviert *petitesse d'institution* $\Rightarrow$ *grandeur d'institution* ((17)/XXI Toutes les voies furent bonnes pour *parvenir à l'empire* : on y alla par les soldats, par le clergé, par le sénat, par les paysans, par le peuple de Constantinople, par celui des autres villes.)
- *abandonner la marine* (z.B. in (49)/XXII): aktiviert *bonne armée/ grandeur militaire* $\Rightarrow$ *mauvaise armée/petitesse militaire* ((49)/XXII Andronic Paléologue *abandonna la marine*, parce qu'on l'assura que Dieu étoit si content de son zèle pour la paix de l'Église que ses ennemis n'oseroient l'attaquer.)

(d)   das Ausbleiben eines derartigen Überganges;

- *laisser sa pauvreté* (z.B. in (50)/I: aktiviert *petitesse économique* $\Rightarrow$ ¬*grandeur économique* ((50)/I C'est ce qui fit la résistance des peuples d'Italie, et en même temps l'opiniâtreté des Romains à les subjuguer ; c'est ce qui donna à ceux-ci des victoires qui ne les corrompirent point, et qui leur *laissèrent* toute *leur pauvreté.)*
- *trouver une infinité [d'obstacles] dans leur établissement* (z.B. in (38)/XXIII): aktiviert *petitesse d'institution* $\Rightarrow$ ¬*grandeur d'institution* ((38)/XXIII Les Latins, qui n'avoient pas trouvé d'*obstacles* dans leurs conquêtes, en ayant *trouvé une infinité dans leur établissement,* les Grecs repassèrent d'Asie en Europe, reprirent Constantinople et presque tout l'Occident.)

(d)   das Befinden zwischen den Extremen einer polaren Skala;

- *peu de guerres décisives* (z.B. in (48)/I): aktiviert *succès/grandeur militaire* $\equiv$ *défaite/petitesse militaire* ((48)/I Les peuples d'Italie n'avoient aucun usage des machines propres à faire les sièges ; et, de plus, les soldats n'ayant point de paye, on ne pouvoit pas les retenir longtemps devant une place : ainsi *peu de* leurs *guerres* étoient *décisives.)*
- *partage égale des terres* (z.B. in (15)/III): aktiviert *grandeur* $\equiv$ *petitesse économique* ((15)/III Ce fut le *partage égal des terres* qui rendit Rome capable de sortir d'abord de son abaissement, et cela se sentit bien, quand elle fut corrompue.)

(e)   die Intensivierung der durch das Lexem ausgedrückten Eigenschaft u.a.; auch hier sind es wieder Kausativa, die diese Funktion innehaben; unsere

Formalisierung dafür ist *Feld a* ⇒ *Feld a*, die eindeutige Intensivierung war im Corpus nur in Kontexten mit Lexemkombinationen nachzuweisen; kausative Einzellexeme bezeichneten immer Übergänge zwischen *verschiedenen* Feldern oder waren vage bezüglich einer solchen Angabe[6];

- *augmenté le revenu du fisc de plus d'un tiers* (z.B. in (17)/II): aktiviert *grandeur économique* ⇒ *grandeur économique* ((17)/VII Il [= Pompée] unit au corps de son empire des pays infinis, ce qui servit plus au spectacle de la magnificence romaine qu'à sa vraie puissance ; et, quoiqu'il parût par les écriteaux portés à son triomphe qu'il avoit *augmenté le revenu du fisc de plus d'un tiers*, le pouvoir n'augmenta pas, et la liberté publique n'en fut que plus exposée.)
- *affoiblir leurs sujets* (z.B. in (36)/IV): aktiviert *petitesse d'institution* ⇒ *petitesse d'institution* ((36)/IV Dans les premiers temps, la superstition bannissoit en quelque façon les étrangers de l'Égypte ; et lorsque les Perses l'eurent conquise, ils n'avoient songé qu'à **affoiblir leurs** nouveaux **sujets** ; mais, sous les rois grecs, l'Égypte fit presque tout le commerce du monde, et celui de Carthage commença à déchoir.)

(f)   die als gesetzmäßig wahrgenommene Abfolge von Ereignisschritten oder unterschiedlichen Zuständen in komplexeren (etwa als *frames* wahrgenommenen) Abläufen; unsere Formalisierung dafür ist *Feld a* → *Feld b;* oft ist es eine Frage der analytischen bzw. psycholinguistisch empirische Erkenntnisse voraussetzenden Genauigkeit, ob bestimmte Kontexte als reine Additionen semantischer Felder (*Feld a + Feld b*) oder als solche strukturierte Abläufe zu formalisieren sind; auch dieses Muster war im Corpus nur in Über-Einzellexem-Kontexten nachweisbar;

- *enrichir les gens de guerre* (z.B. in (57)/XVI): aktiviert *grandeur/militaire* → *grandeur économique* ((57)/XVI Les profusions de Caracalla envers les soldats avoient été immenses ; et il avoit très bien suivi le conseil que son père lui avoit donné en mourant, d'*enrichir les gens de guerre*, et de ne s'embarrasser pas des autres.)
- *empereurs méchants mis à morts par des conspirations ou des arrêts du sénat* (z.B. in (58)/XVI): aktiviert (*grandeur d'institution + petitesse d'âme*) →

---

6   So bezeichnet *union* oder *alliance* immer eine Veränderung zur *grande armée/grandeur militaire*, es bleibt ohne Kontextinformation jedoch unklar, ob das ursprüngliche Einzelheer klein oder bereits selbst schon groß war und nur noch größer wurde.

danger/petitesse d'institution → (*vie/grandeur physique* ⇒ *mort/petitesse physique*) ((58)/XVI Mais cette politique n'étoit guère bonne que pour un règne ; car le successeur, ne pouvant plus faire les mêmes dépenses, étoit d'abord massacré par l'armée : de façon qu'on voyoit toujours les *empereurs* sages *mis à mort* par les soldats, et les *méchants, par des conspirations, ou des arrêts du sénat.*)

(g)   komplexere Kombinationen aller (additiven und/oder strukturierten) Kombinationstypen;

- *abandonner les conquêtes et borner l'empire* (z.B. in (74)/XV): aktiviert [*succès/grandeur militaire* + (*grandeur physique* ⇒ *grandeur physique*)] ⇒ [*grandeur physique* ⇒ *petitesse physique*] ((74)/XV Adrien *abandonna les conquêtes* de Trajan, *et borna l'empire* à l'Euphrate ; et il est admirable qu'après tant de guerres, les Romains n'eussent perdu que ce qu'ils avoient voulu quitter, comme la mer, qui n'est moins étendue que lorsqu'elle se retire d'elle-même.)

- für weitere Beispiele komplexer Informationsstrukturen s. weiter unten im vorliegenden Kapitel

(h)   nicht zuletzt gehört hierzu auch die Verneinung von Konzepten durch eine Oberflächenstruktur "Negationspartikel + Lexem"; dies wurde von uns formalisiert als ¬*Feld a*[7]; diese Kontexte verdienen gesonderte Aufmerksamkeit, da sie teilweise Auskunft geben über die gegensätzliche Struktur der persönlichen semantischen Felder des Autors: denn nicht alle Felder, welche laut Lexikographie oder gemäß unserer prädiktiven Methode der Semumkehr in einem bestimmten Gegensatzverhältnis stehen, müssen dies für alle Sprachverwender in gleicher Weise tun; wir haben bereits mehrmals darauf hingewiesen, daß Montesquieu die *décadence*, welche für uns nur ein partieller Gegensatz zur *grandeur* ist, der *grandeur* in manchen Kontexten als genuinen Gegensatz gegenüberstellt, in anderen Kontexten wiederum die *grandeur* deutlich einer *petitesse* gegenüberstellt, welche keine Abwärtsbewegung evoziert; teilweise sind die Originalkontexte jedoch ebenso vage: findet man etwa ein isoliertes ¬*décadence*, welches im Kontext nicht explizit mit anderen Feldern parallelisiert (z.B. ¬*décadence* + *grandeur*) oder in Gegensatz gesetzt wird (*décadence* vs. *Gran-*

---

7   Eine lexeminhärente Verneinung enthält z.B. das Lexem *pacifique*, welches als das Feld ¬(*vouloir combattre*)/*petitesse militaire* aktivierend angesehen werden kann.

deur), bleibt zuweilen unklar, welche Lesart genau intendiert ist; eine Formalisierung ¬*Feld a* verhindert sodann eine Fehlinterpretation, bleibt jedoch genauso vage wie die Oberflächenstruktur;

- *ne point corrompre* (z.B. in (50)/I): aktiviert den ausgebliebenen
  Übergang von der Nicht-Korruption zur Korruption; was jedoch
  genau mit Korruption (bzw. Nicht-Korruption) gemeint ist, bleibt
  unklar: die Nicht-Korruption wird zwar mit der Armut parallelisiert, diese kann jedoch kaum als vollständig deckungsgleich mit
  der Nicht-Korruption angesehen werden; das Schema muß lauten
  ¬*(corruption/décadence)* ⇒ ¬*[*¬*(corruption/décadence)* ⇒ *corruption/déca-*
  dence] ((50)/I C'est ce qui fit la résistance des peuples d'Italie, et en même
  temps l'opiniâtreté des Romains à les subjuguer ; c'est ce qui donna à
  ceux-ci des victoires qui *ne* les *corrompirent point*, et qui leur laissèrent toute
  leur pauvreté.) Ähnlich gelagert ist der Fall einer hypothetischen Beschreibung einer Anti-Welt (vgl. dazu unsere Analyse der hypothetischen Kontexte Kap. B.4.6.2.2.4.), welche eine Negation der tatsächlichen Welt impliziert: im folgenden Beispiel aktiviert die
  implizite, in unserer Analyse explizitierte, Beschreibung der realen
  Welt das vage Feld ¬*décadence.*
- *se trouver* [+ conditionnel passé] *dans la décadence* (z.B. in (51)/I): aktiviert ¬*décadence* ((51)/I S'ils avoient rapidement conquis toutes les villes
  voisines, ils se seroient trouvés dans la *décadence* à l'arrivée de Pyrrhus, des
  Gaulois et d'Annibal ; et, par la destinée de presque tous les États du
  monde, ils auroient passé trop vite de la pauvreté aux richesses, et des
  richesses à la corruption.)

Schließlich gibt es eine weitere Kategorie ganz essentieller Informationseinheiten,
welche in vielen Kontexten mitaktiviert wird und ohne deren Mitformalisierung
die Essenz des fraglichen Kontextes verlorengeht.

Wir haben im Rahmen unserer Präsentation der *grandeur militaire* Lexeme wie *a-*
guerri verzeichnet, welche das Subfeld *Kriegslust* aktivieren, welches wir als *vouloir*
combattre formalisiert haben. Das *vouloir* ist dabei - je nach terminologischer Präferenz – eine enunziatorische Kategorie, eine Modus-Kategorie oder eine Kategorie
der propositionellen Attitüde. Das heißt der Textproduzent schreibt dem von ihm
mit *aguerri* prädizierten logischen Subjekt eine kognitive Haltung zu, im vorliegenden Fall volitiver Art. Diese kognitive Haltung ist dem Lexem *aguerri* inhärent.
Parallel dazu ist etwa ein Lexem *ambitieux* als den Informationskomplex *vouloir*

grandeur d'institution aktivierend zu beschreiben. Einzellexeme können zuweilen solche Kategorien auch in komplexeren Strukturen enthalten:

- *résistance (z.B. in (49)/I)*: aktiviert *(force/grandeur militaire ≡ faiblesse/petitesse militaire)* + *vouloir combattre/grandeur militaire* ((49)/I On se battoit, pour avoir le pillage du camp ennemi, ou de ses terres ; après quoi, le vainqueur et le vaincu se retiroient chacun dans sa ville. (50) C'est ce qui fit la *résistance* des peuples d'Italie, et en même temps l'opiniâtreté des Romains à les subjuguer [...])

Doch gerade im Über-Einzellexem-Bereich der erzählenden und erklärenden Einheiten sind diese kognitiven Kategorien relevant für die exhaustive Formalisierung der fraglichen expositorischen Schritte.

Andere enunziatorische Kategorien neben *vouloir*, die speziell in erzählenden und erklärenden Schritten aktiviert werden, sind *penser* ("denken" im Sinne von "meinen (überzeugt sein)"), *craindre* etc.

- *ne point se défier (z.B. in (15)/XIV)*: aktiviert *penser ¬(danger/petitesse d'institution)* ((15)/XIV Cela fit qu'il [= César] *ne se défia point* du sénat, et qu'il y fut assassiné ; mais cela fit aussi que, dans les règnes suivants, il n'y eut point de flatterie qui fût sans exemple, et qui pût révolter les esprits.)

Im Über-Einzellexem-Bereich der erzählenden und erklärenden Einheiten spielt die volitive enunziatorische Haltung eine eminente Rolle in den erklärenden Schritten der finalen Kontexte, namentlich in der Formalisierung von Motiven (auch die anderen enunziatorischen Kategorien sind vor allem in finalen Kontexten anzutreffen):

- *pour se mettre à leur place (z.B. in (4)/XVII)*: aktiviert *vouloir grandeur d'institution* ((4)/XVII D'ailleurs les préfets du prétoire, qui [...] faisoient à leur gré massacrer les empereurs *pour se mettre en leur place*, furent fort abaissés par Constantin [...].)

Auch diese Kategorien sind mit komplexen Strukturen (Intensivierung, wie im folgenden Beleg etc.) kombinierbar:

- *augmenter ses prétentions (z.B. in (46)/I)*: aktiviert hier *vouloir vaincre/grandeur militaire ⇒ vouloir vaincre/grandeur militaire* ((46)/I Dans cette idée, ils *augmentoient* toujours *leurs prétentions* à mesure de leurs défaites [...].)

Weniger wichtig, aber in unserem Corpus auch zu verzeichnen, sind lokutorische Kategorien (von uns formalisiert als *dire*). Während für den Gesamttext (wie dies für alle Monologe gilt) ein Standard-*locuteur* (Montesquieu in seiner Funktion als Autor) samt dessen lokutorischem Akt (bzw. seine bei jeder Einzelproposition anzusetzenden Einzelakte) impliziert ist, der jedoch aufgrund seines *default*-Charakters nicht ständig explizitiert werden muß, sind andere lokutorische Akte und deren Akteure zu explizitieren. Dies trifft zu, wenn dem vom Autor beschriebenen logischen (diktalen) Subjekt eine Handlung zugeschrieben wird, die eine Sprachhandlung ist (Montesquieu also erzählt, was z.B. Augustus (als Handlungs-Vorwand) gesagt hat):

- *prétexte de quelques tumultes* (z.B. in (58)/XIII): aktiviert *dire danger/petitesse d'institution* ((58)/XIII Sous *prétexte de quelques tumultes* arrivés dans les élections, Auguste mit dans la ville un gouverneur et une garnison [...])

In den folgenden beiden Kapiteln wollen wir Anzahl, Verteilung und erklärende Verbindungen der semantischen Felder in den Kapiteln der *Considérations* zum Aufstieg der Römer (D.4.2.2.) sowie Anzahl, Verteilung und erklärende Verbindungen der semantischen Felder in den Kapiteln der *Considérations* zum Niedergang der Römer (D.4.2.3.) analysieren, wobei wir die jeweilige Mikro- der jeweiligen Megaebene gegenüberstellen. Dies bedeutet, daß wir überprüfen wollen, wie viele und welche der auf der Mikroebene aktivierten semantischen Felder auf der Ebene des Gesamtkapitels weiterhin eine Rolle spielen.

D.4.2.2 Anzahl, Verteilung und erklärende Verbindungen der semantischen Felder in den Kapiteln der Considérations *zum Aufstieg der Römer*

D.4.2.2.1. Kapitel I der Considérations

Das erste Kapitel trägt den Titel *I. Commencements de Rome - II. Ses guerres* und gibt bereits damit einen Hinweis auf die Wichtigkeit militärischer Fragestellungen. Tatsächlich werden in diesem Kapitel auf der Mikroebene 47 Kontexte, welche Aspekte der *grandeur/petitesse militaire* im Zentrum haben, erklärt. Das heißt diese Kontexte sind im *parcours narratif* dieses Kapitels angesiedelt. (Die Erklärungen, welche für *grandeur/petitesse militaire* angeführt werden, behandeln wir zusammengefaßt im Rahmen der Diskussion der Megastruktur). An nächster Stelle folgen, wenig überraschend, 20 Kontexte zur *grandeur/petitesse d'institution*, also zu Machtfragen. 6 Kontexte betreffen ökonomische Fragen, wobei besonders die *petitesse économique*, die Armut, im Zentrum steht. In 5 Kontexten werden menschliche

Charaktereigenschaften erklärt (*grandeur/petitesse personnelle* bzw. *grandeur/petitesse d'âme*), 3 Kontexte sind jeweils Fragen der Dekadenz (*décadence*) bzw. der physischen Größe (*grandeur physique*) gewidmet. Ein Kontext betrifft schließlich die Zeitdauer (*grandeur/petitesse temporelle*). Neben den soeben genannten Kontexten enthält das Kapitel noch eine Reihe "defektiver" Kontexte, das heißt solche Kontexte, die keine vollständige *parcours narratif/ arrière-fond explicatif*-Struktur aufweisen, indem etwa nur erzählt, nicht jedoch erklärt wird oder indem mit nicht-relevanten Feldern (d.h. nicht GRANDEUR/ DÉCADENCE betreffenden Erzählschritten/Erklärungen) gearbeitet wird. Diese defektiven Kontexte aktivieren, soweit sie relevante Felder betreffen, dieselben semantischen Felder wie die regulären Kontexte. (Wir werden in der Folge für alle Kapitel ausschließlich die vollständigen Kontexte in Betracht ziehen, woraus sich jedoch keine relevanten Verschiebungen bezüglich der Gewichtung der einzelnen semantischen Felder innerhalb der Kapitel ergeben; es sei jedoch angemerkt, daß jedes Kapitel über ca. 5-10 % defektive Kontexte verfügt; s. Kap. D.2.2. zur explikativen Dichte der einzelnen Kapitel).

Betrachtet man nun die Megastruktur des ersten Kapitels, so sind es ganz klar die beiden wichtigsten Felder der Mikroebene (*grandeur militaire* und *grandeur d'institution*), welche im erzählenden Teil der Megastruktur aufscheinen. Militärische Größe und Macht werden sodann erklärt einerseits durch Inhalte aus dem semantischen Bereich der Charaktereigenschaften, welche allerdings eng verbunden mit Machtfragen sind (*vouloir grandeur d'institution* "Machtstreben"), andererseits durch Inhalte aus dem Bereich der gesellschaftlichen Strukturen, welche jedoch aufgrund ihres Abstraktionsgrades schlecht in GRANDEUR-Kategorien zu erfassen sind (wir haben dies in der Tabelle mit "-" vermerkt):

{[34]-[73]-[180B]-[197]} ROMAINS : AVOIR SUCCES POLITIQUES ET MILITAIRES	SUCCES/GR. MILIT. + GR. D'INSTITUT.	VOULOIR GR. D'INSTITUT. + -[8]	{[90-21]-[222B- 223B]}+{[25]-[78-79]} PEUPLES D'ITALIE : AVOIR STRUCTURE SOCIALE ET PSYCHOLOGIQUE S

D.4.2.2.2. *Kapitel II der* Considérations

Der Titel *De l'art de la guerre chez les Romains* läßt erneut erahnen, daß auch in diesem zweiten Kapitel die *grandeur militaire* dominieren wird. In der Tat machen

---

8   Wir wiederholen: die römische Psyche wird auf der Mikroebene des Kapitels v.a. durch ein Sich-nicht-unterordnen-Wollen definiert. Die Information zur Sozialstruktur (kein Handwerk, kein nennenswerter Grundbesitz, Entrichtung eines Soldes durch alle Wehrpflichtigen) läßt sich nicht innerhalb des GRANDEUR/DÉCADENCE-Paradigmas erfassen.

die Kontexte zur *grandeur militaire* mit 46 die überwiegende Mehrzahl aus, dazu kommen sodann noch 6 erzählte (nicht erklärte) Maximen (s. unsere genaueren Ausführungen dazu in Kap. D.2.2.1.2.), welche ebenfalls die *grandeur militaire* aktivieren. Daneben sind noch 11 Kontexte zu *grandeur physique*, 6 Kontexte zu *grandeur personnelle* (einer davon zum Subfeld der *grandeur d'âme*, einer zum Subfeld der *grandeur d'esprit*, die übrigen 4 zum übergeordneten Feld der *grandeur personnelle* selbst), 3 Kontexte zur *grandeur d'institution*, 2 Kontexte zur *grandeur sociale* sowie je ein Kontext zu *grandeur économique*, *grandeur numérique* bzw. *décadence* zu verzeichnen.

Die Megastruktur[9] bewahrt davon im erzählenden Teil erneut die *grandeur militaire*, welche sodann durch die zur Erreichung dieses Zieles eingesetzten Verhaltensweisen wie ständiges Training ((*grandeur physique* ⇒ *grandeur physique*) + (*art/grandeur militaire* ⇒ *art/grandeur militaire*)) und strenge Kontrolle (*grandeur d'institution*) erklärt wird:

| [31-113-129-128-131] ROMAINS : ETRE SUPERIEURS A ENNEMIS | GR. MILIT. | [(GR. PHYS. ⇒ GR. PHYS.) + (ART/GR. MILIT. ⇒ ART/GR. MILIT.)] + GR. D'INSTITUT. + - | [29A'-29B']+{[42]-[82]-[84]-[103-105-107]}+[139] (ROMAINS : TRAVAILLER CONTINUELLEMENT) ∧ (ROMAINS : S'EXERCER) ∧ (ROMAINS : EXERCER CONTROLE SEVERE ECONOMIQUE ET MILITAIRE SUR LEURS ARMEES) ∧ (ROMAINS : REGARDER GLADIATEURS, T2) |

Der willentliche Einsatz der Römer, ihr Ziel (die Vorherrschaft) zu erreichen (die Megastruktur von Kap. II ist final), ist damit auch in diesem Kapitel ein wichtiger Faktor in Montesquieus Erklärung für deren Erfolg.

D.4.2.2.3. Kapitel III der Considérations

Der Titel *Comment les Romains purent s'agrandir* deutet an, daß das Kapitel III Erklärungen zur Expansion der Römer abgeben wird. Es sei hier festgehalten, daß die-

---

9 Wir führen hier, im Gegensatz zum vorangegangenen Kapitel D.3., die Megastrukturen in ihrer Kurzform an (d.h. finale und konzessive Strukturen werden nach den in Kap. D.1.3.1. angeführten Prinzipien auf einen Erzähl- und einen Erklärungsschritt reduziert; setzt sich der Erklärungsschritt aus z.B. Handlungsteil und fördernden Bedingungen zusammen (z.B. die Megastruktur von Kap. IV), dann haben wir die graphische Teilung aus praktischen Gründen beibehalten - die einzelnen Propositionen sind jedoch auf die gleiche Art additiv zusammenzufassen und zu interpretieren, wie wenn sie in einer Rubrik stünden).

ses Kapitel zu einem der kürzesten des Gesamttextes zählt, die Anzahl der semantischen Felder muß daher v.a. relativ betrachtet werden.

Die Expansion wird hier ausschließlich über die militärische Größe (*grandeur militaire*) definiert und nimmt 15 Kontexte ein. Es folgen 5 Kontexte zur Dekadenz (*décadence*) und schließlich 4 Kontexte zu Armut/Reichtum (*petitesse/grandeur économique*; das Kapitel stellt Expansion und Dekadenzzeit einander gegenüber).

Die Megastruktur aktiviert wenig überraschend die *grandeur militaire* im erzählenden Teil. Die Inhalte, welche diese militärische Größe erklären, aktivieren die semantischen Felder der Armut (*petitesse économique*) bzw. der ökonomischen Gleichstellung aller Bürger (*grandeur ≡ petitesse économique*), der Gesetzestreue der Bürger, d.h. der innenpolitischen Stabilität (*grandeur d'institution*) sowie der Absenz von Luxus (*¬(luxe/décadence)*):

{[1]-[44]}+{[40]-[41A-B]-[2A-B-4A-B]} (SOLDATS ROMAINS : ETRE NOMBREUX ET BONS GUERRIERS, AU DEBUT DE LA REPUBLIQUE) ∧ (ROME : ETRE PUISSANTE)	GR. ARMEE/ GR. MILIT. + PUISSANCE/GR. MILIT.	GR. ≡ P. ÉCON. + GR. D'INSTITUT. + [P. ECON. + ¬(LUXE/DECADENCE)]	{[37]-[42]}+[48A-B] [ROMAINS : PARTAGER EGALEMENT LES TERRES] ∧ [ROMAINS : SUIVRE LOIS, DEGRE MAXIMAL] ∧ [ROMAINS : ¬(AVOIR LUXE ET RICHESSES)]

D.4.2.2.4. Kapitel IV der Considérations

Mit dem Titel *I. Des Gaulois - II. De Pyrrhus - III. Parallèle de Carthage et de Rome - IV. Guerre d'Annibal,* welcher die größten militärischen Gegner (die letztendlich alle besiegt wurden) der frühen Expansionszeit auflistet, wird bereits angekündigt, daß sich auch das Kapitel IV vorwiegend mit militärischen Fragestellungen beschäftigen wird. Und so sind es auch 35 Kontexte, welche die *grandeur militaire* aktivieren, sowie 13 Kontexte, welche die *grandeur d'institution,* also die Macht, betreffen. Weit abgeschlagen erscheinen 2 Kontexte zu menschlichen Charaktereigenschaften (*grandeur d'âme*) sowie je ein Kontext zur Korruption (*corruption/décadence*), zur sozialen Anerkennung (*grandeur sociale*), zur ökonomischen Gleichstellung aller Bürger (*grandeur ≡ petitesse économique*) sowie zur physischen Größe/Kleinheit (*petitesse physique*).

Die Megastruktur spiegelt diese quantitative Verteilung wider: es ist erneut die *grandeur militaire,* welche im erzählenden Teil aktiviert wird. Als Erklärungen dienen hier zunächst starke (Pyrrhus), dann schwache Feinde (Gallier, Karthago: *petitesse/grandeur militaire*), der Wille zum Kampf in Situationen des Unterlegenseins (*¬gr. d'institut. → vouloir combattre/gr. milit.*) sowie hohe Kriegskunst (*art/grandeur militaire*):

		(DEFAITE/P. MILIT. ≡ SUCCES/GR. MILIT.) + (FAIBLESSE/P. MILIT. + FAIBLESSE/P. D'INSTITUT.) (AUS DER SICHT DER GALLIER + KARTHAGOS)	[11-12]+[6A-B]-[79A-B]-[81] (PYRRHUS : ETRE ENNEMI DANGEREUX AUX ROMAINS) ∧ (GAULOIS ET CARTHAGE : AVOIR DESAVANTAGE MILITAIRE OU CIVIL)
`		(¬GR. D'INSTITUT. → VOULOIR COM-BATTRE/GR. MILIT.) + ART/GR. MILIT.	[45']+[69A-B]+[114] {[NATION X : IMPOSER PAIX] >> [ROMAINS : ¬(FAIRE LA PAIX AVEC NATION X)]} ∧ {ROMAINS : ¬(METTRE ARMEE EN JEU DANS LA GUERRE)} ∧ {[ENNEMI : ETRE SUR TERRITOIRE ROMAIN] >> [ROMAINS : ¬(FAIRE LA PAIX)]}
{[5]-[78A-B]-[82A-B]}+{[99A-B]-[109]}+[119] ROMAINS : BATTRE ENNEMIS	SUCCES/GR. MILIT.		

D.4.2.2.5. *Kapitel V der* Considérations

Der Titel *De l'état de la Grèce, de la Macédoine, de la Syrie et de l'Égypte après l'abaissement des Carthaginois* ist relativ neutral gehalten und sagt wenig über den tatsächlichen Zustand dieser Nationen aus. Tatsächlich beschreibt das Kapitel V jedoch deren - im Vergleich zu den Römern - schwachen militärischen Status. Es werden daher erneut militärische und eventuell machtpolitische Fragen das Kapitel dominieren. In der Tat sind hier 25 Kontexte zur *grandeur militaire* zu verzeichnen, 4 Kontexte zur *grandeur d'institution* sowie 3 Kontexte zur sozialen Anerkennung (*grandeur sociale*). 2 Kontexte betreffen die menschliche Charakterschwäche (*petitesse d'âme*) und ein Kontext schließlich die Korruption (*corruption/décadence*).

Die Megastruktur aktiviert erneut die *grandeur militaire* im erzählenden Teil. Die Erklärung dafür wird über den römischen Kampfgeist (*vouloir combattre/grandeur militaire*), militärischen Erfolg (*succès/grandeur militaire*) sowie das Treffen auf schwache Charaktere unter den Gegnern (*petitesse d'âme*) geliefert:

		VOULOIR COMBATTRE/ GR. MILIT.	[17A-B] ROMAINS : ATTAQUER TOUTE LA TERRE
		SUCCES/GR. MILIT. + P. D'ÂME (AUS DER SICHT DER *GENS FAIBLES*)	EXPL [13]+{[58-59-60]-[66-67-68-69-70]-[80-78]} (ROME : VAINCRE CARTHAGE, T2) ∧ (ROMAINS : AVOIR A FAIRE A GENS FAIBLES)
[12A] [ROME : ¬(ETRE EFFICACE), T1] [12B] [ROME : ETRE EFFICACE, T3]	SUCCES/ GR. MILIT.		

Auch in diesem Kapitel wird der Wille zum Kampf als ein wichtiger Faktor für den tatsächlichen Erfolg hervorgehoben.

D.4.2.2.6. *Kapitel VI der* Considérations

Der Titel *De la conduite que les Romains tinrent pour soumettre tous les peuples* suggeriert erneut, daß sich dieses Kapitel vorwiegend mit militärischen, eventuell auch politischen Fragen beschäftigen wird. Darüber hinaus läßt *conduite* erwarten, daß auch menschliche Verhaltensmuster angesprochen werden, welche möglicherweise bewertet werden. Tatsächlich betreffen hier 40 Kontexte die *grandeur militaire* und 19 Kontexte die *grandeur d'institution*. 10 Kontexte betreffen finanzielle Fragestellungen (*grandeur économique*) und 5 Kontexte soziale Anerkennung (*grandeur sociale*). Überraschenderweise finden sich nur ein Kontext zur *grandeur d'esprit* sowie zwei Kontexte zur *grandeur d'âme*, welche allerdings jedesmal durch ihr Subfeld *petitesse d'âme* aktiviert wird, was eine deutliche negative Bewertung der römischen Verhaltensweisen darstellt.

Darüber hinaus sind in diesem Kapitel noch eine Reihe erzählter (nicht erklärter) Maximen zu verzeichnen (s. unsere genaueren Ausführungen dazu in Kap. D.2.2.1.6.). Von diesen Maximen betreffen nun 26 in erster Linie die *grandeur militaire*, 6 *die grandeur personnelle* (*grandeur d'esprit*, *grandeur d'âme* oder die übergeordnete *grandeur personnelle* selbst), 5 die *grandeur d'institution* sowie jeweils eine die *grandeur sociale* und die *grandeur économique*.

Die Megastruktur spiegelt diese inhaltliche Gewichtung wider. Im erzählten Teil wird die langandauernde römische Macht (*grandeur militaire* + *grandeur temporelle*) angeführt, als Erklärungen dafür werden im *arrière-fond explicatif* die *grandeur militaire*, die *grandeur d'esprit*, die *grandeur d'âme* (letztere allerdings erneut mittels des negativ bewerteten Subfeldes der *petitesse d'âme*) sowie ein Feld *dire grandeur d'institution* (das Proklamieren der eigenen Überlegenheit) aktiviert.

		(GR. ARMÉE/GR. MILIT. $\Rightarrow$ GR. ARMÉE/GR. MILIT.) $\rightarrow$ SUCCES/GR. MILIT. + GR. D'ESPRIT + P. D'AME + ART/ GR. MILIT. + DIRE GR. D'INSTITUT.	{[39]-[39-40]-[100-101-102-103- 104-105-106-107]-[132-133]-[241- 242-243]}+{[65]-[110-111A-B]- [113]-[157]-[158]-[181]}+{[14- 15]-[20]-[27]-[62']-[66]-[72]- [85]-[124']-[126]-[131]-[135-136- 137]-[159]-[160]-[212-213B-216- 217-218B-220-221-222B]-[227]- [228]}+{[6]-[57]-[161]}+[134A- B] (ROMAINS : ASSUJETTIR BRUTALEMENT VASSAUX ET ENNEMIS A L'AIDE DE Y) $\wedge$ (ROMAINS : UTILISER RUSES ADMINISTRATIVES ET MILITAIRES) $\wedge$ (ROMAINS : AGIR EN MAITRES) $\wedge$ (ROMAINS : UTILISER MEMES MAXIMES CONTRE TOUS LEURS ENNEMIS, T1+T2)
		GR. D'ESPRIT	[4] SENAT : ETRE SAGE
		GR. D'ESPRIT	[3] SENAT : AGIR AVEC PROFONDEUR
[240] [(EMPIRE ROMAIN : ETRE DURABLE) $\wedge$ (EMPIRE ROMAIN : ETRE PUISSANT)]	PUISSANCE/GR. MILIT. + GR. TEMP.		

Klugheit, militärisches Können und Skrupellosigkeit erklären den militärischen Erfolg.

D.4.2.2.7. Kapitel VII der Considérations

Der Titel *Comment Mithridate put leur résister* deutet erneut an, daß auch in Kapitel VII militärische Angelegenheiten im Mittelpunkt stehen, was wiederum durch die tatsächlichen Daten bestätigt wird. 11 Kontexte aktivieren die *grandeur militaire*. Daneben enthält das äußerst kurze Kapitel noch jeweils einen Kontexte, welcher die *grandeur d'institution*, die *grandeur physique* bzw. die *grandeur d'âme* (von Mithridates) aktiviert.

Die Megastruktur hebt sich inhaltlich vom Kapiteltitel ab, indem sie erklärt, wie es den Römern dennoch gelang, den starken Gegner Mithridates zu besiegen, nämlich auf Kosten der inneren Stabilität. Die Megastruktur aktiviert im erzählenden Teil die *grandeur militaire*, im erklärenden Teil ebenfalls die *grandeur militaire*, allerdings in negativer Form (es wird festgehalten, daß diese nicht ausgebaut wird), womit zudem noch eine negierte *grandeur d'institution (petitesse d'institution)* aktiviert wird:

[30] POMPEE : VAINCRE MITHRIDATE, RAPIDE, DEGRE ELEVE	SUCCES/GR. MILIT.		
		¬(PUISSANCE/ GR. MILIT. ⇒ PUISSANCE/GR. MILIT.) + DANGER/P. D'INSTITUT.	[37] [POMPEE : ¬(AUGMENTER PUISSANCE DE ROME)] ∧ [POMPEE : PLUS EXPOSER LIBERTE PUBLIQUE]

D.4.2.2.8. Kapitel VIII der Considérations

Der Titel *Des divisions qui furent toujours dans la ville* läßt (innen)politische Fragestellungen als den inhaltlichen Schwerpunkt dieses Kapitels erahnen. Und so stehen auch 38 Kontexte, welche die *grandeur d'institution* aktivieren, erstmalig einer beträchtlichen Minderzahl (5) an *grandeur-militaire*-Kontexten gegenüber. Dazu kommen drei Kontexte zu *grandeur d'esprit*, je 2 zu *grandeur d'âme* bzw. *grandeur économique* sowie je einer zu *grandeur numérique* bzw. *grandeur physique*.

Die Megastruktur ist erneut inhaltlich verschieden vom Kapiteltitel: sie erklärt die anhaltende innere Stabilität Roms (trotz der im Titel angekündigten Unruheherde) mit der Existenz effektiver Verwaltungsstrukturen. Dadurch wird die *grandeur d'institution* sowohl im erzählenden als auch im erklärenden Teil aktiviert.

[97A] GOUVERNEMENT DE ROME : ETRE FORT, T1 [97B] GOUVERNEMENT DE ROME : ETRE FORT, T2	FORCE/GR. D'INSTITUT.		
		GR. D'INSTITUT.	[98] CENSEURS : EXISTER

D.4.2.2.9. Die dominierenden semantischen Felder in den Kapiteln der Considérations zum Aufstieg der Römer

Wir können an dieser Stelle zusammenfassen, welche semantischen Felder die Kapitel zum Aufstieg dominieren und was dies bezüglich einer Deutung von Montesquieus Werk aussagen kann.

Wir betrachten dabei jene Felder, welche in der Hierarchie bis in die Megastrukturen vorgedrungen sind.

Erklärt wird in erster Linie die *grandeur militaire*, aber auch die *grandeur d'institution*. Die entscheidenden Faktoren entstammen drei Hauptbereichen: zunächst werden Faktoren wie Armut (*petitesse économique*) bzw. ökonomische Gleichstellung aller Bürger (*grandeur ≡ petitesse économique*), Absenz von Luxus (*¬(luxe/décadence)*), Gesetzestreue der Bürger, d.h. innenpolitische Stabilität (*grandeur d'institution*), sowie geeignete administrative Strukturen (*grandeur d'institution*) angeführt, mit einem Wort Faktoren der sozialen Organisation, sodann Faktoren wie Macht- und Erfolgsstreben (*vouloir grandeur militaire, vouloir grandeur d'institution*), Klugheit und Umsicht (*grandeur d'esprit*), aber auch Skrupellosigkeit (*petitesse d'âme*), das heißt menschliche Faktoren, und nicht zuletzt das militärische Können (*grandeur militaire*).

Diese Daten zeigen deutlich, mit welchen Erklärungskategorien Montesquieu arbeitet und welche für den Autor weniger Bedeutung haben: ausschlaggebend sind die sozialen und (kollektiven) psychischen Strukturen einer Nation sowie deren militärische Fähigkeiten. Unbedeutend sind dagegen etwa Faktoren wie Zufall, göttliche Vorsehung oder die Taten von herausragenden Einzelpersonen.

Wir setzen nun fort mit den Kapiteln zum Niedergang.

D.4.2.3. Anzahl, Verteilung und erklärende Verbindungen der semantischen Felder in den Kapiteln der Considérations *zum Niedergang der Römer*

D.4.2.3.1. Kapitel IX der Considérations

Der Titel *Deux causes de la perte de Rome* läßt erahnen, daß in diesem Kapitel von negativer Größe die Rede sein wird, durch den abstrakten Oberbegriff *causes* wird jedoch nicht von vornherein klar, welche Inhalte die zu erwartenden Erklärungen umfassen werden.

Die konkreten Daten lassen zunächst auf eine (innen)politische Schwächung schließen: 35 Kontexte betreffen die *grandeur d'institution*, oftmals in deren negativer Form, der *petitesse d'institution*. Dagegen aktivieren nur 7 Kontexte die *grandeur militaire* und nur 6 Kontexte die *grandeur physique*. Ein Kontext betrifft die *grandeur économique*.

Die Megastruktur spiegelt im erzählenden Teil die angesprochene innenpolitische Schwächung (Untergang der Republik) durch die negative *grandeur d'institution* wider. Erklärt wird dieses Faktum durch das physische Wachstum des Staates, welches den Feldkomplex *petitesse physique* ⇒ *grandeur physique* aktiviert.

{[43A-B]-[86-88A]-[86-88B]-[85]} LOIS DE ROME : ¬(SAUVER LA REPUBLIQUE), T2	FAIBLESSE/P. D'INSTITUT. ⇒ MORT/P. D'INSTITUT.	P. PHYS. ⇒ GR. PHYS.	{[44-45]-[87]} (LOIS DE ROME : FAIRE AGRANDIR ROME, T1) ∧ (ROME : ETRE GRANDE, T2)

D.4.2.3.2. *Kapitel X der* Considérations

Der Titel *De la corruption des Romains* gibt einen unmißverständlichen Hinweis darauf, daß Korruption und damit Dekadenz einen zentralen thematischen Bereich in
diesem Kapitel einnehmen werden. In der Tat aktivieren 4 Kontexte in diesem
sehr kurzen Kapitel die *décadence* und 3 Kontexte die *grandeur d'âme* (zwei davon in
negativer Weise als *petitesse d'âme*). Zwei weitere Kontexte betreffen die *grandeur militaire* und ein Kontext schließlich die *grandeur économique*, welche von Montesquieu
stets mit *décadence* in Verbindung gebracht wird.

Die Megastruktur unterscheidet sich inhaltlich erneut vom Kapiteltitel. Sie erklärt, warum (trotz der im Titel angekündigten Korruption) die Römer immer
noch gute Krieger waren (*grandeur militaire*). Der erklärende Teil aktiviert eine nach
wie vor bestehende *grandeur d'institution* sowie, über den Hinweis bezüglich der
Abhängigkeit der sozialen Anerkennung von der militärischen Leistung, den Feldkomplex *¬grandeur militaire* → *¬grandeur sociale*.

{[24A-B]-[34']} ROMANS : ETRE GUERRIERS BONS ET HEROIQUES, T2	VOULOIR VAINCRE/GR. MILIT.		
		GR. D'INSTITUT. + [¬(ART/GR. MILIT.) → ¬ GR. SOC.]	{[26]-[29-30]} (ROME : AVOIR INSTITUTION FORTE, DEGRE ≥ A) ∧ {[ROMAIN A : ¬(ETRE BON GUERRIER)] >> [ROMAIN A : ¬(FAIRE CARRIERE)]}

D.4.2.3.3. *Kapitel XI der* Considérations

Der Titel *I. De Sylla - II. De Pompée et César* ist nicht speziell aufschlußreich, was die
zu erwartenden inhaltlichen Bereiche betrifft, es sei denn, man ergänzt diese Informationen mit dem eigenen Geschichtswissen.

Tatsächlich enthält das Kapitel nun 43 Kontexte, welche die *grandeur d'institution*
aktivieren. Daneben gibt es 8 Kontexte zu *grandeur économique*, 4 Kontexte zu *décadence*, 3 Kontexte zu *petitesse d'âme*. Dagegen spielen militärische Angelegenheiten
eine untergeordnete Rolle: nur 3 Kontexte aktivieren die *grandeur militaire*. Schließlich sind noch 2 Kontexte zu *grandeur sociale* und ein Kontext zu *grandeur physique* zu
verzeichnen.

Die Megastruktur betrifft einen Aspekt der innenpolitischen Situation unter
Cäsar und Augustus und deckt sich daher nicht vollständig mit dem Kapiteltitel.
Im erzählenden Teil werden die Felder *vouloir grandeur d'institution* (aus der Sicht
der Aufständischen) sowie *petitesse d'institution* (aus der Sicht der Machthaber) aktiviert. Im erklärenden Teil werden erneut *vouloir grandeur d'institution*, eventuell *gran-*

deur d'âme sowie der Feldkomplex *craindre (grandeur économique ⇒ petitesse économique)* aktiviert, wenn die Motive der Aufständischen beschrieben werden.

{[126]-[122]-[132]} CITOYENS : FAIRE CONJURATIONS CONTRE CESAR ET CONTRE AUGUSTE, AU COMMENCEMENT DU REGNE D'AUGUSTE	VOULOIR GR. D'INSTITUT. + DANGER/P. D'INSTITUT. (AUS DER SICHT VON AUGUSTUS)	VOULOIR GR. D'INSTITUT. + EVT. GR. D'AME + CRAINDRE (GR. ÉCON. ⇒ P. ÉCON.)	{[124-125]-[128-126]-[133]} ROMAINS-VOULOIR : ROMAINS-PROTEGER PATRIE ET TRESORS CONTRE TYRANS

D.4.2.3.4. *Kapitel XII der* Considérations

Der Titel *De l'état de Rome après la mort de César* läßt erahnen, daß dieses Kapitel die politische Situation Roms zum Inhalt hat.

Das kurze Kapitel umfaßt dementsprechend 11 Kontexte, welche die *grandeur d'institution* aktivieren, und nur noch je einen zu *grandeur économique* bzw. *grandeur militaire.*

Die Megastruktur beantwortet die im Titel durch den abstrakten Oberbegriff *état* aufgeworfene Frage nach dem tatsächlichen Zustand. Der erzählende Teil aktiviert die *petitesse d'institution* (aus der Sicht der nunmehr unwiederbringlich vernichteten Republik), der erklärende Teil aktiviert, mit dem Hinweis auf die mangelnde Planung der Verschwörer, den Feldkomplex ¬*(petitesse d'institution ⇒ grandeur d'institution).*

[4] ROME : ¬(ETRE LIBRE), APRES LA MORT DE CESAR	MORT/P. D'INSTITUT. (SICHT REP.)	¬(P. D'INSTITUT. ⇒ GR. D'INSTITUT.)	{[6-7]-[11]} CONJURES ROMAINS : ¬(AVOIR PLAN POUR CHANGER SITUATION DANS L'ETAT)

D.4.2.3.5. *Kapitel XIII der* Considérations

Der Titel *Auguste* läßt, isoliert vom Geschichtswissen des Lesers, erneut wenig bezüglich inhaltlicher Schwerpunkte erahnen.

Die konkreten Daten ergeben eine Verteilung von 15 Kontexten, welche die *grandeur d'institution* aktivieren, 4 Kontexten zu *grandeur militaire*, 4 Kontexten zu *grandeur sociale*, 3 Kontexten zu *grandeur économique* sowie einem Kontext zu *grandeur d'âme* in negativer Ausformung, das heißt *petitesse d'âme.*

Die Megastruktur behandelt politische und militärische Aspekte der Regierung unter Augustus, welcher auch im Titel figuriert. Sowohl der erzählende als auch der erklärende Teil aktiviert die *grandeur d'institution* (aus der Sicht von Augustus).

{[169-[35]} OCTAVE AUGUSTE : ETABLIR SERVITUDE DURABLE DE CARACTERE ENTIEREMENT MONARCHIQUE	GR. D'INSTITUT.	ART/GR. D'INSTI-TUT.	{[2]-[25']-[58-59-60-61]-[62]-[72']} AUGUSTE : ETABLIR ORDRE ET SECURITE MILITAIRES ET CIVILS SANS SE MONTRER TYRAN

D.4.2.3.6. *Kapitel XIV der* Considérations

Der Titel *Tibère* läßt erneut wenig Rückschlüsse auf inhaltliche Schwerpunkte des Kapitels zu.

Faktisch enthält das Kapitel 16 Kontexte, welche die *grandeur d'institution* aktivieren, und 5 Kontexte zur *grandeur d'âme* in negativer Ausprägung (*petitesse d'âme*). Dies spiegelt das skrupellose kaiserliche Machtstreben wider, das der Leser aufgrund seiner Geschichtskenntnisse eventuell als thematischen Schwerpunkt vorausahnen kann. Daneben finden sich noch 2 Kontexte, welche die *grandeur sociale* aktivieren, sowie ein Kontext zur *petitesse économique*.

Die Megastruktur spiegelt die Daten der Mikrostruktur wider: der erzählende Teil aktiviert die *grandeur d'institution* und die *petitesse d'âme*, der erklärende Teil ebenfalls die *petitesse d'âme* sowie, über das Motiv des Machtstrebens, *vouloir grandeur d'institution*.

{[2]-[21]-[23-29A-B]-[45]}+{[15]-[55]} (TIBERE ET SENAT : EXERCER PUISSANCE ARBITRAIRE ET CORROMPUE) ∧ (ROMAINS : VIVRE EN DANGER CONTINUEL, T2)	GR. D'INSTITUT. + P. D'AME	P. D'AME + VOULOIR GR. D'INSTITUT.	{[4]-[47]}+{[17-22]-[25-28]-[38]} [PEUPLE ROMAIN-VOULOIR : SE PROTEGER CONTRE AUTRES FORCES, T1] ∧ [(TIBERE ET SENAT : AVOIR AME BASSE) ∧ (TIBERE ET SENAT : REALISER LEURS INTERETS)]

D.4.2.3.7. *Kapitel XV der* Considérations

Auch der Titel dieses Kapitels, *Des empereurs, depuis Caius Caligula jusqu'à Antonin*, kündigt isoliert wenig zum Inhalt des Kapitels an.

Das Kapitel enthält 16 Kontexte, welche die *grandeur d'institution* aktivieren, 7 Kontexte, welche die *grandeur sociale* aktivieren, 6 Kontexte zu *petitesse d'âme*, 4 Kontexte zu *grandeur économique*, 3 Kontexte zu *grandeur militaire* sowie je 2 Kontexte zu *décadence* bzw. zu *grandeur physique*. Es sind also weiterhin Fragen der Macht und deren Mißbrauchs im Zentrum der Überlegungen.

Die Megastruktur erklärt, wie es dazu kommen konnte, daß sich der einstmals wohlfungierende Staat unter den Kaisern dermaßen korrumpieren ließ. Der erzählende Teil aktiviert die *petitesse d'institution* und die *petitesse militaire*. Der erklärende

Teil aktiviert den Feldkomplex *(grandeur d'institution + petitesse d'âme) + [grandeur physique → (petitesse d'institution + petitesse militaire)]*, indem auf eine bestehende römische Charakterschwäche sowie auf den ungesunden Größenzuwachs des Reiches verwiesen wird.

[61]+{[5-7]-[8-9]-[68A-B]-[111]}+{[91]-[97-99]}+{[70]-[125]} EMPEREURS ET ARMEES : DETRUIRE ORDRE ET MORALE DE L'ETAT ET CREER ANARCHIE MILITAIRE	DANGER/P. D'INSTITUT. + DANGER/P. MILIT.	(GR. D'INSTITUT. + P. D'AME) + [GR. PHYS. → (P. D'INSTITUT. + P. MILIT.)]	{[16]-[19]}+[30]+[82]+{[75-76]-[123-124]} (ROMAINS : ETRE ACCOUTUMES AUX COMBATS DES GLADIATEURS ET A SE JOUER DE LEURS ENFANTS ET DE LEURS ESCLAVES, T1) ∧ (PEUPLE ROMAIN : PERDRE ET AFFAIBLIR EMPIRE PAR SA PROPRE GRANDEUR, T2)

D.4.2.3.8. Kapitel XVI der Considérations

Der Titel *De l'état de l'empire, depuis Antonin jusqu'à Probus* läßt darauf schließen, daß es im vorliegenden Kapitel vor allem um politische und militärische Fragestellungen gehen wird.

Tatsächlich beinhaltet das Kapitel 10 Kontexte, welche die *grandeur militaire* aktivieren (7 davon allerdings über den negativen Pol der *petitesse militaire*), 9 Kontexte, die die *grandeur d'institution* aktivieren, jeweils 5 zu *grandeur physique* bzw. *petitesse d'âme*, 3 Kontexte zu *grandeur personnelle* (einer davon zu *grandeur d'esprit*, die restlichen 2 zum übergeordneten Feld der *grandeur personnelle* selbst), 2 Kontexte zu *grandeur économique* sowie ein Kontext zu *grandeur sociale*. Dazu kommt noch ein eher spezieller, weil seltener Kontext, welcher die *grandeur négative* aktiviert, also die als negativ bewertete Größe. Dies geschieht durch Montesquieus Formulierung (36) *Il y a apparence que ce prince [= Caracalla] enfloit[10] les choses.* Aufgrund des übergeordneten Begriffs *choses* ist es hier nicht möglich, ein spezifischeres Subfeld (z.B. *grandeur négative d'institution*) festzumachen.

Die Megastruktur bringt eine (auch als solche präsentierte) überraschende Wende aus der negativen Situation, welche über einen Großteil der Mikrostruktur

---

10   Der Begriff *enflé* enthält auch Bedeutungskomponenten wie "(unnatürlich) aufgeblasen", "hohl". In einem vorangehenden Satz desselben Kapitels stellt Montesquieu *enflé* gar *agrandi* gegenüber, wobei er (es handelt sich um einen abstrakten Kontext) den Kontrast auf der negativen vs. positiven Bewertung aufbaut: (34) *Il forme d'abord de grandes entreprises avec une puissance qui est d'accident, qui ne peut pas durer, qui n'est pas naturelle, et qui est plutôt enflée qu'agrandie.*

vermittelt wird. Der erzählende Teil aktiviert die *grandeur militaire*, der erklärende
Teil die *grandeur militaire* sowie die *grandeur d'institution*.

[128B-130] EMPIRE ROMAIN : ETRE SAUVE	VIE/GR. MILIT.		
		SUCCES/GR. MILIT. + ART/GR. D'INSTITUT.[11]	[129] CONCOURS HEUREUX DE CIRCONSTANCES : ARRIVER

D.4.2.3.9. Kapitel XVII der Considérations

Der Titel *Changement dans l'état* läßt erneut darauf schließen, daß das vorliegende
Kapitel politischen und militärischen Fragestellungen gewidmet ist.

Tatsächlich enthält das Kapitel 19 Kontexte, welche die *grandeur d'institution*
aktivieren, 10 Kontexte, die die *grandeur militaire* aktivieren, 5 Kontexte zu *grandeur
économique*, jeweils 3 Kontexte zu *grandeur physique, grandeur d'âme* sowie *grandeur
sociale* und schließlich einen Kontext zu *décadence*.

Die Megastruktur zeigt an, daß die im Titel angekündigten Veränderungen
nicht zum Guten waren. Der erzählende Teil aktiviert die *décadence* und die *petitesse
militaire*, der erklärende Teil aktiviert *petitesse d'âme, petitesse d'esprit, petitesse d'institution, petitesse militaire* sowie *petitesse économique*.

[8'']+[64]+{[86]-[91]}+[26]+[48B]+[96A-96B-98]+{[106]-[116']-[132]} EMPIRE ROMAIN : DEGENERER A L'INTERIEUR ET A L'EXTERIEUR	CORRUPTION/ DECADENCE + DEFAITE/P. MILIT.	P. D'AME + P. D'ESPRIT + ¬(ART/GR. D'INSTITUT.) + ¬(ART/GR. MILIT.) + P. ECON.	{[5-10-14]-[59-60]-[66]}+[22]+{[47B]-[31]-[57]-[59-60]}+[93]+{[112]-[118]} (EMPEREURS : ETRE PRINCES PEU SAGES ET MAUVAIS STRATEGES OU INTERESSES A D'AUTRES CHOSES) ∧ (EMPIRE : ETRE PAUVRE)

D.4.2.3.10. Kapitel XVIII der Considérations

Der Titel *Nouvelles maximes prises par les Romains* läßt nicht erkennen, auf welche Bereiche sich diese neuen Maximen beziehen.

Die tatsächliche Datenlage weist 14 Kontexte, welche die *grandeur militaire* aktivieren, 8 Kontexte, welche die *grandeur d'institution* aktivieren, 6 Kontexte zu *gran-*

---

11 Diese Umstände werden auf der Mikroebene explizitiert als Siege über die Perser, Barbaren und
Skythen sowie die Retablierung des Reiches durch Claudius, Aurelian, Tacitus (Kaiser 275-276;
Anm.d.Verf.) und Probus.

deur économique, 2 Kontexte zu *grandeur physique* sowie einen Kontext zu *grandeur personnelle* auf.

Es ist jedoch zu bemerken, daß in diesem Kapitel in der Mikrostruktur keine "erzählten" Maximen wie in Kap. II und VI vorkommen, sondern die Maximen in vollständige Erklärungskontexte eingebaut sind.

Die Megastruktur zeigt, daß die neuen Maximen nicht die Erwartungen erfüllen konnten. Der erzählende Teil aktiviert die *petitesse d'institution* und die *petitesse militaire*, der erklärende Teil aktiviert, über die Extrakonditionen, welche die Pläne zunichte machen, die *petitesse militaire*, die *petitesse d'âme*, die *petitesse économique*, die *décadence* und - bezüglich der Barbarenmiliz - neben Kampfunlust und mangelnder Moral (erneut *petitesse militaire* und *petitesse d'âme*), mangelnden Ehrgeiz (*vouloir ¬grandeur sociale*) und Geldgier (*vouloir grandeur économique*). Schließlich wird auch noch die *petitesse économique* aktiviert.

		FAIBLESSE/P. MILIT. + P. D'AME	**[1-3] EMPEREURS ET EMPIRE : ETRE FAIBLES**
		GR. MILIT. → P. ÉCON.	**[20] MILICE ROMAINE : ETRE COUTEUSE, DEGRE ELEVE**
		DECADENCE	**[64B] ROMAINS : ETRE DECADENTS, T2**
		{[VOULOIR COMBATTRE/ GR. MILIT.] → [¬(VOULOIR COMBATTRE)/P. MILIT. + P. D'AME]}[12] + (VOULOIR GR. ECON. + P. D'AME) + VOULOIR ¬GR. SOC.	**[78-79A-B] {BARBARES : FAIRE LA GUERRE} >> {{[BARBARES : FUIR] ∧ [BARBARES : PILLER] ∧ [BARBARES-VOULOIR : BARBARES-¬(AVOIR HONNEUR)]}**
		FAIBLESSE/P. MILIT. + P. ECON.	**[89B-90B] PROVINCES ROMAINES : ETRE FAIBLES ET PAUVRES, DEGRE ELEVE, T2**
[43] ROMAINS : ¬(ETRE GRANDS), T3	P. D'INSTITUT. + P. MILIT.		

---

12 Die hier gewählte Formalisierung steht für "wenn Barbaren kämpfen wollen, dann flüchten sie" (mit "flüchten" = "nicht kämpfen wollen"): Montesquieu beschreibt die Flucht als eine Kampftechnik der Barbaren: diese Technik war den Römern - da als Feigheit betrachtet - fremd.

D.4.2.3.11. *Kapitel XIX der* Considérations

Der äußerst komplexe Titel von Kapitel XIX, *I. Grandeur d'Attila - II. Cause de l'éta-blissement des barbares - III. Raisons pourquoi l'empire d'Occident fut le premier abattu*, läßt erahnen, daß militärische Fragen im Vordergrund stehen werden. Dies gilt jedoch nur für den zweiten und dritten Teil des Titels. Der erste Teil ist nur über textex-terne Geschichtskenntnisse thematisch einzuordnen.

Tatsächlich aktiviert die überwiegende Mehrzahl der Kontexte (32) die *grandeur militaire*, zumeist jedoch in ihrer negativen Ausprägung als *petitesse militaire*. Dane-ben sind 12 Kontexte zu *grandeur d'institution* (8 davon als *petitesse d'institution*) zu verzeichnen. 3 Kontexte zu *grandeur physique* schließen die Liste dieses thematisch nicht sehr variierten Kapitels.

Die Megastruktur spiegelt die in der Mikrostruktur deutlich umrissene düstere Situation für Rom wider. Der erzählende Teil aktiviert die *petitesse militaire*, der er-klärende Teil erneut die *petitesse militaire* sowie die *petitesse d'institution*.

{[52A-B']-[58A]-[65]-[80']-[91]}+[2]+[120] (ROME : ETRE MILITAIREMENT FAIBLE) ∧ (ROME : ETRE DETRUITE)	FAIBLESSE/P. MILIT. → MORT/P. MILIT.	DANGER/P. MILIT. + P. ARMEE/P. MILIT. + P. D'INSTITUT.	{[60-61A]-[54-55-56]-[60]-[77]-[90]}+[119] [EMPIRE D'OCCIDENT : ETRE MILITAIREMENT ISOLE ET MALFOURNI ET ATTAQUE ET ENVAHI PAR TOUTES LES NATIONS PARTOUT ET EN MEME TEMPS] ∧ [(ODOACRE ET ARMEE ITALIENNE : FORMER ARISTOCRATIE) ∧ (ARISTOCRATIE : SE DONNER LE TIERS DES TERRES D'ITALIE)]

D.4.2.3.12. *Kapitel XX der* Considérations

Der Titel *I. Des conquêtes de Justinien - II. De son gouvernement* kündigt deutlich die thematischen Schwerpunkte dieses Kapitels an, namentlich militärische und politi-sche Fragestellungen.

Die tatsächliche Datenlage bestätigt dies sodann auch. 44 Kontexte aktivieren die *grandeur militaire* und 23 Kontexte die *grandeur d'institution*. 6 Kontexte betreffen die *grandeur physique*, sodann sind nur noch 2 Kontexte zu *grandeur économique* und ein Kontext zu *décadence* zu verzeichnen.

Die Megastruktur zeigt deutlich, daß die Lage unter Justinian keine positive war. Der erzählende Teil aktiviert die *petitesse d'institution*, der erklärende Teil eine Verbindung aus *grandeur d'institution* + *petitesse d'âme* (Machtmißbrauch), weiters *peti-*

tesse d'institution (mangelndes Regierungsvermögen), den Feldkomplex *grandeur militaire* ⇒ *petitesse militaire* (Reduktion der Anzahl der Wehrpflichtigen durch religiöse Verfolgungen) sowie den Feldkomplex *grandeur militaire* + *petitesse temporelle* (kurzfristige militärische Erfolge).

[111A] EMPIRE : ¬(ETRE PERDU), T1 [111B] EMPIRE : ETRE PERDU, T2	MORT/P. D'INSTITUT.		
		GR. D'INSTITUT. + P. D'AME + ¬(ART/GR. D'INSTITUT.) + (GR. ARMEE/ GR. MILIT. ⇒ P. ARMEE/P. MILIT.) + FAIBLESSE/P. MILIT. + (SUCCES/GR. MILIT. + P. TEMP.)	[142-143]+[122]+[126-128-129]+{[147]-[151]-[154]-[170B']}+[116] (JUSTINIEN : AVOIR GOUVERNEMENT TYRANNIQUE ET ARBITRAIRE) ∧ (JUSTINIEN : EXTERMINER TOUTES LES SECTES) ∧ (JUSTINIEN : AFFAIBLIR EMPIRE EN PALESTINE) ∧ (JUSTINIEN : CONQUERIR AFRIQUE ET ITALIE, VITE, DEGRE ELEVE)

D.4.2.3.13. Kapitel XXI der Considérations

Der Titel *Désordres de l'empire d'Orient* läßt einen vorsichtigen Schluß auf Themenschwerpunkte aus den Bereichen Politik und Militärisches zu.

Tatsächlich aktivieren 21 Kontexte die *grandeur d'institution* (ca. die Hälfte in der negativen Ausprägung der *petitesse d'institution*). Dagegen aktivieren nur 4 Kontexte die *grandeur militaire*, alle davon als die negative *petitesse militaire*. 3 Kontexte aktivieren die *petitesse sociale*, je ein Kontext die *grandeur économique* bzw. die *grandeur physique*.

Die Megastruktur spiegelt die Daten der Mikrostruktur wider. Der erzählende Teil aktiviert die *petitesse d'institution* sowie die *petitesse militaire*. Der erklärende Teil aktiviert ebenfalls *petitesse militaire* und *petitesse d'institution*, darüber hinaus jedoch auch *petitesse d'esprit*.

| {[1A-B]-[11]-[23]}+[69'-72']+[80-83-86A-B] EMPIRE : ETRE FAIBLE ET INSTABLE A L'INTERIEUR ET A L'EXTERIEUR | FAIBLESSE/P. D'INSTITUT. + FAIBLESSE/P. MILIT. | P. D'ESPRIT + DANGER/P. MILIT. + P. D'INSTITUT. | {[3-4]-[6-7]-[9-11a-b]-[13-14]}+[67-70]+{[36]-[51]-[62]-[74]} (GRECS : ETRE DOMINES PAR SUPERSTITION ET MENACES PAR RELIGION MAHOMETANE) ∧ (GRECS : AVOIR RESPECT POUR LES ORNEMENTS IMPERIAUX) ∧ (EMPIRE D'ORIENT : AVOIR MALHEURS MILITAIRES ET DIPLOMATIQUES CROISSANTS) |

D.4.2.3.14. Kapitel XXII der Considérations

Der Titel *Foiblesse de l'empire d'Orient* läßt am ehesten auf eine militärische Thematik in diesem Kapitel schließen.

Tatsächlich dominieren in diesem Kapitel jedoch die Kontexte, welche die *grandeur d'institution* aktivieren (über die Hälfte in der negativen Ausprägung der *petitesse d'institution*), es sind alleine 27. Daneben finden sich allerdings 13 Kontexte zur *grandeur militaire* (ebenfalls über die Hälfte über die *petitesse militaire*). Zu beachten ist die relativ hohe Anzahl (14) an Kontexten, welche die *grandeur d'esprit* aktivieren (in der Mehrzahl jedoch über *petitesse d'esprit*). Dies reflektiert deutlich Montesquieus genaue und klar verurteilende Darstellung der religiösen Streitigkeiten in Byzanz. Weit abgeschlagen finden sich sodann noch 3 Kontexte zu *grandeur sociale*, je 2 Kontexte zu *grandeur physique* bzw. zu *petitesse d'âme* sowie je ein Kontext zu *petitesse économique* bzw. *décadence*.

Die Megastruktur subsummiert die tragische Lage des byzantinischen Reiches. Der erzählende Teil aktiviert *petitesse d'esprit*, *petitesse militaire* sowie *petitesse d'institution*. Der erklärende Teil aktiviert *petitesse militaire*, *petitesse d'esprit*, *décadence* sowie *petitesse d'institution*.

| {[7A-B]-[14']-[15]-[21]}+{[103-104]-[115]-[129]}+[152-154-156]+{[30-32]-[34-35]-[53]-[126]-[165]-[167-168]}+{[55-65]-[97]}+{[140]-[143]} [GRECS : ETRE OCCUPES DE QUERELLES RELIGIEUSES PEU SAGES] ∧ [GRECS : PRECIPITER ETAT DANS SCHISMES ET DETRUIRE ETAT] ∧ [GRECS-VOULOIR : GRECS-¬(COMBATTRE ENNEMIS)] ∧ [GRECS : SOUFFRIR ECHECS MILITAIRES] | P. D'ESPRIT + MORT/P. D'INSTITUT. + ¬ (VOULOIR COMBATTRE)/P. MILIT. + ¬(SUCCES/GR. MILIT.) | P. D'ESPRIT + DECADENCE + ¬(ART/GR. D'INSTITUT.) + DANGER/P. MILIT. + FAIBLESSE/P. MILIT. | [110]+[135]+{[73-88]-[99B]}+[150-151-153-155]+{[2]-[13]-[16-17]-[19A-B]}+{[27]-[37A-B-C-38]-[40]-[118A-B-C]-[158]-[166]}+{[58]-[85-95]}+{[137A-B-C]-[140-145-146]} [GRECS : ETRE PEU RATIONNELS, PEU SAGES ET DECADENTS, 90%] ∧ [GRECS : ¬(CONNAITRE NATURE ET BORNES DE LA PUISSANCE ECCLESIASTIQUE ET SECULIERE), 90%] ∧ [EMPIRE : AVOIR ENNEMIS SUPERIEURS] |

D.4.2.3.15. Kapitel XXIII der Considérations

Der Titel des letzten Kapitels der Considérations, *I. Raisons de la durée de l'empire d'Orient - II. Sa destruction,* läßt erneut auf eine dominierende militärische Thematik schließen.

Tatsächlich aktivieren 37 Kontexte die *grandeur militaire,* viele davon in Form der *petitesse militaire.* Daneben finden sich 17 Kontexte, welche die *grandeur d'institution* aktivieren (die Mehrzahl erneut über die *petitesse d'institution*). 6 Kontexte betreffen die *grandeur économique,* je 3 Kontexte die *petitesse sociale* bzw. die *petitesse d'âme* und schließlich 2 Kontexte die *grandeur numérique.*

Die Megastruktur erklärt den endgültigen Untergang des (ost-)römischen Reiches. Der erzählende Teil aktiviert die *petitesse d'institution,* der erklärende Teil gleichfalls die *petitesse d'institution,* darüber hinaus jedoch auch die *petitesse physique,* die *petitesse économique,* die *petitesse d'âme* und schließlich die *petitesse militaire.*

[196] EMPIRE GREC : SE PERDRE DANS "L'UNIVERS"	MORT/P. D'INSTITUT.	P. PHYS. + P. D'INSTITUT. + P. ECON. + P. D'AME + DANGER/P. MILIT.	{[123A-B]-[27-105-125]-[130-99]}+[167-176] (NOUVEL EMPIRE : PERDRE PROVINCES, COMMERCE ET CONFIDENCE) ∧ (TURCS : ETRE ZELES ET ADONNES AUX BRIGANDAGES)

D.4.2.3.16. Die dominierenden semantischen Felder in den Kapiteln der Considérations *zum Niedergang der Römer*

Wir können an dieser Stelle erneut zusammenfassen, welche semantischen Felder die Kapitel zum Niedergang dominieren und welche Schlüsse man daraus im Hinblick auf eine Deutung von Montesquieus Werk ziehen kann.

Wir betrachten wiederum nur jene Felder, welche in der Hierarchie bis in die Megastrukturen vorgedrungen sind.

Erklärt werden in erster Linie Machtverlust *(petitesse d'institution),* militärische Mißerfolge *(petitesse militaire),* aber auch die *décadence.* Als Faktoren werden einerseits das physische Wachstum des Staates *(petitesse physique ⇒ grandeur physique),* andererseits menschliche Faktoren wie Charakterschwäche *(petitesse d'âme)* gepaart mit Macht *(grandeur d'institution),* Machtstreben *(vouloir grandeur d'institution),* mangelnde intellektuelle Fähigkeiten *(petitesse d'esprit),* aber auch gesellschaftliche Faktoren wie mangelndes Regierungsvermögen und ungeeignete administrative Strukturen *(petitesse d'institution),* Vernachlässigung des militärischen Bereiches *(petitesse militaire)* sowie Verarmung des Staates *(petitesse économique)* angeführt.

Aus diesen Daten geht ebenfalls hervor, daß Montesquieu die sozialen und (kollektiven) psychischen Strukturen einer Nation sowie deren militärische Fähigkeiten als Erklärungskategorien dienen. Auch im Teil der *Considérations* zum Niedergang des Römischen Reiches spielen der Zufall, die göttliche Vorsehung oder die Taten von herausragenden Einzelpersonen auf lange Sicht keine Rolle.

Wir setzen nun fort, indem wir überprüfen, welche semantischen Felder auf den höheren als bisher besprochenen Textebenen aktiviert werden.

D.4.3. Semantische Felder auf der Giga-Ebene der Considérations

Die Giga-Ebene, welche die Ebene des Gesamttextes der *Considérations* darstellt, teilt sich, wie bereits bekannt, in zwei Teile: jenen Teil, welcher eine übergeordnete Erklärung für den Aufstieg, sowie jenen Teil, welcher eine übergeordnete Erklärung für den Niedergang bietet.

Wir wiederholen hier zunächst die Giga-Struktur zum Aufstieg und analysieren sodann Anzahl und Verteilung der dort aktivierten semantischen Felder.

{[12]-[22AB]-[110]-[160]}I ROMAINS : ETRE MAITRES DU MONDE	PUISSANCE/GR. MILIT. + PUISSANCE/GR. D'INSTITUT.	VOULOIR GR. D'INSTITUT. + GR. D'ESPRIT[13] + GR. D'ÂME + GR. ≡ P. ÉCON. + GR. D'INSTITUT. + P. ECON. + ¬(LUXE/DECADENCE) + [(GR. D'INSTITUT. + P. D'AME) → P. D'INSTITUT.] + [¬(ART/GR. MILIT.) → ¬GR. SOC.] + FAIBLESSE/P. MILIT. + FORCE/GR. MILIT. + SUCCES/GR. MILIT.	{[90-21]-[222B-223B]}+{[25]-[78-79]}I {[37]-[42]}+[48A-B]III [11-12]+[6A-B]-[79A-B]-[81]IV [124]VIII [88-91-93-97-99-102-104]IX {[26]-[29-30]}X [113]XV [100A-F]XVII {PEUPLES D'ITALIE : AVOIR STRUCTURE PSYCHOLOGIQUE S} ∧ {ROMAINS : ETRE SAGES ET VERTUEUX} ∧ {ROMAINS : PARTAGER EGALEMENT LES TERRES} ∧ {ROMAINS : SUIVRE LOIS, DEGRE MAXIMAL} ∧ {ROMAINS : ¬(AVOIR LUXE ET RICHESSES)} ∧ {ROMAINS : CORRIGER ABUS DE POUVOIR} ∧ {[ROMAIN A : ¬(ETRE BON GUERRIER)] >> [ROMAIN A : ¬(FAIRE CARRIERE)]} ∧ {ROMAINS : AVOIR ENNEMIS FORTS, T1} ∧ {ROMAINS : AVOIR ENNEMIS FAIBLES, T2} ∧ {ROMAINS : VAINCRE ENNEMIS, T2}

Der erzählende Teil aktiviert die *grandeur militaire* sowie die *grandeur d'institution*.

Der erklärende Teil aktiviert *vouloir grandeur d'institution* (der Wille zur Dominanz anderen Völkern gegenüber), die *grandeur d'esprit* (geistige Größe), die *grandeur d'âme* (charakterliche Stärke), *grandeur ≡ petitesse économique* (gleichmäßige Landverteilung), die *grandeur d'institution* (wohlfungierende soziale Ordnung), die *petitesse économique* (karge Lebensumstände), *¬(luxe/décadence)*, *(grandeur d'institution + petitesse d'âme)* → *petitesse d'institution* (Bestrafung von Machtmißbrauch), den Feldkomplex *¬grandeur militaire* → *¬grandeur sociale* (Abhängigkeit der sozialen Anerkennung von militärischen Leistungen), die *petitesse militaire* (Herausforderungen durch starke Feinde) und schließlich natürlich die *grandeur militaire* ((später) relativ schwache Feinde, militärische Erfolge).

---

13 Die römische Psyche wird auf der Mikroebene des Kapitels v.a. durch ein Sich-nicht-unterordnen-Wollen definiert.

Wir betrachten nun die Struktur zum Niedergang.

[8'']+[64]+{[86]-[91]}+[26]+[48B]+[96A-96B-98]+{[106]-[116']-[132]}XVII {[1A-B]-[11]-[23]}+[69'-72']+[80-83-86A-B]XXI **EMPIRE ROMAIN : DEGENERER ET S'AFFAIBLIR A L'INTERIEUR ET A L'EXTERIEUR**	FAIBLESSE/ P. D'INSTITUT. + CORRUPTION/ DECADENCE + DEFAITE/P. MILIT.	(GR. D'INSTITUT. + P. D'AME) + VOIR DECADENCE + [(GR. D'INSTI-TUT. + GR. PHYS.) ⇒ P. D'INSTITUT.] + [VOULOIR GR. ÉCON. ⇒ (GR. ÉCON. + P. ECON.)] + P. D'ESPRIT + ¬(ART/GR. D'INSTITUT.) + DANGER/P. MILIT. + FAIBLESSE/P. MILIT. + [P. PHYS. ⇒ GR. PHYS. ⇒ P. PHYS.]	[50A-B-C-55]V [30]XIV {[16]-[19]}+[30]+[82]+{[75-76]-[123-124]}XV [110]+[135]+{[73-88]-[99B]}+[150-151-153-155]+{[2]-[13]-[16-17]-[19A-B]}+{[27]-[37A-B-C-38]-[40]-[118A-B-C]-[158]-[166]}+{[58]-[85-95]}+{[137A-B-C]-[140-145-146]}XXII {[123A-B]-[27-105-125]-[130-99]}+[167-176]XXIII **[ROMAINS : ETRE ACCOUTUMES AUX COMBATS DES GLADIATEURS ET A SE JOUER DE LEURS ENFANTS ET DE LEURS ESCLAVES, T1]** ∧ **[ROMAINS : ETRE EN CONTACT AVEC LA DECADENCE EN SYRIE, T2]** ∧ **[PEUPLE ROMAIN : PERDRE ET AFFAIBLIR EMPIRE PAR SA PROPRE GRANDEUR, T2]** ∧ **[EMPEREURS : PRENDRE RICHESSES, T2]** ∧ **[ROMAINS : ETRE PEU RATIONNELS, PEU SAGES ET DECADENTS, 90%, T3]** ∧ **[ROMAINS : ¬(CONNAITRE NATURE ET BORNES DE LA PUISSANCE ECCLESIASTIQUE ET SECULIERE), 90%, T3]** ∧ **[EMPIRE : AVOIR ENNEMIS SUPERIEURS, T3]** ∧ **[(EMPIRE : ETRE PETIT, T1)** ∧ **(EMPIRE : ETRE GRAND, T2)** ∧ **(EMPIRE : ETRE PETIT, T3)]**

Der erzählende Teil aktiviert die *petitesse d'institution*, die *décadence* sowie die *petitesse militaire*.

Der erklärende Teil aktiviert den Feldkomplex *grandeur d'institution + petitesse d'âme* (an das Herrschen gewohnter Charakter der Römer), sodann *voir décadence* (Kontakt mit der Dekadenz anderer), *(grandeur d'institution + grandeur physique) ⇒ petitesse d'institution* (Schwächung des Reiches durch die Größe), weiters *vouloir grandeur économique ⇒ (grandeur + petitesse économique)* (Bereicherung der Kaiser auf Kosten der Bürger), die *petitesse d'esprit* (Dummheit), sodann *décadence*, die *petitesse d'institution* (unkluge Politik), *petitesse militaire* (militärische Bedrohung von außen, militärische Schwäche) sowie den Feldkomplex *petitesse physique* ⇒ *grandeur physique* ⇒ *petitesse physique* (Größenveränderungen im Reich).

Auch aus diesen Daten zur Giga-Ebene der *Considérations* geht somit wenig überraschend hervor, daß Montesquieu die sozialen und (kollektiven) psychischen Strukturen einer Nation sowie deren militärische Fähigkeiten als Kategorien der historischen Erklärung heranzieht.

D.4.4. Semantische Felder auf der Giga-Plus-Ebene der Considérations

Die Giga-Plus-Ebene ist jene Textebene, welche Aspekte von Aufstieg und Niedergang in sich vereint bzw. diese beiden Phänomene zueinander in Beziehung setzt. Auf dieser Textebene der *Considérations* findet sich eine Struktur, welche den Niedergang einzig und allein durch die vorangehende Aufstiegsgeschichte erklärt:

[63-66]XV **EMPIRE ROMAIN :** **DEGENERER, T2**	GR. D'INSTITUT. ⇒ P. D'INSTITUT.	GR. D'INSTITUT. ⇒ GR. D'INSTITUT.	[62-65]XV **EMPIRE ROMAIN :** **PROSPERER, T1**

Der erzählende Teil dieser Struktur aktiviert den Feldkomplex *grandeur d'institution* ⇒ *petitesse d'institution*, der erklärende Teil aktiviert den Feldkomplex *grandeur d'institution* ⇒ *grandeur d'institution*.

Die Tatsache, daß in diesem Zusammenhang keine anderen semantischen Felder aktiviert werden, gibt Aufschluß in bezug auf Montesquieus Geschichtssicht: Grösse und Untergang, Aufstieg und Fall sind untrennbar miteinander verbunden, Geschichte ist demnach ein zyklischer Vorgang und nicht etwa ein gerichteter Prozeß der Aufwärtsbewegung (im übertragenen Sinn).

D.4.5. Semantische Felder auf der Meta-Giga-Ebene der Considérations

Die *Considérations* von Montesquieu enthalten noch eine weitere übergeordnete Struktur, von der wir gesagt haben, daß diese induktiv über das Werk hinausweist und welche wir daher Meta-Giga-Struktur genannt haben:

[44]XVIII FORTUNE : ¬(DOMINER MONDE)	-		
		(- → SUCCES/GR. MILIT.) + (- → DEFAITE/P. MILIT.)	[46-47]XVIII ROMAINS : AVOIR DESTIN MILITAIRE SELON COMPORTEMENT

Diese Struktur aktiviert eine Reihe von semantischen Feldern, welche nicht unter GRANDEUR und DÉCADENCE einordenbar sind. Sie aktiviert darüber hinaus, im erklärenden Teil, sowohl die *grandeur militaire* als auch die *petitesse militaire*.

Aus der Aktivierung der semantischen Felder alleine kann hier weniger bezüglich einer Deutung der *Considérations* abgelesen werden. Wir verweisen jedoch auf Kap. D.3.5. für eine Deutung dieser Struktur im Rahmen unserer Diskussion des makrostrukturellen Aufbaus der *Considérations*.

D.4.6. Zusammenfassung

Wenn wir unsere theoretischen Erkenntnisse aus unseren Textanalysen bezüglich der Aktivierung von semantischen Feldern zusammenfassen wollen, dann kann festgestellt werden, daß eine Sicht des Isotopiebegriffes, welche auf der Vorstellung von Semen aufbaut, die über eindimensionale Fäden zusammenhängen, aufgegeben werden muß. Die Aktivierung semantischer Felder in einem konkreten Text ergibt eine komplexe Architektur, welche aber durchaus über wiederkehrende Basis-Strukturmuster beschrieben werden kann. Es ist festzuhalten, daß auf einem kleinen Oberflächenraum, der wenige Lexeme bis ein einziges Lexem umfassen kann, häufig mehrere semantische Felder gleichzeitig aktiviert werden und dies oft in strukturierter Form. Schließlich ist auch auf die Notwendigkeit der Integrierung nicht diktaler Kategorien (speziell enunziatorischer, aber auch lokutorischer) in eine Formalisierung von Informationseinheiten, welche als semantische Felder gedacht werden, aufmerksam zu machen. Eine Vernachlässigung dieser Kategorien in der Formalisierung ergäbe eine lückenhafte, nicht adäquate, da zudem die Kohärenz unterminierende, Darstellung der semantischen Textarchitektur.

In bezug auf die konkrete Aktivierung und sodann quantitative Verteilung der semantischen Felder GRANDEUR und DÉCADENCE und deren Subfelder in den *Considérations* von Montesquieu ist folgendes festzuhalten:

Im Mittelpunkt von Montesquieus Überlegungen stehen die Menschen und ihre Angelegenheiten. Dinge spielen eine untergeordnete Rolle. Die Menschen werden in bezug auf ihren Charakter und ihre sozialen Strukturen (Machtfragen; Militärisches) beleuchtet, wobei zunächst die Dichotomie *Größe* vs. *Kleinheit* gepaart mit der Dichotomie *gut* vs. *schlecht* diese Bereiche strukturiert. Obwohl Montesquieu ein strenger Richter in bezug auf den menschlichen Charakter ist, wird militärische Gewalt und Macht nur in einem Kapitel (VI) negativ bewertet, im übrigen Text stets als positive Größe.

Dagegen werden materielle Güter fast durchgehend negativ bewertet und in Zusammenhang mit Dekadenz gebracht. Dekadenz ist schließlich ein weiteres wichtiges begriffliches Feld im Text, wobei dieses häufig der (menschlichen, institutionellen und militärischen) Größe als Gegensatz gegenübergestellt wird. Zur Dekadenz zählt neben der Pflege privater Vergnüglichkeiten wie Zirkus, Gelage und Badekultur auch der Genuß an kulturellen Leistungen wie an Theater und an Artefakten. Daraus ergibt sich eine Dichotomie *karger, selbstloser Krieger* im Bereich der Größe vs. *selbst- und genußsüchtiger, macht- und geldgieriger Kriegsvermeider* im Bereich der Dekadenz bzw. Kleinheit.

In den Kapiteln der *Considérations* zum Aufstieg der Römer werden vor allem die *grandeur militaire*, aber auch die *grandeur d'institution* erklärt. Die entscheidenden Faktoren entstammen drei Hauptbereichen: zunächst werden Faktoren wie Armut (*petitesse économique*) bzw. ökonomische Gleichstellung aller Bürger (*grandeur ≡ petitesse économique*), Absenz von Luxus (*¬(luxe/décadence)*), Gesetzestreue der Bürger, d.h. innenpolitische Stabilität (*grandeur d'institution*), sowie geeignete administrative Strukturen (*grandeur d'institution*) angeführt, mit einem Wort Faktoren der sozialen Organisation, sodann Faktoren wie Macht- und Erfolgsstreben (*vouloir grandeur militaire, vouloir grandeur d'institution*), Klugheit und Umsicht (*grandeur d'esprit*), aber auch Skrupellosigkeit (*petitesse d'âme*), das heißt menschliche Faktoren, und nicht zuletzt das militärische Können (*grandeur militaire*).

In den Kapiteln der *Considérations* zum Niedergang der Römer werden Machtverlust (*petitesse d'institution*), militärische Mißerfolge (*petitesse militaire*), aber auch die *décadence* erklärt. Als Faktoren werden einerseits das physische Wachstum des Staates (*petitesse physique ⇒ grandeur physique*), andererseits menschliche Faktoren wie Charakterschwäche (*petitesse d'âme*) gepaart mit Macht (*grandeur d'institution*), Machtstreben (*vouloir grandeur d'institution*), mangelnde intellektuelle Fähigkeiten (*petitesse d'esprit*), aber auch gesellschaftliche Faktoren wie mangelndes Regierungsvermögen und ungeeignete administrative Strukturen (*petitesse d'institution*), Vernachlässigung des militärischen Bereiches (*petitesse militaire*) sowie Verarmung des Staates (*petitesse économique*) angeführt.

Wir wiederholen: diese Daten zeigen deutlich, mit welchen Erklärungskategorien Montesquieu arbeitet und welche für den Autor weniger Bedeutung haben: ausschlaggebend sind die sozialen und (kollektiven) psychischen Strukturen einer Nation sowie deren militärische Fähigkeiten. Unbedeutend sind dagegen etwa Faktoren wie Zufall, göttliche Vorsehung oder die Taten von herausragenden Einzelpersonen.

Auch auf der Giga-Ebene zieht Montesquieu die sozialen und (kollektiven) psychischen Strukturen einer Nation sowie deren militärische Fähigkeiten als Kategorien der historischen Erklärung heran.

Die auf der Giga-Plus-Ebene aktivierten semantischen Felder zeigen dahingegen deutlich, daß für Montesquieus Größe und Untergang, Aufstieg und Fall untrennbar miteinander verbunden sind und Geschichte demnach ein zyklischer Vorgang ist.

D.5. Die schriftstellerische und historiographische Berufung Montesquieus

Wir wollen im folgenden Kapitel, ausgehend von rein textinternen Daten, Rückschlüsse auf Montesquieus Selbstverständnis als Autor und Historiograph ziehen. In Kap. D.5.1. untersuchen wir zunächst kurz die rhetorisch-pragmatische Wirkung bestimmter semantischer Konfigurationen, welche wir in den vorangehenden drei Kapiteln zu erklärenden Strukturen, Makrostrukturen und semantischen Feldern noch nicht angesprochen haben. In Kap. D.5.2. stellen wir eine Verbindung zwischen dem Gebrauch der angesprochenen Konfigurationen und deren Wirkung und der offensichtlichen Zielsetzung Montesquieus in seiner Rolle als Autor her. In Kap. D.5.3. kommen wir schließlich noch einmal kurz auf die in Kap. D.2. und D.3. beobachteten Phänomene und unsere Deutungen derselben zurück, um zu zeigen, in welchem Maße die sich in linguistischen Daten widerspiegelnden philosophischen und geschichtstheoretischen Auffassungen Montesquieus auf dessen Vorstellung von der eigenen sozialen Rolle als Autor und Historiograph und damit dessen rhetorische Textgestaltung Einfluß nehmen.

D.5.1. Semantische Strukturen und ihre rhetorisch-pragmatische Wirkung

Wir werden in diesem Unterkapitel nur die auffälligsten semantischen Züge der *Considérations* mit deutlicher rhetorisch-pragmatischer Wirkung kurz ansprechen, da sich die vorliegende Arbeit ja als semantische Untersuchung versteht. Wir können jedoch hier eine Vorstellung davon geben, wie sich der Rückgriff auf bestimmte semantische Konfigurationen auf der rhetorischen Ebene auswirken kann. Unser kurzer Exkurs ist daher auch als methodologisches Plädoyer für eine genaueste semantische Analyse gemäß unserem Muster im Vorfeld jeglicher pragmatikorientierten Untersuchung zu verstehen. Wir können die in der Folge zu besprechenden Phänomene in drei Hauptgruppen einteilen: semantisch ambige Oberflächenstrukturen (D.5.1.1.), Elaborationsmechanismen (D.5.1.2.) sowie von der Oberflächenstruktur nicht direkt zugängliche Semantik (D.5.1.3.). Abschließend wollen wir noch auf ein aus rhetorischer Sicht kontraproduktives Phänomen eingehen, die inhaltliche Inkohärenz (D.5.1.4.).

D.5.1.1. Semantisch ambige Oberflächenstrukturen

Ein semantisches Mittel, welches rhetorisch eingesetzt werden kann, ist die Verwendung von ambigen Oberflächenstrukturen, das heißt von Strukturen, welche mehrere Lesarten zulassen. Ohne sich explizit deklarieren zu müssen, kann ein Autor damit entweder dem Leser die Deutung überlassen oder ihm durch den Kontext eine bestimmte Deutung nahelegen. In den *Considérations* sind nun einige Stellen zu verzeichnen, die als ambig in diesem Sinne charakterisiert werden müssen. Wir können dabei wiederum zwei Typen von Ambiguität unterscheiden: der erste Typus ist jener, wo sich die Ambiguität auf die Natur des Elaborationsmechanismus bezieht (D.5.1.1.1.), der zweite Typus ist jener, wo sich die Ambiguität auf die polyphone Struktur der Aussage bezieht, daß heißt daß unklar bleibt, wessen Meinung oder Werturteil in der betreffenden Aussage wiedergegeben wird (D.5.1.1.2.).

D.5.1.1.1. Ambiger Elaborationsmechanismus

Es ist dies ein Phänomen, welches in den *Considérations* nur vereinzelt auftritt und welches daher innerhalb dieses Werkes insgesamt wenig rhetorisches Gewicht hat, da die bei weitem überwiegende Mehrzahl an elaborierten Kontexten deutlich zu klassifizieren ist. Es bleibt jedoch festzuhalten, daß ein massiver Einsatz dieses Mittels in einem bestimmten Text große Bedeutung auf der argumentativen Ebene haben kann. Wir beschränken uns hier auf ein Beispiel aus dem Kapitel XVII, wo der fragliche Elaborationsmechanismus eine konzessive Erklärung ist, innerhalb welcher unklar bleibt, ob eine bestimmte Aussage als deren Extrakondition zu deuten sei:

(47) Valens ordonna qu'ils [= les Goths] passeroient sans armes ; mais, pour de l'argent, ses officiers leur en laissèrent tant qu'ils voulurent. (48) Il leur fit distribuer des terres ; mais, à la différence des Huns, les Goths n'en cultivoient point ; on les priva même du blé qu'on leur avoit promis : ils mouroient de faim, et ils étoient au milieu d'un pays riche ; ils étoient armés, et on leur faisoit des injustices. (49) Ils ravagèrent tout depuis le Danube jusqu'au Bosphore, exterminèrent Valens et son armée, et ne repassèrent le Danube que pour abandonner l'affreuse solitude qu'ils avoient faite.

Wir betrachten hier nur den Satz (48) und davon namentlich nur die Teile *on les priva même du blé qu'on leur avoit promis* (formalisiert im folgenden konzessiven Kontext [124]-[126]) sowie *Il leur fit distribuer des terres* (formalisiert in [127]):

[124] (personne X-promettre : personne X-P) ¿ (personne X : P)

[125] Romains-promettre : Romains-distribuer blé à Goths

dennoch: [126] Romains : ¬(distribuer blé à Goths)

Eventuelle Extrakondition:

[127] Romains : distribuer terres à Goths

Tatsächlich geht aus dem Text nicht hervor, ob [127] die Extrakondition für [126] ist, es ist jedoch denkbar. Im positiven Fall ermöglicht dies eine positivere Bewertung des römischen Verhaltens (die Römer haben versucht, für die Goten zu sorgen) als im negativen Fall - Montesquieus Bewertung des gesamten vorliegenden Kontextes ist hier jedoch deutlich negativ: die Ambiguität hat daher nicht allzu große Auswirkungen auf die Deutung des Gesamtkontextes.

D.5.1.1.2. Ambige polyphone Struktur

Ein häufigeres Phänomen, welches zugleich auch bedeutendere rhetorische Konsequenzen hat, ist das Auftreten ambiger polyphoner Strukturen in den *Considérations*. Insbesondere in den einleitenden Kapiteln des Werkes, wo Montesquieu die Kriegstüchtigkeit der Römer beschreibt, ist oft nicht klar, ob die ausgesprochenen Werturteile den Römern oder Montesquieu zuzuschreiben sind, oder - formeller ausgedrückt - wer der *énonciateur* ist, der für die Äußerung des diktalen Inhalts verantwortlich zu machen ist. Es geht dabei speziell um Begriffe wie *honte/honteux* sowie um die positive oder negative Bewertung von kriegerischem Verhalten. Isoliert betrachtet erscheinen die fraglichen Kontexte als Instanzen solcher Kontexte, wo sich die Werturteile zweier *énonciateurs* (Montesquieus sowie des römischen Kollektivs) decken, Montesquieu also das römische Wertesystem zu seinem eigenen macht. Stellt man den fraglichen Kontexten jedoch bestimmte Aussagen Montesquieus entgegen, etwa aus Kap. VI der *Considérations*[1] oder aus dem *Esprit des Lois*[2], mittels derer der Autor das kriegerische Wesen und die imperialistische Skrupellosigkeit der Römer eindeutig negativ bewertet, so wird die Ambiguität

---

1 (14) *Après avoir détruit les armées d'un prince, ils ruinoient ses finances par des taxes excessives, ou un tribut, sous prétexte de lui faire payer les frais de la guerre : nouveau genre de* tyrannie, *qui le forçoit d'opprimer ses sujets, et de perdre leur amour.*

2 *Les Romains* [...] *ont* éteint la liberté *de l'univers et* abusé *ensuite de la leur,* affoibli le monde entier, comme usurpateurs *et comme dépouillés, comme* tyrans *et comme esclaves.* (Dossier de *L'Esprit des Lois,* II., 279, p. 1061)

dieser Kontexte erneut aktualisiert, und es kann die Frage gestellt werden, inwieweit Montesquieu bewußt eine eindeutige Stellungnahme vermieden hat.

Unser erstes Beispiel dafür stammt aus Kap. I und zeichnet sich, über seine ambige polyphone Struktur hinaus, auch durch eine von der Oberflächenstruktur nicht direkt zugängliche Semantik (Näheres dazu s. unten in Kap. D.5.1.3.) aus:

(45) Une autre suite du principe de la guerre continuelle, fut que les Romains ne firent jamais la paix que vainqueurs : en effet, à quoi bon faire une paix honteuse avec un peuple, pour en aller attaquer un autre ?

Der Satzteil *les Romains ne firent jamais la paix que vainqueurs* läßt sich zunächst in einer Maxime [113] erfassen:

[113] [Romains : ¬(vaincre peuple A)] >> [Romains : ¬(faire paix avec peuple A)]

Danach ist für diesen und den folgenden Satzteil *à quoi bon faire une paix honteuse avec un peuple, pour en aller attaquer un autre ?* ein zugrundeliegendes Gesetz [114] zu rekonstruieren:

[114] {[peuple X : ¬(vaincre peuple Y)] ∧ [peuple X : faire paix avec peuple Y]} >> {peuple X : être honteux}

Hier bleibt unklar, ob diese negative Bewertung *honteuse* jene der Römer oder jene Montesquieus ist. Der Gesamtkontext suggeriert zunächst eine Lesart, dergemäß hier die Sicht der Römer präsentiert wird (was im nächsten Absatz explizit bestätigt wird), daher muß [114] folgendermaßen notiert werden:

[114] Romains-penser : | {[peuple X : ¬(vaincre peuple Y)] ∧ [peuple X : faire paix avec peuple Y]} >> {peuple X : être honteux} |

Auf der anderen Seite ist jedoch nicht auszuschließen, daß der Autor diese Sicht ebenfalls teilt, speziell wenn man die starke rhetorische Verfremdung[3] - Wahl der Form der rhetorischen Frage sowie die Negierung der Nützlichkeit einer Nichtbeachtung der Maxime angesichts der gegebenen Voraussetzung der *guerre continuelle*

---

3   Vgl. Kratschmer 2001, wo wir vorschlagen, den geleisteten "effort rhétorique" (definiert als Quotienten aus der Anzahl der rhetorischen Figuren per propositionaler Einheit) als Indikator für die subjektive Dringlichkeit, die ein Sprachproduzent seinem Anliegen zuschreibt, und in der Folge für dessen Willen zu überzeugen heranzuziehen.

(vgl. *à quoi bon* [...] *?*) - betrachtet. Damit wird der Leser bezüglich Montesquieus Wertesystems in Zweifel gelassen.

Ein weiteres Beispiel stammt aus Kap. II der *Considérations*:

(4) Mais, comme il y a des choses à faire dans la guerre dont un corps pesant n'est pas capable, ils voulurent que la légion contînt dans son sein une troupe légère qui pût en sortir pour engager le combat et, si la nécessité l'exigeoit, s'y retirer [...]

Dieser Aussage kann ein gesetzmäßiger Zusammenhang als Grundlage zugeschrieben werden, wobei das Erdenken dieses Zusammenhangs einen Träger braucht, für den wir die Römer gewählt haben:

[17] Romains-penser : | {troupe X-¬(être légère)} >> {[troupe X-¬(sortir de légion)] ∧ [troupe X-¬(se retirer dans la légion)]} |

Die in [17] dargestellte Vorstellung um die Zusammenhänge zwischen Waffen(gewicht) und Kampfstärke wird vom Autor an der Oberfläche jedoch nicht eindeutig den Römern zugeschrieben, sondern als "Allgemeinwissen" dargestellt (an welchem der Autor, der Leser *und* die Römer teilhaben). In unserer Analyse haben wir diese Vorstellung aus Relevanzgründen alleine auf die Römer bezogen. Da es hier jedoch nicht um ein Werturteil geht, hat die Ambiguität dieses Kontextes rhetorisch weniger Gewicht.

Unser letztes Beispiel stammt ebenfalls aus Kap. II der *Considérations*:

(20) Les légions romaines ont-elles passé sous le joug en Numidie, Métellus répare cette honte dès qu'il leur a fait reprendre les institutions anciennes.

Wir analysieren den Satz (20) als handlungslogischen Kontext, indem wir zunächst den Römern ein Raisonnement bezüglich der Schandhaftigkeit von Niederlagen zuschreiben ([57]-[55]-[58]) und sodann Metellus ein finales Raisonnement ([59] bis [61]), ergänzt durch eine aufgegangene Rechnung ([62]-[56]-[63]):

[57] Romains-penser : [(Romains : perdre) >> (Romains : être honteux)]
[55] Romains : avoir passé sous le joug en Numidie
[58] Romains-penser : Romains-être honteux

[59] Métellus-penser : [(soldats-reprendre institutions anciennes) >> (Métellus-réparer honte de Numidie)]

[60] Métellus-vouloir : Métellus-réparer honte de Numidie (= Basismotiv)

[61] Métellus-vouloir : soldats-reprendre institutions anciennes (= direktes Handlungsmotiv)

Handlungsteil:

[56] Métellus : faire reprendre institutions anciennes aux soldats

aufgegangene Rechnung:

[62] (soldats : reprendre institutions anciennes) >> (Métellus : réparer honte de Numidie)

[56] Métellus : faire reprendre institutions anciennes aux soldats (*dès que*)

[63] Métellus : réparer honte

Allerdings ist auch an dieser Stelle nicht klar, inwiefern das Werturteil *honte*, neben jenem der Römer, auch jenes Montesquieus ist. Auch hier läßt der Autor seine Leser im unklaren bezüglich seines Wertesystems. Bezüglich einer ausführlicheren Analyse der ambigen Kontexte der *Considérations* sei auf Kratschmer 2001 verwiesen.

D.5.1.2. Elaborationsmechanismen

Bestimmte Elaborationsmechanismen können dazu eingesetzt werden, dem Empfänger die Seriosität und wissenschaftliche Genauigkeit des Senders zu suggerieren. Dazu gehören nicht nur die Elaborationsmechanismen höherer Ordnung (die Erklärungen), sondern speziell auch die Basiselaborationsmechanismen (s. Kap. B.6.1.1.).

D.5.1.2.1. Basiselaborationsmechanismen

In Kap. B.6.1.1. haben wir folgende Grundtypen an Basiselaborationsmechanismen festgehalten:

− Reformulieren der Proposition (Paraphrase)
− Präzisieren über Anführen von Details oder konstitutiven Teilen (Explizitierung)
− Anführen des globaleren Rahmens (Generalisierung)
− Illustrieren über konkrete Fälle (Exemplifizierung)
− Stützen auf eine Autorität (Dokumentation)

- Vergleichen
- Nennen von Ausnahmen
- Definieren

Alle diese Mechanismen werden in den *Considérations* regelmäßig eingesetzt und dienen dort dem Zweck, Montesquieus Aussagen mehr Gewicht zu verleihen.

D.5.1.2.1.1. Paraphrasieren

Im folgenden Beispiel aus Kap. I paraphrasiert Montesquieu den Satzteil *ils augmentoient toujours leurs prétentions [à mesure de leurs défaites]* mit dem Satzteil *s'imposoient à eux-mêmes une plus grande nécessité de vaincre*:

(46) Dans cette idée, ils augmentoient toujours leurs prétentions à mesure de leurs défaites : par là, ils consternoient les vainqueurs, et s'imposoient à eux-mêmes une plus grande nécessité de vaincre.

D.5.1.2.1.2. Explizitieren

Das folgende Beispiel stammt aus Kap. XX, die *deux factions* werden durch *celle des bleus et celle des verts* explizitiert:

(43) Le peuple de Constantinople étoit de tout temps divisé en deux factions, celle des bleus et celle des verts [...]

D.5.1.2.1.3. Generalisieren

Das folgende Beispiel stammt aus Kap. V, *Les forces des rois d'Égypte* werden durch comme *celles des autres rois d'Asie* generalisiert:

(78) Les forces des rois d'Égypte, comme celles des autres rois d'Asie, consistoient dans leurs auxiliaires grecs.

D.5.1.2.1.4. Exemplifizieren

Das folgende Beispiel stammt aus Kap. I, *d'autres conditions* werden durch *de fournir à l'armée une solde pendant un certain temps, de lui donner du blé et des habits* exemplifiziert, was an der Oberfläche deutlich durch *par exemple* markiert wird:

(65) Depuis l'établissement de la paye, le sénat ne distribua plus aux soldats les terres des peuples vaincus ; il imposa d'autres conditions : il les obligea, par exemple, de fournir à l'armée une solde pendant un certain temps, de lui donner du blé et des habits.

D.5.1.2.1.5. Stützen auf Autoritäten

Durch den Verweis auf andere Autoren können mehrere rhetorische Wirkungen auf einmal erzielt werden. Zum ersten kann die Verantwortung für das Gesagte an den anderen Autor abgegeben werden, zum zweiten kann von dessen Autorität profitiert werden, und zum dritten kann dadurch die eigene Belesenheit oder Bildung unterstrichen werden. Die folgenden Beispiele stammen aus Kap. XX, die Autorität ist der byzantinische Geschichtsschreiber Prokopios:

(9) D'ailleurs, ces Barbares, dont l'art et le génie n'étoient guère d'attaquer les villes et encore moins de les défendre, en laissèrent tomber les murailles en ruine. (10) Procope nous apprend que Bélisaire trouva celles d'Italie en cet état.

(63) Procope nous apprend que par la destruction des Samaritains la Palestine devint déserte [...]

D.5.1.2.1.6. Vergleichen

Vergleiche können dazu eingesetzt werden, jene Gegebenheiten, die man speziell hervorheben möchte, anschaulicher zu machen. Das folgende Beispiel, das Römer und Karthager vergleicht, stammt aus Kap. IV:

(20) Les Romains étoient ambitieux par orgueil, et les Carthaginois par avarice ; les uns vouloient commander, les autres vouloient acquérir ; et ces derniers, calculant sans cesse la recette et la dépense, firent toujours la guerre sans l'aimer.

D.5.1.2.1.7. Nennen von Ausnahmen

Das Ausnahmen-Nennen ist eine Strategie, welche argumentativ eingesetzt werden kann, um sich den Anstrich wissenschaftlicher Genauigkeit und damit Seriosität zu geben (vgl. Metzeltin/Kratschmer 1999).
Das folgende Beispiel stammt aus Kap. V (vgl. *si l'on en excepte l'Égypte*), wobei zu beachten ist, daß Montesquieu die Ausnahme (Ägyptens Stärke) sogleich erneut entkräftet und seine Aussage dadurch noch präziser wirken kann:

(74) Après l'abaissement d'Antiochus, il ne restoit plus que de petites puissances, si l'on en excepte l'Égypte, qui, par sa situation, sa fécondité, son commerce, le nombre de ses habitants, ses forces de mer et de terre, auroit pu être formidable ; mais la cruauté de ses rois, leur lâcheté, leur avarice, leur imbécillité, leurs affreuses voluptés, les rendirent si odieux à leurs sujets, qu'ils ne se soutinrent, la plupart du temps, que par la protection des Romains.

D.5.1.2.1.8. Definieren

Definitionen können aus pragmatischer Sicht dem Leser die wissenschaftliche Akkuratesse des Autors vermitteln (vgl. Metzeltin/Kratschmer 1999) bzw. dem Leser neue Prämissen und damit neue Konklusionen nahelegen.
Das folgende Beispiel (vgl. *c'est-à-dire*) stammt aus Kap. II:

(32) Dans nos combats d'aujourd'hui un particulier n'a guère de confiance qu'en la multitude ; mais chaque Romain, plus robuste et plus aguerri que son ennemi, comptoit toujours sur lui-même : il avoit naturellement du courage, c'est-à-dire, de cette vertu qui est le sentiment de ses propres forces.

D.5.1.2.2. Elaborationsmechanismen höherer Ordnung: physischer Abstand im Text zwischen Explanandum und Explanans

Abgesehen von der Tatsache, daß der Einsatz von Elaborationsmechanismen höherer Ordnung, also von Erklärungen, den informativen Wert eines Textes erhöht (s. dazu unsere Ausführungen zu explikativer Dichte und Tiefe in Kap. D.2.1.1. und D.2.1.2.), kann man dadurch auf der rhetorisch-pragmatischen Ebene dem Text eine höhere Überzeugungskraft zukommen lassen. Alleine auf der Basis der Daten, welche wir bezüglich der explikativen Dichte und Tiefe der *Considérations* festmachen konnten (vgl. Kap. D.2.2.), können wir diesem Text bereits ein großes Vermögen, den Leser von den vorgebrachten Thesen zu überzeugen, zusprechen. Wir möchten daher hier nur kurz einen Aspekt von erklärenden Strukturen ansprechen, welchen wir in unseren diesbezüglichen bisherigen Überlegungen noch nicht erwähnt haben. Es geht dabei um den physischen Abstand zwischen Explanandum und Explanans sowie um dessen rhetorische Wirkung.
Physischer Abstand im Text zwischen Ereignissen und ihren Erklärungen kann, speziell wenn die zu erklärenden Informationen an der Textoberfläche durch Fragen wiedergegeben werden, auf der rhetorischen Ebene einen gewissen *suspens*-Effekt erzeugen. Montesquieu bedient sich zeitweise dieses spannungserzeugenden Mittels, wobei der Autor jedoch weniger mit Fragen als mit kataphorisch einge-

setzten Oberbegriffen arbeitet, deren präziser Inhalt sodann im Anschluß explizitiert wird.

Unser diesbezügliches Beispiel stammt aus Kap. XVII, der kataphorisch einge-
setzte Oberbegriff, welcher die Spannungsklammer öffnet, ist hier *événement*:

(37) Valentinien sentit plus que personne la nécessité de l'ancien plan ; il employa toute sa
vie à fortifier les bords du Rhin, à y faire des levées, y bâtir des châteaux, y placer des
troupes, leur donner le moyen d'y subsister. (38) Mais il arriva dans le monde un événement qui détermina Valens, son frère, à ouvrir le Danube, et eut d'effroyables suites.

Die 5 folgenden (letzten) Absätze des Kapitels bringen sodann eine detaillierte Erklärung sowohl des *événement* selbst als auch von dessen Folgen.

D.5.1.3. Von der Oberflächenstruktur nicht direkt zugängliche Semantik

In der folgenden Gruppe an semantischen Mitteln, welche darin bestehen, daß die
intendierte Semantik durch die Wahl bestimmter Oberflächenstrukturen weniger
direkt zugänglich gemacht oder verschleiert wird und welche zu rhetorisch-mani-
pulativen Zwecken eingesetzt werden können, ist die Leserorientierung am deut-
lichsten zu bemerken. Es geht hier um rhetorische Fragen (D.5.1.3.1.), das direkte
Ansprechen des Lesers (D.5.1.3.2.) sowie um Formulierungen, welche ein bestimmtes Fachwissen voraussetzen (D.5.1.3.3.).

D.5.1.3.1. Rhetorische Fragen

Rhetorische Fragen appellieren direkt an den Leser, indem sie diesen zum Schein
in den Argumentationsprozeß miteinbeziehen, gleichzeitig lassen sie diesem jedoch keine echte Entscheidungsfreiheit. Die manipulative Kraft, die sich daraus
ergibt, wird noch verstärkt, indem dem Leser ein Solidarisierungsakt mit dem Sender angetragen wird.

Montesquieu verwendet diesen Verfremdungsmechanismus häufig. Das folgende Beispiel stammt aus Kap. IV:

(74) Les soldats de cette armée, devenus riches après tant de victoires, n'auroient-ils pas
trouvé partout Capoue ?

D.5.1.3.2. Ansprechen des Lesers

Eine direkte Wendung des Senders an den Leser macht es letzterem schwerer, sich der Botschaft des Senders zu entziehen, welche ihn durch die persönliche Ansprache direkter in den Sendeakt involviert. Wir konnten in den *Considérations* zwei Arten dieses Ansprechens festmachen: den einfachen Imperativ (D.5.1.3.2.1.) sowie das Ansprechen des Lesers mit *énonciateur*-Verschiebung (D.5.1.3.2.2.).

D.5.1.3.2.1 Imperativ

Der an den Leser gerichtete Imperativ ist ein nicht risikofreies rhetorisches Mittel für den Sender, da der Imperativ je nach Schattierung mehr oder weniger brüsk klingen kann.

Das folgende Beispiel aus Kap. XVI stellt einen solchen Fall dar, wo der Imperativ (*qu'on ne dise pas*) kaum dazu imstande sein wird, die Gunst des Lesers zu verstärken, speziell auch deshalb, weil er zum ersten negiert ist und sich diese Negation zum zweiten auf eine mögliche Meinung des Lesers bezieht - der Leser wird ohne Umschweife aufgefordert, eine Äußerung der fraglichen Meinung zu unterlassen:

(71) Et qu'on ne dise pas que les soldats ne prenoient de part au gouvernement que par leur désobéissance et leurs révoltes ; les harangues que les empereurs leur faisoient ne furent-elles pas à la fin du genre de celles que les consuls et les tribuns avoient faites autrefois au peu- ple ?

Das Beispiel wird durch eine rhetorische Frage abgerundet, welche ihm eventuell etwas von seiner Schärfe nimmt.

Obwohl Montesquieu im gesamten Text der *Considérations* seine Meinungen sehr explizit vertritt, ist dies doch ein isoliertes Beispiel für einen relativ brüsken Umgang mit dem Leser.

D.5.1.3.2.2. Ansprechen des Lesers mit énonciateur-Verschiebung

Eine stark manipulative Technik besteht dagegen in einem fingierten Dialog mit dem Leser, der an der Oberfläche von der eigenen manipulativen rhetorischen Intention (*auteur-vouloir convaincre lecteur*) ablenkt. Dieser illokutorische Akt selegiert nun einzelne lokutorische Akte, diese wiederum je einen enunziatorischen Akt (vgl. Kap. B.4.3.1.). Wir können dabei ein Beispiel "Montesquieu möchte den Le-

ser durch eine bestimmte Aussage davon überzeugen, daß Rom die Freiheit liebte" folgendermaßen formalisieren:

(a) M.-vouloir convaincre lecteur [M.-dire : M.-penser : Rome-aimer liberté]

Diese illokutive Intention wird jedoch aus rhetorischen Gründen verschleiert. Der
Sender spielt seine eigene Rolle als Meinungsträger ("M.-penser") herunter und
setzt den Leser als Meinungsträger (*énonciateur*) ein, dessen *acte énonciatoire* das Erkennen, Verstehen (*connaître; concevoir; voir; distinguer; découvrir* etc.) ist. Damit wird
der Meinungsbildungsprozeß scheinbar von der argumentativen Ebene auf die
kognitive Ebene verlagert - nicht der Sender überzeugt/überredet den Leser, sondern dieser selbst erkennt die Zusammenhänge. Damit kann der Sender nach
außen hin einen neutraleren illokutiven Akt signalisieren, nämlich den des reinen
Informierens. Demgemäß präsentiert der Sender sein Anliegen folgendermaßen:

(b) M.-vouloir informer lecteur [M.-dire : lecteur-reconnaître : Rome-aimer liberté]

Der Sender beeinflußt damit nach außen hin den Leser nicht, sondern führt ihm
lediglich vor Augen, was dieser schon längst selbst erkannt hat.

Montesquieu bedient sich (im Vergleich etwa zu Bossuet, s. Kap. D.7.4.2.) dieses
rhetorischen Kniffes allerdings sehr sparsam, er setzt ihn faktisch nur an zwei
Stellen der *Considérations* ein.
Im ersten Fall, welcher Kap. VI entstammt und welcher sich durch einen Imperativ auszeichnet, ist die *énonciateur*-Verschiebung weniger subtil - sie wird angeordnet:

(69) Remarquez, je vous prie, la conduite des Romains.

Der zweite Fall, entnommen aus Kap. XI, dagegen entspricht ganz dem obigen
Schema. Montesquieu präsentiert seine illokutorische Intention, die Leser von einem historischen Zusammenhang zu überzeugen, als von ihm selbst unabhängigen Erkenntnisprozeß (enunziatorischen Akt) bei den Lesern:

(62) Vous remarquerez que, dans ces guerres civiles, qui durèrent si longtemps, la puissance de Rome s'accrut sans cesse au dehors.

Näheres zur Technik des Ansprechens des Lesers ("Apostrophe" in der Terminologie der klassischen Rhetorik) sowie zu Formalisierungen zu den angeführten
Beispielen s. Kratschmer 2002.

D.5.1.3.3. Formulierungen, welche ein bestimmtes Fachwissen voraussetzen

Formulierungen, welche ein bestimmtes Fachwissen voraussetzen, können der *cap-
tatio benevolentiæ* des Lesers dienen, indem diesem zu verstehen gegeben wird, daß
der Sender sich dessen Wissens bewußt ist, wodurch dem Leser geschmeichelt
wird. Dieses rhetorische Mittel ist jedoch nicht ohne Risiko für den Sender: ein
Leser ohne das notwendige Vorwissen, der die Bedeutung der betreffenden Formulierung nicht versteht, kann sich leicht gedemütigt fühlen und sich gegenüber
dem Sender und dessen Botschaft verschließen.

    In den *Considérations* finden sich zwei solcher Stellen, welche ohne die voraus-
gesetzten historischen Kenntnisse nicht deutbar sind.

    Das erste Beispiel stammt aus Kap. IV:

(41) Scipion ayant conquis l'Espagne, et fait alliance avec Massinisse, ôta aux Carthaginois
cette supériorité. (42) Ce fut la cavalerie numide qui gagna la bataille de Zama, et finit la
guerre.

Der eigentliche historische Verlauf ist laut Delorme (1962: 86) folgender: Scipio
geht eine Allianz mit dem numidischen Herrscher Massinissa ein und landet mit
dessen Hilfe in Afrika, wo die Karthager nach Nichteinhaltung eines Waffenstill-
standsabkommens, welches von dem in die Enge getriebenen Hannibal ausging, in
der Schlacht bei Zama vernichtet und im anschließenden Vertrag von Tunis zur
Aufgabe Spaniens verpflichtet werden. Die chronologische Reihenfolge ist also,
wenn man Montesquieus Angaben über die numidische Kavallerie miteinbezieht:
1. Allianz mit Massinissa - 2. dessen Kavallerie kämpft an der Seite der Römer - 3.
Sieg bei Zama - 4. Karthago verliert Spanien an Rom - 5. Karthago geschwächt.
Montesquieus Erklärung lautet hier "4. und 1. verursachen 5.", was nicht besonders logisch ist, da 4. ja 1. chronologisch folgt und durch 1. erst ermöglicht wurde.
Freilich folgt 5. allen vorangehenden Punkten, deren Reihenfolge ist jedoch eine
andere. Die im Text angeführte Reihenfolge ist daher für jemanden ohne Wissen
um den geschichtlichen Hintergrund nicht korrekt interpretierbar.

Das zweite Beispiel stammt aus Kap. XXIII:

(56) Bajazet ayant soumis tous les autres sultans, les Turcs auroient fait pour lors ce qu'ils firent depuis sous Mahomet II, s'ils n'avoient pas été eux-mêmes sur le point d'être exterminés par les Tartares.

Auch hier wird vom Leser vorausgesetzt, daß er die Formulierung *ce qu'ils firent depuis sous Mahomet II* als "Eroberung Konstantinopels" deuten kann.

D.5.1.4. Ein kontraproduktives Phänomen: Inkohärenz

Ein textsemantisches Phänomen, welches die rhetorische Wirkung des Textes nicht fördert, sondern unter Umständen sogar untergräbt, ist die Inkohärenz oder das Auftreten von widersprüchlichen Aussagen oder Bewertungen. Obwohl dies in der Praxis schwer zu verifizieren ist, handelt es sich dabei wohl um eine vom Autor unbeabsichtigte Erscheinung. Damit wäre die Inkohärenz zu unterscheiden von den von uns so genannten *ad hoc*-Erklärungen, welche wir bei Voltaire (D.6.4.1.1.) und Bossuet (D.7.4.1.1.2.) antreffen werden und welche sich dadurch auszeichnen, daß der Sender mehr oder weniger bewußt eine Erklärung abgibt, welche seinen sonstigen Ausführungen widerspricht, lokal gesehen den Leser damit jedoch über einen Erklärungsnotstand hinwegtäuschen kann. Die widersprüchliche Aussage ist dabei in der impliziten *præmissa maior* eines Syllogismus versteckt und dadurch weniger auffällig. Es handelt sich daher um ein etwas komplexeres Phänomen, welches Teil eines Elaborierungsprozesses ist, der ein gewisses Maß an Bewußtsein beim Sender voraussetzt. Die einfache Inkohärenz dagegen tritt nicht im Rahmen von Elaborationen auf, sondern besteht entweder in einer gegensätzlichen Bewertung (positiv vs. negativ) des gleichen Sachverhaltes (s. unser erstes Beispiel) oder in der Behauptung eines Sachverhaltes, welche im Widerspruch zu einer zuvor oder danach geäußerten Behauptung steht (s. unser zweites Beispiel; unser drittes Beispiel enthält beide Aspekte).

Unser erstes Beispiel stammt aus Kap. I. Hier zählt Montesquieu Eigenschaften und Verhaltensweisen von Tarquinius auf, welche zeigen sollen, daß das Urteil der Nachwelt zu streng mit letzterem war. Unter den positiven Eigenschaften findet sich auch *sa libéralité envers les soldats*.

(28) Le portrait de Tarquin n'a point été flatté ; son nom n'a échappé à aucun des orateurs qui ont eu à parler contre la tyrannie ; mais sa conduite avant son malheur que l'on voit qu'il prévoyoit ; sa douceur pour les peuples vaincus ; sa libéralité envers les soldats ; cet

art qu'il eut d'intéresser tant de gens à sa conservation ; ses ouvrages publics ; son courage à la guerre ; sa constance dans son malheur ; une guerre de vingt ans, qu'il fit ou qu'il fit faire au peuple romain, sans royaume et sans biens ; ses continuelles ressources, font bien voir que ce n'étoit pas un homme méprisable.

Ein liberales Verhalten den Soldaten gegenüber wertet Montesquieu bei Augustus als Fehler (Kap. XIII):

(9) Je crois qu'Octave est le seul de tous les capitaines romains qui ait gagné l'affection des soldats en leur donnant sans cesse des marques d'une lâcheté naturelle. (10) Dans ces temps-là, les soldats faisoient plus de cas de la libéralité de leur général que de son courage.

Das nächste Beispiel stammt aus Kap. XVIII. Montesquieu erzählt hier, daß die Römer keine Untertanen wollten, welche kriegerischer als sie selbst waren:

(14) Les premiers Romains ne mettoient point dans leurs armées un plus grand nombre de troupes auxiliaires que de romaines ; et, quoique leurs alliés fussent proprement des sujets, ils ne vouloient point avoir pour sujets des peuples plus belliqueux qu'eux-mêmes.

Mit dieser Aussage widerspricht Montesquieu einer zentralen Passage aus Kapitel IV, wo der Autor eine entgegengesetzte Handlungsmaxime der Römer präsentiert (*et plus ils eurent de peine à les vaincre, plus ils les jugèrent propres à être incorporés dans leur ré-publique*):

(24) Comme ces derniers n'avoient jamais regardé les vaincus que comme des instruments pour des triomphes futurs, ils rendirent soldats tous les peuples qu'ils avoient soumis ; et plus ils eurent de peine à les vaincre, plus ils les jugèrent propres à être incorporés dans leur république. (25) Ainsi nous voyons les Samnites, qui ne furent subjugués qu'après vingt-quatre triomphes, devenir les auxiliaires des Romains [...]

Ein letztes Beispiel stammt aus Kap. XXII. Montesquieu schreibt den Völkern Asiens, zu denen er auch die Byzantiner zählt, in einer kritischen Passage über Konstantinopel Feigheit, Faulheit und Verweichlichung zu:

(20) Or, cette lâcheté, cette paresse, cette mollesse des nations d'Asie, se mêlèrent dans la dévotion même.

In Kapitel XIX, Sätze (26)-(27), hat Montesquieu jedoch zuvor Attila und dessen Volk gelobt, in Kap. XXI, Sätze (6)-(7), die militärische Disziplin der Perser erwähnt und wird schließlich im Satz (22) von Kap. XXII die Härte der Araber im Krieg hervorheben:

(26) Prodigieusement fier, et cependant rusé, ardent dans sa colère, mais sachant pardonner ou différer la punition suivant qu'il convenoit à ses intérêts, ne faisant jamais la guerre quand la paix pouvoit lui donner assez d'avantages, fidèlement servi des rois même qui étoient sous sa dépendance, il avoit gardé pour lui seul l'ancienne simplicité des mœurs des Huns. (27) Du reste, on ne peut guère louer sur la bravoure le chef d'une nation où les enfants entroient en fureur au récit des beaux faits d'armes de leurs pères, et où les pères versoient des larmes parce qu'ils ne pouvoient pas imiter leurs enfants.

(6) Autant que les Romains avoient négligé l'art militaire, autant les Perses l'avoient-ils cultivé.
(7) « Les Perses, disoit Bélisaire à ses soldats, ne vous surpassent point en courage, ils n'ont sur vous que l'avantage de la discipline. »

(22) Ce sont bien d'autres larmes, celles de ces Arabes, qui pleurèrent de douleur de ce que leur général avoit fait une trêve qui les empêchoit de répandre le sang des chrétiens.

Die genannten Widersprüche oder Inkohärenzen untergraben die Überzeugungskraft der *Considérations* stellenweise, es muß jedoch festgehalten werden, daß das Werk trotz dieser lokalen Schwächen aufgrund seiner sorgfältigen semantischen Durchplanung insgesamt äußerst kohärent ist.

D.5.2. Semantik, Pragmatik und die literarisch-historiographische Berufung

Wie in den vorangehenden Unterkapiteln gezeigt wurde, sind Montesquieus *Considérations* keineswegs frei von sprachlichen Strukturen mit rhetorisch-manipulativem Potential. Insgesamt entsteht jedoch der Eindruck, daß dieser Text nicht exzessiv von diesen Mitteln Gebrauch macht, was sich durch den Vergleich mit der *Philosophie de l'histoire* von Voltaire und dem *Discours sur l'histoire universelle* von Bossuet bestätigen wird (s. Kap. D.6. sowie D.7.), welche beide weit massiver mit rhetorischen Instrumenten arbeiten.

Im Rahmen einer rhetorisch-pragmatischen Texttypologie, welche Texte nach ihrer Gesamt-*visée illocutoire* klassifiziert und welche einander die beiden extremen Pole von Gesamt-*visée illocutoire* "Informieren-Wollen" (informierende Texte) bzw. "Überreden/Überzeugen-Wollen" (argumentative Texte) gegenüberstellt, sind die *Considérations* eher den informierenden Texten zuzuordnen.

Man kann diese Skala an rhetorischer Dringlichkeit auch durchaus mit der Vorstellung des jeweiligen Autors von der eigenen Rolle als Schriftsteller (oder etwa Historiograph) oder, anders ausgedrückt, mit dessen schriftstellerischem Idealismus parallelisieren: je mehr ein Autor eine missionarisch-reformatorische Berufung zur Verbreitung des eigenen Gedankengutes verspürt, umso eher wird er argumentative Texte produzieren wollen und in der Folge massiver auf rhetorisch-manipulative Sprachstrukturen zurückgreifen. Ein Autor, welcher sich weniger in der Rolle als Reformator als etwa als Organisator sieht, wird dagegen informative Texte produzieren wollen, welche weniger von rhetorischen Kunstgriffen Gebrauch machen.

Es scheint, daß Montesquieu sich in seiner Rolle als Schriftsteller, Historiograph und Gesellschaftstheoretiker eher als Organisator bestehender Strukturen sieht, der zwar zu optimieren bestrebt ist, denn als radikaler Reformator, der bestehende Strukturen durch neue ersetzen möchte.

Dies hängt möglicherweise mit Montesquieus Geschichtsauffassung zusammen, auf welche wir im folgenden Unterkapitel noch einmal eingehen wollen.

D.5.3. Geschichtsauffassung und soziales Selbstverständnis

Aus den Daten, welche wir in Kap. D.2. und D.3. diskutiert haben, konnten wir ablesen, daß Montesquieus Geschichtssicht eine tendenziell zyklische ist: die Distribution der erklärenden Strukturen auf der Mikro- und Mega-Ebene im Teil der *Considérations* zum Aufstieg (massiver Rückgriff auf handlungslogische Erklärungen) zeigt die Ansicht des Autors, daß eine Nation durch willentliche Anstrengung eine Expansion oder einen Aufstieg herbeiführen kann. Hat dieselbe Nation jedoch eine gewisse Größe erreicht, so beginnt ein allgemeines historisches Gesetz zu greifen, demgemäß ein folgender Niedergang unvermeidlich ist. Menschliche Anstrengungen können diesen nicht verhindern. Diese Überzeugung Montesquieus läßt sich ebenfalls aus den Daten zur Distribution erklärender Strukturen (geringere Dichte handlungslogischer Erklärungen auf der Megaebene) sowie aus der Information, welche aus der hierarchisch höchsten Makrostruktur hervorgeht - der Giga-Plus-Struktur, welche den Aufstieg als Grund/Ursache für den Niedergang anführt - , erkennen.

Montesquieu teilt demnach nicht den optimistischen Fortschrittsgedanken, welcher andere Aufklärer wie etwa Voltaire auszeichnet. Seine Sichtweise ist eine eher pragmatische, wenn nicht teilweise pessimistische.

Da Montesquieu nun jedoch nicht an einen Fortschritt in der Menschheitsgeschichte glaubt, hat er auch ein geringeres Motiv, sich reformatorisch zu engagieren und andere zur Mitarbeit zu bewegen. Er sieht seine Aufgabe vielmehr darin, andere über jene historischen und gesellschaftlichen Zusammenhänge zu informieren, welche er entdeckt zu haben glaubt und welche seiner Meinung nach zur Optimierung bestehender Strukturen genutzt werden können.

D.5.4. Zusammenfassung

Wir haben im vorliegenden Kapitel gezeigt, in welchem Maße sich die philosophische Haltung eines Autors auf dessen Sicht der eigenen sozialen Rolle als Autor auswirkt und letztere wiederum bestimmend ist für die Wahl der textuellen Strategien in den Werken dieses Autors.

Montesquieu erwies sich im Rahmen einer textsemantischen Analyse seiner *Considérations* als Historiker, welcher eher von der Zyklizität der Geschichte (als Abfolge von Aufstieg und Niedergang) als von einer stetigen Aufwärtsbewegung überzeugt ist, welche als Metapher für den ständigen Fortschritt der Menschheitsgeschichte zu sehen ist.

Aus dieser eher pessimistischen Sichtweise ergibt sich ein Selbstverständnis des Autors weniger als engagierter Reformator, denn als optimierender Verwalter des Bestehenden.

Aus diesem Grund möchte der Autor Texte produzieren, welche eher informativ als argumentativ sind.

Er kann daher auf einen allzu massiven Gebrauch solcher Sprachstrukturen verzichten, welche speziell rhetorisch-manipulatives Potential besitzen. Statt dessen produziert er Texte mit hohem Informationswert, indem er ihnen eine hohe explikative Dichte und eine große explikative Tiefe verleiht.

D.6. Voltaires *Philosophie de l'histoire* im Vergleich zu Montesquieus *Considérations*

Im Folgenden wollen wir die Ergebnisse unserer Analysen von Teilen von Voltaires *Philosophie de l'histoire* mit den Ergebnissen unserer Analysen von Montesquieus *Considérations* vergleichen.

Wir haben dabei die Kapitel L (*Des Romains. Commencements de leur Empire et de leur Religion ; leur tolérance*) und LI (*Questions sur les conquêtes des Romains, et leur décadence*) der *Philosophie de l'histoire* analysiert, welche die römische Geschichte behandeln und in sich gleichsam einen abgeschlossenen Teil innerhalb des Werkes darstellen.

Wir beginnen mit unseren Ergebnissen zur Struktur von *parcours narratif* und *arrière-fond explicatif*, zunächst auf der Mikroebene (Kap. D.6.1.) und sodann weiter aufsteigend in der Hierarchie (Kap. D.6.2.). In Kap. D.6.3. beleuchten wir die Verteilung bzw. Aktivierung der semantischen Felder der GRANDEUR und der DÉCADENCE, und wir schließen mit Überlegungen zur schriftstellerischen und historiographischen Berufung der beiden zu vergleichenden Autoren (Kap. D.6.4.).

D.6.1. Erklären und Erzählen auf der Mikroebene

D.6.1.1. Erklärungsstrategien: Arten und Distribution in den Kapiteln L und LI der Philosophie de l'histoire

Die beiden Kapitel zur römischen Geschichte unterscheiden sich untereinander auf einer Reihe von Ebenen, so auch in bezug auf die Wahl der erklärenden Strategien.

In Kapitel L fällt auf, daß lediglich viermal kausal erklärt wird (12,5% der Erklärungen) und motivationelle Kontexte völlig fehlen. Alle übrigen 28 Strukturen sind logisch begründend (das heißt entweder nicht-partikulär syllogistisch oder konzessiv; 87,5%).

Dagegen weist das Kapitel LI eine deutlich heterogenere Auswahl an Erklärungsstrategien auf: es gibt, neben den immer noch dominierenden logischen Erklärungen im eben definierten Sinn (32 Stellen bzw. 69,6%), 8 kausale Kontexte (17,4%), 4 Motivkontexte (8,7%) sowie 2 Kontexte, in welchen Motive und Anlässe angeführt werden (4,3%). Diese Tatsache könnte mit der thematischen Struktur beider Kapitel zusammenhängen. Einerseits ist Kapitel L sehr global gehalten: es umfaßt mit 700 Jahren an römischer Geschichte einen großen Zeitabschnitt und präsentiert die historischen Geschehnisse aus einer "externen Sicht" - menschliche Handlungen sind als Ereignisse dargestellt, das heißt ohne die Analyse von Motiven von Einzelpersonen oder Kollektiven bzw. von deren Handlungsanlässen. Andererseits enthält dieses erste Kapitel einen langen Exkurs zu Religion und Toleranz, wo ebenfalls nicht auf Handlungen eingegangen wird. Kapitel LI beschreibt dagegen den Untergang des Reiches u.a. als Folge und Wirkung einer Reihe von (unklugen) Handlungen und Beschlüssen, welche sehr wohl Einzelpersonen wie Konstantin, Theodosius I. und Honorius zur Last gelegt werden.

Montesquieu greift, obwohl auch bei ihm die logischen Erklärungen (erneut zu verstehen als die gesamte Menge an nicht-partikulären syllogistischen und konzessiven Kontexten) stets in der Überzahl sind, für die Darstellung aller Perioden der römischen Geschichte (Aufstieg und Niedergang) häufiger auf kausale und motivationelle Erklärungsstrategien zurück. Montesquieu beschreibt etwa ganz speziell den Aufstieg der Römer mittels finaler Erklärungsstrategien, das heißt daß er den Aufstieg als Ergebnis kollektiven finalen Handelns präsentiert.

D.6.1.2. Besonderheiten im parcours narratif *und* arrière-fond explicatif *von Kapitel LI der* Philosophie de l'histoire

In den Absätzen Nummer 10 und 11 von Kapitel LI kommt es vor, daß Voltaire gewisse Ereignisse nur erzählt, nicht jedoch erklärt beziehungsweise in sich erklärte Zusammenhänge untereinander nur erzählerisch aneinanderreiht, ohne deren Zusammenhang zu erklären. Während Montesquieu erstere Technik des reinen Erzählens auch einsetzte, ist bei ihm jedoch an Stellen, wo neue Ereignisse präsentiert werden, welche mit vorangehenden als nicht unbedingt in erklärbarem (sondern nur chronologischem) Zusammenhang stehend präsentiert werden, zumeist ein Absatzwechsel zu verzeichnen.

Wir führen nun die Absätze 10 und 11 von Kap. LI der *Philosophie de l'histoire* an und gehen dann auf die rein erzählten Schritte ein:

(31) Honorius avait pour général le célèbre Stilicon, le seul qui pouvait défendre l'Italie, et qui avait déjà arrêté les efforts des barbares. (32) Honorius, sur de simples soupçons, lui fit trancher la tête sans forme de procès. (33) Il était plus aisé d'assassiner Stilicon que de battre Alaric. (34) Cet indigne empereur, retiré à Ravenne, laissa le barbare, qui lui était supérieur en tout, mettre le siège devant Rome. (35) L'ancienne maîtresse du monde se racheta du pillage au prix de cinq mille livres pesants d'or, trente mille d'argent, quatre mille robes de soie, trois mille de pourpre, et trois mille livres d'épiceries. (36) Les denrées de l'Inde servirent à la rançon de Rome.

In Satz (31) wird nur erzählt, nicht jedoch erklärt. Die folgenden Sätze (32) bis (33) geben sodann einen konzessiven Kontext wieder.

(37) Honorius ne voulut pas tenir le traité. (38) Il envoya quelques troupes qu'Alaric extermina. (39) Il entra dans Rome en 409, et un Goth y créa un empereur, qui devient son premier sujet. (40) L'année d'après, trompé par Honorius, il le punit en saccageant Rome. (41) Alors tout l'empire d'Occident fut déchiré ; les habitants du Nord y pénétrèrent de tous côtés, et les empereurs d'Orient ne se maintirent qu'en se rendant tributaires.

Mit Satz (39) folgt auf den finalen Kontext, welcher in den Sätzen (37) und (38) zum Ausdruck kommt, absatzintern ein rein erzählter Schritt, der mit dem vorangehenden und dem folgenden Kontext nicht erklärend, sondern nur chronologisch verbunden wird.

Auch der nächste Kontext, ausgedrückt durch die Sätze (40) und (41), der zwar in sich selbst erklärend aufgebaut ist, schließt an den vorangehenden nur chronologisch an.

Für unseren *parcours narratif* ergibt dies "Unterbrechungen" in Erklärungsketten (was sich speziell auch auf unsere Technik beim Zusammenfassen zum Makroschritt auswirkt, wie in Kap. D.6.2.1. gezeigt werden wird): während die ersten Ereignisse, welche im Absatz genannt werden, keine größeren Veränderungen (Kettenreaktionen) bringen (es wird lediglich das unkluge Verhalten von Honorius wieder und wieder bestätigt), löst endlich der letzte Verrat jene Strafexpedition aus, welche Rom so schwächt, daß es den Völkern aus dem Norden schutzlos ausgeliefert ist.

Wir können diese Tatsache auch mittels unseres Quotienten der explikativen Dichte ausdrücken: das Kapitel LI besitzt mit einem Quotienten von 10,2 immer noch eine hohe explikative Dichte, diese ist jedoch deutlich niedriger als die sehr hohe explikative Dichte, welche für das Kapitel L zu verzeichnen ist und welche einem Quotienten 33 entspricht. Auch die Tendenz zur explikativen Tiefe ist in Kap. LI weniger deutlich ausgeprägt (an 12 Stellen vom Faktor 2, an 2 Stellen vom Faktor 3) als in Kap. L, in welchem an 19 Stellen eine explikative Tiefe vom Faktor 2, an 3 Stellen vom Faktor 3 und an 1 Stelle vom Faktor 4 zu verzeichnen ist. Das Kapitel L zum Aufstieg der Römer zeichnet sich daher gegenüber dem Kapitel LI, welches erneut den Aufstieg und sodann den Niedergang der Römer diskutiert, durch einen deutlich höheren explikativen Wert aus.

D.6.1.3. Defektive Erklärungen: Schein- und ad hoc-*Erklärungen in Kapitel LI der* Philosophie de l'histoire

In Kapitel LI finden wir an zwei Stellen Erklärungen, welche semantisch gesehen keine vollwertigen Erklärungen sind. Diese Tatsache kann aus pragmatischer Sicht als manipulative Argumentationstechnik beschrieben werden. Wir werden an dieser Stelle die semantischen Bedingungen und in Kap. D.6.4.1.1. kurz deren rhetorisch-pragmatische Effekte erläutern.

Die erste dieser Erklärungen, die wir als Scheinerklärung bezeichnen, findet sich im zweiten Absatz, den wir hier anführen:

(4) N'est-il pas clair (humainement parlant et ne considérant que les causes secondes) que si les Juifs, qui espéraient la conquête du monde, ont été presque toujours asservis, ce fut leur faute ? (5) Et si les Romains dominèrent, ne le méritèrent-ils pas par leur courage et par leur prudence ? (6) Je demande très humblement pardon aux Romains de les comparer un moment avec les Juifs.

Zu beachten ist hier Voltaires Erklärung zum mangelnden Erfolg der Juden: es sei "ihre eigene Schuld" - es wird jedoch nicht erklärt, worin diese Schuld besteht (z.B. taktische Versäumnisse o.ä.). Semantisch gesehen stellt diese Passage daher eine Scheinerklärung dar: es wird zwar negativ gewertet, dieses negative Urteil jedoch nicht ausreichend erklärt. Dem jüdischen Kontext steht der römische gegenüber - tatsächlich finden wir hier eine Form *mériter*, welche parallel und zugleich antonymisch ist zu *leur faute*: zunächst parallel, indem dadurch ebenfalls eine Bewertung mit einem inhärenten Verantwortungsmoment zum Ausdruck kommt, antonymisch, indem ersteres positiv, letzteres negativ bewertet wird. Im Unterschied zum jüdischen Kontext wird bei den Römern jedoch näher erklärt, worin ihr Verdienst besteht (*courage; prudence*).

Eine weitere defektive Erklärung finden wir in (im vorangehenden Kapitel bereits präsentierten) Absatz 10, dessen relevanten Teil wir hier wiederholen:

[...] (32) Honorius, sur de simples soupçons, lui [= à Stilicon] fit trancher la tête sans forme de procès. (33) Il était plus aisé d'assassiner Stilicon que de battre Alaric. [...]

Satz (33) soll semantisch gesehen die Extrakondition des konzessiven Kontextes ausdrücken, welcher in Satz (32) durch *sans forme de procès* installiert wird. Das Gesetz jedoch, auf welches sich die Extrakondition bezieht ("wer die Wahl zwischen etwas Leichtem und etwas Schwerem hat, wählt immer das Leichte"), stellt Voltaire *ad hoc* auf, ohne dessen Allgemeingültigkeit anzuerkennen (z.B. wenn er im vorangehenden Beispiel den *courage* der Römer lobt, welcher ja ein bewußtes Überwinden von Schwierigkeiten impliziert). Das heißt daß das hier verwendete Gesetz semantisch inkonsistent mit dem restlichen Text ist. Wir nennen solche defektiven Erklärungen *ad hoc*-Erklärungen.

Zu einer ausführlicheren Analyse mit Formalisierungen zu den besprochenen Beispielen an defektiven Erklärungen bei Voltaire s. Kratschmer 2003.

In Montesquieus Text finden sich keine defektiven, das heißt Schein- oder *ad hoc*-Erklärungen.

D.6.2. Übergeordnete Strukturen

D.6.2.1. Auswirkungen auf die Makroebene von Besonderheiten im parcours narratif und arrière-fond explicatif von Kapitel LI der Philosophie de l'histoire

Die in Kapitel D.6.1.2. vorgestellte Besonderheit, namentlich daß Voltaire absatzintern Zusammenhänge untereinander nur erzählerisch aneinanderreiht, ohne deren Zusammenhang zu erklären, wirkt sich auch auf der Makroebene aus. Wir wiederholen noch einmal den elften Absatz von Kapitel LI:

(37) Honorius ne voulut pas tenir le traité. (38) Il envoya quelques troupes qu'Alaric extermina. (39) Il entra dans Rome en 409, et un Goth y créa un empereur, qui devient son premier sujet. (40) L'année d'après, trompé par Honorius, il le punit en saccageant Rome. (41) Alors tout l'empire d'Occident fut déchiré ; les habitants du Nord y pénétrèrent de tous côtés, et les empereurs d'Orient ne se maintirent qu'en se rendant tributaires.

Wir haben schon erläutert, daß dies im *parcours narratif* "Unterbrechungen" in Erklärungsketten ergibt. Dies wirkt sich insofern auf unsere Technik beim Zusammenfassen zum Makroschritt aus, als die ersten Ereignisse, welche im Absatz genannt werden, keine größeren Veränderungen (Kettenreaktionen) bringen (es wird lediglich das unkluge Verhalten von Honorius wieder und wieder bestätigt), lediglich der letzte Verrat löst jene Strafexpedition aus, welche Rom so schwächt, daß es den Völkern aus dem Norden schutzlos ausgeliefert ist. Diese letzte - und nur diese - Ereigniskette ist daher die für den Absatz relevante Information. Alle anderen erzählten Ereignisse sind in bezug auf die gesamte Entwicklung in der römischen Geschichte vernachlässigbar. Der isolierte relevante Kontext kann dann nach dem Prinzip der Erklärungsklammer zur Makrostruktur zusammengefaßt werden. Dies bedeutet, daß der Verrat von Honorius an Alarich letztendlich die Zerstörung Westroms erklärt (nach dem Listenprinzip ist zur Makrostruktur jedoch auch noch die Information hinzuzufügen, daß die Tributzahlungen die einstweilige Verschonung des Ostreiches erklären).

D.6.2.2. Von den Makrostrukturen zu den Megastrukturen

D.6.2.2.1. Von den Makrostrukturen zur Megastruktur von Kapitel L der Philosophie de l'histoire

Das Kapitel L der *Philosophie de l'histoire* ist äußerst komplex im Aufbau: die Megastruktur ist kausal und/oder deduktiv, um diese jedoch zu konstruieren, müssen an zwei Stellen der Synthese einige Makrostrukturen zu konzessiven Gebilden zusammengefaßt werden, welche sodann nach dem bekannten Schema reduziert werden: als relevant werden die Extrakondition für den erklärenden und die überraschende Konklusion für den narrativen Teil betrachtet, als weniger relevant werden die reguläre Minor sowie die reguläre Konklusion ausgeschieden, sodaß eine deduktive Struktur übrigbleibt. Letztere kann sodann mit anderen kausalen und/oder deduktiven Strukturen nach dem Listenprinzip zusammengefaßt werden.

Weiters fällt auf, daß das Prinzip der Erklärungsklammer, welches bei Montesquieu häufig bei der Synthese von Makrostrukturen angewendet werden kann, bei Voltaire in diesem Kapitel nicht möglich ist. Dies könnte daran liegen, daß Voltaire, welcher der römischen Geschichte ja nur zwei Kapitel einräumt, die noch dazu sehr kurz sind, von vornherein synthetischer ist oder sein muß und sich daher für einen komplexen expositorischen Schritt nur einen Absatz (nicht wie Montesquieu mehrere) zugesteht.

Die eigentliche Megastruktur von Kapitel L sieht sodann folgendermaßen aus:

[39-48]+[85-58A-88]+{[36]-[76-78]} [ROMAINS : AVOIR VERTUS VRAIES ET FAUSSES] ∧ [RELIGION ROMAINE : ¬(EXTERMINER MONDE)] ∧ [ROMAINS : VERSER SANG] ∧ [ROMAINS : SOUMETTRE TOUS LES PEUPLES A, B, C ... , T2]	GR. D'AME + P. D'AME + {¬[DANGER/P. MILIT. + P. D'AME] + ¬[(VIE/GR. PHYS. ⇒ MORT/P. PHYS.) + P. D'AME]} + [(VIE/GR. PHYS. ⇒ MORT/P. PHYS.) + P. D'AME] + SUCCES/GR. MILIT.	P. D'AME + VOULOIR ¬(VIE/GR. PHYS. ⇒ MORT/P. PHYS.) + VOULOIR COMBATTRE/ GR. MILIT. + DANGER/P. MILIT. + [(P. ÉCON. ⇒ GR. ÉCON.) + P. D'AME] + GR. D'ESPRIT + GR. D'INSTITUT. + SUCCES/GR. MILIT. + (GR. D'ESPRIT + GR. D'INSTITUT.) + GR. D'AME + (GR. SPIRIT./GR. CULT. + GR. D'ESPRIT) + (GR. ≡ P. D'ESPRIT)	[44-49A-B-C-D]+{[27A-B-32-35A-B]-[73-79A-B]}+{[56A-57A]-[86-87]} [ROMAINS : ETRE AMBITIEUX, FEROCES ET PLUS AGUERRIS QUE TOUS LES PEUPLES, T1] ∧ [ROMAINS-VOULOIR : ROMAINS-SURVIVRE, T1] ∧ [ROMAINS : ETRE TOUJOURS EN GUERRE ET PRATIQUER RAPINES, T1] ∧ [ROMAINS : CULTIVER RAISON, T2] ∧ [ROMAINS : DEVENIR POLICES, T2] ∧ [ROMAINS : VAINCRE ET POLICER BARBARES, T3] ∧ [ROMAINS : DEVENIR LEGISLATEURS DE L'UNIVERS, T4] ∧ [ROMAINS : ¬(AVOIR DOGMES)] ∧ [(ROMAINS : ADOPTER OU PERMETTRE LES CULTES DE TOUS LES AUTRES PEUPLES, TN) ∧ (SENAT ET EMPEREURS ROMAINS : RECONNAITRE UN DIEU SUPREME, TN)] ∧ [(ROMAINS A, B, C, ... : COMMENCER A CULTIVER RAISON) ∧ (ROMAINS A, B, C, ... : FAIRE ERREURS)]

Vergleicht man diese Megastruktur semantisch mit den Strukturen, die wir für den Text von Montesquieu festgemacht haben, so fällt auf, daß diese ungefähr der Giga-Struktur A zum Aufstieg der Römer entspricht: das, was Montesquieu im Rahmen von 8 ganzen (weit längeren) Kapiteln und weiteren Informationen aus anderen Kapiteln dem Leser vermittelt, bringt Voltaire kondensiert im Rahmen von 13 Absätzen, wobei er zusätzlich weitere Themen ausführlich (im Verhältnis zur Kapitellänge) behandelt, namentlich Religion und Toleranz, welche bei Montesquieu für die Aufstiegszeit keine Rolle spielen.

D.6.2.2.2. Von den Makrostrukturen zur Megastruktur von Kapitel LI der Philosophie de l'histoire

Auch die Megastruktur von Kapitel LI ist kausal und/oder deduktiv. Zwar ist die-se Megastruktur insofern komplex, als sie Aufstieg und Fall in sich zusammenfaßt, die beiden thematischen Substrukturen sind jedoch intern relativ einfach elabo-riert. Sie bauen fast ausschließlich auf ebenfalls kausalen und/oder deduktiven Strukturen auf, welche nach dem Listenprinzip zusammenfaßbar sind; es waren keine Strukturen zu verzeichnen, die nach dem Prinzip der Erklärungsklammer zusammenzufassen waren. Häufig sind dabei klare hyperonymische Prädikate er-kennbar, wo also nicht additiv zusammengefaßt werden muß, sondern (unter diese hyperonymischen Prädikate) subordinativ zusammengefaßt werden kann ("Auf-gehen" der einen in der anderen Proposition). In nur wenigen Fällen könnten un-tergeordnete Strukturen als konzessive Strukturen angesehen werden, die jedoch alle "wegkürzbar", das heißt semantisch in bezug auf das Gesamtthema nicht rele-vant sind. Die gesamte Untergangsgeschichte wirkt hastig zusammengefaßt, wo-raus sich thematische Präferenzen bei Voltaire erkennen lassen: dem Aufstieg und der deistischen Propaganda wird viel Platz eingeräumt, dem Niedergang wenig. Dies kann mit unseren Informationen zum *parcours narratif* und *arrière-fond explicatif* dieses Kapitels parallelisiert werden: es wird (hastig) erzählt und weniger erklärt.

Die eigentliche Megastruktur, deren Zweiteiligkeit wir graphisch markiert ha-ben, sieht folgendermaßen aus:

{[4-10A-B-C]+[34]} (ROMAINS : CONQUERIR ET SUBJUGUER TOUTE LA TERRE) ∧ (ROMAINS : EMPLOYER SEPT CENT CINQUANTE ANS)	SUCCES/GR. MILIT. + GR. D'INSTITUT. + GR. TEMP.	GR. D'AME + GR. D'ESPRIT + FAIBLESSE/P. MILIT. + (P. NUMER. ⇒ GR. NUMER.) + DANGER/P. MILIT.	{[12A-B]+[19-26]+[37]} (ROMAINS : ETRE COURAGEUX ET PRUDENTS) ∧ (ROMAINS : ETRE FORTS, DEGRE LIMITE, T1) ∧ (ROMAINS : INCORPORER NATIONS DE VOISINAGE, T2) ∧ (ROMAINS : AVOIR A FAIRE A PEUPLES BELLIQUEUX)

[42] BARBARES : DETRUIRE ROMAINS	VIE/GR. D'INSTITUT. ⇒ MORT/P. D'INSTITUT.	FAIBLESSE/P. PHYS. + ¬(VOULOIR COMBATTRE)/P. MILIT. + MOLLESSE/ DECADENCE + (GR. D'INSTITUT. + P. D'AME + P. SPIRIT./P. CULT. + ¬ART/P. D'INSTITUT.) + DANGER/P. D'INSTITUT. + DANGER/P. MILIT.	{[39A-B-40A-B-41]+[57'-62A-B-C]+[66-67-72-73]+[89-90]+[129-137]+[139]} (ROMAINS : ETRE MOINS GUERRIERS ET MOINS ROBUSTES QUE BARBARES) ∧ (ROMAINS : ETRE AMOLLIS) ∧ (ROME : AVOIR EMPEREURS CRUELS, EFFEMINES, DEVOTS ET PEU SAGES) ∧ (ROMAINS : PROVOQUER DISPUTES ET PERSECUTIONS THEOLOGIQUES) ∧ (BARBARES-VOULOIR : BARBARES-SE PARTAGER EUROPE ET AFRIQUE)

Die Untergangsgeschichte bei Montesquieu ist weit ausführlicher angelegt, sowohl absolut (wenn man die in der Gigastruktur angeführte Informations- d.h. Propositionsmenge betrachtet) als auch relativ in bezug auf die Aufstiegsgeschichte.

D.6.2.3. Das Verhältnis der Megastrukturen zum jeweiligen Kapiteltitel

D.6.2.3.1. Das Verhältnis der Megastruktur von Kapitel L zu dessen Titel

Der Titel von Kapitel L lautet *Des Romains. Commencements de leur Empire et de leur Religion ; leur tolérance.* Zunächst explizitiert der Titel das zentrale logische Subjekt der vorkommenden Strukturen, sodann wird angeführt, daß im Kapitel der erste Teil der Geschichte dieses (kollektiven) Subjektes behandelt wird, wobei jedoch nicht erwähnt ist, daß eine Expansion beschrieben wird; auch die Erklärungen, welche bezüglich der anfänglichen Kleinheit und des darauffolgenden Aufstiegs angeführt werden, werden im Titel nicht genannt. Angeführt werden allerdings die zwei grossen Themenbereiche der Religion und der Toleranz. Die Religion wird im Titel jedoch weder spezifiziert ("Deismus" etc.) noch bewertet.

D.6.2.3.2. Das Verhältnis der Megastruktur von Kapitel LI zu dessen Titel

Das Kapitel LI trägt den Titel *Questions sur les conquêtes des Romains, et leur décadence* und drückt einerseits die Tatsache aus, daß wir eigentlich zwei Themen vorliegen haben (Aufstieg und Fall). Auf der anderen Seite bezeichnet "questions" nicht nur die "Fragestellungen", sondern auch die echten Fragen der Oberflächenstruktur, welche Voltaire zur Präsentation seiner Ausführungen gewählt hat. Er stellt tatsächlich Fragen, welche er sodann beantwortet (teils im Rahmen von Aussagesätzen, teils erneut in - rhetorischen - Fragen). Dies gilt vor allem für den ersten Teil des Kapitels, im zweiten Teil fügt der Autor Erzählschritte in Aussageform aneinander. Der Titel gibt uns jedoch nicht die Erklärungen (die "Antworten") in bezug auf Aufstieg und Fall der Römer bekannt.

D.6.2.4. Von den Megastrukturen zur Mega-Plus-Struktur

Voltaire widmet der römischen Geschichte zwei Kapitel seines Werkes, welche eine semantisch-thematische Einheit bilden, die wiederum eine eigene Ebene zwischen der Kapitelebene (Megaebene) und jener des Gesamttextes (Gigaebene) darstellt. Wir nennen diese Ebene Mega-Plus-Ebene.

Während Montesquieu Aufstieg und Fall der Römer im Rahmen eines Werkes abhandelte, welches ausschließlich diesen beiden Themen gewidmet war, sind Aufstieg und Fall des Römischen Reiches in der *Philosophie de l'histoire* Voltaires nur eines von vielen Themen. Die Giga-Ebene des Voltaire-Textes entspricht daher thematisch nicht der Giga-Ebene des Montesquieu-Textes. Dieser Giga-Ebene des Montesquieu-Textes entspricht thematisch genau die Mega-Plus-Ebene der *Philosophie de l'histoire*. Diese beiden Ebenen können sodann miteinander verglichen werden (s. Kap. D.6.2.5.).

Die beiden Mega-Plus-Strukturen, die wieder kausal und/oder deduktiv angelegt sind, sehen folgendermaßen aus:

Aufstieg

[39-48]+[85-58A-88]+{[36]-[76-78]}L {[4-10A-B-C]+[34]}LI [ROMAINS : AVOIR VERTUS VRAIES ET FAUSSES] ∧ [RELIGION ROMAINE : ¬(EXTERMINER MONDE)] ∧ [ROMAINS : VERSER SANG] ∧ [ROMAINS : SOUMETTRE TOUS LES PEUPLES A, B, C … , T2] ∧ [ROMAINS : EMPLOYER SEPT CENT CINQUANTE ANS]	GR. D'AME + P. D'AME + {¬[DANGER/P. MILIT. + P. D'AME] + ¬[(VIE/GR. PHYS. ⇒ MORT/P. PHYS.) + P. D'AME]} + [(VIE/GR. PHYS. ⇒ MORT/P. PHYS.) + P. D'AME] + SUCCES/GR. MILIT. + GR. TEMP.	FAIBLESSE/P. MILIT. + VOULOIR COMBATTRE/ GR. MILIT. + P. D'AME + GR. D'AME + GR. D'ESPRIT + VOULOIR ¬(VIE/GR. PHYS. ⇒ MORT/P. PHYS.) + DANGER/P. MILIT. + [(P. ÉCON. ⇒ GR. ÉCON.) + P. D'AME] + DANGER/P. MILIT. + (P. NUMER. ⇒ GR. NUMER.) + GR. D'ESPRIT + GR. D'INSTITUT. + SUCCES/GR. MILIT. + GR. D'INSTITUT. + GR. D'AME + (GR. SPIRIT./GR. CULT. + GR. D'ESPRIT) + (GR. ≡ P. D'ESPRIT)	[44-49A-B-C-D]+{[27A-B-32-35A-B]-[73-79A-B]}+{[56A-57A]-[86-87]}L {[12A-B]+[19-26]+[37]}LI [ROMAINS : ETRE FORTS, DEGRE LIMITE, T1] ∧ [ROMAINS : ETRE AMBITIEUX, FEROCES, COURAGEUX, PRUDENTS ET PLUS AGUERRIS QUE TOUS LES PEUPLES, T1] ∧ [ROMAINS-VOULOIR : ROMAINS-SURVIVRE, T1] ∧ [ROMAINS : ETRE TOUJOURS EN GUERRE ET PRATIQUER RAPINES, T1] ∧ [ROMAINS : AVOIR A FAIRE A PEUPLES BELLIQUEUX] ∧ [ROMAINS : INCORPORER NATIONS DE VOISINAGE, T2] ∧ [ROMAINS : CULTIVER RAISON, T2] ∧ [ROMAINS : DEVENIR POLICES, T2] ∧ [ROMAINS : VAINCRE ET POLICER BARBARES, T3] ∧ [ROMAINS : DEVENIR LEGISLATEURS DE L'UNIVERS, T4] ∧ [ROMAINS : ¬(AVOIR DOGMES)] ∧ [(ROMAINS : ADOPTER OU PERMETTRE LES CULTES DE TOUS LES AUTRES PEUPLES, TN) ∧ (SENAT ET EMPEREURS ROMAINS : RECONNAITRE UN DIEU SUPREME, TN)] ∧ [(ROMAINS A, B, C, … : COMMENCER A CULTIVER RAISON) ∧ (ROMAINS A, B, C, … : FAIRE ERREURS)]

Niedergang

[42]LI **BARBARES : DETRUIRE** **ROMAINS**	VIE/GR. D'INSTITUT. ⇒ MORT/P. D'INSTITUT.	FAIBLESSE/P. PHYS. + ¬(VOULOIR COMBATTRE)/ P. MILIT. + MOLLESSE/ DECADENCE + (GR. D'INSTITUT. + P. D'AME + P. SPIRIT./P. CULT. + ¬ART/P. D'INSTITUT.) + DANGER/P. D'INSTITUT. + DANGER/P. MILIT.	{[39A-B-40A-B-41]+[57'-62A-B- C]+[66-67-72-73]+[89- 90]+[129-137]+[139]}LI **(ROMAINS : ETRE MOINS** **GUERRIERS ET MOINS** **ROBUSTES QUE BARBARES)** ∧ **(ROMAINS : ETRE AMOLLIS)** ∧ **(ROME : AVOIR EMPEREURS** **CRUELS, EFFEMINES, DEVOTS** **ET PEU SAGES)** ∧ **(ROMAINS :** **PROVOQUER DISPUTES ET** **PERSECUTIONS** **THEOLOGIQUES)** ∧ **(BARBARES-VOULOIR :** **BARBARES-SE PARTAGER** **EUROPE ET AFRIQUE)**

Vergleicht man die beiden Strukturen, fällt auf, daß Voltaires Struktur zum Aufstieg weit ausführlicher angelegt ist als jene zum Niedergang. Dies entspricht auch dem größeren Raum, welchen Voltaire dem Aufstieg (Verteilung auf 2 Kapitel) im Gegensatz zum Niedergang (nur innerhalb eines Kapitels und dort nur in einer Hälfte) einräumt. Bei Montesquieu ist dagegen, wie schon erwähnt, die Struktur zum Niedergang ausführlicher als jene zum Aufstieg.

D.6.2.5. Vergleich der Mega-Plus-Strukturen der Philosophie de l'histoire *mit den Gigastrukturen der* Considérations

Wir wiederholen hier zunächst die Mega-Plus-Struktur der *Philosophie de l'histoire* sowie die Gigastruktur der *Considérations* zum Aufstieg der Römer:

Philosophie de l'histoire:

[39-48]+[85-58A-88]+{[36]-[76-78]}L {[4-10A-B-C]+[34]}LI [ROMAINS : AVOIR VERTUS VRAIES ET FAUSSES] ∧ [RELIGION ROMAINE : ¬(EXTERMINER MONDE)] ∧ [ROMAINS : VERSER SANG] ∧ [ROMAINS : SOUMETTRE TOUS LES PEUPLES A, B, C ... , T2] ∧ [ROMAINS : EMPLOYER SEPT CENTS ANNEES]	GR. D'AME + P. D'AME + {¬[DANGER/P. MILIT. + P. D'AME] + ¬[(VIE/GR. PHYS. ⇒ MORT/P. PHYS.) + P. D'AME]} + [(VIE/GR. PHYS. ⇒ MORT/P. PHYS.) + P. D'AME] + SUCCES/GR. MILIT. + GR. TEMP.	FAIBLESSE/P. MILIT. + VOULOIR COMBATTRE/ GR. MILIT. + P. D'AME + GR. D'AME + GR. D'ESPRIT + VOULOIR ¬(VIE/GR. PHYS. ⇒ MORT/P. PHYS.) + DANGER/P. MILIT. + [(P. ÉCON. ⇒ GR. ÉCON.) + P. D'AME] + DANGER/P. MILIT. + (P. NUMER. ⇒ GR. NUMER.) + GR. D'ESPRIT + GR. D'INSTITUT. + SUCCES/GR. MILIT. + GR. D'INSTITUT. + GR. D'AME + (GR. SPIRIT./GR. CULT. + GR. D'ESPRIT) + (GR. ≡ P. D'ESPRIT)	[44-49A-B-C-D]+{[27A-B-32-35A-B]-[73-79A-B]}+{[56A-57A]-[86-87]}L {[12A-B]+[19-26]+[37]}LI [ROMAINS : ETRE FORTS, DEGRE LIMITE, T1] ∧ [ROMAINS : ETRE AMBITIEUX, FEROCES, COURAGEUX, PRUDENTS ET PLUS AGUERRIS QUE TOUS LES PEUPLES, T1] ∧ [ROMAINS-VOULOIR : ROMAINS-SURVIVRE, T1] ∧ [ROMAINS : ETRE TOUJOURS EN GUERRE ET PRATIQUER RAPINES, T1] ∧ [ROMAINS : AVOIR A FAIRE A PEUPLES BELLIQUEUX] ∧ [ROMAINS : INCORPORER NATIONS DE VOISINAGE, T2] ∧ [ROMAINS : CULTIVER RAISON, T2] ∧ [ROMAINS : DEVENIR POLICES, T2] ∧ [ROMAINS : VAINCRE ET POLICER BARBARES, T3] ∧ [ROMAINS : DEVENIR LEGISLATEURS DE L'UNIVERS, T4] ∧ [ROMAINS : ¬(AVOIR DOGMES)] ∧ [(ROMAINS : ADOPTER OU PERMETTRE LES CULTES DE TOUS LES AUTRES PEUPLES, TN) ∧ (SENAT ET EMPEREURS ROMAINS : RECONNAITRE UN DIEU SUPREME, TN)] ∧ [(ROMAINS A, B, C, ... : COMMENCER A CULTIVER RAISON) ∧ (ROMAINS A, B, C, ... : FAIRE ERREURS)]

Considérations:

{[12]-[22AB]-[110]-[160]}I ROMAINS : ETRE MAITRES DU MONDE	PUISSANCE/GR. MILIT. + PUISSANCE/GR. D'INSTITUT.	VOULOIR GR. D'INSTITUT. + GR. D'ESPRIT[1] + GR. D'ÂME + GR. ≡ P. ÉCON. + GR. D'INSTITUT. + P. ECON. + ¬(LUXE/DECA-DENCE) + [(GR. D'INSTITUT. + P. D'AME) → P. D'INSTITUT.] + [¬(ART/GR. MILIT.) → ¬GR. SOC.] + FAIBLESSE/P. MILIT. + FORCE/GR. MILIT. + SUCCES/GR. MILIT.	{[90-21]-[222B-223B]}+{[25]-[78-79]}I {[37]-[42]}+[48A-B]III [11-12]+[6A-B]-[79A-B]-[81]IV [124]VIII [88-91-93-97-99-102-104]IX {[26]-[29-30]}X [113]XV [100A-F]XVII {PEUPLES D'ITALIE : AVOIR STRUCTURE PSYCHOLOGIQUE S} ∧ {ROMAINS : ETRE SAGES ET VERTUEUX} ∧ {ROMAINS : PARTAGER EGALEMENT LES TERRES} ∧ {ROMAINS : SUIVRE LOIS, DEGRE MAXIMAL} ∧ {ROMAINS : ¬(AVOIR LUXE ET RICHESSES)} ∧ {ROMAINS : CORRIGER ABUS DE POUVOIR} ∧ {[ROMAIN A : ¬(ETRE BON GUERRIER)] >> [ROMAIN A : ¬(FAIRE CARRIERE)]} ∧ {ROMAINS : AVOIR ENNEMIS FORTS, T1} ∧ {ROMAINS : AVOIR ENNEMIS FAIBLES, T2} ∧ {ROMAINS : VAINCRE ENNEMIS, T2}

Betrachten wir zunächst die erzählenden Teile der beiden Strukturen.

Die Struktur, die wir für Voltaire isoliert haben, ist hier insofern ausführlicher, als daß sie neben der Aussage über die Eroberung der Welt durch die Römer auch deren ("falsche" und "echte") Tugenden, die Absenz ihrer Religionskriege bei gleichzeitiger Erwähnung des dennoch verschuldeten Blutvergießens sowie die lange Zeitspanne der Eroberungsphase anführt.

Was die erklärenden Teile der Strukturen betrifft, so sind zuerst folgende Entsprechungen anzuführen:

Beide Autoren erwähnen charakterliche Eigenschaften oder Verhaltensmuster der Römer. Bei Voltaire liest man, daß die Römer nicht nur *ambitieux, féroces, courageux, prudents* und *plus aguerris que tous les peuples*, sondern auch ständig im Krieg und auf Raubzug sind, daß sie einen starken Überlebensdrang besitzen, gleichzeitig jedoch eine gewisse Vernunft entwickeln und pflegen ("Romains : cultiver raison")

---

1   Die römische Psyche wird auf der Mikroebene des Kapitels v.a. durch ein Sich-nicht-unterordnen-Wollen definiert.

und im Anschluß daran zivilisiert werden. Ähnliches findet man bei Montesquieu, wo angeführt wird, daß die Völker der Halbinsel eine gewisse psychologische Struktur aufweisen (welche in Kap. I der *Considérations* vor allem als *kriegerisch, sich nicht unterwerfen wollend* elaboriert wird: wer kein guter Krieger ist, ist auch sozial nicht hoch angesehen). Darüber hinaus bezeichnet Montesquieu die Römer als *sages* und *vertueux*, sie beachten die Gesetze und strafen deren Mißbrauch. Bei beiden Autoren findet man den Hinweis darauf, daß die Römer am Anfang der Aufstiegszeit starke Feinde hatten, diese letztendlich jedoch unterwarfen.

Unterschiedliche Schwerpunkte sind jedoch auch zu erkennen. Hier muß man unterscheiden zwischen Informationen, die der eine Autor gar nicht erwähnt und solchen, die er im Rahmen von tieferliegenden Elaborationen anführt, welche aber in den höheren Strukturen aufgehen und daher nicht mehr aufscheinen.

Bei Voltaire ist etwa angeführt, daß die Römer am Anfang (relativ zu ihren Feinden) weniger stark waren, was bei Montesquieu auch vorkommt, in der Gigastruktur jedoch darin aufgeht, daß sie starke Feinde haben. Voltaires Aussage, daß die Römer die Barbaren besiegten und sodann zivilisierten, ist auch bei Montesquieu zu finden - allerdings im erzählenden Teil: sie sind "maîtres du monde" (auch politisch gesehen).

Bei Montesquieu nicht erwähnt werden allerdings folgende Schwerpunkte von Voltaire: die religiöse Toleranz, sprich das Fehlen von Dogmen, der Deismus der gesellschaftlichen Elite und der eingeräumte Aberglaube, der teilweise im Volk herrscht.

Montesquieu dagegen geht auf einige Umstände ein, welche bei Voltaire nicht erwähnt werden. Es sind dies die gesellschaftlichen Gegebenheiten der gleichmäßigen Landverteilung sowie der Absenz von Reichtum und Luxus. Daneben erwähnt Montesquieu ebenfalls noch, daß die Römer in einer späteren Phase der Expansion nur noch mit schwächeren Feinden zu tun hatten.

Insgesamt ist festzuhalten, daß die von Voltaire bezüglich des Aufstiegs gegebenen Informationen in Umfang und Reichtum jenen von Montesquieu nicht nachstehen, obwohl diese auf verhältnismäßig geringem Oberflächenraum präsentiert werden.

Wiederholen wir nun die Mega-Plus-Struktur zum Niedergang der *Philosophie de l'histoire* sowie die Gigastruktur zum Niedergang der *Considérations.*

Philosophie de l'histoire.

[42]LI **BARBARES : DETRUIRE** **ROMAINS**	VIE/GR. D'INSTITUT. $\Rightarrow$ MORT/P. D'INSTITUT.	FAIBLESSE/P. PHYS. + $\neg$(VOULOIR COMBATTRE)/ P. MILIT. + MOLLESSE/ DECADENCE + (GR. D'INSTITUT. + P. D'AME + P. SPIRIT./P. CULT. + $\neg$ART/P. D'INSTITUT.) + DANGER/P. D'INSTITUT. + DANGER/P. MILIT.	{[39A-B-40A-B-41]+[57'-62A-B- C]+[66-67-72-73]+[89- 90]+[129-137]+[139]}LI **(ROMAINS : ETRE MOINS** **GUERRIERS ET MOINS** **ROBUSTES QUE BARBARES)** $\wedge$ **(ROMAINS : ETRE AMOLLIS)** $\wedge$ **(ROME : AVOIR EMPEREURS** **CRUELS, EFFEMINES, DEVOTS** **ET PEU SAGES)** $\wedge$ **(ROMAINS :** **PROVOQUER DISPUTES ET** **PERSECUTIONS** **THEOLOGIQUES)** $\wedge$ **(BARBARES-VOULOIR :** **BARBARES-SE PARTAGER** **EUROPE ET AFRIQUE)**

Considérations:

[8'']+[64]+{[86]-[91]}+[26]+[48B]+[96A-96B-98]+{[106]-[116']-[132]}XVII {[1A-B]-[11]-[23]}+[69'-72']+[80-83-86A-B]XXI **EMPIRE ROMAIN : DEGENERER ET S'AFFAIBLIR A L'INTERIEUR ET A L'EXTERIEUR**	FAIBLESSE/ P. D'INSTITUT. + CORRUPTION/ DECADENCE + DEFAITE/P. MILIT.	(GR. D'INSTITUT. + P. D'AME) + VOIR DECADENCE + [(GR. D'INSTI-TUT. + GR. PHYS.) ⇒ P. D'INSTITUT.] + [VOULOIR GR. ÉCON. ⇒ (GR. ÉCON. + P. ECON.)] + P. D'ESPRIT + DECADENCE + ¬(ART/GR. D'INSTITUT.) + DANGER/P. MILIT. + FAIBLESSE/P. MILIT. + [P. PHYS. ⇒ GR. PHYS. ⇒ P. PHYS.]	[50A-B-C-55]V [30]XIV {[16]-[19]}+[30]+[82]+{[75-76]-[123-124]}XV [110]+[135]+{[73-88]-[99B]}+[150-151-153-155]+{[2]-[13]-[16-17]-[19A-B]}+{[27]-[37A-B-C-38]-[40]-[118A-B-C]-[158]-[166]}+{[58]-[85-95]}+{[137A-B-C]-[140-145-146]}XXII {[123A-B]-[27-105-125]-[130-99]}+[167-176]XXIII **[ROMAINS : ETRE ACCOUTUMES AUX COMBATS DES GLADIATEURS ET A SE JOUER DE LEURS ENFANTS ET DE LEURS ESCLAVES, T1]** ∧ **[ROMAINS : ETRE EN CONTACT AVEC LA DECADENCE EN SYRIE, T2]** ∧ **[PEUPLE ROMAIN : PERDRE ET AFFAIBLIR EMPIRE PAR SA PROPRE GRANDEUR, T2]** ∧ **[EMPEREURS : PRENDRE RICHESSES, T2]** ∧ **[ROMAINS : ETRE PEU RATIONNELS, PEU SAGES ET DECADENTS, 90%, T3]** ∧ **[ROMAINS : ¬(CONNAITRE NATURE ET BORNES DE LA PUISSANCE ECCLESIASTIQUE ET SECULIERE), 90%, T3]** ∧ **[EMPIRE : AVOIR ENNEMIS SUPERIEURS, T3]** ∧ **[(EMPIRE : ETRE PETIT, T1)** ∧ **(EMPIRE : ETRE GRAND, T2)** ∧ **(EMPIRE : ETRE PETIT, T3)]**

Vergleichen wir zunächst erneut die erzählenden Teile.

Auch hier muß wieder unterschieden werden zwischen Informationen, welche implizit enthalten und welche nicht enthalten sind.

Die Aussage Voltaires, daß Barbaren das Römische Reich zerstören, ist in Montesquieus Aussage zum "externen Degenerieren" des Reiches enthalten.

Nur bei Montesquieu findet sich der Hinweis zum innenpolitischen Verfall.

Wir vergleichen nun die erklärenden Teile.

Fast alle Erklärungen Voltaires zum Untergang sind auch bei Montesquieu explizit enthalten: die Schwäche der Römer im Gegensatz zur Stärke der Feinde, die Verweichlichung/Dekadenz der Römer, unkluge Politik und das Vermischen religiöser und weltlicher Machtfragen.

Voltaires Aussagen zu Grausamkeit, Verweichlichung, Aberglaube und mangelnder politischer Kunst der Kaiser ist bei Montesquieu einerseits in dessen allgemeinerer Aussage zu den Römern insgesamt enthalten, andererseits werden diese kaiserlichen Charakterzüge in Kapitel XV der *Considérations* als Folge des allgemeinen römischen Charakters erklärt, welcher hier an erster Stelle in der erklärenden Struktur angeführt wird.

Eine Information aus der erklärenden Struktur, welche wir nicht explizit bei Montesquieu finden, ist jene, daß die Barbaren Europa und Afrika angriffen, um es sich aufzuteilen. Dies ist bei Montesquieu jedoch teilweise bereits in der Aussage über die stärkeren Feinde enthalten (ein Feind ist nur der, der angreifen oder erobern will), teilweise in Elaborationen auf der internen Ebene einzelner Kapitel.

Nun gibt es jedoch noch eine Reihe von Informationen, welche nur bei Montesquieu zu finden sind. Es sind dies die bereits erwähnten Informationen zum Charakter der Römer: ihre durch Gladiatorenkämpfe und durch die patriarchalische, auf Sklavenbesitz aufgebaute Gesellschaftsstruktur geförderte Härte und Unbarmherzigkeit einerseits, sodann der Kontakt mit Luxus und Dekadenz bei ihrem Syrienfeldzug sowie schließlich die Veränderung der Größenverhältnisse im Reich (Expansion und erneute Verkleinerung).

Während Voltaires Beitrag zum Aufstieg jenem von Montesquieu nicht nachsteht, ist sein Beitrag zum Untergang deutlich weniger ausführlich als jener von Montesquieu. Er ist auch, wie schon erwähnt, deutlich weniger ausführlich als sein eigener Beitrag zum Aufstieg. Dies und die Tatsache, daß Voltaire dem Untergang nur ein halbes Kapitel gewidmet hat, ist wohl damit in Verbindung zu bringen, daß der Autor, welcher an den zivilisatorischen Fortschritt glaubt (vgl. Metzeltin/ Kratschmer 1999), auch mehr Interesse an der Erklärung von Aufstiegsgeschichten als von Niedergangsgeschichten hat.

D.6.2.6. Vergleich der Mega-Plus-Plus-Struktur der Philosophie de l'histoire *mit der Giga-Plus-Struktur der* Considérations

In Kapitel LI der *Philosophie de l'histoire* konnten zwei Makrostrukturen festgemacht werden, welche Aspekte von Aufstieg und Niedergang in sich vereinen und daher auf ein Niveau verweisen, welches dem Giga-Plus-Niveau bei Montesquieu entspricht. Nach dem Listenprinzip zusammengefaßt ergaben diese eine neue Struktur, welche wir gemäß unseren terminologischen Konventionen als *Mega-Plus-Plus-Struktur* bezeichnen müssen, auch wenn dies zugegebenermaßen keine einleuchtend-überschaubare Bezeichnung ist.

Wir vergleichen diese Struktur nun mit der entsprechenden Struktur aus dem Montesquieu-Text:

Philosophie de l'histoire:

[147A-B]LI [ENNEMIS A, B, C, ... : PRENDRE EMPIRE ROMAIN, T3] ∧ [ROMAINS-S'ATTENDRE : ENNEMIS A, B, C, ...- ¬(PRENDRE ROME, T3), T1-2]	MORT/P. D'INSTITUT. + PENSER ¬(MORT/P. D'INSTITUT.)	(P. D'INSTITUT. ⇒ GR. D'INSTITUT.) + GR. D'INSTITUT. + DANGER/P. D'INSTITUT.	{[142-144]+[146A-B]}LI (ROMAINS : BATIR EMPIRE ROMAIN, T1) ∧ (ROME : ETRE GRANDE, DEGRE MAXIMAL, DU TEMPS DE SCIPION ET DE CESAR = T2) ∧ (ROME : ETRE DANS ANARCHIE, T3)

Considérations:

[63-66]XV EMPIRE ROMAIN : DEGENERER, T2	GR. D'INSTITUT. ⇒ P. D'INSTITUT.	GR. D'INSTITUT. ⇒ GR. D'INSTITUT.	[62-65]XV EMPIRE ROMAIN : PROSPERER, T1

Es ist zu beachten, daß beide Autoren den Niedergang mit der vorherigen Expansion erklären.

Voltaire führt jedoch noch weitere Informationen an, und dies sowohl im erzählenden als auch im erklärenden Teil. Speziell ist dabei der erklärende Teil hervorzuheben: als weitere Erklärungen für den Niedergang wird die Anarchie angeführt.

Dieser Unterschied dürfte einen Unterschied in der Geschichtsauffassung der beiden Autoren widerspiegeln: während Montesquieu ein historisches Gesetz anerkennt, demgemäß jedem Aufstieg ein Untergang folgt, so sieht zwar Voltaire das oftmalige Aufeinanderfolgen dieser beiden Entwicklungen, für ihn ist eine solche Folge jedoch nicht unausweichlich. Sie wird erst unausweichlich, wenn dazu andere Faktoren aktuell werden, wie etwa die Anarchie. Trotz der in der Geschichte dokumentierten Untergangsgeschichten kann Voltaire weiter an den Fortschritt glauben: es gilt dafür nur, die weiteren potentiellen Bedingungen für einen Untergang zu umgehen.

In dieses Bild fügt sich auch nahtlos die zusätzliche Information, welche Voltaire im erzählenden Teil anführt, namentlich daß die Römer den Untergang nicht vorausgeahnt haben. Da ein Untergang für Voltaire nicht unvermeidlich ist, ist ein solches Faktum auch nicht erstaunlich. Dazu muß allerdings angefügt werden, daß Voltaire in Kapitel LI sehr wohl meint, die Römer mußten den Untergang voraussehen. Er führt dies jedoch bereits für die ersten Phasen der inneren Unruhen (zur Zeit von Marius) an - hier wäre die potentielle Bedingung für den Untergang allerdings auch schon gegeben und daher prinzipiell erkennbar.

D.6.2.7. Vergleich zweier Aussagen auf der Mikroebene von Kap. LI der Philosophie de l'histoire *mit der Meta-Giga-Struktur der* Considérations

Die *Considérations* von Montesquieu enthalten noch eine weitere übergeordnete Struktur, von der wir gesagt haben, daß diese induktiv über das Werk hinausweist und welche wir daher Meta-Giga-Struktur genannt haben.

[44]XVIII FORTUNE : ¬(DOMINER MONDE)	-		
		(- → SUCCES/GR. MILIT.) + (- → DEFAITE/P. MILIT.)	[46-47]XVIII ROMAINS : AVOIR DESTIN MILITAIRE SELON COMPORTEMENT

Voltaires *Philosophie de l'histoire* enthält zwar keine übergeordnete Struktur dieser Art, auf der Mikroebene der Kapitel L und LI finden sich jedoch zwei Aussagen, welche mit dieser Struktur verglichen werden sollten. Es ist dies zunächst folgender Satz aus Kap. LI, der thematisch verwandt ist.

(45) N'y a-t-il pas visiblement une destinée qui fait l'accroissement et la ruine des Etats ?

Voltaire geht an dieser Stelle ebenfalls induktiv vor und belegt dieses Gesetz sogleich mit dem Fall (hier im Sinne von "causa") von Rom, wo Anarchie zur schließlichen Übernahme der Stadt durch das Papsttum geführt hat. Die *destinée* von Voltaire ist hier jedoch offensichtlich nicht die *fortune* von Montesquieu: erstere bezeichnet "Schicksal" im Sinne von "verdient/bedingt durch die Umstände" (hier: Anarchie), letztere bezeichnet den "Zufall", welchen Montesquieu nicht als historisches Prinzip anerkennt. Hier treffen einander die beiden Aufklärer wieder: Geschichte ist stets gesetzmäßig und rational beschreibbar und wird von den Menschen und ihren Handlungen gemacht. Allerdings sieht Montesquieu die menschlichen Handlungen in größerer Abhängigkeit von den historischen Umständen (Gesetzen) als Voltaire: dieser scheint an eine größere menschliche Handlungsfreiheit zu glauben, welche den Fortschritt wählen kann.

Ein weiterer Kontext, wo Voltaire induktiv vorgeht und wo es gerade dieser induktive Charakter ist, welcher diesen Kontext mit der Meta-Giga-Struktur bei Montesquieu vergleichbar macht, ist der folgende aus Kap. L:

(40) Il est encore incontestable que les Romains, comme les Grecs, adoraient un Dieu suprême. (41) Leur Jupiter était le seul qu'on regardât comme le maître du tonnerre, comme le seul que l'on nommât le Dieu très grand et très bon, Deus optimus maximus. (42) Ainsi de l'Italie à l'Inde et à la Chine, vous trouvez le culte d'un Dieu suprême et la tolérance dans toutes les nations connues.

Voltaire gebraucht die in Satz (40) gemachte Aussage als *input* (= Fall) für eine Induktion auf der Ebene des Gesamttextes: von dieser Aussage, zusammen mit parallelen Angaben aus anderen Kapiteln zu anderen Völkern (vgl. Metzeltin/ Kratschmer 1999), leitet er ein Gesetz ab, welches die spirituelle Reife, aber auch die Toleranz aller Völker ("von Italien über Indien bis China") konstatiert. Da dieser induktive Schluß jedoch über die Mikro-, ja sogar über die Mega-Ebene des Kapitels bzw. die Mega-Plus-Plus-Ebene der beiden Kapitel zur römischen Geschichte hinausgeht, haben wir diesen im Rahmen unseres *parcours narratif* zur römischen Geschichte vernachlässigt.

Dieser Kontext zeigt jedoch, daß sowohl Voltaire als auch Montesquieu die römische Geschichte als Fallbeispiel heranziehen, welches größere historische Gesetzmäßigkeiten illustrieren/"beweisen"/belegen soll.

D.6.3. Semantische Felder

D.6.3.1. Generelles

Wir haben auch bei Voltaire, wie schon bei Montesquieu, nur jene Aussagen analysiert, welche mit Größe/Dekadenz der Römer zu tun haben, und ließen Betrachtungen zu anderen Völkern und allgemeine (etwa geschichtstheoretische) Ausführungen weg.

D.6.3.2. Idiosynkratische semantische Felder bei Voltaire

In Absatz 5 von Kap. L definiert Voltaire seinen Größenbegriff:

(22) Les Grecs paraissaient, dans les premiers temps de leurs républiques, une nation *supérieure* en tout aux Romains. (23) Ceux-ci ne sortent des *repaires* de leurs *sept montagnes* avec des poignées de foin, *manipuli*, qui leur servent de drapeaux, que pour *piller* des villages voisins. (24) Ceux-là au contraire ne sont occupés qu'à *défendre leur liberté*. (25) Les Romains *volent* à *quatre ou cinq milles* à la ronde les Eques, les Volsques, les Antiates. (26) Les Grecs *repoussent* les *armées innombrables* du *grand roi* de Perse, et *triomphent* de lui *sur terre et sur mer*. (27) Ces Grecs *vainqueurs cultivent* et *perfectionnent tous les beaux arts* ; et les Romains les *ignorent* tous, jusques vers le temps de Scipion l'Africain.

Dieser Größenbegriff setzt sich zusammen aus: *grandeur militaire* (mit den Subfeldern ¬*danger* (*repousser*); *vouloir combattre* (*défendre leur liberté*); *succès* (*triompher, vainqueurs*); *grande armée* (indirekt: *repousser les armées innombrables*), *vouloir* ¬(*grandeur d'institution* ⇒ *petitesse d'institution*) (*défendre leur liberté*); *grandeur physique* (*sur terre et sur mer*) sowie *grandeur culturelle* (mit dem Subfeld *grandeur artistique*, s. gleich im Anschluß).

Dagegen steht ein Kleinheitsbegriff, welcher sich zusammensetzt aus: *petitesse physique* (*sept montagnes*; *quatre ou cinq milles*) sowie (*petitesse économique* ⇒ *grandeur économique*) + *petitesse d'âme* (*piller*; *voler*).

In Satz (27) führt Voltaire einen Teilbegriff der *grandeur* ein, welchen wir bei Montesquieu nicht in dieser Form vorgefunden haben, jenen der *grandeur culturelle*, hier vertreten durch die *grandeur artistique*. Bei Montesquieu waren die Künste Zeichen von Dekadenz, nicht von Kultur.

Voltaire aktiviert dieses Teilfeld (und dessen antonymisches Teilfeld), allerdings nur in Kapitel L, durch folgende Oberflächenstrukturen:

grandeur artistique/grandeur culturelle:
- cultiver tous les beaux arts
- perfectionner tous les beaux arts
- poètes

petitesse artistique/petitesse culturelle:
- ignorer tous les beaux arts

In Absatz 6 desselben Kapitels führt Voltaire noch ein neues Subfeld der *grandeur culturelle* ein:

(28) J'observerai ici sur leur religion deux choses importantes : c'est qu'ils *adoptèrent, ou permirent, les cultes de tous les autres peuples*, à l'exemple des Grecs, et qu'au fond le *sénat* et les *empereurs reconnurent* toujours un *Dieu suprême*, ainsi que la plupart des *philosophes*, et des *poètes* de la Grèce.

Hier insistiert Voltaire erneut auf der *grandeur artistique* (*poètes*), baut aber die *grandeur culturelle* auch über einen neuen Teilbereich, die *grandeur spirituelle,* aus, welche er den politischen, geistigen und künstlerischen Eliten (*sénat; empereurs; philosophes; poètes*) Griechenlands und Roms zuschreibt und welche er über die Anerkennung "deistischen" Gedankengutes (*reconnaître un Dieu suprême*) definiert. Bei Montesquieu tauchen religiöse Themen nur im Rahmen von kritischen Überlegungen auf, zumeist über Termini wie *superstition*, welche oftmals direkt mit *stupidité*[2] verbunden wird, also als *petitesse d'esprit*, welche v.a. im Rahmen von Dekadenz vorkommt. Das heißt Religion wird nicht mit kultureller *grandeur*, wie hier bei Voltaire, assoziiert. Für Montesquieu hat Religion durchaus ihren Platz im Leben der Menschen, sie muß diesen jedoch kennen[3].

Voltaire aktiviert die *grandeur spirituelle* durch folgende Oberflächenstrukturen:

Kapitel L
grandeur spirituelle:
- reconnaître un Dieu suprême
- adorer un Dieu suprême
- regarder comme le seul maître du tonnerre

---

2   vgl. Kap. XXII *Foiblesse de l'empire d'Orient:* *(25) Une* superstition grossière, *qui abaisse l'esprit autant que la religion l'élève, plaça toute la vertu et toute la constance des hommes dans une* ignorante stupidité pour les images, *et l'on vit des généraux lever un siège et perdre une ville pour avoir une relique.* (unsere Hervorh.)

3   Vgl. Kap. XXII: *(79) La source la plus empoisonnée de tous les malheurs des Grecs, c'est qu'ils ne connurent jamais la nature ni les bornes de la puissance ecclésiastique et de la séculière : ce qui fit que l'on tomba de part et d'autre dans des égarements continuels.*

(80) Cette grande distinction, qui est la base sur laquelle pose la tranquillité des peuples, est fondée non seulement sur la religion, mais encore sur la raison et la nature, qui veulent que des choses réellement séparées, et qui ne peuvent subsister que séparées, ne soient jamais confondues.

(81) Quoique chez les anciens Romains le clergé ne fît pas un corps séparé, cette distinction y étoit aussi connue que parmi nous.

- nommer seul Dieu très grand et très bon
- culte d'un Dieu suprême
- connaissance d'un Dieu

petitesse spirituelle:
- une foule de superstitions

Kapitel LI
petitesse spirituelle:
- persécutions théologiques
- dévot

Allerdings referiert Voltaire auf die *superstitions* auch über Dummheit, das heißt daß er damit auch die *petitesse d'esprit* aktiviert:

petitesse d'esprit:
- sottises
- erreur

D.6.3.3. Anzahl und Verteilung der erklärten semantischen Felder in Kapitel L der Philosophie de l'histoire

Bezüglich der aktivierten semantischen Felder, welche im *parcours narratif* aufscheinen und im *arrière-fond explicatif* erklärt werden, fällt die relativ hohe Anzahl an Kontexten auf, welche ideelle Qualitäten evozieren: seelische Größe (*grandeur d'âme*. 6 Kontexte + ein weiterer, welcher durch ein nicht-relevantes semantisches Feld erklärt wird), spirituelle Größe (*grandeur spirituelle*: 2 Kontexte) und geistige Größe (*grandeur d'esprit*: 3 Kontexte + ein weiterer, der angesprochen, jedoch zunächst nicht erklärt wird).

Wichtig sind auch Fragen der Macht (*grandeur d'institution*) und des Überlebens (*grandeur physique*). Augenfällig ist das geringe Gewicht militärischer Fragestellungen (*grandeur militaire*: nur 2 Kontexte), welche bei Montesquieu eine zentrale Rolle einnehmen.

D.6.3.4. Anzahl und Verteilung der erklärten semantischen Felder in Kapitel LI der Philosophie de l'histoire

Bezüglich der aktivierten semantischen Felder, welche im *parcours narratif* aufscheinen und im *arrière-fond explicatif* erklärt werden, fällt die massive Präsenz von Kontexten auf, welche militärische Fragestellungen (*grandeur/petitesse militaire*) betreffen. Hier besteht ein augenfälliger Unterschied zum vorangehenden Kapitel: dort spielt dieser semantische Bereich eine deutlich untergeordnete Rolle. Wichtig in diesem Kapitel sind auch Machtfragen (*grandeur/petitesse d'institution*), wobei hier jedoch hauptsächlich die *petitesse* aktiviert und erklärt wird (der Machtverlust der Römer).

In diesem Kapitel decken sich die erklärten semantischen Felder eher mit jenen, welche Montesquieu zu Aufstieg und Fall aktiviert hat.

D.6.3.5. *Vergleich der semantischen Felder, welche auf der Mega-Plus-Ebene der* Philosophie de l'histoire *bzw. auf der Giga-Ebene der* Considérations *aktiviert werden*

Wir vergleichen zunächst beide Strukturen zum Aufstieg und beginnen dabei mit den erzählenden (= den erklärten) Teilen, das heißt zu den Wirkungen, Folgen, Ergebnissen. Während beide Autoren hier das semantische Feld der militärischen Größe (*grandeur militaire*) aktivieren, ist bei Montesquieu auch die Macht (*grandeur d'institution*: vgl. *maîtres du monde*) mitaktiviert. Das heißt Montesquieu erklärt die militärische und politische Größe der Römer, während Voltaire nur die militärische Größe erklärt.

Allein bei Voltaire aktiviert sind dagegen Charaktereigenschaften (*grandeur/petitesse d'âme*), das Blutvergießen ((*vie/grandeur physique* ⇒ *mort/petitesse physique*) + *petitesse d'âme*: vgl. *verser le sang*) sowie die lange Zeitdauer (*grandeur temporelle*; vgl. *sept cent cinquante ans*). Voltaire erklärt damit weit mehr als die reine Expansion der Römer.

Die eigentlichen Ursachen, Bedingungen oder Faktoren für die Expansion der Römer sind für beide Autoren explizit in folgenden Bereichen zu finden: charakterliche Stärke (*grandeur d'âme*), geistige Größe (*grandeur d'esprit*), Kampfeslust (*vouloir combattre/grandeur militaire*), Gesetzestreue/Disziplin (*vouloir petitesse d'institution* (Sicht des Einzelnen)), Ordnung (*grandeur d'institution* (Sicht des Kollektivs)), Gefahr durch starke Feinde (*danger/petitesse militaire*) sowie militärische Erfolge (*succès/grandeur militaire*). Rechnet man auch implizit aktivierte semantische Felder mit ein, so decken sich die Erklärungen auch im Bereich der (im Vergleich zu etwa gleich starken Feinden) militärischen Schwäche (*faiblesse/petitesse militaire*), der Überwindung und Zivilisierung anderer Nationen (*succès/grandeur militaire* + *grandeur d'institution*) und schließlich im Wachstum der Nation (*petitesse numérique* ⇒ *grandeur numérique*).

Voltaire allein aktiviert hier die semantischen Felder der religiösen Toleranz und des Deismus der Elite (*grandeur d'âme* + *grandeur spirituelle/grandeur culturelle*), des

Aberglaubens im Volk (*petitesse spirituelle*/*petitesse culturelle*). Die *grandeur*/*petitesse spiri-tuelle* bzw. *culturelle* ist ein antonymisches Feld, welches bei Montesquieu, wie schon erwähnt, überhaupt nicht in dieser Form im Mittelpunkt steht.

Bei Montesquieu allein werden dagegen folgende semantische Felder aktiviert: die ausgeglichene Ökonomie durch die gleichmäßige Landverteilung (*grandeur* ≡ *petitesse économique*), die kargen Lebensumstände (*petitesse économique* und ¬*(lu-xe*/*décadence)*) sowie (später) relativ schwache Feinde (*force*/*grandeur militaire*, lies "der Römer den Feinden gegenüber").

Vergleicht man nun die Strukturen beider Autoren zum Untergang, so wird dieser im erzählenden Teil mit folgenden semantischen Feldern evoziert: militärische Niederlage (*défaite*/*petitesse militaire*) bei Montesquieu bzw. Zerstörung (*mort*/*petitesse militaire*) bei Voltaire, welche einander hier weitgehend paraphrasieren.

Montesquieu aktiviert dabei zusätzlich die Felder der innenpolitischen Schwä-che (*faiblesse*/*petitesse d'institution*) sowie der Korruption/Dekadenz (*corruption*/*déca-dence*).

In den erklärenden Teilen, das heißt bezüglich der Ursachen, Bedingungen und Faktoren der Strukturen zum Untergang aktivieren beide Autoren die semanti-schen Felder der militärischen Bedrohung von außen (*danger*/*petitesse militaire*), der militärischen Schwäche (*faiblesse*/*petitesse militaire*), der Verweichlichung/Dekadenz (*mollesse*/*décadence*) sowie der unklugen Politik (¬*art*/*petitesse d'institution*).

Die Darstellung des Vermischens von religiösen und weltlichen Machtfragen wird allerdings bei Voltaire durch die Aktivierung des semantischen Feldes des Mangels an kultureller Größe (*petitesse spirituelle*/*petitesse culturelle*), bei Montesquieu durch jenes der Dummheit (*petitesse d'esprit*) bzw. des Mangels an politischer Um-sicht (¬*art*/*petitesse d'institution*) vorgenommen. Dies ergibt sich aus der Tatsache, daß Voltaire diese Fakten dem zuvor in Kapitel L geöffneten semantischen Feld der *grandeur spirituelle*/*grandeur culturelle* entgegenstellen kann, während Montesquieu kein derartiges Feld aktiviert und als mögliches antonymisches Feld nur die *gran-deur d'esprit* bzw. die *art*/*grandeur d'institution* zur Verfügung hat. Dieser Fall illu-striert deutlich, wie sehr der Faktor "Antonymie" die Text(re)konstruktion steuert: einmal geöffnete (Teil-)Felder bereiten die Aktivierung des jeweils antonymischen (Teil-) Feldes vor oder ermöglichen diese erst.

Montesquieu aktiviert dagegen allein die Felder des an das Herrschen gewohn-ten Charakters der Römer (*grandeur d'institution* + *petitesse d'âme*), des Kontaktes mit der Dekadenz anderer (*voir décadence*) sowie das Feld der Größenveränderungen im Reich (*petitesse physique* ⇒ *grandeur physique* ⇒ *petitesse physique*).

D.6.3.6. Vergleich der semantischen Felder, welche auf der Mega-Plus-Plus-Ebene der Philosophie de l'histoire *bzw. auf der Giga-Plus-Ebene der* Considérations *aktiviert werden*

Wir haben in beiden Werken Strukturen festgemacht, welche Aspekte von Aufstieg und Niedergang in sich vereinen, wobei beide Autoren den Niedergang (*petitesse d'institution*) mit der vorherigen Expansion (*petitesse d'institution* ⇒ *grandeur d'institution*) erklären.

Voltaire führt jedoch noch weitere Informationen an. Als zusätzliche Erklärungen für den Niedergang wird die Anarchie genannt, welche das semantische Feld
danger/petitesse d'institution aktiviert. Im erzählenden Teil bemerkt der Autor, daß
die Römer den Untergang nicht vorausgeahnt haben, was dem semantischen Feld
penser ¬(mort/petitesse d'institution) entspricht.

D.6.4. Die schriftstellerische und historiographische Berufung Voltaires

D.6.4.1. Semantische Strukturen und ihre rhetorisch-pragmatische Wirkung

Wir werden hier erneut lediglich die auffälligsten Beobachtungen kurz erläutern,
da sich die vorliegende Arbeit wie gesagt als semantische Untersuchung versteht.
Allerdings wird besonders bei Voltaire oft deutlich, wie sehr der Rückgriff auf bestimmte semantische Konfigurationen manipulativ eingesetzt werden kann. Unser
kurzer Exkurs ist daher erneut auch als methodologisches Plädoyer für eine genaueste semantische Analyse gemäß unserem Muster im Vorfeld jeglicher pragmatikorientierten Untersuchung zu verstehen.

D.6.4.1.1. Defektive Erklärungen

Wir haben bereits in Kap. D.6.1.3. zwei Stellen von Kapitel LI der *Philosophie de
l'histoire* besprochen, wo Voltaire für bestimmte Ereignisse defektive Erklärungen
liefert. Wir wollen hier nur ganz kurz auf die pragmatische Wirkung dieser Pseu-
do-Erklärungen eingehen.

Der erste dieser Kontexte fand sich im zweiten Absatz dieses Kapitels:

(4) N'est-il pas clair (humainement parlant et ne considérant que les causes secondes) que
si les Juifs, qui espéraient la conquête du monde, ont été presque toujours asservis, ce fut
leur faute ? (5) Et si les Romains dominèrent, ne le méritèrent-ils pas par leur courage et
par leur prudence ? (6) Je demande très humblement pardon aux Romains de les comparer
un moment avec les Juifs.

Es wurde bereits gesagt, daß Voltaires Erklärung zum mangelnden Erfolg der Juden ("ihre eigene Schuld") eine Scheinerklärung ist. Allerdings wird dieser Erklärung eine vollständige Erklärung (*courage; prudence*) zum Erfolg der Römer gegenübergestellt. Der Kontext deutet daher an, daß es den Juden an diesen beiden Qualitäten gemangelt hat, was durch Satz (6) noch weiter unterstrichen wird, dessen semantischer Inhalt (abstrahiert man von der stark verfremdeten Oberflächenstruktur) letztendlich darauf zu reduzieren ist, daß die Römer und Juden Voltaire gemäß in starkem Kontrast stehen, was vom Autor auch bewertet wird.

Die nächste defektive Erklärung fand sich in Absatz 10 von Kapitel LI:

[...] (32) Honorius, sur de simples soupçons, lui [à Stilicon] fit trancher la tête sans forme de procès. (33) Il était plus aisé d'assassiner Stilicon que de battre Alaric. [...]

Die in Satz (33) ausgedrückte Extrakondition stellt eine *ad hoc*-Erklärung dar, was sich semantisch daran erkennen läßt, daß das Gesetz ("wer die Wahl zwischen etwas Leichtem und etwas Schwerem hat, wählt immer das Leichte"), auf welches sich die Extrakondition bezieht, nicht Voltaires sonst im gleichen Text gegebenem Werteuniversum entspricht. Dies ist jedoch so offensichtlich, daß diese Erklärung problemlos als Ironie[4] entlarvt werden kann, wodurch auf der pragmatischen Ebene signalisiert wird, daß das Verhalten von Honorius (nach Voltaires Maßstäben) nicht rational erklärbar ist, sprich Honorius der Besitz von Vernunft abgesprochen wird (Näheres dazu s. Kratschmer 2003).

Bei Montesquieu sind, wie schon erwähnt, keine defektiven Erklärungen zu finden.

---

4   Vgl. etwa Landheers (1998: 303) Definition von "Ironie": "Un locuteur L, tout en énonçant A, veut faire entendre que le jugement axiologique impliqué ou suggéré par (une partie de) A, doit être inversé ou relativisé". Wir haben es hier allerdings nicht mit einem einfachen *jugement*, sondern einem (handlungslogischen) Gesetz zu tun, welches relativiert werden soll; mehr zum rhetorischen Mittel der Ironie bei Voltaire s. Metzeltin/Kratschmer 1999.

D.6.4.1.2. Vergleiche

Beide Autoren setzen Vergleiche/Kontraste ein. Diese können aus pragmatischer Sicht das Gewicht von Aussagen unterstreichen.

Voltaire, Kap. L der *Philosophie de l'histoire*:
(27) Ces Grecs vainqueurs cultivent et perfectionnent tous les beaux arts ; et les Romains les ignorent tous, jusques vers le temps de Scipion l'Africain.

Montesquieu, Kap. IV. der *Considérations*:
(20) Les Romains étoient ambitieux par orgueil, et les Carthaginois par avarice ; les uns vouloient commander, les autres vouloient acquérir ; et ces derniers, calculant sans cesse la recette et la dépense, firent toujours la guerre sans l'aimer.

D.6.4.1.3. Definitionen

Beide Autoren setzen Definitionen ein. Diese können aus pragmatischer Sicht dem Leser die wissenschaftliche Akkuratesse des Autors vermitteln bzw. dem Leser neue Prämissen und damit neue Konklusionen nahelegen. Man beachte im übrigen die augenfällige Differenz in der Definition von römischer Vaterlandsliebe bei den beiden Autoren:

Voltaire, Kap. L der *Philosophie de l'histoire*:
(16) Au milieu du brigandage, l'amour de la patrie domina toujours jusqu'au temps de Sylla. (17) Cet amour de la patrie consista pendant plus de quatre cents ans, à rapporter à la masse commune ce qu'on avait pillé chez les autres nations. (18) C'est la vertu des voleurs. (19) Aimer la patrie c'était tuer et dépouiller les autres hommes.

Montesquieu, Kap. I der *Considérations*:
(47) Toujours exposés aux plus affreuses vengeances, la constance et la valeur leur devinrent nécessaires ; et ces vertus ne purent être distinguées chez eux de l'amour de soi-même, de sa famille, de sa patrie, et de tout ce qu'il y a de plus cher parmi les hommes.

D.6.4.1.4. Physischer Abstand im Text zwischen Explanandum und Explanans

Physischer Abstand im Text zwischen Ereignissen und ihren Erklärungen kann, speziell wenn die zu erklärenden Informationen an der Textoberfläche durch Fragen wiedergegeben werden, auf der rhetorischen Ebene einen gewissen *suspense*-Effekt erzeugen.

Voltaire gebraucht diese Strategie in Kapitel LI der *Philosophie de l'histoire*, wo erst im zweiten Absatz die im ersten Absatz gestellten Fragen nach Gründen/Ursachen beantwortet werden:

(1) Pourquoi les Romains, qui n'étaient que trois mille habitants, et qui n'avaient qu'un bourg de mille pas de circuit sous Romulus, devinrent-ils avec le temps les plus grands conquérants de la terre ; et d'où vient que les Juifs, qui prétendent avoir eu six cent trente mille soldats en sortant d'Egypte, qui ne marchaient qu'au milieu des miracles, qui combattaient sous le Dieu des armées, ne purent-ils jamais parvenir à conquérir seulement Tyr et Sidon dans leur voisinage, pas même à être jamais à portée de les attaquer ? (2) Pourquoi ces Juifs furent-ils presque toujours dans l'esclavage ? (3) Ils avaient tout l'enthousiasme et toute la férocité qui devaient faire des conquérants ; le Dieu des armées était toujours à leur tête ; et cependant ce sont les Romains, éloignés d'eux de dix-huit cents milles, qui viennent à la fin les subjuguer et les vendre au marché.

(4) N'est-il pas clair (humainement parlant et ne considérant que les causes secondes) que si les Juifs, qui espéraient la conquête du monde, ont été presque toujours asservis, ce fut leur faute ? (5) Et si les Romains dominèrent, ne le méritèrent-ils pas par leur courage et par leur prudence ? (6) Je demande très humblement pardon aux Romains de les comparer un moment avec les Juifs.

Doch auch bei Montesquieu findet sich diese Technik (im vorliegenden Beispiel aus Kap. XVII der *Considérations* allerdings nicht durch eine Frage markiert, sondern durch den kataphorisch eingesetzten Oberbegriff *événement*):

(37) Valentinien sentit plus que personne la nécessité de l'ancien plan ; il employa toute sa vie à fortifier les bords du Rhin, à y faire des levées, y bâtir des châteaux, y placer des troupes, leur donner le moyen d'y subsister. (38) Mais il arriva dans le monde un événement qui détermina Valens, son frère, à ouvrir le Danube, et eut d'effroyables suites.

Die 5 folgenden (letzten) Absätze des Kapitels bringen eine detaillierte Erklärung sowohl des *événement* selbst als auch von dessen Folgen.

D.6.4.1.5. Nennen von Ausnahmen

Das Ausnahmen-Nennen ist eine Strategie, welche argumentativ eingesetzt werden kann, um sich den Anstrich wissenschaftlicher Genauigkeit und damit Seriosität zu geben (vgl. Metzeltin/Kratschmer 1999).

Voltaire verwendet diese Strategie regelmäßig, bei Montesquieu ist sie zu finden, jedoch nicht so massiv wie bei Voltaire.

Voltaire, Kap. L der *Philosophie de l'histoire*:

(35) Cette association de toutes les divinités du monde, cette espèce d'hospitalité divine fut le droit des gens de toute l'antiquité, excepté peut-être chez un ou deux petits peuples.

Montesquieu, Kap. V. der *Considérations*, der i.ü. die Ausnahme sodann gleich erneut entkräftet:

(74) Après l'abaissement d'Antiochus, il ne restoit plus que de petites puissances, si l'on en excepte l'Égypte, qui, par sa situation, sa fécondité, son commerce, le nombre de ses habitants, ses forces de mer et de terre, auroit pu être formidable ; mais la cruauté de ses rois, leur lâcheté, leur avarice, leur imbécillité, leurs affreuses voluptés, les rendirent si odieux à leurs sujets, qu'ils ne se soutinrent, la plupart du temps, que par la protection des Romains.

D.6.4.2. Semantik, Pragmatik und die literarisch-historiographische Berufung

Nach all jenem, was an semantischen und rethorisch-pragmatischen Beobachtungen zu den beiden Autoren Voltaire und Montesquieu gesagt wurde, entsteht insgesamt der Eindruck, daß Voltaire massiver als Montesquieu bestimmte sprachliche Strategien mit rhetorischem Potential einsetzt (s. Kap. D.6.4.1.). Daraus ergibt sich für die pragmatische Ebene, daß der Text von Voltaire deutlich manipulativer wirkt, als jener von Montesquieu. Der Montesquieu-Text ist keinesfalls frei von manipulativen Strategien, vergleicht man ihn jedoch mit jenem von Voltaire, so ist ersterem eher eine Gesamt-*visée illocutoire* "Informieren-Wollen", letzterem dagegen eine Gesamt-*visée illocutoire* "Überreden/Überzeugen-Wollen" zuzuordnen.

Dieser Unterschied bezüglich des schriftstellerischen Idealismus (wenn man diesen durch den Unterschied der *visée illocutoire* definieren möchte, was u. E. ein gangbarer Vorschlag ist) läßt sich mit dem Unterschied in bezug auf die Geschichtsauffassung der beiden Autoren parallelisieren. Wie schon erwähnt, erkennt

Montesquieu ein historisches Gesetz an, demgemäß jedem Aufstieg ein Untergang folgt. Voltaire sieht zwar das oftmalige Aufeinanderfolgen dieser beiden Entwicklungen, für ihn ist eine solche Folge jedoch nicht unausweichlich. Sie wird erst unausweichlich, wenn dazu andere Faktoren aktuell werden. Trotz der in der Geschichte dokumentierten Untergangsfälle kann Voltaire weiter an den menschlichen Fortschritt und die Handlungsfreiheit glauben: es gilt dafür nur, die weiteren potentiellen Bedingungen für einen Untergang mit Willenskraft zu umgehen.

Da Voltaire an einen Fortschritt in der Menschheitsgeschichte glaubt, hat er auch ein stärkeres Motiv, diesen Glauben anderen nahezubringen, als Montesquieu, welcher eher eine unausweichliche Zyklizität in der Geschichte erkannt haben möchte und daher vielleicht eher interessiert ist, anderen diese Zyklizität verständlich zu machen, als sie zum Arbeiten für den Fortschritt zu überreden.

Das stärkere Motiv Voltaires, andere zu bewegen, schlägt sich sodann in der Auswahl seiner textuellen Strategien nieder, welche potentiell manipulativ sind.

D.6.5. Zusammenfassung

Voltaires Text unterscheidet sich von jenem Montesquieus durch den größeren räumlichen Platz, welcher dem Aufstieg der Römer im Vergleich zum Untergang eingeräumt wird. Dies zeigt sich einerseits dadurch, daß Voltaire den Aufstieg in beiden Kapiteln zur römischen Geschichte behandelt, während der Niedergang nur ein halbes Kapitel einnimmt. Weiters ist auch die übergeordnete Makrostruktur zum Aufstieg konzeptuell weit reicher als jene zum Niedergang. Und schließlich erreichen die explikative Dichte und Tiefe in diesem Textteil höhere Werte als im Teil zum Niedergang. Die Analyse der in den fraglichen Kapiteln aktivierten semantischen Felder zeigt, daß Voltaires Schwerpunkt bei der Erklärung für den Aufstieg deutlicher auf bestimmten ideellen Werten liegt, wie etwa der kulturellen Größe, einer Vorstellung, die man bei Montesquieu nicht findet. Diese kulturelle Größe besteht einerseits in künstlerischer, andererseits in spiritueller Größe. Die spirituelle Größe definiert sich für Voltaire wiederum in einer deistischen Weltanschauung, sprich dem Glauben an einen Schöpfergott, sowie der (religiösen und weltlichen) Toleranz gegenüber Andersdenkenden. Die spirituelle Größe setzt Voltaire in Opposition zu Aberglaube und Intoleranz. Der Aberglaube, welcher auch bei Montesquieu eine gewisse Rolle spielt, wird in den *Considérations* jedoch nicht in Opposition zu spiritueller Größe gesetzt (dort ein semantisches Feld ohne Bedeutung), sondern in Opposition zur geistigen Größe, d.h. er wird mit Dummheit assoziiert. Militärische Angelegenheiten, ein wichtiges Thema bei Montesquieu, sind für Voltaire für die römische Aufstiegsgeschichte dagegen weniger interessant. Die thematischen Schwerpunkte bei der Erklärung für den

Niedergang sind bei Voltaire dieselben wie bei Montesquieu (er ist lediglich weniger ausführlich in den Details), namentlich militärisches Unvermögen, unkluge Politik sowie Dekadenz; der Unterschied zu Montesquieu besteht lediglich in der schon genannten Tatsache, daß Voltaire die Bigotterie der byzantinischen Kaiser als mangelnde spirituelle Größe, Montesquieu dagegen als mangelnde Intelligenz darstellt.

Für Voltaire ist, im Gegensatz zu Montesquieu, der Untergang einer Nation nicht unvermeidbare Folge ihres Aufstiegs. Dies geht aus der Mega-Plus-Plus-Struktur der *Philosophie de l'histoire* hervor, welche Aufstieg und Niedergang in einer Erklärung vereint: der Aufstieg erklärt dort zwar den Niedergang, als weitere Erklärung für den Niedergang wird jedoch auch die Anarchie angeführt. Es besteht nach Voltaire demnach keine Unausweichlichkeit in der Abfolge Aufstieg-Niedergang, solange andere Faktoren nicht mithineinspielen.

Insgesamt ist festzuhalten, daß Voltaire optimistischer als Montesquieu erscheint, indem er auf den Aufstieg fokussiert und den Untergang eher vernachlässigt, während Montesquieu dem Untergang deutlich mehr Aufmerksamkeit schenkt. Die Autoren treffen einander, wenn sie Geschichte als rational erklärbar, genauer: als Wirkung oder Folge von menschlichem Handeln darstellen. Allerdings sieht Montesquieu die menschlichen Handlungen in größerer Abhängigkeit von den historischen Umständen (Gesetzen) als Voltaire: dieser scheint an eine größere menschliche Handlungsfreiheit zu glauben, welche den Fortschritt wählen kann.

Dieser Unterschied in der Geschichtsauffassung schlägt sich auch in der schriftstellerischen Intention und damit der Wahl der rhetorischen Mittel nieder: Voltaire, welcher an den Fortschritt glaubt, möchte andere davon überzeugen, die *visée illocutoire* seines Textes ist daher ein "Überreden/Überzeugen-Wollen", dementsprechend massiv macht er von rhetorischen Mitteln Gebrauch. Montesquieu, der die Welt etwas weniger optimistisch sieht als Voltaire, klärt seine Leser über die Zusammenhänge auf, welche er erkannt zu haben glaubt, die *visée illocutoire* seines Textes ist ein "Informieren-Wollen", wozu auch ein moderater Einsatz von rhetorischen Mitteln genügt.

Sowohl Montesquieu als auch Voltaire gebrauchen die römische Geschichte induktiv als Fallbeispiel, von welchem sie übergeordnete historische Prinzipien ableiten.

D.7. Bossuets *Discours sur l'histoire universelle* im Vergleich zu Montesquieus *Considérations*

Im Folgenden wollen wir die Ergebnisse unserer Analysen von Teilen von Bossuets *Discours sur l'histoire universelle* mit den Ergebnissen unserer Analysen von Montesquieus *Considérations* vergleichen. In diesem Zusammenhang wollen wir gleichzeitig zwei verschiedene Aspekte von Bossuet miteinander vergleichen - Bossuet als reinen Historiker und Bossuet als Exeget der Heilsgeschichte. Dabei wird deutlich werden, daß Bossuet als reiner Historiker Montesquieu in vielen Aspekten näher steht als sich selbst in der Rolle als Theologe.

Wir haben folgende Teile aus Bossuets Werk analysiert:

Es war dies zunächst das Kapitel I des dritten Teiles des *Discours sur l'histoire universelle*, jenes Teiles, welcher die Geschichte der Reiche und Nationen aus rein weltlicher Perspektive erklärt. Bossuet beginnt allerdings diesen Teil mit einem Kapitel, welches erneut darauf hinweist, daß alle weltlichen Zusammenhänge dennoch von der Vorsehung bestimmt sind. Dieses Kapitel trägt den programmatischen Titel *Les révolutions des empires sont réglées par la Providence, et servent à humilier les princes*. Es enthält eine relativ kurz gefaßte providentielle Erklärung für Expansion, Größe und Untergang des Römischen Reiches. Wir haben jene Teile des Kapitels analysiert, die diesem Thema gewidmet sind.

Ein weiteres Kapitel, das wir untersucht haben, ist das Kapitel VII mit dem Titel *La suite des changements de Rome est expliquée*, ebenfalls aus dem dritten, weltlich ausgerichteten Teil des Werkes. In Kapitel VII analysiert der Autor die Ursachen und Gründe für die Expansion und den Fall Roms aus rein weltlicher Sicht. Dabei geht Bossuet in einem ersten, längeren Teil chronologisch vor, während er in einem zweiten, kürzeren Teil eine nach unterschiedlichen Gesichtspunkten gegliederte Synthese anbietet. Wir haben nicht das gesamte Kapitel, sondern nur den zweiten, synthetischen Teil betrachtet.

Wir beginnen nun mit unseren Ergebnissen zur Struktur von *parcours narratif* und *arrière-fond explicatif*, beginnend auf der Mikroebene (Kap. D.7.1.) und sodann weiter aufsteigend in der Hierarchie der Ebenen (Kap. D.7.2.). In Kap. D.7.3. beleuchten wir die Verteilung bzw. Aktivierung der semantischen Felder der GRANDEUR und der DÉCADENCE, und wir schließen mit Überlegungen zur schriftstellerischen und historiographischen Berufung der beiden zu vergleichenden Autoren (Kap. D.7.4.).

D.7.1. Erklären und Erzählen auf der Mikroebene

D.7.1.1. Erklärungsstrategien: Arten und Distribution in den Kapiteln I und VII des drittes Teils des Discours sur l'histoire universelle

In Kapitel I fällt die relativ hohe Anzahl an motivationellen Erklärungen auf (9 Motive = 22,5% aller Erklärungen, dazu 1 Motiv, das mit einem Grund erweitert ist = 2,5%), was der Verteilung bei Montesquieu für die Aufstiegsphase der Römer entspricht (24%). Dies ist auf den providentiellen Erklärungsansatz Bossuets zurückzuführen: die Ereignisse werden als geplant und planmäßig stattfindend dargestellt. Dies geschieht speziell im ersten Teil des Kapitels, der die "Überlegungen" Gottes darlegt. Bei Montesquieu bezogen sich die motivationellen Erklärungen dagegen auf die Handlungen der Römer. Der zweite Teil von Kapitel I des dritten Teils des *Discours* wählt eine eher "externe" Perspektive, in der die Geschehnisse gesetzmäßig ablaufen. Das Gesetz ist die Vorsehung, diese ist hier jedoch weniger Gottes Gedankengang als eine Art Naturgesetz. Die 28 Gründe (oder logischen Erklärungen: 70%), die im vorliegenden Kapitel aufscheinen, konzentrieren sich hauptsächlich im zweiten Teil. In diesem zweiten Teil finden sich passenderweise auch die nur 2 ursächlichen Erklärungen (5%).

Von den vorhandenen 42 erklärenden Kontexten in Kapitel VII sind 6 als kausale Kontexte (14,3%), 6 als motivationelle Kontexte (14,3%), der Rest (30) als logisch begründende Kontexte zu werten (71,4%). Dies entspricht einer Verteilung, wie sie in etwa in den Kapiteln XVI und XXIII der *Considérations* anzutreffen war.

D.7.1.2. Besonderheiten im parcours narratif *und* arrière-fond explicatif *im* Discours sur l'histoire universelle

Die Kapitel I und VII besitzen eine sehr unterschiedliche Mikrostruktur, die sich sodann jeweils auf der Makrostruktur fortsetzt. Kap. I besteht aus sehr wenigen, dafür teilweise ausgeprägt langen Absätzen (20-35 Zeilen), was zu komplexen Arbeitsschritten bei der Synthese zu den Makrostrukturen führt. Es kommt nur an zwei Stellen vor, daß ein Erzählschritt nicht erklärt wird. Tatsächlich besitzt dieses Kapitel mit einem Quotienten von 21,5 eine sehr hohe explikative Dichte. Die explikative Tiefe erreicht an 9 Stellen den Faktor 2 und an 3 Stellen den Faktor 3.

Dahingegen besitzt das Kapitel VII viele, sehr kurze Absätze (1-3 Zeilen), von denen eine große Anzahl nur einen Erzähl- und Erklärungsschritt aufweist, der sodann identisch mit der Makrostruktur dieses Absatzes ist. Darüber hinaus gibt es eine Reihe von Absätzen, welche nur aus einem (nicht erklärten) Erzählschritt bestehen. Nicht erklärte Erzählschritte kommen in Kap. VII ebenso häufig absatzintern vor. Dies spiegelt sich sodann deutlich in einem niedrigen Quotienten (4,8) wider: die explikative Dichte dieses Kapitels ist gering. Auch die Tendenz zu explikativer Tiefe ist geringer als in Kap. I: sie erreicht an 4 Stellen den Faktor 2 und an einer Stelle den Faktor 4. Diese Phänomene erklären sich aus der Synthetizität des Kapitels.

Nicht erklärte Erzählschritte waren bei Montesquieu auch möglich (die explikative Dichte schwankt über die Kapitel), je nachdem, wie synthetisch die betreffenden historischen Ereignisse dargestellt wurden. Die Absatzlänge konnte bei Montesquieu ebenso variieren, sodaß sowohl Bossuets längste als auch kürzeste Absätze dort ihr Gegenstück finden, die überwiegende Mehrzahl von Montesquieus Absätzen besaß jedoch eine Länge, welche sich zwischen den Extremen einpendelte (5-10 Zeilen).

D.7.1.3. Ad hoc-*Erklärungen in Kapitel I des dritten Teils des* Discours sur l'histoire universelle

Wie schon bei Voltaire[1] (nicht jedoch bei Montesquieu) finden sich bei Bossuet Erklärungen, welche semantisch nicht stichhaltig sind, interessanterweise jedoch nur dort, wo Bossuet die Geheimnisse der göttlichen Vorsehung zu erklären sucht, namentlich in Kap. I. Dort, wo er reiner Historiker ist, in Kap. VII, sind seine Erklärungen semantisch gesehen stets wohlgeformt.

Im folgenden Satz löst die Kombination von Form und konzeptuellem Inhalt auf der rhetorisch-pragmatischen Ebene eine stark manipulative Wirkung aus:

(9) Enfin l'empire romain a cédé ; et ayant trouvé quelque chose de plus invincible que lui, il a reçu paisiblement dans son sein cette Eglise à laquelle il avait fait une si longue et si cruelle guerre.

[35] empire romain : céder, t4

Die Proposition [35] ist rein additiv mit der Proposition [38], welche im darauffolgenden Hauptsatz ausgedrückt ist, verbunden, das heißt rein chronologisch, ohne dazwischenliegende Erklärung. Proposition [38] wird allerdings selbst erklärt:

---

1   Die *ad hoc*-Erklärung Voltaires, welche wir in Kap. D.6.4.1.1. besprochen haben, hatte allerdings eine deutlich ironische Funktion, während Bossuets Erklärungen hier ernst gemeint sind.

[36] [(empire A : être invincible, degré a) ∧ (empire B : être invincible, degré > a) ∧ (empire A : trouver empire B)] >> [empire A : recevoir empire B paisiblement dans son sein]

[37a] empire romain : être invincible, degré a

[37b] église : être invincible, degré > a

[37c] empire romain : trouver église (*et ayant trouvé quelque chose de plus invincible que lui*)

[38] empire romain : recevoir église paisiblement dans son sein

Diese Erklärung basiert auf der impliziten Major [36], welche präsupponiert und damit dem Leser als gültig präsentiert wird. Dem Gesetz jedoch, demgemäß ein Reich, das einer anderen Gemeinschaft unterlegen ist, diese Gemeinschaft stets friedvoll in sich aufnimmt, widersprechen andere historische Ereignisse, die Bossuet selbst im selben Kapitel schildert:

(22) [...] [Rome] est en proie aux Barbares, prise trois et quatre fois, pillée, saccagée, détruite.

Bossuet bedient sich in der vorliegenden Erklärung damit eines "Gesetzes", das er *ad hoc* aufstellt, ohne dessen Allgemeingültigkeit anzuerkennen. Wir nennen solche Erklärungen *ad hoc*-Erklärungen. Mit Hilfe einer solchen Erklärung kann unter Umständen über einen Erklärungsnotstand hinweggetäuscht bzw. von einer unerwünschten Erklärungslösung abgelenkt werden (z.B. eine Übernahme des Christentums durch die römischen Kaiser aus taktischen Gründen).

Im selben Kapitel findet sich noch ein weiteres Beispiel:

(12) [Les nations qui ont envahi l'empire romain y ont appris peu à peu la piété chrétienne, qui a adouci leur barbarie ;] et leurs rois, en se mettant chacun dans sa nation à la place des empereurs, n'ont trouvé aucun de leurs titres plus glorieux que celui de protecteurs de l'Eglise.

[62] [(nation X : apprendre vertus de religion Y de nation Z) ∧ (rois de nation X : se mettre à place de princes de nation Z)] >> [(rois de nation X : protéger religion Y) ∧ (rois de nation X : se faire gloire, degré maximal)]

[61] nations envahissant empire romain : apprendre piété chrétienne

[63] rois barbares : se mettre à place d'empereurs romains

[64] (rois barbares : protéger église) ∧ (rois barbares : se faire gloire, degré maximal)

Die Erklärung [62] bis [64] kann erneut als *ad hoc*-Erklärung klassifiziert werden, da das in [62] formalisierte Gesetz in Kontexten, wo Eroberer andere Religionen als die christliche kennenlernen (und übernehmen), dem göttlichen Plan widersprechen würde.

Zu einer ausführlicheren Analyse mit Formalisierungen zu den besprochenen Beispielen an *ad hoc*-Erklärungen bei Bossuet s. Kratschmer 2003.

In Montesquieus Text finden sich keine *ad hoc*-Erklärungen.

D.7.2. Übergeordnete Strukturen

D.7.2.1. Besonderheiten im parcours narratif und arrière-fond explicatif der Kapitel I und VII des dritten Teils des Discours sur l'histoire universelle: Auswirkungen auf die Makroebene

Wie schon in Kap. D.7.1.2. erwähnt, besitzen die Kapitel I und VII eine sehr unterschiedliche Mikrostruktur, die sich sodann jeweils auf der Makrostruktur fortsetzt.

Die ausgeprägt langen Absätze von Kap. I verlangen komplexe Arbeitsschritte bei der Synthese zu den Makrostrukturen. Wir illustrieren dies mit einem Beispiel (wir lassen in der Tabelle alle Angaben mit Ausnahme der Propositionen weg, um damit das Querformat zu umgehen):

(13) Mais il faut ici vous découvrir les secrets jugements de Dieu sur l'empire romain et sur Rome même : mystère que le Saint-Esprit a révélé à saint Jean, et que ce grand homme, apôtre, évangéliste et prophète, a expliqué dans l'Apocalypse. (14) Rome, qui avait vieilli dans le culte des idoles, avait une peine extrême à s'en défaire, même sous les empereurs chrétiens ; et le sénat se faisait un honneur de défendre les dieux de Romulus, auxquels il attribuait toutes les victoires de l'ancienne république. (15) Les empereurs étaient fatigués des députations de ce grand corps qui demandait le rétablissement de ses idoles, et qui croyait que corriger Rome de ses vieilles superstitions était faire injure au nom romain. (16) Ainsi cette compagnie, composée de ce que l'empire avait de plus grand, et une immense multitude de peuple où se trouvaient presque tous les plus puissants de Rome ne pouvaient être retirées de leurs erreurs, ni par la prédication de l'Evangile, ni par un si visible accomplissement des anciennes prophéties, ni par la conversion presque de tout le reste de l'empire, ni enfin par celle des princes dont tous les décrets autorisaient le christianisme. (17) Au contraire, ils continuaient à charger d'opprobres l'Eglise de Jésus-Christ qu'ils accusaient encore, à l'exemple de leurs pères, de tous les malheurs de l'empire,

toujours prêts à renouveler les anciennes persécutions, s'ils n'eussent été réprimés par les empereurs. (18) Les choses étaient encore en cet état, au quatrième siècle de l'Eglise, et cent ans après Constantin, quand Dieu enfin se ressouvint de tant de sanglants décrets du sénat contre les fidèles, et tout ensemble des cris furieux dont tout le peuple romain, avide du sang chrétien, avait si souvent fait retentir l'amphithéâtre. (19) Il livra donc aux Barbares cette ville enivrée du sang des martyrs, comme parle saint Jean. (20) Dieu renouvela sur elle les terribles châtiments qu'il avait exercés sur Babylone ; Rome même est appelée de ce nom. (21) Cette nouvelle Babylone, imitatrice de l'ancienne, comme elle enflée de ses victoires, triomphante dans ses délices et dans ses richesses, souillée de ses idolâtries et persécutrice du peuple de Dieu, tombe aussi comme elle d'une grande chute, et saint Jean chante sa ruine. (22) La gloire de ses conquêtes, qu'elle attribuait à ses dieux, lui est ôtée : elle est en proie aux Barbares, prise trois et quatre fois, pillée, saccagée, détruite. (23) Le glaive des Barbares ne pardonne qu'aux chrétiens. (24) Une autre Rome toute chrétienne sort des cendres de la première ; et c'est seulement après l'inondation des Barbares que s'achève entièrement la victoire de Jésus-Christ sur les dieux romains, qu'on voit non seulement détruits, mais encore oubliés.

[67] Rome : se défaire d'idoles romaines, difficile, degré élevé	[65] (empire X : avoir empereurs de culte Y) ¿ (empire X : se défaire d'idoles de culte Z, facile) [66] Rome : avoir empereurs chrétiens Extrakondition: [68] Rome : avoir vieilli dans culte d'idoles
[71] sénat : défendre dieux de Romulus	[69] (personne X : attribuer succès à dieux Y) >> (personne X : défendre dieux Y) [70] sénat : attribuer victoires d'ancienne république aux dieux de Romulus
[72a] empereurs : être fatigués, degré a, t1 [72b] empereurs : être fatigués, degré > a, t3	[73] (sénat : envoyer députations, t2) ∧ (sénat-dire : sénat-vouloir : empereurs-rétablir idoles, t2)
[76] sénat-vouloir : empereurs-¬(corriger Rome de vieilles superstitions)	[74] sénat-penser : [(empereurs-corriger Rome de vieilles superstitions) >> (empereurs : faire injure au nom romain)] [75] sénat-vouloir : empereurs : ¬(faire injure au nom romain) (= Basismotiv 1)
[78'] = [73] (sénat : envoyer députations, t2) ∧ (sénat-dire : sénat-vouloir : empereurs-rétablir idoles, t2)	[77] sénat-penser : {[(sénat-envoyer députations) ∧ (sénat-dire : sénat-vouloir : empereurs-rétablir idoles)] >> [empereurs-¬(corriger Rome de vieilles superstitions)]} [76] sénat-vouloir : empereurs-¬(corriger Rome de vieilles superstitions) [78] sénat-vouloir : [(sénat-envoyer députations) ∧ (sénat-dire : sénat-vouloir : empereurs-rétablir idoles)]

[81] sénat et grands romains : ¬(se retirer de ses erreurs)	[79] [(personne X-entendre : prêtres-prédiquer Evangile) ∧ (personne X-voir : anciennes prophéties-s'accomplir) ∧ (personne X-voir : empire-se convertir, 90%) ∧ (personne X-voir : princes-se convertir) ∧ (personne X-voir : princes-autoriser christianisme)] ¿ [personne X : se retirer de ses erreurs] [80] (sénat et grands romains-entendre : prêtres-prédiquer Evangile) ∧ (sénat et grands romains-voir : anciennes prophéties-s'accomplir) ∧ (sénat et grands romains-voir : empire-se convertir, 90%) ∧ (sénat et grands romains-voir : princesse convertir) ∧ (sénat et grands romains-voir : princes-autoriser christianisme) [74] sénat-penser : [(empereurs-corriger Rome de vieilles superstitions) >> (empereurs-faire injure au nom romain)]
[84] sénat et grands romains : charger d'opprobres église de Jésus-Christ	[82] (personne X-penser : corps Y-être coupable de malheur Z) >> (personne X-charger d'opprobres corps Y) [83] sénat et grands romains-penser : église de Jésus-Christ-être coupable de tous malheurs de l'Empire
[85b] sénat et grands romains : ¬(persécuter église de Jésus-Christ)	[85] {[(personne X-penser : corps Y-être coupable)] ∧ [prince Z : ¬(réprimer personne X)]} >> {personne X-¬[¬(persécuter corps Y)]} [83] sénat et grands romains-penser : église de Jésus-Christ-être coupable de tous malheurs de l'Empire [84b] empereurs : réprimer sénat et grands romains
[88] Dieu : livrer Rome à Barbares	[87] (personne puissante X-se souvenir : personnes Y-verser le sang de fidèles à X) >> (personne X : détruire personnes Y) [86a] Dieu-se souvenir : sénat-lancer sanglants décrets contre fidèles, au quatrième siècle d'église = cent ans après Constantin [86b] Dieu-se souvenir : peuple romain-réclamer sang chrétien à cris furieux à amphithéâtre, au quatrième siècle d'église = cent ans après Constantin
[89] Dieu : exercer terribles châtiments C sur Babylone, t1 **PARALL** [90] Dieu : exercer terribles châtiments C sur Rome, t2	

[93] Babylone : tomber de grande chute, t1	[91] [(ville X : être enflée de ses victoires) ∧ (ville X : triompher dans délices et richesses) ∧ (ville X : être souillée d'idolâtries) ∧ (ville X : persécuter peuple de Dieu)] >> [ville X : tomber de grande chute] [92] (Babylone : être enflée de ses victoires) ∧ (Babylone : triompher dans délices et richesses) ∧ (Babylone : être souillée d'idolâtries) ∧ (Babylone : persécuter peuple de Dieu)
[95] Rome : tomber de grande chute, t2 **EXPL** [96] Rome : perdre gloire de ses conquêtes **EXPL** [97a] Rome : être proie à Barbares [97b] Rome : être prise trois et quatre fois [97c] Rome : être pillée [97d] Rome : être saccagée [97e] Rome : être détruite	[91] [(ville X : être enflée de ses victoires) ∧ (ville X : triompher dans délices et richesses) ∧ (ville X : être souillée d'idolâtries) ∧ (ville X : persécuter peuple de Dieu)] >> [ville X : tomber de grande chute] [94] (Rome : être enflée de ses victoires) ∧ (Rome : triompher dans délices et richesses) ∧ (Rome : être souillée d'idolâtries) ∧ (Rome : persécuter peuple de Dieu)
[100] Barbares : épargner chrétiens	[98] [communauté X : ¬(être idolâtre)] >> [ennemies Y, Z ... : épargner communauté X] [99] chrétiens : ¬(être idolâtres)
[103] Jésus-Christ : achever victoire sur les dieux romains, après inondation de Barbares	[101] {[dieux X de peuple Y : ¬(être détruits)] ∧ [dieux X de peuple Y : ¬(être oubliés)]} >> {nouveau dieu Z de peuple Y : ¬[vaincre sur dieux X]} [102a] dieux romains : être détruits, après inondation de Barbares [102b] dieux romains : être oubliés, après inondation de Barbares
[106] Rome : se convertir au christianisme	[104] {[ville X : être détruite, t1] ∧ [ville X : sortir de cendres, t2] ∧ [nouveau dieu Y de ville X : ¬(vaincre sur dieux de X), t2} >> {ville X : ¬[se convertir], t3} [97e] Rome : être détruite [105] Rome : sortir de cendres [103] Jésus-Christ : achever victoire sur les dieux romains, après inondation de Barbares
[67-88-100-106] (Rome : se défaire d'idoles romains, difficile, degré élevé, t1) ∧ (Dieu : livrer Rome à Barbares, t2) ∧ (Barbares : épargner chrétiens, t2) ∧ (Rome : se convertir au christianisme, t3)	**[68-86a, b-99-102a, b]** [Rome : avoir vieilli dans culte d'idoles, t1] ∧ [Dieu-se souvenir : sénat-lancer sanglants décrets contre fidèles, t2] ∧ [Dieu-se souvenir : peuple romain-réclamer sang chrétien à cris furieux à amphithéâtre, t2] ∧ [chrétiens : ¬(être idolâtres), t2] ∧ [dieux romains : être détruits et oubliés, t3]

Bestimmungskriterium Makroschritt:

1. Liste:

    a)   **[67-68]** lassen die folgenden sieben Schritte in sich aufgehen, welche [67-68] explizitieren

    b)   b) **[88-86a, b]** lassen die folgenden drei Schritte in sich aufgehen, welche [88-86-a, b] durch Explizitierung oder Parallelisierung elaborieren

2   Erklärungsklammer **[106-102a, b]** ([103] wird als Konklusion zu [102a, b] und als Minor zu [106] weggekürzt)

1.a), b) und 2. sowie der noch übrige Schritt **[100-99]** werden schließlich nach dem Listenprinzip zusammengefaßt.

In der von ihm in Kap. VII vorgenommenen Synthese legt Bossuet sehr viel Wert auf eine genaue Datierung der von ihm beschriebenen Ereignisse, und er schlägt dabei eine wohldefinierte Chronologie vor, welche er durchgehend als Referenzpunkt verwendet. Wir haben dieser Tatsache in unserer Formalisierung Rechnung getragen und die entsprechenden, von Bossuet definierten Zeitabschnitte folgendermaßen mittels Zeitangaben versehen:

$t1$ - Monarchie
$t2$ - Republik ($t2a$-Expansion, $t2b$-Bürgerkriegszeit)
$t3$ - Kaiserzeit ($t3a$-Stabilität, $t3b$-Dekadenz)

Bossuet hat nun die einzelnen Zeitabschnitte nach unterschiedlichen Kriterien (z.B. Innenpolitik; Außenpolitik; Miliz) beleuchtet, indem er die römische Chronologie wiederholt aufgerollt hat. Dadurch finden sich Informationen zu den einzelnen Zeitabschnitten jeweils nicht nur über das ganze Kapitel verteilt, sondern auch nebeneinander in den einzelnen Absätzen. Dies wirkt sich insofern auf die Synthetisierung zu Makrostrukturen aus, daß zum ersten das Prinzip der Erklärungsklammer nicht anwendbar ist, da diese Absätze keine Ereignisketten wiedergeben, sondern eine Akkumulation von Information vom Typ "zur Zeit $t1$ ist Ereignis/Zustand A durch Ereignis/Zustand B zu erklären,", "zur Zeit $t2$ ist Ereignis/Zustand C durch Ereignis/Zustand D zu erklären" etc. Für eine Synthese bleibt daher nur das Listenprinzip übrig, wobei letzeres akkumulativ, nicht integrativ angewendet werden muß. Dies bedeutet, daß man etwa nicht nach gemeinsamen Oberbegriffen für A und C im erzählenden und B und D im erklärenden Teil suchen kann, da die unterschiedlichen Zeitstufen mit ihren ganz unterschiedlichen, oft direkt von Bossuet in Kontrast gesetzten, Bedingungen und Folgen nicht zu einem logischen Ganzen subsummiert werden können. Für die weitere Synthese solcher Makrostrukturen zur Megastruktur ist zum zweiten wichtig, daß die Informationen zu den einzelnen Zeitabschnitten deutlich markiert und erneut voneinander trennbar sind (s. folgendes Kap. D.7.2.2.).

Wir demonstrieren diesen Vorgang erneut an einem kurzen Beispiel, welches nur erzählte Schritte aufweist:

(124) En elle-même vous la voyez au commencement dans un Etat monarchique établi selon ses lois primitives, ensuite dans sa liberté, et enfin soumise encore une fois au gouvernement monarchique, mais par force et par violence.

[10] (Rome : être état monarchique, t1) ∧ (Rome : avoir lois primitives, t1)
[11] Rome : être libre, t2
[12] (Rome : avoir gouvernement monarchique, t3) ∧ (Rome : souffrir force et violence, t3)
[10-11-12] [(Rome : être état monarchique, t1) ∧ (Rome : avoir lois primitives, t1)] ∧ [Rome : être libre, t2] ∧ [(Rome : avoir gouvernement monarchique, t3) ∧ (Rome : souffrir force et violence, t3)]

Bestimmungskriterium Makroschritt: Liste

D.7.2.2. Von den Makrostrukturen zu den nächsthöheren Strukturen

Die nächsthöheren Strukturen umfassen inhaltlich bereits jeweils die gesamte römische Geschichte, zunächst aus providentieller (Kap. I), sodann aus weltlicher Sicht (Kap. VII). Dadurch entsprechen sie inhaltlich der Gigastruktur von Montesquieu und der Mega-Plus-Struktur von Voltaire.

D.7.2.2.1. Von den Makrostrukturen zur "Makro-Plus-Struktur" von Kapitel I

Die nächsthöhere Struktur nach den Makrostrukturen vom Kap. I ist als "Makro-Plus-Struktur" zu werten; sie ist kausal und/oder deduktiv. Auch die Makrostrukturen, aus denen die Makro-Plus-Struktur zu konstruieren ist, sind kausal und/oder deduktiv. Die Makro-Plus-Struktur konstruiert sich aus den Makrostrukturen rein nach dem Listenprinzip.

Wir haben vier Makrostrukturen für Kap. I isoliert, das heißt es lagen insgesamt vier Absätze vor, welche die Römer behandelten. Wir bezeichneten mit "Makro-Plus-Struktur" die übergeordnete Information zum Thema "Römer": diese entspricht nicht der Essenz des Gesamtkapitels (Megastruktur), im Rahmen dessen Rom nur ein Exempel von vielen ist. Die vier Absätze des Originaltextes über die Römer zeichneten sich dadurch aus, daß sie, wie schon erwähnt, im Vergleich zu den durchschnittlichen Absätzen Montesquieus sehr lang sind. Daneben sind sie auch inhaltlich komplex. Anstelle eines abgegrenzten Themas umfassen sie mehrere Themen. Während der letzte Absatz über die römische Geschichte hinausweist, indem er die Römer mit anderen Nationen vergleicht, lassen sich folgende Themen bzw. chronologische Etappen (der römischen Geschichte) in den ersten drei Absätzen feststellen: a) Expansion, b) Fall, c) "Wiederauferstehen" (vgl. (24) *Une autre Rome toute chrétienne sort des cendres de la première*). Wir wählen die letzte Bezeichnung absichtlich als Anspielung auf das christliche Konzept, welches Bossuet naturgemäß nahesteht. Diese Etappe des Wiederauferstehens von (West-)Rom fehlt sowohl bei Montesquieu als auch bei Voltaire. Sowohl Voltaire als auch Montesquieu gehen nach der Beschreibung des Untergangs von Westrom zu einer Analyse von Dauer und Fall Ostroms über (Voltaire: Kap. LI; Montesquieu: ab Kap. XX). Bezüglich des Konfliktes um Konstantinopel zur Zeit der Kreuzzüge erwähnt Montesquieu zwar die *Latins*[2], ihr Hintergrund wird jedoch nicht beleuchtet. Bei Bossuet fehlt in diesem Kapitel dagegen jegliche Stellungnahme zum Oströmischen Reich. An anderer Stelle werden zwar die Probleme Ostroms erwähnt[3], die römische Geschichte endet aber mit Karl dem Großen[4].

Die Wiederauferstehung des christlichen Rom soll naturgemäß den französischen Anspruch auf die christliche Weltherrschaft rechtfertigen, wobei Karl der Große die zentrale Verbindungsfigur ist[5].

---

2   (21) *Quelque temps après, sous le règne d'Alexis Comnène, les Latins attaquèrent l'Occident.*; Kap. XXIII.

3   *Tout périssait en Orient. Pendant que les empereurs se consument dans des disputes de religion, et inventent des hérésies, les Sarrasins pénètrent l'empire* [...]; *onzième époque*, S.   752.

   Les Romains méprisèrent ce gouvernement, et se tournèrent à Charlemagne, qui subjuguait les Saxons, réprimait les Sarrasins, détruisait les hérésies, protégeait les papes, attirait au christianisme les nations infidèles, rétablissait les sciences et la discipline ecclésiastique, assemblait de fameux conciles, où sa profonde doctrine était admirée, et faisait ressentir non seulement à la France et à l'Italie, mais encore à l'Espagne, à l'Angleterre, à la Germanie, et partout, les effets de sa piété et de sa justice, première partie, onzième époque, letzter Satz.

4   *Je vous donne cet établissement du nouvel empire sous Charlemagne, comme la fin de l'histoire ancienne, parce que c'est là que vous verrez finir tout à fait l'ancien empire romain, avant-propos*, S. 667.

5   *Etudiez donc, Monsieur, avec une attention particulière cette suite de l'Eglise* [...] *La gloire de vos ancêtres est non seulement de ne l'avoir jamais abandonnée, mais de l'avoir toujours soutenue, et d'avoir mérité par là d'être appelés ses fils aînés* [...] *Je n'ai pas besoin de vous parler de Clovis, de Charlemagne, ni de saint Louis*, Kap. XXXI, S. 946.

Die genannten drei Etappen der römischen Geschichte a) Expansion, b) Fall, c) "Wiederauferstehen" waren nun folgendermaßen in den drei ersten Makrostrukturen verteilt:

- Makrostruktur 1: Expansion
- Makrostruktur 2: Fall und "Wiederauferstehen"
- Makrostruktur 3: Fall und "Wiederauferstehen"

Wir haben es hier mit drei Etappen einer Chronologie zu tun. Sowohl bei Montesquieu als auch bei Voltaire haben wir zwei Hauptstrukturen (Aufstieg und Fall) für die römische Geschichte isoliert. Bei Voltaire hatten wir zwei Kapitel (Kap. L und LI der *Philosophie de l'histoire*), die sich mit den Römern beschäftigten. In Kap. L bezog sich die Megastruktur auf den Aufstieg der Römer. Die Megastruktur von Kap. LI umfaßte dagegen Aufstieg *und* Fall. Wir wählten dafür eine graphische Darstellung, welche die beiden Informationsblöcke trennte. Bei Bossuet gingen wir ähnlich vor. Wir trennten die Strukturen für die in diesem Fall drei Etappen graphisch, die Gesamtstruktur ist jedoch auch hier als "Liste" zu interpretieren:

[8-18-21'-25-28-33-35-38-51] (JUIFS : DURER, JUSQU'A JESUS-CHRIST = T1) ∧ (DIEU : SE VENGER, T2) ∧ (DIEU : REUNIR TERRES ET MERS SOUS EMPIRE ROMAIN, T2) ∧ (PROVIDENCE : DONNER COURS A EVANGILE, DEGRE MAXIMAL, T2-TN) ∧ (EGLISE : SE CONFIRMER ET ETRE GLORIEUSE, T3) ∧ (EMPIRE ROMAIN : CEDER ET RECEVOIR EGLISE PAISIBLEMENT DANS SON SEIN, T4) ∧ (JESUS-CHRIST : ETENDRE EMPIRE SPIRITUEL PAR TOUTE LA TERRE, T5)	GR. D'INSTITUT. + GR. SACREE	VOULOIR (GR. D'INSTITUT. + GR. SACRÉE) + (GR. D'INSTITUT. + GR. SACREE)	[2-11-20-24'-29-37-49'] [DIEU-VOULOIR : ROIS DE SYRIE-¬(DETRUIRE PEUPLE DE DIEU), T1] ∧ [JUIFS : MECONNAITRE ET CRUCIFIER JESUS-CHRIST, T2] ∧ [DIEU-VOULOIR : DIEU-RASSEMBLER PEUPLE NOUVEAU DE TOUTES NATIONS, T2] ∧ [PROVIDENCE : REUNIR PEUPLES A, B, C, ... ETRANGERS SOUS DOMINATION ROMAINE, T2] ∧ [PEUPLES A, B, C, ... : COMMERCER, T2-TN] ∧ [NOUVEAU PEUPLE : ETRE VERTUEUX, T3] ∧ [EGLISE : ETRE PLUS INVINCIBLE QU'EMPIRE ROMAIN, T4] ∧ [(JESUS-CHRIST : FAIRE) EMPEREURS : EMPLOYER POUVOIR, T5]

[67-88-54] [ROME : SE DEFAIRE D'IDOLES ROMAINES, DIFFICILE, DEGRE ELEVE, T5] ∧ [DIEU-LIVRER ROME A BARBARES, T7] ∧ [EMPIRE ROMAIN : TOMBER, T8]	GR. NÉG. SACRÉE + DANGER/P. MILIT. + (GR. D'INSTITUT. ⇒ P. D'INSTITUT.)	(GR. D'INSTITUT. + GR. TEMP.) + (GR. NÉG. SACRÉE + GR. TEMP.) + P. D'AME	[53-68-86A, B] [EMPIRE ROMAIN : DURER, T5] ∧ [ROME : AVOIR VIEILLI DANS CULTE D'IDOLES, T5] ∧ [DIEU-SE SOUVENIR : SENAT-LANCER SANGLANTS DECRETS CONTRE FIDELES, T6] ∧ [DIEU-SE SOUVENIR : PEUPLE ROMAIN-RECLAMER SANG CHRETIEN A CRIS FURIEUX DANS AMPHITHEATRE, T6]
[100-58-106-60A, B-64] [BARBARES : EPARGNER CHRETIENS, T7] ∧ [EMPIRE ROMAIN : CONSERVER MAJESTE, T8] ∧ [ROME : SE CONVERTIR AU CHRISTIANISME, T9] ∧ [NATIONS ENVAHISSANTES : DEVENIR MOINS BARBARES, T10] ∧ [ROIS BARBARES : PROTEGER EGLISE, T10] ∧ [ROIS BARBARES : SE COUVRIR DE GLOIRE, DEGRE MAXIMAL, T10]	GR. D'INSTITUT. + [GR. NEG. SACRÉE ⇒ GR. SACRÉE] + [P. D'ÂME ⇒ GR. D'AME] + [GR. SACREE → ¬(DANGER/P. D'INSTITUT.)] + GR. SOC.	GR. SACRÉE + GR. D'INSTITUT.	[99-59-102A, B-61-63] [CHRETIENS : ¬(ETRE IDOLATRES), T7] ∧ [EMPIRE ROMAIN : AVOIR RELIGION, T8] ∧ [DIEUX ROMAINS : ETRE DETRUITS ET OUBLIES, T9] ∧ [NATIONS ENVAHISSANTES : APPRENDRE PIETE CHRETIENNE, T10] ∧ [ROIS BARBARES : SE METTRE A LA PLACE D'EMPEREURS ROMAINS, T10)

Wir wiederholen, daß diese Struktur nicht die Essenz von Kapitel I darstellt, sondern nur die Essenz der römischen Geschichte, wie sie in besagtem Kapitel gebracht wird.

D.7.2.2.2. Von den Makrostrukturen zur Megastruktur von Kapitel VII

Kapitel VII weist, wie schon erwähnt, einen speziellen Aufbau auf, der sich deutlich in den übergeordneten semantischen Strukturen widerspiegelt. Dabei sind zwei Aspekte zu erwähnen. Zum ersten teilt sich das Kapitel in zwei Teile: in eine etwas ausführlichere, rein chronologische Schilderung der Ereignisse und eine etwas kürzere Synthese derselben Ereignisse, welche nicht streng chronologisch ist. Wir haben nun nur den zweiten, synthetischen Teil analysiert. Indem Bossuet in diesem Teil sich faktisch selbst zusammenfaßt, entspricht die Struktur, welche einer Synthese dieser Synthese entspringt, einer echten Megastruktur, das heißt Struktur, welche den Kapitelinhalt zusammenfaßt. Diese Megastruktur, welche im übrigen kausal und/oder deduktiv aufgebaut ist, ist, wie schon erwähnt, noch aus einem weiteren Grund speziell: Bossuet legt sehr viel Wert auf eine genaue Datierung der von ihm beschriebenen Ereignisse und präsentiert dabei eine wohldefinierte Chronologie, auf welche er durchgehend referiert. Informationen zu den einzelnen Zeitabschnitten finden sich jeweils über das ganze Kapitel verteilt.

Wir ordneten daher in der Folge die Makrostrukturen nach chronologischen Gesichtspunkten und faßten sodann die Informationen zu den einzelnen Perioden zusammen:

[10-24-70] (ROME : ETRE ETAT MONARCHIQUE AVEC LOIS PRIMITIVES, T1) ∧ (PEUPLE ROMAIN : ETRE RETENU DANS CERTAINES BORNES, T1-T2A) ∧ (MILICE : ETRE SOUMISE ET ATTACHEE A SENAT ET PEUPLE ROMAIN, T1-T2A)	P. D'INSTITUT. + ¬(ART/GR. D'INSTITUT.) + (VOULOIR P. D'INSTITUT. + GR. D'AME)	DANGER/P. MILIT. + GR. D'AME + VOULOIR P. D'INSTITUT.	**[23-29A, B] (PEUPLE ROMAIN : ETRE MENACE DE TOUS COTES, T1- T2A) ∧ (ROMAINS : AIMER PATRIE ET LOIS, T1-2A)**
[15-11-24-70-6] (PEUPLE ROMAIN : ETABLIR REPUBLIQUE, T2) ∧ (ROME : ETRE LIBRE, T2) ∧ (PEUPLE ROMAIN : ETRE RETENU DANS CERTAINES BORNES, T1-T2A) ∧ (MILICE : ETRE SOUMISE ET ATTACHEE A SENAT ET PEUPLE ROMAIN, T1-T2A)	(P. D'INSTITUT. ⇒ GR. D'INSTITUT.) + GR. D'INSTITUT. (SICHT ROM)	[VOULOIR ¬(GR. D'INSTITUT.) ⇒ VOULOIR GR. D'INSTITUT.] + DANGER/P. MILIT. + (GR. D'AME + VOULOIR P. D'INSTITUT.) + (VOULOIR GR. SOC. + GR. D'AME)	**[14-2-5-23-29A, B-35] (SERVIUS TULLIUS : DONNER GOUT DE LIBERTE A PEUPLE ROMAIN, T1) ∧ (PEUPLE ROMAIN : ETRE MENACE DE TOUS COTES, T1- T2A) ∧ (ROMAINS : AIMER PATRIE ET LOIS, T1-2A) ∧ (HOMMES DE COMMANDEMENT-VOULOIR : HOMMES DE COMMANDEMENT-AVOIR HONNEURS LEGITIMES, T2A)**
[11-6-33-39-71-7B] (ROME : ETRE LIBRE, T2) ∧ (ROME : METTRE UNIVERS SOUS LE JOUG, T2B) ∧ (ROMAINS A, B, C, ...- REALISER AFFAIRES PERSONNELLES D, E, F,..., T2B-3) ∧ (HOMMES DE COMMANDEMENT-VOULOIR : HOMMES DE COMMANDEMENT-MENAGER SOLDATS, T2B-3) ∧ (MILICE : S'ATTACHER A GENERAUX, T2B) ∧ (REPUBLIQUE : ETRE DIVISEE, T2B)	GR. D'INSTITUT. + GR. MILIT. + (VOULOIR GR. D'INSTITUT. + P. D'AME) + DANGER/P. D'INSTITUT.	VOULOIR COMBATTRE/ GR. MILIT. + ¬(DANGER/P. MILIT.) + (VOULOIR GR. D'INSTITUT. + P. D'AME) + P. D'INSTITUT. + DANGER/P. MILIT.	**[2-5-26-38-32'] {(ROME : ETRE FONDEE SUR GUERRE ET CULTIVER POLITIQUE ET ART MILITAIRE, DEGRE MAXIMAL)} ∧ {PEUPLE ROMAIN : ¬(ETRE MENACE DU DEHORS), T2B-3} ∧ {HOMMES DE COMMANDEMENT-VOULOIR : [(HOMMES DE COMMANDEMENT-REALISER DESSEINS PERSONNELS, T2B-3) ∧ (SENAT-SUCCOMBER, T2B-3)]} ∧ {ROMAINS A, B, C, ...- UTILISER FORCE, T2B-3}**

[33-39-121-62-63A-19-84] (ROMAINS A, B, C, ...-REALISER AFFAIRES PERSONNELLES D, E, F,..., T2B-3) ∧ (HOMMES DE COMMANDEMENT-VOULOIR : HOMMES DE COMMANDEMENT-MENAGER SOLDATS, T2B-3) ∧ [ROME : ¬(AVOIR DIVISIONS ENTRE LES ORDRES), T3)] ∧ (GENS DE GUERRE : ETRE PUISSANTS, T3) ∧ (ROME : SOUFFRIR FORCE ET VIOLENCE, T3) ∧ (PEUPLE ROMAIN : TOLERER TYRANNIE, T3) ∧ (ROME : CONSERVER EMPIRE ET MAJESTE, T3A)	(VOULOIR GR. D'INSTITUT. + P. D'AME) + ¬(DANGER/P. D'INSTITUT.) + (GR. MILIT. → GR. D'INSTITUT.) + [(VOULOIR P. D'INSTITUT.) + P. D'AME] + VOULOIR ¬(GR. D'INSTITUT.) + GR. D'INSTITUT. + GR. SOC.	¬(DANGER/P. MILIT.) + LUXE/DECA-DENCE + DEBAUCHES/ DECADENCE + MOLLESSE/DE-CADENCE + [VOULOIR ¬ (GR. D'INSTITUT.) + P. TEMP.] + DANGER/P. D'INSTITUT. + (VOULOIR GR. D'INSTITUT. + P. D'AME) + P. D'INSTITUT. + DANGER/P. MILIT.	**[26-109A, B, C-17-18- 59'-38-32'] [PEUPLE ROMAIN : ¬(ETRE MENACE DU DEHORS), T2B-3] ∧ (ROMAINS : INTRODUIRE LUXE, DEBAUCHES ET FAINEANTISE, T3) ∧ (PEUPLE ROMAIN : TOLERER TYRANNIE PASSAGERE DE SYLLA, T2) ∧ (ROMAINS A, B, C, ... : AFFAIBLIR LIBERTE PAR PRETEXTES, T2) ∧ {HOMMES DE COMMANDEMENT-VOULOIR : [(HOMMES DE COMMANDEMENT-REALISER DESSEINS PERSONNELS, T2B-3) ∧ (SENAT-SUCCOMBER, T2B-3)]} ∧ (ROMAINS A, B, C, ...-UTILISER FORCE, T2B-3)**
[33-39-19-62-63A-75-77-79-81] (ROMAINS A, B, C, ...-REALISER AFFAIRES PERSONNELLES D, E, F,..., T2B-3) ∧ (HOMMES DE COMMANDEMENT-VOULOIR : HOMMES DE COMMANDEMENT-MENAGER SOLDATS, T2B-3) ∧ (ROME : SOUFFRIR FORCE ET VIOLENCE, T3) ∧ (PEUPLE ROMAIN : TOLERER TYRANNIE, T3) ∧ [ROME : ¬(AVOIR DIVISIONS ENTRE LES ORDRES), T3] ∧ (GENS DE GUERRE : ETRE PUISSANTS, T3) ∧ (EMPIRE ROMAIN : VOIR RELACHEMENT, SEDITIONS ET GUERRES, T3B) ∧ (MILICE ET EMPIRE ROMAINS : SE RUINER, T3B)	(VOULOIR GR. D'INSTITUT. + P. D'AME) + [(VOULOIR P. D'INSTITUT.) + P. D'AME] + VOULOIR ¬(GR. D'INSTITUT.) + ¬(DANGER/P. D'INSTITUT.) + (GR. MILIT. → GR. D'INSTITUT.) + FAIBLESSE/P. D'INSTITUT. + DANGER/ P. D'INSTITUT. + RUINE/P. MILIT. + RUINE/P. D'INSTITUT.	[VOULOIR ¬(GR. D'INSTITUT.) + P. TEMP.] + DANGER/P. MILIT. + (VOULOIR GR. D'INSTITUT. + P. D'AME) + P. D'INSTITUT. + DANGER/P. D'INSTITUT. + (GR. MILIT. → GR. D'INSTITUT.) + -	**[17-18-32'-38-59'-73A-86] (PEUPLE ROMAIN : TOLERER TYRANNIE PASSAGERE DE SYLLA, T2) ∧ (ROMAINS A, B, C, ...-UTILISER FORCE, T2B-3) ∧ {HOMMES DE COMMANDEMENT-VOULOIR : [(HOMMES DE COMMANDEMENT-REALISER DESSEINS PERSONNELS, T2B-3) ∧ (SENAT-SUCCOMBER, T2B-3)]} ∧ (ROMAINS A, B, C, ... : AFFAIBLIR LIBERTE PAR PRETEXTES, T2) ∧ (MILICE : ETRE MAITRESSE D'EMPEREURS, T3B) ∧ (INCIDENTS PARTICULIERS : SE PRODUIRE, T3A)**

D.7.2.3. Das Verhältnis der höheren Strukturen zum jeweiligen Kapiteltitel

D.7.2.3.1. Das Verhältnis der Makro-Plus-Struktur von Kapitel I zu dessen Titel

Die von uns aufgefundene Struktur entspricht nicht der Megastruktur des Kapitels, aus welchem die Struktur stammt, sondern ist dieser untergeordnet. Unsere Makro-Plus-Struktur dokumentiert exemplarisch die Aussage des Kapiteltitels *Les révolutions des empires sont réglées par la Providence, et servent à humilier les princes*, welcher ja den Inhalt (oder die Megastruktur) des Kapitels umreißt. Das Beispiel Roms soll zeigen, inwiefern die Vorsehung die Geschichte von Nationen steuert.

D.7.2.3.2. Das Verhältnis der Megastruktur von Kapitel VII zu dessen Titel

Das Kapitel trägt den Titel *La suite des changements de Rome est expliquée* und ist eine Meta-Zusammenfassung der Megastruktur, wobei sogar deren erklärender Charakter explizitiert wird. Die *changements de Rome* können als Oberbegriff des Inhalts des erzählenden Teils (des *parcours narratif*) gesehen werden, der Teil *est expliquée* entspricht sodann einem Hinweis auf die Existenz eines *arrière-fond explicatif*. Dessen Inhalt bleibt allerdings ungenannt.

D.7.2.4. Vergleich der höheren Strukturen mit den Gigastrukturen der Considérations

Wir wiederholen hier erneut die Gigastruktur der *Considérations*, um sie sodann mit den eben vorgestellten Strukturen zu vergleichen:

Die Gigastruktur zum Aufstieg:

| {[12]-[22AB]-[110]-[160]}I ROMAINS : ETRE MAITRES DU MONDE | PUISSANCE/GR. MILIT. + PUISSANCE/GR. D'INSTITUT. | VOULOIR GR. D'INSTITUT. + GR. D'ESPRIT⁶ + GR. D'ÂME + GR. ≡ P. ÉCON. + GR. D'INSTITUT. + P. ECON. + ¬(LUXE/DECA-DENCE) + [(GR. D'INSTITUT. + P. D'AME) → P. D'INSTITUT.] + [¬(ART/GR. MILIT.) → ¬GR. SOC.] + FAIBLESSE/P. MILIT. + FORCE/GR. MILIT. + SUCCES/GR. MILIT. | {[90-21]-[222B-223B]}+{[25]-[78-79]}I {[37]-[42]}+[48A-B]III [11-12]+[6A-B]-[79A-B]-[81]IV [124]VIII [88-91-93-97-99-102-104]IX {[26]-[29-30]}X [113]XV [100A-F]XVII {PEUPLES D'ITALIE : AVOIR STRUCTURE PSYCHOLOGIQUE S} ∧ {ROMAINS : ETRE SAGES ET VERTUEUX} ∧ {ROMAINS : PARTAGER EGALEMENT LES TERRES} ∧ {ROMAINS : SUIVRE LOIS, DEGRE MAXIMAL} ∧ {ROMAINS : ¬(AVOIR LUXE ET RICHESSES)} ∧ {ROMAINS : CORRIGER ABUS DE POUVOIR} ∧ {[ROMAIN A : ¬(ETRE BON GUERRIER)] >> [ROMAIN A : ¬(FAIRE CARRIERE)]} ∧ {ROMAINS : AVOIR ENNEMIS FORTS, T1} ∧ {ROMAINS : AVOIR ENNEMIS FAIBLES, T2} ∧ {ROMAINS : VAINCRE ENNEMIS, T2} |

---

6   Die römische Psyche wird auf der Mikroebene des Kapitels v.a. durch ein Sich-nicht-unterordnen-Wollen definiert.

Die Gigastruktur zum Fall:

[8'']+[64]+{[86]-[91]}+[26]+[48B]+[96A-96B-98]+{[106]-[116']-[132]}XVII {[1A-B]-[11]-[23]}+[69'-72']+[80-83-86A-B]XXI **EMPIRE ROMAIN : DEGENERER ET S'AFFAIBLIR A L'INTERIEUR ET A L'EXTERIEUR**	FAIBLESSE/ P. D'INSTITUT. + CORRUPTION/ DECADENCE + DEFAITE/P. MILIT.	(GR. D'INSTITUT. + P. D'AME) + VOIR DECADENCE + [(GR. D'INSTI-TUT. + GR. PHYS.) ⇒ P. D'INSTITUT.] + [VOULOIR GR. ÉCON. ⇒ (GR. ÉCON. + P. ECON.)] + P. D'ESPRIT + DECADENCE + ¬(ART/GR. D'INSTITUT.) + DANGER/P. MILIT. + FAIBLESSE/P. MILIT. + [P. PHYS. ⇒ GR. PHYS. ⇒ P. PHYS.]	[50A-B-C-55]V [30]XIV {[16]-[19]}+[30]+[82]+{[75-76]-[123-124]}XV [110]+[135]+{[73-88]-[99B]}+[150-151-153-155]+{[2]-[13]-[16-17]-[19A-B]}+{[27]-[37A-B-C-38]-[40]-[118A-B-C]-[158]-[166]}+{[58]-[85-95]}+{[137A-B-C]-[140-145-146]}XXII {[123A-B]-[27-105-125]-[130-99]}+[167-176]XXIII **[ROMAINS : ETRE ACCOUTUMES AUX COMBATS DES GLADIATEURS ET A SE JOUER DE LEURS ENFANTS ET DE LEURS ESCLAVES, T1]** ∧ **[ROMAINS : ETRE EN CONTACT AVEC LA DECADENCE EN SYRIE, T2]** ∧ **[PEUPLE ROMAIN : PERDRE ET AFFAIBLIR EMPIRE PAR SA PROPRE GRANDEUR, T2]** ∧ **[EMPEREURS : PRENDRE RICHESSES, T2]** ∧ **[ROMAINS : ETRE PEU RATIONNELS, PEU SAGES ET DECADENTS, 90%, T3]** ∧ **[ROMAINS : ¬(CONNAITRE NATURE ET BORNES DE LA PUISSANCE ECCLESIASTIQUE ET SECULIERE), 90%, T3]** ∧ **[EMPIRE : AVOIR ENNEMIS SUPERIEURS, T3]** ∧ **[(EMPIRE : ETRE PETIT, T1) ∧ (EMPIRE : ETRE GRAND, T2) ∧ (EMPIRE : ETRE PETIT, T3)]**

D.7.2.4.1. Die providentielle Analyse Bossuets im Vergleich zu Montesquieu

Ein struktureller Unterschied zwischen den beiden Strukturen ist zunächst, daß Bossuets Struktur drei Teile (unterschiedliche Zeitabschnitte) umfaßt, Montesquieus dagegen nur zwei.

Der inhaltliche Unterschied ist jedoch wesentlich größer: betrachtet man zunächst die erste Struktur zum Aufstieg bei Bossuet, die der Makrostruktur zum ersten analysierten Absatz entspricht, so sticht sofort ins Auge, welch geringe Rolle die Römer bereits auf der makrostrukturellen Ebene spielen: als Instrumente zum Erreichen des Zieles im göttlichen Plan traten sie nur in den Zwischenschritten in Erscheinung und wurden bei der Synthetisierung nach dem Erklärungsklammerprinzip weggekürzt. Im erzählenden Teil der resultierenden Struktur kommt das Römische Reich nur einmal explizit - in einer eher "passiven" Subjektrolle - vor: namentlich, wenn beschrieben wird, wie es sich der Kirche ergibt. Im erklärenden Teil kommt das Römische Reich nur zweimal vor: zunächst zu einer Ortsergänzung im Prädikatsteil einer Proposition reduziert, deren Subjekt die Vorsehung darstellt ("Providence : réunir peuples A, B, C, ... étrangers sous domination romaine, t2"), sodann ebenfalls im Prädikatsteil einer Proposition, wo die Übermacht des Subjekts "Kirche" über das Reich konstatiert wird ("Église: être plus invincible qu'empire romain, t4"). Ein kurzer Blick auf die relevanten semantischen Felder zeigt, daß es hier um einen geplanten und schließlich verwirklichten Ausbau der (göttlichen) Macht geht.

In der zweiten Struktur, jener zum Untergang, spielt Rom ebenfalls keine überaus aktive Rolle. Rom ist logisches Subjekt in Propositionen, deren Prädikate Statik ("durer", "avoir vieilli dans cultes d'idoles" etc.) oder Medialität ausdrücken ("tomber"); darüber hinaus kommt es als Patiens vor ("Dieu : livrer Rome à Barbares"). Eine etwas aktivere Rolle nehmen der Senat und das römische Volk ein - in der Christenverfolgung. Daneben ist Gott ein weiterer, der wichtigere Agens. Die einzige aktive Handlung Roms, welche den Untergang erklärt, ist die Christenverfolgung. Der Untergang wird als deren handlungslogische Folge (Strafe Gottes) dargestellt.

Auch in der dritten Struktur, welche bei Montesquieu fehlt, jener zur "Wiederauferstehung", ist Rom nicht sehr aktiv. Dort, wo es als logisches Subjekt auftaucht, sind die Prädikate wieder deutlich statisch ("avoir religion"; "conserver majesté" oder medial ("se convertir au christianisme"). Die aktiv handelnden Subjekte sind die Barbaren, die im Dienste der Kirche agieren.

Insgesamt ist festzustellen, daß die beiden Strukturen bei Bossuet und Montesquieu keine einzige Information im *arrière-fond explicatif* teilen, während sich die Überschneidungen im *parcours narratif* auf die Informationen beschränken, daß Rom expandiert und dann untergegangen ist. Während Montesquieu seinen *parcours narratif* auch auf diese Informationen beschränkt, fügt Bossuet eine Reihe von religiösen Informationen hinzu, wobei das Schicksal Roms nur als Aufhänger für diese Erörterungen zu dienen scheint. Auch ist das Schicksal Roms nicht das eines aktiven Agens, sondern das eines passiven Mittels zum Zweck. Sein Schicksal kann nicht nach allgemeinen historischen Gesetzmäßigkeiten verstanden werden, das induktive Schlüsse zuläßt, sondern ist handlungslogisch zu verstehen, daß

heißt die Motive und Ziele der handelnden Entität (Gott/Vorsehung) müssen erklärt werden.

D.7.2.4.2. Die weltliche Analyse Bossuets im Vergleich zu Montesquieu

Zur Megastruktur von Kap. VII ist folgendes zu bemerken: die Informationen zu
den einzelnen Epochen überlappen teilweise, was sich aus der Wahl Bossuets für
eine andere Lösung als bei Montesquieu und Voltaire ergibt: letztere haben in
ihren höheren Strukturen nur zwei Epochen voneinander unterschieden, namentlich Aufstieg und Niedergang, obwohl besonders bei Montesquieu in der ja weit
ausführlicheren Mikrostruktur die Übergänge und einzelnen Phasen auch sehr
deutlich gezeichnet sind. Bei Bossuet werden dagegen in der höheren Struktur
fünf Zeitabschnitte explizit voneinander unterschieden. Die Veränderungen nun,
welche das Römische Reich erfährt, setzen nicht alle zur selben Zeit ein, dadurch
gelten gewisse Umstände über mehrere der unterschiedenen Zeitabschnitte.
Durch einen gröberen Zeitraster konnten Montesquieu und Voltaire diese Über-
lappungen umgehen. Interessant ist auch der Vergleich der vorliegenden Struktur
mit jener aus Kap. I. Die dortige Struktur weist 3 Zeitabschnitte auf: Expansion,
Untergang und Wiederauferstehung, welche für die providentielle Erklärung ausreichend waren. Es ist jedoch deutlich, daß Bossuet, wenn er wirklich Historiker
ist, und nicht Exeget der Heilsgeschichte, viel präziser und akribischer bei der
Analyse geschichtlicher Ereignisse ist.

Wie bei Montesquieu - und im Gegensatz zu Voltaire - ist dem Niedergang
weit mehr Platz eingeräumt als dem Aufstieg. Von den fünf Zwischenstrukturen
ist die erste der unbedeutenden Monarchie gewidmet und fällt damit weitgehend
aus den Betrachtungen heraus. Von den übrigen vier ist nur eine (die kürzeste)
der Expansion gewidmet, die übrigen drei kündigen entweder den Untergang an
(Bürgerkriege; Rückkehr des Absolutismus) oder behandeln diesen explizit (die
letzte Struktur). Wie auch Montesquieu ist Bossuet überzeugt davon, daß Reiche
nicht ewig bestehen können (es sei denn - für Bossuet - das Reich Gottes). Beide
Autoren untersuchen sodann auch weit akribischer den Verfallsmechanismus von
Staatsgebilden. Voltaire, welcher an den zivilisatorischen Fortschritt glaubt,
untersucht dahingegen mit größerem Interesse Fragen der positiven Entwicklung.

Die Faktoren, mit denen Bossuet Aufstieg und Fall erklärt, entsprechen jenen,
die wir von Montesquieu kennen: Vaterlandsliebe, Gesetzestreue, (positiver) Ehrgeiz und Kriegslust für den Aufstieg, Machtgier, Egoismus, Verweichlichung und
unkluge Politik (Abgabe der Macht an das Militär) für den Untergang. Ein Faktor
jedoch, welcher sowohl bei Montesquieu als auch bei Voltaire als zentral für den
Untergang (des Ostreiches) behandelt wird, namentlich die Frage der byzantini-

schen Religionsstreitigkeiten, scheint bei Bossuet an dieser Stelle nicht auf. Allerdings konzentriert Bossuet - im Gegensatz zu Montesquieu und Voltaire - seine Betrachtungen wie erwähnt auf das Westreich, dessen Untergang er mit der Machtübernahme Karls des Großen ansetzt, was sodann die Kontinuität zum französischen Herrscherhaus sichert. Die vielen hundert Jahre, die das Ostreich braucht, um sich selbst zu zerstören, werden dabei ausgeblendet.

D.7.2.5. Vergleich eines Teils einer Makrostruktur von Kapitel I des drittes Teils des Discours sur l'histoire universelle *mit der Giga-Plus-Struktur der* Considérations

Sowohl bei Montesquieu als auch bei Voltaire hatten wir eine Struktur zum Aufstieg der Römer, eine Struktur zum Fall der Römer sowie eine Struktur, welche beide vereinte, indem der Fall (genau bzw. unter anderem) durch die vorangehende Größe erklärt wurde. Die Strukturen waren jeweils vom Typ "Makrostruktur mit Giga-Referenz", das heißt es handelte sich um Informationen, welche auf Absatzebene gegeben wurden, jedoch darüber hinauswiesen. Bei Montesquieu war dies folgende Struktur, welche den hierarchischen Status einer Giga-Plus-Struktur innehatte:

[63-66]XV EMPIRE ROMAIN : DEGENERER, T2	GR. D'INSTITUT. ⇒ P. D'INSTITUT.	GR. D'INSTITUT. ⇒ GR. D'INSTITUT.	[62-65]XV EMPIRE ROMAIN : PROSPERER, T1

Eine derartige übergeordnete Struktur ist bei Bossuet nicht zu finden. Allerdings findet sich die Idee des in der Größe oder im Bestehen eines Reiches beinhalteten Untergangs auch bei Bossuet. Diese Information ist ein Teil einer Makrostruktur und damit der Makro-Plus-Struktur zum Untergang, welche wir hier isoliert wiederholen:

[54] empire romain : tomber	gr. d'institut. ⇒ p. d'institut.	gr. d'institut. + gr. temp.	[53] empire romain : durer

Diese Erklärung stellt jedoch kein übergeordnetes Prinzip dar, sondern ist nur Teil einer weit umfassenderen Erklärung, deren Grundprinzip letztendlich die Vorsehung darstellt. Die römische Geschichte erreicht damit bei Bossuet in diesem so zentralen Kapitel keine höhere hierarchische Ebene als jene der Makro-Plus-Struktur, wenn man von der im Anschluß in D.7.2.6. behandelten Meta-Makro-Plus-Struktur absieht.

D.7.2.6. Vergleich der Meta-Makro-Plus-Struktur von Kapitel I des dritten Teils des
Discours sur l'histoire universelle *mit der Meta-Giga-Struktur der* Considérations

Die letzte der vier Makrostrukturen, welche wir in Kap. I festgemacht haben, weist über die römische Geschichte hinaus, indem die *causa* "Rom" mit jener anderer Nationen verglichen wird:

[115A, B-119] [ROME : AVOIR DESTIN PLUS HEUREUX QU'AUTRES NATIONS] ∧ [ROME : ANNONCER CHRISTIANISME A TOUT UNIVERS]	-	GR. NÉG. SACRÉE + GR. SACREE	[109-118] [ROME : ETRE IDOLATRE, T1] ∧ [ROME : ETRE CHRETIENNE, T2]

Derlei fanden wir auch bei Montesquieu oder Voltaire, allerdings unter anderen Vorzeichen. Obwohl Montesquieu und Voltaire zwar die Einzigartigkeit Roms betonen, so dient beiden Autoren Rom jedoch vor allem als Beispiel, anhand dessen sie allgemeinere Gesetze induzieren. Wir wiederholen an dieser Stelle diese Meta-Giga-Struktur der *Considérations*:

[44]XVIII FORTUNE : ¬(DOMINER MONDE)	-		
		(- → SUCCES/GR. MILIT.) + (- → DEFAITE/P. MILIT.)	[46-47]XVIII ROMAINS : AVOIR DESTIN MILITAIRE SELON COMPORTEMENT

Bei Bossuet scheint die Gewichtung umgekehrt: zwar ist sich Bossuet der Parallelität aller Staatsgeschichten bewußt[7], auf der Makroebene geht jedoch die Information, daß Rom sich deutlich von anderen Nationen unterscheidet, als Essenz aus Bossuets Ausführungen hervor. Es überrascht nicht, daß die Besonderheit Roms auf die christliche Religion zurückgeführt wird.

Was nun den hierarchischen Status dieser Struktur betrifft, so geht diese Struktur nicht über das Kapitel in seiner Gesamtheit hinaus. Das Kapitel trägt den Titel *Les révolutions des empires sont réglées par la Providence, et servent à humilier les princes.* Dieser Titel stellt den Kern der Geschichtstheorie Bossuets dar. Im Gegensatz zu Montesquieu und Voltaire widmet Bossuet damit ein eigenes Kapitel der metatheoreti-

---

7   Auf der Mikroebene des vorliegenden Kapitels wird dies explizitiert: (11) *Quand le temps a été venu que la puissance romaine devait tomber, et que ce grand empire qui s'était vainement promis l'éternité, devait subir la destinée de tous les autres* [...] *; (35) Rome a senti la main de Dieu et a été comme les autres un exemple de sa justice.*

schen Geschichtsbetrachtung. Die Megastruktur dieses Kapitels, welche im Titel synthetisiert wird, ist daher identisch mit der Meta-Giga-Ebene des Gesamttextes mit dem Thema "histoire universelle". Die Makro-Plus-Struktur zu Geschichte der Römer, die wir isoliert haben, ist ein Beispiel von vielen, das das providentielle Grundprinzip in der Geschichte illustriert. Der Vergleich eines solchen Fallbeispiels mit den übrigen und dessen Hervorhebung liegen auf einer Ebene, welche die Makro-Plus-Ebene von einem Meta-Standpunkt aus beleuchtet. Wir nennen sie daher Meta-Makro-Plus-Ebene.

D.7.2.7. Vergleich der Meta-Mega-Struktur von Kapitel VII des dritten Teils des Discours sur l'histoire universelle *mit der Meta-Giga-Struktur der* Considérations

Wir haben in Kap. VII eine Makrostruktur isoliert, welche einen speziellen Status hatte, indem sie mehrere, genauer, vier Zeitabschnitte umfaßte: ein Ereignis der Monarchie (t1) erklärt ein Ereignis zur Republikzeit (t2a), namentlich die Errichtung derselben; ein Ereignis der späten Republik (t2b) erklärt ein Ereignis, einen Zustand der Kaiserzeit (t3):

[15-19] (peuple romain : établir république, t2) ∧ (peuple romain : tolérer tyrannie, t3)	(p. d'institut. ⇒ gr. d'institut.) + vouloir ¬(gr. d'institut.)	[vouloir ¬(gr. d'institut.) ⇒ vouloir gr. d'institut.] + [vouloir ¬(gr. d'institut.) + p. temp.]	[14-17-18] (Servius Tullius : donner goût de liberté à peuple romain, t1) ∧ (peuple romain : tolérer tyrannie passagère de Sylla, t2)

Wir haben diese Struktur zunächst nach dem üblichen Muster in die höheren Strukturen eingebaut, indem wir das erklärte Ereignis jeweils isoliert in die übergeordnete Struktur zum jeweiligen Zeitabschnitt eingeordnet haben (somit stand dann im erklärenden Teil eine Information zu einer anderen Periode, wie dies auch bei Montesquieu vorkam: auf diese Art lassen sich Langzeitfolgen formalisieren).

Nun ist es so, daß dieser Kontext auch in seiner Gesamtheit analysiert werden kann, indem man das zeitübergreifende Moment als hyperonymische Information herausfiltert. Dies liegt insofern nahe, als Bossuet dies selbst auf der Mikroebene andeutet:

(125) Il est aisé de concevoir de quelle sorte s'est formé l'Etat populaire, ensuite des commencements qu'il avait dès les temps de la royauté ; et vous ne voyez pas dans une moindre évidence comment dans la liberté s'établissaient peu à peu les fondements de la nouvelle monarchie.

(126) Car, de même que vous avez vu le projet de la république dressé dans la monarchie par Servius Tullius, qui donna comme un premier goût de la liberté au peuple romain, vous avez aussi observé que la tyrannie de Sylla, quoique passagère, quoique courte, a fait voir que Rome, malgré sa fierté, était autant capable de porter le joug que les peuples qu'elle tenait asservis.

An einer anderen Stelle insistiert Bossuet erneut auf diesem Prinzip der Vorhersehbarkeit, welche aus Gesetzmäßigkeiten entstehen muß:

(131) Et les choses s'y disposaient tellement par elles-mêmes, que Polybe, qui a vécu dans le temps le plus florissant de la république, a prévu par la seule disposition des affaires, que l'État de Rome à la longue reviendrait à la monarchie.

Wir können daher eine übergeordnete Gesetzmäßigkeit herausdestillieren, welche ungefähr folgendermaßen auszusehen hat:

[15-19] historien-prévoir :			[14-17-18] historien-voir :
(peuple X : P2, t2, 90%)			(peuple X : P1, t1)

Indem wir den Historiker als *énonciateur* einbauen, signalisieren wir die Vorhersehbarkeit von Ereignissen, welche jedoch zugrundeliegende allgemeine historische Gesetze voraussetzt. Wir schwächen die Allgemeingültigkeit dieses Gesetzes mit dem Probabilitätsfaktor "90%", tatsächlich stellt Bossuet hier ja kein unumstößliches Gesetz auf.

Diese Struktur, welche induktiv über die Geschichte der Römer hinausweist und gleichzeitig auf einem geschichtstheoretischen Meta-Niveau angesiedelt ist, kann daher als "Meta-Mega-Struktur" bezeichnet werden.

Diese Struktur kann insofern mit der Meta-Giga-Struktur der *Considérations* verglichen werden, als beide Strukturen den gesetzmäßigen Charakter von historischen Ereignissen explizitieren (Montesquieu) bzw. implizieren (Bossuet). Wir wiederholen besagte Struktur der *Considérations*:

[44]XVIII FORTUNE : ¬(DOMINER MONDE)	-		
		(- → SUCCES/GR. MILIT.) + (- → DEFAITE/P. MILIT.)	[46-47]XVIII ROMAINS : AVOIR DESTIN MILITAIRE SELON COMPORTEMENT

Hier wird erneut deutlich, wie nahe Bossuets Gedankengut jenem von Montesquieu ist, sobald Bossuet seinen Standpunkt als Theologe aufgibt und ganz zum Historiker wird. Wie weit entfernt er in diesem Fall von seinen eigenen theologischen Überlegungen ist, wird deutlich, wenn man diese Ergebnisse mit jenen aus unseren beiden vorangehenden Unterkapiteln zu Bossuets Kap. I in Beziehung setzt.

D.7.2.8. Zum makrostrukturellen Aufbau des Gesamtwerkes des Discours sur l'histoire universelle

Der *Discours* hat einen komplexen dreiteiligen Aufbau, wobei einerseits Teil 1 *Les époques, ou la suite des temps* und Teil 3 *Les Empires* einander teilweise überschneiden, andererseits Teil 1 und Teil 2 *La suite de la religion* einander überschneiden. Teil 1 ist, im Vergleich mit den jeweiligen beiden anderen Teilen, als reiner *parcours narratif* zu klassifizieren, in welchem Ereignisse chronologisch präsentiert, aber nicht erklärt werden. Teil 2 und 3 verbinden jeweils den betreffenden *parcours narratif* mit einem *arrière-fond explicatif*, indem die Ereignisabläufe auch erklärt werden. Die in Teil 1 geschilderte Chronologie beginnt mit der Erschaffung Adams und basiert zunächst rein auf biblischen oder mythologischen Inhalten (z.B. *Moïse, ou la loi écrite; La prise de Troie; Romulus, ou Rome fondée*). Die biblischen Ereignisse dieses Abschnitts von Teil 1 stellen eine Kurzfassung des *parcours narratif* von Teil 2 dar. Der darauf folgende Abschnitt von Teil 1 (von *Cyrus, ou les Juifs rétablis* bis *Charlemagne, ou l'établissement du nouvel Empire*) stützt sich auf historisch dokumentierte Inhalte und stellt eine etwa gleichlange Paraphrase des in Teil 3 präsentierten *parcours narratif* dar. Teil 1 geht damit makrostrukturell gesehen in Teil 2 bzw. Teil 3 auf.

Somit kann man Teil 2 und Teil 3 als die makrostrukturellen Hauptpfeiler der semantischen Architektur des *Discours* betrachten. Diese beiden Teile ergeben einen Doppeltext, der die Weltgeschichte von verschiedenen Seiten beleuchtet: einmal rein weltlich, wobei der *arrière-fond explicatif* von kausalen und/oder deduktiven Strukturen dominiert wird, und einmal providentiell, wo sodann finale Erklärungen weite Teile des *arrière-fond explicatif* dominieren. Diese beiden Interpretationen der Weltgeschichte scheinen einander auszuschließen oder zumindest schwierig in einem einzigen Erklärungsansatz vereinbar zu sein. Die Tatsache, daß Bossuet im *Discours* keinen durchgehenden derartigen übergreifenden Erklärungsansatz versucht hat, scheint dieser Vermutung Recht zu geben. Dennoch ist für Bossuet ein derartiger Ansatz prinzipiell der einzig gültige. Ist Bossuet in der Praxis nicht in der Lage, diesen Ansatz in vollem Umfang zu demonstrieren, so stellt er jedoch auf einer theoretischen Ebene klar, wie weltliche Zusammenhänge und Vorsehung miteinander verbunden sind[8]. Jeglicher weltliche Zusammenhang steht im Dienste der Vorsehung, ist gottgewollt und zielgerichtet, das heißt, daß kausale und/oder deduktive Zusammenhänge finalen Zusammenhängen untergeordnet sind und damit, gemäß Bossuets Vorstellungen, Teil 3 des *Discours* letztendlich in Teil 2 aufgeht.

Wenn Bossuet den *Discours* nicht durchgehend zweiseitig gestaltet, so demonstriert er doch an einer Stelle in Kap. I des dritten Teils, wie die weltliche und die providentielle Erklärung ineinandergreifen:

(10) Les empereurs ont employé leur pouvoir à faire obéir l'Eglise : et Rome a été le chef de l'empire spirituel que Jésus-Christ a voulu étendre par toute la terre.

Der erste Teil von Satz (10) kann zunächst als finaler Kontext vom Typ "aufgegangene Rechnung" analysiert werden. Was jedoch zunächst als der freie Wille der Kaiser präsentiert wurde, wird sodann im Nachhinein als Teil des göttlichen Planes enthüllt (in welchem die Kaiser reine Instrumente sind). Der göttliche Plan hat ebenfalls die Form einer aufgegangenen Rechnung und entspricht der vermeintlichen bewußten Handlung der Kaiser. Das bedeutet, daß die beiden *parcours narratifs/ arrière-fonds explicatifs* (der weltliche und der providentielle) hier ineinander übergreifen.

Dies könnte auch folgendermaßen formalisiert werden, wobei **CORR** eine Entsprechung (*correspondance*) ausdrückt, welche *intertextuell* gilt, namentlich *zwischen* den beiden *parcours narratifs*:

---

8   Vgl. etwa folgende Aussagen:

[...] *et si, selon l'ordre établi dans la nature, une chose dépend de l'autre, par exemple, la naissance et l'accroissement des plantes, de la chaleur du soleil, c'est à cause que ce même Dieu, qui a fait toutes les parties de l'univers, a voulu les lier les unes aux autres, et faire éclater sa sagesse par ce merveilleux enchaînement.* (p. 768)

Dieu exerce par ce moyen ses redoutables jugements, selon les règles de sa justice toujours infaillible. C'est lui qui prépare les effets dans les causes les plus éloignées [...] (p. 1025).

[41'] empereurs : employer pouvoir (bewußte Handlung der Kaiser)

CORR

[49'] (Jésus-Christ : faire) empereurs : employer pouvoir

Eine derartige intertextuelle Verknüpfung hat es weder bei Montesquieu noch bei Voltaire gegeben. Diese intertextuelle Verknüpfung hat ein metatextuelles Element, da ohne ein metatextuelles Bewußtsein keine solche Verbindung hergestellt werden kann.

Unsere Formalisierung verdeutlicht Bossuets Geschichtsbild, welches zwei Ebenen umfaßt: an der Oberfläche sind die rein weltlichen Zusammenhänge erkennbar; darunter verbirgt sich jedoch die Ebene der wahren Zusammenhänge, jene der Vorsehung, welche die Vorgänge auf der ersten Ebene - nicht für jeden einsichtig - steuert.

Für jene Leser, welche Bossuets Auffassung nicht teilen, bleiben der weltliche und der providentielle Teil des *Discours* gleich zwei alternativen Sichtweisen nebeneinander stehen und können (oder müssen) voneinander getrennt rezipiert werden. Dies tut etwa Montesquieu, welcher sich explizit (auf Teil 3) des *Discours* als historiographische Quelle für die *Considérations* stützt. Obwohl Bossuet die weltlichen Zusammenhänge der Vorsehung untergeordnet betrachtet, ist er als reiner Historiker dennoch ein so scharfsinniger und klarsichtiger Analysator, daß Montesquieu dessen Formulierungen teilweise fast wörtlich übernimmt[9].

---

9   (11) *Carthage, devenue riche plus tôt que Rome, avoit aussi été plus tôt corrompue* [...]

(18) *À Rome, gouvernée par les lois, le peuple souffroit que le sénat eût la direction des affaires ; à Carthage, gouvernée par des abus, le peuple vouloit tout faire par lui-même.* [...]

(19) *Carthage, qui faisoit la guerre avec son opulence contre la pauvreté romaine, avoit, par cela même, du désavantage* [...]. (23) *Les Carthaginois se servoient de troupes étrangères, et les Romains employoient les leurs.* (*Considérations*, chap. IV)

Vergleiche mit:

Rome avait son sénat uni [...] *Le sénat de Carthage était divisé par de vieilles factions irréconciliables* [...] *Rome, encore pauvre* [...] *Carthage, enrichie par son trafic* [...] *Au lieu que les armées romaines étaient presque toutes composées de citoyens ; Carthage, au contraire, tenait pour maxime de n'avoir que des troupes étrangères* [...] (*Discours*, troisième partie, chap. VI, p. 1005)

D.7.3. Semantische Felder

D.7.3.1. Semantische Felder auf der Mikroebene

D.7.3.1.1. Idiosynkratische semantische Felder bei Bossuet

In Kap. I führt Bossuet zwei semantische Felder der Größe ein, welche weder bei
Montesquieu noch bei Voltaire zu finden waren, namentlich die *grandeur sacrée*
(Heiligkeit) und die *grandeur divine* (Göttlichkeit):

(1) Quoiqu'il n'y ait rien de comparable à cette suite de la *vraie Eglise* que je vous ai repré-
sentée, la suite des *empires*, qu'il faut maintenant vous remettre devant les yeux, n'est guère
moins profitable, je ne dirai pas seulement aux *grands princes* comme vous, mais encore aux
particuliers, qui contemplent dans ces *grands objets* les secrets de la *divine Providence*.

- vraie Eglise: (gr. sacrée + gr. d'institut.) + evt. degré (*vraie*)
- empires: gr. d'institut.
- grands princes: gr. d'institut. + degré
- grands objets: gr. d'institut. (*objets* nimmt als Pro-Form *empires* wieder auf)
- divine: gr. divine
- Providence: gr. d'esprit/gr. divine

Die Lexeme, welche die beiden Felder aktivieren, sind *Eglise* und *Providence*. Die
typographische Wahl der Majuskel in *Eglise* und *Providence* ist zunächst ein Indiz
dafür, daß Bossuet diese beiden Begriffe als dem Feld der GRANDEUR zugehörig betrachtet.

Zum zweiten wird diese These angesichts der Kombination der Lexeme mit
Attributen wie *vraie* und *divine* gestützt.

Das Lexem *vraie* ist ein Teil des GRANDEUR/HAUTEUR/BONTÉ-Paradig-
mas, welches wir in Kap. B.5. auf der Basis der *orientational metaphores* von Lakoff/
Johnson (1980: 15ff.) isoliert haben und im Rahmen dessen es speziell die
VERTU aktiviert. Diese Lesart wird auch durch die zeitgenössische Lexikographie gestützt: Furetière[10] (1690; s.v. *vray*) führt als eine von verschiedenen möglichen Lesarten an: "se dit aussi de ce qui est pur, ou dans son degré de perfection.
Il est opposé à *corrompu, meslé, contrefait*".

---

10   *Dictionnaire universel*, Ausgaben 1690/1708.

Das Lexem *divin* (definiert von Furetière 1690, s.v. *divin*, als "qui est, ou qui vient de Dieu" und in Furetière 1708, s.v. *divin*, in seiner Definition erweitert durch "ou qui regarde Dieu" (versehen u.a. mit dem Beispiel "la Providence *divine*")) aktiviert die Bedeutung *Dieu*. Eine lange Reihe von lexikographischen Hinweisen deutet nun darauf hin, daß *Dieu* und damit *divin* dem Paradigma der GRANDEUR zuzuordnen sind. Zum ersten definiert Furetière 1690 (s.v. *Dieu*) *Dieu* als: "infini et incompréhensible", wobei speziell das *infini* mit dem Größenbegriff in Zusammenhang zu bringen ist. Zum zweiten wird weiters angeführt, daß das Lexem "abusivement" für folgende Begriffe verwendet wird: "des puissances & des personnes heureuses"; *puissance* ist Teil des GRANDEUR-Paradigmas, und eine abusive Übertragung in diesen Bereich wäre nicht möglich, wenn das Lexem selbst nicht bereits dieses Bedeutungselement enthielte; dazu kommt noch ein Verweis an dieser Stelle zum Mißbrauch von *Dieu* in Furetière 1708 auf das Lemma *Les Grands*, also auf die Herrscher. Zum dritten notiert Furetière 1690 (s.v. *divin*) die übertragene Bedeutung "excellent, extraordinaire, & qui semble estre au dessus de la force de la nature, ou de la capacité des hommes" für *divin* sowie (s.v. *divinement*) "parfaitement, extraordinairement" für *divinement*, auch hier wird die Affinität zu GRANDEUR deutlich. Zum vierten verbinden folgende Zitate *Dieu* mit der GRANDEUR: "Il n'y a point de *grandeur* infinie que celle de Dieu" (Furetière 1690, s.v. *grandeur*); "O Dieu ! tout l'Univers annonce ta *grandeur*"; "La *grandeur* est une participation de la puissance de Dieu sur les hommes" (Furetière 1708, s.v. *grandeur*). Schließlich können wir uns noch auf Hinweise aus *La Science naturelle* von Sorel 1668 stützen: das Kap. V des zweiten Bandes trägt den Titel "De Dieu vnique et supréme", und dort heißt es u.a. "Dieu est au dessus de toute superiorité"; "Dieu est au dessus des corps & des esprits, & s'il y a quelque autre nature qui ne soit point venüe à nostre connoissance, il est encore le supérieur, de sorte que sa Puissance est au dessus de toutes souuerainetez, car il est le Dieu vnique & supréme" (p. 489).

Basierend auf dem konzeptuellen Unterschied zwischen *sacré* ("qui est saint, qui a esté offert & dedié à Dieu solemnellement avec ceremonie, benediction, & onction ; [...] se dit aussi de tout ce qui appartient à Dieu & à l'Eglise ; [...] se dit aussi des choses pour lesquelles on a du respect, de la veneration"; Furetière 1690, s.v. *sacré*) und *divin* (s.o.) rechnen wir den Begriff "église" als einem semantischen Feld "grandeur sacrée" angehörig, wobei er jedoch auch die "grandeur d'institution" mitaktiviert, das heißt die Macht, die die Kirche als Institution ausübt.

Der Begriff "providence" aktiviert dagegen die "grandeur divine" (vgl. auch das weiter oben in Furetière angeführte Beispiel *Providence divine*), wobei man hier noch eine genauere Zuordnung zu einem Sub-Feld vornehmen kann, namentlich zur "grandeur d'esprit", welche hier nicht ein Sub-Feld der (menschlichen) "grandeur personnelle" ausmacht, sondern ein Sub-Feld der "grandeur divine". Obwohl Furetière die Vorsehung mit "Undurchschaubarkeit" in Verbindung bringt ("Si les justes sont persecutez, c'est un secret impenetrable de la *Providence* divine", Furetière 1690, s.v. *Providence*, "La conduite de la *Providence* est très-obscure"; "La *Providence* de Dieu est confusément administrée en ce monde", Furetière 1708, s.v. *Providence*), so finden sich dennoch Hinweise auf deren Weisheit: "Claudien a mis en balance si le monde est regi par une *Providence* sage, ou par une aveugle Fortune [...]" (Furetière 1708, s.v. *Providence*). Und in Sorel 1668 findet man in Kap. VII mit dem Titel "De la Prouidence de Dieu" von Band 2 folgende Hinweise: "Comme nous trouuons que Dieu est Tout-puissant, & qu'il a donné l'Estre à toutes les choses du monde, il faut croire aussi qu'il est tres-Sage. Puis qu'il a la Toute-puissance, il peut auoir la science de toute chose, & de cette science il fait sa Sagesse. Que s'il est parfaitement Sage, il est aussi parfaitement Bon, car la Sagesse met tout au meilleur estat qui puisse estre, & de cette Sagesse & de cette Bonté vient sa Prouidence" (Sorel 1668: 555); "Cŏment de la Science infinie de Dieu vient sa Sagesse parfaite & sa Bonté & de là sa Prouidence" (Sorel 1668: 556). Diese Zuordnung von "providence" zu "grandeur d'esprit/grandeur divine" ist weiters gerechtfertigt, als der Begriff "providence" bei Bossuet oftmals in Zusammenhang mit dem Begriff "sagesse" oder in Vertretung dessen genannt wird (vgl. weiter unten im selben Kapitel: (43) [...] *vous appreniez à rapporter les choses humaines aux ordres de cette sagesse éternelle dont elles dépendent*).

Bossuet aktiviert die semantischen Felder der Heiligkeit und der Göttlichkeit im Text durch folgende Lexeme oder Lexemkombinationen (wir nennen rekurrierende Lexeme wie *Eglise* nur einmal):

positiv:
grandeur sacrée:
- Eglise
- Evangile
- empire spirituel
- religion
- chrétienne
- saint
- christianisme
- fidèles
- martyrs

petitesse positive sacrée:
- purgée de l'idolâtrie

negativ:
grandeur négative sacrée:
- dieux
- idoles
- superstitions
- idolâtries
- persécutrice

petitesse sacrée:
- blasphèmes

Hier ist zu beachten, daß *dieux* für die heidnischen Götter steht und (im Rahmen einer monotheistischen Religion) stehen muß (vergleiche auch die Kleinschreibung im Gegensatz zu *Dieu* im Anschluß). Das Lexem ist in dieser Lesart synonymisch zu *idoles*. Da es aus christlicher Sicht die heidnischen Götter nur in der Vorstellung der Heiden gibt, können diese Götter auch nicht Teil des semantischen Feldes der Göttlichkeit sein. Dort müßten diese ja zudem einer negativen Sphäre zuzurechnen sein, welche im christlichen Glauben *per definitionem* inexistent ist (s.u.). Falsche Götter und Idole sind heilig in einem für Bossuet negativ besetzten Wertesystem und gehören damit der *grandeur négative sacrée* an. Demgegenüber stehen *petitesse négative sacrée* und *petitesse positive sacrée* als die restlichen Teilfelder des übergeordneten Feldes der Heiligkeit, namentlich die Unheiligkeit. Zur *petitesse négative sacrée* kann man etwa *blasphèmes* zählen, während die Nichtheiligung oder der Sturz falscher Götter die *petitesse positive sacrée* aktivieren könnte, was etwa in *purgée de l'idolâtrie* zum Ausdruck kommt.

grandeur divine:
- divine
- Providence
- secrets jugements de Dieu (= Providence)
- mystère (= Providence)
- Saint-Esprit
- Dieu
- Très-Haut
- miraculeuses
- justice (= Providence)
- conseil (= Providence)

Man beachte die konsequente Großschreibung alle jener Lexeme, welche das Göttliche direkt denotieren. Wie schon erwähnt, ist hier eine negative Göttlichkeit *per definitionem* ausgeschlossen. Die *grandeur (positive) divine* läßt keinerlei Semumkehr zu: es gibt weder eine *grandeur négative divine*, noch eine *petitesse positive divine* noch eine *petitesse négative divine*. Das Göttliche ist im christlichen Wertesystem durch die Seme [+ gut] und [+ groß] definiert, es ist eine absolute, nicht antonymiefähige Einheit.

Wir können an dieser Stelle im Vergleich mit Montesquieu und Voltaire zeigen, in welchem Ausmaß der Kontext, vor allem durch das Gegenüberstellen bestimmter antonymischer Felder, Einfluß auf die Lesart von Lexemen hat oder, anders ausgedrückt, Einfluß darauf nimmt, welche semantischen Felder von bestimmten Lexemen aktiviert werden.

Voltaire aktiviert etwa in Kap. L seiner *Philosophie de l'histoire*, welche dominiert ist von der Antonymie zwischen kultureller Größe und Rückschrittlichkeit, mittels Lexemen, welche bei Bossuet die *grandeur divine* aktiveren, die *grandeur spirituelle* durch folgende Oberflächenstrukturen:

- reconnaître un Dieu suprême
- adorer un Dieu suprême
- regarder comme le seul maître du tonnerre
- nommer seul Dieu très grand et très bon
- culte d'un Dieu suprême
- connaissance d'un dieu

Die folgende Formulierung aus demselben Kapitel aktiviert dagegen die *petitesse spirituelle* (ein Teilfaktor von Mangel an kultureller Größe).

- une foule de superstitions

Vergleicht man die Kontexte aller drei Autoren z.B. in bezug auf diverse Religionsstreitigkeiten, aktiviert Montesquieu (Kap. XXII *Foiblesse de l'empire d'Orient*) das Feld der reinen menschlichen Dummheit (*petitesse d'esprit*):

(25) Une *superstition grossière*, qui *abaisse l'esprit* autant que la religion *l'élève*, plaça toute la vertu et toute la constance des hommes dans une *ignorante stupidité pour les images*, et l'on vit des généraux lever un siège et perdre une ville pour avoir une relique.

- superstition grossière
- abaisser l'esprit
- élever l'esprit
- ignorante stupidité pour les images

Voltaire stellt in Kap. LI *Questions sur les conquêtes des Romains et leur décadence* dieselben Umstände als Mangel an kultureller Größe (*petitesse spirituelle*) dar, welcher mit anderen Mängeln einhergeht:

(15) La faiblesse des empereurs, les factions de leurs ministres et de leurs eunuques, la haine que l'ancienne religion de l'empire portait à la nouvelle, les querelles sanglantes élevées dans le christianisme, les disputes théologiques substituées au maniement des armes, et la mollesse à la valeur, des multitudes de moines remplaçant les agriculteurs et les soldats, tout appelait ces mêmes barbares qui n'avaient pu vaincre la république guerrière, et qui accablèrent Rome, languissante sous des empereurs cruels, efféminés et *dévots*.

- dévots

Bei Bossuet geht es hier schließlich um den falschen Glauben (*grandeur négative sacrée*), um Ketzerei (*petitesse sacrée*), welcher dem richtigen Glauben (*grandeur sacrée*) entgegengesetzt wird:

Titel von Kapitel XXVI von Teil 2 des *Discours*:

Diverses formes de l'*idolâtrie* : les sens, l'intérêt, l'ignorance, un faux respect de l'antiquité, la politique, la philosophie, et les *hérésies* viennent à son secours : l'*Église* triomphe de tout

grandeur négative sacrée:
- idolâtrie

petitesse sacrée:
- hérésies

grandeur sacrée:
- Eglise

Titel von Kapitel XXXI von Teil 2 des *Discours*:

Suite de l'*Église catholique* et sa victoire manifeste sur toutes les *sectes*

grandeur sacrée:
- Eglise catholique

grandeur négative sacrée:
- sectes

Nach diesen Betrachtungen zum providentiellen Kapitel I des *Discours* ist nun folgendes zur Lexik und Semantik des weltlich ausgerichteten Kapitels VII zu bemerken:

Wir haben in Kap. B.5.4.2.1. die Höhe (und damit die Aufwärtsbewegung) als Bedingung für die Größe definiert. Bossuet verwendet das Lexem *élévation*, um den Aufstieg Roms zur Größe zu bezeichnen, der zum Fall (als Abwärtsbewegung) in Gegensatz gestellt wird:

(120) Il est maintenant aisé de connaître les causes de l'*élévation* et de la *chute* de Rome.

petitesse d'institution ⇒ *grandeur d'institution:*
- élévation

chute / décadence:
- chute

Das Lexem *élévation* kommt bei Montesquieu nur einmal vor: (19)/XII *Cicéron, pour perdre Antoine, son ennemi particulier, avoit pris le mauvais parti de travailler à* l'élévation *d'Octave.* In diesem Kontext bezieht es sich auf die innenpolitische Macht. Im vorliegenden Kontext bei Bossuet bezieht es sich auf die außenpolitische Macht. Montesquieu verwendet in dieser Bedeutung *agrandissement*, welcher keine direkte Höhe impliziert:

(57)/I On vit manifestement, pendant le peu de temps que dura la tyrannie des décemvirs, à quel point l'*agrandissement* de Rome dépendoit de sa liberté.

Erst gegen Ende des Kapitels geht Bossuet zum ersten Mal auf ein zentrales Thema Montesquieus in bezug auf die DÉCADENCE ein, nämlich materielle Fragen, finanzielle Angelegenheiten, Luxus, Ausschweifungen und Verweichlichung:

(152) Cependant le nombre des *pauvres* s'augmentait sans fin par le *luxe*, par les *débauches*, et par la *fainéantise* qui s'introduisait. (153) Ceux qui se voyaient *ruinés* n'avaient de ressource que dans les séditions, et en tout cas se souciaient peu que tout pérît après eux. (154) On

sait que c'est ce qui fit la conjuration de Catilina. (155) Les grands ambitieux, et les misérables qui n'ont rien à perdre, aiment toujours le changement. Ces deux genres de citoyens prévalaient dans Rome ; et l'état mitoyen, qui seul tient tout en balance dans les états populaires, étant le plus faible, il fallait que la république *tombât*.

petitesse économique:
- pauvres
- ruinés

luxe/ décadence:
- luxe

débauche/ décadence:
- débauches

mollesse/ décadence:
- fainéantise

chute/ décadence:
- tomber

Bei Montesquieu ist Geld gleich Luxus gleich Dekadenz. Bossuet erwähnt diesen Faktor hier nur am Rande. Interessant ist jedoch, daß das Lexem *débauche(s)* bei Montesquieu nicht vorkommt, *plaisirs* ist dort die schärfste Bezeichnung für "dekadente" Beschäftigungen. Ferner gebraucht Montesquieu auch das Lexem *fainéantise* nicht, statt dessen werden Ausdrücke wie *oisifs* und *mollesse* verwendet:

(7)/XVII Il s'établit un nouveau genre de corruption. (8) Les premiers empereurs aimoient les *plaisirs* : ceux-ci, la *mollesse* ; ils se montrèrent moins aux gens de guerre ; ils furent plus *oisifs*, plus livrés à leurs domestiques, plus attachés à leurs palais, et plus séparés de l'empire.

Abgesehen von diesen eher geringeren Unterschieden sind Art, Anzahl und Verteilung der semantischen Felder bei Bossuet in Kap. VII und bei Montesquieu sehr ähnlich, wie im übernächsten Kapitel zu sehen sein wird.

D.7.3.1.2. Anzahl und Verteilung der erklärten semantischen Felder in Kapitel I des dritten Teils des Discours sur l'histoire universelle

Betrachtet man die quantitative Verteilung der semantischen Felder in diesem providentiell orientierten Kapitel, so fällt auf, daß die überwiegende Mehrzahl (21) der erklärten Kontexte Machtfragen betrifft (*grandeur* vs. *petitesse d'institution*). An zweiter Stelle numerischer Wichtigkeit (11) stehen Fragen der Orthodoxie, des "rechten" Glaubens (*grandeur positive sacrée* vs. *grandeur négative sacrée*). Dabei ist zu beachten, daß der Gegensatz - und der *Gegner* - des "rechten" Glaubens nicht etwa der Unglauben (*petitesse sacrée*), sondern eben der "falsche" Glaube, die Idolatrie ist (*grandeur négative sacrée*). Militärische Fragestellungen (4 Kontexte) und ethische Fragen (*grandeur d'âme:* drei Kontexte) erscheinen überraschenderweise nur am Rande. Marginalisiert steht auch ein Kontext zum Thema sozialer Anerkennung (*grandeur sociale*). Daraus ergibt sich ein deutliches Bild der Vorsehung als ein (macht)politisch-ideologisches, nicht als ein spirituell-ethisches Instrument.

D.7.3.1.3. *Anzahl und Verteilung der erklärten semantischen Felder in Kapitel VII des dritten Teils des* Discours sur l'histoire universelle

Die thematische Verteilung dieses weltlich orientierten Kapitels ist augenfällig: die überwiegende Mehrzahl (26) der erklärten Kontexte betrifft die *grandeur d'institution*, also Machtfragen. Mit deutlichem Abstand (9) folgen militärische Fragen. Es folgt die *décadence* mit drei Kontexten; mit jeweils nur einem Kontext vertreten sind die *grandeur d'esprit*, die *grandeur numérique*, die *grandeur d'âme* sowie die *grandeur économique*.

Das Spektrum der aktivierten semantischen Felder entspricht jenem Montesquieus. Was die Gewichtung der einzelnen semantischen Felder zueinander innerhalb dieses Kapitels betrifft, so entspricht diese ebenfalls durchaus bestimmten Kapiteln von Montesquieu. Hier wird wieder ersichtlich, wie nahe einander Montesquieu und Bossuet als reine Historiker stehen.

D.7.3.2. *Semantische Felder auf höheren Ebenen*

D.7.3.2.1. *Vergleich der semantischen Felder, welche auf der Makro-Plus-Ebene von Kapitel I des dritten Teils des* Discours sur l'histoire universelle *bzw. auf der Giga-Ebene der* Considérations *aktiviert werden*

In den folgenden Betrachtungen behandeln wir nur die zentralen semantischen Felder und vernachlässigen weniger relevante Details.

Wir erinnern daran, daß die fraglichen Strukturen bei Bossuet dreiteilig (Aufstieg, Untergang, Wiederauferstehen), bei Montesquieu zweiteilig (Aufstieg, Untergang) sind.

Bossuets Struktur zum Aufstieg des Römischen Reiches, bei dem Rom nur eine instrumentale Rolle im göttlichen Plan spielt, spiegelt durch die Aktivierung der semantischen Felder wider, daß es hier um einen geplanten (*vouloir (grandeur d'insti-*

tution + grandeur sacrée) und schließlich verwirklichten Ausbau der (göttlichen) Macht geht (*grandeur d'institution + grandeur sacrée*).

In der zweiten Struktur, jener zum Untergang, spielt Rom ebenfalls keine überaus aktive Rolle. Der Untergang, der das Feld des Machtverlustes aktiviert (*grandeur d'institution ⇒ petitesse d'institution*), wird als handlungslogische Folge (Strafe Gottes) für langanhaltenden Irrglauben dargestellt, welcher wiederum das Feld der negativen Heiligkeit sowie das Feld der großen Zeitspanne aktiviert (*grandeur négative sacrée + grandeur temporelle*).

Auch in der dritten Struktur, welche bei Montesquieu fehlt, jener zur "Wiederauferstehung", ist Rom nicht sehr aktiv. Die Tatsache der Bekehrung Roms, welche das Feld der neu gewonnenen Heiligkeit (*grandeur sacrée*) aktiviert, sowie jene der Machtübernahme durch sich bekehrende Barbaren (*grandeur d'institution*) erklären sodann das Wiederauferstehen Roms als kirchliche Macht (*grandeur sacrée + grandeur d'institution*).

Damit gibt es mit Ausnahme der zu erklärenden Tatsachen "Größe" (*grandeur d'institution*) und "Untergang" (*petitesse d'institution*) keine semantischen Felder, welche auch bei Montesquieu vorkommen. Der Erklärungsansatz von letzterem aktiviert nur semantische Felder mit weltlichem Bezug (z.B. *grandeur militaire, grandeur d'âme*).

D.7.3.2.2. Vergleich der semantischen Felder, welche auf der Mega-Ebene von Kapitel VII des dritten Teils des Discours sur l'histoire universelle *bzw. auf der Giga-Ebene der* Considérations *aktiviert werden*

Wir wiederholen, daß Bossuets fünfteiliger Struktur (Monarchie, Republik während der Expansion, Republik während der Bürgerkriege, Kaisertum während einer Zeit der Stabilität, Kaisertum in der Verfallszeit) eine zweiteilige Struktur (Aufstieg und Fall) bei Montesquieu gegenübersteht.

Die Faktoren, mit denen Bossuet Aufstieg und Fall erklärt, entsprechen jenen, die wir von Montesquieu kennen. Die Größe (*grandeur d'institution*) wird erklärt durch Vaterlandsliebe (*grandeur d'âme*), Gesetzestreue (*vouloir petitesse d'institution*), (positiver) Ehrgeiz (*vouloir grandeur sociale*) und Kriegslust (*vouloir combattre/grandeur militaire*). Der Untergang (*petitesse d'institution*) wird hervorgerufen durch Machtgier (*vouloir grandeur d'institution*), Egoismus (*petitesse d'âme*), Dekadenz (*luxe/décadence, débauches/décadence, mollesse/décadence*) und unkluge Politik (Abgabe der Macht an das Militär: *grandeur militaire → grandeur d'institution*).

Ein Faktor jedoch, welcher sowohl bei Montesquieu als auch bei Voltaire als zentral für den Untergang (des Ostreiches) behandelt wird, namentlich die Frage der byzantinischen Religionsstreitigkeiten (*petitesse d'esprit* bei Montesquieu bzw. *pe-titesse culturelle* bei Voltaire, s. Kap. D.6.3.2.), scheinen bei diesem Autor an dieser Stelle nicht auf. Allerdings konzentriert Bossuet seine Betrachtungen, wie schon erwähnt, auf das Westreich.

D.7.3.2.3. Vergleich der semantischen Felder, welche in einer Makrostruktur von Kapitel I des dritten Teils des Discours sur l'histoire universelle *bzw. auf der Giga-Plus-Ebene der* Considérations *aktiviert werden*

In Kap. D.7.2.5. haben wir einen Teil einer Makrostruktur aus Bossuet Kapitel I vorgestellt, welcher den Fall der Römer mit der vorangehenden Größe erklärt. Ei-ne solche Struktur hatten wir auch bei Montesquieu, namentlich auf der Giga-Plus-Ebene, gefunden. Montesquieu aktiviert mit seinem Prädikat "prospérer" das Feld der wachsenden Macht (*grandeur d'institution* ⇒ *grandeur d'institution*) und er-klärt damit den anschließenden Verfall dieser Macht (*grandeur d'institution* ⇒ *peti-tesse d'institution*), realisiert durch das Prädikat "dégénerer". Bei Bossuet erklärt die Dauer der Macht (*grandeur d'institution* + *grandeur temporelle*), realisiert in einer Pro-position "empire romain : durer", den anschließenden Fall (*grandeur d'institution* ⇒ *petitesse d'institution*), realisiert durch das Prädikat "tomber". Diese Erklärung stellt zwar kein übergeordnetes Prinzip dar, sondern ist nur Teil einer weit umfassen-deren Erklärung, deren Grundprinzip letzten Endes die Vorsehung darstellt. Den-noch ist auch hier, in diesem providentiell angelegten Kapitel, Bossuets ge-schichtstheoretische Ader und die darin begründete mentale Verwandtschaft zu Montesquieu deutlich.

D.7.3.2.4. Vergleich der semantischen Felder der Meta-Makro-Plus-Struktur von Kapitel I des dritten Teils des Discours sur l'histoire universelle *mit jenen der Meta-Giga-Struktur der* Considérations

In Kap. D.7.2.6. haben wir eine Struktur aus Kap. I des dritten Teils des *Discours* isoliert, welche über die Geschichte der Römer hinausweist. Montesquieu indu-ziert mit einer ähnlichen Struktur vom Fall der Römer allgemeinere geschichts-theoretische Gesetze: die Proposition "Romains : avoir destin militaire selon com-portement" gestattet einen Schluß "fortune : ¬(dominer le monde)". Das Expla-nandum aktiviert keine für uns relevanten semantischen Felder, das Explanans ak-tiviert unter anderem das positive und negative Feld des militärischen Erfolges (*succès/grandeur militaire; défaite/petitesse militaire*).

Für Bossuet ist Rom dagegen kein Fallbeispiel von vielen, sondern wird mit an-deren Nationen verglichen und diesen gegenüber ausgezeichnet. Das Explanandum "(Rome : avoir sort plus heureux qu'autres nations) ∧ (Rome : annoncer christianisme à tout univers)" aktiviert kein für uns relevantes semantisches Feld, das Explanans "(Rome : être idolâtre, t1) ∧ (Rome : être chrétienne, t2)" aktiviert dagegen die Abfolge von falschem und richtigem Glauben (*grandeur négative sacrée, grandeur sacrée*). Hier wird erneut deutlich, wie weit entfernt Bossuet in seiner Funktion als Theologe von Montesquieus Überlegungen ist.

D.7.4. Die schriftstellerische und historiographische Berufung Bossuets

D.7.4.1. Semantische Strukturen und ihre rhetorisch-pragmatische Wirkung

Der Fokus unserer Arbeit liegt auf den semantischen Gegebenheiten der untersuchten Texte. Es ist jedoch ein Leichtes zu zeigen, welche pragmatischen Effekte sich aus bestimmten semantischen Strukturen ergeben, ja, daß durch eine gründliche semantische Analyse die den pragmatischen Effekten zugrunde liegenden Prinzipien von selbst evident werden.

Wir behandeln im Anschluß erneut das providentiell orientierte Kapitel I und das weltlich ausgerichtete Kapitel VII des dritten Teils des *Discours* getrennt.

D.7.4.1.1 Semantische Strukturen und ihre rhetorisch-pragmatische Wirkung in Kapitel I des dritten Teils des Discours sur l'histoire universelle

Hier sei vorangeschickt, daß Kapitel I sich insgesamt durch eine ausgesprochene Dichte an rhetorischen Mitteln auszeichnet, wie sie etwa, wie zu sehen sein wird, in Kap. VII nicht zu finden ist.

D.7.4.1.1.1. Semantisch ambige Oberflächenstrukturen

Ein mögliches rhetorisches Mittel ist die Verwendung von semantisch ambigen Oberflächenstrukturen, welche eine bestimmte Lesart insinuieren, ohne daß sich der Sender tatsächlich engagieren muß. Eine solche Oberflächenstruktur stellt Satz (4) dar:

(4) Les Juifs ont duré jusqu'à Jésus-Christ sous la puissance des mêmes Romains.

Satz (4) ist insofern ambig, als die Präpositionalphrase *sous la puissance* eine reine Ortsergänzung u.ä. sein, aber auch eine erklärende Rolle einnehmen kann. In diesem Fall kann sie entweder als Grund für das Überleben der Juden figurieren, oder aber ein konzessives Element bergen: trotz der Macht der Römer überlebten die Juden. Mit der Wahl dieser ambigen Präpositionalphrase braucht sich Bossuet in bezug auf den Zusammenhang zwischen der römischen Macht und dem Überleben der Juden nicht festzulegen. Im Hinblick auf den umgebenden Text, wo Bossuet das Schicksal der Juden von den Römern (und damit von Gott, der diese lenkt) abhängig macht, haben wir diesen Kontext in unseren Analysen als Begründung formalisiert; Bossuet selbst hat sich jedoch nicht festgelegt.

Ein ähnliches Beispiel stellt Satz (23) dar, der einen Kommentar zur Eroberung Roms durch die Barbaren bringt:

(23) Le glaive des Barbares ne pardonne qu'aux chrétiens.

In (23) kann es sich um eine reine Feststellung handeln oder aber um eine implizite Schlußfolgerung: die Gottlosen wurden bestraft (wie der vorangehende Satz anführt), die Christen wurden verschont, *weil* sie gottesfürchtig waren. Letztere Lesart wird dem Leser durch den umgebenden Kontext suggeriert, sie wird jedoch nicht explizitiert.

Montesquieu verwendet ebenfalls ambige Konstruktionen. Im folgenden Beispiel aus dem Kapitel XVII der *Considérations*, welches bereits in Kap. D.5.1.1.1. besprochen wurde, haben wir es mit einer konzessiven Erklärung zu tun, innerhalb derer unklar bleibt, ob eine bestimmte Aussage als deren Extrakondition zu deuten sei:

(47) Valens ordonna qu'ils passeroient sans armes ; mais, pour de l'argent, ses officiers leur en laissèrent tant qu'ils voulurent. (48) Il leur fit distribuer des terres ; mais, à la différence des Huns, les Goths n'en cultivoient point ; on les priva même du blé qu'on leur avoit promis : ils mouroient de faim, et ils étoient au milieu d'un pays riche ; ils étoient armés, et on leur faisoit des injustices. (49) Ils ravagèrent tout depuis le Danube jusqu'au Bosphore, exterminèrent Valens et son armée, et ne repassèrent le Danube que pour abandonner l'affreuse solitude qu'ils avoient faite.

Wir betrachten hier erneut nur den Satz (48) und davon namentlich nur die Teile *on les priva même du blé qu'on leur avoit promis* (formalisiert im folgenden konzessiven Kontext [124]-[126]) sowie *Il leur fit distribuer des terres* (formalisiert in [127]):

[124] (personne X-promettre : personne X-P) ¿ (personne X : P)

<u>[125] Romains-promettre : Romains-distribuer blé à Goths</u>

dennoch: [126] Romains : ¬(distribuer blé à Goths)

Eventuelle Extrakondition:

[127] Romains : distribuer terres à Goths

Tatsächlich geht, wie schon in Kap. D.5.1.1.1. festgehalten wurde, aus dem Text nicht hervor, ob [127] die Extrakondition für [126] ist, es ist jedoch denkbar. Im positiven Fall ermöglicht dies eine positivere Bewertung des römischen Verhaltens (die Römer haben versucht, für die Goten zu sorgen) als im negativen Fall - Montesquieus Bewertung des gesamten vorliegenden Kontextes ist hier allerdings deutlich negativ: die Ambiguität hat daher nicht allzu große Auswirkungen auf die Deutung des Gesamtkontextes.

Bei Montesquieu ist jedoch die Distributionsdichte ambiger Kontexte weitaus geringer als bei Bossuet.

Für genauere Analysen und Formalisierungen der hier genannten ambigen Kontexte s. Kratschmer 2001.

D.7.4.1.1.2. Ad hoc-*Erklärungen*

Wir haben in Kap. D.7.1.3. *ad hoc*-Erklärungen als Erklärungen definiert, welche auf einem (zumeist impliziten) Gesetz basieren, dem der Sender selbst an anderer Stelle widerspricht. Eine solche Erklärung gestattet es dem Sender, über einen tatsächlichen Erklärungsnotstand hinwegzutäuschen oder von einer unerwünschten Erklärungslösung abzulenken und den Empfänger damit zu manipulieren. Wir haben eine solche Erklärung in Satz (9) festgemacht:

(9) Enfin l'empire romain a cédé ; et ayant trouvé quelque chose de plus invincible que lui, il a reçu paisiblement dans son sein cette Eglise à laquelle il avait fait une si longue et si cruelle guerre.

Diese Erklärung basiert auf einem impliziten Gesetz, welches präsupponiert und damit dem Leser als gültig präsentiert wird. Die Gültigkeit eine Gesetzes jedoch, demgemäß ein Reich, das einer anderen Gemeinschaft unterlegen ist, letztere stets friedvoll in sich aufnimmt, widerspricht anderen historischen Ereignissen, die

Bossuet selbst im selben Kapitel schildert[11]. Die unerwünschte und hier dem Leser rhetorisch ferngerückte Erklärungslösung könnte etwa eine Übernahme des Christentums durch die römischen Kaiser aus taktischen Gründen sein.

Auch der folgende Kontext zeigt, daß Bossuet bezüglich des Christentums andere Gesetze annimmt und seinen Lesern nahelegt als für die übrige Geschichte:

(12) Les nations qui ont envahi l'empire romain y ont appris peu à peu la piété chrétienne, qui a adouci leur barbarie ; et leurs rois, en se mettant chacun dans sa nation à la place des empereurs, n'ont trouvé aucun de leurs titres plus glorieux que celui de protecteurs de l'Eglise.

Das hier implizite Gesetz, demgemäß Eroberer, wenn sie die Tugenden der Religion der eroberten Nation kennenlernen, diese Religion sodann übernehmen, würde in Kontexten, wo Eroberer andere Religionen als die christliche kennenlernen, dem göttlichen Plan widersprechen. Der sonst so akkurate Historiker Bossuet kann damit verschleiern, daß ihmgemäß in der Heilsgeschichte andere historische Gesetze gelten als in der profanen Geschichte.

Bei Montesquieu waren keine *ad hoc*-Erklärungen im hier definierten Sinn anzutreffen. (Voltaire gebrauchte, wie Bossuet, diesen Mechanismus, allerdings kombiniert mit dem Mittel der Ironie, welche deutlich den defektiven Charakter der Erklärung hervorhebt und mit diesem spielt).

Für genauere Analysen und Formalisierungen der hier genannten Kontexte mit *ad hoc*-Erklärungen s. Kratschmer 2003.

D.7.4.1.1.3. Semantisch-lexikalische Verstöße gegen die sprachliche Norm

Verstöße gegen die allgemein akzeptierte sprachliche Norm können die Aufmerksamkeit des Lesers auf sich lenken und auf diese Weise der damit versehenen Aussage mehr Gewicht verleihen. Bossuet bedient sich dieser Technik äußerst intensiv.

Da ist zunächst der bewußte Verstoß gegen semantisch-logische Regeln in der Grammatik. Ein solcher ist im schon zitierten Satz (9) zu finden:

---

11   (22) [...] [*Rome*] *est en proie aux Barbares, prise trois et quatre fois, pillée, saccagée, détruite.*

(9) Enfin l'empire romain a cédé ; et ayant trouvé quelque chose de plus invincible que lui, il a reçu paisiblement dans son sein cette Eglise à laquelle il avait fait une si longue et si cruelle guerre.

Hier verdient die Formulierung *plus invincible* unsere Aufmerksamkeit. Das Lexem *invincible* bezeichnet eine polare Eigenschaft, eine Steigerung *plus invincible* macht konzeptuell gesehen keinen Sinn. Bossuets Gebrauch des Komparativs ist hier nur als rhetorischer Schachzug erklärbar: der unbesiegbare Charakter der Kirche soll damit unterstrichen werden.

Ein weiteres sprachliches Gebot stellt das Vermeiden von Redundanz dar. Erneut gibt uns hier Satz (9) ein Beispiel dafür, wie Bossuet bewußt gegen ein solches Gebot verstößt:

(8) Si le même empire romain a persécuté durant trois cents ans ce peuple nouveau qui naissait de tous côtés dans son enceinte, cette persécution a confirmé l'Eglise chrétienne, et a fait éclater sa gloire avec sa foi et sa patience. (9) Enfin l'empire romain a cédé ; et ayant trouvé quelque chose de plus invincible que lui, il a reçu paisiblement dans son sein cette Eglise à laquelle il avait fait une si longue et si cruelle guerre.

Der Relativsatz *à laquelle il avait fait une si longue et si cruelle guerre* von Satz (9) ist eine Paraphrase der Ausdrücke *le même empire romain a persécuté durant trois cents ans ce peuple nouveau* sowie von *cette persécution* aus dem direkt vorangehenden Satz (8) und damit redundant. Diese Paraphrase kann jedoch auf der rhetorischen Ebene, indem sie dem *paisiblement* des Hauptsatzes in unmittelbarer Nähe das antonymische *guerre* gegenüberstellt, den bemerkenswerten Charakter dieser historischen Umwälzung unterstreichen.

Der Satz (9) enthält damit drei stark manipulative rhetorische Kunstgriffe, die einerseits die Dringlichkeit von Bossuets Anliegen unterstreichen, andererseits jedoch auch davon ablenken, daß die im Satz gegebene Erklärung eventuell nicht wirklich stichhaltig ist.

Auch der folgende Satz enthält semantische Redundanzen:

(11) Quand le temps a été venu que la puissance romaine devait tomber, et que ce grand empire qui s'était vainement promis l'éternité, devait subir la destinée de tous les autres, Rome, devenue la proie des Barbares, a conservé par la religion son ancienne majesté.

Die Idee des römischen Unterganges wird zunächst ausgedrückt durch *la puissance romaine devait tomber*. Es folgt sodann eine Paraphrase des Kontextes in *ce grand empire devait subir la destinée de tous les autres*, welche zusätzlich um ein konzessives Element (*vainement*) erweitert ist. Das zweimalige Insistieren auf dem unvermeidlichen (gesetzmäßigen) Untergang wird in seiner rhetorischen Wirkung durch das konzessive Element noch unterstrichen: auch der Glaube an die eigene Unsterblichkeit kann den Untergang nicht vermeiden. Der folgende Satzteil (*devenue la proie des Barbares*) paraphrasiert den Untergang schließlich zum dritten Mal. Wir befinden uns hier jedoch in einer konzessiven Konstruktion: obwohl Rom Beute der Barbaren geworden ist, bewahrt es dennoch seine Erhabenheit. Nachdem zuvor so sehr auf dem Untergang beharrt wurde, ist das Überraschungsmoment in dieser konzessiven Konstellation noch stärker als in herkömmlichen konzessiven Kontexten. Die Extrakondition (die Religion), welcher die überraschende Konklusion zu verdanken ist, wird dadurch rhetorisch in ihrer Bedeutung zusätzlich unterstrichen.

Neben der semantischen Redundanz bedient sich Bossuet auch der rein lexikalischen Redundanz.

Im folgenden Absatz verwendet Bossuets innerhalb von nur 8 Sätzen acht Mal das Lexem *empire* (das Lexem wird aber auch häufig in den vorangehenden und nachfolgenden Absätzen gebraucht).

(25) C'est ainsi que les *empires* du monde ont servi à la religion et a la conservation du peuple de Dieu ; c'est pourquoi ce même Dieu, qui a fait prédire à ses prophètes les divers états de son peuple, leur a fait prédire aussi la succession des *empires*. (26) Vous avez vu les endroits où Nabuchodonosor a été marqué comme celui qui devait venir pour punir les peuples superbes, et surtout le peuple juif ingrat envers son auteur. (27) Vous avez entendu nommer Cyrus deux cents ans avant sa naissance, comme celui qui devait rétablir le peuple de Dieu et punir l'orgueil de Babylone. (28) La ruine de Ninive n'a pas été prédite moins clairement. (29) Daniel, dans ses admirables visions, a fait passer en un instant devant vos yeux l'*empire* de Babylone, celui des Mèdes et des Perses, celui d'Alexandre et des Grecs. (30) Les blasphèmes et les cruautés d'un Antiochus l'Illustre y ont été prophétisées aussi bien que les victoires miraculeuses du peuple de Dieu sur un si violent persécuteur. (31) On y voit ces fameux *empires* tomber les uns après les autres ; et le nouvel *empire* que Jésus-Christ devait établir y est marqué si expressément par ses propres caractères, qu'il n'y a pas moyen de le méconnaître. (32) C'est l'*empire* des saints du Très-Haut ; c'est l'*empire* du Fils de l'hom- me ; *empire* qui doit subsister au milieu de la ruine de tous les autres et auquel seul l'éternité est promise.

Das Lexem *empire* bezieht sich dabei auf weltliche Reiche sowie das Reich Gottes, welche einander gegenübergestellt werden. Diese sonst als Stilschwäche geltende "Wortwiederholung" ist hier naturgemäß ganz bewußt als rhetorisches Mittel eingesetzt: die Macht Gottes soll unterstrichen werden.

Derartige bewußte Verstöße gegen sprachliche Normen, seien diese nun logisch-grammatikalischer, semantischer oder lexikalischer Art, sind bei Montesquieu nicht zu verzeichnen.

D.7.4.1.2. Semantische Strukturen und ihre rhetorisch-pragmatische Wirkung in Kapitel VII des dritten Teils des Discours sur l'histoire universelle

Ganz anders als in Kap. I ist die rhetorische Situation in Kap. VII gelagert, welche von einem einzigen Phänomen dominiert wird und abgesehen davon weit weniger manipulativ gestaltet ist.

In diesem Kapitel ist der mehr oder weniger fingierte Dialog mit dem Dauphin stark akzentuiert. Der Dialog ist in diesem Werk nicht nur ein literarisches, sondern auch ein pädagogisches Mittel. Bossuet möchte seinem Schüler mit diesem Text bestimmte Inhalte bzw. Zusammenhänge nahebringen. Die illokutive Intention ist ein *Bossuet-vouloir convaincre Dauphin* (Argumentation). Dieser illokutive Akt selegiert nun einzelne lokutorische Akte, diese wiederum je einen enunziatorischen Akt (vgl. Kap. B.3.4.). Wir können dabei ein Beispiel "Bossuet möchte den Dauphin mit einer bestimmten Aussage davon überzeugen, daß Rom die Freiheit liebte" folgendermaßen formalisieren:

(a) Bossuet-vouloir convaincre Dauphin [Bossuet-dire : Bossuet-penser : Rome-aimer liberté]

Diese illokutive Intention wird jedoch, aus Gründen der Etikette, aber auch aus rhetorischen Gründen, verschleiert. Bossuet spielt seine eigene Rolle als Meinungsträger ("Bossuet-penser") herunter und setzt den Kronprinzen als Meinungsträger (*énonciateur*) ein, dessen *acte énonciatoire* das Erkennen, Verstehen (*connaître; concevoir; voir; distinguer; découvrir*, etc., siehe im Anschluß) ist. Damit wird der Meinungsbildungsprozeß scheinbar von der argumentativen Ebene auf die kognitive Ebene verlagert - nicht Bossuet überzeugt/überredet den Kronprinzen, sondern dieser selbst erkennt die Zusammenhänge. Damit kann Bossuet nach außen hin einen neutraleren illokutiven Akt signalisieren, nämlich den des reinen Informierens. Demgemäß präsentiert Bossuet sein Anliegen folgendermaßen:

(b) Bossuet-vouloir informer Dauphin [Bossuet-dire : Dauphin-reconnaître : Rome : aimer liberté]

Bossuet beeinflußt damit nach außen hin den Dauphin nicht, sondern führt ihm lediglich vor Augen, was dieser schon längst selbst erkannt hat.

Da wir uns jedoch in der vorliegenden Arbeit nicht genauer mit pragmatischen Fragen beschäftigen, sondern uns auf semantische Aspekte und dabei vor allem um die konzeptionellen Inhalte (wie sie in den propositionellen Kernen wie "Rome : aimer liberté" enthalten sind) beschränken, abstrahierten wir diesen rhetorischen Mechanismus. Das heißt wir nahmen die bereits von uns umformulierte Struktur (a) als Grundlage unserer Analysen und nicht die näher der Textoberfläche gelagerte Struktur (b). Dies gestattete uns sodann, abgesehen vom illokutiven Akt, auch den lokutorischen sowie enunziatorischen Akt mit Bossuet als Standard-*locuteur* und -*énonciateur* in unseren Formalisierungen auszulassen, wie wir dies auch schon bei Montesquieu und Voltaire getan haben. Desgleichen haben wir jene Aussagen Bossuets übersprungen, welche sich auf den angesprochenen Erkennungsprozeß beziehen, wie im folgenden Satz (125), in welchem die pädagogische Rhetorik ganz besonders deutlich ist: jeder Teilsatz wird mit einer Formulierung eingeleitet, welche das Kollektiv raisonnierender Menschen oder den Dauphin zum *énonciateur* macht (*Il est aisé de concevoir; vous ne voyez pas dans une moindre évidence*):

(125) Il est aisé de concevoir de quelle sorte s'est formé l'Etat populaire, ensuite des commencements qu'il avait dès les temps de la royauté ; et vous ne voyez pas dans une moindre évidence comment dans la liberté s'établissaient peu à peu les fondements de la nouvelle monarchie.

Montesquieu spricht in den 23 Kapiteln der *Considérations* seine Leser nur vier Mal direkt mit *vous* an. Zwei dieser Stellen sind Sentenzen oder Gesetze, wo das *vous* ein *on* (und der Imperativ einen Konditionalsatz) ersetzt:

(82)/XI On n'offense jamais plus les hommes que lorsqu'on choque leurs cérémonies et leurs usages. (83) Cherchez à les opprimer, c'est quelquefois une preuve de l'estime que vous en faites ; choquez leurs coutumes, c'est toujours une marque de mépris.

(19)/XIII Comblez un homme de bienfaits, la première idée que vous lui inspirez, c'est de chercher les moyens de les conserver : ce sont de nouveaux intérêts que vous lui donnez à défendre.

Die übrigen beiden Stellen entsprechen der bei Bossuet beobachteten rhetorischen Figur. Der Leser wird zum *énonciateur*, dessen enunziatorischer Akt das Erkennen (*remarquer*) ist. Im ersten Fall, welcher sich durch einen Imperativ auszeichnet, ist die *énonciateur*-Verschiebung weniger subtil - sie wird angeordnet:

(69)/VI Remarquez, je vous prie, la conduite des Romains.

Der zweite Fall ist völlig parallel zu den bei Bossuet festgemachten Kontexten; Montesquieu präsentiert seine illokutive Intention, die Leser von einem historischen Zusammenhang zu überzeugen, als von ihm selbst unabhängigen Erkennungsprozeß (enunziatorischen Akt) bei den Lesern:

(62)/XI Vous remarquerez que, dans ces guerres civiles, qui durèrent si longtemps, la puissance de Rome s'accrut sans cesse au dehors.

Angesichts der Länge der *Considérations* (140 Seiten in der Pléiade-Ausgabe) setzt Montesquieu dieses rhetorische Mittel ungleich sparsamer als Bossuet ein, welcher den Dauphin allein in dem von uns untersuchten Teil von Kapitel VII (weniger als 4 vollständige Seiten in der Pléiade-Ausgabe) neunzehn Mal mit *vous* anspricht und darüber hinaus generische Formen (z.B. (125) *Il est aisé de concevoir*) zum selben Zweck einsetzt. Es ist nicht auszuschließen, daß dieser Unterschied textsortenspezifisch (Traktat vs. Lehrbuch) bzw. "kapitelsortenspezifisch" ist (Bossuet synthetisiert in diesem Kapitel die römische Geschichte, um den Dauphin historische Prinzipien zu lehren; in anderen Kapiteln ist der Gebrauch dieses rhetorischen Mittels weniger ausgeprägt).

Für genauere Analysen und Formalisierungen der hier genannten Kontexte mit *énonciateur*-Verschiebung s. Kratschmer 2002.

D.7.4.2. Semantik, Pragmatik und die literarisch-historiographische Berufung

Wir müssen auch in bezug auf diese Frage zwischen Bossuet als Theologen und
Bossuet als Historiker unterscheiden. In Kap. I des dritten Teils des *Discours*, wo
Bossuet ganz Theologe ist, greift der Autor in massivster Weise auf die unterschiedlichsten rhetorischen Mittel mit manipulativem Potential zurück. Parallel zu
dem, was wir in bezug auf einen Vergleich zwischen Montesquieus und Voltaires
Rhetorik beobachtet hatten, ergibt sich daraus folgendes Bild: Bossuets *visée illocutoire* geht ausgeprägt in die Richtung "Überreden/Überzeugen-Wollen", während
Montesquieu im Vergleich dazu, gleichwohl nicht frei von manipulativen Strategien, zu einer *visée illocutoire* "Informieren-Wollen" tendiert.

   Wir haben in Kap. D.5.2. vorgeschlagen, schriftstellerischen Idealismus über
die jeweilige *visée illocutoire* zu definieren ("Überreden/Überzeugen-Wollen" entspräche demgemäß einem ausgeprägteren Idealismus als "Informieren-Wollen")
und haben dieses Moment mit ideologischen Anschauungen, wie etwa Geschichtsauffassungen, in Zusammenhang gebracht. Während Montesquieus Geschichtssicht im Vergleich zu jener von Voltaire pessimistischer schien und daher
weniger nach einer mit rhetorischen Mitteln angestrebten Bekehrung der Leser
verlangte, ist es bei Bossuet nicht direkt der Grad an Optimismus, welcher ausschlaggebend für den Einsatz der rhetorischen Mittel ist. Bossuet ist in seiner
Funktion als Theologe Anhänger einer teleologischen Geschichtssicht - eine
Sichtweise, welche anderen weniger auf rationale Weise, durch das Zur-Verfügung-Stellen von Tatsachen ("Informieren"), als durch das Beeinflussen des
Glaubensuniversums ("Überzeugen") nahezubringen ist (auch wenn Bossuet
selbst der Überzeugung ist, sich auf (in der Bibel dokumentierte) Tatsachen zu
stützen). Das, was er selbst als "mystères"[12] bezeichnet, namentlich die Lücken in
seinen Erklärungen (welche trotz allem darauf angelegt sind, rational zu erscheinen) wird durch rhetorische Mittel (wie etwa *ad hoc*-Erklärungen) verschleiert.
Es ist somit der metaphysische Charakter seiner Geschichtssicht, welcher Bossuet
zwingt, Überzeugungsarbeit und nicht etwa Informationsarbeit zu leisten, was sich

---

12   (13) *Mais il faut ici vous découvrir les secrets jugements de Dieu sur l'empire romain et sur Rome même :* mystère
        *que le Saint-Esprit a révélé à saint Jean, et que ce grand homme, apôtre, évangéliste et prophète, a expliqué dans
        l'Apocalypse.* (Kap. I von Teil 3 des *Discours*, S. 949; unsere Hervorhebung)

        *C'est ainsi que Dieu a fait voir, par expérience, que la ruine de l'idolâtrie ne pouvait pas être l'ouvrage du seul rai-
        sonnement humain. Loin de lui commettre la guérison d'une telle maladie, Dieu a achevé de le confondre par le
        mystère de la croix, et tout ensemble il a porté le remède jusqu'à la source du mal.* (Kap. XXV von Teil 2 des
        Discours, p. 898; unsere Hervorhebung).

letztendlich in der Wahl seiner textuellen Strategien niederschlägt, welche ein deutliches Maß an manipulativem Potential besitzen.

Bossuet in seiner Funktion als reiner Historiker gebraucht in Kap. VII des dritten Teils des *Discours* nicht diese Menge an verschiedenen rhetorischen Mitteln wie im eben besprochenen Kapitel I. Allerdings gebraucht er statt dessen *ein* Mittel, das er so massiv einsetzt, daß der Text insgesamt wieder als manipulativ eingestuft werden muß (das heißt daß dessen *visée illocutoire* das "Überreden/Überzeugen-Wollen" ist). Das fragliche Mittel ist die "*énonciateur*-Verschiebung", das heißt daß der angestrebte Meinungsbildungsprozeß (das Beeinflussen des Lesers) scheinbar von der argumentativen Ebene auf die kognitive Ebene verlagert wird, indem der Sender darüber "informiert", daß der Leser etwas erkannt hat (*vous ne voyez pas dans une moindre évidence*). Wir haben erwähnt, daß Montesquieu in den *Considérations* dasselbe Mittel, allerdings weitaus seltener, einsetzt. Hier stellt sich die Frage, inwiefern der illokutive Unterschied zwischen Bossuets Text in Kap. VII und den *Considérations* von Montesquieu mit den diesen Texten bzw. Textteilen zugrunde liegenden Geschichtsauffassungen in Zusammenhang zu bringen ist. Wir haben in den vorangehenden Kapiteln (D.7.1.1.; D.7.2.7.; D.7.3.1.3.) festgestellt, daß Art und Distribution der erklärenden Kontexte, weiters bestimmte makrostrukturelle Informationen (welche auf einer Überzeugung aufbauen, daß Geschichte gesetzmäßig abläuft und daher voraussehbar sei kann) und schließlich Art, Anzahl und Verteilung von semantischen Feldern bei Bossuet als reinem Historiker und bei Montesquieu weitgehend deckungsgleich sind. Daraus kann geschlossen werden, daß die Geschichtsauffassungen der beiden Autoren einander hier sehr nahe stehen. Der illokutive Unterschied der beiden Texte kann daher kaum auf die unterschiedliche Geschichtsauffassung zurückgeführt werden. Es ist vielmehr anzunehmen, daß der Unterschied mit der speziellen Textsorte "Lehrbuch" des *Discours* zu erklären ist, wobei das Kap. VII zusätzlich eine Sonderstellung einnimmt, als Bossuet in diesem Kapitel die römische Geschichte synthetisiert, um dem Kronprinzen allgemeinere historische Zusammenhänge vor Augen zu führen - in anderen Kapiteln des *Discours* greift Bossuet weit seltener zum rhetorischen Mittel der *énonciateur*-Verschiebung.

D.7.5. Zusammenfassung

Die Daten unserer Analysen zu Bossuet lassen zwei unterschiedliche Autorenpersönlichkeiten hervortreten, welche unterschiedliche Texte produzieren: Bossuet als Theologe und Bossuet als reinen Historiker.

Bossuet als reiner Historiker steht unter vielen Aspekten Montesquieu näher als sich selbst als Theologe, ja er steht Montesquieu sogar näher als Voltaire.

Bossuet als reiner Historiker teilt - wie aus makrostrukturellen Informationen hervorgeht - mit Montesquieu eine tendenziell pessimistische Geschichtssicht, dergemäß Reiche nicht von Dauer sein können. Damit unterscheiden sich beide Autoren von Voltaire, welcher optimistischer in bezug auf eine dauerhafte positive Entwicklung ist.

Bossuet als reiner Historiker ist zugleich weit akribischer in seinen Analysen als Montesquieu, Voltaire und er selbst als Theologe. So teilt er etwa die römische Geschichte in fünf deutlich voneinander getrennte Etappen ein (Monarchie, Republik zur Zeit der Expansion, Republik zur Zeit der Bürgerkriege, Kaisertum zur Zeit der Stabilität, Kaisertum zur Zeit der Dekadenz), während die anderen beiden Autoren mit zwei Hauptetappen (Aufstieg und Untergang) und Bossuet als Theologe mit drei Etappen (Aufstieg, Untergang und "Wiederauferstehen") ihr Auskommen finden. Wenn die explikative Dichte und Tiefe von Bossuets rein weltlich orientierten Ausführungen zur römischen Geschichte geringere Werte als in seinen theologischen Betrachtungen erreichen, dann ist dies dem extrem synthetischen Charakter dieses Textabschnittes zuzuschreiben.

Aus der Betrachtung einzelner Makrostrukturen sowie einer Analyse der aktivierten semantischen Felder ergibt sich ferner, daß der Historiker Bossuet Geschichte als logisch erklärbare Folge menschlichen Handelns sieht, eine Auffassung, welche er mit Montesquieu und Voltaire teilt.

Bossuet als Theologe hebt sich deutlich von Montesquieu, Voltaire, aber auch von sich selbst als Historiker ab. Die providentielle Geschichte berührt die weltliche Geschichte nur in ihren Ergebnissen, nicht bezüglich ihrer Erklärungen: in den weltlichen und providentiellen Makrostrukturen teilen die jeweiligen *arrière-fonds explicatifs* keinerlei Informationen miteinander, Aufstieg und Untergang etwa der Römer sind nur Mittel zum Zweck im göttlichen Plan. Entsprechend der Logik des göttlichen Planes nehmen die final-motivationellen Erklärungen einen wichtigen Platz ein, allerdings aus anderen Gründen als etwa bei Montesquieu, der sich damit auf die Handlungen der Römer bezog.

Ganz andere semantische Felder dominieren: neu und einzigartig sind die Felder der Göttlichkeit (*grandeur divine*) und der Heiligkeit (*grandeur sacrée*). Betrachtet

man jedoch die Verteilung der semantischen Felder, so fällt auf, daß die überwiegende Mehrzahl der erklärten Kontexte Machtfragen betreffen (*grandeur* vs.
petitesse d'institution). An zweiter Stelle numerischer Wichtigkeit stehen Fragen der
Orthodoxie, des "rechten" Glaubens (*grandeur (positive) sacrée* vs. *grandeur négative
sacrée*). Daraus ergibt sich ein deutliches Bild der Vorsehung als ein (macht)-
politisch-ideologisches und nicht als ein spirituell-ethisches Instrument.

Während etwa Montesquieu den weltlichen Teil des *Discours* für sich isoliert als
historiographische Quelle benützt, ist für Bossuet allerdings die weltliche Geschichte der providentiellen Geschichte untergeordnet.

Der Text des *Discours* weist durchgehend eine *visée illocutoire* "Überreden/Über-
zeugen-Wollen" auf, welche sich jedoch für den weltlichen und den providentiellen Teil aus unterschiedlichen rhetorischen Strategien ergibt. Im providentiellen
Teil zwingt der metaphysische Charakter seiner Geschichtssicht Bossuet, Überzeugungsarbeit und nicht etwa Informationsarbeit zu leisten, was sich letztendlich
in der Wahl seiner textuellen Strategien niederschlägt, welche ein deutliches Maß
an manipulativem Potential besitzen. Im weltlichen Teil, in welchem Bossuets Geschichtssicht mit jener Montesquieus übereinstimmt, dürfte der Unterschied zu
dessen *visée illocutoire* ("Informieren-Wollen") textsortenbedingt (Lehrbuch) sein.

Teil E

Konklusionen

E.1. Forschungsziele, Methode und Corpus

Ziel der vorliegenden Arbeit war zunächst, einen konkreten, längeren und ganzen Text in bezug auf dessen semantische Architektur zu untersuchen.

In bisherigen Beiträgen zur transphrastischen Analyse war das zu untersuchende bzw. zu formalisierende Sprachmaterial zumeist auf wenige Sätze beschränkt und *ad hoc* von den Autoren selbst erfunden. Handelte es sich bei den Beispieltexten um authentische Texte, so waren diese entweder nur wenige Sätze lang, oder es wurden nur kurze Ausschnitte analysiert.

Mit unserer Analyse eines konkreten, längeren und ganzen Textes haben wir diese Lücke geschlossen.

Es galt dabei speziell, bestimmte Strukturmuster zu untersuchen, zu welchen sich die semantischen Inhalte konfigurieren: semantische Felder, Elaborationsmechanismen sowie Hierarchisierung von Informationseinheiten, wobei speziell auf die Elaborationsmechanismen vom Typ "Erklärung" ein Hauptaugenmerk gelegt wurde.

Unsere semantische Analyse verstand sich als globale Analyse der Textarchitektur als fertiges, komplettes Produkt und *nicht* als prozedurale Analyse der Schritt-für-Schritt stattfindenden Textproduktion oder -rezeption (Erweiterung des Textuniversums o.ä.).

Die Analyse klammerte pragmatische Aspekte bewußt aus. Wir diskutierten jedoch am Schluß der Arbeit kurz mögliche pragmatische Effekte der von uns festgemachten semantischen Strukturen und zeigten, wie diese Aspekte in eine Textinterpretation miteinbezogen werden können. Es ging uns dabei auch darum zu zeigen, daß eine pragmatische Analyse eine vorangehende profunde semantische Analyse voraussetzt.

Um uns jedoch auf die rein semantische Textanalyse zu beschränken, war eine klare Abgrenzung des semantischen vom pragmatischen Bereich notwendig. In der Literatur ist zuweilen eine diesbezügliche theoretische Haltung feststellbar, dergemäß eine derartige Abgrenzung kaum möglich, ja vielleicht nicht einmal erstrebenswert ist. Was die Praxis der Textanalyse betrifft, so war in der Literatur, welche sich vornehmlich mit pragmatischen und weniger mit rein semantischen Fragestellungen beschäftigte, häufig eine Vermischung der beiden Untersuchungsebenen festzustellen, was insbesondere durch terminologische Unklarheiten gefördert wurde. Die Unterscheidung zwischen der semantischen Form und der pragmatischen Funktion solcher Sprachstrukturen wurde oft nicht vorgenommen. Wir meinten jedoch, daß eine solche Unterscheidung möglich ist, wenn man sich an die von uns vorgeschlagenen Kriterien hält: die semantische Analyse betrifft das kognitive und sprachliche Universum des Sprachproduzenten, die pragmatische Analyse das interaktionelle Universum zwischen Produzent und Rezipient. Wir schlugen zudem eine Beschreibung von Propositionalstrukturen vor, innerhalb derer diese Grenze eindeutig formalisiert werden konnte. Gleichzeitig versuchten wir auch, die Terminologie zu desambiguisieren.

Die einzige Beschreibungsmethode, welche semantische Einheiten beliebiger Größe erfassen kann, ist eine propositionale Darstellung. Mit ihrem Kern aus logischem Subjekt und Prädikat ist die Proposition die kleinste semantische Einheit mit informativem Gehalt ("etwas wird über etwas ausgesagt"). Wir entwickelten in der Folge ein Propositionsmodell, das auch zur Erfassung von erklärenden Strukturen und von semantischen Makrostrukturen diente, sowie ein Modell zur Erfassung von semantischen Feldern.

Durch Parallelanalysen von vergleichbaren Texten anderer Autoren wurde des weiteren gezeigt, daß unsere Analysemethode erfolgreich auch auf andere Texte angewendet werden kann.

Schließlich wurde gezeigt, daß die Ergebnisse der vorgeschlagenen Analysen praktischen Wert im Rahmen einer Textinterpretation haben, und zwar sowohl in einer in sich abgeschlossenen Einzelinterpretation als auch in textvergleichenden Deutungen: unterschiedliche ideologische Haltungen spiegeln sich in unterschiedlichem Textaufbau wider, welcher wiederum im Rahmen unserer Analysen isoliert werden konnte.

Als Corpustext für unsere Textanalysen haben wir Montesquieus *Considérations sur les causes de la grandeur des Romains et de leur décadence* (1734) gewählt. Dieser Text wurde sodann mit Ausschnitten aus Texten aus der näheren zeitlichen Umgebung verglichen, namentlich Bossuets *Discours sur l'histoire universelle* (1681) sowie Voltaires *Philosophie de l'histoire* (1765).

Die Relevanz in bezug auf moderne französische Verhältnisse von Aussagen zum französischen Sprachsystem bzw. Sprachgebrauch, welche auf der Basis eines Corpustextes aus der Aufklärung gewonnen wurden, könnte auf den ersten Blick relativ erscheinen. Die bedeutendsten Unterschiede dürften im lexikalisch-konzeptionellen Bereich liegen. Vergleicht man jedoch Form und Anwendung jener sprachlichen Strukturen, welche als erklärende Strukturen analysiert werden können, so sind diese deckungsgleich mit jenen der Strukturen, welche andere Autoren für zeitgenössische, ja teilweise sprechsprachliche französische Texte isoliert haben. Wir meinen daher, daß unsere Ergebnisse durchaus auch relevant für die moderne französische Situation sind.

E.2. Ergebnisse der Arbeit

E.2.1. Theoretische Erkenntnisse

E.2.1.1. Abgrenzung und Neuinterpretation der Termini "Rhetorik", "Stilistik", "Argumentation", "Dialektik"/"Logik" und "Semantik"

Wir deuteten den Rhetorikbegriff als Überbegriff "Theorie und Praxis des zielgerichteten Umgangs mit Sprache", dessen einzelne angestrebte Ziele *Ästhetik, Illokution* und *Erkenntnis* von den Teildisziplinen (mit Unterbegriffstatus) *Stilistik, Argumentation* und *Dialektik/Logik* abgedeckt werden, deren Mechanismen in der praktischen Anwendung ineinander übergreifen. Wir nannten "Rhetorik" einen traditionellen Ausdruck für die modern "Sprachhandlungstheorie" genannte Disziplin, einer Teildisziplin der "Pragmatik".

Wir definierten "Semantik" und "Pragmatik" folgendermaßen:

- "Semantik" ist die Ebene der Beschreibung von Konzepten und deren Verbindungen;
- "Pragmatik" ist die Ebene der Beschreibung von Sprache als Handlung, wobei Aspekte von Situation (Kontext), Ziel der Sprachhandlung (illokutive Ausrichtung) sowie Wirkung der Sprachhandlung beim Rezipienten (Perlokution) involviert sind.

"Argumentation" ist damit ein pragmatisches Phänomen: "Argumentieren" heißt, eine ganz bestimmte *visée illocutoire* zu haben.

E.2.1.2. Elaborationsstrategien

Ein Textproduzent kann die semantische Basiseinheit "Proposition" ausbauen ("elaborieren"). Die Gründe für eine derartige Strategie sind pragmatischer Art. Die konkreten diesbezüglichen Strategien sind jedoch rein semantisch beschreibbar, was wir hier erneut unterstreichen wollen. Wir unterschieden dabei die von uns so genannten Basiselaborationsmechanismen von den Elaborationsmechanismen höherer Ordnung. Zu ersteren zählen wir a. Reformulieren der Proposition (Paraphrase); b. Präzisieren über Anführen von Details oder konstitutiven Teilen (Explizitierung); c. Anführen des globaleren Rahmens (Generalisierung); d. Illustrieren über konkrete Fälle (Exemplifizierung); e. Stützen auf eine Autorität (Dokumentation); f. Nennen von Ausnahmen; g. Vergleichen sowie h. Definieren. Diese Strategien zeichnen sich dadurch aus, daß das *Elaborandum* und das *Elaborans* durch ihre Kombination die semantische Einheit des Elaborandums in bezug auf dessen kategorielles Paradigma näher definieren, indem entweder beide Einheiten als demselben kategoriellen Paradigma angehörig (a. bis f.), als unterschiedlichen kategoriellen Paradigmen angehörig (g.) oder als zwei miteinander zu identifizierenden Paradigmen angehörig (h.) präsentiert werden. Diese Strategien bleiben aus kognitiver Sicht auf der Ebene der begrifflichen Abgrenzung von Kategorien.

Auf der anderen Seite können Propositionen weiters elaboriert werden, indem man das Elaborandum als phänomenologisch oder logisch vom Elaborans abhängig präsentiert. Dies geschieht bei den erklärenden Strategien. Hier werden ganze Sachverhalte (Propositionen in ihrer Gesamtheit) voneinander abhängig gemacht, indem ein größerer (phänomenologischer oder logischer) Bezugsrahmen geschaffen wird, der deutlich über die Strukturierung der Wirklichkeit in Kategorien hinausgeht. Begriffs*konfigurationen* (Sachverhalte beschreibende Propositionen) werden von anderen Begriffs*konfigurationen* abhängig gemacht. Wir haben diese Strategien daher *Elaborationsstrategien höherer Ordnung* genannt.

In bezug auf diese Elaborationsstrategien höherer Ordnung oder erklärenden Strukturen, zu welchen wir die *linguistischen* Konzepte Kausalität, Konsekutivität, Korrelativität, Konzessivität, Hypothese, Finalität und "Okkasionalität" zählen, haben wir gezeigt, daß ein deutlicher semantisch-logischer Unterschied zwischen Kausalität und den übrigen Konzepten besteht.

Der Terminus "Kausalität (als nicht-linguistischer Begriff)" bezeichnet eine bestimmte (und umstrittene) Relation zwischen außersprachlichen Phänomenen. Der Terminus "Kausalität (als linguistischer Begriff)" bezeichnet für uns *eine* unter anderen möglichen erklärenden Strategien, welche auf einer speziellen *referentiellen* Struktur aufbaut: wenn sich ein Textproduzent der kausalen Erklärungsstrategie bedient, *stipuliert* er damit, daß eine (kausale) Verbindung zwischen zwei oder mehreren Phänomenen der außersprachlichen Wirklichkeit existiert, auf welche er sich auf diese Weise "direkt" bezieht. Dabei ist es gleichgültig, ob diese kausale Verbindung wirklich besteht und welcher Natur diese aus wissenschaftstheoretischer Sicht ist. "Kausalität" wird damit rein sprachintern (namentlich referenzsemantisch) definiert. Unserer Meinung nach darf die "Kausalität als linguistischer Begriff" (das heißt, Kausalität als Bezeichnung für eine bestimmte Form der Erklärung) nicht über extra-linguistische Kriterien (z.B. "eine Ursache ist eine notwendige Bedingung für ein Ereignis") definiert werden.

Eine andere erklärende Strategie besteht in der Referenz nicht auf außersprachliche Phänomene, sondern auf ein logisch-kognitives Universum, genauer gesagt,
auf die geordnete Struktur, welche wir diesem Universum zuschreiben. Unserer
Meinung nach müssen die linguistischen Konzepte der Konsekutivität, Korrelativität, Konzessivität, Hypothese, Finalität und "Okkasionalität" als logische Relationen analysiert werden (= Relationen zwischen Sätzen, Urteilen oder "Propositionen"; "Proposition" hier mit der Lesart "Einheit in einem logischen Schluß").
Besagte Relationen sind für uns als parallel zum Syllogismus zu sehen. Mit dem
Syllogismus teilen sie zentrale logische Züge wie ihren Aufbau auf einer Reihe
von Propositionen, welche als *praemissae maiores, minores* und Konklusionen interpretierbar sind, sowie der Tatsache, daß sie eine Inferenzleistung von seiten des
Hörers/Lesers verlangen. Der Sender des Textes, welcher sich einer derartigen
Strategie bedient, bezieht sich dabei auf eine *logisch strukturierte Beschreibung* der
außersprachlichen Welt (auf welche er sich daher nur "indirekt" bezieht), wobei
die Struktur dieser Beschreibung als Basis für die abzugebende Erklärung dient.

Im Gegensatz zur (linguistischen) Kausalität haben die Konzepte der Konsekutivität, Korrelativität, Konzessivität, Hypothese, Finalität und "Okkasionalität"
kein Gegenstück in der außersprachlichen Welt: sie sind *per definitionem* logisch-abstrakte Konzepte, welche uns bei der Strukturierung unseres kognitiven und damit
sprachlichen Universums helfen.

Zur Beschreibung (Formalisierung) der erklärenden Strategien bedienten wir uns
eines Propositionsmodells mit polyphoner Struktur: wir unterschieden dabei für
jede Aussage einen (im Rahmen der Pragmatik zu beschreibenden) illokutorischen
Akt (Sprecherintention), der einem *illocuteur* zugeschrieben wird, sowie folgende,
im Rahmen einer semantischen Beschreibung zu erfassende Akte: einen lokutorischen Akt (Äußerungsakt), durchgeführt von einem *locuteur*; einen enunziatorischen Akt (mentale Haltung zum Gesagten: "meinen", "wollen" etc.), der einem
énonciateur zugeschrieben wird, sowie einen propositionalen oder diktalen Kern
(der eigentliche Inhalt der Äußerung), bestehend aus einem logischen Subjekt und
einem Prädikat.

Für unsere Zuordnung von konkreten Kontexten zu den einzelnen semantisch-logischen Unterarten von Erklärungen haben wir die jeweiligen Oberflächenstrukturen als Kriterium herangezogen. Wir gingen davon aus, daß es sich dort um kausale Erklärungen handelt, wo der Text kausative Verben (*tuer, augmenter*), kausative
Konstruktionen (*faire faire, laisser faire*), kausale Verben (*causer, produire, créer, engen-
drer, faire (que)*), kausale Nomen (*cause, origine, effet*) oder den Konnektor *à cause de*
aufweist. Auf der anderen Seite schlugen wir vor, alle Kontexte, welche durch

Satzkonnektoren oder die Absenz einer expliziten Markierung (Juxtaposition) ausgezeichnet sind, als logische Kontexte zu betrachten.

Neben den *Deduktionen* (wo der Sender von einem Fall z.B. "Sokrates ist ein
Mensch" und einem, oft impliziten, Gesetz z.B. "Alle Menschen sind sterblich"
ausgeht, um daraus ein Resultat z.B. "Sokrates ist sterblich" abzuleiten), findet
man auch *Induktionen* (der Sender geht von einem Resultat "Sokrates ist sterblich"
und einem Fall "Sokrates ist ein Mensch" aus und konstruiert ein Gesetz "Alle
Menschen sind sterblich") und *Abduktionen* (der Sender geht von einem Resultat
"Sokrates ist sterblich" und einem Gesetz "Alle Menschen sind sterblich" aus und
konstruiert daraus einen Fall "Sokrates ist ein Mensch"). Wir schlugen vor, die
letzten drei Formen von erklärenden Strategien *nicht-partikuläre Raisonnements* zu
nennen. So kann man sie von den *partikulären Raisonnements* unterscheiden, welche
die *konsekutiven, korrelativen, konzessiven, hypothetischen, finalen* und "*okkasionellen*" Raisonnements wären. Letztere unterscheiden sich von ersteren durch eine spezialisiertere oder elaboriertere semantisch-logische Struktur und normalerweise durch
ganz bestimmte Oberflächenmarker, welche sie in einem Text leichter dekodierbar machen.

Unsere Beobachtung, daß der Autor häufig mehrere logisch erklärende Strategien (hintereinander oder innerhalb eines Schlusses miteinander amalgamiert)
kombiniert, um denselben historischen Kontext zu diskutieren, untermauert für
uns die Analyse dieser Kontexte als logisch und strukturell miteinander verwandt,
das heißt auf demselben logisch-kognitiven Mechanismus aufbauend, namentlich
dem logischen Schluß.

Bei der Analyse der erklärenden Kontexte in unserem Corpus wurde deutlich, daß
die sprachlichen Realisierungen kausaler Kontexte ohne jegliche Referenz auf ein
allgemeines Gesetz auskommen (was dem Gegenteil dessen entspricht, was man
in der sprachwissenschaftlichen und wissenschaftstheoretischen Literatur zur
Kausalität findet, in welcher Kausalität zumeist mit Gesetzmäßigkeit gleichgesetzt
wird). Es genügt, daß der Sprecher (mittels der oben beschriebenen sprachlichen
Mittel) eine kausale Verbindung zwischen zwei Phänomenen der außersprachlichen Wirklichkeit stipuliert. Auf der anderen Seite verlangt eine logische Erklärung immer ein (implizites oder explizites) allgemeines Gesetz, von welchem man
(mittels eines aktuellen Falles) eine Konklusion ableiten kann. Eine kausale Erklärung erlegt dem Sprecher damit weniger pragmatische oder referentielle Restriktionen auf: i) er muß sich nicht festlegen, indem er die Existenz eines Gesetzes
proklamiert, welches sich sodann als falsifizierbar erweisen könnte, ii) er kann auf
unike Phänomene referieren (welche *per definitionem* nicht allgemeinen Gesetzen
unterworfen werden können).

Zudem kann ein Textproduzent die Erklärung desselben Kontextes als kausale Verbindung oder als logische Verbindung präsentieren: in unserem Corpus gibt es zahlreiche Fälle, wo der Autor Montesquieu denselben Kontext sukzessive mittels beider Strategien präsentiert. Diese normalerweise freie Wahlmöglichkeit zwischen kausalen und logischen Erklärungen für ein und denselben Kontext stellt unser Hauptargument gegen eine außerlinguistische und für eine referentielle Definition der Konzepte "(linguistische) Ursache" (kausale Erklärung) und "Grund" (logische Erklärung) dar.

E.2.1.3. Elaborationsstrategien, Sequenzen und Texttypologie

Die soeben beschriebenen beiden Klassen von Elaborationsstrategien (Basiselaborationsstrategien und Elaborationsstrategien höherer Ordnung) bestimmen die Architektur der von uns "Sequenzen" genannten semantischen Makroeinheiten.

Wir definierten die *Deskription* als eine Sequenz von Propositionen, welche die *gleiche Zeitbestimmung* (z.B. t1) aufweisen (*Synchronizität*). Was nun die Art der Verbindung betrifft, so hängt diese von den eingesetzten Elaborationsstrategien ab. Man kann dazu Basis-Elaborationsstrategien (Explizitierung, Exemplifizierung, Paraphrase etc.) oder Elaborationsstrategien höherer Ordnung (Erklärungen) einsetzen. Der erste Prototyp inventarisiert sozusagen synchrone Fakten (die natürlich in eine bestimmte Ordnung gebracht werden können: etwa vom Allgemeinen ins Detail), wie dies typisch für eine Landschafts- oder Bildbeschreibung wäre, der zweite Prototyp beschreibt synchrone Fakten als miteinander in Zusammenhang stehend, wie dies etwa auf die Funktionsbeschreibung einer Maschine zuträfe.

Wir definierten die *Narration* hingegen als eine Sequenz von Propositionen, welche eine *aufeinander folgende Zeitbestimmung* (z.B. t1, t2, t3) aufweisen (*Diachronizität*). Bezüglich der Art der Verbindung ist wieder zu sagen, daß diese von den eingesetzten Elaborationsstrategien abhängt. Zur Verfügung stehen erneut Basis-Elaborationsstrategien (v.a. Kontrast, welcher in jedem Fall in bezug auf die Zeitangabe besteht, aber auch typischerweise bezüglich des Prädikates, wenn das Subjekt gleich bleibt) oder Elaborationsstrategien höherer Ordnung (Erklärungen). Dazu ist zu sagen, daß der zweite Fall das abdeckt, was man üblicherweise unter Narration "im engeren Sinne" versteht: eine Chronologie, welche in bezug auf ein Thema eine eigene innere Logik aufweist und welche in der klassischen und modernen theoretischen Betrachtung üblicherweise von reinen Sukzessionswiedergaben vom Typ "Chronik", "Tagebuch" etc. unterschieden wird. Mit Hilfe unserer Analyse konnten wir Gemeinsamkeiten und Unterschiede zwischen reinen Chronologien und "eigentlicher Narration" systematisieren.

E.2.1.4. Semantische Felder

Semantische Felder, das heißt begriffliche Bereiche, wurden bisher im allgemeinen in bezug auf die *langue*-Ebene diskutiert (mit *langue* als "abstraktes System einer Einzelsprache"). Wir verbanden dagegen die Betrachtung der *langue*- mit jener
der *parole*-Ebene, indem wir die auf der *langue*-Ebene gewonnenen Erkenntnisse
über bestimmte semantische Felder anhand von konkreten sprachlichen Realisierungen (hier: anhand eines Textes) überprüften.

In bezug auf die Analyse unseres konkreten Textes der *Considérations sur les causes de
la grandeur des Romains et de leur décadence* von Montesquieu kündigte bereits dessen
Titel an, daß die semantischen Felder der GRANDEUR und der DÉCADENCE
die isosemischen Grundpfeiler der Textarchitektur sein müssen. Dies stellte uns
vor mehrere Fragen, welche vor der eigentlichen Analyse beantwortet werden
mußten.

Es war zunächst zu bestimmen, welche Intension und Extension diese beiden Begriffe in der fraglichen Kultur in der fraglichen Epoche hatten, aus welchen der
zu untersuchende Text stammt. Wir begannen unsere Untersuchungen daher mit
einer lexikographischen Absicherung erstens der Begriffe GRANDEUR und DÉ-
CADENCE in der Auffassung des französischen 18. Jahrhunderts anhand der *Encyclopédie, ou Dictionnaire raisonné des sciences, des arts et des métiers* von Diderot und
D'Alembert sowie zweitens der Lexeme *grandeur* und *décadence* anhand etymologischer Wörterbücher, wobei wir jeweils deren begriffliches und lexemisches Umfeld miteinbezogen (HAUTEUR/*hauteur*, CHUTE/*chute* etc.).

Auf der anderen Seite war ein theoretischer Apparat notwendig, mit dessen
Hilfe systematisch andere, in der Lexikographie nicht genannte, potentiell jedoch
vorhandene Subbereiche des relevanten Teiluniversums explizitiert und damit für
die Analyse verfügbar gemacht werden konnten. Es handelte sich dabei speziell
um die Struktur der Antonymie - dies einerseits, weil dieses kognitive Prinzip einer der grundlegendsten, vielleicht der grundlegendste Strukturgeber unserer
Kognition und damit Text(re)konstruktion ist, andererseits weil der Titel unseres
Textes, *Considérations sur les causes de la grandeur des Romains et de leur décadence*, die Begriffe GRANDEUR und DÉCADENCE gegenüberstellt und damit einen seman-
tischen Gegensatz suggeriert, welcher intuitiv auch mehr oder weniger nachvollziehbar ist.

Zu diesem Zwecke gingen wir zunächst von einer Definition von semantischen Feldern aus, dergemäß letztere auf dem Vorhandensein von gemeinsamen Semen oder Sem-Kombinationen (Sememen) in der semantischen Struktur ihrer Mitglieder aufgebaut sind.

Erweiterungen von semantischen Feldern sind diachron gesehen oftmals auf das Phänomen der metaphorischen Übertragung zurückzuführen. GRANDEUR ist als eine sehr abstrakte Kategorie zu betrachten, welche das Sem "große Menge/Anzahl/Intensität = viel" enthält und über die *orientational metaphore* "viel ist gut" (nach Lakoff/Johnson 1980) auch eine positive *Evaluierung*, welcher wir *Sem-Status* "[+ gut]" verliehen. Den Sem-Status von "[+ viel]" (von uns "zentrales Sem" genannt) unterschieden wir aus zweierlei Gründen von jenem von "[+ gut]" (von uns "indirektes Sem" genannt): zum ersten ist diese Bewertung *indirekt* (über die genannte Metapher) vom (phylogenetisch) primären Sem "[+ viel]" abgeleitet, zum zweiten hat sich in der Folge auch gezeigt, daß Seme dieses Typs in bestimmten Kontexten andere funktionelle Eigenschaften aufweisen.

DÉCADENCE enthält dagegen die Seme [+ Bewegung nach unten] sowie - über die *orientational metaphore* "schlecht ist tief" - das Sem [- gut].

Wir versuchten in der Folge, das Prinzip des semantischen Gegensatzes systematisch zu erfassen, wobei wir uns auf die den fraglichen Konzepten zugrunde liegenden Semkonfigurationen stützten. Wir nannten Seme mit dem funktionellen Vermögen des Aufbaus von Gegensatz *Kern*-Seme. Seme ohne dieses funktionelle Vermögen nannten wir dagegen *periphäre* Seme. Semantische Gegensätze liegen nach unserer Definition vor, wenn zwei Begriffe/Begriffsfelder a) *Kern*-Seme (*zentrale* und *indirekte*) Seme teilen und sie b) in bezug auf die Bewertungen "+" bzw. "-" der zentralen Seme die gleichen Ergebnisse aufweisen, aber c) die Bewertung für *mindestens ein zentrales* **oder** *indirektes, maximal jedoch für ein zentrales Sem* "+" für den einen und "-" für den anderen Begriff ist.

Ausgehend von einem GRANDEUR-Begriff, welcher auf den Semen [+ viel] und [+ gut] aufbaut, konnten wir nun folgende Sem-Konstellationen durch Kommutation konstruieren (die gewählten Überbegriffe sind aufgrund gewisser lexikalischer Lücken oftmals künstlich):

[- viel] PETITESSE
[- gut]

[+ viel] GRANDEURnégative
[- gut]

[- viel] PETITESSEpositive
[+ gut]

Wir nannten Kontraste, welche aufgrund einer Divergenz der zentralen Seme
([± viel]) entstehen, *primäre* (z.B. GRANDEUR vs. PETITESSEpos.) und jene,
welche aufgrund einer Divergenz von indirekten Semen ([± gut]) entstehen, *sekun-*
däre Kontraste (z.B. GRANDEUR vs. GRANDEURnég.). Es gibt auch Kombinationen von beiden Formen (z.B. GRANDEUR vs. PETITESSE).

Ausgehend von einem DÉCADENCE-Begriff, welcher auf den Semen [+ Bewegung nach unten] und [- gut] aufbaut, konnten wir folgende Sem-Konstellationen
durch Kommutation konstruieren:

[- Bewegung nach unten] = [+ Bewegung nach oben] ASCENSION
[+ gut]

[+ Bewegung nach oben] MONTÉEnégative
[- gut]

[+ Bewegung nach unten] CHUTEpositive
[+ gut]

An dieser Stelle muß folgende Anmerkung gemacht werden: aus unseren konkreten Analysen hat sich ergeben, daß Gegensätze, welche zwischen zwei Begriffen
konkreter Lesart über bestimmte Semkonstellationen definiert werden konnten,
nach einer metaphorischen Übertragung der beiden Begriffe in den abstrakten Bereich aufgehoben wurden. Das "Gewicht" der indirekten Seme ([± gut]) schien
größer als das "Gewicht" der zentralen Seme (z.B. [± viel]) in bezug auf eine eventuelle Gegensatzwirkung: die parallelen Wahrheitswert-Bewertungen der indirekten Seme schienen den Gegensatz aufzuheben. Im abstrakten Bereich sind diese
bewertenden Seme ([± gut]) nun offensichtlich nicht mehr als "indirekt" (im hier
definierten Sinn) zu bezeichnen: die Bewertung ist dem abstrakten Bereich inhärent und hat damit einen Status, welcher als "zentral" im Sinne der hier vorge-

schlagenen Terminologie zu klassifizieren ist. DÉCADENCE, welche sich so gut wie immer auf abstrakte Dinge bezieht, enthält daher [+ Bewegung nach unten] als indirektes und [- gut] als zentrales Sem.

Wir konnten sodann auch dem semantischen Verhältnis von GRANDEUR und DÉCADENCE auf den Grund gehen und feststellen, daß diese Begriffe nach unserer Definition *partielle* Gegensätze sind (sie weisen eine gegensätzliche Bewertung des [gut]-Sems auf), während sie gleichzeitig in einem Bedingungs-Verhältnis zueinander stehen (GRANDEUR ist eine hinreichende Bedingung für DÉCADENCE).

Ausgehend von diesen Konfigurationen an semantischen Feldern sowie den Daten aus der Lexikographie konnten wir nun unsere konkreten Texte dahingehend untersuchen, inwieweit und in welcher Verteilung die hier festgemachten semantischen Felder tatsächlich in den Texten aktiviert werden.

Bei den konkreten Textanalysen hat sich sodann ergeben, daß die semantischen Felder bzw. Subfelder im Sinne von deskriptiv-theoretischen Einheiten, so wie sie in den vorangehenden Kapiteln präsentiert wurden, nicht ausreichten, um die komplexe Informationsvergabe im tatsächlichen Text zufriedenstellend formalisieren zu können. Die fraglichen (Sub-)Felder mußten vielmehr, und dies war eher die Regel als die Ausnahme, miteinander zu Informationspaketen kombiniert werden, um jene semantischen Einheiten, welche durch inhaltliche Strukturen oder Oberflächenstrukturen des Textes als solche präsentiert wurden, in ihrer begrifflichen Substanz beschreiben zu können.

Was die *Oberflächenstrukturen* betrifft, welche komplexere semantische Einheiten abstecken, so sind dies etwa bestimmte Lexeme, a) deren Inhaltsstruktur mehr als einem semantischen (Sub-)Feld zugerechnet werden kann oder muß bzw. b) deren Inhaltsstruktur von einer bestimmten semantisch-logischen Syntax strukturiert ist, welche mehrere Felder umfaßt (z.B. Ersetzen von einem Feld durch ein anderes). Was die *inhaltlichen* Strukturen betrifft, welche komplexere semantische Einheiten abstecken, so sind dies die elaborierten und elaborierenden Propositionen des Corpustextes. Diese Schritte werden oftmals durch komplexere Oberflächenstrukturen (Lexemkombinationen) ausgedrückt, welche aber syntaktisch deutlich als strukturelle (Hauptsätze, Nebensätze, infinite Konstruktionen, Nominalphrasen etc.) und damit als inhaltliche Einheiten von anderen Schritten abgegrenzt sind. Diese inhaltlichen Einheiten aktivieren oftmals (und zwar häufiger, als sie es nicht tun) mehr als ein semantisches (Sub-)Feld, wobei diese sodann nach den für die

Einzellexeme beschriebenen Mustern (Addition, alle Arten logisch-syntaktischer Strukturierung) miteinander verknüpft sein können.

Schließlich gibt es eine weitere Kategorie ganz essentieller Informationseinheiten, welche in vielen Kontexten mitaktiviert wird und ohne deren Mitformalisierung die Essenz des fraglichen Kontextes verlorengeht: wir haben im Rahmen unserer Präsentation der *grandeur militaire* Lexeme wie *aguerri* verzeichnet, welche das Subfeld *Kriegslust* aktivieren, das wir als *vouloir combattre* formalisiert haben. Das *vouloir* ist dabei eine enunziatorische Kategorie. Das heißt der Textproduzent schreibt dem von ihm mit *aguerri* prädizierten logischen Subjekt eine kognitive Haltung zu, im vorliegenden Fall volitiver Art. Diese kognitive Haltung ist dem Lexem *aguerri* inhärent. Doch gerade im Über-Einzellexem-Bereich der elaborierten und elaborierenden Einheiten sind diese kognitiven Kategorien relevant für die exhaustive Formalisierung der fraglichen Sequenzen. Andere enunziatorische Kategorien neben *vouloir* sind *penser* ("denken" im Sinne von "meinen (überzeugt sein)"), *craindre* etc.

Weniger wichtig, aber in unserem Corpus auch zu verzeichnen, sind lokutorische Kategorien (von uns formalisiert als *dire*). Während für den Gesamttext (wie dies für alle Monologe gilt) ein Standard-*locuteur* (Montesquieu in seiner Funktion als Autor) samt dessen lokutorischem Akt (bzw. vielmehr dessen bei jeder Einzelproposition anzusetzendem Einzelakt) impliziert ist, der jedoch aufgrund seines *default*-Charakters nicht ständig explizitiert werden muß, sind andere lokutorische Akte und deren Akteure zu explizitieren. Dies trifft zu, wenn dem vom Autor beschriebenen logischen (diktalen) Subjekt eine Handlung zugeschrieben wird, die eine Sprachhandlung ist (Montesquieu also die Sprachhandlungen historischer Akteure wiedergibt).

Aus soeben Gesagtem geht hervor, daß eine Sicht des Isotopiebegriffes, welche die Vorstellung von Semen umfaßt, die über eindimensionale Fäden zusammenhängen, aufgegeben werden muß. Die Aktivierung semantischer Felder in einem konkreten Text ergibt eine komplexe Architektur, welche aber durchaus über wiederkehrende Basis-Strukturmuster beschrieben werden kann. Es ist zu notieren, daß auf einem kleinen Oberflächenraum, der wenige Lexeme bis ein einziges Lexem umfassen kann, häufig mehrere semantische Felder gleichzeitig aktiviert werden und dies oft in strukturierter Form. Schließlich ist auch auf die Notwendigkeit der Integrierung nicht-diktaler (speziell enunziatorischer, aber auch lokutorischer) Kategorien in eine Formalisierung von Informationseinheiten, welche als semantische Felder gedacht werden, aufmerksam zu machen. Eine Vernachlässigung dieser Kategorien in der Formalisierung ergäbe eine lückenhafte, nicht adäquate, da zudem die Kohärenz unterminierende Darstellung der semantischen Textarchitektur.

E.2.1.5. Technik der semantischen Untersuchung der Considérations *bezüglich deren propositionalen Aufbaus mittels Analyse- und Syntheseinstrumentariums, welches die Konzepte "Erklärung", "semantische Felder" sowie "semantische Makrostrukturen" vereint*

Wir gingen in unseren Analysen davon aus, daß der Inhalt eines jeden Textes aus Propositionen zusammengesetzt ist. Auf einer etwas höheren Ebene befinden sich jedoch erneut inhaltliche Einheiten, die in gewisser Weise in sich abgeschlossen sind und deren formale Realisierung der Absatz darstellt. Der Inhalt eines Absatzes kann nun wiederum in einer Proposition abstrahiert oder zusammengefaßt werden. Nannten wir die ursprünglichen Propositionen *Mikropropositionen*, so bezeichneten wir diese "Absatzpropositionen" als *Makropropositionen*. Manche Texte wie z.B. unser Corpustext sind in Kapitel gegliedert, deren Inhalt wiederum in einer Proposition zusammengefaßt werden kann. Diese nannten wir *Megaproposition*. Jeder Text hat schließlich als Gesamtheit eine bis einige wenige Propositionen, auf die er reduziert werden kann und die wir als *Gigapropositionen* bezeichneten.

Wir haben den Gesamttext der *Considérations* auf allen diesen Ebenen bezüglich seiner erklärenden Strukturen und bezüglich der mittels letzterer aktivierten semantischen Felder untersucht, wobei mit Hilfe unseres neu entwickelten Beschreibungsinstrumentariums gezeigt werden konnte, daß und wie die Ebenen systematisch aufeinander aufbauen.

E.2.1.5.1. Die Mikroebene

Ein typischer historiographischer Text wie die *Considérations* enthält einerseits erzählende, andererseits erklärende Elemente. Erzählungen können in Erzählschritte aufgegliedert werden, welche sich z.B. dadurch auszeichnen, daß Ereignisse einander chronologisch folgen oder Zustände einer Veränderung unterworfen werden. Die Ereignisse oder Zustandsänderungen können sodann bezüglich ihrer Ursachen und Wirkungen, ihrer Gründe und Folgen oder ihrer Motive erklärt werden. In einem stark erklärenden Text wie den *Considérations* hat fast jeder Erzählschritt einen dazugehörigen Erklärungsapparat. Wir befinden uns damit in Textstrukturen, welche narrativ sind, und zwar vom Typ der Elaboration höherer Ordnung. Wir bezeichneten die Abfolge der Chronologie an Ereignissen und Zustandsänderungen als *parcours narratif* eines Textes und den jeweiligen Erklärungsapparat als *arrière-fond explicatif*. Ein im *parcours narratif* vermerkter Erzählschritt plus dessen *arrière-fond explicatif* ergibt somit eine textuelle Grundeinheit, welche wir *expositorischer Schritt* genannt haben.

Allerdings ließ sich bei unseren Analysen feststellen, daß an einigen Textstellen nur erzählt und nicht erklärt wird (d.h. bestimmte dem *parcours narratif* angehörige Propositionen haben keinen dazugehörigen Erklärungsapparat). Wir bezeichneten diesen Unterschied, welchen man auch mit unseren Kriterien als "Elaboration vom Basistyp vs. Elaboration höherer Ordnung" erfassen kann, als "narrative vs. explikative Dichte". Ein Text, dessen sämtliche Erzählschritte erklärt werden, besitzt eine maximale explikative Dichte und eine geringe narrative Dichte. Ein Text, innerhalb dessen kein einziger Erzählschritt erklärt wird, besitzt eine maximale narrative Dichte und eine explikative Dichte gleich Null.

Die explikative Dichte eines Textes kann durch einen leicht errechenbaren Quotienten dargestellt werden: letzterer ergibt sich aus der gesamten Anzahl der Erzählschritte, dividiert durch die Anzahl der nicht erklärten Schritte. Der Quotient der explikativen Dichte eines Textes stellt eine globale, das heißt horizontale Eigenschaft dar: der Text wird dadurch in seiner Gesamtheit charakterisiert.

Das Prinzip der "narrative vs. explikative Dichte" kann sodann zu einer texttypologischen Klassifizierung, welche auf textstrukturellen Kriterien basiert, herangezogen werden. So kann etwa die Textsorte der Chronik über deren maximale narrative Dichte und deren nicht-existente explikative Dichte definiert werden. Ein historiographischer Text mit erklärendem Anspruch, wie unser Corpustext, hat dagegen eine hohe explikative Dichte.

Ein anderes Phänomen, das wir im Rahmen unserer Analysen beobachten konnten, bestand darin, daß für bestimmte Erzählschritte mehrere Erklärungen abgegeben wurden. Diese Eigenheit stellt, im Gegensatz zur explikativen Dichte, kein Textmerkmal dar, welches den Text in seiner Gesamtheit charakterisiert, sondern ist ein lokales oder vertikales Merkmal. Wir nennen dieses Phänomen "explikative Tiefe". Explikative Tiefe und explikative Dichte dürfen nicht miteinander verwechselt werden: sie beziehen sich auf unterschiedliche Phänomene und sind voneinander unabhängig. Da es sich bei der explikativen Tiefe um in lokales Phänomen handelt, schien es uns nicht logisch, dafür eine Quotientrechnung nach dem Muster der explikativen Dichte, welche sich auf den Gesamttext bezieht, zu entwickeln. Es schien uns vielmehr schlüssig, einfach anzuführen, an wie vielen Stellen explikative Tiefe zu verzeichnen und wie hoch deren Faktor ist.

Obwohl nun die explikative Tiefe eine lokale Texteigenschaft ist, läßt sich nicht leugnen, daß ein Text, welcher an vielen Stellen explikativ in die Tiefe geht, eine andere Qualität besitzt als ein Text, der dies nur an wenigen Stellen oder überhaupt nicht tut. Aus texttypologischer Sicht kann man das Kriterium der explikativen Tiefe zur weiteren Unterscheidung von z.B. bereits als explikativ dicht typologisierten Texten heranziehen. Um im Bereich der Historiographie zu bleiben, wird sich ein einführender Abriß über eine längere Epoche etwa weniger durch große explikative Tiefe auszeichnen als eine an ein Fachpublikum mit großem Vorwissen gerichtete Monographie zu einem bestimmten historischen Ereignis. Dasselbe Kriterium kann eventuell - nach einer genauen Abwägung der pragmatischen Umstände der Textproduktion - auch als Kriterium der Qualitätsbewertung (etwa von Texten im Vergleich) herangezogen werden.

In dem von uns untersuchten Text mit dem programmatischen Titel *Considérations sur les causes de la grandeur des Romains et de leur décadence* fanden sich nun viele, zumeist erklärte Erzählschritte, welche Zustandsänderungen beschrieben, die sich auf jene der *Größe* (konkreter und abstrakter Art) bezogen. Uns interessierte nun, diese expositorischen Schritte des Textes zu isolieren.

Als Grundeinheiten der linguistischen Beschreibung verwendeten wir, wie schon erwähnt, Propositionen. Innerhalb dieser Propositionen sind es v.a. die Prädikate, welche bestimmte semantische Felder aktivieren. Des öfteren können jedoch auch Subjekte diese Rolle erfüllen.

Wir stellten in der Folge mehrere Fragen an die für uns relevanten expositorischen Schritte, deren Antworten wir sodann in einer überschaubaren Tabelle zugänglich machten:

- welche Propositionen ergeben den *parcours narratif* des vorliegenden Textes in bezug auf die semantischen Felder der GRANDEUR und der DÉCADENCE ?
- welche Propositionen ergeben den jeweils entsprechenden *arrière-fond explicatif* ?
- welche semantischen Felder (bzw. Sub-Felder) werden durch die isolierten Propositionen aktiviert ?
- in welchem explikativen Verhältnis stehen der narrative und der erklärende Teil zueinander und damit die jeweils aktivierten semantischen Felder innerhalb eines expositorischen Schrittes ?

E.2.1.5.2. Die Makroebene

Wir gingen davon aus, daß jeder Absatz eines sorgfältiger konstruierten Textes eine semantische "Hauptaussage" oder ein "Thema (im weitesten Sinne)" hat, welches mittels bestimmter Erweiterungstechniken zum vollen Oberflächenabsatz *elaboriert* wird. Um nun die Makrostruktur eines bestimmten Absatzes festmachen zu können, muß, wie sich aus unseren Untersuchungen ergab, zuallererst der innere semantische Aufbau des Absatzes im Mikrobereich berücksichtigt werden. Die Qualität und Anordnung der in den Mikroschritten enthaltenen Informationen ist

letztendlich ausschlaggebend dafür, nach welchem Prinzip der Makroschritt zu
bestimmen ist. Dabei ergaben sich zwei Hauptprinzipien: a) das Prinzip der Erklärungsklammer (hat ein Absatz den für längere Erklärungen prototypischen Aufbau der Erklärungskette (d.h. daß eine Proposition 1 eine Proposition 2 erklärt,
welche wiederum eine Proposition 3 erklärt usw.), so kann nach dem Prinzip der
Erklärungsklammer ein Makroschritt festgehalten werden, welcher Proposition 1
im erklärenden und die letzte erklärte Proposition im narrativen Teil hat) sowie b)
das Listenprinzip (bringt ein Absatz mehrere expositorische Schritte, welche nicht
aufeinander aufbauen, so sind alle Informationen (Propositionen) des narrativen
Teils untereinander sowie alle Informationen (Propositionen) des erklärenden
Teils untereinander zusammenzufassen). Diese beiden Grundprinzipien können
oder müssen miteinander verbunden werden, wenn die semantische Struktur des
Absatzes Erklärungsketten mit Auflistungen verbindet oder gar verschachtelt. Neben den beiden genannten Hauptprinzipien sind weitere semantische Kriterien relevant v.a. für die Ausscheidung weniger wichtiger Informationen im Rahmen eines Absatzes: a) Vorrang des Themas des Kapitels/Gesamttextes gegenüber anderen Informationen; b) Vorrang des Allgemeinen gegenüber dem Speziellen (generelle Aussagen z.B. zu einer bestimmten Periode der römischen Geschichte haben
Vorrang gegenüber konkreten Beispielen dazu) sowie c) einzig vorhandene Struktur (zuweilen besteht ein Absatz aus einer einzigen Struktur - dann muß nicht ausgewählt werden).

In der überwiegenden Mehrzahl der Fälle bereitete die Synthetisierung der Information der Mikroebene zu Makrostrukturen keinerlei Schwierigkeiten, was u.
E. für die Brauchbarkeit unserer Technik spricht. In wenigen Einzelfällen jedoch
erwies sich die Informationsverteilung komplexer, als sie sich mit unserem überschaubaren und homogenen System erfassen ließ. Wir mußten daher für jene Minderzahl an Absatzstrukturen andere Lösungsvorschläge zur Synthetisierung finden. Wir müssen jedoch festhalten, daß wir uns, trotz der Tatsache, daß unsere
Lösungsvorschläge *ad hoc*-Vorschläge sind, dennoch in allen Fällen von einem
übergeordneten Prinzip leiten ließen, welches man als das "Prinzip der maximalen
Information" bezeichnen kann. Dies bedeutet, daß wir, wenn mehrere Erzählschritte innerhalb eines Absatzes als Kandidaten für die "ausschlaggebende"
Grundaussage des Absatzes nebeneinander standen, immer jener Struktur den
Vorrang eingeräumt haben, welche die meiste Information enthielt. Wir maßen
dabei die Informationsmenge an der Anzahl und am Inhalt der enthaltenen Propositionen.

In einzelnen Kapiteln wurden zudem bestimmte Makrostrukturen isoliert, welche
wir nicht zur Konstruktion der jeweiligen Megastrukturen, sondern zur späteren

Konstruktion der Gigastrukturen herangezogen haben. Es handelte sich dabei um Strukturen, welche inhaltlich über die Kapitelthematik hinauswiesen: a) Makrostrukturen mit "Gigareferenz" (Makrostrukturen, welche Aufstieg oder Fall der Römer oder beides in einer Gesamtschau erklären) sowie b) "Schattenstrukturen" (Strukturen, welche in einem Kapitel zum Aufstieg der Römer Mißerfolge erklären oder in einem Kapitel zum Fall der Römer Erfolge erklären, welche demnach auf den jeweiligen anderen Teil des Textes referieren).

Es ist in Bezug auf die Makro- sowie auf alle weiteren höheren Ebenen festzuhalten, daß der Unterschied zwischen kausalen und logischen Erklärungen auf diesen Ebenen dadurch aufgehoben wird, daß die Informationen diffuser verteilt gegeben und nicht mehr, wie auf der Mikroebene, durch spezialisierte Referenzmechanismen ausgedrückt werden. Statt daß dem Rezipienten explizit "A ist *Grund* für B" und "A ist *Ursache* für B" vermittelt wird, muß dieser aus mehr oder weniger regelmäßig verteilten Informationseinheiten ein verallgemeinerndes "A *erklärt* B" (re)konstruieren. Wir sprachen daher auf den höheren Ebenen von "kausalen und/oder deduktiven Erklärungen", welche sodann immer noch von etwa finalen und konzessiven Strukturen unterscheidbar blieben.

E.2.1.5.3. Die Megaebene

Ausgehend von den Makrostrukturen konnten sodann die Megastrukturen ("Kapitel-Hauptaussagen") konstruiert werden, welche wiederum jeweils einen narrativen und einen erklärenden Teil aufwiesen.

Aus unseren Analysen ergab sich, daß die Megastrukturen die auf der Mikroebene festgemachten erklärenden Muster wiederholten: a) kausale und/oder deduktive Strukturen; b) finale Strukturen vom Typ "aufgegangene Rechnung" bzw. vom Typ "nicht-aufgegangene Rechnung" sowie c) konzessive Strukturen.

Um nun von den konkreten Makrostrukturen zu den konkreten Megastrukturen zu kommen, waren erneut bestimmte Prinzipien miteinander zu kombinieren: a) das schon erwähnte Listenprinzip; b) das ebenso schon erwähnte Prinzip der Erklärungsklammer sowie c) das Prinzip des erklärungslogischen Sortierens der Informationen (ohne Berücksichtigung der Tatsache, ob bestimmte Informationen den narrativen oder den erklärenden Teil konkreter Makrostrukturen ausmachten, wurden sie den einzelnen erklärungslogischen Kategorien der Megastruktur zugeordnet und sodann nach dem Listenprinzip zusammengefaßt; die Bestimmung der logischen Grundstruktur eines jeden Kapitels geschah in Vorstudien, in welchen die vorhandenen Informationen v.a. nach semantischen Feldern geordnet wurden).

E.2.1.5.4. Weitere höhere Ebenen

Die beiden Gigastrukturen, jene zum Aufstieg und jene zum Niedergang, wurden aus den Megastrukturen aller Kapitel, den Makrostrukturen mit Gigareferenz sowie den Schattenstrukturen konstruiert. Diese Strukturen hatten dabei gleichberechtigten Status. Als Konstruktionsprinzipien genügten das Listenprinzip und das Prinzip der Erklärungsklammer; die Gigastrukturen waren durchwegs kausal und/oder deduktiv aufgebaut. Es wurde sodann die Gigastruktur (A) zu Aufstieg und Erfolg der Römer sowie die Gigastruktur (B) zu Fall und Untergang isoliert.

Oberhalb des Giga-Niveaus der *Considérations* konnten noch zwei andere Strukturen festgemacht werden. Es handelt sich dabei zunächst um eine "Giga-Plus-Struktur", welche die beiden Gigastrukturen inhaltlich (d.h. Aufstieg und Fall) zusammenfaßte. Abschließend blieb noch eine Makrostruktur mit Gigareferenz aus Kapitel XVIII der *Considérations* übrig, welche über den Text der *Considérations* hinauswies und welche wir daher als "Meta-Giga-Struktur" bezeichneten.

E.2.1.6. Semantische Konfigurationen und ihre rhetorisch-pragmatische Wirkung

Die vorliegende Arbeit verstand sich zwar als semantische Untersuchung, dennoch wollten wir darauf hinweisen, daß und wie sich der Rückgriff auf bestimmte semantische Konfigurationen auf der rhetorischen Ebene auswirken kann. Folgende semantische Konfigurationen weisen ein deutliches rhetorisch-manipulatives Potential auf: a) ambige Oberflächenstrukturen (ambige Elaborationsmechanismen; ambige polyphone Struktur); b) Elaborationsmechanismen (Basiselaborationsmechanismen; Elaborationsmechanismen höherer Ordnung: physischer Abstand im Text zwischen Explanandum und Explanans; Scheinerklärungen; *ad hoc*-Erklärungen); c) besondere illokutorische und enunziatorische Verhältnisse (rhetorische Fragen; Ansprechen des Lesers: Imperativ; Ansprechen des Lesers mit *énonciateur*-Verschiebung).

Ein für die überzeugende Wirkung kontraproduktives Phänomen ist dagegen die Inkohärenz (das Auftreten von widersprüchlichen Aussagen oder Bewertungen).

E.2.2. Konkrete Erkenntnisse in bezug auf die untersuchten Texte

E.2.2.1. Montesquieus Considérations

E.2.2.1.1. Erklären und Erzählen auf der Mikroebene der Considérations

Die Analyse der erklärenden und erzählenden Strukturen auf der Mikro-Ebene der *Considérations* hat zunächst gezeigt, daß Montesquieu jene erklärenden Strukturen bevorzugt, welche auf logischen Gesetzmäßigkeiten aufbauen. Zuweilen legt der Autor jedoch auch mehr Gewicht auf Erklärungen, welche rationales und zielgerichtetes menschliches Handeln betreffen. Diesbezüglich konnten wir einen Unterschied für den ersten Teil der *Considérations*, welcher den Aufstieg der Römer darlegt, im Vergleich zum zweiten Teil feststellen, welcher den Untergang behandelt: im zweiten Teil ist die Anzahl der Erklärungen zum menschlichen Handeln etwas geringer, was wir mit Montesquieus Auffassung, der Niedergang einer Nation sei nicht durch menschliche Willensanstrengung zu verhindern, in Verbindung gebracht haben.

Eine Analyse der *Considérations* in bezug auf das von uns aufgestellte Kriterium der explikativen Dichte, welches wir als jenen Anteil aller Erzählschritte, welcher einen Erklärungsapparat besitzt, definiert haben, hat folgendes Bild ergeben: insgesamt hat das Gesamtwerk eine hohe explikative Dichte, die Dichte ist jedoch besonders hoch zu Beginn und am Ende des Gesamtwerkes sowie an der Scharnierstelle zwischen dem Teil zum Aufstieg und dem Teil zum Niedergang. Dazwischen fällt die explikative Dichte teilweise auf ein niedriges Niveau.

Parallel dazu präsentieren sich die Daten zu einem weiteren Kriterium, jenem der explikativen Tiefe, welches wir als die Anzahl der erklärenden Schritte, welche ein und denselben Erzählschritt elaborieren, definiert haben: die Tendenz zu explikativer Tiefe ist ebenfalls zu Beginn der *Considérations*, am Schluß sowie im Übergangsbereich zwischen Aufstiegs- und Untergangsgeschichte am ausgeprägtesten.

Montesquieu hebt damit diese strategisch wichtigen Stellen des Werkes mittels dieser beiden semantischen Charakteristika, sprich eines vermehrten Erklärungsaufwandes, hervor und gibt ihnen und damit dem gesamten Werk ein höheres rhetorisches Gewicht. Diese Daten decken sich auch mit dem Titel des Werkes [...] *causes de la grandeur* [...] *et de leur décadence*, wo ebenfalls auf Erfolg und Mißerfolg fokussiert wird.

Aus einer texttypologischen Sicht, welche Kriterien wie Wahl der Elaborationsstrategien (Basiselaboration vs. Elaboration höherer Ordnung) und sodann explikative Dichte und explikative Tiefe zur Klassifizierung heranzieht, gehören die
Considérations zur Textgattung der vornehmlich höher (d.h. durch erklärende Strukturen) elaborierten Texte und darunter wiederum zu jenen, welche sich durch eine
hohe explikative Dichte und eine ausgeprägte Tendenz zu explikativer Tiefe auszeichnet. Dies kann sodann auch als Qualitätsmerkmal gedeutet werden, durch
welches sich solche Texte von Texten mit geringerem explikativen Wert unterscheiden.

E.2.2.1.2. Die Makrostrukturen (im weiteren Sinne) der Considérations

Unsere Arbeit mit den Makrostrukturen (im weiteren Sinne von "übergeordneten
Strukturen") von Montesquieus *Considérations* mittels unseres Syntheseinstrumentariums hat insofern die Brauchbarkeit desselben gezeigt, als daß dessen Anwendung in der überwiegenden Mehrzahl der Fälle problemlos durchzuführen war. In
den übrigen Fällen konnten wir auf das einheitliche Prinzip der "maximalen Information" zurückgreifen.

Die Datenlage zu den übergeordneten Strukturen der *Considérations* läßt folgende
Schlüsse bezüglich einer Interpretation des Werkes zu:

Anzahl und Verteilung der Typen von Megastrukturen im Aufstiegsteil der
Considérations (absolute Mehrheit der finalen Strukturen vom Typ "aufgegangene
Rechnung") spiegeln deutlich Montesquieus Geschichtssicht wider, dergemäß ein
Aufstieg willentlich herbeiführbar ist. Dahingegen sind im Teil der *Considérations*
zum Niedergang nur zwei Megastrukturen finaler Art zu verzeichnen (von denen
nur eine vom Typ "aufgegangene Rechnung" ist). Diese Daten bestätigen unsere
Interpretation von Montesquieus Geschichtssicht, dergemäß der Niedergang einer
Nation nicht willentlich hintangehalten werden kann, sondern eine historische Ge-
setzmäßigkeit darstellt, welche in ihrer Regelhaftigkeit genau erklärt werden kann.

Diese Deutung wird auch von der Giga-Plus-Struktur gestützt, welche ebenfalls die Vorstellung widerspiegelt, dergemäß einem Aufstieg, gleichermaßen einem zyklischen Gesetz zufolge, ein Niedergang folgen muß.

Schließlich weist die Meta-Giga-Struktur darauf hin, daß Montesquieu ausgehend von der Geschichte der Römer induktiv verallgemeinern und ein oberstes
historisches Prinzip dadurch als "bewiesen" darstellen möchte: namentlich daß es
keinen Zufall gibt, sondern daß das menschliche Verhalten die Geschichte bestimmt. Die römische Geschichte wird damit zum Paradefall, welcher Montesquieus Geschichtssicht illustriert. Die Römer sind nur Anlaß zu jener Auseinan-

dersetzung mit der Geschichte, welche im *Esprit des Lois,* zu dessen *Préparation* die *Considérations* gehören, wiederum nur Anlaß zur Auseinandersetzung Montesquieus mit den Regeln des menschlichen Zusammenlebens wird.

E.2.2.1.3. Semantische Felder

Folgende semantische Felder dominieren in den Kapiteln der *Considérations* zum Aufstieg der Römer (wir betrachten jene Felder, welche in der Hierarchie bis in die Megastrukturen vorgedrungen sind): erklärt wird in erster Linie die militärische Größe, aber auch die Macht. Die entscheidenden Faktoren entstammen drei Hauptbereichen: zunächst werden Faktoren wie Armut bzw. ökonomische Gleichstellung aller Bürger, Absenz von Luxus, Gesetzestreue der Bürger, d.h. innenpolitische Stabilität sowie geeignete administrative Strukturen angeführt, mit einem Wort, Faktoren der sozialen Organisation, sodann Faktoren wie Macht- und Erfolgsstreben, Klugheit und Umsicht, aber auch Skrupellosigkeit, daß heißt menschliche Faktoren, und nicht zuletzt das militärische Können.

Diese Daten zeigen deutlich, mit welchen Erklärungskategorien Montesquieu arbeitet und welche für den Autor weniger Bedeutung haben: ausschlaggebend sind die sozialen und (kollektiven) psychischen Strukturen einer Nation sowie deren militärische Fähigkeiten. Unbedeutend sind dagegen etwa Faktoren wie Zufall, göttliche Vorsehung oder die Taten von herausragenden Einzelpersonen.

In den Kapiteln der *Considérations* zum Niedergang der Römer werden in erster Linie Machtverlust, militärische Mißerfolge, aber auch die Dekadenz erklärt. Als Faktoren werden einerseits das physische Wachstum des Staates, andererseits menschliche Faktoren wie Charakterschwäche gepaart mit Macht, Machtstreben, mangelnden intellektuellen Fähigkeiten, aber auch gesellschaftliche Faktoren wie mangelndes Regierungsvermögen und ungeeignete administrative Strukturen, Vernachlässigung des militärischen Bereiches sowie Verarmung des Staates angeführt.

Auch aus diesen Daten geht hervor, daß Montesquieu die sozialen und (kollektiven) psychischen Strukturen einer Nation sowie deren militärische Fähigkeiten als Erklärungskategorien dienen. Auch im Teil der *Considérations* zum Niedergang des Römischen Reiches spielen der Zufall, die göttliche Vorsehung oder die Taten von herausragenden Einzelpersonen auf lange Sicht keine Rolle.

Insgesamt ist in bezug auf die tatsächliche Aktivierung und sodann quantitative Verteilung der semantischen Felder GRANDEUR und DÉCADENCE und deren Subfelder in den *Considérations* von Montesquieu folgendes festzuhalten: im Mittelpunkt von Montesquieus Überlegungen stehen die Menschen und ihre Angelegenheiten. Dinge spielen eine untergeordnete Rolle. Die Menschen werden in

bezug auf ihren Charakter und ihre sozialen Strukturen (Machtfragen; Militärisches) beleuchtet, wobei zunächst die Dichotomie *Größe* vs. *Kleinheit* gepaart mit
der Dichotomie *gut* vs. *schlecht* diese Bereiche strukturiert. Obwohl Montesquieu
ein strenger Richter in bezug auf den menschlichen Charakter ist, werden militärische Gewalt und Macht nur in einem Kapitel (VI) der *Considérations* negativ bewertet, im übrigen Text stets als positive Größe.

Dagegen werden materielle Güter fast durchgehend negativ bewertet und in
Zusammenhang mit Dekadenz gebracht. Dekadenz ist schließlich ein weiteres
wichtiges begriffliches Feld im Text, wobei dieses häufig der (menschlichen, institutionellen und militärischen) Größe als Gegensatz gegenübergestellt wird. Zur
Dekadenz zählt neben der Pflege privater Vergnüglichkeiten wie Zirkus, Gelage
und Badekultur auch der Genuß kultureller Leistungen wie Theater und diverser
Artefakte. Daraus ergibt sich eine Dichotomie *karger, selbstloser Krieger* im Bereich
der Größe vs. *selbst- und genußsüchtiger, macht- und geldgieriger Kriegsvermeider* im Bereich der Dekadenz bzw. Kleinheit.

In bezug auf eine Deutung der Gegenüberstellung von "Grandeur" und "Décadence" im Titel von Montesquieus Werk läßt sich folgendes anmerken: während
die beiden Begriffe nicht, wie wir feststellen konnten, genuine semantische Gegensätze darstellen, haben sie dennoch eine gewisse "Gegensatzwirkung": "Grandeur" ist positiv bewertet, "Décadence" ist negativ bewertet. Durch den Status
von "Grandeur" als hinreichende Bedingung von "Décadence" ist andererseits ein
logischer Zusammenhang zwischen den beiden Begriffen vorhanden.

Hier stellt sich die Frage, ob der Autor genuine semantische Gegensätze im
Titel seines Werkes verwenden hätte können. Ein Titel "Ascension vs. Décadence" (ein genuines Gegensatzpaar) war zur Zeit der Abfassung des Werkes
nicht möglich: die hier intendierte, abstrakte Lesart des Lexems *ascension* stand
zum fraglichen Zeitpunkt der französischen Sprachgeschichte (1734) noch nicht
zur Verfügung. Ein Titel "Grandeur vs. Petitesse" (ebenfalls ein genuines Gegensatzpaar) klingt unlogisch: er suggeriert auf die eine oder andere Weise eine
Gleichzeitigkeit der Qualitäten. Eine Kombination "Grandeur vs. Décadence"
kreiert jedoch eine chronologische Dynamik: da "Grandeur" eine hinreichende
Bedingung für "Décadence" ist, liegt die "Grandeur" chronologisch vor der "Décadence"; die "Décadence" selbst ist als "Abwärtsbewegung"/"Zustandsänderung" inhärent dynamisch. Die Kombination der beiden Begriffe im Titel baut kataphorisch eine narrative Dynamik und Logik auf, welche der Textsorte "Historiographie" in hohem Maße entgegenkommt.

E.2.2.1.4. Die semantische Architektur der Considérations in einer Gesamtschau

In der Sekundärliteratur wurde Montesquieu mitunter eine gewisse Inkohärenz oder mangelnde Ordnung vorgeworfen, auch wenn die *Considérations* dabei zuweilen als positive Ausnahme angeführt wurden. Aus den Daten unserer Analysen zu den erklärenden Strukturen, den semantischen Makrostrukturen sowie den semantischen Feldern in Montesquieus *Considérations* ergab sich, daß die semantische Architektur dieses Werkes insgesamt tatsächlich äußerst kohärent ist. Mit Ausnahme von einigen wenigen vernachlässigbaren lokalen Inkohärenzen tragen alle genannten semantischen Elemente in homogener Weise zu jenem Bild bei, das Montesquieu von der römischen Geschichte, seiner eigenen Deutung derselben sowie von seiner eigenen geschichtstheoretischen Grundhaltung zeichnen möchte.

E.2.2.1.5. Die schriftstellerische und historiographische Berufung Montesquieus

Montesquieu erwies sich im Rahmen einer textsemantischen Analyse seiner *Considérations* als Historiker, welcher eher von der Zyklizität der Geschichte (als Abfolge von Aufstieg und Niedergang) als von einer stetigen Aufwärtsbewegung überzeugt ist, welche als Metapher für den ständigen Fortschritt der Menschheitsgeschichte zu sehen ist.

Aus dieser eher pessimistischen Sichtweise ergibt sich ein Selbstverständnis des Autors weniger als engagierter Reformator, denn als optimierender Verwalter des Bestehenden.

Aus diesem Grund möchte der Autor Texte produzieren, welche eher informativ als argumentativ sind.

Er kann daher auf einen allzu massiven Gebrauch solcher Sprachstrukturen verzichten, welche speziell rhetorisch-manipulatives Potential besitzen. Statt dessen produziert er Texte mit hohem Informationswert, indem er ihnen eine hohe explikative Dichte und eine große explikative Tiefe verleiht.

E.2.2.2. Voltaires Philosophie de l'histoire im Vergleich zu Montesquieus Considérations

Voltaires Text unterscheidet sich von jenem Montesquieus durch den größeren räumlichen Platz, welcher dem Aufstieg der Römer im Vergleich zum Untergang eingeräumt wird. Dies zeigt sich einerseits dadurch, daß Voltaire den Aufstieg in beiden Kapiteln der *Philosophie de l'histoire* über die römische Geschichte behandelt, während der Niedergang nur ein halbes Kapitel einnimmt. Weiters ist auch die übergeordnete Makrostruktur zum Aufstieg konzeptuell weit reicher als jene zum

Niedergang. Und schließlich erreichen die explikative Dichte und Tiefe in diesem Textteil höhere Werte als im Teil zum Niedergang. Die Analyse der in den fraglichen Kapiteln aktivierten semantischen Felder zeigt, daß Voltaires Schwerpunkt bei der Erklärung für den Aufstieg deutlicher auf bestimmten ideellen Werten liegt, wie etwa der kulturellen Größe, einer Vorstellung, die man bei Montesquieu nicht findet. Diese kulturelle Größe besteht einerseits in künstlerischer, andererseits in spiritueller Größe. Die spirituelle Größe definiert sich für Voltaire wiederum in einer deistischen Weltanschauung, sprich dem Glauben an einen Schöpfergott, sowie der (religiösen und weltlichen) Toleranz gegenüber Andersdenkenden. Die spirituelle Größe setzt Voltaire in Opposition zu Aberglaube und Intoleranz. Der Aberglaube, welcher auch bei Montesquieu eine gewisse Rolle spielt, wird in den *Considérations* jedoch nicht in Opposition zu spiritueller Größe gesetzt (letztere hat dort keine Bedeutung als strukturgebendes semantisches Feld), sondern in Opposition zur geistigen Größe, d.h. er wird mit Dummheit assoziiert. Militärische Angelegenheiten, ein wichtiges Thema bei Montesquieu, sind für Voltaire für die römische Aufstiegsgeschichte dagegen weniger interessant. Die thematischen Schwerpunkte bei der Erklärung für den Niedergang sind bei Voltaire dieselben wie bei Montesquieu (er ist lediglich weniger ausführlich in den Details), namentlich militärisches Unvermögen, unkluge Politik sowie Dekadenz; der Unterschied zu Montesquieu besteht lediglich in der schon genannten Tatsache, daß Voltaire die Bigotterie der byzantinischen Kaiser als mangelnde spirituelle Größe, Montesquieu dagegen als mangelnde Intelligenz darstellt.

Für Voltaire ist, im Gegensatz zu Montesquieu, der Untergang einer Nation nicht unvermeidbare Folge ihres Aufstiegs. Dies geht aus der Mega-Plus-Plus-Struktur der *Philosophie de l'histoire* hervor, welche Aufstieg und Niedergang der Römer in einer Erklärung vereint: der Aufstieg erklärt dort zwar den Niedergang, als weitere Erklärung für den Niedergang wird jedoch auch die Anarchie angeführt. Es besteht nach Voltaire demnach keine Unausweichlichkeit in der Abfolge Aufstieg-Niedergang, solange andere Faktoren nicht mithineinspielen.

Insgesamt ist festzuhalten, daß Voltaire optimistischer als Montesquieu erscheint, indem er auf den Aufstieg fokussiert und den Untergang eher vernachlässigt, während Montesquieu dem Untergang deutlich mehr Aufmerksamkeit schenkt. Die Autoren treffen einander, wenn sie Geschichte als rational erklärbar, genauer, als Wirkung oder Folge von menschlichem Handeln darstellen. Allerdings sieht Montesquieu die menschlichen Handlungen in größerer Abhängigkeit von den historischen Umständen (Gesetzen) als Voltaire: dieser scheint an eine größere menschliche Handlungsfreiheit zu glauben, welche den Fortschritt wählen kann.

Dieser Unterschied in der Geschichtsauffassung schlägt sich auch in der schriftstellerischen Intention und damit der Wahl der rhetorischen Mittel nieder: Voltaire, welcher an den Fortschritt glaubt, möchte andere davon überzeugen, die *visée illocutoire* seines Textes ist daher ein "Überreden/Überzeugen-Wollen", dementsprechend massiv macht er von rhetorischen Mitteln Gebrauch. Montesquieu, der die Welt etwas weniger optimistisch sieht als Voltaire, klärt seine Leser über die Zusammenhänge auf, welche er erkannt zu haben glaubt, die *visée illocutoire* seines Textes ist ein "Informieren-Wollen", wozu auch ein moderater Einsatz von rhetorischen Mitteln genügt.

Sowohl Montesquieu als auch Voltaire gebrauchen die römische Geschichte induktiv als Fallbeispiel, von welchem sie übergeordnete historische Prinzipien ableiten.

E.2.2.3. *Bossuets* Discours sur l'histoire universelle *im Vergleich zu Montesquieus* Considérations

Die Daten unserer Analysen zu Bossuet lassen zwei unterschiedliche Autorenpersönlichkeiten hervortreten, welche unterschiedliche Texte produzieren: Bossuet als Theologe und Bossuet als reinen Historiker.

Bossuet als reiner Historiker steht unter vielen Aspekten Montesquieu näher als sich selbst als Theologe, ja er steht Montesquieu sogar näher als Voltaire. Bossuet als reiner Historiker teilt mit Montesquieu eine tendenziell pessimistische Geschichtssicht, dergemäß Reiche nicht von Dauer sein können, wie aus makrostrukturellen Informationen hervorgeht. Damit unterscheiden sich beide Autoren von Voltaire, welcher optimistischer in bezug auf eine dauerhafte positive Entwicklung ist.

Bossuet als reiner Historiker ist zugleich weit akribischer in seinen Analysen als Montesquieu, Voltaire und er selbst als Theologe. So teilt er etwa die römische Geschichte in fünf deutlich voneinander getrennte Etappen ein (Monarchie, Republik zur Zeit der Expansion, Republik zur Zeit der Bürgerkriege, Kaisertum zur Zeit der Stabilität, Kaisertum zur Zeit der Dekadenz), während die anderen beiden Autoren mit zwei Hauptetappen (Aufstieg und Untergang) und Bossuet als Theologe mit drei Etappen (Aufstieg, Untergang und "Wiederauferstehen") ihr Auskommen finden. Wenn die explikative Dichte und Tiefe von Bossuets rein weltlich orientierten Ausführungen zur römischen Geschichte geringere Werte als in seinen theologischen Betrachtungen erreichen, dann ist dies dem extrem synthetischen Charakter dieses Textabschnittes zuzuschreiben.

Aus der Betrachtung einzelner Makrostrukturen sowie einer Analyse der aktivierten semantischen Felder ergibt sich ferner, daß der Historiker Bossuet Geschichte als logisch erklärbare Folge menschlichen Handelns sieht, eine Auffassung, welche er mit Montesquieu und Voltaire teilt.

Bossuet als Theologe hebt sich deutlich von Montesquieu, Voltaire, aber auch von
sich selbst als Historiker ab. Die providentielle Geschichte berührt die weltliche
Geschichte nur in ihren Ergebnissen, nicht bezüglich ihrer Erklärungen: in den
weltlichen und providentiellen Makrostrukturen teilen die jeweiligen *arrière-fonds
explicatifs* keinerlei Informationen miteinander, Aufstieg und Untergang etwa der
Römer sind nur Mittel zum Zweck im göttlichen Plan. Entsprechend der Logik
des göttlichen Planes nehmen die final-motivationellen Erklärungen einen wichtigen Platz ein, allerdings aus anderen Gründen als etwa bei Montesquieu, der sich
damit auf die Handlungen der Römer bezog.

Ganz andere semantische Felder dominieren: neu und einzigartig sind die Felder der *Göttlichkeit* und der *Heiligkeit*. Betrachtet man jedoch die Verteilung der semantischen Felder, so fällt auf, daß die überwiegende Mehrzahl der erklärten
Kontexte Machtfragen betreffen. An zweiter Stelle numerischer Wichtigkeit
stehen Fragen der Orthodoxie, des "rechten" Glaubens. Daraus ergibt sich ein
deutliches Bild der Vorsehung als ein (macht)politisch-ideologisches, nicht als ein
spirituell-ethisches Instrument.

Während etwa Montesquieu den weltlichen Teil des *Discours* für sich isoliert als
historiographische Quelle benützt, ist für Bossuet die weltliche der providentiellen
Geschichte untergeordnet.

Der Text des *Discours* weist durchgehend eine *visée illocutoire* "Überreden/Überzeu-
gen-Wollen" auf, welche sich jedoch für den weltlichen und den providentiellen
Teil aus unterschiedlichen rhetorischen Strategien ergibt. Im providentiellen Teil
zwingt der metaphysische Charakter seiner Geschichtssicht Bossuet, Überzeugungsarbeit und nicht etwa Informationsarbeit zu leisten, was sich letztendlich in
der Wahl seiner textuellen Strategien niederschlägt, welche ein deutliches Maß an
manipulativem Potential besitzen. Im weltlichen Teil, in welchem Bossuets Geschichtssicht mit jener Montesquieus übereinstimmt, dürfte der Unterschied zu
Montesquieus *visée illocutoire* "Informieren-Wollen" textsortenbedingt sein: der *Discours* ist als Lehrbuch konzipiert.

Teil F

Bibliographie

Primärquellen

Bossuet, Jacques-Bénigne. 1681/1970. *Discours sur l'histoire universelle*. In: Bossuet. *Œuvres*. Paris: Gallimard.

Montesquieu, Charles-Louis de Secondat. 1734. *Considérations sur les causes de la grandeur des Romains et de leur décadence*. In: Montesquieu. *Œuvres complètes*. 1949-51. Paris: Gallimard/Bibliothèque de la Pléiade.

Voltaire, François-Marie Arouet. 1731-32/1968. *Histoire de Charles XII*. Paris: Garnier-Flammarion.

Voltaire, François-Marie Arouet. 1764/1964. *Dictionnaire philosophique*. Paris: Garnier-Flammarion.

Voltaire, François-Marie Arouet. 1765/1969. *La Philosophie de l'histoire*. (Ed.: J. H. Brumfitt). In: *The Complete Works of Voltaire*. Genève/Toronto: Institut et Musée Voltaire/University of Toronto Press.

Sekundärquellen

Benrekassa, Georges. 1987. *Montesqieu la liberté et l'histoire*. Paris: Librairie Générale Française.

Besterman, Theodore. 1976. *Voltaire*. The University of Chicago Press.

Cannon, John et al. (eds.). 1988. *The Blackwell Dictionary of Historians*. New York: Blackwell.

Dedieu, Joseph. 1966. *Montesquieu*. Paris: Hatier.

Desgraves, Louis. 1988. *Répertoire des ouvrages et des articles sur Montesquieu*. Genève: Librairie Droz.

Fueter, Eduard. 1970. *Storia della storiografia moderna*. Milano-Napoli: Ricciardi.

Grell, Chantal. 1993. *L'histoire entre érudition et philosophie. Étude sur la connaissance historique à l'âge des Lumières*. Paris: PUF.

Kindler = *Kindlers neues Literaturlexikon*. 1988-92. (Hrsg.: Walter Jens). Zürich: Kindler.

Shackleton, Robert. 1961. *Montesquieu A Critical Biographie*. Oxford University Press.

Starobinski, Jean. [3]1994 (1953). *Montesquieu*. Paris: Éditions du Seuil.

Im Text durch Siglen angeführte Nachschlagewerke

BHE = *Brockhaus Enzyklopädie*. 1986-1996. Mannheim: Brockhaus.

DBS = *Dictionary of Behavioral Science*. 1974. London & Basingstoke/Stuttgart: Macmillan/Klett.

DCH = *Dictionary of Concepts in History.* 1986. (ed.: Harry Ritter). New York/West-port, Connecticut/London: Greenwood Press.

DCS = *Dictionnaire critique de la Sociologie.* 1982. Paris: PUF.

DHI = *Dictionary of the History of Ideas.* 1968. (ed.: Philip P. Wiener). Vol I. New York: Charles Scribner's Sons.

DHLF = *Dictionnaire historique de la langue française.* 1992. Paris: Dictionnaires Le Robert.

DLFF = *Dictionnaire de la littérature française et francophone.* 1988. Paris: Larousse.

DPS = *Dictionary of Psychology.* 1976. A Laurel Original.

DPW = *Dorsch Psychologisches Wörterbuch.* 1994. Bern/Göttingen/Toronto/Seattle: Verlag Hans Huber.

EPS = *Encyclopedia of Psychology.* 1994. New York/Chichester/Brisbane/Toronto/ Singapore: John Wiley & Sons.

EPW = *Enzyklopädie Philosophie und Wissenschaftstheorie.* 1984. Bibliographisches In-stitut Mannheim/Wien/Zürich.

ERE = *Encyclopedia of Religion and Ethics.* 1971. Edinburgh/New York: T. & T. Clark/Charles Scribner's Sons.

ESH = *Encyclopedia of Social History.* 1994. New York/London: Garland Publishing, Inc.

EUI = *Enciclopedia Universal Ilustrada Europeo-Americana.* s.a. Barcelona: Hijos de J. Espasa, Editores.

EWF = *Etymologisches Wörterbuch der französischen Sprache.* 1928. (Hrsg.: E. Gamill-scheg). Heidelberg: Carl Winter's Universitätsbuchhandlung.

FEW = *Französisches Etymologisches Wörterbuch.* 1940. (Hrsg.: W. v. Wartburg). Leip-zig-Berlin/Paris: B.G. Teubner/E. Droz.

GL = *Gyldendals Leksikon.* 1977-84. København: Gyldendals Boghandel/Nordisk Forlag.

GLE = *Grand Larousse encyclopédique.* 1960. Paris: Larousse.

HWP = *Historisches Wörterbuch der Philosophie.* 1976. Basel/Stuttgart: Schwabe.

IES = *International Encyclopedia of the Social Sciences.* 1972. New York/London: The Macmillan Company & The Free Press/Collier-Macmillan Publishers.

LEW = *Lateinisches Etymologisches Wörterbuch.* 1910. (Hrsg. Walde, A.). Heidelberg: Carl Winter.

LSW = *Lexikon der Sprachwissenschaft.* 1983. (Hrsg.: Bußmann, Hadumod). Stuttgart: Kröner.

LTK = *Lexikon für Theologie und Kirche.* 1968. Freiburg: Herder.

McGH = *McGraw-Hill Encyclopedia of Science and Technology.* 1960. McGraw-Hill Book Company.

MEL = *Meyers Enzyklopädisches Lexikon.* 1974. Mannheim/Wien/Zürich: Bibliographisches Institut.

PFL = *Politikens filosofi leksikon.* 1983. Politikens Forlag: København.

PWB = *Philosophisches Wörterbuch.* 1974. Stuttgart: Kröner.

REW = *Romanisches Etymologisches Wörterbuch.* 1935. (Hrsg.: W. Meyer-Lübke). Heidelberg: Carl Winters Universitätsbuchhandlung.

RGG = *Die Religion in Geschichte und Gegenwart.* 1959. Tübingen: J. C. B. Mohr
(Paul Siebeck).

TEP = *The Encyclopedia of Philosophy.* 1967/1972. Collier Macmillan: New York/
London.

THR = *Theologische Realenzyklopädie.* 1989. Berlin/New York: de Gruyter.

UTET = *Grande dizionario enciclopedico UTET.* 1968. Torino: Unione Tipografico-
Editrice Torinese.

WID = *Webster's Third New International Dictionary of the English Language Unabridged.*
1971. Springfield/Massachusetts: G. & C. Merriam Company, Publishers.

WZG = *Wörterbuch zur Geschichte.* 1970. (Hrsg.: Erich Bayer). Stuttgart: Kröner.

Sonstige Nachschlagewerke: 17. und 18. Jahrhundert

La Science Universelle. 1668. (éd. Charles Sorel). Paris: Théodore Girard.

*Dictionnaire universel contenant generalement tous les mots françois tant vieux que modernes, &
les Termes de toutes les Sciences et des Arts* [...]. 1690. (éd.: Furetière, Antoine). La
Haye et Rotterdam: Arnout & Reinier.

*Dictionnaire universel contenant generalement tous les mots françois tant vieux que modernes, &
les Termes de toutes les Sciences et des Arts* [...]. 1708. (éd.: Furetière, Antoine;
édition corrigée et augmentée par Basnage de Bauval). La Haye et Rotterdam:
Arnout & Reinier.

Encyclopédie = *Encyclopédie, ou Dictionnaire raisonné des sciences, des arts et des métiers.*
1751-1780. (éds.: Diderot, Denis/D'Alembert, Jean le Rond). Paris: Briasson/
David/Le Breton/Durand. Faksimileausgabe der ersten Ausgabe: 1966. Stuttgart - Bad Cannstatt: Friedrich Frommann Verlag (Günther Holzboog).

Sonstige Nachschlagewerke: 20. Jahrhundert

A Dictionary of Linguistics and Phonetics. 1985. (ed. Crystal, David). s.l.: Basil
Blackwell in association with André Deutsch.

Delorme, Jean. 1962. *Les grandes dates de l'Antiquité.* Collection "Que sais-je?" no.
1013. Paris: PUF.

Dictionnaire de la Linguistique. 1974. (éd. Mounin, Georges). Paris: PUF.

dictionnaire de linguistique. 1974. (éds. Dubois, Jean et al.). Paris: Larousse.

Dictionnaire Encyclopédique d'Histoire. 1978. (éd.: Michel Mourre). Paris: Bordas.

Historisches Lexikon zur politisch-soziologischen Sprache in Deutschland. 1972. (hrsg.: O. Brunner, W. Conze, R. Koselleck). Stuttgart: Klett-Cotta.

International Encyclopedia of Linguistics. 1992. (ed. Bright, William). New York/ Oxford: Oxford University Press.

Les mots de l'histoire. 1990. (éd.: Jacques Boudet). Paris: Robert Laffont.

Lexique de la Terminologie Linguistique. 1933. (éd. Marouzeau, J.). Paris: Librairie Orientaliste Paul Geuthner.

Terminologien zur neueren Linguistik. 1974. (Hrsg. Abraham, Werner et al.). Tübingen: Niemeyer.

The Encyclopedia of Language and Linguistics. 1994. (ed. Asher, R. E.). Oxford/New York/Seoul/Tokyo: Pergamon Press.

Trésor = Trésor de la Langue Française. Dictionnaire de la langue du XIXe et du XXe siècle (1789-1960). 1971-. Paris: C.N.R.S./Gallimard.

Theoretische Abhandlungen

Adam, Jean-Michel. [3]1992. *Les textes: types et prototypes. Récit, description, argumentation, explication et dialogue*. Paris: Nathan.

Anscombe, G.E.M. 1957. *Intention*. Oxford: Blackwell.

Aristoteles. 1970. *Metaphysik*. (Übersetzt und herausgegeben von Franz F. Schwarz). Reclam Universal-Bibliothek nr. 7913. Stuttgart: Reclam.

Aristoteles. 1847/1959. *Rhetorik*. (Herausgegeben, übertragen und in ihrer Entstehung erläutert von Paul Gohlke). Paderborn: Ferdinand Schöningh.

Aristoteles. 1918. *Sophistische Widerlegungen*. (Übersetzt und kommentiert von Eug. Rolfes). Leipzig: Verlag von Felix Meiner.

Arnaud, Antoine/Nicole, Pierre. 1662/1972. *La logique ou l'Art de penser*. Genève: Slatkine Reprints.

Bally, Charles. [4]1965. *Linguistique générale et linguistique française*. Bern: Francke.

Bennet, Jonathan. 1988. *Events and their Names*. Oxford: Clarendon.

Berlin, Isaiah. 1966. *The Concept of Scientific History*. In: Dray 1966. 5-53.

Blank, Andreas. 2001. *Neuere Entwicklungen in der lexikalischen Semantik*. In: *LRL*, Bd. I,2. Artikel 34b. 918 - 939.

Brodbeck, May. 1966. *Methodological Individualism: Definition and Reduction*. In: Dray 1966. 297-329.

Casati, Roberto/Varzi, Achille (eds.). 1996. *Events*. Aldershot: Dartmouth Publishing Company.

Condillac, Étienne Bonnot de. 1775. *Cours d'études pour l'instruction du Prince de Parme.* Dans: *Œuvres philosophiques de Condillac.* 1947-1951. (éd. Georges Le Roy). Vol. I: pp. 395-776; Vol II: pp. 1-237. Paris: PUF.

Cuzzolin, Pierluigi. 1996. *La proposizione consecutiva in italiano.* In: Prandi (a.c.d.) 1996. 103-151.

Dahlke, Rüdiger/Klein, Nicolaus. [6]1994. *Das senkrechte Weltbild.* München: Wilhelm Heyne Verlag.

Davidson, Daniel. 1967. *The logical form of action sentences.* Neuaufgelegt in: Casati/Varzi 1996. 81-95.

De Beaugrande, Robert-Alain/Dressler, Wolfgang Ulrich. 1981. *Einführung in die Textlinguistik.* Tübingen: Niemeyer.

Donagan, Alan. 1966. *The Popper-Hempel Theory reconsidered.* In: Dray 1966. 127-159.

Dray, William. 1957. *Laws and Explanation in History.* Oxford University Press.

Dray, William (ed.). 1966. *Philosophical Analysis in History.* New York/London: Harper & Row.

Ducrot, Oswald. 1980. *Les mots du discours.* Paris: Minuit.

Ducrot, Oswald. 1984. *Le dire et le dit.* Paris: Minuit.

Ducrot, Oswald. 1989. *Logique, structure, énonciation.* Paris: Minuit.

Ducrot, Oswald. 1991. *Dire et ne pas dire.* Paris: Hermann.

Fillmore, Charles. 1966. *A Proposal Concerning English Prepositions.* In: Monograph Series on Language and Linguistics 17th Annual Round Table, 1966. Washington D.C.: Georgetown University Institute of Languages and Linguistics.

Fillmore, Charles. 1977. *The Case for Case reopened.* In: Syntax and Semantics 8: Grammatical Relations. (eds.: P. Cole/J.M. Saddock). New York-San Francisco-London: Academic Press. 59-81.

Foolen, Ad. 1991. *Polyfunctionality and the semantics of adversative conjunctions.* In: Multilingua 10: 1/2 (1991). 79-92.

Foolen, Ad. 1997. *Towards a theory of the concessive-adversative complex.* Nijmegen. Unveröffentlichtes Manuskript.

Geckeler, Horst. 1996. *Einzelsprachliche Analyse von Teilbereichen der lexikalischen Semantik.* In: Weigand, Edda/Hundsnurscher, Franz (Hrsg.). 1996. *Lexical Structures and Language Use.* Tübingen: Niemeyer. 17-27.

Geckeler, Horst. 1997a. *Reflections on the Lexical Field.* In: Yamanaka, K./Ohori, T. (Hrsg.). 1997. *The Locus of Meaning. Papers in Honor of Yoshihiko Ikegami.* Tokyo: Kurosio Publishers. 83-94.

Geckeler, Horst. 1997b. *Le champ lexical, structure fondamentale du lexique.* In: Hoinkes, Ulrich/Dietrich, Wolf (Hrsg.). 1997. *Kaleidoskop der lexikalischen Semantik.* Tübingen: Gunter Narr. 93-103.

Hanson, N.R. 1955. *Causal Chains.* In: Mind 1964/64/253. 289-318.

Harris, Jill. 1999. *Law and Empire in Late Antiquity.* Cambridge University Press.

Hart, H. L. A./Honoré, A. M. 1966. *Causal Judgement in History and the Law.* In: Dray 1966. 213-237.

Hart, H. L. A./Honoré, Tony. 1959/1985. *Causation in the Law.* Oxford: Clarendon Press.

Hempel, Carl G. 1966. *Explanation in Science and History.* In: Dray 1966. 95-126.

Hookway, Christopher. 1985. *Pierce.* London: Routledge & Kegan Paul.

Jung, C.G. 1964. *Man and his Symbols.* London: Ferguson.

Kamp, Hans/Reyle, Uwe. 1993. *From Discourse to Logic. Introduction to Modeltheoretic Semantics of Natural Language, Formal Logic and Discourse Representational Theory.* Dordrecht: Kluwer.

Kleiber, Georges. 1990. *La sémantique du prototype. Catégories et sens lexical.* Paris: PUF.

Koch, Wolfgang. 1978. *Kasus - Kognition - Kausalität. Zur semantischen Analyse der instrumentalen "mit"-Phrase.* Lund: CWK Gleerup.

Kratschmer, Alexandra. 1998. *Causalité et explication : vers une nouvelle approche.* In: Revue Romane 33·2 1998. 171-208.

Kratschmer, Alexandra. 2001. *Petite typologie sémantique de certains contextes ambigus chez Bossuet et Montesquieu.* Dans: Bogaards, Paul/Rooryck, Johan/Smith, Paul J. (éds.). 2001. *Quitte ou double sens. Articles sur l'ambiguïté offerts à Ronald Landheer.* Amsterdam-Atlanta: Rodopi. 201-222.

Kratschmer, Alexandra. 2002. *Le déplacement d'énonciateur. Mécanisme sémantique et effets rhétoriques.* Dans: Jansen, Hanne/Polito, Paola/Schøsler, Lene/Strudsholm, Erling. 2002. *L'infinito & oltre. Omaggio a Gunver Skytte.* Odense University Press. 227-239.

Kratschmer, Alexandra. 2003. *Les explications défectives en tant que moyens de manipulation rhétorique : analyse sémantique et pragmatique de certains énoncés de Bossuet et de Voltaire.* In: Sánchez Miret, Fernando (ed.). 2003. *Actas del XXIII Congreso Internacional de Lingüística y Filología Románica,* Salamanca, 24-30 de septiembre de 2001. Vol. II/2. Tübingen: Niemeyer. 3-11.

Lakoff, George. 1968. *Instrumental Adverbs and the Concept of Deep Structure.* In: Foundations of Languages, IV, 4-29.

Lakoff, George. 1978. *Women, Fire, and Dangerous Things. What Categories Reveal about the Mind.* The University of Chicago Press.

Lakoff, George/Johnson, Mark. 1980. *Metaphores we live by.* The University of Chicago Press.

Landheer, Ronald. 1998. *L'assertion ironique: une information à rebours.* Dans: Mats Forsgren/Kerstin Jonasson/Hans Kronning (éds.). 1998. *Prédication, assertion, information. Actes du colloque d'Uppsala en linguistique française,* 6-9 juin 1996. Uppsala: Acta Universitatis Upsaliensis. 299-306.

Langacker, Ronald. 1990. *Concept, image and symbol - the cognitive basis of grammar.* Cognitive linguistics research, nr.1. Berlin: de Gruyter.

LRL = Lexikon der Romanistischen Linguistik. 1988-2001. (Hrsg. Holtus, Günter/ Metzeltin, Michael/Schmitt, Christian). Tübingen: Niemeyer.

Lundquist, Lita. 1994. *La cohérence textuelle: syntaxe, sémantique, pragmatique.* Frederiksberg: Samfundslitteratur.

Lyons, John. 1977. *Semantics.* Cambridge University Press.

Martin, Robert/Nef, Frédéric. 2001. *Sémantique logique.* Dans: *LRL,* Vol. I,1. Article 16. 468-475.

Mazzoleni, Marco. 1996. *I costrutti concessivi.* In: Prandi (a.c.d.) 1996. 47-65.

Metzeltin, Michael/Jaksche, Harald. 1983. *Textsemantik.* Tübingen: Gunter Narr.

Metzeltin, Michael/Thir, Margit. 1996. *Erzählgenese. Ein Essai über Ursprung und Entwicklung von Textualität.* Wien: Eigenverlag 3 Eidechsen.

Metzeltin, Michael. 1997. *Sprachstrukturen und Denkstrukturen unter besonderer Berücksichtigung des romanischen Satzbaus.* Wien: Eigenverlag 3 Eidechsen.

Metzeltin, Michael/Kratschmer, Alexandra. 1999. *Un discorso antiegemonico:* La Philosophie de l'histoire *di Voltaire. Per un'analisi del discorso storico.* In: Skytte, Gunver/Sabatini, Francesco (a.c.d.). 1999. *Linguistica Testuale Comparativa. Atti del Convegno Interannuale della SLI, 5.2.-7.2. 1998, Copenaghen.* Études Romanes 42. København: Museum Tusculanum. 231-248.

Meyer-Hermann, Reinhard. 1995. Rezension von: Metzeltin, Michael. 1990. *Semántica, pragmática y sintaxis del español.* (Pro Lingua, Bd. 5). Wilhelmsfeld: Egert. In: Zeitschrift für Romanische Philologie 111/1995. 319-325.

Michotte, A. [2]1964. *La perception de la causalité.* Publications Universitaires de Louvain.

Mink, Louis. O. 1966. *The Autonomy of Historical Understanding.* In: Dray 1966. 160-192.

Moeschler, Jacques. 2000. *L'ordre temporel est-il naturel ? Narration, causalité et temps verbaux.* Dans: *Inférences directionelles et autres objects temporels. Recueil d'articles publiés et non publiés.* Université de Genève. 28-58. En outre dans: Moeschler, Jacques/ Béguelin, Marie-José (éds.). 2000. *Référence temporelle et nominale.* Berne: Peter Lang. 71-105.

Moeschler, Jacques. 1996-97. *Analyse pragmatique du discours.* Papiers de travail du séminaire de DES du même titre, Université de Genève, semestre d'hiver 1996/97.

Moeschler, Jacques/Reboul, Anne. 1994. *Dictionnaire Encyclopédique de Pragmatique.* Paris: Seuil.

Mortara Garavelli, Bice. [10]1997. *Manuale di retorica.* Milano: Bompiani.

Nagel, Ernest.1966. *Determinism in History.* In: Dray 1966. 347-382.

Nilsen, Don Lee Fred. 1972. *Toward a semantic specification of deep case.* The Hague/Paris: Mouton.

Oakeshott, Michael. 1966. *Historical Continuity and causal Analysis.* In: Dray 1966. 193-212.

Passmore, J.A. 1966. *The Objectivity of History.* In: Dray 1966. 75-94.

Perelman, Ch./Olbrechts-Tyteca, L. 1958. *La Nouvelle Rhétorique. Traité de l'argumentation.* Paris: PUF.

Pleines, Jochen. 1976. *Handlung - Kausalität - Intention. Probleme der Beschreibung semantischer Relationen.* Tübinger Beiträge zur Linguistik 68. Gunter Narr Verlag.

Prandi, Michele (a.c.d.). 1996. *La subordinazione non completiva. Un frammento di grammatica filosofica.* SILTA XXV, 1996, 1.

Prandi, Michele.1996. *I costrutti finali.* In: Prandi (a.c.d.) 1996. 67-101.

Previtera, Luisa. 1996. *I costrutti causali.* In: Prandi (a.c.d.) 1996. 29-46.

Reboul, Anne/Moeschler, Jacques. 1996. *Faut-il continuer à faire de l'analyse de discours* ? In: Hermes 16, 1996.

Rossari, Corinne/Jayez, Jacques. 1996-97. *Connecteurs et systèmes de contraintes.* Papiers de travail du séminaire de DES du même titre, Université de Genève, semestre d'hiver 1996/97.

Rossari, Corinne/Jayez, Jacques. 1997. *Connecteurs de conséquence et portée sémantique.* In: Cahiers de Linguistique Française 19. 1-33.

Roßdeutscher, Antje. 1994. *Fat child meets DRT. A semantic representation for the opening lines of Kaschnitz' "Das dicke Kind".* Aus dem Forschungsbericht des SFB 340, Sprachtheoretische Grundlagen für die Computerlinguistik (Teilprojekt C3, Aspekte der Konstruktion semantischer Repräsentation von Texten). Institut für maschinelle Sprachverarbeitung (formale Logik und Sprachphilosophie) der Universität Stuttgart.

Scriven, Michael. 1966. *Causes, Connections and Conditions in History.* In: Dray 1966. 238-264.

Sperber, Dan/Wilson, Deirdre. 1986. *Relevance. Communication and Cognition.* Oxford: Basil Blackwell.

Stegmüller, Wolfgang. 1969-1974. *Wissenschaftstheorie und analytische Philosophie.* 4 Bände. Heidelberg/New York: Springer.

Stegmüller, Wolfgang. 1970. *Das Problem der Kausalität.* In: Krüger, Lorenz (Hrsg.). 1970. *Erkenntnisprobleme der Naturwissenschaften. Texte zur Einführung in die Philosophie der Wissenschaft.* Köln-Berlin: Kiepenheuer & Witsch. 156-173.

Talmy, Leonard. 1988. *Force Dynamics in Language and Cognition*. In: Cognitive Science 12, 49-100.

Torck, Danièle. 1996. *Aspects de la causalité discursive en français oral contemporain*. Amsterdam: IFOTT.

Trock, Carl. 1989. *Fra urhest til dressurhest*. København: Skarv.

Van der Hoek, Wiebe/Witteveen, Cees. 1996. *Principles of Non-Monotonic Reasoning*. Reader at: *Eighth European Summer School in Logic, Language and Information*, August 12-23 1996, Prague.

Van Dijk, Teun A. 1977. *Text and Context. Explorations in the semantics and pragmatics of discourse*. London/New York: Longman.

Van Dijk, Teun A. 1978. *Tekstvetenschap*. Utrecht: Spectrum.

Van Dijk, Teun A. 1980. *Macrostructures. An Interdisciplinary Study of Global Structures in Discourse, Interaction and Cognition*. Hillsdale: Lawrence Erlbaum Ass.

Van Dijk, Teun A. 1981. *Le texte : structures et fonctions. Introduction élémentaire à la science du texte*. In: Kibedi Varga, A. (éd.).1981. *Théorie de la littérature*. Paris: Picard.

Van Dijk, Teun A. 1984. *Texte*. In: de Beaumarchais et al. (éds.). 1984. *Dictionnaire des littératures de langue française*. Paris: Bordas.

Vendler, Zeno. 1967. *Linguistics in Philosophy*. Ithaca (N.Y.): Cornell University Press.

Walsh, W.H. 1966. *The Limits of Scientific History*. In: Dray 1966. 54-74.